Straftilgungsgesetz
und
Strafregisterverordnung

Erläutert
von

Dr. iur. et rer. pol.
Leopold Schäfer
Geheimer Regierungsrat
Ministerialrat im Reichsjustizministerium in Berlin

und

Dr. iur.
Albert Hellwig
Landgerichtsdirektor
in Potsdam

Mit einer Sammlung aller für das Strafregister bedeutsamen Vorschriften, Erlasse und Verfügungen

1926

Verlag von H. W. Müller
Berlin und München

Vorwort.

Fast sechs Jahre ist das Straftilgungsgesetz vom 9. April 1920 in Kraft. Strafregisterbehörden, Strafgerichte, Staatsanwaltschaften, Justizministerien, Polizeibehörden und Verteidiger haben täglich mit ihm zu tun; auch andere Behörden und Stellen kommen häufig in die Lage, sich über seine Bestimmungen unterrichten zu müssen. Jeder Vorbestrafte — und deren Zahl ist außerordentlich hoch — hat ein wesentliches Interesse an der richtigen Handhabung des Gesetzes. Gleichwohl gibt es bis jetzt keine erläuterte Ausgabe des Gesetzes und der dazu gehörigen Strafregisterverordnung von 1920/1926. Dies erscheint um so merkwürdiger, als es sich um Vorschriften handelt, die sowohl in sich wie insbesondere durch ihren inneren Zusammenhang mit zahlreichen anderen Gesetzen, Verordnungen, Erlassen und Verfügungen große Schwierigkeiten bei der praktischen Anwendung bieten und für den einzelnen Betroffenen von größter gesellschaftlicher und wirtschaftlicher Tragweite sind.

Die Verfasser dieses Buches haben es deshalb für angezeigt gehalten, die vorhandene Lücke durch eine erschöpfende Darlegung des gesamten für das Strafregisterwesen bedeutsamen Rechtsstoffes zu schließen. Sie haben sich hierzu für befugt erachtet, da sie an der Entstehung der maßgebenden Vorschriften amtlich mitgewirkt haben, der Mitverfasser Schäfer auch an ihrer Handhabung in den sechs Jahren ihrer Geltungszeit stark beteiligt war und noch ist. Besonderer Wert ist auf eine vollständige und zuverlässige Wiedergabe der gesamten für die Strafregisterführung in Betracht kommenden Vorschriften, Erlasse und Verfügungen, soweit sie bis 1. Juni 1926 ergangen sind, sowie ihre klare und übersichtliche Erläuterung in dem Zusammenhange, in dem sie zueinander stehen, gelegt.

Das Buch wird, wie wir hoffen, den Strafregisterbehörden ein brauchbares Hilfsmittel bei ihrer oft mühsamen und undankbaren Arbeit und allen übrigen Interessenten eine ergiebige Quelle der Auskunft über alle mit dem Strafregisterwesen zusammenhängenden

Fragen bieten. Gleichzeitig soll es dazu beitragen, daß das mit dem Straftilgungsgesetz erstrebte Ziel, bestrafte Personen bei der Handhabung des Strafregisters vor jeder überflüssigen Bloßstellung zu schützen und ihre Eingliederung in die Gesellschaft zu erleichtern, möglichst vollkommen erreicht wird.

Reiche Förderung verdanken die Verfasser dem Büroleiter des Strafregisters beim Reichsjustizministerium, Herrn Regierungsoberinspektor Roeper, und den übrigen Beamten dieses Strafregisters sowie dem ersten Beamten des Strafregisters der Staatsanwaltschaft beim Landgericht I Berlin, Herrn Rechnungsrat Lenz. Diesen Herren sei auch an dieser Stelle für ihre freundliche Unterstützung der Verfasser gebührender Dank erstattet.

Berlin-Schöneberg / Potsdam, den 1. Juni 1926.

Die Verfasser.

Abkürzungen.

A.	=	Auskunft.
AB.	=	Bayer. AB. (s. diese Abkürzung).
ABeschr.	=	Auskunftsbeschränkung.
AV.	=	Allgemeine Verfügung (soweit nichts weiteres beigefügt ist: Allgemeine Verfügung des Preußischen Justizministers zur Ausführung der Strafregisterverordnung vom 14. 4. 1926, JMBl. S. 138).
Bayer. AB.	=	Bekanntmachung der Bayerischen Staatsministerien der Justiz und des Innern über die Strafregister vom 22. April 1926 (Gesetz- und VOBl. S. 288).
beschr.A.	=	beschränkte Auskunft.
G(Ges.)	=	Gesetz.
RGBl. I, II	=	Reichsgesetzblatt Teil I, II.
RMdJ.	=	Reichsminister der Justiz.
RMinBl.	=	Reichsministerialblatt.
StBrNachr.	=	Steckbriefnachricht.
StenBer.	=	Stenographische Berichte.
StrNachr.	=	Strafnachricht.
StrReg.	=	Strafregister.
StrTilgG.	=	Gesetz über beschränkte Auskunft aus dem Strafregister und die Tilgung von Strafvermerken vom 9. April 1920 (RGBl. S. 507).
Verm.	=	Vermerk.
Verurt.	=	Verurteilung.
vgl.	=	zu vergleichen.
VO.	=	Verordnung (soweit nichts weiteres beigefügt ist; Strafregisterverordnung in der Fassung der Bekanntmachung vom 8. März 1926 (RGBl. I S. 157).
Tilg.	=	Tilgung.

Außerdem sind die üblichen, vom Juristentag empfohlenen Abkürzungen verwendet.

Inhaltsverzeichnis.

A.

Einleitung.

In einer Schrift, die viel Aufsehen erregt hat, hat Finkelnburg schon vor dem Kriege den Nachweis zu führen versucht, daß im Deutschen Reiche jeder 6. Mann und jedes 25. Weib wegen eines der von der Reichskriminalstatistik erfaßten Verbrechen oder Vergehen bestraft sei[1]). Nach den Berechnungen, die dieser Feststellung zugrunde liegen, und nach den Überlegungen, die zu der Methode der Berechnung geführt haben, dürfte jenes Ergebnis als wenigstens ungefähr richtig anzusehen sein. Heute werden, nachdem wir durch das Chaos der in der Kriegszeit und der Nachkriegszeit neu geschaffenen strafrechtlichen Bestimmungen hindurchgegangen sind, die Bestraften wohl noch einen größeren Teil der Gesamtbevölkerung ausmachen.

Dazu kommt die heimliche Kriminalität, die nicht an's Tageslicht kommt und nur nach mehr oder weniger sicheren Unterlagen annähernd geschätzt werden kann; sie beträgt aller Wahrscheinlichkeit nach ein Vielfaches der Kriminalität, die abgeurteilt wird. Schon v. Oettingen hat von der „Unsumme vor dem richterlichen Forum garnicht gesühnter Gesetzwidrigkeiten" [2]) gesprochen; auch v. Liszt hat in seinem Vortrag über „Das Verbrechen als sozial-pathologische Erscheinung" darauf hingewiesen, daß die sogen. „legale" Kriminalität hinter der tatsächlichen Kriminalität weit zurückbleibe [3]), und Langer hat die Kriminalstatistik einen Torso genannt, der kaum eine Ahnung davon gebe, wie das ganze Gebilde der Kriminalität aussehe [4]). Eingehende Untersuchungen haben schließlich zu

---

[1]) Finkelnburg, „Die Bestraften in Deutschland." Berlin 1912, S. 38.

[2]) v. Oettingen in der „Zeitschrift für die gesamte Strafrechtswissenschaft" Bd. I S. 419.

[3]) v. Liszt, „Strafrechtliche Aufsätze und Vorträge" Bd. II, Berlin 1905, S. 238.

[4]) Langer, „Kriminalstatistik und Strafrechtsreform", in den „Preußischen Jahrbüchern" 1908 Bd. 133 S. 48.

der überzeugenden Feststellung geführt, daß in der Tat die offene Kriminalität von der heimlichen Kriminalität um ein Vielfaches übertroffen wird [1]).

Endlich gibt es noch die sogen. latente Kriminalität. Sie äußert sich in Handlungen, die z. B. als Vorbereitungshandlungen oder als Versuchshandlungen zwar krimineller Natur, aber nach dem Gesetze nicht strafbar sind und doch vom psychologischen Standpunkt aus mit strafbaren Handlungen auf der gleichen Stufe stehen [2]); auch kriminelle Gedanken und kriminelle Träume bilden in gewissem Sinne eine latente Kriminalität. Dichter und andere Kenner des Menschenherzens haben mit Fug und Recht dem Gedanken Ausdruck gegeben, daß Verbrecher und Nichtverbrecher sich nicht scharf von einander trennen ließen und daß im Grunde auch der beste Mensch unter gewissen Umständen eines jeden Verbrechens fähig sei [3]).

Andererseits muß es nach den Erfahrungen des Lebens als Tatsache angesehen werden, daß viele Verurteilte durchaus rechtschaffene Menschen sind, die nur durch Einflüsse von außen, durch Umstände, die ihnen nicht zur Last gelegt werden können, zur Begehung der Tat veranlaßt worden sind. Auch muß berücksichtigt werden, daß es Handlungen gibt, die der Staat zu gewissen Zeiten unter Strafandrohung verbieten muß, die aber keinerlei Makel auf die Täter werfen.

Alles dies muß zu der Erkenntnis führen, daß die Tatsache der Bestrafung allein nicht immer ein abschließendes Urteil über den Wert oder Unwert einer Persönlichkeit gestattet.

Und doch ist es andererseits sicher, daß die Tatsache der Bestrafung von großer Bedeutung für die Beur-

---

1) Vgl. Kauffmann, „Die Psychologie des Verbrechens", Berlin 1912, S. 79f., 88ff.; Tarde in „Archives d'anthropologie criminelle" Bd. 9 S. 641 ff.; „Archivio di psichiatria" Bd. 19 S. 243 ff.

2) Wulffen, „Kriminalpsychologie", Berlin 1926, S. 162 ff.

3) Vgl. z. B. Sternberg, „Das Verbrechen in Kultur und Seelenleben der Menschheit", Berlin 1912, S. 9 Anm. 10, S. 14 ff., 21 ff.; Heinroth, „Grundzüge der Criminalpsychologie", Berlin 1833, S. 99; Tarde, „La criminalité comparée", 7. Aufl., Paris 1910, S. 28; Proal, „Le crime et la peine", Paris 1892, S. 104; v. Lilienthal in „Zeitschrift f. die ges. StrW." Bd. 39 S. 269; Wulffen im „Archiv für Kriminalanthropologie" Bd. 38 S. 363; v. Düring, „Jugendfürsorge und Jugendstrafrecht", Frankfurt a. M. 1918, S. 5; Thomas Mann, „Betrachtungen eines Unpolitischen", Berlin 1908, S 448, 448f.; Dankwardt, „Psychologie und Criminalrecht", Leipzig und Heidelberg 1863, S. 16f.; Patrizi, „Dopo Lombroso. Nuove correnti nello studio della genialità e del delitto", Mailand 1916, S. 91; Wulffen, „Kriminalpsychologie", Berlin 1926, S. 18, 28, 35, 48f., 107, 136, 162 ff., 168f., 171f., 197, 258f.

teilung der Persönlichkeit ist. Die Kenntnis der Bestrafung bildet nicht nur für die Organe der Strafrechtspflege, sondern auch für andere Behörden und im täglichen Leben eine wichtige Erkenntnisquelle für den Charakter einer Persönlichkeit.

In der Strafrechtspflege ist das Vorliegen von Bestrafungen vielfach schon für die Schuldfrage von Bedeutung. Ergibt sich beispielsweise aus den Akten über eine frühere Bestrafung, daß der Beschuldigte den nämlichen Gaunertrik, der ihm in dem neuen Strafverfahren zur Last gelegt wird, früher schon einmal angewandt hat oder daß er sich derselben Tat, die ihm jetzt zur Last gelegt wird, beispielsweise einer Notzucht, schon früher schuldig gemacht hat oder daß er dieselbe Verteidigungstaktik, die er in dem neu eingeleiteten Strafverfahren anwendet, früher schon einmal benutzt hat, so kann dies unter Umständen dazu führen, daß das letzte Glied in der Kette des Indizienbeweises als geschlossen angesehen werden muß. Sicherlich wäre es verkehrt, wenn man bei der Prüfung der Schlüssigkeit einer Anzeige zunächst sich fragen würde, ob der Beschuldigte schon bestraft ist, ob man ihm eine solche Tat zutrauen kann. Andererseits ist es aber auch durchaus verständlich, wenn man bei der gleichen Beweislage, die geeignet ist, die Überzeugung von der Schuld des Angeklagten beinahe ganz zu begründen, den noch nicht Bestraften, gegen dessen Persönlichkeit sich nichts einwenden läßt, dem vielleicht sogar von allen Seiten die besten Leumundszeugnisse ausgestellt werden, doch noch freispricht, weil man ihm trotz starker Indizien die Tat nicht zutraut und deshalb die volle Überzeugung von seiner Schuld nicht gewinnen kann, während man den schon einmal Bestraften, wenn die neue Tat der früheren gleichartig ist oder doch eine gleichartige Gesinnung verrät, auf gleich starke Indizien hin verurteilt, weil ihm die Tat auch zuzutrauen ist[1]).

Noch erheblich größer aber ist die Bedeutung früherer Bestrafung für die Frage der Strafzumessung, und zwar nicht nur soweit sie der Gesetzgeber selbst bei dem gesetzlichen Strafrahmen durch die Androhung erhöhter Strafen bei Rückfall berücksichtigt, sondern auch darüber hinaus. Auch hier wird man sich allerdings vor jeder schablonenmäßigen Strafzumessung hüten müssen. Taten, die rein formalen Charakters sind oder die, psychologisch betrachtet, ganz andersartig sind als die Tat, die jetzt abzuurteilen ist, wird man bei der Strafzumessung in der Regel völlig auszuschalten haben; Taten, die in der Jugendzeit begangen sind, in Nöten der Kriegszeit oder in den Wirren der ersten Nachkriegszeit verübt worden sind, Taten, die aus

[1]) Ebenso Begr. des Vorentwurfs zum StGB. von 1909, S. 177 und Sturm, „Die juristische Beweislehre" („Archiv für Kriminalanthropologie" Bd. 51) S. 134. In England allerdings darf der Leumund des Angeklagten, mithin auch die Vorstrafen, bei der Schuldfrage nicht mit herangezogen werden (Magnus, „Deutsche Strafrechts-Zeitung" 1919 Sp. 52 f.).

ernster wirtschaftlicher Not begangen sind, Taten, die nur eine schwache verbrecherische Energie des Täters erkennen lassen u. dgl. wird man ganz anders werten als Taten, die nicht unter solchen Umständen begangen sind und die von erheblicher verbrecherischer Energie des Täters zeugen. Man wird Freiheitsstrafen, die der neuerdings Angeklagte früher verbüßt hat, anders bewerten müssen als die Strafen, deren Vollstreckung ihm unter Bewilligung einer Bewährungsfrist ausgesetzt worden ist oder die ihm durch eine Amnestie oder durch Gnadenerlaß erlassen worden sind. Man wird sich überhaupt bei der Bewertung früherer Strafen stets vor Augen halten müssen, daß es immer auf den einzelnen Fall mit all seinen Besonderheiten ankommt, ob und inwieweit die frühere Tat und ihre Bestrafung einen Rückschluß auf die Persönlichkeit des Angeklagten gestattet. Jedenfalls können frühere Bestrafungen, wenn sie auch meist einen für die Strafzumessung bedeutungsvollen Einblick in die Persönlichkeit des Angeklagten gewähren, niemals als voller Ersatz für die eingehende Kenntnis der Persönlichkeit des Verurteilten, soweit sie für die Strafrechtspflege von Bedeutung ist, bewertet werden.

Je mehr sich die Anschauung durchgesetzt hat, daß bei der Strafzumessung wesentlich auch auf die Persönlichkeit des Täters Rücksicht zu nehmen sei, und zwar sowohl zu seinen Gunsten als zu seinen Ungunsten, desto mehr hat sich das Bedürfnis geltend gemacht, in zuverlässiger Weise feststellen zu können, ob der Angeklagte schon einmal bestraft worden war. Man ging allmählich dazu über, regelrechte Verzeichnisse der Bestrafungen, Strafregister, anzulegen, zunächst nur vereinzelt und in primitiver Weise, dann allgemeiner und systematischer. Soweit bekannt, ist ein erstes solches Strafregister im Jahre 1760 von der Pariser Polizeipräfektur eingerichtet worden [1]). Im Jahre 1850 führte man in Frankreich das Kartensystem ein, das weit besser als das sogen. Protokollsystem, bei dem die Bestrafungen zeitlich hintereinander in bestimmte Bücher eingetragen wurden, eine schnelle und zuverlässige Übersicht darüber gewährleistet, ob eine bestimmte Person schon bestraft worden ist oder nicht [2]). Fast alle Kulturstaaten haben seitdem Strafregister eingeführt, meistens unter Benutzung des Kartensystems [3]).

In Preußen war zuerst durch Justiz-Ministerialreskript vom 12. Sept. 1838 angeordnet worden, daß bei jedem Gericht Repertorien in alphabetischer Reihenfolge nach dem Namen der Angeschul-

---

[1]) Heindl, „System und Praxis der Daktyloskopie und der sonstigen technischen Methoden der Kriminalpolizei“, 2. Aufl., Berlin und Leipzig 1922, S. 576.

[2]) Klein, Artikel „Strafregister“ im Wörterbuch des Deutschen Staats- und Verwaltungsrechts“, 2. Aufl., Tübingen 1925 S. 551.

[3]) Josef Müller, „Vorstrafen und Strafregister“, Breslau 1908, S. 4 f.; Klein a. a. O. S. 551.

digten über die von ihnen zur Untersuchung gezogenen Personen zu führen seien[1]). Preußen gab auch die Anregung zu einer gewissen Vereinheitlichung des Strafregisters. Es regte eine Vereinbarung der Bundesregierungen dahin an, daß die Mitteilungen der Bestrafungen durch die zuständige Justizbehörde an die Heimatbehörde in allen Fällen zu bewirken sei, in denen ein Reichsangehöriger wegen Verbrechens oder Vergehens oder wegen einer Übertretung gegen § 361 Nr. 1 bis 3, 5 bis 8 StGB. oder wegen einer Übertretung gegen § 361 Nr. 4 beim Vorhandensein eines im § 362 Abs. 2 StGB. bezeichneten erschwerenden Umstandes verurteilt ist. Die Mitteilung sollte erfolgen an die Polizeibehörde des Wohn- oder Herkunftsortes, bei Übertretungen auch an die Polizeibehörde des letzten Aufenthaltsortes. Ein entsprechender Beschluß wurde von dem Ausschuß des Bundesrats für Justizwesen am 15. Dez. 1873 gefaßt.

Bei der Schaffung der Reichsstrafprozeßordnung wurde der Versuch gemacht, das Strafregisterwesen reichsgesetzlich zu regeln. Bei der Beratung des EG. zur StPO. in der Justizkommission des Reichstags wurde am 29. Juni 1876 (158. Sitzung, dritter Teil, S. 1113) über den Antrag der Abg. v. Schwarze und v. Puttkammer beraten, als letzten Paragraphen folgende Bestimmung aufzunehmen: „Jedes Landgericht führt ein Register über die bei deutschen Gerichten ergangenen rechtskräftigen Verurteilungen der in seinem Bezirk geborenen Personen, soweit die Verurteilungen wegen Verbrechen oder Vergehen erfolgt sind. Die zur Einführung und Fortsetzung des Registers erforderlichen allgemeinen Anweisungen werden von dem Reichskanzler erlassen.“ Zur Begründung wurde angeführt, es empfehle sich, diese in Frankreich und seit länger als 22 Jahren auch in Sachsen schon bewährte Einrichtung zu übernehmen und im Gegensatz zu Preußen, wo das Strafregister an dem Wohnort des Verurteilten geführt werde, den Geburtsort als zuständig für die Führung des Strafregisters zu bezeichnen. Der Grundgedanke des Antrages wurde bei der Erörterung zwar als richtig anerkannt, der Vorschlag selbst aber, als noch nicht reif für eine gesetzliche Regelung, abgelehnt.

Ende April 1877 wurde die Strafregisterfrage wieder im Bundesrat angeschnitten. Es erfolgte ein ausführlicher Vortrag des Berichterstatters. In dem ursprünglichen Ausschußantrag war die Mitteilung der Strafnachricht an den Wohnort bezw. den Herkunftort vorgesehen. Während die preußische Regelung vor allem im polizeilichen Interesse mit Rücksicht auf die Handhabung des Freizügigkeitsgesetzes vom 1. November 1867 und mit Rücksicht auf die richtige Ausführung der auf Zulässigkeit von Polizeiaufsicht lautenden Erkenntnisse getroffen worden war, stellte der Ausschuß die Interessen der Rechtspflege an der sicheren Erhebung der früheren Bestrafungen eines Beschuldigten voran und neigte infolgedessen zu der sächsischen Regelung. Zu einem formellen Beschluß über den

---

1) Müller a. a. O. S. 5.

entsprechenden Antrag des Ausschusses im Plenum ist es aber nicht gekommen.

Der Gedanke einer reichsgesetzlichen Regelung im Anschluß an die Reichsjustizgesetze blieb zunächst noch lebendig. Angeregt durch eine Broschüre von Hamm [1]) über das in Frankreich im Jahre 1850 eingeführte Casier judiciaire, das in Elsaß-Lothringen beibehalten worden war, sprach sich der Berichterstatter des Bundesrats im Ausschuß dafür aus, das Strafregister an dem Geburtsort des Bestraften einzurichten. Auch die übrigen Vorschläge Hamms enthalten im großen und ganzen alle wesentlichen Punkte der später bei uns erfolgten Regelung des Strafregisterwesens [2]). Der Berichterstatter schlug vor, der Ausschuß solle den Reichskanzler behufs reichsgesetzlicher Regelung der Materie um Vorlegung eines entsprechenden Gesetzentwurfs ersuchen. Es wurde dann aber am 22. Jan. 1878 von dem Ausschuß der Antrag gestellt, die Angelegenheit bis auf weitere Regelung, event. bis zum 1. Okt. 1879, ruhen zu lassen.

Im Jahre 1879 wurde die Frage von dem Bundesrat erneut in Angriff genommen. Der Berichterstatter schlug jetzt eine Bundesratsverordnung vor dahingehend, daß das Strafregister am Geburtsort zu führen sei. Preußen machte Einwendungen. Eine einheitliche Regelung des Strafregisterwesens erscheine nicht erforderlich; im übrigen habe sich das in Preußen eingeführte System durchaus bewährt. Unter den Bedenken, die Preußen gegen die vorgeschlagene Regelung vorbrachte, verdient der Hinweis darauf hervorgehoben zu werden, daß in Preußen Verurteilungen unter dem falschen Namen eines Unschuldigen zu den größten Seltenheiten gehörten, während in Frankreich, wie glaubhaft bezeugt werde, die Zahl solcher Verurteilungen unter falschem Namen steige, je bekannter die Einrichtung des **casier judiciaire** werde. Der preußische Standpunkt drang aber nicht durch. Der Antrag des Ausschusses des Bundesrats für Justizwesen vom 8. Mai 1882 (Bundesrat, Session 1881/2 Nr. 62) schlug eine entsprechende Verordnung vor unter eingehender Begründung der Bestimmungen. Der Entwurf wurde mit einigen Änderungen in nebensächlichen Punkten von dem Bundesrat am 16. Juni 1882 angenommen. Veröffentlicht ist diese Verordnung in dem „Zentralblatt für das Deutsche Reich" 1882 S. 309.

---

[1]) Hamm, „Die Einführung einheitlicher Strafregister", 1876. Über das französische Vorbild vgl. die von Klein S. 551 zitierten Schriften von Le Poittevin, „Traite theorique et pratique des casiers judiciaires", 3. Aufl., 1901, und von Jouvenet, „Étude sur le casier judiciaire", Paris 1900. Zahlreiche weitere Literatur über das französische Strafregister bei Heindl S. 577 Anm. 2.

[2]) In einem wichtigen Punkt ist die Regelung allerdings anders getroffen worden, insofern nämlich als entgegen Hamm's Vorschlag die Auskunfterteilung an Privatpersonen ausgeschlossen worden ist.

Diese Bundesratsverordnung ist im Laufe der Jahre in verschiedenen Punkten ergänzt und abgeändert worden[1]; doch bildet sie, wenn auch nicht mehr formell, so doch materiell, im wesentlichen auch heute noch die Grundlage der Regelung des Strafregisterwesens.

Durch diese Regelung sind die Interessen der Strafrechtspflege, über die Bestrafungen einer bestimmten Person und über einige andere für die Beurteilung seiner Persönlichkeit wichtige Punkte, so die Frage, ob er schon einmal wegen Unzurechnungsfähigkeit freigesprochen ist, ob er entmündigt ist usw., zuverlässige Auskunft zu erhalten, ausreichend gewahrt.

Ist ein Strafverfahren eingeleitet und ein Strafregisterauszug eingefordert worden, so ist der Angeklagte bei seiner Vernehmung auch über solche Vorstrafen, die für das vorliegende Strafverfahren nach irgendeiner Richtung hin von Bedeutung sein können, zu befragen[2], aber auch nur nach solchen Vorstrafen[3]. Es ist früher anscheinend öfter vorgekommen, daß ganz schematisch den Angeklagten ihre in dem Strafregisterauszug enthaltenen früheren Bestrafungen vorgehalten worden sind, ohne Unterschied, ob dies durch die Sachlage geboten war oder nicht. Von den verschiedensten Seiten werden über die verhängnisvolle Wirkung einer solchen Praxis erschütternde Beispiele berichtet. Männer, die sich in ihrer Jugend einer Verirrung schuldig gemacht hatten, sich in jahrzehntelanger Arbeit eine geachtete Stellung in der bürgerlichen Gesellschaft errungen hatten, sind durch Bekanntgeben von früheren Bestrafungen, die mitunter Jahrzehnte weit zurücklagen, seelisch zur Verzweiflung getrieben und wirtschaftlich samt ihrer Familie ruiniert worden[4]. Da auch Zeugen nach ihren etwaigen Be-

---

[1]) Zu vgl. C II Vorbem. Anm. 2.

[2]) Nach den Motiven zur StPO. zählen auch die Vorstrafen zu den „persönlichen Verhältnissen", über die der Angeklagte nach § 242 (§ 243 n. F.) StPO. zu vernehmen ist. Vgl. auch Oppler in DJZ. 1907 S. 647 ff.

[3]) Vgl. die Rundverf. vom 13. Jan. 1894 und vom 8. Juli 1908 (abgedr. bei Müller, Die Preußische Justizverwaltung S. 1109 f.), die AV. vom 27. Dez. 1918 und 23. Juni 1920 (JMBl. 1918 S. 537; 1920 S. 350); den bayerischen Ministerialerlaß vom 25. Juni 1908 (bayer. JMBl. S. 131), vom 25. März 1914 (bayer. JMBl. S. 35) und vom 30. Jan. 1919 (JMBl. S. 35), dazu „Gerichtssaal" 1908 S. 425 ff.

[4]) Vgl. Delaquis, „Die Rehabilitation Verurteilter", Berlin 1906 S. 43 ff.; „Mitteilungen der JKV." Bd. 1 S. 129; Bd. 13 S. 145 ff., 178 ff.; Delaquis, „Schweizerische Zeitschrift für Strafrecht", Bd. 30 S. 77 erwähnt, daß in Basel nach 20 Jahren in einem Verfahren wegen einer geringfügigen Übertretung eine frühere Verurteilung des Angeklagten bekanntgegeben wurde und daß die Wir-

strafungen gefragt werden können, soweit dies für ihre Glaubwürdigkeit von Bedeutung ist [1]), können diese unerfreulichen Wirkungen einer sinnlosen schematischen Befragung nach Vorstrafen auch dann eintreten, wenn der früher einmal Bestrafte gar nicht einer neuen Straftat verdächtig, sondern nur als Zeuge geladen ist [2]). Bei verständiger Handhabung der prozessualen Bestimmungen lassen sich diese unerwünschten Folgen zum großen Teil, wenn auch nicht ganz, vermeiden. Aufgabe der Strafprozeßreform wird es sein, insoweit die erforderlichen Vorkehrungen zu treffen. [3])

Auch auf anderen Gebieten ist durch staatliche Organe die Bedeutung der Bestrafung nicht selten überschätzt und in bester Absicht der Bestrafte zweckwidrig behandelt worden. So etwa durch Polizeibehörden bei der Handhabung der Polizeiaufsicht, durch die es dem Bestraften vielfach geradezu unmöglich gemacht, zum mindesten außerordentlich erschwert worden ist, wieder ein geordnetes Leben zu führen [4]) oder bei der Aufnahme in Heer und Marine oder bei der Anstellung als Beamter. So hat auf der Kriegstagung der Jugendgerichtshilfen ein bewährter Fachmann, als dort über die gesellschaftliche Ächtung

---

kung dieser Enthüllung für den sonst durchaus unbescholtenen Angeklagten einfach vernichtend war. Bahn („Der Tag", Berlin, 7. Nov. 1919) erzählt einen ähnlichen Fall aus seiner Praxis. Ein sehr angesehener Kaufmann, der vor 20 Jahren wegen Betruges mit Gefängnis bestraft worden war und jetzt in eine ganz unbedeutende Sache verwickelt war, sank auf den Vorhalt der Strafe auf die Bank zurück; er war mehrere Minuten lang nicht imstande zu sprechen; er brach in Tränen aus und zitterte am ganzen Körper. Er hatte sich auch seinem Verteidiger nicht geoffenbart. Vgl. auch Hellwig. Die kriminalpsychologische Seite des „Karl May-Problems" (Karl May-Jahrbuch, Radebeul bei Dresden 1920 S. 187 ff.), besonders S. 225 ff., 247 f.; Stern, „Über den Wert der dichterischen Behandlung des Verbrechens" (ZfStrW. 26 S. 165) weist auf das Theaterstück von Eugene Brieux „Die rote Robe" hin, in dem am Schluß vor Augen geführt wird, wie die vor der Öffentlichkeit erfolgte Enthüllung des Vorlebens einer zufällig mit in das Verfahren verwickelten Person ihr Lebensglück zu zerstören geeignet ist.

[1]) StPO. § 67.

[2]) Nach Aschrott, („Mitteilungen der JKV." Bd. 13 S. 581 ff.) können solche Fragen eines Verteidigers vielfach auch dann nicht als ungeeignet und nicht zur Sache gehörig zurückgewiesen werden, wenn sie tatsächlich für die Glaubwürdigkeit belanglos sind. Vgl. außerdem Entscheidungen der RG. im „Archiv f. Strafrecht" Bd. 58 S. 184; Bd. 60 S. 93.

[3]) Vgl. § 8 StrTilgG. Anm. 1, 24.

[4]) Vgl. z. B. Hellwig, „Die psychologische Seite ..." a. a. O. S. 201 ff., 219 ff.

der bestraften Jugendlichen gesprochen wurde, mit Recht gesagt, ehe wir nicht sozial umlernen, sei nichts zu machen: „Das Schlimmste ist, wie unsere Behörden vorgehen. Wenn ich einen vierzehnjährigen Jungen unterbringen will, gibt es nichts Besseres als ihn auf die Unteroffizierschule gehen oder ihn Matrose werden zu lassen, aber ist er vorbestraft, und wenn er vielleicht nur für seine Kaninchen ein Kohlblatt genommen hat, so ist nichts zu machen [1].“ Auch nach diesen Richtungen ist in den letzten Jahren manches besser geworden; man hat eingesehen, daß eine schematische Bewertung der Bestrafung nicht angebracht ist, daß jemand im Grunde doch ein anständiger Mensch sein kann, auch wenn er einmal eine Straftat begangen hat, und daß längeres Wohlverhalten den Beweis für das Vorliegen einer nur einmaligen, zu Schlüssen auf den Grundcharakter des Täters nicht berechtigenden Verirrung zu erbringen vermag.

Weit schlimmer aber ist die gesellschaftliche Achtung eines jeden Bestraften, weit schwerer auch dagegen anzukämpfen. Zwar soll nicht verkannt werden, daß die hierbei zutage tretende Scheu vor dem „Verbrecher“ als solche heilsam ist, weil sie geeignet erscheint, vor der Begehung von Straftaten abzuschrecken. Andererseits aber ist es ebenso sicher, daß die Abscheu vor Bestraften oft weit über das Ziel hinausschießt. Wenn der Abschreckungsgedanke hier etwas Einbuße erleiden würde, wäre es ein kleineres Übel, als wenn, wie es heute noch vielfach der Fall ist, ganz schematisch dem Bestraften Mißtrauen und Mißachtung entgegengebracht wird und so auch die zahlreichen Bestraften, die den besten Willen haben, wieder ein geordnetes Leben zu führen, zurückgestoßen, mit Erbitterung erfüllt und dadurch auch gegen ihren Willen von neuem auf die Bahn des Verbrechens geradezu getrieben werden.

Daß Bestrafte, Jugendliche wie Erwachsene, überall einen schweren Stand haben, insbesondere auch bei ihren eigenen Arbeitskollegen, ist eine bekannte Tatsache, die vielfach bestätigt wird [2]. Aber auch die Arbeitgeber haben eine starke Abneigung gegen Bestrafte. So berichtet der Hamburger Gefängnisgeistliche Dr. Seyfarth u. a., er habe 500 Großgrundbesitzer um Mithilfe bei der Unterbringung von Entlassenen, namentlich gebildeter Stände, die vorher eine sechsmonatige Probezeit in einer Übergangsstation durchgemacht hatten, gebeten; nur ein einziger aber habe sich bereit erklärt, solche Entlassene

---

[1]) v. Dühring auf der „Kriegstagung der deutschen Jugendgerichtshilfen (4. deutscher Jugendgerichtstag) am 12., 13. und 14. April 1917 zu Berlin. Einberufen von der Deutschen Zentralstelle für Jugendfürsorge“ (Berlin 1918) S. 153.

[2]) Vgl. Köhne auf dem Wiesbadener Jugendgerichtstage; die Verhandlungen auf der Kriegstagung a. a. O.; den Bericht der 13. Kommission über den Jugendgerichtsgesetzentwurf, Reichstag 1912/13 Nr. 1034 S. 14 f.; Exner, „Gesellschaftliche und staatliche Strafjustiz“; in Z. f. ges. StrW. Bd. 40 S. 1 ff.

zu beschäftigen. Auf 300 in deutschen Zeitungen veröffentlichte Aufrufe und auf viele Zeitungsanzeigen habe er im ganzen nur sechs Angebote erhalten, von denen sich noch dazu vier als unbrauchbar erwiesen hätten; auf Anfragen in 300 kaufmännischen Stellenvermittlungsbüros hätten sich verschiedene zwar grundsätzlich zustimmend zu seinen Ausführungen geäußert, hätten aber erklärt, helfen könnten sie ihm bei seinen Bestrebungen nicht, da ihre Statuten die Vermittlung von Stellen an einmal Bestrafte verböten [1]). Daß dieser grundsätzliche Standpunkt durchaus unberechtigt ist, liegt nach dem oben Ausgeführten auf der Hand. Mit vollem Recht sagt Finkelnburg, die Tatsache, daß jemand vorbestraft sei, als solche, besage gar nichts [2]) und Margarete Sommer geht mit Fug und Recht mit dieser Engherzigkeit scharf ins Gericht [3]).

Daß hier ein Problem liegt, das aus ethischen und aus kriminalpolitischen Gesichtspunkten der ernstesten Aufmerksamkeit wert ist, betont ausdrücklich auch die amtliche Begründung zu dem Straftilgungsgesetz:

„Es tritt in der Bewertung von Vorstrafen eine starke Überspannung zutage. Es besteht die Neigung, die Tatsache einer Bestrafung, mag sie auch noch so weit zurückliegen und nach Auffassung aller Verständigen ihre Bedeutung längst verloren haben, zum alleinigen Gradmesser für die Beurteilung einer Persönlichkeit zu machen und zwischen Bestraften und Unbestraften eine starre Grenzlinie zu ziehen.

Eine solche schematische Auffassung des Wesens der Vorstrafe bedeutet eine unbillige Härte gegen den Verurteilten, dessen ganzes Leben unter Umständen hierdurch zerstört wird; sie führt aber auch zu einer schweren Schädigung des Gemeinwohls. Wer nach erstandener Strafe eben um der Bestrafung willen überall verschlossene Türen findet, wer sich trotz redlichen Bemühens durch die Tatsache, daß er einmal gefehlt und Strafe erlitten hat, immer wieder der allgemeinen Mißachtung preisgegeben und im Daseinskampfe behindert sieht, der muß letzten Endes die Hoffnung und damit den Antrieb

---

1) Seyfarth, „Ernste Probleme aus dem Strafvollzug und der Fürsorge an den Entlassenen", Sonderabdruck aus der „Zeitschrift der evangelisch-lutherischen Kirche in Hamburg" Bd. 10 Heft 6—8, S. 16. Man nehme folgenden Fall hinzu, den Müller a. a. O. S. 60 berichtet: In einer Privatklagesache wegen Beleidigung wurde einem Reisenden eine Freiheitsstrafe von 3 Wochen vorgehalten, die er vor 23 Jahren wegen einer Unterschlagung verbüßt hatte. Sein Prozeßgegner denunzierte daraufhin den Reisenden bei dem kaufmännischen Verbande, dem er angehörte, und erreichte, daß er von der Mitgliedschaft im Verbande ausgeschlossen wurde.

2) Finkelnburg a. a. O. S. 39.

3) Sommer, „Die Fürsorge im Strafrecht", Berlin 1925 S. 105 ff

verlieren, sich eine geachtete Stellung im Leben wieder zu erobern, und wird so auf die Bahn des Verbrechens zurückgestoßen" [1]).

Um auch die Stimme eines Mannes anzuführen, der selbst unter dieser grausamen und unvernünftigen Achtung des Vorbestraften durch die menschliche Gesellschaft schwer gelitten hat, sei aus der Selbstbiographie Karl May's folgendes Bekenntnis abgedruckt: „Der Verbrecher war einst vogelfrei; er ist es auch noch heute. Ein jeder hackt auf ihn ein; ist es nicht offen, so geschieht es doch heimlich. Er suche Arbeit, er suche Hilfe, er suche Recht, so wird er jedem andern nachgesetzt. Es gibt im Leben hundert und aberhundert Punkte, von denen aus er als minderwertiger Mensch betrachtet und behandelt wird, und es bedarf von seiner Seite einer ungewöhnlichen Seelenruhe und einer seltenen Willenskraft, dies immer wieder und immer weiter zu ertragen, ohne sich auf die alte Bahn zurückwerfen zu lassen. Die größte Gefahr für ihn liegt darin, daß ihm von dem lieben Nächsten das Ehrgefühl nach und nach abgestumpft oder gar getötet wird. Läßt er es soweit kommen, so ist er verloren, und die Kriminalistik gibt ihr entweder erbittertes oder vollständig gleichgültig gewordenes Opfer nie wieder her. Dies wird und kann gar nicht anders werden, solange an dem alten, ebenso unsinnigen wie grausamen Vorurteil festgehalten wird, daß jeder bestrafte Mensch für die ganze Zeit seines Lebens als Verbrecher zu betrachten sei." [2])

Eine gründliche Abhülfe gegen diese Mißstände kann, wie die Begründung zu dem Entwurf des Straftilgungsgesetzes zutreffend bemerkt, **nur von einer fortschreitenden Aufklärung des Volkes und einer Läuterung der sittlichen Auffassung von den Pflichten erhofft werden, die der Einzelne und die Gesamtheit auch gegenüber vorbestraften Personen haben** [3]). Stoßen

---

[1]) Verfassunggebende Deutsche Nationalversammlung, Drucks. Nr. 1486 S. 4. Vgl. dazu auch **Kitzinger**, „Die Stellung der Gesellschaft zum Verbrechen und zur Strafe", Tübingen 1925 S. 32 ff. — „Wo die Gesellschaft sich weigert, den bestraften Verbrecher wieder in ihre Mitte aufzunehmen, hat vergeltendes, erziehendes und schützendes Strafrecht vergebens gearbeitet. Die Tat bleibt trotz der Strafe ungesühnt, der Verbrecher, der sich einmal als Feind der Gesellschaft gezeigt hat, bleibt ihr Feind, weil sie ihm feind bleibt (S. 34.)

[2]) **May**, „Ich" S. 393. Dazu **Hellwig**, „Die kriminalpsychologische Seite ..." S. 223 ff. Wir verweisen auch auf den Aufsatz von **Sturm**, „Naturwissenschaftliche Anschauung und Strafe" bei **Bußmann**, „Das Verbrechen am Verbrecher", Bern 1917 S. 25. Vgl. auch **Nagler**, „Die Strafe. Eine juristisch-empirische Untersuchung", Erste Hälfte, Leipzig 1918 S. 48 ff. über die „soziale Strafe".

[3]) a. a. O. S. 4.

wir die Bestraften von der menschlichen Gesellschaft aus, so könnten wir uns nicht wundern und uns darüber nicht beklagen, daß sie Feinde der menschlichen Gesellschaft werden und ihr auf die Dauer verloren gehen. Nehmen wir die besserungsfähigen — und das ist die große Mehrzahl der Bestraften [1] — mit warmem Herzen unter uns auf, so geben wir ihnen die Möglichkeit, wieder zu gesunden. Wir bewahren sie so in zahlreichen Fällen vor dem sonst oft genug unvermeidlichen Rückfall. „Nicht nur Krankheit steckt an, sondern auch Gesundheit.“ Mit diesen Worten vertrat diesen Standpunkt gegenüber einem der Verfasser ein Hamburger Kaufmann v. Klitzing, der auf diesem Gebiet in uneigennütziger Weise seit Jahren sich praktisch betätigt und schöne Erfolge zu verzeichnen hat. *Wir müssen es als eine der dringendsten kriminalpolitischen Aufgaben der Gegenwart erkennen, den Bestraften zu assimilieren.* Es ist höchste Zeit, daß das öffentliche Gewissen wachgerüttelt wird! [2] Es wäre allerdings ein unbegründeter Optimismus, wenn man annähme, die notwendige Umwandlung der öffentlichen Meinung sei von heute auf morgen möglich. Sie wird auch im günstigsten Falle Jahre, ja Jahrzehnte, dauern.

Ganz gewiß hat auch der Staat die Pflicht, nach Kräften mitzuwirken, daß dieses Ziel in absehbarer Zeit erreicht wird. Liegt es auch nicht in seiner Macht, diese Umwandlung herbeizuführen, so kann er doch vieles tun, um an dieser Aufgabe mitzuhelfen. Er kann dafür sorgen, daß die frühere Bestrafung von ihm selbst nicht übermäßig bewertet wird, so bei der Anstellung von Beamten, bei Entscheidungen über Konzessionsgesuche u. dergl.; er kann darauf hinwirken, daß die Vorstrafen im gerichtlichen Verfahren nicht unnötigerweise öffentlich erörtert werden, er kann die Aufbewahrung der Strafnachrichten auf eine bestimmte Zeit beschränken und kann auch durch Beschränkung des Kreises der auskunftsberechtigten Behörden und Stellen den Bestraften, der sich eine bestimmte Zeitlang straffrei geführt hat, schonen. schonen.

Die Erkenntnis, daß derartige Maßnahmen nicht nur durch die gebotene Rücksichtnahme auf den Bestraften erfordert werden, sondern daß sie auch mit dem wohlverstandenen Interesse der Gesell-

---

[1] Vereinzelt kommen auch in scheinbar verzweifelten Fällen noch Besserungen vor. Vgl. *Clasen*, „Der Salutismus, Eine sozialwissenschaftliche Monographie über General Booth auf seine Heilsarmee“ (Jena 1903), S. 298 ff.

[2] *Sommer* a. a. O. S. 108 f. Sie verweist auch auf ein Wort, das *Clostermann* in einem Vortrag über „Probleme der Gefangenenfürsorge“ (Jahresbericht der Rheinisch-Westfälischen Gefängnis-Gesellschaft 1918/19 S. 55) geprägt hat: „Die Welt ist die Verführerin zur Sünde, aber sie vergibt sie nicht.“

schaft und des Staates selbst durchaus vereinbar sind, hat sich in den letzten Jahrzehnten auch immer mehr durchgesetzt und in Gesetzen, Verordnungen und Allgemeinen Verfügungen ihren Niederschlag gefunden. Es sind dies die Bestrebungen, die auf eine Rehabilitation des Bestraften hinzielen. Dies sind letzten Endes auch die Gedankengänge, die dem Straftilgungsgesetz zugrunde liegen.

An sich besteht kein innerer notwendiger Zusammenhang zwischen Rehabilitation und Strafregister[1]). Es ist eine Rehabilitation durchaus denkbar auch dort, wo es Strafregister gar nicht gibt, und auch, wo Strafregister eingerichtet sind, braucht eine Rehabilitation keineswegs dazu zu führen, daß die betreffende Strafnachricht aus dem Strafregister entfernt und vernichtet wird.

Tatsächlich besteht aber in Ländern, in denen Strafregister eingeführt sind, eine gewisse Rückwirkung der Rehabilitation auf das Strafregister; ja diese Rückwirkung auf das Strafregister ist eine ihrer wesentlichsten Wirkungen[2]). So auch bei uns.

Das Wort Rehabilitation hat verschiedene Bedeutungen. Ursprünglich bedeutete es die Wiederverleihung der bürgerlichen Ehrenrechte, die durch ein Strafurteil aberkannt worden sind; später verstand man den Begriff allgemeiner als Nichtberücksichtigung einer erfolgten Verurteilung für die Zukunft, entweder ganz allgemein oder aber nach bestimmten Richtungen hin[3]). Der Gedanke war dabei der, daß der Verurteilte durch späteres Wohlverhalten gezeigt habe, daß er wieder ein nützliches Mitglied der bürgerlichen Gesellschaft geworden sei.

Man unterscheidet je nach den formellen Voraussetzungen, an welche die Rehabilitation gebunden ist, drei verschiedene Formen:

1. die **réhabilitation gracieuse**, die als Gnadenakt im Einzelfall erfolgt;

2. die **réhabilitation judiciaire**. Sie erfolgt nicht mehr als Gnadenakt, sondern als Rechtsakt durch das Gericht. Es wird als Voraussetzung für die Rehabilitation verlangt, daß der Nachweis erbracht wird, daß sich der Verurteilte gebessert habe. Zunächst dachte man dabei an eine moralische Besserung, später begnügte man sich mit dem Nachweis der sozialen Besserung, d. h. mit dem Nachweis, daß sich der Verurteilte keiner neuen Straftat schuldig gemacht habe;

3. **réhabilitation de droit**. Sie ist gleichfalls ein Rechtsakt, erfolgt aber nicht durch besondere gerichtliche Entscheidung, sondern kraft Gesetzes durch einfachen Zeitablauf, vorausgesetzt, daß sich der Verurteilte inzwischen keiner neuen Straftat schuldig gemacht hat. Sie beruht auf der Vermutung der sozialen, vielleicht auch der

---

1) Delaquis a. a. O. S. 50.
2) Delaquis a. a. O. S. 71.
3) Delaquis a. a. O. S. 61 ff.; Müller a. a. O. S. 65 f.

moralischen Besserung, wenn innerhalb der bestimmten Fristen keine Verurteilung erfolgt ist[1]).

Den Anfang in der Entwicklung bildet die **réhabilitation gracieuse**, ihren Schlußstein die **réhabilitation de droit**. Wie in der Entwicklung des Strafregisterwesens, so ist Frankreich auch in der Entwicklung der Rehabilitation vorangegangen. Schon in einer Ordonnance royale von 1670 läßt sich die gnadenweise Rehabilitation nachweisen, die sich schließlich nach mehrfachen Wandlungen in dem Gesetz vom 14. August 1885 in die gerichtliche Rehabilitation kraft Rechtens umwandelte[2]).

In Österreich besteht auf Grund des Gesetzes über die Tilgung der Verurteilung vom 21. März 1918 (RGBl. Nr. 108) in der Fassung des Bundesgesetzes vom 17. Februar 1922 (BGBl. Nr. 110) eine eigenartige Regelung, welche die drei Formen der **réhabilitation** miteinander kombiniert[3]). Soweit gegen einen Verurteilten nur eine einzige Verurteilung vorliegt und die Strafe nicht schwerer ist als einjährige Freiheitsstrafe, wird die Verurteilung in StrRegAuszüge und Leumundszeugnisse nicht mehr aufgenommen, wenn seit dem Vollzug oder Erlaß der Strafe 15 Jahre verstrichen sind; es handelt sich insoweit um eine abgeschwächte Form der **réhab. de droit**, die im wesentlichen der Auskunftsbeschränkung des deutschen Straftilgungsgesetzes entspricht. Im übrigen wird einem vorher gerichtlich unbescholtenen (d. h. höchstens geringfügig vorbestraften) Verurteilten durch den Gerichtshof erster Instanz Tilgung der Verurteilung gewährt, wenn er den durch die Tat verursachten Schaden nach Kräften gutgemacht hat und bis zum Ablauf einer bestimmten Frist, die je nach Strafhöhe 5, 10 oder 15 Jahre beträgt, nicht neuerlich verurteilt ist. Die Tilgung der Verurt. hat die Wirkung, daß der Verurteilte als gerichtlich unbescholten gilt und die Verurteilung auf Befragen vor Gericht nicht anzugeben braucht. Insoweit liegt eine **réhab. judiciaire** mit einem Einschlag nach der **réhab. de droit** vor. Die Tilgung der Verurteilung ist jedoch, abgesehen von politischen Delikten, bei Erwachsenen ausgeschlossen, wenn die Strafe mehr als 2 Jahre Kerker beträgt; für diese Fälle ist die **réhab. gracieuse** durch den Bundespräsidenten (früher den Kaiser) vorgesehen.

In den deutschen Partikularrechten hat sich in der ersten Hälfte des 19. Jahrhunderts die gnadenweise und teilweise auch die gerichtliche Rehabilitation in der Beschränkung auf die Wiederver-

---

[1]) Delaquis S. 9 ff.; Wachenfeld, „Archiv f. StrR." Bd. 54 S. 161 ff.

[2]) S. 12 ff.

[3]) Vgl. dazu den **Kommentar** von **Kadecka** (Wien 1919), der auch reiches geschichtliches Material zur Frage der Rehabilitation enthält, ferner **Oetker** im Gerichtssaal Bd. 87 S. 161 und **Delaquis** Zschr. f. d. ges. Strafrechtsw. Bd. 39 S. 594.

leihung der bürgerlichen Ehrenrechte ausgebildet[1]). In das Reichsstrafgesetzbuch wurden derartige Bestimmungen nicht aufgenommen.

Die Erkenntnis, daß der bisherige Zustand unbefriedigend sei, setzte sich aber immer mehr durch, je größer die Zahl der Strafgesetze und damit auch die Zahl der Bestraften wurde und je mehr man erkannte, daß es unklug und ungerecht ist, den Bestraften die Sklavenkette seiner einmal erfolgten Bestrafung sein Leben lang hinter sich herschleppen zu lassen.

Mindestens seit den neunziger Jahren des vergangenen Jahrhunderts ist in den einzelnen deutschen Ländern die Übung nachweisbar, „gnadenweise" die Löschung einer Strafe im Strafregister in besonders gelagerten Fällen auf ein dahingehendes Gesuch ausnahmsweise anzuordnen[2]). Im Jahre 1913 wurde die Löschung von Strafvermerken durch eine Novelle zur Strafregisterverordnung ausdrücklich anerkannt und in ihrer Bedeutung festgelegt. Während des Krieges brachten sodann die übereinstimmenden Erlasse der Bundesfürsten vom 27. Januar 1916, 1917, 1918 und nach Abschluß des Krieges die Amnestieverordnungen vom 3. und 7. Dezember 1918 eine außerordentliche Erweiterung der Fälle, in denen eine Löschung der Strafen angeordnet wurde[2]). Durch die Strafregisterverordnung vom 16. Mai 1918 ist die nach Ablauf einer bestimmten Zeit straffreier Führung kraft Gesetzes eintretende Beschränkung der Auskunft aus dem Strafregister eingeführt worden.

Auch in den Vorarbeiten für die Strafrechtsreform hat der Rehabilitationsgedanke eine große Rolle gespielt.

In dem Vorentwurf zu einem Deutschen Strafgesetzbuch von 1909 waren Bestimmungen sowohl über die Wiedereinsetzung in die bürgerlichen Ehrenrechte als auch über die Löschung der Strafvermerke in den Strafregistern enthalten. Die Wiedereinsetzung konnte das Gericht nach einem bestimmten Zeitablauf gewähren, wenn sich der Verurteilte in diesem Zeitraum „ehrenhaft geführt und einer besonderen Berücksichtigung würdig gezeigt, auch sich nach Kräften bemüht hat, den durch die strafbare Handlung verursachten Schaden wieder gutzumachen" (§ 50). Auch die Anordnung der Löschung sollte in das freie Ermessen des Gerichts gestellt werden. Sie hat zur Voraussetzung, daß sich der Verurteilte in einem bestimmten längeren Zeitraum „gut geführt" hat. Bei längeren als einjährigen Haftstrafen oder Gefängnisstrafen gegen Erwachsene, ebenso bei Zuchthausstrafen war die Löschung ausgeschlossen (§ 51). Die Wirkung der Löschung war dahin bestimmt, daß die betreffende Strafe bei Erteilung eines Strafregisterauszuges als gelöscht zu bezeichnen, bei einer Auskunft auf Grund einer polizeilichen Liste oder eines anderen amtlichen Strafenverzeichnisses nicht anzugeben sei (§ 52). In der Begründung war dazu ausgeführt, daß auch ältere Vorstrafen unter Umständen noch von Bedeutung sein könnten

---

1) Delaquis S. 29 ff.
2) Klee in „Deutschen Strafrechts-Zeitung" 1920 S. 165.
3) Vgl. unten Anm. 26 zu § 8 des StrTilgG.

für die Strafrechtspflege, daß ihre Kenntnis daher für die Strafgerichte nicht entbehrlich sei. Deshalb solle das Wohlverhalten des Verurteilten die Verurteilung selbst nicht tilgen, sondern nur gegenüber dem Strafregister eine auslöschende Wirkung haben[1]).

Der Gegenentwurf machte in § 110 die Wiedereinsetzung nicht mehr von der ehrenhaften Führung abhängig, sondern begnügte sich damit, daß der Verurteilte in der betreffenden Zeit ein Verbrechen oder vorsätzliches Vergehen nicht mehr begangen haben dürfe. Eingreifender noch waren die von dem Gegenentwurf in den §§ 111, 112 gegenüber den Bestimmungen des Vorentwurfs über die Löschung vorgeschlagenen Änderungen. § 111 ließ die Löschung bei allen Strafen zu, auch bei der Zuchthausstrafe, und bestimmte vor allem auch, daß nach Ablauf einer bestimmten Zeit die Strafe zu löschen sei. Er ging also zu dem System der Rehabilitation von Rechts wegen über. Die Wirkung der Löschung war die gleiche, wie sie der Vorentwurf vorgesehen hatte. § 112 bestimmte aber darüber hinausgehend, daß nach Ablauf einer weiteren Frist die gelöschte Strafe auch bei Erteilung eines Registerauszuges nicht mitzuteilen sei und daß der Verurteilte auch von der Pflicht befreit sei, die Bestrafung auf Befragen des Gerichts oder einer anderen Behörde anzugeben. In der Begründung dazu wird gesagt, daß die entsprechenden Bestimmungen des Vorentwurfs von der Kritik allgemein als unzureichend bezeichnet worden seien[2]). Die Tilgung der Verurteilung wurde im Anschluß an § 55 des österreichischen Vorentwurfs von 1909 vorgeschlagen, allerdings, über ihn insoweit hinausgehend, nicht nur für Straftaten, die ein Jugendlicher begangen hatte, sondern ganz allgemein.

Der Entwurf der Strafrechtskommission von 1913 blieb im wesentlichen bei der ursprünglich vorgesehenen Regelung. Die Löschung sollte nicht ohne weiteres durch Zeitablauf unter der Voraussetzung straffreien Verhaltens erfolgen, sondern war nach wie vor in das Ermessen des Gerichts gestellt; die Anordnung der Löschung setzte voraus, daß sich der Verurteilte eine bestimmte Zeit ehrenhaft geführt und sich einer besonderen Berücksichtigung würdig gezeigt hatte. Die Wirkung der Löschung wurde aber weitergehend gefaßt: über gelöschte Strafen darf nur Gerichten, den Behörden der Staatsanwaltschaft und den höheren Verwaltungsbehörden Auskunft erteilt werden, und auch ihnen nur auf ausdrückliches Ersuchen. In Führungs- und Leumundszeugnissen dürfen gelöschte Strafen nicht erwähnt werden (§ 130). In § 131 wurde aber auf Anregung des Gegenentwurfs auch die Tilgung vorgesehen. Sie war zulässig nach Ablauf einer weiteren Frist, setzte gleichfalls ehrenhafte Führung usw. voraus und war wie die Löschung in das freie Ermessen des Gerichts gestellt. Sowohl Löschung wie auch Tilgung konnten bei allen Stra-

[1]) Vorentwurf zu einem Deutschen Strafgesetzbuch. Begründung. Allgemeiner Teil. S. 177.

[2]) Begründung zum Gegenentwurf, Allgemeiner Teil S. 156.

fen, auch bei Zuchthausstrafen, erfolgen. Die Wirkung der Tilgung war folgendermaßen formuliert: „Auf Grund der Anordnung sind alle amtlichen Aufzeichnungen über die Verurteilung zu vernichten. Der Verurteilte darf jede Auskunft über die Tat und die Strafe verweigern."

Bei den weiteren Beratungen wurden dann aber diese Bestimmungen gestrichen, da sie nicht in das Strafgesetzbuch gehören.

Demgemäß findet sich auch weder in dem Entwurf zu einem Deutschen Strafgesetzbuch von 1919 noch auch in dem amtlichen Entwurf eines Allgemeinen Deutschen Strafgesetzbuch von 1925 irgendeine Bestimmung über Rehabilitation außer den Vorschriften über die Wiederverleihung verlorener Rechte und Fähigkeiten.

Am 21. November 1919 legte der Reichsminister der Justiz der Verfassunggebenden Deutschen Nationalversammlung den Entwurf eines Gesetzes über beschränkte Auskunft aus dem Strafregister und die Tilgung von Strafvermerken (Nationalversammlung 1919 Drucks. Nr. 1486) vor.

Die erste Beratung fand am 25. November in der 118. Sitzung der Nationalversammlung statt. Nach einer kurzen Aussprache wurde der Entwurf dem 22. Ausschuß überwiesen.

Den Grundgedanken des Entwurfs, der an die oben geschilderte Entwicklung anknüpft, legte der damalige Reichsminister der Justiz Schiffer in seinen einleitenden Worten folgendermaßen dar:

„Der Entwurf stellt den Abschluß einer Entwicklung dar, die wie kaum irgendeine getragen ist von dem gesunden Empfinden des Volkes. Diese Entwicklung richtet sich gegen den Exzeß, wie er in früheren Zeiten sich durch die nicht auszutilgende Bemakelung eines einmal Verurteilten dargestellt hat. Gewiß erschöpft sich die Wirkung der Strafe nicht und soll sich nicht erschöpfen in ihrer Vollstreckung. Es genügt nicht, daß man, wie es im Volksmunde heißt, seine Strafe absitzt oder abreißt, — es liegt im Wesen und Zweck der Strafe, daß sie über die Vollstreckung hinaus nachwirkt, daß sie auch nachher den Verurteilten noch treffen, daß sie auch in den Kreisen seiner Umgebung abschreckend und läuternd wirken soll. Aber diese Neben- und Nachwirkungen müssen Grenze und Ziel haben; sie dürfen nicht so weit gehen, daß sie die ganze Existenz vernichten, daß sie wie eine Kette am Fuß nachgeschleppt werden müssen bis zum Grabe, daß sie denjenigen, der einmal gefehlt hat, nun nicht mehr in die Gesellschaft der anständigen Menschen zurücktreten lassen, daß sie ihn schließlich sogar auf die Bahn des Verbrechens treiben. Unzählige Tragödien im einzelnen Menschenleben, die weit über das hinausgehen, was Strafrecht und Strafrichter gewollt haben, beweisen, daß man hier die Nachwirkung der Strafe zu ungezügelt sich entfalten ließ, und enthalten die Mahnung einzugreifen, soweit der Staat überhaupt eingreifen kann. Auch dem Eingreifen des Staats sind Grenzen gesetzt. Letzten Endes wird die Läuterung der sittlichen Anschauungen das ihrige dazu tun müssen, um denjenigen, der gestrauchelt ist, wieder aufzurichten, und denjenigen, der gefallen ist, wieder zu stützen, damit er nach Reue und Sühne wiederum ein brauchbares Mitglied der menschlichen Gesellschaft wird. Was der Staat dazu tun kann, ist in erster Reihe, diejenigen Einrichtungen, die der Festhaltung der einmal verhängten Strafen dienen, zu revidieren, um zu verhüten, daß aus ihnen selbst ein Mißbrauch der einmal getroffenen Einrichtungen sich ergibt. Hier ist eine feste Grundlage für das, was bisher nur teilweise durch Gesetzgebung, teilweise durch Verwaltungsanordnungen, geschaffen worden ist, herzustellen. Das ist die Aufgabe des Gesetzentwurfs."

Der 22. Ausschuß erstattete am 9. März 1920 mündlichen Bericht (Nationalversammlung 1920, Drucks. Nr. 2425) und schlug einige Änderungen nicht grundlegender Art vor.

Die zweite und dritte Beratung fand in der 158. Sitzung am 30. März 1920 statt (Stenogr. Ber. S. 5029). Nach einem kurzen Vortrage des Berichterstatters wurde der Entwurf in der von dem Ausschuß vorgeschlagenen Fassung ohne weitere Aussprache angenommen.

Durch das Straftilgungsgesetz sind die Bestrebungen, die auf eine Rehabilitation des Bestraften hinzielen, zunächst zu einem gewissen Stillstand gekommen. Das Gesetz regelt diese Frage im engsten Zusammenhang mit den Vorschriften über das Strafregister. Die Löschung einer Strafe wurde aus dem bisherigen Recht übernommen. Die Löschung hatte die Wirkung einer Auskunftsbeschränkung. Als solche ist sie dem geltenden Recht bekannt. Sie ist aber im Gegensatz zu der Löschung, die zwar kein Gnadenakt war, aber doch ein Akt freien Ermessens der Verwaltungsbehörde, der einen gnadenähnlichen Charakter trug, eine Rechtswirkung des Ablaufs einer bestimmten Zeit, vorausgesetzt, daß der Bestrafte in dieser Zeit nicht wegen einer neuen Straftat verurteilt worden ist; auch ist sie unter bestimmten Voraussetzungen widerruflich wegen späteren schlechten Verhaltens. Darüber hinaus hat das Gesetz aber auch die Tilgung des Strafvermerks nach Ablauf einer bestimmten weiteren Frist, gleichfalls kraft Gesetzes, eingeführt, wiederum nur bedingt durch die Voraussetzung, daß sich der Verurteilte während dieser Frist straffrei gehalten hat. Die Tilgung hat die Wirkung, daß die getilgte Strafe nicht mehr als rückfallbegründend gilt und daß sie auch nicht mehr als Bestrafung im Sinne solcher Vorschriften gilt, die für den Fall, daß der Täter bereits bestraft ist, andere Rechtsnachteile androhen. Diese Wirkung hätte auch erzielt werden können, ohne daß es einer Vernichtung des Strafvermerks bedurft hätte. Das Gesetz bestimmt aber ausdrücklich, daß die zu tilgenden Vermerke aus dem Strafregister zu entfernen und zu vernichten sind. Dadurch wird in der großen Mehrzahl aller Fälle es den Gerichten unmöglich gemacht, Kenntnis von dieser Strafe zu erhalten, die Akten heranzuziehen und geeignetenfalls das Verhalten des Angeklagten in jenem Fall bei der Beweiswürdigung oder der Strafzumessung zu verwerten.

Ist aber den Gerichten die getilgte Strafe durch irgendeinen Zufall bekannt, so steht das Gesetz dem nicht im Wege, daß die Akten herangezogen und verwertet werden. Denn weitergehende Wirkungen als die im Gesetz ihr ausdrücklich beigelegten kommen der Tilgung einer Strafe nicht zu. Deshalb ist beispielsweise derjenige, dessen Strafe getilgt ist, nicht berechtigt, wenn er als Zeuge vernommen wird, diese Bestrafung, wenn er nach ihr gefragt wird, zu verschweigen. Die enge Beziehung des Straftilgungsgesetzes zur Strafregisterverordnung hat es unmöglich gemacht, dieses prozessuale Problem, dessen Lösung schon mehrfach versucht worden ist[1]), mitzulösen. Insofern

---

[1]) Vgl. Entw. einer StPO. von 1908 § 55 Abs. 3: „Die Frage, ob der Zeuge gerichtlich bestraft sei, darf, soweit sie nicht zur Beseitigung von Zweifeln über die Zulässigkeit seiner Vereidigung geboten ist, nur auf eine bestimmte Bestrafung und nur dann gestellt werden, wenn das Gericht die Feststellung, ob der Zeuge die Bestrafung erlitten hat, zur Beurteilung der Glaubwürdigkeit seiner Aussage für unerläßlich erachtet." Nach der Begr. Sp. 160 ist nicht die Ansicht des Vorsitzenden maßgebend, sondern die des Gerichts. Nach dem Bericht der 7. Kommission (Reichstag, 12. Legislaturperiode II. Session, 1909/11 Nr. 638) S. 174 ist der Antrag gestellt, die Frage nach Vorstrafen bei dem Zeugen zu verbieten, wenn seit Vollstreckung der letzten Strafe 20 Jahre verstrichen sind. Der Entwurf eines Gesetzes über den Rechtsgang in Strafsachen von 1920 schlug folgende Bestimmungen vor: „Die Frage, ob der Zeuge bestraft sei, darf, soweit sie nicht zur Beseitigung von Zweifeln über die Zulässigkeit der Vereidigung geboten ist, nur auf eine bestimmte Bestrafung gerichtet und nur dann gestellt werden, wenn es zur Beurteilung der Glaubwürdigkeit der Aussage unerläßlich ist" (§ 71 Abs. 2). „Bestrafungen, die ein Zeuge erlitten hat, sind, soweit die Feststellung nicht zur Beseitigung von Zweifeln über die Zulässigkeit der Vereidigung geboten ist, nur insoweit festzustellen, als es das Gericht zur Beurteilung der Glaubwürdigkeit der Aussage für unerläßlich hält" (§ 242). „Bestrafungen, die der Angeklagte erlitten hat, sind nur insoweit festzustellen, als sie für die Entscheidung von Bedeutung sind. Ob und wann sie festzustellen sind, bestimmt der Vorsitzende; werden seine Maßnahmen beanstandet, so entscheidet das Gericht" (§ 235). — Vgl. ferner Protokolle der Kommission für Reform des Strafprozesses I S. 260 f.; Delaquis a. a. O. S. 51 f.; in der „Schweizerischen Zeitschr. f. StrR." 30 S. 63 f., 64, 73, 85, 86; Kohlrausch in „Zeitschr. f. StrW. Bd. 41 S. 187 f.; Magnus, „Deutsche Strafrechts-Zeitung" 1919 S. 52 ff.; Belzer (Reichstag, 215. Sitzung 16. Febr. 1914 Sp. 7369); Liszt ebendort 18. Febr. 1914 Sp. 7437. — Die Frage des Angeklagten oder seines Verteidigers nach den Vorstrafen eines Zeugen kann dann als ungeeignet zurückgewiesen werden, wenn sie sich unnötigerweise mit den persönlichen Beziehungen des Zeugen befaßt (Finger, „Die Kunst des Rechtsanwalts", 3. Aufl., Berlin 1926, S. 134).

bedürfen die Bestimmungen zweifellos einer Ergänzung bei der Strafprozeßreform.

Der Grundgedanke des Gesetzes ist zweifellos zu billigen. Es ist erfreulich, daß jeder Bestrafte — von den Zuchthausgefangenen abgesehen — es jetzt selbst in der Hand hat, sich durch straffreie Führung Auskunftsbeschränkung und Tilgung des Strafvermerks zu verdienen. Es ist vor allem auch mit Freude zu begrüßen, daß die frühere Bestrafung mit der Tilgung auch ihren rückfallbegründenden Charakter verliert.

In Einzelheiten ist die gesetzliche Regelung verschiedentlich beanstandet worden. Die wichtigsten Änderungswünsche seien im Nachstehenden kurz aufgeführt. Zu den einzelnen Punkten, die manchen gesunden Kern enthalten, Stellung zu nehmen, ist nicht möglich, da dies zu viel Raum beanspruchen würde.

Zunächst ist die Frage aufgeworfen worden, ob die Tilgung in der Form, wie das Gesetz sie vorsieht, notwendig war und zweckmäßig ist. Technisch war es nicht unbedingt erforderlich, daß die Strafnachricht, wenn die Verurteilung als getilgt behandelt werden sollte, um deswillen aus dem Strafregister entfernt und vernichtet werden mußte. Verschiedentlich hat man darauf hingewiesen, daß auch weit zurückliegende Strafen unter Umständen von Bedeutung für die Beurteilung der Schuldfrage oder der Straffrage sein könnten und daß es daher verfehlt sei, dem Gericht diese Erkenntnisquelle durch Vernichtung der Strafnachricht zu nehmen [1]). Dieser Einwand ist auch erhoben, soweit es sich um Jugendliche handelt [2]). Auch vom Standpunkte der Psychiatrie [3]) und im wissenschaftlichen Interesse [4]) ist die Tilgung von Strafvermerken bedauert worden.

---

[1]) Vgl. z. B. „Hamburger Nachrichten" 25. Nov. 1919; Stern im „Archiv für Kriminalanthropologie" Bd. 8 S. 267; Oetker im „Gerichtssaal" Bd. 89 S. 174; Müller S. 64.

[2]) Aman klagt im „Zentralblatt für Vormundschaftswesen" Bd. 13 S. 142 darüber, daß die Bestimmungen über Tilgung für die Jugendfürsorge verhängnisvoll seien.

[3]) Der Direktor der Psychiatrischen Klinik in Heidelberg hat darauf hingewiesen, daß es für die Frage der Gemeingefährlichkeit von Geisteskranken von Bedeutung sei, sich schnell und zuverlässig über sämtliche Vorstrafen unterrichten zu können, was jetzt nicht möglich sei.

[4]) Der Direktor der Psychiatrischen Klinik in Heidelberg hat betont, daß auch für die wissenschaftlichen Arbeiten der Klinik eine genaue Kenntnis der sämtlichen Vorstrafen von Bedeutung sei. Finkelnburg a. a. O. S. 26 f. hat es beklagt, daß seinerzeit die Verurteilungen, die im Privatklageverfahren erfolgt sind, nicht registerpflichtig gewesen sind; aus dem gleichen Grunde wird der Kriminalstatistiker, dem an möglichster Vollständigkeit des Materials liegen muß, es bedauern, daß Strafen getilgt werden und jedenfalls dann, wenn das Urmaterial des Strafregisters verarbeitet wird, ausscheiden.

Man hat ferner angeregt, bei Jugendlichen überhaupt nicht unbeschränkt Auskunft zu erteilen, sondern von Anfang an nur beschränkt [1]; man wünscht weiter, daß Strafnachrichten über Jugendliche nicht der Ortspolizeibehörde, sondern statt dessen dem zuständigen Jugendamt mitgeteilt werden [2]. Ein anderer Vorschlag geht dahin, in die polizeilichen Führungszeugnisse bei Jugendlichen nur die schwereren Strafen aufzunehmen [3]. Für Jugendliche hat man noch eine weitere Milderung der geltenden Vorschriften nach der Richtung vorgeschlagen, daß bei Jugendlichen schon nach Straferlaß bei Bewährung in der Bewährungsfrist die Strafnachricht im Strafregister getilgt werden soll, damit die Verurteilung nicht mehr rückfallbegründend wirke [4].

Getadelt wird weiterhin, daß Auskunftsbeschränkung und Tilgung ohne weiteres durch Zeitablauf erfolgen und daß es nicht erforderlich ist, daß eine wirkliche Besserung des Verurteilten nachgewiesen wird [5]. Andererseits hat man es aber auch als unzweckmäßig bezeichnet, daß der Gesetzgeber Zuchthausstrafen von der Auskunftsbeschränkung und Tilgung kraft Gesetzes ausnimmt [6]. Schließlich ist noch gefordert worden, daß den Polizeibehörden [7] sowie den Jugendämtern [8] unbeschränkt Auskunft erteilt werden müsse [9].

Auch bezüglich der Ausgestaltung der Vorschriften über die Strafregister sind manche Wünsche ausgesprochen worden, von denen der eine oder andere im Laufe der Zeit wohl erfüllt werden mag. Hierher gehört der Gedanke, das Strafregister immer mehr zu einer Sammlung nicht nur der Nachrichten über Bestrafungen auszugestalten, sondern es zu einer Sammlung aller wissenswerten Nachrichten auszubauen, die über die Persönlichkeit des Verurteilten bekannt geworden sind, soweit sie von Bedeutung für ein späteres Strafverfahren oder für Sicherungsmaßnahmen gegen den Verurteilten werden können. Man wird dann in erster Linie die Identität der Verurteilten in ganz anderer Weise zu sichern suchen, als dies bisher geschieht. Es ist ein offenes Geheimnis, daß sich in den Strafregistern nicht selten Nachrichten unter falschen

---

[1] Hertz im „Zentralblatt für Vormundschaftswesen" Bd. 14 S. 210.

[2] Ebendort.

[3] Francke im „Vorwärts" vom 2. Dez. 1919.

[4] Hertz a. a. O.

[5] Oetker a. a. O. S. 169 ff.

[6] Ebendort S. 171.

[7] Paczkowski, „Die Polizei", Jahrg. 17 S. 254; Müller S. 68.

[8] Aman a. a. O.

[9] Wegen der Frage, ob die kurzen Fristen der §§ 6, 7 Str.-TilgG. für Geldstrafen ohne Rücksicht auf die Höhe angebracht sind, vgl. § 6 StrTilgG. Anm. 3.

Namen befinden[1]). Durch Beifügung des meistens mehr als unzulänglichen Signalements oder der anthropometrischen Meßkarte mit Photographie nach dem System Bertillon, wie man dies früher mitunter vorgeschlagen hat[2]), wird man allerdings nicht viel erreichen; wohl aber ist der Vorschlag Heindls, die Identität durch Beifügung eines Fingerabdrucks sicherzustellen[3]), ernster Erwägung wert. Man wird dann auch solche Nachrichten aufzunehmen haben, die über die Persönlichkeit des Verurteilten nach dieser oder jener Richtung hin bemerkenswert sind. Die Aufnahme von Nachrichten über Freisprechung wegen Unzurechnungsfähigkeit, über Entmündigung usw., die ja auch mit einer Bestrafung nichts zu tun haben, liegt schon in dieser Richtung. Wie weit man im einzelnen zu gehen hätte, kann allerdings zweifelhaft sein. Praktisch unausführbar und auch sonst bedenklich wäre jedenfalls der mehrfach gemachte Vorschlag, auch sämtliche Einstellungen mangels Beweises und sämtliche Freisprechungen dem Strafregister mitzuteilen, obgleich in manchen Fällen die Kenntnis solcher Vorgänge für die Organe der Strafrechtspflege von Bedeutung wäre[4]). Schon 1902 hat man bei uns vorgeschlagen, Angaben über die Lebens- und Gesundheitsverhältnisse des Täters wie auch seiner nächsten Verwandten, insbesondere der Eltern, aufzunehmen[5]); besonders weitgehend ist die Entwicklung in dieser Hinsicht in Italien gediehen[6]). Die neueren Bestrebungen, die sich auch bei uns erfreulicherweise bemerkbar machen und das Ziel verfolgen, auf Grund genauer Feststellungen die Verbrechensursachen zu erforschen[7]), werden sicherlich Fingerzeige auch nach dieser Richtung hin geben.

---

[1]) Wir verweisen auf die charakteristischen Ausführungen von Heindl a. a. O. S. 583 f.; ferner auf die interessanten Angaben von Anfosso, „Il casellario giudiziale centrale", Turin 1896, S. 2, 15 f.

[2]) Müller S. 72 f.; Marchand, „Das Strafregister in Deutschland", Berlin 1900, S. 5; Anfosso a. a. O. S. 6 ff.

[3]) Heindl S. 578 ff.

[4]) Eckstein im „Tag" vom 20. Mai 1919; Stern a. a. O. S. 266 f.; Matthäi im „Archiv für Kriminalanthropologie" Bd. 18 S. 309 f.; Krienitz im „Tag" vom 20. Juni 1919; Sturm, „Die psychologische Beweisschöpfung" („Gerichtssaal") Bd. 82 S. 293 schlägt sogar vor, den starken Verdacht als solchen zu registrieren.

[5]) Stern S. 261; Marchand a. a. O. S. 5 erwähnt, daß in verschiedenen Staaten u. a. Angaben darüber verlangt werden, ob die Tat im Trunke verübt ist, ob der Verurteilte lesen und schreiben kann, ob er eine höhere Bildung besitzt, ob und wieviel Kinder er hat, ob er sich selbständig ernährt, ob er Vermögen besitzt.

[6]) Anfosso a. a. O. S. 63 ff., 100 ff., 107; „Bollettino della scuola di polizia scientifica" Heft 1, Rom 1910, S. 23.

[7]) Vgl. die Literaturangaben bei Mezger „Persönlichkeit und strafrechtliche Zurechnung", München 1926, S. 42 Anm. 2.

Eine besonders schwierige Frage ist es, ob die Fürsorgeerziehung und andere gegen kriminell gewordene Jugendliche angeordnete Erziehungsmaßnahmen in das Strafregister aufzunehmen sein werden oder ob etwa hierfür ein besonderes Register sich mehr empfiehlt. Jedenfalls setzt sich die Überzeugung mehr und mehr durch, daß die Kenntnis dieser wichtigen Umstände für die Beurteilung der Persönlichkeit des Jugendlichen unerläßlich ist[1]).

So sind es mancherlei Fragen, die noch der Lösung harren. Das soll und darf aber die Freude an dem Erreichten nicht verkümmern: Das Straftilgungsgesetz gehört in eine Reihe mit dem Geldstrafengesetz, dem Jugendgerichtsgesetz, den Bestimmungen über die Aussetzung der Strafvollstreckung durch die Gerichte. Es ist eine Frucht jahrzehntelangen kriminalpolitischen Ringens, ein Vorläufer der allgemeinen Strafrechts- und Strafvollzugsreform[2]).

---

[1]) Hellwig, Jugendgerichtsgesetz, Berlin 1923, § 7 Anm. 14.
[2]) Vgl. C I Vorbem. Anm. 3.

B.

Texte des Straftilgungsgesetzes und der Strafregisterverordnung.

I. Gesetz über beschränkte Auskunft aus dem Strafregister und die Tilgung von Strafvermerken.

Vom 9. April 1920 in der Fassung des Art. X Abs. 1 der VO. über Vermögensstrafen und Bußen vom 6. Februar 1924 (RGBl. 1920 S. 507; 1924 I S. 44).

(Gebräuchliche Abkürzung: Straftilgungsgesetz.)

Die verfassunggebende Deutsche Nationalversammlung hat das folgende Gesetz beschlossen, das mit Zustimmung des Reichsrats hiermit verkündet wird:

§ 1. Über Verurteilungen, die in das Strafregister aufgenommen sind, ist nach Ablauf einer bestimmten Frist nur noch beschränkt Auskunft zu erteilen.

Ist nach Eintritt des Zeitpunkts, von dem ab nur beschränkt Auskunft zu erteilen ist, eine weitere Frist abgelaufen, so wird der Vermerk im Strafregister getilgt.

Diese Vorschriften gelten, unbeschadet der Bestimmungen des § 8, nicht für Verurteilungen zum Tode und zu Zuchthaus.

§ 2. Bei mehreren Verurteilungen einer Person ist über alle Verurteilungen unbeschränkt Auskunft zu erteilen, solange über eine der Verurteilungen unbeschränkt Auskunft erteilt werden muß. Die Tilgung eines Vermerkes im Strafregister darf bei mehreren Verurteilungen einer Person erst erfolgen, wenn für alle Verurteilungen die Voraussetzungen der Tilgung vorliegen.

Lautet die Verurteilung, über die unbeschränkt Auskunft erteilt werden muß oder die im Strafregister noch nicht getilgt werden kann, nur *auf Verweis oder* auf Geldstrafe allein oder in Verbindung *miteinander oder* mit Nebenstrafen, so finden die Vorschriften des Abs. 1 keine Anwendung.

§ 3. Hat der Verurteilte die bürgerlichen Ehrenrechte oder einzelne Rechte oder Fähigkeiten verloren, so kommen ihm die Vergünstigungen des § 1 nicht zugute, solange er diese Rechte und Fähigkeiten nicht wiedererlangt hat.

Das gleiche gilt, so lange über einen Verurteilten eine Steckbriefnachricht im Strafregister niedergelegt ist.

Die Vergünstigungen des § 1 kommen einem Verurteilten für eine Verurteilung so lange nicht zugute, als sich aus dem Inhalt des Strafregisters ergibt, daß die Vollstreckung noch nicht erledigt ist.

§ 4. Über Verurteilungen, die der beschränkten Auskunft unterliegen, wird nur den Gerichten, den Behörden der Staatsanwaltschaft sowie auf ausdrückliches Ersuchen den obersten Reichs- oder Landesbehörden Auskunft erteilt. Ist hiernach Auskunft zu erteilen, so ist darin besonders hervorzuheben, daß die Verurteilung der beschränkten Auskunft unterliegt.

Soweit über eine Verurteilung, die der beschränkten Auskunft unterliegt, keine Auskunft erteilt werden darf, sind Anfragen in gleicher Weise zu beantworten wie in den Fällen, in denen ein Vermerk nicht vorhanden ist.

Diese Vorschriften gelten entsprechend für die Auskunft aus den polizeilichen Listen; bei der Ausstellung polizeilicher Führungszeugnisse bleiben Verurteilungen, die der beschränkten Auskunft unterliegen, außer Betracht.

§ 5. Ein Vermerk, der im Strafregister zu tilgen ist, wird aus dem Register entfernt und vernichtet; enthält das Register außerdem Vermerke, die bestimmungsgemäß darin verbleiben müssen, so wird der zu tilgende Vermerk unkenntlich gemacht. Ebenso wird der Vermerk über die Verurteilung aus den polizeilichen Listen entfernt oder darin unkenntlich gemacht.

Ist der Vermerk über eine Verurteilung im Strafregister getilgt worden, so gilt die Verurteilung nicht mehr als Bestrafung im Sinne solcher Vorschriften, die für den Fall, daß der Täter bereits bestraft ist, eine schwerere Strafe oder andere Rechtsnachteile androhen.

§ 6. Die Frist, nach deren Ablauf beschränkt Auskunft zu erteilen ist, beträgt

1. fünf Jahre, wenn *auf Verweis oder* auf Geldstrafe oder auf Freiheitsstrafe von höchstens drei Monaten, allein oder in Verbindung miteinander oder mit Nebenstrafen, erkannt worden ist, mit Ausnahme der Fälle, in denen auf Überweisung an die Landespolizeibehörde oder auf die Zulässigkeit von Polizeiaufsicht erkannt worden ist;
2. zehn Jahre in allen übrigen Fällen.

Die Frist der Nr. 1 beginnt mit dem im Strafregister vermerkten Tage der Verurteilung.

Die Frist der Nr. 2 beginnt mit dem Tage, an dem die Strafe vollstreckt, verjährt oder erlassen ist; ist auf Überweisung an die Landespolizeibehörde oder auf die Zulässigkeit von Polizeiaufsicht erkannt worden, so beginnt die Frist erst, wenn diese Maßregeln erledigt sind. Ist die Strafe nach einer Probezeit erlassen, so wird deren Dauer, auf volle Monate abgerundet, auf die Frist der Nr. 2 angerechnet.

War der Verurteilte zur Zeit der Tat noch nicht achtzehn Jahre alt, so verkürzt sich die Frist von fünf Jahren auf drei Jahre und die Frist von zehn Jahren auf sechs Jahre.

§ 7. Die Frist, nach deren Ablauf ein Strafvermerk zu tilgen ist, beträgt

1. fünf Jahre, wenn *auf Verweis oder* auf Geldstrafe oder auf Haft oder auf Gefängnis oder Festungshaft von höchstens einer Woche, allein oder in Verbindung miteinander oder mit Nebenstrafen, erkannt worden ist, mit Ausnahme der Fälle, in denen auf Überweisung an die Landespolizeibehörde oder auf die Zulässigkeit von Polizeiaufsicht erkannt worden ist;
2. zehn Jahre in allen übrigen Fällen.

Die Frist beginnt mit dem Tage, von dem ab nur noch beschränkt Auskunft zu erteilen ist.

War der Verurteilte zur Zeit der Tat noch nicht achtzehn Jahre alt, so verkürzt sich die Frist von fünf Jahren auf drei Jahre und die Frist von zehn Jahren auf sechs Jahre.

§ 8. Die Landesjustizverwaltung kann in Fällen, in denen die Voraussetzungen der beschränkten Auskunft oder der Tilgung nicht vorliegen, diese Maßnahmen anordnen, wenn dadurch staatliche Interessen nicht gefährdet werden.

Hat der Verurteilte die bürgerlichen Ehrenrechte oder einzelne Rechte oder Fähigkeiten verloren, so sollen die Maßnahmen nicht angeordnet werden, solange er diese Rechte und Fähigkeiten nicht wiedererlangt hat.

Zuständig für die Anordnung ist die oberste Justizverwaltungsbehörde des Landes, in dessen Bezirk das Strafregister geführt wird, und für das Register, das beim Reichsjustizministerium geführt wird, der Reichsminister der Justiz.

Wird angeordnet, daß eine Verurteilung der beschränkten Auskunft unterliegen soll, so beginnt die Frist für die Tilgung des Strafvermerkes mit dem Tage der Anordnung.

§ 9. Vermerke über Verurteilungen im Ausland sind im Sinne dieses Gesetzes Vermerken über Verurteilungen im Inland gleichzuachten.

§ 10. Bei der Verwertung von Auszügen aus ausländischen Strafregistern ist so zu verfahren, wie wenn die in dem Auszug enthaltenen Vermerke in einem inländischen Strafregister enthalten wären. Die Vorschriften des § 11 Abs. 2 sind entsprechend anzuwenden.

§ 11. Das Gesetz tritt mit dem 1. Juli 1920 in Kraft.

Bei Verurteilungen, die schon vor dem Inkrafttreten dieses Gesetzes in das Strafregister aufgenommen worden sind, berechnen sich die Fristen so, wie wenn das Gesetz schon zur Zeit der Aufnahme des Vermerkes in das Register in Kraft gewesen wäre. Ist in den Fällen des § 6 Nr. 2 aus dem Register nicht zu ersehen, wann die Strafe vollstreckt worden ist, so ist die Frist vom Tage der

Verurteilung an zu berechnen; sie verlängert sich jedoch in diesem Falle um die Dauer der erkannten Freiheitsstrafe. Das gleiche gilt in den Fällen des § 6 Nr. 2, wenn nach dem Inhalt des Registers anzunehmen ist, daß eine Strafe erst nach einer Probezeit erlassen worden ist, und die Dauer dieser Probezeit aus dem Register nicht zu ersehen ist. Ist aus dem Register nicht zu ersehen, ob der Verurteilte zur Zeit der Tat schon achtzehn Jahre alt war, so sind die kürzeren Fristen anzuwenden, wenn der Verurteilte zur Zeit der Verurteilung noch nicht neunzehn Jahre alt war; andernfalls greifen die längeren Fristen Platz.

Verurteilungen, die vor dem Inkrafttreten dieses Gesetzes im Strafregister gelöscht worden sind, unterliegen der beschränkten Auskunft. Die Frist für ihre Tilgung beginnt mit dem Tage, an dem die Löschung angeordnet worden ist.

Berlin, den 9. April 1920.

Der Reichspräsident.

Ebert.

Der Reichsminister der Justiz.

Dr. Blunck.

II. Bekanntmachung des Textes der Strafregisterverordnung.

Vom 8. März 1926 (RGBl. I S. 157; 254).

Auf Grund des Artikel IV der Verordnung zur Änderung der Strafregisterverordnung vom 19. Februar 1926 (Reichsministerialbl. S. 63) wird nachstehend der Text der Strafregisterverordnung in der vom 1. Mai 1926 ab geltenden Fassung [1]) bekanntgemacht.

Berlin, den 8. März 1926.

Der Reichsminister der Justiz.

In Vertretung

Dr. Joël.

---

[1]) Die eingeklammerten Zahlen hinter der §-Nummer geben die §-Nummer der Strafregisterverordnung vom 12. Juni 1920 (Zentralbl. für das Deutsche Reich S. 909) an.

Strafregisterverordnung.

Auf Grund des Artikel 77 der Verfassung des Deutschen Reichs wird von der Reichsregierung mit Zustimmung des Reichsrats folgendes verordnet:

I. Strafregisterbehörden.

§ 1 (1). Das Strafregister für eine Person wird in dem Bezirke geführt, in dem ihr Geburtsort liegt. Die Landesregierungen bestimmen, welche Behörden die Strafregister führen. Die Aufsicht und Leitung steht der Landesjustizverwaltung oder der von ihr bestimmten Behörde zu.

Über Personen, deren Geburtsort außerhalb des Reichsgebiets gelegen, zweifelhaft oder nicht zu ermitteln ist, sowie über juristische Personen und Personenvereinigungen wird das Strafregister bei dem Reichsjustizministerium oder der von ihm bestimmten Behörde geführt. Die Leitung und Aufsicht hat der Reichsminister der Justiz oder die von ihm bestimmte Behörde.

Der Reichsminister der Justiz wird bekanntmachen, welche Behörden die Strafregister führen.

Liegt ein Ort zum Teil im Inland und zum Teil im Ausland, so kann der Reichsminister der Justiz im Einvernehmen mit der beteiligten Landesjustizverwaltung bestimmen, bei welcher Strafregisterbehörde das Strafregister für die in dem Orte geborenen Personen zu führen ist.

II. Mitteilungen an das Strafregister.

§ 2 (2). Dem Strafregister sind die Verurteilungen mitzuteilen, die wegen einer strafbaren Handlung durch Urteil oder Strafbefehl eines deutschen Gerichts oder von einer deutschen Behörde durch Strafverfügung oder Strafbescheid oder im Unterwerfungsverfahren ausgesprochen sind. Verurteilungen zu Geldstrafe wegen einer Übertretung sind nur mitzuteilen, wenn es sich um Zuwiderhandlungen gegen die §§ 361, 363 des Strafgesetzbuchs handelt.

Enthält eine Entscheidung mehrere Verurteilungen einer Person, von denen nur ein Teil registerpflichtig ist, so sind alle Verurteilungen mitzuteilen.

Dem Strafregister sind ferner mitzuteilen Entscheidungen, durch die eine Gesamtstrafe gebildet wird. Dabei sind für die in die Gesamtstrafe einbezogenen Einzelstrafen das Gericht, das die Einzelstrafen erkannt hat, der Tag, an dem die Strafen erkannt sind, und die Aktenzeichen anzugeben.

Mitteilungen über Verurteilungen im Ausland sind ohne Rücksicht auf Art und Höhe der Strafe in die Strafregister aufzunehmen, wenn sie sich auf Deutsche oder auf solche Ausländer beziehen, die im Reichsgebiete geboren sind oder wohnen.

§ 3 (3). Dem Strafregister sind die Beschlüsse der Landespolizeibehörden mitzuteilen, die auf Grund der Überweisung eines Verurteilten an die Landespolizeibehörde ergehen oder durch die ein Ausländer auf Grund einer Verurteilung aus dem Reichsgebiete verwiesen wird. Ebenso ist dem Strafregister Mitteilung zu machen, wenn ein solcher Beschluß geändert oder aufgehoben wird.

§ 4 (4). Ist auf Gefängnis oder auf Festungshaft von mehr als drei Monaten oder neben Gefängnis oder Haft auf Überweisung an die Landespolizeibehörde oder auf die Zulässigkeit von Polizeiaufsicht erkannt, so ist dem Strafregister der Tag mitzuteilen, an dem die Freiheitsstrafe verbüßt ist.

In anderen als den im Abs. 1 bezeichneten Fällen ist bei registerpflichtigen Verurteilungen dem Strafregister Mitteilung zu machen, wenn sich die Strafvollstreckung infolge Strafaufschubs oder aus anderen Gründen so lange verzögert, daß nur noch drei Monate bis zu dem Zeitpunkt fehlen, von dem ab über die Verurteilung nur noch beschränkt Auskunft zu erteilen wäre. Erledigt sich später die Vollstreckung, so ist dies ebenfalls dem Strafregister mitzuteilen.

§ 5 (5). Dem Strafregister ist Mitteilung zu machen, wenn dem Verurteilten eine Bewährungsfrist bewilligt worden ist, und zwar unter Angabe des Tages der

Bewilligung, oder wenn die Bewährungsfrist verlängert oder widerrufen worden ist oder in anderer Weise als durch Erlaß oder Milderung der Strafe sich erledigt.

Dies gilt auch für Verurteilungen, die nicht registerpflichtig sind.

Dem Strafregister kann Mitteilung gemacht werden, wenn die Entscheidung über die Bewilligung einer Bewährungsfrist vorbehalten wird. Ist eine solche Mitteilung gemacht, so ist dem Strafregister auch dann weitere Mitteilung zu machen, wenn eine Bewährungsfrist nicht bewilligt wird.

§ 6 (5 a). Dem Strafregister ist Mitteilung zu machen, wenn der Verurteilte auf Grund des § 23 des Strafgesetzbuchs vorläufig entlassen worden ist, und zwar unter Angabe des Tages der Entlassung, oder wenn die vorläufige Entlassung widerrufen worden ist.

§ 7 (6). Dem Strafregister ist Mitteilung zu machen:

1. wenn eine registerpflichtige Strafe erlassen oder gemildert worden ist oder wenn einem Verurteilten die bürgerlichen Ehrenrechte oder einzelne Rechte oder Fähigkeiten, die er infolge der Verurteilung verloren hat, wieder verliehen worden sind;
2. wenn eine registerpflichtige Veruteilung infolge Wiederaufnahme des Verfahrens rechtskräftig aufgehoben worden ist.

§ 8 (7). Dem Strafregister ist Mitteilung zu machen:

1. wenn auf Grund des § 8 des Gesetzes über beschränkte Auskunft aus dem Strafregister und die Tilgung von Strafvermerken vom 9. April 1920 (Reichsgesetzbl. S. 507) angeordnet worden ist, daß über eine Verurteilung nur noch beschränkt Auskunft zu erteilen ist;
2. wenn auf Grund des genannten § 8 die Tilgung eines Strafvermerkes angeordnet worden ist.

§ 9 (8). Dem Strafregister sind mitzuteilen:

1. Entscheidungen eines deutschen Gerichts oder einer deutschen Strafverfolgungsbehörde, durch die je-

mand freigesprochen oder außer Verfolgung gesetzt oder ein Strafverfahren eingestellt oder die Eröffnung des Hauptverfahrens abgelehnt wird, weil der Beschuldigte nicht zurechnungsfähig war, oder durch die ein Strafverfahren vorläufig eingestellt wird, weil der Beschuldigte nach der Tat geisteskrank geworden ist;

2. Entscheidungen eines deutschen Gerichts, durch die jemand wegen Geisteskrankheit, Geistesschwäche oder Trunksucht entmündigt wird;
3. die Aufhebung der Entmündigung auf Anfechtungsklage (§§ 672, 684 der Zivilprozeßordnung);
4. die Wiederaufhebung der Entmündigung nach §§ 675, 679, 685, 686 der Zivilprozeßordnung.

§ 10 (9). Die Landesregierungen können die Behörden ihres Landes anweisen, den Strafregistern zu Zwecken der Strafrechtspflege oder der Polizei noch andere Mitteilungen zu machen.

§ 11 (10). Zur Mitteilung ist verpflichtet:

1. bei Entscheidungen und sonstigen Nachrichten in Strafsachen die Behörde, welche die Strafvollstreckung zu veranlassen hat, oder nach näherer Bestimmung der Landesregierung die Staatsanwaltschaft;
2. in den Fällen des § 3 die Landespolizeibehörde, die den Beschluß erlassen hat;
3. in den Fällen des § 9 Nr. 1 die Strafverfolgungsbehörde;
4. in den Fällen des § 9 Nr. 2 bis 4 das Gericht.

Die Mitteilungen geschehen bei Entscheidungen binnen zwei Wochen nach Eintritt der Rechtskraft und, soweit die Entscheidung einer Rechtskraft nicht fähig ist, binnen zwei Wochen nach ihrem Erlasse, bei anderen Tatsachen binnen zwei Wochen nach ihrem Eintritt.

§ 12 (11). Zu den Mitteilungen sind Vordrucke nach den anliegenden Mustern zu verwenden.

Es sind bestimmt:

das Muster A (Strafnachricht) für die Mitteilungen nach § 2 Abs. 1, 2 und § 9 Nr. 1, 2;

das Muster B für die Mitteilungen nach § 3;
das Muster C für die Mitteilungen nach § 4;
das Muster D für die Mitteilungen nach § 5;
das Muster E für die Mitteilungen nach §§ 6, 7, 8, 9 Nr. 3, 4.

In den Fällen des § 5 Abs. 3, des § 6, des § 7 Nr. 2 und des § 9 sind die Muster entsprechend handschriftlich abzuändern.

Gilt eine Strafe als durch die Untersuchungshaft verbüßt oder ist dem Verurteilten vor Absendung der Strafnachricht eine Bewährungsfrist bewilligt worden, so können die nach §§ 4, 5 vorgeschriebenen Mitteilungen auf der Strafnachricht selbst gemacht werden.

§ 13 (12). Die Vordrucke sind mit Tinte oder mit Maschinenschrift vollständig auszufüllen. Lassen sich einzelne Tatsachen weder aus den Akten noch durch nachträgliche Erhebungen zweifelsfrei feststellen, so ist hierauf hinzuweisen.

Der Familienname, bei Frauen der Geburtsname, ist in größeren Buchstaben zu schreiben. Etwaige Beinamen sind beizufügen.

Ist der Geburtsort eine Stadt von mehr als 100 000 Einwohnern, so ist möglichst auch Stadtteil und Straße anzugeben.

Als Tag der Entscheidung gilt der Tag der Entscheidung erster Instanz oder, wenn die Entscheidung in höherer Instanz in der Hauptsache geändert worden ist, der Tag der Entscheidung höherer Instanz.

War der Täter zur Zeit der Tat noch nicht achtzehn Jahre alt, so ist dies in der Strafnachricht in der Spalte „Bemerkungen“ durch das Wort „jugendlich“ kenntlich zu machen.

§ 14 (13). Führt der Betroffene befugt oder unbefugt mehrere Familiennamen, so ist für jeden Namen eine Mitteilung zu machen.

Bestehen Zweifel über die Richtigkeit des in die Mitteilung aufgenommenen Geburtsorts oder handelt es sich um einen Zigeuner, so ist außer der Mitteilung an das Strafregister des Geburtsorts eine zweite Mitteilung an das Strafregister zu senden, das bei dem Reichsjustizministerium geführt wird.

Auf jeder Mitteilung ist anzugeben, für welchen anderen Namen oder wohin weitere Mitteilungen gemacht worden sind.

§ 15 (neu). Wird der Familienname einer über 14 Jahre alten Person in anderer Weise als durch Eheschließung geändert, so ist dies dem Strafregister mitzuteilen. Das gleiche gilt, wenn der Vorname einer solchen Person geändert wird.

Die Landesregierungen bestimmen, wer die Mitteilungen nach Abs. 1 zu machen hat.

Enthält das Strafregister einen Vermerk über die Person, deren Namen geändert worden ist, so ist für jeden Namen ein Vermerk in das Strafregister einzulegen. Auf jedem Blatte ist anzugeben, für welchen andern Familiennamen oder Vornamen ein Vermerk eingelegt ist.

Nach Erledigung der im Abs. 3 vorgeschriebenen Ergänzung des Strafregisters ist die nach Abs. 1 eingegangene Mitteilung zu vernichten. Das gleiche gilt, wenn das Strafregister einen Vermerk über die Person, deren Name geändert worden ist, nicht enthält.

§ 16 (14). Stellt sich in einem gerichtlichen Verfahren oder bei einer Strafverfolgungsbehörde heraus, daß der Name einer Person in einer registerpflichtigen Entscheidung falsch angegeben ist oder daß registerpflichtige Vorgänge in das zuständige Strafregister nicht aufgenommen sind, so ist alsbald zu veranlassen, daß das Strafregister ergänzt oder berichtigt wird.

III. Führung der Strafregister.

§ 17 (15). Die Strafregisterbehörde hat die Mitteilungen, bevor diese in das Strafregister aufgenommen werden, daraufhin zu prüfen, ob die vorgeschriebenen Angaben richtig und vollständig sind; soweit nötig, sind zur Prüfung die Standesregister heranzuziehen.

Ergeben sich erhebliche Mängel, welche die Strafregisterbehörde nicht selbst beseitigen kann, so ist der

Vermerk mit kurzer Begründung an die mitteilende Behörde zur Prüfung und Berichtigung zurückzusenden.

§ 18 (16). Die Mitteilungen werden im Strafregister alphabetisch geordnet. Bei Frauen ist der Geburtsname maßgebend.

§ 19 (17). Mitteilungen nach § 2 Abs. 1, 2, 4, § 4 Abs. 2 Satz 1, § 5 Abs. 2, 3 Satz 1 und § 9 Nr. 1, 2 werden in das Strafregister eingelegt.

Mitteilungen nach § 4 Abs. 2 Satz 1 werden aus dem Strafregister entfernt und vernichtet, wenn eine Nachricht nach § 4 Abs. 2 Satz 2 eingeht; dabei ist diese Nachricht mitzuvernichten. Entsprechend ist mit einer Mitteilung nach § 5 Abs. 3 Satz 1 zu verfahren, wenn eine Mitteilung nach § 5 Abs. 1 oder Abs. 3 Satz 2 eingeht.

Mitteilungen nach § 5 Abs. 2 werden aus dem Strafregister entfernt und vernichtet, wenn die Bewährungsfrist widerrufen oder die Mitteilung sonst gegenstandslos geworden ist oder wenn seit dem Ablauf der Bewährungsfrist drei Monate verstrichen sind.

§ 20 (18). Mitteilungen nach § 3 sind auf die im Strafregister bereits vorhandene Mitteilung über die zugrunde liegende Verurteilung oder in eine Strafliste (§ 23) als neue fortlaufende Nummer zu übertragen und dann zu vernichten.

§ 21 (19). Eine Mitteilung nach § 2 Abs. 3 ist bei den im Strafregister bereits vorhandenen Mitteilungen über die Einzelstrafen, aus denen die Gesamtstrafe gebildet ist, aufzubewahren. Ist oder wird eine Strafliste (§ 23) angelegt, so ist die Mitteilung in die Strafliste als neue fortlaufende Nummer zu übertragen und dann zu vernichten.

Mitteilungen nach § 4 Abs. 1, § 5 Abs. 1, § 6, § 7 Nr. 1, § 8 Nr. 1 und § 9 Nr. 4 sind bei der Entscheidung, auf die sie sich beziehen, in der Spalte „Bemerkungen" einzutragen und dann zu vernichten.

In den Fällen des § 7 Nr. 2, § 8 Nr. 2 und § 9 Nr. 3 ist der Vermerk über die Verurteilung oder die Entmündigung aus dem Strafregister zu entfernen und zu vernichten; enthält das Strafregister noch andere Vermerke, so wird der Vermerk unkenntlich gemacht. Die Mitteilung nach § 7 Nr. 2, § 8 Nr. 2 oder § 9 Nr. 3 ist mitzuvernichten.

Über Anordnungen auf Grund des § 8 des Gesetzes über beschränkte Auskunft aus dem Strafregister und die Tilgung von Strafvermerken hat das Strafregister der Ortspolizeibehörde des Wohnorts oder des letzten Aufenthaltsorts des Betroffenen Mitteilung zu machen. Die Mitteilung kann unterbleiben, wenn anzunehmen ist, daß die Verurteilung der Ortspolizeibehörde nicht bekannt ist.

§ 22 (neu). Mitteilungen, die nach den §§ 19 bis 21 zu vernichten sind, dürfen noch zur Weiterleitung der Mitteilung an die Ortspolizeibehörde oder andere von den obersten Landesbehörden bezeichnete Stellen verwendet werden. Sie sind alsdann von den Behörden, denen sie übersandt worden sind, zu vernichten. Auf diese Verpflichtung ist bei der Übersendung hinzuweisen.

§ 23 (20). Mehrere Mitteilungen nach § 2 Abs. 1 bis 3, § 9 Nr. 1, 2, welche dieselbe Person betreffen, sind in einem Umschlag mit Namensaufschrift gemeinsam aufzubewahren oder in eine Strafliste zu übertragen.

Zur Strafliste ist das Muster A zu verwenden; eine schon vorhandene Mitteilung nach Muster A kann benutzt werden. Soweit nötig, wird die Strafliste auf einem beigefügten Bogen fortgesetzt.

Weichen die Angaben über die Person in den einzelnen Mitteilungen erheblich voneinander ab, so werden auf der Vorderseite der Strafliste entsprechende Vermerke mit roter Tinte gemacht.

Mitteilungen über Verurteilungen im Ausland werden in die Strafliste nicht übertragen, sondern sind im Strafregister gesondert zu verwahren. Es kann jedoch über Verurteilungen im Ausland eine besondere Strafliste geführt werden.

Mitteilungen, die in eine Strafliste übertragen sind, sind zu vernichten.

§ 24 (21). Vermerke über Personen, deren Tod dem Strafregister glaubhaft nachgewiesen wird, werden aus dem Strafregister entfernt.

Ferner werden entfernt Vermerke über Personen, die über 80 Jahre alt sind. Dies gilt nicht, wenn dem Strafregister bekannt ist, daß der Betroffene noch lebt oder wenn seit der letzten im Strafregister vermerkten Verurteilung noch nicht fünf Jahre verstrichen sind.

Die aus dem Strafregister entfernten Strafnachrichten sind zu vernichten.

§ 25 (22). Ein Strafvermerk, der auf Grund des § 5 des Gesetzes über beschränkte Auskunft aus dem Strafregister und die Tilgung von Strafvermerken zu tilgen ist, ist zu vernichten oder unkenntlich zu machen, wenn sich bei der Bearbeitung eines Registerblatts wegen einer eingegangenen Anfrage oder Mitteilung oder bei einer allgemeinen Durchsicht des Strafregisters ergibt, daß die Voraussetzungen der Tilgung vorliegen. Der Vermerk soll jedoch erst dann aus dem Strafregister entfernt oder in dem Strafregister unkenntlich gemacht werden, wenn seit Ablauf der gesetzlichen Frist weitere drei Monate verflossen sind.

Ist angeordnet, daß ein Strafvermerk zum Teil zu tilgen ist, so wird der Teil, dessen Tilgung angeordnet ist, im Strafregister unkenntlich gemacht. Ist zur Durchführung der Anordnung eine Änderung der bisherigen Eintragung erforderlich, so ist die Änderung mit roter Tinte einzutragen und in der Spalte „Bemerkungen" ein Vermerk darüber zu machen, daß die Änderung auf einer Tilgungsanordnung beruht. Auf Anfragen ist der Vermerk in der geänderten Form ohne Hervorhebung der Änderungen und ohne die Eintragung in der Spalte „Bemerkungen" mitzuteilen; den Gerichten, den Behörden der Staatsanwaltschaft sowie auf ausdrückliches Ersuchen den obersten Reichs- oder Landesbehörden ist der Vermerk so mitzuteilen, wie er im Strafregister enthalten ist.

§ 26 (neu). Ein Vermerk nach § 3 über einen Beschluß der Landespolizeibehörde, durch den ein Ausländer aus dem Reichsgebiete verwiesen ist, wird aus dem Strafregister entfernt und vernichtet, wenn die Ausweisung aufgehoben ist.

Andere Vermerke nach § 3 werden hinsichtlich der Beschränkung der Auskunftserteilung und der Tilgung im Strafregister ebenso behandelt wie die Vermerke über die Verurteilung, auf Grund deren der Beschluß der Landespolizeibehörde ergangen ist.

§ 27 (neu). Vermerke, die auf Grund des § 9 Nr. 1 in das Strafregister aufgenommen worden sind, können auf Anordnung der Landesjustizverwaltung aus dem Strafregister entfernt und vernichtet werden. Das gleiche gilt für Vermerke nach § 9 Nr. 2, bei denen die Wiederaufhebung der Entmündigung nach § 9 Nr. 4 vermerkt ist. Die gleiche Anordnung kann der Reichsminister der Justiz für solche Vermerke treffen, die in dem beim Reichsjustizministerium geführten Strafregister enthalten sind.

§ 28 (23). Ein Vermerk, der zu Unrecht aus dem Strafregister entfernt worden ist, darf nur mit Genehmigung des Leiters der Strafregisterbehörde in das Strafregister wiederaufgenommen werden.

Bis der Leiter entschieden hat, wird eine entsprechende Vormerkung in das Strafregister eingelegt.

§ 29 (24). Das Strafregister ist verschlossen aufzubewahren.

§ 30 (25). Läuft nach dem Inhalt des Strafregisters für einen Verurteilten eine Bewährungsfrist, so hat das Strafregister, wenn vor Eingang der Nachricht über die nach Ablauf der Probezeit getroffene Entscheidung eine Strafnachricht eingeht, hiervon die Behörde, welche die Bewilligung der Bewährungsfrist mitgeteilt hat, sofort zu benachrichtigen und zugleich die Behörde, welche die Strafnachricht eingesandt hat, in Kenntnis zu setzen, daß eine Bewährungsfrist läuft. Das gleiche gilt, wenn eine Nachricht über die Bewilligung einer andern Bewährungsfrist oder über den Vorbehalt der Entscheidung hierüber, eine Steckbriefnachricht, ein Ersuchen um Auskunftserteilung oder eine andere Mitteilung eingeht, die auf eine anhängige Untersuchung schließen läßt.

Wird die Bewährungsfrist widerrufen und läuft noch eine andere Bewährungsfrist, so hat das Strafregister die Behörde, welche die andere Bewährungsfrist mitgeteilt hat, von dem Widerrufe zu benachrichtigen.

Mitteilungen über eine vorläufige Entlassung sind im Sinne der Vorschriften der Abs. 1, 2 Mitteilungen über eine Bewährungsfrist gleichzuachten.

§ 31 (neu). Geht eine Mitteilung über Bewilligung einer Bewährungsfrist oder über den Vorbehalt der Entscheidung hierüber oder über die Bewilligung einer vorläufigen Entlassung ein, so sind der Behörde, welche die Mitteilung gemacht hat, die im Strafregister vermerkten Verurteilungen mitzuteilen, soweit nach den Umständen anzunehmen ist, daß ihr die Verurteilungen bei ihrer Entscheidung nicht bekannt gewesen sind.

IV. Auskunft aus dem Strafregister.

§ 32 (26). Gerichten, Strafverfolgungsbehörden, höheren Verwaltungsbehörden und Polizeibehörden ist über den Inhalt des Strafregisters auf jedes Ersuchen, das eine bestimmte Person betrifft, kostenfrei Auskunft zu erteilen.

Welche Behörden als höhere Verwaltungsbehörden und als Polizeibehörden im Sinne dieser Vorschrift anzusehen sind, bestimmen die Landesregierungen, bei Reichsbehörden der Reichsminister der Justiz. Der Reichsminister der Justiz kann im Einvernehmen mit den beteiligten Landesregierungen bestimmen, daß auch anderen Behörden oder Stellen Auskunft aus dem Strafregister zu erteilen ist. Der Reichsminister der Justiz wird die Behörden und Stellen bekanntmachen, denen hiernach Auskunft aus den Strafregistern zu erteilen ist.

Bei der Auskunftserteilung sind Verurteilungen im Ausland nur zu berücksichtigen, wenn sie nach Art und Höhe der Strafe registerpflichtig wären.

§ 33 (27). Das Ersuchen (§ 32) ist auf einem Vordruck F an das zuständige Strafregister zu richten.

Das Strafregister erteilt die Auskunft durch Ausfüllung des Vordrucks. Abweichungen in den Angaben über die Person sind auf Grund des Strafregisters mit roter Tinte zu berichtigen, fehlende Angaben zu ergänzen. Ersuchen, die nicht auf dem vorgeschriebenen Vordruck gestellt werden, können zurückgewiesen werden. Die Urschrift des Strafregisters darf nicht versandt werden.

Anfragen, die zur Zuständigkeit eines anderen Strafregisters gehören, sind an dieses abzugeben. Ist das zuständige Strafregister nicht bekannt, so ist die Anfrage mit einer kurzen Bemerkung zurückzusenden.

Auf Verlangen ist die Auskunft telegraphisch zu erteilen. Sind Vorstrafen telegraphisch mitgeteilt, so ist eine schriftliche Auskunft nachzusenden.

In dringenden Fällen darf die Auskunft durch Fernsprecher erfordert und erteilt werden. Soll die Auskunft durch Fernsprecher erteilt werden, so soll sie dem Anrufenden nicht unmittelbar, sondern nur durch neuen Anruf, der von dem angerufenen Strafregister auszugehen hat, erteilt werden. Der Leiter der Strafregisterbehörde kann an Stelle dieser Sicherungsmaßregel andere Vorkehrungen treffen, die einen Mißbrauch der Einrichtung ausschließen. Enthält eine durch Fernsprecher erteilte Auskunft Angaben über Verurteilungen oder sonstige Registervermerke, so ist unter Bezugnahme auf das Ferngespräch eine schriftliche Auskunft nachzusenden.

Wird die Auskunft gemäß Abs. 4, 5 durch Telegramm oder durch Fernsprecher erteilt, so hat die ersuchende Stelle dem Strafregister die ihm entstehenden Telegramm- oder Fernsprechgebühren zu erstatten, soweit nicht die Landesjustizverwaltung für die in ihrem Bezirke geführten Strafregister oder der Reichsminister der Justiz für das im § 1 Abs. 2 bezeichnete Strafregister etwas anderes bestimmen; Gebühren für Orts- und Vorortsgespräche werden nicht erstattet.

§ 34 (neu). Vermerke nach § 9 Nr. 1, 2 werden nur den Gerichten, den Behörden der Staatsanwaltschaft, den obersten Reichs- und Landesbehörden und den Polizeibehörden mitgeteilt. Andern Behörden oder Stellen, denen Auskunft aus dem Strafregister zu erteilen ist, können solche Vermerke mit Genehmigung des Leiters der Strafregisterbehörde mitgeteilt werden, wenn ein berechtigtes Interesse an der Erlangung der Auskunft dargelegt ist. Soweit hiernach Vermerke nach § 9 Nr. 1, 2 nicht mitgeteilt werden dürfen, sind die Anfragen in gleicher Weise zu beantworten wie in den Fällen, in denen ein Vermerk nicht vorhanden ist.

§ 35 (28). Ist eine Person wegen eines Vergehens, das mit keiner schwereren Strafe als mit Freiheitsstrafe bis zu sechs Monaten bedroht ist, oder wegen einer Übertretung wiederholt verurteilt, so brauchen von jeder Art dieser strafbaren Handlung nur die drei letzten Verurteilungen in die Auskunft aufgenommen zu werden, sofern nicht die ersuchende Behörde ausdrücklich einen vollständigen Auszug verlangt. Bei den übrigen gleichartigen Verurteilungen genügt die Angabe ihrer Zahl.

Ist auf Überweisung an die Landespolizeibehörde oder auf die Zulässigkeit von Polizeiaufsicht erkannt, so ist die Verurteilung stets vollständig in den Auszug aufzunehmen.

§ 36 (29). Privatpersonen wird Auskunft aus dem Strafregister nicht erteilt.

§ 37 (30). Inwieweit ausländischen Behörden kostenfrei oder gegen eine Gebühr Auskunft aus dem Strafregister zu geben ist, bestimmt, soweit nicht das Reich besondere Vereinbarungen trifft, der Reichsminister der Justiz.

Soweit Behörden ausländischer Staaten Auskunft aus dem Strafregister gegeben wird, sind in die Auskunft auch solche Verurteilungen aufzunehmen, die bereits der beschränkten Auskunft unterliegen. In der Auskunft ist hervorzuheben, daß die Verurteilung nach den deutschen Vorschriften der beschränkten Auskunft unterliegt; bei Vermerken, die vor dem 1. Juli 1920 im Strafregister gelöscht sind, ist die Tatsache der Löschung zu vermerken.

V. Ausländische Strafarten.

§ 38 (31). Für die Anwendung der Vorschriften über die Erteilung von Auskunft aus dem Strafregister und die Tilgung von Strafvermerken sind bei Verurteilungen im Ausland die ausländischen Strafarten der deutschen Strafart gleichzustellen, der sie nach ihrer Stellung in dem fremden Strafensystem am meisten entsprechen.

Der Reichsminister der Justiz kann hierüber nähere Bestimmungen erlassen.

VI. Steckbriefnachrichten und Suchvermerke.

§ 39 (32). Im Strafregister können Steckbriefnachrichten niedergelegt werden. Die §§ 14, 15 gelten entsprechend.

Erledigt sich der Steckbrief, so ist dies dem Strafregister mitzuteilen.

§ 40 (33). Das Strafregister hat sofort nach Eingang einer Steckbriefnachricht zu prüfen, ob Vermerke über den Verfolgten vorhanden sind. Ergibt sich, daß ein anderes Strafregister zuständig ist, so hat es die Steckbriefnachricht an dieses abzugeben und der verfolgenden Behörde hiervon Mitteilung zu machen.

Ist nach dem Inhalt des Strafregisters anzunehmen, daß der Verfolgte sich in Haft befindet, oder ist sein Aufenthalt sonst bekannt, so hat das Strafregister die Steckbriefnachricht mit der entsprechenden Auskunft der verfolgenden Behörde zurückzusenden. Ist der Aufenthalt des Verfolgten nicht bekannt, liegt aber aus der letzten Zeit eine Strafnachricht oder ein Ersuchen einer anderen Behörde um Auskunft über den Verfolgten vor, so hat das Strafregister dies der verfolgenden Behörde unter Zurückbehaltung der Steckbriefnachricht mitzuteilen.

Ebenso ist zu verfahren, wenn später der Aufenthalt des Verfolgten bekannt wird oder von einer anderen Behörde eine Strafnachricht oder eine sonstige Mitteilung oder ein Ersuchen um Auskunftserteilung eingeht.

Liegen von verschiedenen Behörden Steckbriefnachrichten vor, welche dieselbe Person betreffen, so ist jeder Behörde von der Nachricht der anderen Behörde Mitteilung zu machen. Entsprechendes gilt, wenn Steckbriefnachrichten von derselben Behörde unter verschiedenen Aktenzeichen vorliegen.

§ 41 (34). Solange der Aufenthalt des Verfolgten nicht bekannt ist, wird die Steckbriefnachricht im Strafregister aufbewahrt.

Sie wird vernichtet, wenn eine Mitteilung über die Erledigung des Steckbriefs eingeht. Bei der Mitteilung der Erledigung einer Steckbriefnachricht ist der Grund der Erledigung und, wenn möglich, der Aufenthaltsort oder Haftort des Gesuchten anzugeben.

Sind seit der Niederlegung der Steckbriefnachricht drei Jahre verflossen, so wird sie zurückgesandt.

§ 42 (35). Behörden und Stellen, denen Auskunft aus dem Strafregister zu erteilen ist, dürfen Suchvermerke im Strafregister niederlegen.

Im Suchvermerk ist anzugeben, aus welchem Grunde der Betroffene gesucht wird.

Auf Suchvermerke finden die Vorschriften der §§ 39 bis 41 über Steckbriefnachrichten entsprechende Anwendung.

VII. Vordrucke.

§ 43 (36). Die Vordrucke für die Strafnachricht (A), für das Ersuchen um Auskunftserteilung (F) und für die Steckbriefnachricht (G) dürfen höchstens 255 Millimeter hoch und 192 Millimeter breit und müssen mindestens 240 Millimeter hoch und 177 Millimeter breit sein. Mitteilungen auf Vordrucken, die diese Grenzen nicht einhalten, kann das Strafregister zurückweisen.

Für die übrigen Muster (B bis E) genügt ein kleineres Format.

Die Vordrucke für die Strafnachricht (A) müssen aus starkem, dauerhaftem, weißem Papier sein. Die Steckbriefnachrichten (G) müssen rot sein.

VIII. Schlußbestimmungen.

§ 44 (neu). Alle Mitteilungen an das Strafregister, alle Ersuchen um Auskunft aus dem Register sowie die zu erteilenden Auskünfte sind verschlossen zu versenden.

§ 45 (37). Die Ausführungsbestimmungen werden, soweit nicht die Reichsregierung mit Zustimmung des Reichsrats Vorschriften trifft, von den Landesregierungen, für das bei dem Reichsjustizministerium geführte Strafregister von dem Reichsminister der Justiz erlassen.

§ 46 (38). Unberührt bleiben die Vorschriften des Reichs und der Länder über sonstige Mitteilungen in Strafsachen. Unberührt bleiben insbesondere die Vorschriften, wonach bestimmten ausländischen Regierungen die Verurteilungen ihrer Staatsangehörigen vertragsmäßig in bestimmter Form mitzuteilen sind.

§ 47 (39 Abs. 1). Die Verordnung tritt mit dem 1. Juli 1920 in Kraft. Gleichzeitig tritt die Verordnung des Bundesrats über die Strafregister vom 16. Mai 1918 (Zentralbl. für das Deutsche Reich S. 164) außer Kraft.

§ 48 (40). Die in dem Strafregister niedergelegten Vermerke über Verurteilungen, die nach den neuen Vorschriften nicht mehr registerpflichtig wären, sind zu vernichten oder, falls das Strafregister außerdem Vermerke enthält, die bestimmungsgemäß darin verbleiben müssen, unkenntlich zu machen.

§ 49 (41). Die bereits vorhandenen oder hergestellten Vordrucke der bisherigen Muster können aufgebraucht werden; die bisherigen Vordrucke für die Strafnachricht A sind jedoch nur für solche Mitteilungen zu verwenden, die nach Annahme der mitteilenden Behörde auf eine Strafliste zu übertragen sind.

Sind Eintragungen, die nach den Vorschriften dieser Verordnung auf dem Muster A in der Spalte „Bemerkungen" zu vermerken sind, auf ein Registerblatt des bisherigen Musters A zu setzen, so sind sie, falls nicht ein neues Registerblatt nach dem neuen Muster A angelegt wird, mit roter Tinte unter den Vermerk zu setzen, auf den sie sich beziehen.

Mitteilende Behörde:	A **Strafnachricht** für das Strafregister zu Gleiche Strafnachricht erhielt das Strafregister zu	Aktenzeichen:

Familienname (bei Frauen Geburtsname):
Vornamen (Rufname zu unterstreichen):

Familienstand: ledig verheiratet verwitwet geschieden
Vor- und Familien-(Geburts-)Name des (bzw. früheren) Ehegatten:

Des Vaters Vor- und Familienname:
Der Mutter Vor- und Geburtsname:

Geburtstag	Tag: Monat: Jahr:	Geburtsort	Gemeinde: evtl. Stadtteil: Straße: Verwaltungsbezirk*):	Landgerichtsbezirk: Land:

Wohnort: evtl. letzter Aufenthaltsort:

Stand (Beruf, Gewerbe): evtl. Stand des Ehemanns:

Vorbestraft durch registerpflichtige Verurteilungen**): nein ja — vgl. Rückseite —

Sonstige Bemerkungen:
Staatsangehörigkeit:
Heimatgemeinde:
Heimatbezirk:

Vorstehend bezeichnete Person ist rechtskräftig verurteilt worden:

am	durch	wegen	auf Grund von	zu	Bemerkungen

Ort und Datum: Unterschrift (Behörde):

*) Kreis, Bezirksamt, Amtshauptmannschaft, Oberamt, Amtsbezirk usw.
**) Unberücksichtigt bleiben Verurteilungen zu Geldstrafen, die wegen einer anderen Übertretung als Zuwiderhandlungen gegen die §§ 361, 363 des Strafgesetzbuchs erfolgt sind.

Umstehend bezeichnete Person ist weiter verurteilt worden*):

Nr.	nach Mitteilung von	Aktenzeichen	am	durch	wegen	auf Grund von	zu	Bemerkungen

*) Hier können von der Strafregisterbehörde alle später eingehenden Mitteilungen, von der mitteilenden Behörde die im Strafregister noch nicht vermerkten registerpflichtigen Vorgänge eingetragen werden.

Mitteilende Behörde:	B **Nachricht über Arbeitshaus oder Reichsverweisung** für das Strafregister zu Gleiche Strafnachricht erhielt das Strafregister zu	Aktenzeichen:

Familienname (bei Frauen Geburtsname):

Vornamen (Rufname zu unterstreichen):

Familienstand: ledig verheiratet verwitwet geschieden

Geburtstag	Tag: Monat: Jahr:	Geburtsort	Gemeinde: evtl. Stadtteil: Straße: Verwaltungsbezirk*):	Landgerichtsbezirk: Land:

Vorstehend bezeichnete Person,

verurteilt am durch

wegen

ist durch Beschluß de

vom

auf Grund des § des Strafgesetzbuchs

Ort und Datum:

Unterschrift (Behörde):

---

*) Kreis, Bezirksamt, Amtshauptmannschaft, Oberamt, Amtsbezirk usw.

Mitteilende Behörde:	C **Nachricht über Vollstreckung** für das Strafregister zu Gleiche Nachricht erhielt das Strafregister zu	Aktenzeichen:

Familienname (bei Frauen Geburtsname):
Vornamen (Rufname zu unterstreichen):

Familienstand: ledig verheiratet verwitwet geschieden

Geburtstag: Tag: Monat: Jahr:	Geburtsort: Gemeinde: evtl. Stadtteil: Straße: Verwaltungsbezirk*):	Landgerichtsbezirk: Land:

Verurteilt am durch
wegen
zu

Vorstehende $\frac{\text{Freiheits}}{\text{Geld}}$strafe ist

am . . . . verbüßt.
gezahlt.
durch Verbüßung der Ersatzfreiheitsstrafe getilgt.
durch . . . . erledigt.

noch nicht erledigt.

Ort und Datum:

Unterschrift (Behörde):

---

*) Kreis, Bezirksamt, Amtshauptmannschaft, Oberamt, Amtsbezirk usw.

Mitteilende Behörde:	D **Nachricht über eine Bewährungsfrist** für das Strafregister zu Gleiche Nachricht erhielt das Strafregister zu	Aktenzeichen:

Familienname (bei Frauen Geburtsname):

Vornamen (Rufname zu unterstreichen):

Familienstand: ledig verheiratet verwitwet geschieden

Geburtstag	Tag: Monat: Jahr:	Geburtsort	Gemeinde: evtl. Stadtteil: Straße: Verwaltungsbezirk*):	Landgerichtsbezirk: Land:

Verurteilt am durch

wegen

zu

Bewährungsfrist bis bewilligt am

verlängert bis

widerrufen am

Es wird ersucht, von solchen im Strafregister vermerkten Verurteilungen, von denen anzunehmen ist, daß sie bei Bewilligung der Bewährungsfrist hier nicht bekannt gewesen sind, sowie von den bis zum Eingang der Nachricht über die nach Ablauf der Probezeit getroffene Entscheidung eingehenden Strafnachrichten, Steckbriefnachrichten, Suchvermerken, Ersuchen um Auskunftserteilung und anderen Nachrichten, die auf eine anhängige Untersuchung schließen lassen, sofort hierher Mitteilung zu machen.

Ort und Datum:

Unterschrift (Behörde):

---

*) Kreis, Bezirksamt, Amtshauptmannschaft, Oberamt, Amtsbezirk usw.

Mitteilende Behörde:	E **Nachricht über Begnadigung** für das Strafregister zu Gleiche Nachricht erhielt das Strafregister zu	Aktenzeichen:

Familienname (bei Frauen Geburtsname):
Vornamen (Rufname zu unterstreichen):

Familienstand: ledig verheiratet verwitwet geschieden

Geburtstag	Tag: Monat: Jahr:	Geburtsort	Gemeinde: evtl. Stadtteil: Straße: Verwaltungsbezirk*):	Landgerichtsbezirk: Land:

Wohnort: evtl. letzter Aufenthaltsort:

Verurteilt am durch
wegen
zu

Durch Erlaß vom ist diese Strafe erlassen.

ermäßigt auf eine .... strafe von ....

umgewandelt in eine .... strafe von .... unter dem Vorbehalte, daß es bei Nichtzahlung der Geldstrafe bei der erkannten Freiheitsstrafe verbleibt.

angeordnet, daß über die Verurteilung nur noch beschränkt Auskunft zu erteilen ist. / der Vermerk über die Verurteilung zu tilgen ist.

die Wiederverleihung der bürgerlichen Ehrenrechte — der Fähigkeit zur Bekleidung öffentlicher Aemter — erfolgt.

Ort und Datum:

Unterschrift (Behörde):

---

*) Kreis, Bezirksamt, Amtshauptmannschaft, Oberamt, Amtsbezirk usw.

F

Ersuchen um Auskunft aus dem Strafregister

Urschriftlich mit der Bitte um schleunige Rücksendung

an

in ....

zur gefälligen Auskunftserteilung über

alle / die der beschränkten Auskunft nicht unterliegenden Vorstrafen der umstehend bezeichneten Person.

Ort und Datum:

Unterschrift (Behörde):

Urschriftlich mit beifolgendem Auszug zurück

an

F

Auszug aus dem Strafregister

de zu

Familienname (bei Frauen Geburtsname):
Vornamen (Rufname zu unterstreichen):

Familienstand: ledig verheiratet verwitwet geschieden
Vor- und Familien-(Geburts-)Name
des (bzw. früheren) Ehegatten:

Des Vaters Vor- und Familienname:
Der Mutter Vor- und Geburtsname:

Geburtstag { Tag: Monat: Jahr:	Geburtsort {	Gemeinde: evtl. Stadtteil: Straße: Verwaltungsbezirk:	Landgerichtsbezirk: Land:

Staatsangehörigkeit und Heimatgemeinde*):

Wohnort: evtl. letzter Aufenthaltsort:

Stand (Beruf, Gewerbe): evtl. Stand des Ehemanns:

Im Strafregister sind folgende / keine**) Verurteilungen vermerkt:

Nr.	Aktenzeichen	am	durch	wegen	auf Grund von	zu	Bemerkungen

*) Nur bei Ausländern oder auf besondere Anfrage auszufüllen.

**) Verurteilungen, über die nach dem Gesetz über beschränkte Auskunft aus dem Strafregister und die Tilgung von Strafvermerken vom 9. April 1920 (Reichsgesetzbl. S. 507) keine Auskunft erteilt werden darf, werden als im Strafregister nicht eingetragen behandelt.

Umstehend bezeichnete Person ist weiter verurteilt worden:

Nr.	Akten- zeichen	am	durch	wegen	auf Grund von	zu	Be- merkungen

Verfolgende Behörde:	G **Steckbriefnachricht** für das Strafregister zu Gleiche Nachricht erhielt das Strafregister zu	Aktenzeichen:

Familienname (bei Frauen Geburtsname):
Vornamen (Rufname zu unterstreichen):

Familienstand: ledig verheiratet verwitwet geschieden
Vor- und Familien-(Geburts-)Name des (bzw. früheren) Ehegatten:

Des Vaters Vor- und Familienname:
Der Mutter Vor- und Geburtsname:

Geburtstag	Tag: Monat: Jahr:	Geburtsort	Gemeinde: evtl. Stadtteil: Straße: Verwaltungsbezirk*):	Landgerichtsbezirk: Land:

Wohnort: evtl. letzter Aufenthaltsort:

Stand (Beruf, Gewerbe): evtl. Stand des Ehemanns:

Vorbestraft durch registerpflichtige Verurteilungen**) — nein — ja — zuletzt im Jahre

Bemerkungen:
Gegen die vorstehend bezeichnete Person ist am Steckbrief erlassen worden.
Ort und Datum: Unterschrift (Behörde):

Auskunft des Strafregisters

Die verfolgte Person ist nach Mitteilung d

am	durch	wegen	auf Grund von	zu

rechtskräftig verurteilt worden und befindet sich, wie hiernach anzunehmen ist, zur Zeit in Haft.
Die verfolgte Person befindet sich
Ort und Datum: Unterschrift (Behörde):

*) Kreis, Bezirksamt, Amtshauptmannschaft, Oberamt, Amtsbezirk usw.
**) Unberücksichtigt bleiben Verurteilungen zu Geldstrafe, die wegen einer anderen Übertretung als Zuwiderhandlungen gegen die §§ 361, 363 des Strafgesetzbuchs erfolgt sind.

C.

Erläuterungen zu dem Straftilgungsgesetz und zur Strafregisterverordnung.

I.

Gesetz über beschränkte Auskunft aus dem Strafregister und die Tilgung von Strafvermerken.

Vom 9. April 1920 (RGBl. S. 507) in der Fassung des Art. X Abs. 1 der VO. über Vermögensstrafen und Bußen vom 6. Februar 1924 (RGBl. I S. 44).

(Gebräuchliche Abkürzung: Straftilgungsgesetz.)

Die verfassunggebende Deutsche Nationalversammlung hat das folgende Gesetz beschlossen, das mit Zustimmung des Reichsrats hiermit verkündet wird:

1. Materialien:
Reichsratsvorlage: Drucks. d. RR. Tagung 1919 Nr. 215.
Parlamentsvorlage: Drucks. d. Verfassunggebenden Deutschen Nationalversammlung Nr. 1486.
Beratung in der Nationalversammlung:
1. Lesung: 25. Nov. 1919 (118. Sitzung), StenBer. S. 3744 ff. (Überweisung an einen bes. Ausschuß von 14 Mitgliedern).
Mündlicher Bericht des (22.) Ausschusses: Drucks. Nr. 2425.
2. u. 3. Lesung: 30. März 1920 (158. Sitzung), StenBer. S. 5029.
Verkündung des Gesetzes: Reichsgesetzbl. Nr. 74 vom 16. April 1920.
Inkrafttreten des Gesetzes: 1. Juli 1920 (§ 11 Abs. 1 d. Ges.).

2. Zweck des Gesetzes. Über die Ziele, die mit dem Gesetze verfolgt werden, äußert sich die amtl. Begr. des Gesetzentwurfs, der in den Verhandlungen der Verfassunggebenden Deutschen Nationalversammlung nur in geringfügigen Einzelheiten geändert worden ist, folgendermaßen:

„Die Bedeutung einer strafgerichtlichen Verurteilung erschöpft sich nicht in den Straffolgen, die das Gericht dem Verurteilten auferlegt oder die sich kraft besonderer gesetzlicher Vorschrift an die Tatsache der Bestrafung knüpfen. Die Bestrafung heftet vielmehr dem Verurteilten nach der Auffassung des Volkes einen Makel an, der ihn unter Umständen weit schlimmer und nachhaltiger trifft als das Strafübel selbst. Diese Tatsache ist darin begründet, daß die Strafgesetze ein Niederschlag der Sittengesetze des Volkes sind und daß der, der nach gerichtlichem Ausspruch gegen das Gesetz verstoßen hat, durch diesen Verstoß einen sittlichen Mangel bewiesen hat, der ihn in der Achtung seiner Volksgenossen herabsetzt.

Diese Volksauffassung tritt um so stärker in Erscheinung, je mehr die Strafgesetze mit den sittlichen Auffassungen des Volkes übereinstimmen und je stärker das sittliche Gefühl des Volkes entwickelt ist. Dagegen grundsätzlich anzukämpfen wäre aussichtslos und verfehlt; hat doch gerade hier die abschreckende Kraft der Strafgesetze ihre stärksten Wurzeln.

Nicht selten tritt indessen in der Bewertung von Vorstrafen eine starke Überspannung zutage. Es besteht die Neigung, die Tatsache einer Bestrafung, mag sie auch noch so weit zurückliegen und nach Auffassung aller Verständigen ihre Bedeutung längst verloren haben, zum alleinigen Gradmesser für die Beurteilung einer Persönlichkeit zu machen und zwischen Bestraften und Unbestraften eine starre Grenzlinie zu ziehen.

Eine solche schematische Auffassung des Wesens der Vorstrafe bedeutet eine unbillige Härte gegen den Verurteilten, dessen ganzes Leben hierdurch unter Umständen zerstört wird; sie führt aber auch zu einer schweren Schädigung des Gemeinwohls. Wer nach erstandener Strafe eben um der Bestrafung willen überall verschlossene Türen findet, wer sich trotz redlichen Bemühens durch die Tatsache, daß er einmal gefehlt und Strafe erlitten hat, immer wieder der allgemeinen Mißachtung preisgegeben und im Daseinskampfe behindert sieht, der muß letzten Endes die Hoffnung und damit den Antrieb verlieren, sich eine geachtete Stellung im Leben wieder zu erobern, und wird so auf die Bahn des Verbrechens zurückgestoßen.

Eine gründliche Abhilfe gegen diese Mißstände ist nur im Wege einer fortschreitenden Aufklärung des Volkes und einer Läuterung der sittlichen Auffassung von den Pflichten möglich, die der einzelne und die Gesamtheit auch gegenüber vorbestraften Personen haben. Mit staatlichen Mitteln kann nur in beschränktem Umfang geholfen werden. Der Staat vermag dem Bestraften die Achtung, die ihm seine Volksgenossen versagen, nicht zu erzwingen; ebensowenig vermag er die Tatsache der Bestrafung durch irgendwelche behördlichen Aussprüche aus der Welt zu schaffen und damit den guten Ruf des Verurteilten wiederherzustellen.

Innerhalb gewisser Grenzen kann der Staat indessen helfen. Er kann einmal seine eigenen Organe dazu anhalten, daß sie bei der Bewertung von Vorstrafen mit der nötigen Zurückhaltung verfahren und namentlich die Tatsache einer Bestrafung nicht ohne Not ans Licht ziehen. Weiter aber steht es in der Macht des Staates, die behördlichen Aufzeichnungen, die über erfolgte Verurteilungen im öffentlichen Interesse geführt werden müssen, und die Auskünfte aus diesen Aufzeichnungen soweit zu beschränken, als es mit den Zwecken, denen die Aufzeichnungen dienen, noch verträglich ist.

Nach dieser Richtung hin hat sich in den letzten Jahren bereits eine wesentliche Besserung der Verhältnisse zugunsten des Verurteilten angebahnt. Man ist dazu übergegangen, die Vermerke über Verurteilungen in den auf Grund der Verordnung des Bundesrats vom 16. Juni 1882 eingerichteten Strafregistern und in den polizeilichen Listen unter gewissen Voraussetzungen zu löschen, und zwar mit der Wirkung, daß über gelöschte Vermerke nur noch einem begrenzten Kreise von Behörden Auskunft erteilt werden darf. Diese Entwicklung ist durch die Vorschrift im § 21 der Bundesratsverordnung vom 16. Mai 1918 (Zentralbl. für das Deutsche Reich S. 164) zu einem gewissen Abschluß gelangt. Danach darf über den Inhalt des Strafregisters nur noch den Gerichten, den Behörden, der Staatsanwaltschaft und auf ausdrückliches Ersuchen den höheren Verwaltungsbehörden Auskunft erteilt werden, wenn über eine Person keine schwerere Strafe als Gefängnis oder Festungshaft bis zu einem Jahre vermerkt ist und seit der letzten registerpflichtigen Verurteilung mindestens zehn Jahre verstrichen sind. Unabhängig von dieser allgemeinen Vorschrift, die im Verwaltungsweg auf die polizeilichen Listen ausgedehnt worden ist, wird ein Löschungsvermerk im Strafregister und in den polizeilichen Listen im Einzelfall im Wege der Gnade oder der Verwaltungsmaßnahme angeordnet, wenn dies mit den staatlichen Interessen vereinbar erscheint.

An diese Entwicklung knüpft der vorliegende Gesetzentwurf an. Er geht von dem Gedanken aus, daß eine Bestrafung an Bedeutung für die Bewertung der Persönlichkeit des Verurteilten im Rechtsleben immer mehr verliert, eine je längere Spanne Zeit seit der Bestrafung verstrichen ist, und daß schließlich wenigstens im Regelfall einmal ein Zeitpunkt eintritt, wo die Bestrafung jede derartige Bedeutung verloren hat."

3. Das Gesetz hat einen kleinen, aber in sozialer Hinsicht recht bedeutsamen Ausschnitt aus der im Gange befindlichen Reform des Strafrechts und des Strafprozesses vorweg genommen. Es befaßt sich mit der Frage der sog. Rehabilitation (Wiedereinsetzung) Verurteilter. Diese Frage wird seit langem in der Öffentlichkeit, vor allem im juristischen Schrifttum, erörtert und ist schon im VE. zu einem deutschen StGB. (§§ 50—52), dem GegenE. (§§ 110—112) und dem E. der StR.-Komm. (§§ 130—133) behandelt. Die Bezeichnung „Rehabilitation" oder „Wiedereinsetzung" paßt eigentlich nur für die — in dem Ges. vom 9. April 1920 nicht mitbehandelte — Wiederverleihung verlorener Ehrenrechte, nicht auch für die Beschränkung der Auskunft aus dem Strafregister und die Tilgung von Strafvermerken. Denn durch die letzteren Maßnahmen wird nicht ein durch die Verurteilung verloren gegangenes Recht des Verurteilten wieder hergestellt, sondern nur eine aus Anlaß der Verurteilung vorgeschriebene Verwaltungsmaßnahme, die allerdings für den Verurteilten nachteilige Wirkungen hat, ganz oder z. T. rückgängig gemacht. Zu Unrecht wurde deshalb auch diese Rückgängigmachung bisher in den meisten deutschen Staaten als Ausfluß des Gnadenrechts behandelt.

4. Die Beseitigung der Nachteile, die sich für den Verurteilten aus der Aufnahme einer Verurteilung in das Strafregister und aus der Auskunfterteilung aus dem Register ergeben, ist auf dreierlei Weise möglich: im Gnadenwege oder, was ebenso zu bewerten ist, durch Anordnung einer nach freiem Ermessen entscheidenden Verwaltungsbehörde (réhabilitation gracieuse), durch Gerichtsbeschluß (réh. judiciaire) oder kraft Gesetzes infolge Eintritts gewisser Voraussetzungen (réh. de droit) (vgl. hierzu Delaquis, Die Rehabilitation im Strafrecht [1907]). Bis zum Kriege fand in Deutschland nur die Rehabilitation im Gnadenwege oder — wie in Sachsen und Hamburg — durch Anordnung der obersten Landesbehörden in Einzelfällen statt. Der VE. und ihm folgend der E. der StRKomm. schlugen die Rehabilitation durch Gerichtsbeschluß vor; den gleichen Standpunkt nimmt das österr. Ges. über die Tilgung der Verurteilung vom 21. März 1918 (Österr. RGBl. S. 271) ein. Die StrafregisterVO. vom 16. Mai 1918 hat im Anschluß an Vorschläge der GegenE. und in engster Anlehnung an die während des Krieges in allen Ländern übereinstimmend ergangenen wiederholten Löschungsamnestien, die ebenfalls von einer Entscheidung auf Grund einer Prüfung des Einzelfalles absehen, die Rehabilitation kraft Gesetzes für einen erheblichen Teil von Verurteilungen eingeführt. Das Gesetz vom 9. April 1920 geht den gleichen Weg. Die Rückkehr zur Regelung des E. der StRKomm. hätte einen Rückschritt gegenüber dem seit 1918 geltenden Rechte bedeutet und konnte deshalb nicht in Frage kommen.

5. Bei der Regelung der Frage, ob und unter welchen Voraussetzungen ein Strafvermerk aus dem Register wieder entfernt oder bei der Auskunftserteilung unberücksichtigt bleiben kann, handelt es sich darum, einen angemessenen Ausgleich zwischen zwei Interessenkreisen zu finden, die beide wohlbegründet sind und die sich diametral gegenüberstehen: auf der einen Seite das Interesse des Staats und der Gesellschaft, die zur Beurteilung der einzelnen Persönlichkeiten nötigen Kenntnisse über deren Vorleben, insbesondere ihre Verstöße gegen die Strafgesetze, im Bedarfsfalle sich verschaffen zu können, auf der anderen Seite das Interesse des straffällig Gewordenen, daß der durch die Bestrafung entstandene Makel nach angemessener Frist getilgt und die Tatsache der Bestrafung der

Vergessenheit verfällt. Wenn sich auch die Wirkung einer strafgerichtlichen Verurteilung nicht in den Straffolgen erschöpfen kann und darf, die das Gericht dem Verurteilten auferlegt, oder die das Gesetz an die Tatsache der Verurteilung knüpft, so darf doch andererseits die Tatsache der Bestrafung dem Verurteilten auch nicht bis an sein Lebensende wie eine Kette am Fuße nachschleifen. Das Gesetz vom 9. April 1920 sucht diesen Interessengegensatz dadurch zu lösen, daß es vorschreibt, daß über alle Verurteilungen (mit Ausnahme der Verurteilungen zum Tode oder zu Zuchthaus, für welche die Beschränkung der Auskunftserteilung und die Tilgung nach besonderer Anordnung der Landesjustizverwaltung, also eine Art réhabilitation gracieuse, zugelassen wird) nach Ablauf einer nach der Strafhöhe abgestuften Frist nur noch beschränkt Auskunft erteilt werden darf und daß nach Ablauf einer weiteren Frist der Strafvermerk aus dem Register ganz entfernt oder darin unkenntlich gemacht werden soll (§ 1).

6. Das Gesetz gilt nur für deutsche Strafregister und deutsche polizeil. Listen. Es erfaßt aber auch Strafverm. über Verurt. durch ausländische Gerichte, die in deutschen Registern niedergelegt sind (§ 9 d. Ges.).

In den besetzten Gebieten gilt das Gesetz wie im übrigen Deutschland; übrigens hat auch die Rheinlandkommission gegen das Gesetz Einwendungen nicht erhoben.

Im Saargebiet, das deutsches Gebiet geblieben ist, ist das Gesetz nicht in Kraft getreten, weil es erst nach dem 11. Nov. 1918 erlassen ist (§ 23 der Anlage zu Art. 50 des Vertrags von Versailles). Die Regierungskommission des Saargebiets hat aber sachlich übereinstimmende und mit dem deutschen Gesetze fast wörtlich gleichlautende Vorschriften in der VO. vom 18. Juli 1923 über beschr. A. und die Tilg. von Strafverm. (Amtsblatt f. d. Saargebiet Nr. 19 von 1923 S. 166) erlassen. Diese Vorschriften sind unter D X 1 abgedruckt. Im übrigen vgl. wegen der besonderen Verhältnisse des Saargebiets Art. II der deutschen VO. zur Änderung der StrRegVO. vom 19. Febr. 1926 und § 4 des Gesetzes über vorübergehende Rechtspflegemaßnahmen im Hinblick auf das Saargebiet vom 10. März 1922 (RGBl. I S. 241), beide Vorschriften gleichfalls abgedruckt unter D I 6; III, sowie die im Saargebiet für die Führung der StrReg. geltenden Vorschriften (abgedruckt unter D X 2, 3). Vgl. ferner § 10 Anm. 9 und StrRegVO. Vorbem. Anm. 3, § 1 Anm. 1, § 2 Anm. 19, 27, § 32 Anm. 2, 23, § 46 Anm. 11.

7. Für die Freie Stadt Danzig ist durch Gesetz über beschr. A. aus dem StrReg. und die Tilg. von Strafverm. vom 26. Mai 1922 (Gesetzbl. für die Freie Stadt Danzig Nr. 27 S. 121) fast die gleiche Regelung getroffen, wie sie das deutsche Gesetz enthält. Auch der Wortlaut des Gesetzes stimmt mit dem des deutschen fast vollständig überein. Die wesentlichste Abweichung besteht darin, daß das Danziger Gesetz auch für Verurteilung zu Todesstrafe und Zuchthaus die gesetzlichen Fristen laufen läßt, wobei der Verlust der in § 31 StGB. genannten Fähigkeiten den Fristenlauf nicht hemmen soll.

8. Auf die Regelung in den auf Grund des Vertrags von Versailles abgetretenen Gebieten (einschließlich Danzigs und Memels) haben die nach dem Gesetz infolge Fristablaufs (§§ 1—7) oder durch Anordnung der Justizverwaltung (§ 8) eintretenden Vergünstigungen ebensowenig Wirkung wie auf andere Auslandsregister. Wird eine solche Wirkung erstrebt, so muß den Verurteilten im Einzelfalle überlassen bleiben, sich selbst an die zuständigen ausländischen Behörden zu wenden. Ebenso haben umgekehrt Anordnungen, wie sie etwa in Österreich auf Grund des Gesetzes über die Tilgung der Verurteilung vom 31. März 1918 (Österr. RGBl. Nr. 108) in der Fassung des Bundesgesetzes vom 17. Febr. 1922 (BGBl. Nr. 110) oder in Danzig auf Grund des Gesetzes über beschränkte Auskunft aus dem Strafregister und die Tilgung von Strafvermerken vom 26. Mai 1922 (Gesetzbl. für die Freie Stadt Danzig Nr. 27 S. 121) angeordnet sind, keine Wirkung für deutsche Reg. Auch internationale Vereinbarungen über gegenseitige Anerkennung der in einem anderen Lande angeordneten Maßnahmen bestehen nicht. In Danzig und in Österreich scheinen indessen die in Deutschland getroffenen Anordnungen im allgemeinen den Entscheidungen für die dortigen Reg. zugrunde gelegt zu werden; es wird die Anordnung ausländischer Behörden für ihre Reg. auch bei uns in geeigneten Fällen Anlaß zu Anordnungen nach § 8 des Gesetzes geben.

9. Das StrafTilgG. (und ebenso die StrRegVO.) ist ein Schutzgesetz im Sinne des § 823 Abs. 2 BGB. Die Schädigung eines Verurteilten durch vorsätzlich oder fahrlässig unrichtige Anwendung kann eine Schadensersatzpflicht des Staates (§ 839 BGB. in Verbindung mit den Gesetzen über die Haftung des Reichs und der Länder für pflichtwidrige Amtshandlungen von Beamten) begründen und zu Rückgriffsansprüchen des Staates an den schuldigen Beamten führen.

10. Wegen der Regelung der Frage in ausländischen Gesetzen vgl. Einleitung. Wegen Österreichs und Danzigs vgl. auch Anm. 7, 8.

§ 1.

Über Verurteilungen, die in das Strafregister aufgenommen sind, ist nach Ablauf einer bestimmten Frist nur noch beschränkt Auskunft zu erteilen.

Ist nach Eintritt des Zeitpunkts, von dem ab nur beschränkt Auskunft zu erteilen ist, eine weitere Frist abgelaufen, so wird der Vermerk im Strafregister getilgt.

Diese Vorschriften gelten, unbeschadet der Bestimmungen des § 8, nicht für Verurteilungen zum Tode und zu Zuchthaus.

1. § 1 gibt in den programmatischen Bestimmungen seiner beiden ersten Absätze eine gedrängte Zusammenfassung der **beiden Hauptgedanken des Gesetzes**, die auch schon in der Überschrift des Gesetzes zum Ausdruck kommen. Zwei Maßnahmen von verschiedener Wirkung, die — in der Regel — einander zeitlich folgen, sollen einer überspannten Verwertung von Vorstrafen im Rechtsleben entgegenwirken: Die **Beschränkung der Auskunftserteilung** und die **Tilgung von Strafvermerken**. Das Gesetz geht von dem Gedanken aus, „daß eine Bestrafung an Bedeutung für die Bewertung der Persönlichkeit des Verurteilten im Rechtsleben immer mehr verliert, eine je längere Spanne Zeit seit der Bestrafung verstrichen ist, und daß schließlich wenigstens im Regelfalle einmal ein Zeitpunkt eintritt, wo die Bestrafung jede derartige Bedeutung verloren hat". Deshalb schreibt es vor, daß über Verurteilungen, die in das StrReg. aufgenommen sind, nach Ablauf einer bestimmten Frist nur noch beschränkt Auskunft aus dem StrReg. zu erteilen ist (Abs. 1) und daß die Vermerke nach Ablauf einer weiteren von dem Eintritt der Auskunftsbeschr. ab laufenden Frist im StrReg. getilgt werden sollen (Abs. 2). Es werden also die aus der Einrichtung der StrReg. sich ergebenden nachteiligen Wirkungen für das gesellschaftliche und wirtschaftliche Leben des Verurteilten in 2 Etappen zunächst abgeschwächt und sodann fast ganz beseitigt.

2. Die beiden Maßnahmen der Auskunftsbeschr. und der Tilg. treten im allgemeinen nach Ablauf der Fristen **kraft Gesetzes** ein (§§ 1—7, 11). Es handelt sich also um eine sog. réhabilitation de droit. Daneben ist noch eine Art réh. gracieuse zugelassen, indem in § 8 der zuständigen obersten Justizverwaltungsbehörde des Landes bezw. des Reichs die Befugnis eingeräumt ist, soweit die Voraussetzungen für den Eintritt der Maßnahmen kraft Gesetzes nicht vorliegen, diese Maßnahmen nach Prüfung des Einzelfalles durch einen Verwaltungsakt anzuordnen. Bei Verurteilung zu Todesstrafe oder zu Zuchthaus ist nach § 1 Abs. 3 lediglich die réh. gracieuse durch Verwaltungsakt zugelassen (vgl. Vorbem. 4).

3. Die **Wirkung der Auskunftsbeschränkung im einzelnen** ist in § 4, die **der Tilgung** in § 5 näher geregelt. Erstere ist in ihrer Wirkung stets resolutiv bedingt (vgl. § 2 Anm. 7), letztere ist stets endgültig. Die **Fristen**, nach deren Ablauf die ABeschr. eintritt, bestimmt § 6, die Fristen, nach deren Ablauf ein Strafvermerk zu tilgen ist, bestimmt § 7; ergänzende Übergangsbestimmungen für die Berechnung der Fristen bei Verurteilungen, die schon vor dem Inkrafttreten des Gesetzes (1. Juli 1920) in das StrReg. aufgenommen worden sind, gibt § 11 Abs. 2, 3. Der Eintritt beider Maßnahmen ist noch an einige weitere, in den §§ 2, 3 näher umschriebene Voraussetzungen geknüpft. Wegen der Ausführung der Tilgung vgl. noch § 25 StrRegVO.

4. Das Gesetz betrifft nur „**Verurteilungen**" und „**Vermerke**" hierüber, d. h. Entscheidungen, durch die eine Person (vgl. Anm. 7) zu Strafe verurteilt worden ist und die RegVermerke hierüber; dabei ist es gleichgültig, ob die Verurteilung durch Urteil

Strafbefehl, Strafverfügung, Strafbescheid oder ein sog. Unterwerfungsverfahren (§ 2 Abs. 1 StrRegVO.) ausgesprochen ist. Entscheidend ist lediglich, daß eine Strafe festgesetzt und zu Recht im StrReg. vermerkt ist. Das Gesetz setzt das StrReg. mit seinem jeweiligen, durch die bestehenden Verwaltungsvorschriften der StrReg.-VO. umgrenzten Inhalt als etwas Gegebenes voraus. Für die Anwendbarkeit des Gesetzes ist es deshalb auch unerheblich, ob die Verurteilung nach § 2 der StrRegVO. oder nach einer von der Landesregierung für die Behörden ihres Landes auf Grund des § 10 der StrRegVO. getroffenen Anordnung ins StrReg. aufgenommen ist. Auch für Verurteilungen im Ausland, soweit sie auf Grund der bestehenden Vorschriften in das StrReg. aufgenommen sind (StrRegVO. § 46) gilt das Gesetz (§ 9 d. Ges.).

Selbstverständlich muß es sich um Verurteilungen handeln, die nach den bestehenden Vorschriften *zu Recht* im StrReg. vermerkt sind. Jedes Registerblatt ist deshalb, *bevor* über die Anwendung des Gesetzes entschieden wird, zunächst daraufhin zu prüfen, ob sein Inhalt mit den geltenden Vorschriften in Einklang steht, und erforderlichenfalls ist es zunächst zu berichtigen, z. B. durch Entfernung zu Unrecht eingetragener (wie z. B. nicht registerpflichtiger) oder — trotz gesetzlicher Tilgungsreife oder allgemeiner oder besonderer Tilgungsanordnung oder trotz Aufhebung der Verurteilung im Wiederaufnahmeverfahren noch nicht getilgter Strafvermerke. Ob Vermerke, die nach einer Änderung der Vorschriften über die Registerpflicht nicht mehr registerpflichtig wären, aus dem Strafregister zu entfernen sind, ist in der Regel bei der Neuregelung ausdrücklich bestimmt worden, und zwar immer in bejahendem Sinne (vgl. die Vorschriften unter D I). Soweit eine solche ausdrückliche Bestimmung nicht getroffen ist, bleiben die Vermerke rechtmäßiger Bestandteil des StrReg. (vgl. Erl. zu § 21 StrRegVO.) und unterliegen deshalb den Vorschriften des Gesetzes. Auch Verurteilungen, die infolge eines Versehens in das StrReg. aufgenommen sind, bilden nicht einen Bestandteil des StrReg. im Sinne des Gesetzes; sie sind sofort zu entfernen.

5. Zu den einzelnen Verurteilungen und Strafvermerken, auf die sich das Gesetz bezieht, gehören auch alle bei dem einzelnen Vermerk in der Spalte „*Bemerkungen*“ *vermerkten Entscheidungen und Nachrichten*, wie die Vermerke über Verbüßung einer Strafe, über Verzögerung der Vollstreckung, über Bewilligung oder Widerruf einer Bewährungsfrist, über Begnadigung, vorläufige Entlassung (§§ 4—6, 19 StrRegVO.); derartige Vermerke teilen hinsichtlich der Auskunftsbeschr. und der Tilg. ohne weiteres das Schicksal des Hauptvermerks, zu dem sie gehören. „Verurteilung“ im Sinne des § 1 ist auch die Festsetzung einer *Gesamtstrafe* (§ 2 Abs. 3 StrRegVO.).

6. Für andere Registervermerke, die *nicht Verurteilungen* betreffen, wie insbesondere Vermerkungen über Entscheidungen, aus denen sich ergibt, daß der Betroffene geisteskrank usw. ist (§ 9 StrRegVO.), *gilt das Gesetz nicht*. Für derartige Vermerke fehlte es bisher an einer Regelung der Fragen der Auskunftsbeschr. und der Tilg. Vom 1. Mai 1926 ab sind diese Fragen in den neuen Vorschriften der §§ 27, 34 der StrRegVO. geregelt. Nicht anwendbar ist das Gesetz ferner für solche nicht Verurteilungen betreffende Vermerke, die etwa nach Anordnungen der Landesregierung auf Grund des § 10 StrRegVO. in das StrReg. aufgenommen sind.

Zweifelhaft konnte bisher die Frage sein, ob auch Vermerke über Folgen einer Verurteilung, wie die nach § 3 StrRegVO. aufgenommenen Vermerke über Entscheidungen der Landespolizeibehörden auf Grund der Überweisung des Verurteilten an sie (Unterbringung im Arbeitshaus usw.) und über Reichsverweisung von Ausländern hinsichtlich der ABeschr. und Tilg. den Vermerken über Verurteilungen gleich zu behandeln waren. Nach richtiger Auffassung mußten solche Vermerke als Folgen der Verurteilung das Schicksal des Vermerks selbst teilen; solange sie noch fortwirkten, d. h. z. B. die Unterbringung im Arbeitshause noch nicht erledigt war oder die Reichsverweisung zu Recht bestand, war nach § 3 Abs. 1 des Gesetzes der Eintritt der ABeschr. oder Tilg. auch für die Verurteilung selbst gehemmt. Vom 1. Mai 1926 gilt für diese Fragen § 26 StrRegVO., der im wesentlichen dem dargelegten geltenden Rechtszustand entspricht.

7. Soweit Verurteilungen gegen juristische Personen und Personenvereinigungen zulässig und im Strafregister des RJMin. vermerkt sind (§ 1 Abs. 2 StrRegVO.), gilt das Gesetz auch für sie.

8. Nicht Inhalt des StrReg. sind und werden deshalb von den Vorschriften des Gesetzes nicht berührt die nicht registerpflichtigen Verurteilungen, die nach § 5 Abs. 2 in Verbindung mit § 19 Abs. 1 StrRegVO. in das StrReg. eingelegt werden, weil für sie eine Bewährungsfrist läuft. Bei solchen Vermerken sind nur die in § 30 StrRegVO. vorgesehenen Mitteilungen zu machen, im übrigen sind sie bei der Erteilung von A. aus dem StrReg. als nicht vorhanden zu behandeln.

9. Ebenfalls als nicht vorhanden sind solche Strafvermerke anzusehen, die einen unter falschem Namen Verurteilten betreffen. Solche Vermerke sind aus dem StrReg. zu entfernen (vgl. Preuß AV. 23).

10. Gleichgültig für die Anwendung des Gesetzes ist die Frage, ob die Verurteilung materiell zu Recht ergangen ist. Ein etwaiger Justizirrtum ist nur durch Wiederaufnahme des Verfahrens, die im Falle der Aufhebung des Urteils auch die Tilgung des Vermerks über die Verurteilung zur Folge hat (§ 7 Nr. 2, § 21 Abs. 2 StrRegVO.) oder durch Erlaß der Strafe, der in der Spalte Bemerkungen zu vermerken ist (§ 7 Nr. 1, § 19 Abs. 1 StrRegVO.) und gegebenenfalls durch Anordnung der Tilgung nach § 8 des Gesetzes wieder gut zu machen.

11. Von der kraft Gesetzes eintretenden ABeschr. und Tilgung sind wegen ihrer besonderen Schwere ausgenommen

die Verurteilungen zum Tode und zu Zuchthaus (Abs. 3). Solche Verurteilungen hindern nach § 2 Abs. 1 des Gesetzes den Eintritt der Vergünstigungen auch für alle anderen Bestrafungen des Verurteilten. In solchen Fällen kann nur durch Anordnung im Einzelfall nach § 8 die ABeschr. oder die Tilg. angeordnet werden. Insoweit hat das Gesetz also an Stelle der sog. réhabilitation de droit, die für die anderen Strafen gilt, eine Art von réhabilitation gracieuse eingeführt (vgl. § 8 Anm. 2). Im Freistaat Danzig besteht die Ausnahme nicht (vgl. Vorbem. 7).

§ 2.

Bei mehreren Verurteilungen einer Person ist über alle Verurteilungen unbeschränkt Auskunft zu erteilen, solange über eine der Verurteilungen unbeschränkt Auskunft erteilt werden muß. Die Tilgung eines Vermerkes im Strafregister darf bei mehreren Verurteilungen einer Person erst erfolgen, wenn für alle Verurteilungen die Voraussetzungen der Tilgung vorliegen.

Lautet die Verurteilung, über die unbeschränkt Auskunft erteilt werden muß oder die im Strafregister noch nicht getilgt werden kann, nur *auf Verweis oder* **auf Geldstrafe allein oder in Verbindung** *miteinander oder* **mit Nebenstrafen, so finden die Vorschriften des Abs. 1 keine Anwendung.**

Abs. 2 ist durch Streichung der Worte „von höchstens fünfhundert Mark", hinter „Geldstrafe" geändert durch Art. VI Abs. 1 Nr. 1 des Geldstrafengesetzes vom 27. April 1923, übernommen in Art. X Abs. 1 Nr. 1 der VO. über Vermögensstrafen und Bußen vom 6. Februar 1924 (RGBl. 1923 I S. 254; 1924 I S. 44).

Die Worte „auf Verweis oder" und „miteinander oder" in Abs. 2 sind gegenstandslos geworden durch §§ 46, 47 des Jugendgerichtsgesetzes vom 16. Februar 1923, wonach die Strafe des Verweises abgeschafft ist und die Vermerke im StrReg. über Verurteilungen zu Verweis im StrReg. zu tilgen sind.

1. Die Vorschrift geht von dem Gedanken aus, daß im allgemeinen über alle Verurteilungen einer Person nur einheitlich Auskunft erteilt werden kann und daß alle Strafverm. über eine Person im allgemeinen nur gleichzeitig getilgt werden können. Eine andere Regelung würde den Str.-Reg.-Inhalt sowie die A. aus dem StrReg. lückenhaft und irreführend machen. Sie würde auch im Widerspruch stehen mit dem Ausgangspunkte des Gesetzes, seiner inneren Grundlage. Diese geht dahin, daß die Vergünstigungen erst nach Ablauf bestimmter Fristen, die sachlich als Bewährungsfristen zu bewerten sind, eintreten sollen. Nur von dem, der sich eine gewisse Zeit nach der Verurteilung straffrei gehalten hat, kann man sagen, daß die frühere Verurteilung nicht mehr wesentlich für die Beurteilung seiner Persönlichkeit ist. Auch

das staatliche Interesse an der Kenntnis der Verfehlung muß als fortbestehend angesehen werden, solange der Betroffene sich weiterer strafbarer Handlungen schuldig macht. Der Grundgedanke der einheitlichen Behandlung aller Strafverm. einer Person knüpft an die Regelung an, die schon vor dem Gesetze im Verwaltungswege eingeführt worden war (vgl. Vorbem. zum Gesetz Anm. 2).

2. Eine starre Durchführung dieses Gedankens würde indessen zu unbilligen Härten führen. Die von dem Verurteilten begangenen Straftaten können von so verschiedener Schwere sein, daß es ungerecht wäre, die ABeschr. oder Tilg., die für einen Verm. über eine schwere Strafe nach der Länge der seit der Verurteilung verflossenen Zeit unbedenklich Platz greifen könnte, um einer geringfügigen, für die Beurteilung der Persönlichkeit vielleicht nur wenig bedeutsamen Verfehlung willen noch eine mehr oder minder lange Zeit hinauszuschieben und so dem Verurteilten eine wirtschaftliche und gesellschaftliche Schädigung zuzufügen, die in keinem Verhältnis zu der Bedeutung der Straftat steht, wegen deren die Verzögerung eintreten würde. Als solche geringfügige Verurteilungen, die den Eintritt der beiden Maßnahmen für andere Verurteilungen und Strafvermerke nicht hindern sollen, erklärt das Gesetz alle Verurteilungen zu Geldstrafe (Abs. 2), gleichgültig, wie hoch sie sind. Der dabei maßgebende Gedanke ist offenbar der, daß jede Geldstrafe unter allen Umständen nach dem gesetzlichen System der Strafen als leichter zu gelten hat als die mildeste Freiheitsstrafe. Ursprünglich waren nur solche Geldstrafen ausgenommen, die höchstens 500 Mk. betrugen. Erst durch die oben bezeichneten Vorschriften der Geldstrafengesetze wurde diese Schranke aufgegeben und Geldstrafen ohne Rücksicht auf ihre Höhe als leichte Strafen im Sinne des § 2 Abs. 2 des StrTilgG. erklärt. Diese Entwicklung wurde gefördert durch die ständige Geldentwertung, die es aussichtslos erscheinen ließ, irgend eine feste Grenze von einigem Bestand zu finden, um die leichteren Geldstrafen von den schwereren zu scheiden; dann aber auch durch die stärkere Betonung des Gesichtspunktes in § 27c Abs. 1 StGB., daß die wirtschaftlichen Verhältnisse des Täters zwar nicht unbedingt ausschlaggebend, aber doch wesentlich mitbestimmend für die Höhe der Geldstrafe sein sollten. Ob diese schematische Behandlung der Geldstrafe angebracht ist, soll hier nicht untersucht werden (vgl. Hellwig, Geldstrafengesetz Anm. 177; 180a). Der Grundsatz des § 27c Abs. 1 StGB. würde es allerdings unzweckmäßig erscheinen lassen, leichtere und schwerere Geldstrafen je nach der Höhe der erkannten Geldstrafe zu unterscheiden; vielleicht aber hätte man der Unterscheidung die Höhe der erkannten Ersatzfreiheitsstrafe zugrunde legen können.

3. Die grundsätzliche Bedeutung des § 2 Abs. 1 ist folgende: Für jede Verurteilung einer Person ist nach Maßgabe der §§ 6, 7 zunächst gesondert zu berechnen, ob die Frist für die ABeschr. oder die Tilg. schon abgelaufen ist. Auf Grund des Ergebnisses dieser Untersuchung ist dann festzustellen, ob für alle Verurt. und Strafverm. beschr. A. oder Tilg. eintreten kann

oder ob die A. unbeschränkt bleibt. Sind für alle Verurt. einer Person die Fristen des § 6 abgelaufen, so tritt für die gesamten Verurt. des Betroffenen die beschr. A. ein. Das gleiche gilt, wenn für eine oder mehrere Verurt. die Fristen des § 6, für eine oder mehrere andere auch schon die Fristen des § 7 abgelaufen sind. Es wird also auch der Eintritt der Tilgung an sich tilgungsreifer Verm. gehemmt, wenn vor Ablauf der Tilgungsfrist noch Verm. in das StrReg. aufgenommen sind und für diese die Tilgungsreife noch nicht eingetreten ist. Erst wenn für alle Verurt. die Tilgungsreife eingetreten ist, werden die Strafverm. — und zwar alle gleichzeitig — getilgt. Sind die Fristen des § 6 nur für eine oder mehrere Verurt. abgelaufen, für eine oder mehrere andere aber noch nicht, so unterliegen alle Verurt. der unbeschr. A. Unbeschr. A. für alle Verurt. tritt auch dann ein, wenn für eine oder mehrere Verurt. sogar schon die Fristen des § 7 abgelaufen sind, aber vor Eintritt der Tilgungsreife eine neue Verurt. erfolgt und für diese Verurt. die Frist des § 6 noch nicht abgelaufen ist. Vgl. auch Pr. AV. Ziff. 24 Fußn. 9.

4. Die Rechtsnatur der gegenseitigen Bindung des Eintritts der beiden Maßnahmen an den Eintritt der Voraussetzungen bei allen Verurt. einer Person ist die der Hemmung des Eintritts der Wirkungen des Fristablaufs. Die Fristen für die einzelnen Verurt. laufen zwar an sich ab, die Wirkung des Fristablaufs tritt aber nicht ein, sie bleibt solange ausgesetzt, bis das Hemmnis durch Ablauf der entsprechenden Frist (oder durch Anordnung nach § 8 des Gesetzes oder sonstwie — vgl. § 8 Anm. 25 ff. —) für die andere Verurt. beseitigt ist.

5. Für den Eintritt der Hemmung ist es ohne Belang, aus welchen Gründen bei der als Hemmnis wirkenden Verurt. die ABeschr. oder die Tilg. nicht eintreten kann. Die hemmende Verurt. braucht insbes. nicht die spätere zu sein. Auch für eine spätere Verurt. mit kurzer Frist (§ 6 Nr. 1, § 7 Nr. 1) tritt nach Ablauf der Frist die Vergünstigung nicht ein, wenn für eine frühere Verurt. mit langer Frist (§ 6 Nr. 2, § 7 Nr. 2) die entsprechende Frist noch nicht abgelaufen ist.

Das Hemmnis kann ferner darin liegen, daß eine Verurt. zu Todesstrafe oder Zuchthaus im Register vermerkt ist. Da für solche schwere Verurt. Fristen überhaupt nicht laufen (§ 1 Abs. 3), hindert ein solcher Vermerk den Eintritt der beiden Vergünstigungen für alle anderen Strafverm. und zwar dauernd, d. h. solange, bis etwa auf Grund des § 8 die ABeschr. oder die Tilg. für die Verurt. zu Todesstrafe oder zu Zuchthaus angeordnet und damit das Hemmnis für den Eintritt der Maßnahme für die übrigen, an sich unter den gesetzlichen Fristablauf fallenden Verurt. aus dem Wege geräumt wird. Vgl. RG. E. Bd. 56 S. 75.

Das Hemmnis kann auch darin bestehen, daß bei einer Verurt. eine Hemmung des Eintritts der Vergünstigungen nach § 3 Abs. 1, 3 vorliegt, also z. B. der Ehrverlust noch nicht abgelaufen ist, noch eine Bewährungsfrist läuft oder die Strafe aus anderem Grunde noch nicht vollstreckt ist.

Das Hemmnis kann beseitigt werden sowohl durch Ablauf der entsprechenden Frist für die das Hemmnis bildende Verurt. wie auch durch Anordnung einer Vergünstigung auf Grund des § 8 des Gesetzes (oder auch durch eine allgemeine Tilgungsvorschrift, welche die hemmende Verurt. erfaßt, vgl. § 8 Anm. 25 ff.).

6. Die Grundsätze des § 2 gelten für alle im StrReg. vermerkten Verurteilungen, gleichviel ob die Verurt. vor oder nach Inkrafttreten des Gesetzes erfolgt ist (§ 11 Abs. 2). Die Vorschriften über die Berechnung der Fristen sind so anzuwenden, als ob das Gesetz schon zur Zeit der Verurt. gegolten hätte. Näheres bei § 11.

7. Bei der Berechnung des Fristenlaufs im Einzelfalle ist ein wesentlicher Unterschied in Betracht zu ziehen, der zwischen der beschr. A. und der Tilgung besteht. Die beschr. A. tritt immer unter dem Vorbehalt ein, daß nicht durch eine weitere Eintragung ins StrReg. der Fall des § 2 Abs. 1 Satz 1 herbeigeführt wird. Auch wenn die beschr. A. für eine Verurt. bereits eingetreten ist, wird sie wieder hinfällig und es tritt wieder die unbeschr. A. ein, wenn eine neue Verurt. zum StrReg. mitgeteilt wird, es sei denn, daß die neue Verurt. nur auf eine Geldstrafe lautet (§ 2 Abs. 2). Die Tilgung dagegen ist, wenn ihre Voraussetzungen in irgend einem Zeitpunkt erfüllt sind, endgültig. Dies gilt auch dann, wenn die Tilgung tatsächlich noch nicht durchgeführt ist. Wenn also z. B. am 1. Jan. 1915 eine Verurt. zu 1 Woche Gefängnis erfolgt ist und am 1. Februar 1925 eine neue Verurt. zu Freiheitsstrafe eintritt, so ist der 1. Vermerk zu tilgen, gleichviel ob die Tilgung bei Eingang der 2. Strafnachricht schon vollzogen war oder nicht. So auch RG. vom 13. Febr. 1921 und 7. Juli 1921 (Bd. 56 S. 75, 279); vom 26. Okt. 1923 (Bd. 57 S. 390). Denn die Bestimmung des § 2 Abs. 1 kann sich nach der dem Gesetze zugrunde liegenden Absicht nicht auf eine Verurteilung beziehen, die schon tilgungsreif geworden war, ehe die weiteren Verurteilungen erfolgt sind (RG. vom 29. Febr. 1924, JW. 1924 S. 1755 f.). Zustimmend Träger, ebendort Anm.). Die gegenteilige Auffassung würde der Frage, ob Tilgung einzutreten hat, in offenbarem Widerspruch mit den Absichten des Gesetzes von dem rein zufälligen Umstande abhängig machen, ob das Strafbl. rechtzeitig, d. h. vor dem Eingang einer neuen Strafnachricht von dem Reg.-Führer aus irgend einem Anlasse bearbeitet worden ist. Es ist also bei der Anwendung des Gesetzes in chronologischer Reihenfolge vorzugehen.

8. Wie bereits oben (Anm. 2) ausgeführt ist, gilt der in Abs. 1 festgelegte Grundsatz einheitlicher Behandlung aller RegVerm. über eine Person nicht, wenn das Hemmnis für den Eintritt einer Vergünstigung für eine andere Verurt. in einer Verurt. liegt, die selbst geringfügig im Sinne des Gesetzes ist, d. h. nur

auf Geldstrafe allein oder in Verbindung mit Nebenstrafen lautet. Ob es sich um eine oder mehrere Verurteilungen zu Geldstrafe handelt, ist gleichgültig (Begr. S. 5 f.). Geldstrafen sind auch die auf Grund des § 27 b an Stelle einer an sich verwirkten Freiheitsstrafe erkannten Geldstrafe (Hellwig, Geldstrafengesetz Anm. 38, 39, 62 a; AV. pr. JM. 4. Nov. 1924 — JMBl. S. 386). Als Geldstr. kommen nur die kriminellen Geldstr. in Frage, da die Ordnungsstr. in Geld und die anderen nicht kriminellen Geldstr. nicht registerpflichtig sind (vgl. StrRegVO. § 2).

Die Geringfügigkeit im Sinne des Abs. 2 hat nur bei den noch nicht zur Vergünstigung reifen Verurt. Bedeutung. Danach ist also z. B. über eine Geldstrafe, für welche die Frist des § 6 schon abgelaufen ist, unbeschränkt A. zu erteilen, wenn vor Ablauf der TilgFrist eine Verurt. zu Freiheitsstrafe eingeht, für welche die Frist des § 6 noch nicht abgelaufen ist (a. A. Eichinger, Zeitschr. f. Rechtspfl. in Bayern 1925 S. 164, Bayer. Oberst. LGEntsch. in Strafs. Bd. 23 S. 50).

9. Die Vorschrift des § 2 Abs. 2 gilt für alle Geldstr. ohne Rücksicht auf die Höhe, auch insoweit als diese Geldstr. nach der ursprünglichen Fassung des § 2 Abs. 2, weil sie über 500 Mk. betrugen, ebenso wie Verurteilungen zu Freiheitsstr. als Hemmnis im Sinne des § 2 Abs. 1 gewirkt hätten. Der Neufassung der Vorschrift durch die Geldstrafengesetze (vgl. Vorbem. hinter dem Gesetzestext) ist rückwirkende Kraft in dem Sinne beigelegt worden, daß bei Geldstr., die schon vor dem Inkrafttreten der Neufassung (1. Mai 1923) in das StrReg. aufgenommen worden sind, sich die Fristen so berechnen, wie wenn das StrTilgG. in der neuen Fassung schon zur Zeit der Aufnahme des Verm. in das StrReg. in Kraft gewesen wäre. Dies muß in zahlreichen Fällen zu einer entsprechenden Berichtigung des StrReg. führen (vgl. Hellwig, Geldstrafengesetz, 3. Aufl., Anm. 179).

10. Die Vorschrift des § 2 Abs. 2 hat zur Folge, daß da, wo nur Geldstr. im StrReg. vermerkt sind, für jeden dieser Verm. die Fristen der §§ 6, 7 gesondert laufen und die beschr. A. sowie die Tilg. für jede Verurteilung besonders nach Ablauf der für diese Verurteilung bestimmten Fristen eintritt.

11. Als besonders leichte Strafe, die nicht als Hemmnis gelten soll, ist in dem Gesetzestext des § 2 Abs. 2 auch der Verweis aufgeführt. Diese Bestimmung ist aber, da das JGG. die Strafe des Verweises nicht aufrechterhalten und in § 46 die Tilg. der eingetragenen StrVerm. über bereits erkannte Verweise angeordnet hat, nunmehr gegenstandslos.

12. Eine weitere Ausnahme von dem Grundsatze des § 2 Abs. 1 Satz 1 (nicht auch des Satz 2) machen die Verurt., für die nach den vor dem StrTilgG. in Kraft gewesenen Vorschriften, sei es durch allgemeine Vorschriften oder Erlasse, sei es durch Anordnungen für Einzelfälle im Gnadenwege oder als Verwaltungsakt die „Löschung“ im StrReg. angeordnet worden ist. Solche Verurt. unterliegen nach § 11 Abs. 3 Satz 1 des Gesetzes der beschr. A.

und zwar endgültig (vgl. § 11 Anm. 14). § 2 Abs. 1 findet auf sie keine Anwendung (pr. M. d. J. vom 17. Jan. 1920 Nr. 16 Abs. 3). Die Löschung war als Gnadenakt im Gegensatz zu der Verwaltungseinrichtung der beschr. A. unwiderruflich. Über gelöschte Strafen ist daher auch dann nur beschr. A. zu erteilen, wenn über eine spätere Verurteilung unbeschr. A. zu erteilen ist. Die Frage ist von praktischer Bedeutung insbesondere in denjenigen Fällen, in denen neben einer auf Grund der alten Löschungserlasse vom 27. Jan. 1916, 1917 und 1918 oder der Amnestien vom 3. und 7. Dez. 1918 oder der bayer. oder württemb. AmnestieVOen vom 22. Nov. und 23. Dez. 1918 gelöschten Strafe weitere Strafen im StrReg. vermerkt sind. Das gleiche gilt für die auf Grund von Einzelgnadenverweisen erfolgten Löschungen von StrVerm. Wenn auch der Wortlaut des Gesetzes mit einer abweichenden Auffassung nicht völlig unvereinbar ist, so ergibt sich doch aus der Stellung des § 2 Abs. 1 im Gesetze, daß er nur für die Fälle des § 1 zu gelten hat, nicht für die Fälle des § 11 Abs. 3. Vor allem aber spricht dafür der Zweck des Gesetzes, den Bestraften gegenüber dem bisher geltenden Recht günstiger zu stellen. Dies würde in zahlreichen Fällen vereitelt werden, wenn die bisherige Unwiderruflichkeit der Löschung in Wegfall käme. Ob nicht in der nachträglichen Einschränkung der Wirkung der gnadenweise angeordneten Löschung ein unzulässiger Eingriff in wohlerworbene Rechte liegen würde, mag dahingestellt bleiben. Jedenfalls ist nicht anzunehmen, daß der Gesetzgeber eine derartige Beschränkung gewollt hat, um so weniger, als davon auch die gesetzlich angeordneten Löschungen der Amnestieverordnungen vom 3. und 7. Dez. 1918 getroffen würden. Wenn dies beabsichtigt wäre, so hätte dies unzweideutig zum Ausdruck gebracht werden müssen. Das ist aber nicht der Fall. § 11 Abs. 3 Satz 1 ist daher nur dahin auszulegen, daß gelöschte Verurteilungen nicht als getilgt zu behandeln seien. Dafür spricht auch die Bemerkung in der Begr. des Entw. S. 8, diese Regelung entspräche der Tatsache, daß die bisherige Löschung nicht in der Tilg., sondern „lediglich" der beschr. A. des Entw. gleichzustellen sei. Es sollte hierbei zum Ausdruck kommen, daß an die Löschung sich nicht die vom Gesetz neu eingefügten Wirkungen der Tilg., sondern nur die dem bisherigen Rechtszustand bereits bekannten Wirkungen der ABeschr. knüpfen; dagegen sollte nicht bestimmt werden, daß die besondere Bedeutung der Löschung, wonach die im Wege der Löschung erteilte ABeschr. unwiderruflich war, künftig wegfalle (vgl. hierzu auch RG. vom 14. Nov. 1916 in JW. 1917 S. 172, ferner JW. 46 S. 589). Hinsichtlich der Tilg. dagegen gilt auch für gelöschte Strafen die allgemeine Regel des § 2 Abs. 1 Satz 2. Dies ergibt sich ohne weiteres aus der Fassung des § 11 Abs. 3 Satz 2.

13. § 2 Abs. 1 Satz 2 gilt nur für die Tilg., die infolge Ablaufs der gesetzlichen Fristen Platz greift; dagegen nicht in den Fällen, in denen durch besondere gesetzl. Vorschriften (vgl. § 8 Anm. 25 ff.) oder auf Grund des § 8 des Gesetzes die Tilg. einer von mehreren Verurt. angeordnet ist oder nach § 21 Abs. 2 StrReg.-VO. einzutreten hat.

14. § 2 gilt auch dann, wenn die Verurteilung, über die unbeschr. A. zu erteilen ist, von einem ausländischen Gericht erfolgt und dem StrReg. mitgeteilt ist (§ 9).

15. Das ganze StrTilgG., infolgedessen auch der § 2 Abs. 1, bezieht sich nur auf solche Verurteilungen, die registerpflichtig sind. Eine nicht registerpflichtige Bestrafung (§ 2 Str.-RegVO.) hemmt daher auch nicht den Ablauf der Fristen für ABeschr. und für Tilgung. Dabei ist es ganz gleichgültig, ob die betreffende nicht registerpflichtige Bestrafung der Str.-RegBeh. vorher bekannt geworden ist oder nicht. Dies entspricht auch der früher gegenüber der Frage der Löschung gehandhabten Praxis. Nicht registerpflichtig sind seit 1. Mai 1926 nur noch Verurteilungen zu Geldstr., die wegen einer anderen Übertretung als wegen Zuwiderhandlung gegen StGB. §§ 361, 363 verhängt worden sind. Nicht registerpflichtig in diesem Sinne sind aber solche Verurteilungen nicht, die über reichsrechtlich nicht registerpflichtige Verurteilungen auf Grund StrRegVO. § 10 auf Anordnung der Landesregierung dem StrReg. mitgeteilt werden.

16. Einige Beispiele sollen die in den vorstehenden Anm. dargelegten Grundsätze veranschaulichen (vgl. auch Pr. AV. Ziff. 24 Fußn. 9; ferner Bad. JMBl. 1921 S. 1).

a) Am 1. Juli 1919 Verurt. zu 3 Tagen Gef. Am 1. Nov. 1923 Verurt. zu 1 Woche Gef. Bis 1. Nov. 1928 für beide Verurt. unbeschr., von da ab für beide beschr. A.; Tilg. für beide 1. Nov. 1933.

b) Lautet im Beispiel a die 2. Verurt. auf 2 Monate Gef., so bleibt es bei der beschr. A. für beide Verurt. ab 1. Nov. 1928, die Tilg. tritt aber für beide Verurt. erst am 1. Nov. 1938 ein.

c) Lautet im Beispiel a die 2. Verurt. auf 1 Jahr Gef., verbüßt bis 1. Nov. 1924, so tritt für beide Verurt. die beschr. A. am 1. Nov. 1934, die Tilg. am 1. Nov. 1944 ein.

d) Am 1. Juli 1919 Verurt. zu 1 Woche Gef., am 1. Nov. 1923 Verurt. zu 3 Tagen Gef. Die beschr. A. tritt für beide Verurt. am 1. Nov. 1928, die Tilg. am 1. Nov. 1933 ein.

e) Lautet im Beispiel d die 1. Verurt. auf 2 Monate Gef., so tritt beschr. A. für beide Verurt. gleichfalls am 1. Nov. 1928, die Tilg. aber erst am 1. Juli 1934 ein.

f) Lautet im Beispiel e die 1. Verurt. auf 1 Jahr Gef., verbüßt bis 1. Juli 1920, so tritt beschr. A. für beide Verurt. am 1. Juli 1930, die Tilg. am 1. Juli 1940 ein.

g) Am 1. Okt. 1910 Verurt. zu 3 Tagen Gef. Am 1. Nov. 1921 Verurt. zu 1 Woche Gef. Die 1. Verurt. unterliegt ab 1. Juli 1920 (Inkrafttreten des Gesetzes) der beschr. A. und ist am 1. Okt. 1920 zu tilgen. Für die 2. Verurt. beschr. A. am 1. Nov. 1926, Tilg. am 1. Nov. 1931. Für die 1. Verurt. wäre das Ergebnis das gleiche, wenn die 2. Verurt. auf 2 Monate Gef. oder auf 1 Jahr Gef. oder auf Zuchthaus lauten würde; hierdurch würde sich nur das Ergebnis für die 2. Verurt. ändern.

h) Lautet im Beispiel g die 1. Verurt. auf 2 Monate Gef., so unterliegt die 1. Verurt. vom 1. Juli 1920 bis 1. Nov. 1921 der beschr. A., vom 1. Nov. 1921 wieder der unbeschr. A. Beschr. A. für beide Verurt. tritt wieder am 1. Nov. 1926, Tilg. am 1. Nov. 1931 ein.

i) Am 1. Okt. 1910 Verurt. zu 2 Monaten Gef. Am 1. Nov. 1921 Verurt. zu Zuchthaus. Für die 1. Verurt. ist vom 1. Juli 1920 bis 1. Nov. 1921 1921 beschr. A. zu erteilen. Vom 1. Nov. 1921 ab dauernd unbeschr. A. für beide Verurt.

k) Am 1. Juli 1919 Verurt. zu 3 Tagen Gef. Am 1. Nov. 1923 Verurt. zu Geldstr. Bei der 1. Verurt. tritt am 1. Juli 1924 beschr. A., am 1. Juli 1929 Tilg. ein. Bei der 2. Verurt. tritt am 1. Nov. 1928 beschr. A., am 1. Nov. 1933 Tilg. ein. Es ist also bis 1. Juli 1924 unbeschr. A. über beide Verurt., vom 1. Juli 1924 bis 1. Nov. 1928 für die 1. Verurt. beschr. und für die 2. Verurt. unbeschr. A. zu erteilen, vom 1. Juli 1929 steht nach Tilg. der 1. Verurt. nur noch die 2. im Reg., bis auch diese am 1. Nov. 1933 zu tilgen ist.

l) Am 1. Juli 1919 Verurt. zu Geldstr. Am 1. Nov. 1924 Verurt. zu 3 Tagen Gef. Für die 1. Verurt. ist vom 1. Juli 1924 bis 1. Nov. 1924 beschr. A., von da bis 1. Nov. 1929 für beide unbeschr. A., dann bis 1. Nov. 1934 für beide wieder beschr. A. zu erteilen. Am 1. Nov. 1934 sind beide Verurt. zu tilgen.

m) Am 1. Juli 1919 Verurt. zu Geldstr. Am 1. Nov. 1924 Verurt. zu Geldstr. Für die 1. Verurt. beschr. A. ab 1. Juli 1924, Tilg. am 1. Juli 1929. Für die 2. Verurt. beschr. A. ab 1. Nov. 1929, Tilg. am 1. Nov. 1934.

§ 2.

Hat der Verurteilte die bürgerlichen Ehrenrechte oder einzelne Rechte oder Fähigkeiten verloren, so kommen ihm die Vergünstigungen des § 1 nicht zugute, solange er diese Rechte und Fähigkeiten nicht wiedererlangt hat.

Das gleiche gilt, solange über einen Verurteilten eine Steckbriefnachricht im Strafregister niedergelegt ist.

Die Vergünstigungen des § 1 kommen einem Verurteilten für eine Verurteilung so lange nicht zugute, als sich aus dem Inhalte des Strafregisters ergibt, daß die Vollstreckung noch nicht erledigt ist.

1. Die beschr. A. und erst recht die Tilg. eines Strafverm. wäre zweckwidrig, solange die gesetzlichen Folgen einer Verurt. noch nicht erledigt sind. Deshalb ist vorgeschrieben, daß die Vergünstigungen des Gesetzes für solche Verurt. nicht Platz greifen sollen, hinsichtlich deren sich aus dem StrReg. ergibt, daß die Vollstreckung noch nicht erledigt ist, und solange der mit einer Verurt. verknüpfte Verlust der bürgerl. Ehrenrechte oder einzelner Rechte oder Fähigkeiten noch fortdauert (§ 3 Abs. 1, 3); aus Zweckmäßigkeitsgründen und entsprechend dem in § 2 Abs. 1 niedergelegten Grundsatz einheitlicher Auskunftserteilung ist im Falle fortdauernden Ehrverlusts die Anwendung der Vergünstigungen des Gesetzes für alle eingetragenen Verurt. ausgeschlossen. Ebenfalls aus praktischen Erwägungen ist in Anlehnung an § 21 Abs. 3 der Str.-RegVO. vom 12. Juni 1920 die gleiche Vorschrift für den Fall getroffen, daß über den Verurteilten eine Steckbriefnachricht im Reg. niedergelegt ist (§ 3 Abs. 2). Der Lauf der Fristen wird in allen diesen Fällen an sich nicht gehemmt; nur das Endergebnis, die beschr. A. oder die Tilg., kann erst Platz greifen, wenn die bezeichneten Hindernisse beseitigt sind. Nach Beseitigung der Hemmung beginnt nicht etwa eine neue Frist zu laufen, vielmehr wird die Verurt. so behandelt, als ob die Hemmung nicht erfolgt wäre.

2. Die Vorschrift des Abs. 1 hat, soweit sie sich auf die Aberkennung der bürgerl. Ehrenrechte bezieht, nur sehr geringe praktische Tragweite. Für den neben Todesstrafe oder Zuchthaus erkannten Ehrverlust spielt sie keine Rolle, weil für diese schweren Verurt. überhaupt keine Fristen laufen (§ 1 Abs. 3) und insoweit § 8 Abs. 2 die entsprechende Vorschrift enthält. Neben Festungshaft, Haft, Arrest und Geldstrafe kann auf Ehrverlust nicht erkannt werden. Von den Gefängnisstrafen, die demnach allein in Betracht kommen, scheiden von vornherein die gegen Jugendliche erkannten aus, weil gegen Jugendliche auf Ehrverlust ebenfalls nicht erkannt werden darf (§ 9 Abs. 4 JGG.). Von den gegen Erwachsene erkannten Gefängnisstrafen scheiden praktisch gleichfalls aus alle Gefängnisstrafen von mehr als 3 Monaten, weil bei ihnen die Frist, nach deren Ablauf beschr. A. eintritt, 10 Jahre, gerechnet von Verbüßung, Verjährung oder Erlaß der Strafe beträgt (§ 6 Abs. 3 in Verbindung mit Abs. 1 Nr. 2 des Gesetzes) und der gesetzlich zulässige Höchstbetrag des Ehrverlusts hier auf nur 5 Jahre, gerechnet von dem gleichen Zeitpunkt ab (§ 32 Abs. 2, § 36 StGB.), festgesetzt ist; der Verurteilte hat also bei Eintritt der Frist für die beschr. A. die aberkannten Ehrenrechte längst wieder erlangt. Dies gilt auch da, wo Ehrverlust auf Grund des § 37 StGB. allein ohne Freiheitsstrafe erkannt ist, da auch hier die lange Frist des § 6 Nr. 2 in Betracht kommt (vgl. hierzu im übrigen § 6 Anm.). Praktisch bleibt hiernach für die Anwendung des § 3 Abs. 1 hinsichtlich des Ehrverlusts nur der Fall übrig, daß genau auf Gefängnis von 3 Monaten und die höchstzulässige Dauer des Ehrverlusts von 5 Jahren erkannt ist; in diesem seltenen Falle endet die fünfjährige Frist für die beschr. A. (§ 6 Abs. 1 Nr. 2, Abs. 2) 3 Monate vor Wiedererlangung der Ehrenrechte, der Eintritt der beschr. A. wird also nach § 3 Abs. 1 des Gesetzes um 3 Monate gehemmt.

3. Die in Anm. 2 dargelegte Auslegung wäre dann unrichtig, wenn unter den Rechten und Fähigkeiten, die der Verurteilte wieder erlangt haben muß, auch durch die Aberkennung der bürgerl. Ehrenrechte nach § 33 StGB. dauernd verlorengehende Rechte aus öffentlichen Wahlen, öffentlichen Ämtern, Würden, Titel, Orden und Ehrenzeichen zu verstehen wären. Dies kann aber nicht die Auffassung des Gesetzes sein; denn diese durch die Aberkennung der Ehrenrechte mit einmaliger Wirkung für immer verloren gegangenen Rechte können überhaupt nicht wieder verliehen werden. Es wären also bei solcher Auslegung Verurteilungen, die neben Freiheitsstrafe zugleich auf Verlust der bürgerlichen Ehrenrechte lauten, der Verurt. zu Todesstrafe oder Zuchthaus gleichgestellt und von dem Lauf der gesetzlichen Fristen ganz ausgeschlossen. Dies hätte der Gesetzgeber viel einfacher und klarer dadurch zum Ausdruck gebracht, daß er Verurteilungen mit Ehrverlust in § 1 Abs. 3 neben den Verurteilungen zur Todesstrafe und Zuchthaus aufführte und die Milderungen von Härten der Vorschrift des § 8 (Abs. 2!) überlassen hätte. Es wäre sinnlos gewesen, einer Folge der Verurteilung, die überhaupt nicht mehr beseitigt werden kann, die Bedeutung eines Hemmungsgrundes für den Fristenablauf zu geben. § 3 Abs. 1 bezieht sich also nur auf solche Rechte und Fähigkeiten, die von dem Betroffenen wieder verlangt werden können, sei es durch Ablauf der Frist für den Ehrverlust, sei es durch besondere Wiederverleihung im Wege der Gnade oder durch Verwaltungsakt. Dies sind bei der Aberkennung der bürgerlichen Ehrenrechte die für dessen Dauer verloren gehenden, in § 34 StGB. aufgezählten Fähigkeiten und Rechte. (Für das künftige Recht kommt allenfalls § 58 des Entwurfs eines Allgemeinen Deutschen Strafgesetzbuchs hier in Betracht.)

Zur Durchführung des § 3 Abs. 1 schreibt die StrRegVO. (§ 6 Nr. 1, § 21 Abs. 2) die Mitteilung über Wiederverleihung der bürgerlichen Ehrenrechte an das StrReg. und den Vermerk dieser Mitteilung im StrReg. vor.

4. Was in den Anm. 2, 3 von der Aberkennung der Ehrenrechte ausgeführt ist, gilt in gleicher Weise von der in §§ 35, 128, 129, 358 StGB. vorgesehenen Aberkennung der Fähigkeit zur Bekleidung öffentlicher Ämter. Auch hier können die damit dauernd verloren gehenden bekleideten Ämter nicht wieder erlangt werden, scheiden also hier aus.

5. Die bei Hochverrat und Landesverrat (§ 81 Abs. 3 usw. StGB.) zugelassene Aberkennung der bekleideten öffentlichen Ämter und der aus öffentlichen Wahlen hervorgegangenen Rechte ist von dauernder und unwiderruflicher Wirkung, kommt also für § 3 Abs. 1 des Gesetzes nicht in Betracht.

6. Die bei Meineid obligatorisch vorgeschriebene Aberkennung der Fähigkeit, als Zeuge oder Sachverständige eidlich vernommen zu werden (§ 161 Abs. 1 StGB.) kommt hier nur insoweit in Betracht, als auf sie gegen Jugendliche (von 16—18 Jahren) erkannt ist. Bei Erwachsenen ist sie nur neben Zuchthaus möglich (vgl. insoweit § 8 Anm. 5).

7. Eine etwas größere Bedeutung hat § 8 Abs. 1 für die in § 319 Abs. 1 StGB. vorgesehene, auch neben Gefängnis und Geldstrafe zulässige Aberkennung der Fähigkeit zu einer Beschäftigung im Eisenbahn- oder Telegraphendienste oder in bestimmten Zweigen dieser Dienste. Diese wirkt dauernd fort, hemmt also dauernd den gesetzlichen Eintritt der Vergünstigungen des Gesetzes, bis etwa die Unfähigkeit im Gnadenwege beseitigt ist. Ob eine solche Begnadigung zulässig ist, kann allerdings zweifelhaft erscheinen, da es sich weniger um eine Nebenstrafe als um eine Maßregl. zur Sicherung des öffentlichen Verkehrs handelt.

8. Die in verschiedenen reichsrechtlichen Vorschriften, z. B. in § 285 a Abs. 2 des StGB. und in § 2 der Verordnung, betreffend Bestrafung der Zuwiderhandlungen gegen die Paßvorschriften, vom 6. April 1923 (RGBl. I S. 249) enthaltene Bestimmung, daß Ausländer, die wegen einer bestimmten Straftat verurteilt sind, aus dem Reichsgebiete verwiesen werden können, kommt für § 3 nicht in Betracht, da es sich nicht um eine im StrReg. einzutragende Nebenstrafe, sondern um eine kraft Gesetzes eintretende Nebenfolge der Verurteilung handelt. Erfolgt die Ausweisung, so wird der Verm. nach § 3 StrRegVO. in das StrReg. aufgenommen. Wegen der Entfernung dieses Vermerks vgl. § 26 StrRegVO. Der Verm. über die Verurt. selbst verfällt der ABeschr. oder Tilg. nach Ablauf der gesetzlichen Fristen.

Wird ausnahmsweise die Ausweisung aus dem Reichsgebiet im Urteil als Nebenstrafe verhängt (so nach § 9 Abs. 2 des Gesetzes zum Schutze der Republik), so hindert eine solche Nebenstrafe, solange die Ausweisung rechtswirksam ist, nach § 3 Abs. 1 d. Ges. den Eintritt der Vergünstigungen des Ges. Vgl. auch § 38 StrReg.-VO. Anm. 4.

9. Für die bes. Ehrenstrafen gegen Personen des Soldatenstandes (§§ 30 ff. MilStGB.), nämlich die Entfernung aus dem Heer oder der Marine, die Dienstentlassung und die Degradation gilt das folgende: Die Entfernung aus dem Heere oder der Marine hat neben einmaligen und unwiderruflichen Wirkungen (Verlust der Dienststelle und aller durch Richterspruch aberkennbaren Ansprüchen aus dem Militärdienst sowie aller Orden und Ehrenzeichen) noch die Wirkung der dauernden Unfähigkeit zum Wiedereintritt in das Heer und die Marine zur Folge (§ 32 MilStGB.). Wegen letzterer Wirkung hindert sie nach § 3 Abs. 1 des Gesetzes solange den gesetzlichen Eintritt der Maßnahmen des Gesetzes, bis diese Unfähigkeit im Gnadenweg wieder aufgehoben worden ist. Die Dienstentlassung und die Degradation haben nur unwiderrufliche Wirkungen und scheiden deshalb für § 3 Abs. 1 des Gesetzes aus. Zweifelhaft könnte dies allenfalls für die Dienstentlassung von Offizieren sein, da diese auch den Verlust des Rechts, die Offiziersuniform zu tragen, in sich schließt und die Wiederverleihung dieses Rechtes im Gnadenwege möglich erscheint.

Eine Besonderheit gilt für die Ehrenstrafe der Versetzung in die zweite Klasse des Soldatenstandes, die bis zu dem Inkrafttreten des Wehrgesetzes vom 23. März 1921 (RGBl. S. 329) dem MilStGB. bekannt war. Es kann allerdings zweifelhaft sein, ob sich die durch § 44 Abs. 2 des Wehrgesetzes erfolgte teilweise Aufhebung des § 39 MilStGB. auch auf die vor dem Inkrafttreten des Wehrgesetzes erkannte Versetzung in die zweite Klasse des Soldatenstandes bezieht. Doch sind auf jeden Fall die im § 39 MilStGB. verzeichneten dauernden Folgen der Versetzung in die zweite Klasse des Soldatenstandes tatsächlich unanwendbar und daher gegenstandslos; denn in der Reichswehr gibt es nicht mehr Soldaten zweiter Klasse, ebensowenig gibt es Personen des Beurlaubtenstandes. Das Tragen einer militärischen Kokarde kommt nicht mehr in Betracht; die Wirkung des Verlustes der Versorgungsansprüche aber ist bereits durch Art. 8 des Gesetzes betr. Änderung des Militärpensionsgesetzes vom 25. Mai 1893 (RGBl. S. 171) aufgehoben worden. Es bleiben mithin keinerlei Folgen der Versetzung in die zweite Klasse des Soldatenstandes übrig, die noch jetzt eine Wirkung ausüben könnten. Daß aber eine solche fortdauernde Wirkung des Verlustes der unter § 3 Abs. 1 fallenden Rechte und Fähigkeiten erforderlich ist, um die dort vorgesehenen Folgen hervorzurufen, ergibt sich aus dem Wortlaut des § 3 Abs. 1. Daher hat die früher erfolgte Versetzung in die zweite Klasse des Soldatenstandes nicht die in § 3 Abs. 1 ausgesprochene Wirkung.

10. Nach dem Wortlaut des Abs. 1 wird die Frist solange gehemmt, als der Verurteilte die bürgerlichen Ehrenrechte usw. nicht wiedererlangt hat. Diese Fassung könnte an sich zu der Auslegung verleiten, daß die Hemmung eintritt, gleichgültig ob der Ehrverlust aus dem StrReg. ersichtlich ist oder nicht. Für diese Auslegung könnte auch auf die abweichende Fassung des Abs. 3 verwiesen werden, wonach dort ausdrücklich der Inhalt des StrReg. für maßgebend erklärt ist. Da eine derartige Vorschrift aber undurchführbar wäre und überdies das ganze Gesetz sich auf das StrReg. bezieht, dessen Inhalt als gegeben voraussetzt und seine sämtlichen Vorschriften von dieser Grundlage aus trifft, muß Abs. 1 dahin ausgelegt werden, daß es nur darauf ankommt, ob nach dem Inhalt des StrReg. die bürgerlichen Ehrenrechte tatsächlich aberkannt sind. Sind die bürgerlichen Ehrenrechte versehentlich nicht aberkannt worden, so muß es dabei sein Bewenden haben. Ist aber die Aberkennung erfolgt, jedoch versehentlich dem StrReg. nicht mitgeteilt worden, oder ist sie zwar mitgeteilt, versehentlich aber nicht in die Strafliste übertragen worden, so ist jedenfalls die trotzdem erfolgte Tilgung zunächst zu Recht erfolgt und wirksam. Es kann aber und muß gegebenenfalls nach § 28 StrRegVO. eine Berichtigung des StrReg. durch nachträgliche Eintragung der erkannten Nebenstrafe und Wiedereintragung etwa zu Unrecht getilgter Vermerke erfolgen, allerdings dürfte es sich in derartigen Fällen, wenn der Betroffene schon eine Mitteilung über die erfolgte Tilgung erhalten hat, in der Regel empfehlen, die versehentlich erfolgte Tilgung durch eine Anordnung nach § 8 des Gesetzes zu einer rechtmäßigen zu machen. Ist auf Grund des Versehens beschr. A. angenommen worden, so muß die Berichtigung des StrReg. zu einer neuen Bestimmung der Frist führen, wenn nicht auch hier durch Anordnung der beschr. A. nach § 8 des Gesetzes geholfen wird.

11. Auch durch Niederlegung der Steckbriefnachricht wird sowohl die Frist für die ABeschr. als auch die Frist für die Tilg. gehemmt. Sobald die Steckbriefnachricht erledigt und daher zurückgesandt ist (StrRegVO. § 40 Abs. 2 Satz 1), ist die Hemmung beseitigt, ebenso wenn sich der Steckbrief durch Widerruf oder sonstwie erledigt (§ 41 Abs. 2). Die hemmende Wirkung haben nur Steckbriefnachrichten, die zu Recht im Reg. liegen. Liegt eine Steckbriefnachricht seit 3 Jahren im Reg. nieder, so ist sie nach § 41 Abs. 3 StrRegVO. zurückzusenden; eine solche Nachricht hemmt nicht. Liegt der Steckbrief noch nicht 3 Jahre nieder, so tritt die Hemmung ein, auch wenn etwa der Steckbrief schon erledigt und lediglich aus Versehen noch nicht widerrufen ist. Eine Rückfrage danach, ob der Steckbrief noch zu Recht besteht, braucht der Registerführer vor Anwendung der Hemmungsvorschrift nicht zu machen. Nur wenn er Anhaltspunkte dafür hat, daß der Steckbrief erledigt ist, z. B. wenn unter dem gleichen Aktenzeichen später eine Strafnachricht beim Reg. eingelaufen ist, wird eine solche Rückfrage sich empfehlen. Hiernach kann es vorkommen, daß über denselben Verurteilten innerhalb weniger Monate drei verschiedene Auskünfte erteilt werden: eine unbeschr., eine beschr. und — nach erfolgter Tilgung — die A., daß der Betreffende nicht bestraft sei.

Nur durch Niederlegung der Steckbriefnachricht, nicht dagegen durch Niederlegung eines Suchvermerks wird eine Hemmung der Frist herbeigeführt (Preuß. AV. 31 Fußn. 12).

12. Eine Hemmung des Ablaufs der Fristen für die Vergünstigungen des Gesetzes führt endlich noch der Umstand herbei, daß nach dem Inhalt des StrReg. die Vollstreckung noch nicht erledigt ist. Zur Durchführung dieser Vorschrift sind in der StrRegVO. die übrigen Mitteilungen an das StrReg. vorgeschrieben. Es kommen in Betracht zunächst Mitteilungen über Vollstreckung der Strafen mit langer Frist (§ 4 Abs. 1 StrRegVO.); für andere Strafen ist eine rechtzeitige Mitteilung über die Nichtvollstreckung angeordnet (§ 4 Abs. 2 StrRegVO.), die Nichterledigung der Vollstrekkung ergibt sich ferner aus den dem StrReg. nach § 5 StrRegVO. mitzuteilenden Bewilligungen von Bewährungsfristen (auf Grund des JGG. oder bei Erwachsenen durch die Inhaber des Gnadenrechts oder die von ihnen zur Ausübung der bedingten Strafaussetzung delegierten Ministerien, Gerichte usw.) oder den Vorbehalt der Entscheidung über eine solche Bewilligung. Auch Suchvermerke, nach denen der Verurteilte zum Zwecke der Vollstreckung gesucht wird, können in

Betracht kommen. Die in § 6 StrRegVO. vorgeschriebenen Mitteilungen über die vorläufige Entlassung (§ 23 StGB.) kommen wegen der meist nur noch kurzen Frist bis zum Ende der Strafzeit und die damit eintretende Verbüßung der Strafe kaum in Betracht. Der Umstand, daß eine Strafe noch nicht vollstreckt ist, muß also in aller Regel aus dem Inhalt des Reg. sich ergeben.

Um die Registerführung zu erleichtern, läßt das Gesetz die Hemmung wegen Nichtvollstreckung ausdrücklich nur dann eintreten, wenn sich diese aus dem Inhalt des StrReg. ergibt. Damit ist zunächst gesagt, daß der Registerführer jedenfalls insoweit, als eine Mitteilung über Nichtvollstreckung vorgeschrieben ist (§ 4 Abs. 2 StrRegVO.), dann, wenn eine solche Mitteilung nicht zum Reg. gelangt ist, ohne weitere Rückfrage davon ausgehen darf, daß die Vollstreckung erledigt sei. Der Zusatz soll aber nicht den Registerführer ermächtigen, ohne jede Prüfung oder gar in Kenntnis der Unvollständigkeit oder Unrichtigkeit des Reg. dessen Inhalt einfach zugrunde zu legen. Fehlt bei einer nach Inkrafttreten der StrRegVO. vom 12. Juni 1920, in der die Vorschrift des § 4 zuerst enthalten war (1. Juli 1920), vermerkten Strafe mit langer Frist die Vollstreckungsanzeige, so hat der Registerführer die Wahl, entweder anzunehmen, die Strafe sei noch nicht vollstreckt, oder durch Rückfrage festzustellen, ob etwa die Vollstreckungsanzeige aus Versehen unterblieben ist. Da mit letzterer Möglichkeit durchweg zu rechnen ist, empfiehlt sich in den Fällen, in denen die Vollstreckung bei normaler Erledigung längst erledigt sein könnte, in der Regel die Rückfrage; dies ist insbes. dann der Fall, wenn eine bewilligte Bewährungsfrist abgelaufen und eine Mitteilung über die nach Ablauf der Bewährungsfrist zu treffende Entscheidung nicht eingegangen ist. Anders liegt die Sache bei Strafen mit langer Frist, die solange vor dem 1. Juli 1920 erkannt sind, als die Strafzeit betrug. Bei diesen fehlt, weil bis zu diesem Zeitpunkt eine Mitteilung der Vollstreckung nicht vorgeschrieben war, in aller Regel der Verm. über die Vollstreckung. Für diese Fälle ist in § 11 Abs. 2 Satz 2 des Gesetzes die Übergangsvorschrift getroffen, daß die Frist — abweichend von der Regel des § 6 Nr. 2 — vom Tage der Verurt. (nicht der Vollstreckung) zu berechnen ist, sich aber um die Dauer der erkannten Freiheitsstrafe verlängert. Der Registerführer kann also hier ohne Rückfrage davon ausgehen, daß die Strafe vom Tage der Verurt. ab vollstreckt worden ist. Auch in solchen Fällen kann der Registerführer, wenn er nach Lage des Falles Anlaß zu der Annahme hat, daß die Vollstreckung noch nicht erledigt sein könnte, Rückfrage halten. Wird dem Registerführer auf Rückfrage oder sonstwie, z. B. weil die Gerichtsakten zufällig vorliegen, der Tag der Vollstreckung bekannt, so hat er das Reg. von Amts wegen durch Eintragung des Vollstreckungstages zu berichtigen; die Übergangsvorschrift des § 11 Abs. 2 Satz 2 ist dann nicht mehr anwendbar (vgl. § 11 Anm. 7).

13. Ist im StrReg. die Bewilligung einer Bewährungsfrist vermerkt, die Bewährungsfrist aber schon abgelaufen und eine

Mitteilung über die nach Ablauf der Bewährungsfrist zu treffende Entscheidung noch nicht beim StrReg. eingegangen, so liegt ein Fall des § 3 Abs. 3 vor (vgl. Anm. 12). Es empfiehlt sich aber in solchen Fällen, bevor Auskunft erteilt wird, beim Gericht anzufragen, ob etwa eine Entscheidung getroffen ist.

14. Abs. 3 bezieht sich nur auf eine registerpflichtige Verurteilung. Die Hemmung nach § 3 tritt also nicht ein, wenn sich z. B. aus einem dem StrReg. zugegangenen Suchvermerk ergibt, daß der Verurteilte zum Zwecke der Vollstreckung einer nicht registerpflichtigen Strafe gesucht wird oder die Bewährungsfrist für eine solche Strafe (vgl. § 5 Abs. 2 StrRegVO.) noch nicht abgelaufen ist.

15. Die in § 3 aufgeführten Umstände hemmen nur den gesetzlichen Eintritt der beiden Vergünstigungen. Sie bilden dagegen kein gesetzliches Hindernis für die Anordnung der ABeschr. oder Tilg. nach § 8 des Gesetzes. Es kann also, auch wenn z. B. die Bewährungsfrist noch läuft, die A.-Beschr. oder Tilg. für den Strafverm. angeordnet werden, mit der Wirkung, daß auch über die Tatsache des Laufens einer Bewährungsfrist den bei der ABeschr. von der A. ausgeschlossenen Behörden und Stellen keine A. erteilt werden darf, im Falle der TilgAnordnung auch der Verm. über die laufende Bewährungsfrist getilgt wird. Eine solche Anordnung, insbes. die Anordnung einer Tilg., wird sich allerdings nur in ganz seltenen Ausnahmefällen empfehlen. Das Vertrauen in die Zuverlässigkeit von A. aus dem Str.-Reg. und von polizeilichen Führungszeugnissen würde wohl bald auf das schwerste erschüttert werden, wenn sich der Fall ereignete oder gar häufig vorkäme, daß jemand ein reines Führungszeugnis erhält und dann aus der mit diesem Zeugnis erlangten Arbeitsstelle im Falle des Widerrufs der Bewährungsfrist zum Zwecke der sofortigen Verbüßung der noch unerledigten Strafe weggeholt würde.

Selbst das Niederlegen eines Steckbriefs und der Umstand, daß noch Ehrverlust oder sonstiger Verlust von Fähigkeiten besteht, hindert rechtlich nicht eine Anordnung nach § 8. Doch ist insoferne in § 8 Abs. 2 wenigstens die Sollvorschrift aufgestellt, daß der Betroffene zuerst die verlorenen Rechte und Fähigkeiten wieder erlangt haben soll.

§ 4.

Über Verurteilungen, die der beschränkten Auskunft unterliegen, wird nur den Gerichten, den Behörden der Staatsanwaltschaft sowie auf ausdrückliches Ersuchen den obersten Reichs- oder Landesbehörden Auskunft erteilt. Ist hiernach Auskunft zu erteilen, so ist darin besonders hervorzuheben, daß die Verurteilung der beschränkten Auskunft unterliegt.

Soweit über eine Verurteilung, die der beschränkten Auskunft unterliegt, keine Auskunft erteilt werden darf, sind Anfragen in gleicher Weise zu beantworten wie in den Fällen, in denen ein Vermerk nicht vorhanden ist.

Diese Vorschriften gelten entsprechend für die Auskunft aus den polizeilichen Listen; bei der Ausstellung polizeilicher Führungszeugnisse bleiben Verurteilungen, die der beschränkten Auskunft unterliegen, außer Betracht.

1. § 4 regelt die Bedeutung der beschr. A. im einzelnen. Er bildet also die Ausführungsvorschrift zu § 1 Abs. 1 des Gesetzes.

2. Die beschr. A. entspricht in der Wirkung ungefähr der Löschung im StrReg., wie sie das StrRegRecht vor dem Inkrafttreten des Gesetzes (1. Juli 1920) kannte. Deshalb sind auch die nach den bisherigen Vorschriften gelöschten Verurt. nach § 11 Abs. 3 als der beschr. A. unterliegend zu behandeln und zwar abweichend von § 2 Abs. 1 Satz 1 dauernd und ohne Rücksicht auch andre Registerverm. (vgl. § 2 Anm. 12). Beschr. Auskunft und Löschung sind aber nicht dasselbe (so Klee DStrZ. 1920, 166). Sie unterscheiden sich in einigen recht wesentlichen Punkten voneinander: die Löschung war unwiderruflich (vgl. auch v. Liszt, JW. 46 S. 321), die beschr. A. ist stets resolutiv bedingt (§ 2 Anm. 7). Ferner war der Kreis der Behörden, die über gelöschte Strafen Auskunft erlangte, viel weiter (er umfaßte alle höheren Verwaltungsbehörden) als der Kreis der Behörden, denen Auskunft über Verurt. zu erteilen ist, die bereits der beschr. A. unterliegen. Schließlich setzte die Löschung keine Tilgungsfrist in Lauf.

3. Der Eintritt der ABeschr. hat 5 gesetzliche Wirkungen:

a) Die Verurteilung wird vom StrReg. überhaupt nur den Gerichten, den Behörden der Staatsanwaltschaft sowie auf ausdrückliches Ersuchen den obersten Reichs- oder Landesbehörden mitgeteilt (§ 4 Abs. 1 Satz 1); andere Behörden und Stellen erhalten A., wie wenn ein Vermerk nicht vorhanden wäre (§ 4 Abs. 2).

b) Ist nach a die Verurteilung mitzuteilen, so ist bei der Mitteilung besonders hervorzuheben, daß die Mitteilung bereits der beschr. A. unterliegt (§ 4 Abs. 1 Satz 2).

c) Die Grundsätze von a und b gelten auch für die Auskünfte aus den polizeilichen Listen (§ 4 Abs. 3 Halbs. 1 b).

d) In polizeiliche Führungszeugnisse darf die Verurt. nicht aufgenommen werden (§ 4 Abs. 3 Halbs. 2).

e) Mit dem Eintritt der beschr. A. beginnt zwangsläufig die Frist, nach deren Ablauf der Verm. im StrReg. zu tilgen ist (§ 1 Abs. 2, § 7).

Eine weitere Wirkung ist dem Eintritt der beschr. A. durch Verwaltungsanordnung des Reichswehrministers insoweit beigelegt, als

f) die ABeschr. auch in den militärischen Listen vermerkt und die Verurt. in militärische Papiere (Stammrollenauszüge, Personalpapiere, Führungszeugnisse) nur aufgenommen werden, wenn die Papiere den Gerichten oder den Behörden der Staatsanwaltschaft vorzulegen sind oder vorgesetzten Dienststellen oder bei Überweisungen anderen Truppenteilen mitzuteilen sind oder den obersten Reichs- oder Landesbehörden vorgelegt werden müssen und letztere eine unbeschr. A. ausdrücklich verlangen. Soweit hiernach die Verurt. in militärische Papiere aufgenommen wird, ist der Verm. beizufügen, daß die Strafe der beschr. A. unterliegt (vgl. Erlaß des Reichswehrministers vom 31. Jan. 1922, H Dv. 215, abgedruckt hinten unter D VIII 2).

4. Durch die Anordnung der beschr. A. soll verhindert werden, daß weiter zurückliegenden Verurteilungen eine größere Bedeutung für die Bewertung der Persönlichkeit des Verurteilten im Rechtsleben beigelegt wird als ihnen zukommt (Begr. S. 5). Es wird hierbei davon ausgegangen, daß Verurteilungen, die der beschr. A. unterliegen, in der Regel zwar für die Gerichte und Staatsanwaltschaften von Bedeutung sein werden, aber im allgemeinen nicht für die Verwaltungsbehörden, die bei der Anstellung eines Beamten, bei der Entscheidung über Anträge auf Erteilung einer gewerbepolizeilichen Erlaubnis, auf Ausstellung eines Jagdscheins usw. sich über die Persönlichkeit des Bewerbers ein Urteil zu bilden haben. So wurden schon früher bei der Einstellung von Eisenbahnbetriebs- und Polizeibeamten, bei denen nach den vom Bundesrat erlassenen Bestimmungen (RGBl. 1906, 391) „Unbescholtenheit" gefordert wird, gelöschte Strafen nicht berücksichtigt, da davon ausgegangen wurde, daß eine durch die Bestrafung eingetretene Bescholtenheit durch die Löschung der Strafe wieder aufgehoben wurde. Für Verwaltungszwecke der bezeichneten Art sieht es das Gesetz im allgemeinen als ausreichend an, wenn die Behörde Kenntnis der noch der unbeschr. A. unterliegenden Verurt. sich verschaffen kann. Diese Möglichkeit hat sie, soweit sie in das Verzeichnis der auskunftsberechtigten Behörden und Stellen aufgenommen ist, durch Anfrage beim StrReg. In anderen Fällen kann sie dem Gesuchsteller die Vorlegung eines polizeilichen Führungszeugnisses auferlegen und die Polizeibehörde kann ihrerseits wieder die Vollständigkeit ihrer A. hinsichtlich aller noch der unbeschr. A. unterliegenden Verurt. durch Rückfragen beim StrReg. sicherstellen (vgl. Anm. 19). Da jedoch immerhin Fälle vorkommen können, in denen auch eine Verwaltungsbehörde die genaue Kenntnis aller Vorstrafen, insbes. auch der schon der beschr. A. unterliegenden Verurt., zu einer sachgemäßen Erledigung ihrer Verwaltungsaufgaben benötigt, wie etwa bei der Übertragung besonderer Vertrauensposten, gibt das Gesetz den obersten Reichs- und Landesbehörden die Möglichkeit, selbst die volle Ausk. aus dem StrReg. zu verlangen. Glaubt also eine Behörde in einem Einzelfalle, daß sie die Kenntnis der bereits der beschr. A. unterliegenden Strafen nicht entbehren kann, so muß sie — auf dem Dienstwege — an ihr vorgesetztes Ministerium berichten und dieses hat dann unter Berücksichtigung der Ziele des StrTilgG. zu prüfen, ob eine solche Rückfrage beim StrReg. über alle Vorstrafen geboten ist. Über die Verwendung der so erlangten A. entscheidet das Ministerium nach seinem eignen pflichtmäßigen Ermessen. Das Ministerium kann in geeigneten Fällen die erlangte A. an nachgeordnete Behörden weiterleiten. In der Regel wird es aber genügen und den Zwecken des StrTilgG. entsprechen, wenn das Ministerium die erlangte A. nicht weiterleitet, sondern auf Grund der eingeholten vollständigen A. nun die Unterbehörde anweist, in der Sache in bestimmtem Sinne zu entscheiden. Es wäre mit dem Gesetz nicht vereinbar, wenn ein Ministerium auf Anfragen von nachgeordneten Behörden ohne Prüfung vollständige Registerauszüge einfordern oder sie ohne weiteres den anfragenden Behörden zur Verfügung stellen würde. Vgl. noch Anm. 23, 24, insbesondere die in Anm. 24 behandelten Richtlinien des Reichsarbeitsministers für die Beurteilung von Vorstrafen bei Erteilung von Zivilversorgungs-, Anstellungs- und Beamtenscheinen vom 24. August 1922.

5. Die Bezeichnung der Maßregel als „Beschr." der AErteilung hat ihren Grund nach dem Ausgeführten darin, daß nach dem Eintritt der ABeschr. die Verurt. nicht mehr allen Behörden und Stellen, die sonst A. aus dem StrReg. erhalten, mitgeteilt wird. „Beschränkt" ist der Kreis der auskunftberechtigten Stellen allerdings immer (§§ 32, 36, 37 StrRegVO.); diese „Beschränkung" hat aber mit der vom Gesetz gemeinten Beschr. nichts zu tun.

6. Die Hauptwirkung der ABeschr. besteht darin (Anm. 3 a), daß nur noch ein enger Kreis von Behörden A. über die Verurt. erhält. Auch unter ihnen wird noch unterschieden: zwischen den Gerichten und den Beh. der Staatsanwaltschaft einerseits und den obersten Reichs- und Landesbehörden andererseits. Erstere erhalten die A. immer vollständig, ohne Rücksicht auf den Eintritt der ABeschr., letztere erhalten die bereits der ABeschr. unterliegenden Verurt. nur dann mitgeteilt, wenn sie ausdrücklich darum ersuchen, d. h. wenn sie in ihrer Anfrage ausdrücklich erklären, daß sie wünschen, „alle" oder „auch die der beschr. A. unterliegenden Verurt." mitgeteilt zu erhalten. Andernfalls erhalten die obersten Reichs- oder Landesbehörden ebenso wie andere Behörden nur die Verurt. mitgeteilt, über die noch unbeschr. A. zu erteilen ist. Es liegt im Sinne des Gesetzes, daß sie von der Befugnis, um Mitteilung aller Vorstrafen zu ersuchen, nur Gebrauch machen, wenn eine derartige A. dringend geboten ist. Auch die Gerichte und die Behörden der Staatsanwaltschaft können im Einzelfalle auf die Mitteilung der Vorstrafen verzichten, die schon der beschr. A. unterliegen; die Länder haben die Justizbehörden hierauf besonders hingewiesen (vgl. Pr. AV. z. StrRegVO. Ziff. 1 Abs. 3; Bayer. AB. B 23 III). Das Anfrageformular F enthält deshalb einen Vordruck, der in diesem Punkte entsprechend den Bedürfnissen der anfragenden Stelle auszufüllen ist. Andere als die in § 4 Abs. 1 aufgeführten Behörden erhalten über Verurt., die bereits der beschr. A. unterliegen, keine A., auch wenn sie das Anfrageformular **F** auf „alle" Verurt. richten.

7. Maßgebend für die Beurteilung der Frage, ob und wie A. zu erteilen ist, ist stets die Behörde, welche das Ersuchen an das StrReg. stellt, dagegen nicht die Behörde, für deren Zwecke die A. eingeholt wird. Wenn also z. B. ein Ministerium eine Anfrage um Mitteilung „aller" Verurt. stellt und aus der Anfrage sich ergibt, daß die A. für eine nachgeordnete Behörde bestimmt ist, der an und für sich nur beschr. A. zu erteilen ist, so sind gleichwohl auch die Verurt. mitzuteilen, die bereits der beschr. A. unterliegen. Ebenso ist z. B. umgekehrt bei A. in schweizerischen Niederlassungsangelegenheiten, die von einem deutschen Konsulat in der Schweiz für die schweizerischen Fremdenpolizeibehörden eingefordert werden, die A. so zu erteilen, wie sie dem deutschen Konsulat, nicht wie sie der ausländischen Behörde nach § 37 StrRegVO. zusteht.

8. „Gerichte" im Sinne des § 4 Abs. 1 (und ebenso des § 32 StrRegVO. sowie der Gruppe A des auf Grund des § 32 bekanntgemachten Verzeichnisses der auskunftberechtigten Behörden und Stellen) sind nicht nur die Strafgerichte, wenn auch diese praktisch wohl in der Hauptsache allein Anlaß zur Einholung von A. aus dem StrReg. haben werden, sondern alle deutschen Gerichte jeder Art, also die ordentlichen Gerichte in Zivil- und Strafsachen sowie in der freiwilligen Gerichtsbarkeit (Vormundschaftsgericht), die zugelassenen Sondergerichte, die Verwaltungsgerichte, wie Versorgungsgerichte, die Kaufmannsgerichte, Gewerbegerichte, Disziplinargerichte, Ehrengerichte, Finanzgerichte, die preußischen Bezirksausschüsse, die künftigen Arbeitsgerichte. Bei manchen Behörden kann es zweifelhaft sein, ob sie ein Gericht, insbesondere ein Verwaltungsgericht darstellen. Das ARecht steht und fällt mit der Bejahung oder Verneinung dieser Frage. Sie wird wohl zu verneinen sein bei den zur Prüfung von Bildstreifen eingerichteten Prüfstellen und Oberprüfstellen, den in dem Gesetzentwurf zur Bewahrung der Jugend vor Schund- und Schmutzschriften (Drucks. des RT. 1924/25 Nr. 1461) vorgesehenen Prüfstellen und Ausschuß.

Die Mieteinigungsämter sind nach einer Entscheidung des RG. vom 16. Nov. 1923 (JW. 1924 S. 805) keine Verwaltungsgerichte; das gleiche wird für die Pachteinigungsämter zu gelten haben.

Als Gerichte im Sinne des § 4 sind auch die Schiedsgerichte zu verstehen, die auf Grund internationaler Verträge zwischen Deutschland und anderen Staaten eingerichtet sind.

Das ARecht steht nur den Gerichten selbst, nicht auch den Vorständen der Gerichte als solchen zu. Ergibt sich aus einer Anfrage, daß es sich nicht um eine Gerichtssache, sondern z. B. um eine Personalangelegenheit oder eine andere Justizverwaltungssache,

z. B. die Behandlung von Ehedispensanträgen, handelt, so ist A. nicht nach § 4 des Gesetzes, sondern lediglich nach § 32 StrRegVO., also unter Ausschluß der Verurt., die bereits der beschr. A. unterliegen, zu erteilen.

9. „Behörden der Staatsanwaltschaft" sind die Reichsanwälte, Staatsanwälte, Amtsanwälte, nicht dagegen die Hilfsbeamten der Staatsanwaltschaft und nicht das Büro der Staatsanwaltschaft. Steuer- und Zollbehörden sind, auch soweit sie Zuwiderhandlungen gegen die Zoll- und Steuergesetze verfolgen, nicht „Beh. der Staatsanwaltschaft" im Sinne des § 4.

10. Welche Behörden als oberste Reichs- und Landesbehörden anzusehen sind, beurteilt sich nach der Reichsverfassung und den Verfassungen der Länder. Eine authentische Erläuterung des Begriffs ist im StrTilgG. ebensowenig vorgesehen wie in anderen Gesetzen und Verordnungen, die diesen Begriff verwenden. Einer solchen Erläuterung wird es auch kaum bedürfen, da die obersten, keiner anderen Behörde unterstellten Zentralstellen des Reichs und der Länder bekannt sind und von den Strafregisterführern in Zweifelsfällen durch Anfrage bei ihrer Aufsichtsbehörde leicht festgestellt werden können.

Oberste Reichs- und Landesbehörden sind: der Reichspräsident, die Staatspräsidenten der Länder, die Ministerien und die Minister des Reichs und der Länder und zwar sowohl das Gesamtministerium wie die einzelnen Ministerien und Minister, in den Hansestädten also der Senat und die als Ministerien anzusehenden einzelnen Senatskommissionen (nicht auch die sog. „Deputationen"), ferner die Büros des Reichspräsidenten und der Staatspräsidenten der Länder, die Reichskanzlei (Staatssekretär in der Reichskanzlei). Oberste Reichsbehörde ist auch noch der Rechnungshof des Deutschen Reichs, dagegen nicht die Reichsbank und die Reichsbahngesellschaft. Der Reichstag, die Landtage, die Staatsräte, der vorläufige Reichswirtschaftsrat, die Bürgerschaften in den Hansestädten sind Parlamente oder ähnliche Körperschaften, keine Behörden und daher nicht auskunftberechtigt nach § 4.

11. Eine Delegation des Auskunftsrechts aus § 4 auf nachgeordnete Behörden ist nicht zulässig. Sie würde mit dem Sinn und Zweck der Vorschrift in schärfstem Widerspruch stehen. Während vor 1. Juli 1920 über gelöschte Strafen alle „höheren" Verwaltungsbehörden A. erhielten, hat das Gesetz den Kreis der Verwaltungsbehörden, die solche A. erhalten sollen, absichtlich wesentlich enger begrenzt (Begr. S. 6).

12. § 4 gilt nur für die A. an inländische Behörden. Ausländische Behörden erhalten immer vollständige A. Doch ist bei Verurt., die bereits der beschr. A. unterliegen, hierauf hinzuweisen, ebenso auf die etwa vermerkte Tatsache der Löschung (§ 37 Abs. 2 StrRegVO.).

13. Wegen des Rechts der zur Führung der polizeilichen Listen berufenen Polizeibehörden auf A. aus dem StrReg. vgl. Anm. 19

14. Aus § 4 des Gesetzes und den §§ 25, 26, 32, 34, 36, 37 StrRegVO. ergeben sich hinsichtlich des Rechts auf A. aus dem StrReg. folgende Unterscheidungen:

a) Privatpersonen und private Organisationen und Stellen erhalten aus dem StrReg. überhaupt keine Auskunft.

b) Deutsche Behörden, die nicht in das Verzeichnis der Behörden und Stellen, denen A. aus dem StrReg. zu erteilen ist (zuletzt veröffentlicht durch Bek. des RMin. d. Justiz vom 20. März 1925; abgedruckt unter D II 3), erhalten ebenfalls überhaupt keine A. aus dem StrReg.

c) Deutsche Behörden und Stellen, die in das unter b genannte Verzeichnis aufgenommen sind, erhalten, soweit sie nicht nach d—f ein weitergehendes Auskunftrecht ergibt, nur A. über „Verurteilungen" und zwar nur über solche Verurteilungen, die noch nicht der beschr. A. unterliegen. Außerdem erhalten sie A. über Vermerke nach § 3 der StrRegVO. (§ 26 StrRegVO.) sowie, wenn ein berechtigtes Interesse an der Erlangung der A. dargelegt ist, auch A. über Verm. nach § 9 StrRegVO. (§ 34 StrRegVO.).

d) Die Polizeibehörden erhalten außer den Auskünften nach c noch Auskünfte über Verm. nach § 9 StrRegVO. und zwar ohne besondere Darlegung ihres Interesses (§ 34 StrRegVO.).

e) Die obersten Reichs- und Landesbehörden erhalten außer den A. nach c noch A. wie die Polizeibehörden nach d, ferner A. über die schon der beschr. A. unterliegenden Verurt., letzteres jedoch nur, wenn sie ausdrücklich darum ersuchen, ebenso den vollständigen Registerinhalt bei teilweise getilgten Verm. (§ 25 Abs. 2 Satz 3 StrRegVO.).

f) Gerichte und Behörden der Staatsanwaltschaft erhalten stets A. über den gesamten Strafregisterinhalt, einschließlich des vollständigen Registerinhalts bei teilweise getilgten Verm.

g) Ausländische Behörden erhalten, wenn sie nach den bestehenden Vereinbarungen überhaupt A. bekommen, stets A. über alle Verurt., auch soweit sie schon der beschr. A. unterliegen (§ 37 Abs. 2 StrRegVO.), es sei denn, daß etwas anderes vereinbart ist oder die ausl. Beh. im Einzelfalle selbst nur beschr. A. begehrt. Über Verm. nach §§ 3, 9 StrRegVO. erhalten ausl. Beh. nur dann A., wenn dies besonders vereinbart ist.

15. Inhalt der A. bei ABeschr. Liegen die Voraussetzungen der ABeschr. vor, so ist den Gerichten, Behörden der Staatsanwaltschaft und auf ausdrückliches Ersuchen um volle A. den obersten Reichs- und Landesbehörden die Verurt. mitzuteilen, jedoch mit dem Zusatz, daß sie bereits der beschr. A. unterliegt. Bei anderen Behörden oder Stellen ist die A. so zu erteilen, wie wenn die Verurt. im Reg. nicht vermerkt wäre. Es darf also auch nicht in verschleiernder oder andeutender Weise auf das Bestehen eines RegVerm. hingewiesen werden, etwa durch Aufnahme des Verm., das StrReg. enthalte keine Vermerke, über die noch unbeschr. A. zu erteilen sei. Die A. muß vielmehr nach dem Muster F lauten: „Im Strafregister sind keine Verurteilungen vermerkt." Um die Bedeutung dieser A. klarzustellen, enthält das Formular F die Fußnote:

„Verurteilungen, über die nach dem Gesetz über beschränkte Auskunft aus dem Strafregister und die Tilgung von Strafvermerken vom 9. April 1920 (Reichs-Gesetzbl. S. 507) keine Auskunft erteilt werden darf, werden als im Strafregister nicht eingetragen behandelt." Vgl. auch Pr. AV. Ziff. 30 Abs. 2 u. Ziff. 31.

16. Die wichtigste Wirkung, die das Gesetz an den Eintritt der beschr. A. knüpft, ist die in § 4 Abs. 3 vorgeschriebene unmittelbare Rückwirkung auf Auskünfte aus den polizeil. Listen, insbes. die Ausstellung polizeil. Führungszeugnisse.

Die Führung polizeilicher Listen ist reichsrechtlich nicht vorgeschrieben. Sie sind aber in allen deutschen Ländern (außer in Bayern und Hamburg) eingeführt. (In Bayern sind vorübergehend (1918/20 bis 1922) bei den Bezirkspolizeibehörden Nebenregister zum StrReg. geführt worden, in denen hauptsächlich solche Verurt. verzeichnet wurden, die für die Handhabung der Sicherheitspolizei und Gewerbepolizei von Bedeutung sind). Die polizeilichen Listen bestehen in Aufzeichnungen der Ortspolizeibehörde über die Verurt. der Einwohner ihres Bezirkes. Diese Aufzeichnungen der Ortspolizeibehörde können in Personalakten, Sammelkarten, Straflisten oder einzelnen handschriftlichen Mitteilungen bestehen. Die polizeilichen Listen werden in der Regel nur über die Bestrafung während der Zeit, wo die bestraften Personen in dem betreffenden Ort wohnen, A. geben (AV. pr. M. d. J. v. 17. Mai 1926 Ziff. 31, abgedruckt unter D VIII 1).

In Preußen fehlt es an allgemein gültigen Bestimmungen für die polizeil. Listen. Jede Polizeibehörde hat ihre Strafliste je nach ihrem Bedürfnis mehr oder weniger genau geordnet; auch die Art ist verschieden, bald eine eigentliche Liste, bald Karteiform, urschriftliche Verwahrung der Mitteilung, Personalblätter, Personalakten. Unter der Bezeichnung polizeiliche Liste im Sinne des Gesetzes sind alle diese Sammlungen von Vorstrafen bei Polizeibehörden zu verstehen (Stölzel, „Die Polizei", Jahrg. 18 S. 177, vgl. ferner Ziff. 31 der erwähnten AV. d. Pr. Min. d. J. vom 17. Mai 1926). Den Polizeibehörden liegt bezüglich der polizeilichen Liste nicht die gleiche Auskunftpflicht ob, wie den StrRegBeh. bezüglich des StrReg. Es steht vielmehr in ihrem Ermessen, ob und inwieweit sie A. erteilen will. Eine gesetzliche Beschränkung besteht nur insoweit, als sie sich aus § 4 StrTilgG. ergibt. Die polizeiliche Liste ist in der Hauptsache für polizeiliche Zwecke bestimmt, insbesondere als Unterlage für die Ausstellung polizeilicher Führungszeugnisse. Auch die Ausstellung von polizeilichen Führungszeugnissen ist gesetzlich nicht festgelegt. Zu rein privaten Zwecken werden Führungszeugnisse in der Regel nicht ausgestellt (Stölzel a. a. O. S. 178). Ausländern, auch wenn sie früher Deutsche waren, soll ein polizeiliches Führungszeugnis versagt werden (MinBl. f. i. V. 1902 S. 136; 1909 S. 266). Die grundsätzliche Unabhängigkeit der polizeilichen Liste von den Bestimmungen über das StrReg., soweit nicht in § 4 StrTilgG. eine Ausnahme gemacht worden ist, kommt besonders auch darin zum Ausdruck, daß der Minister des Innern auch für Strafen, über die die Str.-RegBeh. unbeschr. oder beschr. A. zu erteilen hat, die ABeschr. oder die Tilg. anordnen kann (Stölzel a. a. O. S. 180); vgl. jedoch § 8 Anm. 21, 22. Wegen der polizeil. Straflisten in Sachsen vgl. die VO. d. Sächs. Min. d. Innern vom 14. März/21. Sept. 1922, wegen der polizeilichen Straflisten in Thüringen vgl. die Anordnung des Thüring. Min. d. Innern vom 17. Jan. 1921 (GesS. f. Thür. S. 5).

Ob in die polizeiliche Strafliste auch Vermerke über Verurt. aufgenommen werden dürfen, die nicht registerpflichtig sind, kann zweifelhaft sein. Stölzel (Pr. VBl. 41 S. 561) scheint dahin zu neigen, diese Frage zu verneinen. Sie dürfte aber zu bejahen sein. Soweit es sich allerdings um Strafvermerke handelt, die auch registerpflichtig sind, darf in der polizeilichen Liste nicht mehr enthalten sein, als in dem StrReg. Wie aber die Landesjustizverwaltung gemäß § 10 der StrRegVO. auch die Aufnahme reichsgesetzlich nicht registerpflichtiger Verurt. in das StrReg. anordnen kann, so wird die zuständige Stelle, also, falls der Minister des Innern, soweit er dazu zuständig ist, nicht einschränkende allgemeine Bestimmungen erlassen hat, jede Ortspolizeibehörde als zuständig anzusehen sein, auch nicht registerpflichtige Verurt. in die polizeiliche Liste aufzunehmen. In analoger Anwendung des § 4 StrTilgG. wird man allerdings mit Stölzel a. a. O. die Ansicht vertreten müssen, daß für diese Strafverm. von Anfang an nur beschr. A. erteilt werden darf. So auch Ziff. 23, 24 der AV. des Preuß. Min. d. Innern vom 17. Juni 1920.

18. Die Vorschrift des § 4 Abs. 3 geht auf den Bundesratsbeschluß vom 17. April 1913 (Zentralbl. f. d. Deutsche Reich S. 495) zurück, in dem zum Ausdruck gebracht war, daß die im StrReg. gelöschten Strafen auch in den polizeilichen Listen zu löschen seien. Demgemäß ordnete die AV. des MA. d. J. vom 22. Juli 1918 (MBl. i. V. 1918 S. 155) die Anwendbarkeit der für die StrReg. geltenden Grundsätze über Straflöschung und ABeschr. auf die polizeilichen Listen an.

Jetzt ist der Rechtszustand so, daß die Wirkung der beschr. A., und zwar gleichgültig, ob sie ohne weiteres nach Zeitablauf eintritt (§ 4) oder durch Anordnung der Landesjustizverwaltung erfolgt (§ 8), sich zwangsläufig auch auf die polizeilichen Listen erstreckt.

19. Die polizeilichen Listen sollen nach Möglichkeit in Übereinstimmung mit dem StrReg. gehalten werden, denn nur dann können sie ihren Zweck erfüllen. Die Verurteilungen zu Strafen, die in das StrReg. aufgenommen werden, werden der Polizeibehörde des Wohnsitzes mitgeteilt, dagegen erhält die Polizeibehörde keine Mitteilung über andere

Tatsachen, deren Kenntnis von Bedeutung für die Beurteilung des Falles ist, so von der Strafvollstreckung und dem Straferlaß. Die Polizeibehörde kann deshalb auf Grund der polizeilichen Listen nicht immer zuverlässig feststellen, ob eine bestimmte Strafe der beschr. A. unterliegt oder schon getilgt ist. Da das Gesetz die Führung polizeil. Listen als etwas Gegebenes voraussetzt und anerkennt, auch vorschreibt, daß aus ihnen in gleicher Weise wie aus dem StrReg. Auskunft zu erteilen ist, so muß es auch als in den Absichten des Gesetzes gelegen angesehen werden, daß die zur Führung der polizeil. Listen berufenen Polizeibehörden die Möglichkeit haben, durch Anfrage an das StrReg. zuverlässig festzustellen, ob die gesetzlichen Voraussetzungen der ABeschr. oder Tilg. für eine in den polizeil. Listen stehende Strafe vorliegen oder nicht. Diese Feststellung wird die Polizeibeh. vielfach schon dadurch treffen können, daß sie von ihrem Recht, Auskunft über die noch der unbeschr. A. unterliegenden Strafen vom Str.-Reg. zu fordern, Gebrauch macht, auf Grund der erlangten A. ihre polizeil. Liste berichtigt und die berichtigte polizeil. Liste zur Unterlage ihrer A. oder des auszustellenden polizeil. Führungszeugnisses macht.

Die Einforderung der A. über die noch der unbeschr. A. unterliegenden Strafen wird aber manchmal nicht genügen, um der Polizeibeh. die erforderliche Klärung zu verschaffen. Es kann sich herausstellen, daß in den polizeil. Listen weitere Strafen vermerkt sind, ohne daß aus den polizeil. Listen zu ersehen ist, weshalb diese Verurt. nicht in den Strafregisterauszug aufgenommen sind. Insbes. kann stets die Frage offen bleiben, ob solche Verurt. der beschr. A. unterliegen oder im StrReg. getilgt sind. Die Polizeibeh. muß deshalb für befugt erachtet werden, im Rahmen des § 4 auch hierüber Aufschluß zu erlangen. Auf Verlangen der Polizeibeh. hat ihr die Str.-RegBeh. demgemäß mitzuteilen, ob eine bestimmte in der polizeil. Liste vermerkte Strafe der beschr. A. unterliegt oder getilgt ist. Dabei kann die A. des StrReg. unbedenklich dahin lauten, daß der Tilgung eine der beschr. A. unterliegende Strafe entgegensteht. Auch eine Mitteilung darüber, wann — für den Fall, daß keine weitere Verurt. zu Freiheitsstrafe mitgeteilt wird — nach den gesetzl. Vorschriften die Tilgungsreife einer bestimmt bezeichneten Strafe eintreten wird, kann die Polizeibeh. verlangen. Dagegen darf die StrRegBeh. in ihrer A. eine Verurt., die bereits der beschr. A. unterliegt oder gar zu tilgen ist, nicht näher bezeichnen; sie würde sonst gegen § 4 des Gesetzes verstoßen und den Zweck der ABeschr. gefährden. Bei der Behandlung der Frage darf nicht übersehen werden, daß die Entscheidung darüber, ob ein Verm. der ABeschr. oder der Tilg. unterliegt, in erster Linie der StrRegBeh., nicht der Polizeibeh. obliegt (vgl. die Fassung des § 4 Abs. 3, der die vorhergehenden Sätze des § 4 für die polizeil. Listen nur für entsprechend anwendbar erklärt). Vgl. auch Pr. AV. Ziff. 29.

20. Keine Auskunft aus den polizeil. Listen und deshalb nicht unter § 4 Abs. 3 fallend sind die Mitteilungen, welche die vorgesetzte Polizeibehörde oder eine andere Abteilung der Polizeibehörde im inneren Dienste von der die polizeil. Listen führenden Polizeistelle fordert und erhält. Auch die Weiterleitung der polizeil. Liste an die Polizeibehörde eines anderen Wohnorts, in den der Betroffene verzieht (AB. Pr. M. d. J. 1924), ist keine „Auskunft" im Sinne des Gesetzes.

21. Durch § 4 Abs. 3 Satz 2 ist keine Pflicht zur Ausstellung von polizeilichen Führungszeugnissen aufgestellt; vielmehr ist es den einzelnen Landesrechten überlassen, darüber zu bestimmen, ob und in welchen Fällen polizeiliche Führungszeugnisse ausgestellt werden sollen. Nur für den Fall, daß in einem bestimmten Fall ein polizeiliches Führungszeugnis ausgestellt wird, ist reichsrechtlich bindend vorgeschrieben, daß der beschr. A. unterliegende Verurteilungen dabei außer Betracht zu bleiben haben.

22. Die Vorschriften des § 4 Abs. 3 gelten nur für polizeiliche Listen, nicht dagegen für Aufzeichnungen anderer Behörden, wie Listen über Vorbestrafungen, die sich Verwaltungsbehörden über ihre Beamten, Forstamtsanwälte über die Bestrafung wegen Forstdiebstahls, größere Industriebetriebe über ihre Angestellten usw. anlegen. Wohl aber ist es natürlich, daß die zuständige Stelle für sie gleichartige Anordnungen trifft. Dies ist für die militärischen Straflisten (Stammrollen, Strafbücher, Personalnachweise) durch Verf. des Reichswehrministers vom 31. Jan. 1922 (abgedruckt unter D VIII 2) geschehen (vgl. Anm. 3 f).

23. Soweit in Gesetzen (z. B. in § 8 Abs. 1 Nr. 2 des Reichs- und Staatsangehörigkeitsgesetzes vom 22. Juli 1913 — RGBl. S. 583 als Voraussetzung der Einbürgerung) „unbescholtener Lebenswandel" verlangt ist, wird diese Voraussetzung in aller Regel als gegeben anzusehen sein, wenn keine Verurt. mehr vorliegen, über die noch unbeschr. A. zu urteilen ist.

24. Die Innehaltung der Grundsätze des § 4 ist auch außerhalb des StrTilgG. vielfach vorgeschrieben. So ist beispielsweise in § 26 Abs. 3 der Grundsätze für den Vollzug von Freiheitsstrafen vom 7. Juni 1923 (RGBl. II S. 263) und den hiernach erlassenen „Dienst- und Vollzugsordnungen" der Länder vorgesehen, daß die Strafvollstreckungsbehörden den Vorstehern der Anstalt, in der eine Freiheitsstrafe zu verbüßen ist, die Vorstrafen des Verurteilten mitzuteilen, dabei aber bei Verurt., die der beschr. A. unterliegen, dieses besonders hervorzuheben hat.

Ferner ist in einem Erlaß des Reichsarbeitsministers an die Versorgungsbehörden v. 24. Aug. 1922 (Reichsversorgungsbl. Nr. 765, abgedruckt unter D IX), betreffend „Richtlinien für die Beurteilung von Vorstrafen bei Erteilung von Zivilversorgungs-, Anstellungs- und Beamtenscheinen" für die Beurteilung der „Geeignetheit" und „Würdigkeit" zum Beamten im Sinne der Versorgungsgesetze die Kenntnis der bereits der beschr. A. unterliegenden Strafen als in der Regel nicht erforderlich erklärt und nur für Ausnahmefälle bei Darlegung besonderer Gründe die Einholung vollständiger Registerauszüge durch das Ministerium in Aussicht gestellt. Gleichzeitig ist den Versorgungsbehörden untersagt, Verurt., die bereits der beschr. A. unterliegen oder zu tilgen sind, bei ihren Entscheidungen ohne besondere Genehmigung des Reichsarbeitsministers zu verwerten, falls sie ihnen aus den Versorgungsakten (Stammrollen usw.) oder sonst bekannt sind.

§ 5.

Ein Vermerk, der im Strafregister zu tilgen ist, wird aus dem Register entfernt und vernichtet; enthält das Register außerdem Vermerke, die bestimmungsgemäß darin verbleiben müssen, so wird der zu tilgende Vermerk unkenntlich gemacht. Ebenso wird der Vermerk über die Verurteilung aus den polizeilichen Listen entfernt oder darin unkenntlich gemacht.

Ist der Vermerk über eine Verurteilung im Strafregister getilgt worden, so gilt die Verurteilung nicht mehr als Bestrafung im Sinne solcher Vorschriften, die für den Fall, daß der Täter bereits bestraft ist, eine schwerere Strafe oder andere Rechtsnachteile androhen.

1. Die Tilgung eines Strafregistervermerks ist ein *völliges novum gegenüber der bisherigen geltenden Regelung*. Sie besteht darin, daß der Vermerk aus dem Strafregister und aus den polizeilichen Listen entfernt und vernichtet wird (§ 5 Abs. 1). Sind neben dem zu tilgenden Vermerk noch andere, der Tilgung nicht unterliegenden Vermerke, z. B. über geringfügige Verurteilungen der in § 1 Abs. 2 des Gesetzes bezeichneten Art, für welche die Frist noch nicht abgelaufen ist, Eintragungen über Geisteskrankheit des Täters gemäß § 9 der StrRegVO., vermerkt, so ist der zu tilgende Vermerk unkenntlich, d. i. unleserlich zu machen. Dies kann durch überkleben oder durch Schwärzen mit Tinte oder Stempelfarbe geschehen; durchstreichen mit Bleistift genügt der gesetzlichen Vorschrift nicht. Verurt., über die der Verm. getilgt ist, gelten nicht mehr als Vorbestrafungen im Sinne der Rückfallsbestimmungen und anderer Vorschriften, die an die Tatsache der Bestrafung Rechtsnachteile knüpfen (§ 5 Abs. 2). Damit hat das Gesetz alles getan, was geschehen kann, um die Tatsache der Bestrafung ihrer nachteiligen Wirkungen für den Verurteilten zu entkleiden. Noch weiter zu gehen, insbes. etwa zu bestimmen, daß die Verurteilung fortan als ungeschehen zu betrachten sei oder daß der Verurteilte sich vor Gericht als unbestraft bezeichnen dürfe, hat das Gesetz als außerhalb seines Machtbereichs gelegen wohl mit Recht abgelehnt. Das Bekanntwerden getilgter Vorstrafen durch überflüssige Befragung von Angeklagten und Zeugen

nach ihren Vorstrafen zu verhindern, ist Aufgabe der künftigen Strafprozeßreform (vgl. § 71 Abs. 2, §§ 235, 242 des Entw. eines Ges. über den Rechtsgang in Strafsachen). Der Weg, der hier zu beschreiten ist, kann nicht darin bestehen, daß dem Verurteilten das Recht gegeben wird, der Wahrheit zuwider zu antworten, sondern muß darin gesucht werden, daß das Recht des Gerichts, nach den Vorstrafen zu fragen, sachgemäß beschränkt wird. Vgl. auch Einleitung S. 29 Anm. 1, ferner Pr. AV. Ziff. 1 Abs. 2 und die in der Fußn. dazu genannten AV. vom 27. Dez. 1918 und 23. Juni 1920 (JMBl. 1918 S. 537; 1920 S. 350); Bayer. AB. B 23 I und die dort genannten Dienstvorschr. für die Staatsanwaltschaft vom 13. Jan. 1926 — JMBl. S. 41 — § 72 Abs. V mit den Bek. vom 25. Juni 1908, 25. März 1914, 30. Jan. 1919 (JMBl. 1908 S. 131; 1914 S. 35; 1919 S. 35).

2. § 5 regelt in Abs. 1 die technische Durchführung der Tilg. und ihre Rückwirkung auf die polizeilichen Listen, in Abs. 2 die Wirkung der Tilg. Beide Vorschriften beziehen sich sowohl auf die gesetzliche Tilg. kraft Fristablaufs (§ 7), als auch auf die Tilg. kraft Anordnung der Landesjustizverwaltung (§ 8). Sie beziehen sich aber auch auf die durch Sondergesetze angeordneten Tilg., soweit nicht in ihnen abweichende Bestimmungen gegeben sind.

3. Abs. 1 bezieht sich seinem Wortlaute nach nicht nur auf „Vermerke über Verurteilungen" (§ 5 Abs. 2), auf Strafvermerke (§ 7), sondern anscheinend auf Vermerke jeder Art. Das Gesetz denkt aber nur an Strafvermerke. Das ergibt sich daraus, daß nur für Strafvermerke in dem Gesetz (§ 7) die Voraussetzungen für die Tilg. bestimmt sind. Auch § 8 bezieht sich nur auf die Tilg. von StrVerm. Für Vermerke gemäß § 9 StrRegVO. und für Vermerke über Beschlüsse der Landespolizeibehörden gemäß § 3 StrRegVO. wird die Frage der Tilg. in den §§ 26, 27 StrRegVO. geregelt.

4. Mit dem „Strafvermerk", d. h. der beim Reg. eingegangenen Strafnachricht A oder ihrer Übertragung auf die Strafliste, sind zugleich alle Verm. zu entfernen und zu vernichten, die nach der StrRegVO. (§ 21 Abs. 2) „bei dem Vermerk in der Spalte Bemerkungen vermerkt" und damit zu einem Bestandteil des Strafvermerks geworden sind, wie Vermerke über Vollstreckung der Strafe, Bewilligung oder Widerruf einer Bewährungsfrist, vorläufige Entlassung, Straferlaß, Milderung der Strafe, Anordnung der beschr. A. nach § 8. Mit dem Strafvermerk ist ferner zu tilgen der dazugehörige, nach § 20 StrRegVO. als bes. fortl. Nr. eingetragene Verm. über einen Beschluß der Landespolizeibeh. auf Grund der Überweisung des Verurteilten an diese Behörde (§ 26 Abs. 2 StrRegVO.).

5. Die Tilg. hat in der Regel durch Entfernung des Strafvermerks aus dem Reg. und seine Vernichtung zu erfolgen. Die Entfernung hat aber gemäß § 25 StrRegVO. nicht

schon in dem Zeitpunkt zu erfolgen, in dem die Verurteilung gemäß § 7 des Ges. tilgungsreif ist, sondern frühestens nach 3 Monaten seit Ablauf dieser Frist. Diese Bestimmung bezweckt zu verhindern, daß Strafen getilgt werden, obwohl die Voraussetzungen für die Tilg. nicht gegeben waren, weil zur Zeit der Tilgungsstrafe schon eine Verurteilung zu einer anderen Strafe als Geldstrafe, allein oder in Verbindung mit Nebenstrafen, erfolgt war, eine Verurteilung, die dem StrReg. aber zur Zeit der Tilgungsreife der früheren Verurteilung noch nicht bekannt geworden war. Nicht nur aus dem Wortlaut des § 25, sondern auch aus seiner Zweckbestimmung folgt, daß er sich nur auf die kraft des Gesetzes eingetretenen Tilg. bezieht, nicht dagegen auf die gemäß § 8 des Ges. von der obersten Justizverwaltungsbehörde angeordneten Tilg. Wegen der Frage seiner Anwendung bei gesetzlich angeordneten Tilg. vgl. § 25 StrRegVO. Anm.

6. Befinden sich auf der Strafliste noch Vermerke gemäß § 9 StrRegVO. oder solche Strafvermerke, die zwar der Tilg. nicht entgegenstehen, aber selbst noch nicht tilgungsreif sind (Ges. § 2 Abs. 2), so könnte der StrVerm. nur dann vernichtet werden, wenn vorher die nicht zu vernichtenden Vermerke auf ein anderes Strafblatt übertragen würden. Da dies aber unzweckmäßig wäre, ist bestimmt, daß statt dessen der zu tilgende StrVerm. unkenntlich, d. h. unleserlich (Begr. S. 7) zu machen ist. Die Wirkung der unkenntlich gemachten und diejenige der vernichteten StrVerm. ist die gleiche. Auch wenn es nicht gelungen ist, den StrVerm. vollkommen unkenntlich zu machen, ist der StrVerm. doch als unkenntlich zu behandeln.

7. Ein StrVerm., der gemäß § 7 zu tilgen ist, ist nicht etwa erst von dem Zeitpunkt an als getilgt zu behandeln, in dem er gemäß StrRegVO. § 25 aus dem StrReg. tatsächlich entfernt und vernichtet oder unkenntlich gemacht wird, sondern schon von dem Zeitpunkt an, in dem die Voraussetzungen für die Tilg. nach dem Inhalt des betreffenden StrRegBlatts mangels einer weiteren, die Tilg. hemmenden Verurteilung vorliegen. Auch wenn die Dreimonatsfrist des § 25 noch nicht abgelaufen ist, hat also das StrReg. die Auskunft so zu erteilen, als ob die Tilg. schon vollzogen sei. Andernfalls würde durch § 25 die durch das Ges. § 5 auf 5 oder 10 Jahre bemessene TilgFrist um 3 Monate verlängert. Es würde das eine Abänderung des Ges. bedeuten, die von der VO. nicht bewirkt werden könnte. Ergibt sich innerhalb der Dreimonatsfrist, daß die Tilg. zu Unrecht erfolgt ist, so ist von diesem Augenblick an die Tilg. wieder rückgängig zu machen und über die betreffende Verurt. wieder beschr. oder unbeschr., je nach der Lage des Falles, A. zu erteilen. Es steht auch nichts im Wege und ist zweckmäßig, die inzwischen schon erteilten A., die sich als unrichtig erwiesen haben, nachträglich zu berichtigen, soweit sich noch feststellen läßt, welchen Behörden und Stellen sie erteilt worden sind. Wird in der Dreimonatsfrist eine nach dem Ablauf der TilgFrist verhängte Strafe bekannt, so ist der zu tilgende Strafvermerk dennoch

aus dem StrReg. zu entfernen (a. M. wohl Schultheiß, Recht 1921 S. 121).

8. Ist die Tilg. zu Unrecht erfolgt, so ist der Vermerk mit Genehmigung des Leiters des StrReg. wiederum aufzunehmen (§ 28 StrRegVO.).

9. Durch Abs. 1 Satz 2 ist die Rückwirkung der Tilg.-Reife eines StrVerm. auf die polizeilichen Listen ausgesprochen. Auch in den polizeilichen Listen erfolgt die Tilg. in der Regel durch Entfernen und Vernichten und nur, wenn dies nicht ausführbar ist, durch Unkenntlichmachen. Die Tilg. ist grundsätzlich gleichfalls zur Zeit der TilgReife vorzunehmen, doch kann auch bezüglich der polizeilichen Liste eine Bestimmung nach Art des § 25 StrRegVO. ergehen. Auch aus den polizeilichen Listen aber darf schon vom Augenblick der nach dem Inhalt des StrReg. gegebenen TilgReife an nur so Auskunft erteilt werden, wie wenn die Tilg. schon vollzogen wäre. Die TilgReife der gemäß § 8 des Ges. angeordneten Tilg. erfahren die Polizeibehörden durch besondere Mitteilung (§ 21 Abs. 4 StrRegVO.). In den Fällen der kraft Gesetzes durch Zeitablauf eintretenden Tilg. sind die Polizeibehörden nicht zuverlässig in der Lage festzustellen, ob der StrVerm. tatsächlich tilgungsreif ist, da sie keine Gewähr dafür haben, daß ihre polizeiliche Strafliste auch tatsächlich alle in Betracht kommenden Verurteilungen enthält. In Zweifelsfällen werden sich die Polizeibehörden daher bei dem StrReg. zu erkundigen haben, bevor sie die Tilg. tatsächlich ausführen. Zweckmäßigerweise wird in Zweifelsfällen eine solche Anfrage auch schon vor Ausstellung eines polizeilichen Führungszeugnisses zu erfolgen haben (vgl. § 4 Anm. 19).

10. Getilgte Vermerke dürfen nach § 26 Abs. 3 der Grundsätze über den Vollzug der Freiheitsstrafen vom 7. Juni 1923 (RGBl. II S. 263) und den hiernach erlassenen „Dienst- und Vollzugsordnungen" der Länder auch dem Vorsteher einer Strafanstalt, in der der Verurteilte eine Freiheitsstrafe verbüßt, nicht mitgeteilt werden.

Für die militärischen Listen ist die Unkenntlichmachung im StrReg. getilgter Strafen durch Schwärzen oder Überkleben vorgeschrieben und ihre Aufnahme in militärische Papiere verboten (Erlaß des Reichswehrministers vom 31. Jan. 1922, abgedruckt unter D VIII 2). Vgl. auch Anm. 10.

Auch bei der Ausstellung von Zivilversorgungs-, Anstellungs- und Beamtenscheinen ist die Verwertung getilgter Strafen untersagt (Erlaß des Reichsarbeitsministers vom 24. Aug. 1922, abgedruckt unter D IX).

11. Die Bestimmung des § 5 Abs. 1 Satz 2 gilt nur für die polizeilichen Listen, nicht für ähnliche Einrichtungen anderer Behörden. Doch kann durch Anordnung der zuständigen Behörde natürlich die Anwendung der Vorschriften auch auf andere als polizeiliche Listen sichergestellt werden. Dies ist für die besonders wichtigen militärischen Listen

durch Erlaß des Reichswehrministers vom 31. Jan. 1922 (abgedruckt unter D VIII 2) geschehen. Die gesetzlichen Bestimmungen sind für sinngemäß anwendbar erklärt worden. Im einzelnen ist folgendes hervorzuheben. Gerichtliche Strafen, die nach den früher oder jetzt geltenden Vorschriften nicht registerpflichtig sind, aber in den militärischen Listen enthalten sind, werden ebenso behandelt wie registerpflichtige Strafen (Ziff. 1). Sie unterliegen also auch den Bestimmungen über ABeschr. und Tilg. Arrest ist im Sinne des § 7 Nr. 1 StrTilgG. der Haft gleichzuachten (Ziff. 7). Es gelten also für die Arreststrafe die kürzere TilgFrist ohne Rücksicht auf die Dauer der Arreststrafe. Eine derartige Bestimmung ist als zulässig zu erachten, gleichgültig, wie für die Anwendung des § 7 StrTilgG. die Streitfrage, ob Arreststrafe der Haft oder der GefStrafe gleichgesetzt werden müsse, zu beantworten ist (vgl. § 7 Anm. 3).

12. Abs. 2 behandelt die Wirkung der Tilg. Sie geht weiter als die der bisherigen Löschung. Die Löschung beseitigte nicht die rückfallbegründende Wirkung der Verurteilung (RG. 53 S. 127, Ztschr. f. Rechtspflege in Bayern 1922, S. 127), sondern bewirkte nur, daß die Verurteilung der beschr. A. unterlag (RG. in LZ. 1921, 313; Lobe bei Ebermayer § 245 Anm. 2). In RG. 56 S. 68 wird näher ausgeführt, daß eine Verurteilung, deren Vermerk getilgt sei, zur Begründung einer Rückfallsstrafe nicht mehr herangezogen werden könne; das Gesetz habe einen dem bisherigen Rechtszustand entgegengesetzten Standpunkt eingenommen. Denn bisher beseitigte die gnadenweise erfolgte Löschung einer Vorstrafe im StrReg. nicht ihre rückfallbegründende Wirkung und stand auch sonst einer nachteiligen Verwertung dieser Vorstrafe, besonders ihrer Berücksichtigung als Strafzumessungsgrund, in einem späteren Verfahren nicht entgegen (RG. 53, 127, RG. 14. Nov. 1916 in „Recht", Jahrg. 21, Nr. 131, ferner Urteil III 1870/20, LZ. 1921, 313). Die letzten Bemerkungen sind mißverständlich (vgl. darüber unten Anm. 21). Im übrigen aber ist, abgesehen von der bisher unbekannten Entfernung und Vernichtung des Strafvermerks, gerade die die Rückfallsbestimmungen abändernde Wirkung der Tilg. die wesentliche Neuerung des StrTilgG.

13. Nach dem Wortlaut des § 5 Abs. 2 ist diese Wirkung davon abhängig, daß „der Vermerk im StrReg. getilgt worden ist". In Rechtsprechung und Schrifttum besteht Streit darüber, ob damit gefordert wird, daß die Tilg. im StrReg. tatsächlich vollzogen worden ist oder ob Eintritt der Tilgungsreife genügt. Das RG. hat sich in einem in der amtl. Sammlung Bd. 56 S. 75 abgedruckten Urteil vom 7. Juli 1921, ferner in Entsch. vom 16. März 1922 (JW. 1923 S. 53 Nr. 2), vom 15. Mai 1922 und 9. April 1923 (Recht S. 309) für die erstere Auffassung entschieden; diese Auffassung wird ferner vertreten von Schultheiß Recht 1921 S. 121, Hegler JW. 1924 S. 308 Anm., wohl auch von Eichinger Zeitschr. f. Rechtspfl. in Bayern 1925 S. 164, vgl. weiter DStrZ. 9 S. 355, Recht Jahrg. 27 Nr.

1084, Dalcke Strafr. u. Strafpr. 18. Aufl. § 344 Anm. 77. Die gegenteilige Auffassung, daß Tilgungsreife genüge, wird vertreten vom RG. in Entsch. vom 6. Okt. 1921 (1 D 447/21, JW. 1923 S. 51), vom 26. Okt. 1923 (RG. 57 S. 390), vom 29. Febr. 1924 (JW. 1924 S. 1755 Nr. 18, LZ. 1924 S. 267, Zeitschr. f. Rechtspfl. in Bayern 1924 S. 245), „Recht" Jahrg. 25 Anm. zu Nr. 2943, Bay. Ob.-Landesgericht in Entsch. in Strafs. Bd. 23 S. 50, Bayer. Zeitschr. f. Rechtspfl. in Bayern 1923 S. 180 und in DJZ. Bd. 28, S. 439, ferner von Merkel JW. 1923, 51 Anm., Träger JW. 1924 S. 1755 Anm.; Francke, Jugendgerichtsgesetz 2. Aufl. § 45 Anm. 1) und Lobe bei Ebermayer § 245 Anm. 4, Kiesow, Strafprozeßordnung 5. Aufl. S. 343 Anm. zu § 5 des StrTilgG. läßt die Frage offen.

Für die Ansicht, daß die Tilg. tatsächlich vollzogen sein müsse, wird insbes. geltend gemacht: Der Wortlaut der Vorschrift lasse keine andere Auslegung zu. Die Entscheidung darüber, ob die Voraussetzungen der Tilg. vorliegen, sei offenbar der StrRegBehörde, nicht dem Gericht übertragen, das gar nicht in der Lage sei, zuverlässig festzustellen, ob die Entscheidung des StrReg. richtig sei. Der Reg.-Auszug könne Schreibfehler, z. B. hinsichtlich des Datums einer Verurteilung oder der Verbüßung oder der Höhe der erkannten Strafe enthalten oder unvollständig sein und biete deshalb keine ausreichende Grundlage für eine selbständige Entscheidung des Gerichts über die Voraussetzungen der TilgReife. Sei die Tilg. unterblieben, so sei nicht ohne weiteres anzunehmen, daß ein Versehen vorliege, sondern daß die zuständige Behörde die Voraussetzungen für die Tilg. nicht als gegeben angesehen habe. Die Bindung des Gerichts an Entscheidungen von Registerbeamten komme auch sonst vor. Die Entscheidung des RegFührers habe für das Gericht nicht Tatbestandswirkung, sondern Feststellungswirkung. Ferner wird man darauf hinweisen können, daß die StrRegFührer infolge ihrer ständigen Arbeit im StrReg-Dienst auf diesem schwierigen Sondergebiete in der Regel besondere Erfahrung und Sachkunde besitzen, die man im gleichen Maße bei Gerichten, die nur gelegentlich mit solchen Fragen befaßt werden, nicht ohne weiteres voraussetzen könne. Übrigens handelt es sich letzten Endes gar nicht um Entscheidungen von Bürobeamten. Die Leitung der StrReg. ist nach § 1 StrRegVO. in Verbindung mit den in der Bekanntmachung der StrRegBehörden zusammengestellten Anordnungen der Landesjustizverwaltungen meist dem Staatsanwalt, zuweilen einem Richter, im StrReg. des RJustMin. dem Referenten dieses Min. für das StrRegWesen übertragen und die RegFührer sind in allen Zweifelsfällen gehalten, die Entscheidung des Leiters ihres Reg. einzuholen.

Die Ansicht, daß TilgReife genüge, wird mit folgenden Erwägungen begründet: Die andere Auffassung klebe am Wortlaut, sei zu formalistisch; sie stelle die Entscheidung auf das mehr oder weniger zuverlässige Arbeiten von Bürobeamten ab. Dem Sinn und Geiste des Gesetzes entspreche es, daß die Voraussetzungen für die Nichtberücksichtigung der Strafe tatsächlich vorliegen. Die Tilg. sei nur ein Mittel, um diese Nichtberücksichtigung sicherzustellen, keine Voraussetzung für sie; die Tilg. wolle die Nichtberücksichtigung erleichtern, nicht erschweren.

Für die Beurteilung der Streitfrage ist zunächst darauf hinzuweisen, daß zur Beseitigung der Rückfallsfähigkeit einer Verurt. jedenfalls nicht gefordert werden darf, daß die in § 25 StrRegVO. vorgesehene Dreimonatsfrist für die formelle Ausführung der Tilg. schon abgelaufen ist (vgl. Anm. 5, 7). Die Tilg. im Sinne des § 5 ist „erfolgt", wenn der RegFührer das Vorliegen ihrer Voraussetzungen nach Maßgabe des RegInhalts feststellt. Ebenso ist die Tilg. als „erfolgt" anzusehen, wenn sie durch besonderes Gesetz oder nach § 8 des StrTilgG. angeordnet worden ist. Weiterhin muß davon ausgegangen werden, daß das Gericht sich ein Urteil über das Vorliegen der TilgReife eines StrVerm. nur auf Grund eines RegAuszugs verschaffen kann. Gibt dieser Auszug zu Zweifeln darüber Anlaß, ob die StrRegBehörde die Frage der Tilg. überhaupt geprüft oder richtig entschieden hat, so muß es als im Sinne des Gesetzes, das die jeweils geltende StrRegVO. als etwas Gegebenes voraussetzt, liegend angesehen werden, daß das Gericht nicht von sich aus auf Grund notwendig mangelhafter Unterlagen (es kann z. B. gar nicht wissen, ob nicht ein Steckbrief im Reg. niederliegt oder zur Zeit der Ausstellung des RegAuszugs niedergelegen hat und deshalb den Eintritt der Tilg. nach § 3 Abs. 2 des Ges. hemmt oder gehemmt hat) die Frage der Tilg. selbst entscheiden darf, sondern eine Entscheidung der jedenfalls zunächst hierzu berufenen StrRegBeh. herbeizuführen hat (§ 155 Abs. 2 StPO.). Erforderlichenfalls muß die Verhandlung ausgesetzt werden (wenn nicht telephonische oder telegraphische Rückfrage beim StrReg. die Sachlage klärt). Es würde gegen den Geist der StPO. schwer verstoßen, wenn das Gericht trotz bestehender Zweifel, ob die gesetzlichen Voraussetzungen des straferschwerenden Umstandes des Rückfalls vorliegen oder nicht, die eine oder andere Entscheidung treffen würde, ohne dazu die nötigen urkundlichen Grundlagen zu besitzen. Der StrRegAuszug ist ein urkundliches Beweismittel wie jede andere Urkunde und kann nicht der Entscheidung zugrunde gelegt werden, wenn das Gericht Zweifel an seiner Richtigkeit hat. Ergibt die Rückfrage beim StrReg. keine Klärung des Zweifels, weil z. B. die StrRegBehörde die Voraussetzungen der TilgReife anders beurteilt wie das Gericht, so wird es als Ehrenpflicht des Gerichts und der Staatsanwaltschaft anzusehen sein, die Entscheidung der dem StrReg. vorgesetzten Aufsichtsbehörde (§ 1 StrRegVO.) im Wege der Dienstaufsichtsbeschwerde herbeizuführen. Hat auch diese keinen Erfolg, so ist das Gericht allerdings, selbst wenn es sich noch nicht davon hat überzeugen können, daß der tatsächliche Stand des StrReg. dem Gesetz entspricht, an die Feststellung des StrRegBeh. gebunden. In der Praxis dürfte aber ein solcher Fall kaum jemals vorkommen. Auf die Pflicht des Gerichts, vor der Entscheidung alles zu tun, was in seinen Kräften steht, um die Tilg. einer seiner Meinung nach tilgungsreifen StrVerm.

herbeizuführen, weist schon RG. Bd. 56 S. 75 mit Nachdruck hin: „Glaubt der Tatrichter Anlaß zu Zweifeln an der Richtigkeit des Strafregisterinhalts zu haben, so ist er nach § 155 Abs. 2 StPO. berechtigt und verpflichtet, solchen Zweifeln nachzugehen, insbesondere sich Klarheit darüber zu verschaffen, ob nicht die Tilg. des Vermerks nur aus Versehen unterblieben ist. Führt die Aufklärung zu dem Ergebnisse, daß kein solches Versehen vorliegt, daß vielmehr die zuständige Justizverwaltungsbehörde die Voraussetzungen der Tilgung nicht als gegeben ansieht, so bleibt allerdings angesichts des Wortlauts der Vorschrift der Inhalt des Strafregisters auch für den Tatrichter maßgebend." In Fortführung dieses Grundsatzes wird in der Entscheidung des RG. vom 9. April 1923 („Recht" 1923 S. 309) ausgeführt, es müsse aus dem Urteil ersichtlich sein, daß der Richter die Frage geprüft hat, ob die Tilg. der Vorstrafe nicht erfolgt ist, und daß er sich vergewissert hat, weshalb bei an sich tilgungsreifen Vorstrafen die Tilg. unterblieben ist. Der Mangel eines Nachweises in dieser Richtung führt auf die einfache sachliche Beschwerde, also ohne bestimmte prozessuale Beanstandung, zur Aufhebung des auf den Rückfall bezüglichen Teiles der Entscheidung. Ebenso Kammergericht vom 9. Juni 1922 in DStrZ. 9 S. 245; vgl. auch DStrZ. 9 S. 118.

Sollte die von der StrRegBeh. dem Gericht erteilte Auskunft das Gericht nicht davon überzeugen können, so bleibt dem Gericht als äußerstes Mittel noch übrig, bei der Landesjustizverwaltung eine Entscheidung gemäß § 8 StrTilgG. anzuregen. Wird diesem Gesuch nicht entsprochen, so ist das Gericht verpflichtet, die nicht getilgte Vorstrafe zu berücksichtigen.

14. Die vorstehenden Grundsätze gelten sowohl für die Tilg. auf Grund des Ablaufs der Fristen der §§ 6, 7, wie auch auf Grund dieser Vorschriften in Zusammenhang mit den Übergangsvorschriften des § 11 Abs. 2, 3. Nicht angängig erscheint es mit Hartung (bei Schäfer und Hartung, Strafrecht und Strafprozeß, Bd. II S. 432 Anm. zu § 5 des StrRegG.) sich auf den Standpunkt zu stellen, daß zwar für den Fall des § 5 vollzogene Tilg. zu fordern sei, daß aber für den Fall des § 11 Tilgungsreife genüge. Er kann sich allerdings bis zu einem gewissen Grade auf RG. vom 13. Jan. 1924 (JW. 1924 S. 307) berufen, wo für den Fall des § 11 die Tilgungsreife für ausreichend erklärt wird, während die Entscheidung der Streitfrage für den § 5 ausdrücklich offen gelassen wird. Doch ist kein Grund einzusehen, weshalb diese Frage für § 11 anders beantwortet werden soll als für den durchaus gleichartigen Fall des § 5. Zutreffend bemerkt Hegler JW. 1924 S. 308 Anm., daß der Wortlaut des § 11 keineswegs dafür spreche, da er nur besage, daß die Fristen so zu berechnen seien, wie wenn das StrRegG. schon zur Zeit der Aufnahme des Verm. in das StrReg. in Kraft gewesen sei; damit sei aber keineswegs gesagt, daß der Verm. als getilgt anzusehen sei, wie wenn das Gesetz bereits zur Eintragungszeit gegolten hätte. „Die Fiktion betrifft nur die Tilgungsfristen, nicht die Tilg. Rationell will es nicht einleuchten, warum die Nichtbeachtung einer nach Inkrafttreten des gen. Ges. eingetragenen Verurteilung von stärkeren Erfordernissen abhängig gemacht sein soll als die einer vorher eingetragenen.“ Er verweist auch mit Recht darauf, daß mehrere Entscheidungen des RG., die eine tatsächlich vollzogene Tilg. für erforderlich erklären, sich gerade auf Fälle des § 11 beziehen. Die Unstimmigkeit der reichsgerichtlichen Rechtspr. über diese Streitfrage läßt sich also nicht dadurch aus der Welt schaffen, daß man die eine Ansicht für den § 5, die andere für den § 11 gelten läßt.

15. Die in den Anm. 12, 13 dargelegten Grundsätze gelten nicht nur für den Fall, daß nach der Annahme des Gerichts eine Vorstrafe vorschriftswidrig nicht getilgt worden ist, sondern auch wenn umgekehrt eine Vorstrafe, die dem Gericht vielleicht aus den Akten bekannt ist und die nach Meinung des Gerichts noch nicht tilgungsreif ist, getilgt worden ist. Auch in solchem Falle ist die Berichtigung des Reg. anzuregen und um Übersendung eines Auszugs aus dem berichtigten Register zu ersuchen. Ob die RegBeh. in einem solchen Falle befugt wäre, über die Gründe einer Tilg. Auskunft zu geben, kann dahingestellt bleiben, da die RegBeh. kaum jemals noch in der Lage sein würde, nähere Angaben über eine erfolgte Tilg. zu machen. Teilt die RegBeh. trotz Anfrage mit, daß die Strafe in dem Str.-Reg. nicht verzeichnet sei, so muß das Gericht diese Mitteilung seinem Urteil zugrunde legen, dies schon deshalb, weil mit der Möglichkeit einer Tilg. gemäß § 8 des Ges. zu rechnen ist.

16. Erforderlich und genügend für die Anwendung des § 5 Abs. 2 ist, daß die Tilg. der früheren Strafe zur Zeit der „Aburteilung“, d. h. in dem für die tatrichterliche Beurteilung der neuen Tat maßgebenden Zeitpunkt, dem Zeitpunkt der Urteilsfällung in 1. Instanz oder in der Berufungsinstanz, vorgenommen ist. Folgt der Entscheidung in der Revisionsinstanz eine neue Tatsacheninstanz, so genügt es, wenn bis zur Urteilsfällung in der neuen Tatsacheninstanz die Tilg. vollzogen ist. Maßgebend ist nicht etwa die Zeit der Begehung der Straftat, die nach den §§ 244, 245 StGB. für die anderen Voraussetzungen des Rückfalls (Verbüßung der Vorstrafen und Ablauf der 10jährigen Frist) entscheidend ist. Auch die Begr. (S. 7) läßt erkennen, daß der Zeitpunkt der Aburteilung maßgebend ist. Bei der Art der Durchführung der Tilg. (Vernichtung oder Unkenntlichmachung) ließe sich der Zeitpunkt der Tilg. im Augenblick der Urteilsfällung meist gar nicht feststellen. Vgl. auch Schultheiß, „Recht“ 1921 S. 121.

17. Ob die Tilg. zur Zeit der Urteilsfällung vorliegt, wird das Gericht in der Regel aus dem StrRegAuszug entnehmen können. Liegt dieser zu weit zurück und besteht die Möglichkeit, daß sich die Verhältnisse inzwischen verändert haben, besteht insbes. Anlaß zu der Annahme, daß möglicherweise eine Tilgungsanordnung nach

§ 8 des Ges. getroffen ist, so muß das Gericht sich einen neuen Reg.-Auszug beschaffen. Jedenfalls kann ein Beweis für die Behauptung, die zur Begründung des Rückfalls herangezogene Vorstrafe sei inzwischen getilgt worden, nicht abgelehnt werden. Ebenso Schultheiß, „Recht" 1921 S. 121.

18. Durch § 5 Abs. 2 wird eine wesentliche Verkürzung der Rückfallsfristen herbeigeführt, einmal dadurch, daß, wenn auf keine höhere Strafe als auf Geldstrafe, Haft oder Arrest, auf Gefängnis von höchstens einer Woche oder auf Festungshaft von höchstens einer Woche erkannt worden ist, gemäß §§ 6 Abs. 1 Nr. 1 und § 7 Abs. 1 Nr. 1 die Tilg. schon nach 10 Jahren seit der Verurteilung — also nicht erst seit der Verbüßung — erfolgt und, wenn der Verurteilte zur Zeit der Tat noch jugendlich war, sogar schon nach 6 Jahren; sodann dadurch, daß frühere Vorstrafen schon getilgt sein können und deshalb auch dann, wenn die letzte Vorstrafe noch nicht getilgt ist, doch aus diesem Grunde eine Rückfallstrafe nicht mehr verhängt werden kann (vgl. auch Schmidt, DStrZ. 1921, 229 f.).

Eine weitere Abschwächung des § 245 StGB. hat JGG. §§ 45, 46 bewirkt.

19. Außer für den Rückfall ist die Tilg. auch noch von Bedeutung für solche Vorschriften, die für den Fall, daß der Täter bereits bestraft ist, andere Rechtsnachteile androhen. Als Beispiel ist in der Begr. (S. 7) auf § 57b Ziff. 2 GewO. verwiesen, wonach der Wandergewerbeschein u. a. nur dann versagt werden darf, wenn der Nachsuchende wegen bestimmter Vergehen zu einer Freiheitsstrafe von mindestens einer Woche verurteilt ist und seit Verbüßung der Strafe 5 Jahre noch nicht verflossen sind. Hierher gehören ferner die Befugnisse, die der Verwaltungsbehörde dadurch gegeben werden, daß auf die Nebenstrafe der Zulässigkeit der Polizeiaufsicht erkannt ist oder auf Überweisung an die Landespolizeibehörde erkannt ist. Denn die Ausübung dieser Befugnisse durch die Verwaltungsbehörde ist richtiger Ansicht nach keine Strafe, sondern eine Verwaltungsmaßregel (Hofacker, Staatsverwaltung und Strafrechtsform, Berlin 1919 S. 278 f.), ein Rechtsnachteil, der an die frühere Bestrafung geknüpft ist. Auch die in § 2 Abs. 3 des Gesetzes, betreffend die Entschädigung für unschuldig erlittene Untersuchungshaft, vom 14. Juli 1904 (RGBl. S. 321) an gewisse Vorstrafen geknüpfte Wirkung, daß der Anspruch auf Entschädigung trotz Vorliegens der allgemeinen Voraussetzungen ausgeschlossen werden kann, entfällt, wenn die Vorstrafen im Str.-Reg. getilgt sind. Weitere Vorschriften, in denen Rechtsnachteile an eine frühere Bestrafung geknüpft sind, finden sich hauptsächlich in dem Landesstrafrecht, so z. B. in der preuß. Jagdordnung vom 15. Juli 1907 (GS. S. 207) in der Fassung des Ges. vom 15. Juli 1924 (GS. S. 577), §§ 34, 35 und in den Jagdgesetzen anderer Länder bezüglich der Versagung des Jagdscheins.

20. § 5 Abs. 2 erstreckt sich, wie das ganze Gesetz, nur auf Verurt., die registerpflichtig sind. Für Verurt., die als nicht registerpflichtig in das StrReg. überhaupt nicht aufgenommen oder deshalb daraus wieder entfernt worden sind, bleiben die allgemeinen Rückfallsbestimmungen bestehen, z. B. für die seit 1. Mai 1926 nicht mehr eintragungspflichtigen (und, soweit sie von früher her im StrReg. stehen, nach Art. III der VO. vom 19. Febr. 1926, RMinBl. S. 63 zu tilgenden) Verurt. zu Geldstr. wegen Übertretungen, bei denen besondere Rückfallsstrafen angedroht sind. Nur wenn die Eintragung solcher Verurt. nach § 10 StrRegVO. von der Landesregierung angeordnet wird, fallen sie unter das Gesetz und damit auch unter § 5 Abs. 2.

21. Ist vor dem Inkrafttreten des Gesetzes eine zu Unrecht erfolgte Strafe im Gnadenwege erlassen, z. B. bei Doppelverurteilung wegen einer Straftat — ein Fall, der insbesondere im Strafbefehlsverfahren zuweilen vorkommt — und ist der StrVerm. dann im StrReg. gelöscht worden — eine Tilg. war ja damals noch nicht möglich —, so wirkt die betreffende Verurteilung allerdings — anders als eine im Wiederaufnahmeverfahren beseitigte Verurteilung — an sich rückfallbegründend; doch ist es auch hier selbstverständliche Pflicht des Gerichts, sobald es aus den Akten den Sachverhalt ersieht, das Verfahren auszusetzen und der betreffenden Landesjustizverwaltung Gelegenheit zu geben, durch eine Anordnung gemäß § 8 die Tilg. des Verm. herbeizuführen.

22. Außer den beiden in § 5 Abs. 2 ausdrücklich erwähnten Wirkungen hat die Tilg. keine weitere Wirkung. Insbesondere ist es dem Gericht, wenn es aus den eigenen Angaben des Verurteilten, durch Vorakten oder auf sonstige Weise von einer zur Zeit der Urteilsfällung bereits getilgten Vorstrafe Kenntnis erhalten hat, nicht grundsätzlich verwehrt, diese Vorstrafe bei der Strafzumessung zu berücksichtigen. So auch OLG. Königsberg vom 26 März 1925 (Goldt, Archiv Bd. 70 S. 26, DJZ. 30 S. 976); Döll in Z. f. Rechtspflege in Bayern 1924 S. 39 f. A. A. Bayer. ObstLG. vom 15. Nov. 1923 II 334/23 (von Döll a. a. O. mitgeteilt); Meyer, JW. 47, 789; Gerland, Deutsches Reichsstrafrecht S. 223 und anscheinend auch RG. Bd. 56 S. 68. Vom OLG. Königsberg wird zur Begründung seiner Auffassung insbes. angeführt: § 3 Abs. 2 enthalte eine Ausnahmebestimmung, die den Strafanspruch des Staates einschränke; es sei daher nicht angängig, diese Bestimmung ausdehnend auszulegen und so den Strafanspruch des Staates noch weiter einzuschränken. Döll weist u. a. auch darauf hin, daß es widersinnig sei, jede Berücksichtigung der durch rechtskräftiges Urteil zuverlässig festgestellten Straftat für unzulässig zu halten, sobald der Verm. getilgt sei, während es zweifellos zulässig sei, eine nicht so zuverlässig festgestellte

Straftat, so wenn es infolge Verjährung oder weil es mangels einer Anzeige zu einer Strafverfolgung damals gar nicht gekommen sei, bei der Entscheidung über die Schuldfrage oder über die Streitfrage zu verwerten. Man werde dem Richter vielleicht vorschreiben können, daß er bei der Urteilsfällung eine Erinnerungszelle in seinem Gehirn ausschalten soll, aber ganz unbewußt werde er doch durch die einmal erlangte Kenntnis eines wesentlichen Ereignisses beeinflußt werden, wenn das dann auch nicht in den Urteilsgründen zum Ausdruck komme. Jedenfalls läßt sich für die hier bekämpfte Ansicht nicht die von Gerland gegebene Begründung halten, das Gesetz spreche allerdings von der Strafzumessung als solcher nicht, doch sei der Schluß a maiore ad minus zwingend. Der Schluß wäre zwingend nur dann, wenn das Gesetz bei Rückfälligen jede Verwertung der getilgten Strafe nicht nur für die Frage des Rückfalls, sondern überhaupt bei der Strafzumessung ausschließen würde; dann wäre es allerdings unzulässig, bei nicht Rückfälligen die getilgte Strafe bei der Strafzumessung zu verwerten, auch wenn das Gesetz diesen Fall nicht ausdrücklich geregelt hätte. Aus der Vorschrift, daß die getilgte Strafe einen Rückfall nicht begründet, folgt aber keineswegs, daß die Strafe bei Rückfälligen und bei nicht Rückfälligen bei der Strafzumessung nicht berücksichtigt werden darf.

Von erheblicher praktischer Bedeutung ist die Frage übrigens nicht. Das Gericht wird in der Regel die getilgte Strafe, auch wenn sie ihm bekannt ist, bei der Strafzumessung schon um deswillen ausschalten, weil sonst eine ungleiche, also ungerechte Behandlung gleichliegender Fälle eintreten würde, je nachdem ob zufällig eine getilgte Vorstrafe dem Gericht bekannt geworden ist oder nicht. Immerhin mag in besonders gelagerten Fällen die frühere getilgte Verurteilung als Strafzumessungsgrund verwertet werden können.

23. Keinerlei Bedenken bestehen ferner dagegen, Verurteilungen, über die der Strverm. getilgt ist, bei der Beweiswürdigung zu verwerten, etwa die gleichartige Methode, die der Angeklagte bei Begehung des Vergehens oder bei der Verteidigung in jenem Fall und in dem zur Aburteilung stehenden Fall angewendet hat, als Indiz zur Überführung des Täters mitzuverwerten. Hier handelt es sich gar nicht um einen aus der getilgten Strafe, sondern aus den tatsächlichen Feststellungen, die die Grundlage jener Bestrafung gebildet haben, gezogenen Schluß. Es muß aber auch als zulässig gelten, die Bestrafung als solche bei der Beweiswürdigung als Indiz mitzuverwerten, indem aus der früheren Bestrafung gefolgert wird, daß der Angeklagte ein Mann ist, dem das ihm jetzt zur Last gelegte Vergehen immerhin zuzutrauen ist. Ein solcher Schluß ist allerdings stets nur mit großer Vorsicht zu ziehen und hat hier, wenn es sich um Tilg. infolge Ablaufs der gesetzlichen Tilgungsfrist handelt, nur recht geringe Beweiskraft, da die seit jener Tat verstrichene Zeit andererseits darauf hindeutet, daß der Täter in den letzten Jahren einwandfrei gelebt hat. Vgl. auch das in Anm. 23 angeführte Urteil d. bayr. ObLG. vom 15. Nov. 1923 und Döll, a. a. O., ferner Einleitung S. 13.

24. Getilgt wird nur der Vermerk über die Bestrafung in dem StrReg.; die Tatsache der Bestrafung selbst wird dagegen nicht aus der Welt geschafft (vgl. Begr. S. 7). Die Tilg. einer Strafe gibt dennoch dem Zeugen oder Sachverständigen, der gefragt wird, ob er bestraft ist, kein Recht, die getilgte Strafe zu verschweigen. Aus subjektiven Gründen wird aber in zahlreichen Fällen eine Verurteilung des Zeugen oder Sachverständigen wenigstens wegen Meineids nicht möglich sein, da ihm selten wird nachgewiesen werden können, er habe erkannt, daß sich die Frage auch auf getilgte Strafen bezog. Erfahrungsgemäß werden selbst Strafen, die nur bedingt ausgesetzt sind, vielfach nicht mehr als Bestrafungen empfunden. Etwas anderes ist es, ob es sich nicht empfiehlt, die Frage auf solche Strafen zu beschränken, die noch nicht getilgt sind. Dies wird in den meisten Fällen zweckmäßig sein. Ist dies aber nicht geschehen, so muß auch die getilgte Strafe angegeben werden (a. M. Klee in DStrZ. 1920, 166 und de lege ferenda v. Liszt in JW. 46, 322).

Wenn die Begr. (S. 7) bemerkt: „Ein allgemeiner Ausspruch dahin, daß eine im Register getilgte Verurteilung fortan als ungeschehen gelte, ist als außerhalb des Machtbereichs staatlicher Gesetze liegend in den Entwurf nicht aufgenommen", so mag es vielleicht zweifelhaft erscheinen, ob damit der Macht des Gesetzes nicht zu enge Grenzen gezogen sind. Frühere Entwürfe hatten geglaubt, die Folgen der Verurteilung im Rechtsleben in noch weiterem Umfange beseitigen zu können. So war in KE. § 131 ausdrücklich ausgesprochen, daß die Verurt. fortan als nicht geschehen zu behandeln sei und der Verurteilte jede Auskunft über die Tat und die Strafe verweigern dürfe. Sachlich die gleiche Regelung trifft das österreichische Gesetz über die Tilgung der Verurteilung vom 21. März 1918 (Österr. RGBl. Nr. 108) in seinem § 3. Der Schutz von Zeugen und Angeklagten gegen zweckwidriges Bekanntwerden getilgter Vorstrafen durch die Gerichtsverhandlung wird aber, wie bereits oben (Anm. 1) bemerkt ist, nicht dadurch herbeizuführen sein, daß man dem Verurteilten das Recht gibt, der Wahrheit zuwider zu antworten, sondern durch sachgemäße Beschränkung des Fragerechts. Vgl. in dieser Richtung Entw. eines Gesetzes über den Rechtsgang in Strafsachen (Reichsrat 1919 Nr. 296) § 71 Abs. 2: „Die Frage, ob der Zeuge bestraft sei, darf, soweit sie nicht zur Beseitigung von Zweifeln über die Zulässigkeit der Vereidigung geboten ist, nur auf eine bestimmte Bestrafung gerichtet und nur dann gestellt werden, wenn es zur Beurteilung der Glaubwürdigkeit der Aussage unerläßlich ist" (vgl. auch §§ 235, 242 dieses Entwurfs, ferner Kohlrausch, ZStfW. 41 S. 187) und § 112 des sogen. Gegenentwurfs. Der Bestrafte, dessen Strafverm. getilgt ist, hat auch kein Recht zur Verweigerung der Aussage.

25. Diese Grundsätze müssen mangels einer besonderen Vorschrift auch bezüglich der gemäß JGG. § 45 zu tilgenden Vermerke über Personen gelten, die wegen einer Straftat bestraft worden sind, die sie vor Vollendung des 14. Lebensjahres begangen haben. Allerdings ist hier der gesetzgeberische Gedanke nicht wie bei § 5 Abs. 2 StrTilgG. der, daß durch Zeitablauf die betreffende Strafe an Bedeutung soviel eingebüßt habe, daß sie zur Begründung des Rückfalls nicht mehr herangezogen werden könne, sondern vielmehr der, daß Verurteilungen von Personen, die zur Zeit der Tat das 14. Lebensjahr noch nicht vollendet hatten, als kulturwidrig zu gelten haben, weil die unwiderlegliche Vermutung dafür spricht, daß die Täter die besondere Zurechnungsfähigkeit im Sinne des § 3 JGG. noch nicht besessen haben. Es wird also davon ausgegangen, daß — nach unseren geläuterten Anschauungen — eine strafwürdige Handlung, eine Straftat im materiellen Sinn, überhaupt nicht vorgelegen hat. Hiernach liegen auch für die Ansicht, daß in diesem Sonderfall nach dem Sinn des JGG. ein Recht zur Aussageverweigerung gegeben sei, gute Gründe vor (vgl. Hellwig, Jugendgerichtsgesetz, Berlin 1923 § 45 Anm. 3)

26. Die Tilg. der Strafe hindert nicht ihre Vollstreckung. Denn die Tilg. ist kein Gnadenakt, durch den die Vollstreckung der Strafe verhindert wird, sondern ein Verwaltungsakt, durch den lediglich bestimmte Rechtsnachteile, die sich als Folgen der früheren Bestrafung ergeben, für die Zukunft ausgeschlossen werden.

27. Auch Anwärter für Beamtenstellen, die nach Bestrafungen gefragt werden, müssen die getilgten Strafen angeben, es sei denn, daß die Befragung — was im allgemeinen zweckmäßig sein wird — auf nicht getilgte oder sogar nur auf solche, für die unbeschränkte Auskunft besteht, beschränkt wird.

§ 6.

Die Frist, nach deren Ablauf beschränkt Auskunft zu erteilen ist, beträgt

1. **fünf Jahre, wenn** *auf Verweis oder* **auf Geldstrafe oder auf Freiheitsstrafe von höchstens drei Monaten, allein oder in Verbindung miteinander oder mit Nebenstrafen, erkannt worden ist, mit Ausnahme der Fälle, in denen auf Überweisung an die Landespolizeibehörde oder auf die Zulässigkeit von Polizeiaufsicht erkannt worden ist;**
2. **zehn Jahre in allen übrigen Fällen.**

Die Frist der Nr. 1 beginnt mit dem im Strafregister vermerkten Tage der Verurteilung.

Die Frist der Nr. 2 beginnt mit dem Tage, an dem die Strafe vollstreckt, verjährt oder erlassen ist; ist auf Überweisung an die Landespolizeibehörde oder auf die Zulässigkeit von Polizeiaufsicht erkannt worden, so beginnt die Frist erst, wenn diese Maßregeln erledigt sind. Ist die Strafe nach einer Probezeit erlassen, so wird deren Dauer, auf volle Monate abgerundet, auf die Frist der Nr. 2 angerechnet.

War der Verurteilte zur Zeit der Tat noch nicht achtzehn Jahre alt, so verkürzt sich die Frist von fünf Jahren auf drei Jahre und die Frist von zehn Jahren auf sechs Jahre.

Abs. 1 Nr. 1 ist durch Streichung der Worte „bis zu fünftausend Mark" hinter „Geldstrafe" geändert durch Art. VI Abs. 1 Nr. 2 des Geldstrafengesetzes vom 27. April 1923, übernommen in Art. X Abs. 1 Nr. 2 der VO. über Vermögensstrafen und Bußen vom 6. Februar 1924 (RGBl. 1923 I S. 254; 1924 I S. 44).

Die Worte „auf Verweis oder" in Abs. 1 Nr. 1 sind gegenstandslos geworden durch §§ 46, 47 des Jugendgerichtsgesetzes vom 16. Februar 1923 (RGBl. I S. 135, 252), wonach die Strafe des Verweises abgeschafft ist und die Vermerke im StrReg. über Verurteilungen zu Verweis im StrReg. zu tilgen sind.

1. Das Gesetz unterscheidet zwei Fristen: Die Frist für die beschr. A. (§ 6) und die Frist für die Tilg. (§ 7). Bei beiden Fristen kann der Ablauf durch spätere Verurteilungen usw. gehemmt werden (§ 2). Durch Anordnungen der obersten Justizverwaltung können die Fristen verkürzt, aber nicht verlängert werden (§ 8). Wird auf Grund des § 8 die beschr. A. angeordnet, so beginnt die Frist des § 7 für die Tilgung ohne weiteres zu laufen (vgl. jedoch § 8 Anm. 1). Soll diese Tilgungsfrist verkürzt werden, so bedarf es einer besonderen Anordnung der Tilgung durch die Landesjustizverwaltung. Die gesetzlichen Fristen sind also Höchstfristen.

2. Sowohl die Fristen des § 6 als auch die des § 7 sind verschieden, je nachdem der Verurteilte zur Zeit der Tat noch jugendlich oder schon erwachsen war und je nachdem, zu welcher Strafe er verurteilt worden ist. Je nach der Schwere der Verurteilung betragen die Fristen für Erwachsene 5 oder 10 Jahre und für Jugendliche 3 oder 6 Jahre; der Kreis der leichteren Straftaten, für die schon nach der kürzeren Frist die beschr. A. eintritt, ist aber in § 6 weiter gezogen als diejenige der leichteren Straftaten, für die nach § 7 die kürzere Tilgungsfrist gilt (vgl. § 7 Anm. 1).

3. Die Höhe der Geldstrafe spielt seit 1. Mai 1923 (vgl. Vorbemerkung zum Gesetzestext) für die Bemessung der Fristen keine Rolle mehr. Da bei der Geldstrafe, wie jetzt in § 27c StGB. ausdrücklich anerkannt ist, und wie auch bisher schon geltenden Rechtens war (Hellwig, Das Geldstrafengesetz, München und

Berlin 1922 Anm. 73), die wirtschaftlichen Verhältnisse des Täters zu berücksichtigen sind und überdies die fortschreitende Geldentwertung zur Verhängung von Geldstrafen geführt hat, die nominell weit höher waren als die früher üblichen, ist die Höhe der Geldstrafe kein Anzeichen für die Schwere der Tat. Es kann von zwei Mittätern der in höherem Maße Schuldige mit Rücksicht auf seine ungünstigen wirtschaftlichen Verhältnisse zu 50 Mk. Geldstrafe verurteilt werden und der weniger Schuldige, der sich in guten wirtschaftlichen Verhältnissen befindet, zu 1000 Mk. Deshalb ist durch Art. X der Verordnung vom 6. Febr. 1924, der auf Art. VI des Geldstrafengesetzes vom 27. April 1923 zurückgeht, § 6 Abs. 1 Nr. 1 auf sämtliche Geldstr. ohne Rücksicht auf ihre Höhe erstreckt worden. Ob dies zweckmäßig ist, kann immerhin zweifelhaft sein. Man hätte es vielleicht auf die Höhe der Ersatzfreiheitsstrafe, den Fall des § 27 b StGB. auf die Höhe der an sich verwirkten Freiheitsstrafe, abstellen können (vgl. auch Hellwig, Geldstrafengesetz Anm. 180 b und oben § 2 Anm. 8).

4. Auf Geldstrafe wird auch dann erkannt, wenn auf Grund des § 27 b StGB. an Stelle einer an sich verwirkten Freiheitsstrafe von weniger als 3 Monaten auf eine Geldstrafe erkannt worden ist (AV. d. Preuß. JM. vom 4. Nov. 1924 — JMBl. S. 386, ferner Hellwig, Geldstrafengesetz, Anm. 39, 62 a, Kiesow, Strafprozeßordnung, 5. Aufl. Anm. 2 zu § 6 des StrRegG., Hartung, bei Schäfer und Hartung, Strafrecht und Strafprozeß Bd. II, Anm. 2 zu § 6 des StrRegG.). Dagegen ist und bleibt in den Fällen des §10 Abs. 2 des ersten Geldstrafengesetzes vom 21. Dez. 1921 (RGBl. S. 1604) auf Freiheitsstrafe erkannt (vgl. § 7 Anm. 4).

5. Da Zuchthausstrafe für die gesetzliche Beschr. der A. nicht in Frage kommt (§ 1 Abs. 3), so bedeutet Freiheitsstrafe hier Gefängnis, Festungshaft, Haft und Arrest nach dem MilStGB. Da Haft nie die Dauer von 3 Monaten und Arrest nie die Dauer von 6 Wochen übersteigen kann (§§ 18, 77 Abs. 2 StGB., §§ 17, 54 MilStGB.), fallen Verurt. zu diesen Freiheitsstrafen immer unter die kurze Frist.

6. Der im Gesetzestext (Abs. 1 Nr. 1) noch erwähnte Verweis kommt nicht mehr in Betracht (vgl. Vorbemerkung).

7. Die kurze Frist gilt nicht nur dann, wenn nur auf Geldstrafe oder nur auf Freiheitsstrafe von höchstens 3 Monaten oder auf eine dieser Strafen in Verbindung mit einer Nebenstrafe erkannt worden ist, sondern auch dann, wenn auf zwei oder drei dieser Strafen — selbst unter Hinzutritt von Nebenstrafen — gleichzeitig erkannt worden ist. Die kurze Frist gilt also z. B. auch, wenn die Verurteilung wegen Unterschlagung auf eine Geldstr. und gleichzeitig wegen Diebstahls auf 3 Monate Gef. lautet. Dagegen gilt sie nicht, wenn in demselben Urteil auf mehrere Freiheitsstrafen von insgesamt mehr als 3 Monaten, von denen keine mehr als 3 Monate beträgt, erkannt worden ist, so etwa 3 Monate Gefängnis und eine Woche Haft.

(Anders in § 7 Abs. 1 Nr. 1, vgl. § 7 Anm. 6.) „Es kann auch nicht darauf ankommen, daß die den Höchstbetrag von 3 Monaten übersteigende Strafe wegen einer Übertretung gesondert erkannt ist und auf Haft lautet; denn der § 6 Abs. 1 Nr. 1 spricht allgemein von einer Freiheitsstrafe von höchstens 3 Monaten und läßt es dahingestellt, ob die Höchstgrenze durch eine Gesamtstrafe oder durch mehrere, in demselben Urteil enthaltene getrennte Strafansprüche überschritten wird“ (RG. 56, 307). Diesem Standpunkt des RG. ist beizutreten, wenngleich das Gesetz in § 7 Abs. 1 Nr. 1 einen anderen Grundsatz befolgt hat und eine nach § 6 Abs. 1 Nr. 1 der kurzen Frist unterliegende Verurteilung zu 3 Monaten Gefängnis und gleichzeitig zu Geldstrafe unter Umständen schwerer zu bewerten ist als eine Verurteilung zu 3 Monaten Gefängnis und 3 Tagen Haft.

8. Maßgebend für den Lauf der Fristen ist stets die vom Gericht erkannte Strafe, nicht die Strafe, die im Gnadenwege an die Stelle der erkannten Strafe tritt und deshalb zu vollstrecken ist. Es bleibt also z. B. die lange Frist anzuwenden, wenn von einer Gefängnisstrafe von 4 Monaten 2 Monate in Gnaden erlassen oder die ganze Freiheitsstrafe im Gnadenwege in eine Geldstrafe umgewandelt ist. In solchen Fällen ist nach § 4 StrRegVO. auch die Vollstreckung der verbüßten 2 Monate oder die Zahlung oder Beitreibung der Geldstrafe dem StrReg. mitzuteilen und darin zu vermerken (§ 21 Abs. 2 StrRegVO.).

Demgemäß läuft für Verurt. zu Zuchthaus auch dann keine Frist, wenn die Zuchthausstrafe im Gnadenwege in Gefängnis umgewandelt worden ist.

9. Bei Gesamtstrafen entscheidet sich die Frage, ob die kurze oder die lange Frist gilt, nach der Gesamtstrafe, nicht nach den Einzelstrafen. Dies folgt aus dem Wesen der Gesamtstrafe, welche die in ihr enthaltenen Einzelstrafen als solche völlig verschwinden läßt. Die Frist läuft hier von der Vollstreckung der Gesamtstrafe ab. Wegen der Berechnung der Frist bei sog. Zusatzstrafen vgl. jedoch Anm. 12.

10. Die kurze Frist beginnt mit dem im StrReg. vermerkten Tage der Verurteilung. Der Tag der Verurteilung wird mitgerechnet. Maßgebend ist derjenige Tag, der im Reg. als Tag der Verurteilung vermerkt ist (vgl. § 13 Abs. 4 StrRegVO.). Stellt sich aber nachträglich heraus, daß der Tag falsch vermerkt ist, so ist das Reg. zu berichtigen und die Frist alsdann nach dem richtigen Tage zu berechnen. Das gilt auch dann, wenn inzwischen die Frist für die Tilg. schon zu laufen begonnen hat.

11. Die lange Frist beginnt nicht schon mit dem Tage der Verurteilung, sondern im allgemeinen erst mit dem Tage, an dem die Strafe vollstreckt, verjährt oder erlassen ist. Dem StrReg. sind von den Strafvollstreckungsbehörden die entsprechenden Mitteilungen zu machen (StrRegVO. § 4). Der früher begründete Einwand Oetkers (Gerichtssaal Bd. 89 S. 181), daß das StrReg. von der Unterbrechung der Vollstreckungsverjährung nichts erfahre, ist nach der jetzigen Fassung der VO. nicht mehr zutreffend.

„Vollstreckt" ist die Strafe, wenn alle erkannten Hauptstrafen vollzogen sind. Ist also z. B. auf Gefängnis von 6 Monaten und 100 Mk. Geldstrafe (umzuwandeln bei Nichtbeitreibbarkeit in 10 Tage Gefängnis) erkannt, so ist die Vollstreckung im Sinne des § 6 erst gegeben, wenn auch die Geldstrafe gezahlt oder die an ihre Stelle tretende Ersatzfreiheitsstrafe verbüßt ist.

12. Bezüglich der Vollstreckung können Zweifel auftauchen, wie die Frist zu berechnen ist, wenn eine zunächst im StrReg. eingetragene Strafe nachträglich in eine Gesamtstrafe einbezogen wird (§ 79 StGB., § 460 StPO.) und das Reg. über die Vollstreckung der Gesamtstrafe nichts ergibt. Hier ist nach § 11 Abs. 2 Satz 2 zu verfahren (Näheres vgl. § 11 Anm.).

13. Erlassen wird die Strafe entweder durch ein Amnestiegesetz oder durch Einzelgnadenakt (durch den Reichspräsidenten, Staatspräsidenten oder die Landesregierung als solche oder den dazu ermächtigten Minister, durch das hierzu ermächtigte Gericht oder eine andere ermächtigte Justizbehörde).

Ist die Strafe zum Teil vollstreckt, zum Teil erlassen, so ist für den Beginn der Frist der Zeitpunkt maßgebend, in dem die Strafe endgültig erledigt ist, also der spätere der beiden Zeitpunkte der Verbüßung und des Erlasses.

14. Die Strafe ist nach einer Probezeit erlassen, wenn durch die zuständige Stelle dem Verurteilten für die ganze Strafe oder für einen Teil derselben Aussetzung der Vollstreckung unter Bewilligung einer Bewährungsfrist (Probezeit) mit der Maßgabe gewährt worden ist, daß ihm bei guter Führung nach Ablauf der Probezeit die Strafe ganz oder teilweise erlassen werden soll. Gleichgültig ist es dabei, ob die Aussetzung unter Auferlegung einer Geldbuße oder sonstiger Auflagen oder ohne eine solche Einschränkung gewährt worden ist. Der Erlaß der Strafe tritt in der Regel mit dem Ablauf der Probezeit nicht ohne weiteres ein, sondern erst durch den ausdrücklichen Ausspruch der zuständigen Stelle nach Ablauf der Probezeit. Neuerdings kommt auch der sog. bedingte Straferlaß (nach Art der §§ 35, 41 des Entw. eines Allgem. Deutschen StGB.) häufiger zur Anwendung; hier wird die Strafe sofort unter der Resolutivbedingung erlassen, daß innerhalb der Probezeit Bestrafungen oder Widerruf nicht erfolgen. Ob die Probezeit Jugendlichen oder Erwachsenen bewilligt worden ist, ist gleichgültig. Auch auf Grund des § 10 ff. JGG. — als Ausfluß der richterlichen Strafbemessung — bewilligte Probezeit gehört hierher. Ebenso die vorläufige Entlassung (§§ 23 ff. StGB.). Dagegen liegt kein Fall des Erlasses nach einer Probezeit vor, wenn dem Verurteilten zunächst Strafaufschub (ohne Bewährungsfrist, z. B nach §§ 455, 456 StPO. oder im Gnadenwege) und später voller Straferlaß bewilligt worden ist.

Abs. 1 stellt es auf die Höhe der erkannten Freiheitsstrafe ab. Abs. 3 Satz 2 ist daher auch dann anzuwenden, wenn z. B. auf

4 Monate Gefängnis erkannt worden, die Vollstreckung aber nur von 2 Monaten ausgesetzt ist und diese 2 Monate nach Ablauf der Probezeit erlassen worden sind.

Ist auf eine Freiheitsstrafe von höchstens 3 Monaten erkannt und wird sie nach Ablauf der Probezeit erlassen, so hat das auf die Fristberechnung keinen Einfluß, da hier die kurze Frist vom Tage der Verurteilung an läuft. Bei der langen Frist würde dagegen, wenn nicht die Sonderbestimmung gegeben wäre, die Frist über die beschr. A. und damit auch für die Tilg. für diejenigen Verurteilten, denen eine Bewährungsfrist bewilligt worden ist, deren Straftaten also im allgemeinen weniger schwer wiegen werden, unter Umständen gegenüber denjenigen Verurteilten, die eine gleich hohe Strafe haben verbüßen müssen, länger bemessen sein. Durch diese Sondervorschrift werden diejenigen, denen eine Bewährungsfrist bewilligt worden ist, nur noch für den Fall ungünstiger gestellt, daß sie sich nicht gut führen, so daß die Aussetzung der Strafvollstreckung widerrufen werden muß, während im übrigen eine günstigere Berechnung eintritt. Bei Verurteilten, denen für eine längere als dreimonatliche Freiheitsstrafe Aussetzung der Strafvollstreckung bewilligt worden ist und denen nach Ablauf der Bewährungsfrist die ganze Strafe erlassen worden ist, läuft mithin, wenn die Aussetzung schon gleichzeitig mit der Verurteilung bewilligt worden ist und wenn das Urteil durch Rechtsmittelverzicht sofort rechtskräftig geworden ist, die Frist wie in den Fällen der Nr. 1 tatsächlich von dem Tage der Verurteilung an.

15. Die Probezeit b e g i n n t mit dem Tage, an dem die Bewährungsfrist bewilligt ist. Dieser Tag ist deshalb bei Verurteilungen mit langer Frist dem StrReg. mitzuteilen und bei der Verurteilung zu vermerken (§ 5 Abs. 1 StrRegVO.). Der Tag der Bewilligung zählt mit. Bei Bewilligung einer Probezeit für eine R e st st r a f e beginnt die Probezeit, auch wenn sie schon während der Verbüßung des ersten Teils der Strafe bewilligt wird, erst mit der Entlassung des Verurteilten in die Freiheit (Beispiel: Anm. 16 b).

Die Probezeit e n d e t nicht schon mit dem Ablauf der bewilligten Bewährungsfrist, sondern erst mit dem Erlaß der Strafe (oder dem Widerruf der Bewährungsfrist).

16. Die A b r u n d u n g n a ch v o l l e n M o n a t e n hat — zugunsten des Verurteilten — immer n a ch o b e n zu geschehen, d. h. jeder angefangene Monat der Probezeit wird voll angerechnet (vgl. die im Einverständnis mit der Regierung von dem Berichterstatter bei der 2. Lesung des Gesetzentwurfs in der Nationalversammlung abgegebene Erklärung, StenBer. S. 5029). Beispiele: a) Verurteilung zu 4 Monaten Gef. am 28. April 1920. Probezeit bis 1. Juni 1923; bewilligt am 14. Mai 1920. Strafe erlassen 21. Juni 1923. Die 10jährige Frist beginnt am 21. Juni 1923; darauf sind anzurechnen 3 Jahre 1 Monat 8 Tage = aufgerundet 3 Jahre 2 Monate Probezeit. Beschr. A. tritt ein ab 21. April 1930.

b) Verurt. zu 4 Monaten Gef. am 28. April 1920. 2 Monate verbüßt bis 28. Juni 1920; für den Rest Probezeit bis 1. Juli

1923 bewilligt am 14. Juni 1920. Reststrafe erlassen 21. Juli 1923. Die 10jährige Frist beginnt am 21. Juli 1923. Darauf sind anzurechnen die Zeit vom 28. Juni 1920 — 21. Juli 1923 = 3 Jahre 24 Tage, aufgerundet 3 Jahre 1 Monat. Beschr. A. tritt ein ab 21. Juni 1930.

17. Wenn auf Überweisung an die Landespolizeibehörde oder auf Zulässigkeit von Polizeiaufsicht erkannt worden, so gilt stets die lange Frist, gleichgültig auf welche Hauptstrafe erkannt worden ist und gleichgültig, ob die Verwaltungsbehörde von der ihr erteilten Befugnis Gebrauch gemacht hat oder nicht.

Die Frist beginnt erst dann zu laufen, wenn diese Maßregeln erledigt sind, d. h. wenn die Befugnis der Verwaltungsbehörden, auf Grund dieser Anordnungen Maßnahmen gegen den Verurteilten zu treffen, zeitlich ihr Ende erlangt hat. Ist auf Zulässigkeit von Polizeiaufsicht erkannt, so erhält die höhere Landespolizeibehörde nach StGB. § 38 Abs. 2, 3 die Befugnis, den Verurteilten auf die Zeit von höchstens 5 Jahren nach Verbüßung, Verjährung oder Erlaß der Freiheitsstrafe unter Polizeiaufsicht zu stellen. Der Landespolizeibehörde steht die Abmessung der Dauer der Stellung unter Polizeiaufsicht innerhalb des fünfjährigen Zeitraums völlig frei; sie kann daher auch von der ursprünglich getroffenen Anordnung wieder abgehen und die zunächst kürzer bemessene Frist nachträglich bis auf die Dauer von insgesamt 5 Jahren erstrecken. Die Frist des § 6 StrTilgG. beginnt daher in allen Fällen erst nach Ablauf von 5 Jahren seit der Verbüßung, dem Erlaß oder der Verjährung der Hauptstrafe zu laufen.

Während die Vollstreckung der Polizeiaufsicht von der Vollstreckung der Hauptstrafe unabhängig ist, tritt die Überweisung an die Landespolizeibehörde gemäß StGB. § 362 Abs. 2 nur nach Verbüßung der Haftstrafe in Wirksamkeit. Ist die Haftstrafe verbüßt, so erhält die Landespolizeibehörde die Befugnis, die verurteilte Person bis zu 2 Jahren in ein Arbeitshaus unterzubringen oder zu gemeinnützigen Arbeiten zu verwenden. Die Unterbringung im Arbeitshaus usw. kann 2 Jahre dauern, auch wenn sie ausnahmsweise nicht im unmittelbaren Anschluß an die Haft erfolgt. Erst nach Ablauf dieser 2 Jahre beginnt die Frist des § 6 Nr. 2 StrTilgG. zu laufen. Ist aber die Haftstrafe nicht verbüßt und steht endgültig fest, daß sie nicht mehr verbüßt werden kann, insbesondere, weil die Haftstrafe nach Ablauf einer Bewährungsfrist erlassen worden ist, so erlischt die Befugnis der Landespolizeibehörde (Hellwig im „Recht" 1922 S. 150) und die allgemeinen Regeln über die Fristberechnung treten in Wirksamkeit.

Nur aus der obigen Auslegung des Wortes „erledigt" erklärt es sich, daß in § 11 keine Übergangsvorschrift für diejenigen Fälle aufgenommen worden ist, in denen dem StrReg. die Dauer der Unterbringung im Arbeitshaus oder die Dauer der auf Grund der Polizeiaufsicht angeordneten Beschränkungen nicht ersichtlich ist. Der

Beginn der Frist für die beschr. A. ergibt sich in solchen Fällen ohne weiteres dadurch, daß von dem aus dem Reg. ersichtlichen oder dem auf Grund des § 11 Abs. 2 Satz 2 zu errechnenden mutmaßlichen Ende der Vollstreckungszeit ab die gesetzliche Dauer der genannten Nebenfolgen von 2 oder 5 Jahren zugerechnet werden (vgl. Schäfer in LZ. 1920 S. 510). Die Fristen bis zur Tilgung (§ 6 und § 7) betragen also in diesen Fällen 22 bezw. 25 Jahre seit Verbüßung usw. Ist auf Überweisung an die Landespolizeibeh. und auf Zulässigkeit von Polizeiaufsicht gleichzeitig erkannt, so laufen die Fristen der §§ 362 und 38 StGB. gleichzeitig; eine Verlängerung der Fristen des StraftGes. tritt also hierdurch nicht ein; maßgebend bleibt die nach § 38 StGB. zu berechnende längere Frist. Ob die Landespolizeibehörde von ihrer Ermächtigung Gebrauch macht, ist für den Lauf der Fristen ohne Einfluß.

18. Verurt. im Ausl. stehen bei der Berechnung der Fristen den inländischen Verurt. gleich (§ 9). Dabei sind nach § 38 StrRegVO. die ausl. Strafarten der deutschen Strafart gleichzustellen, der sie nach ihrer Stellung in dem fremden Strafensystem am meisten entsprechen (vgl. hierzu Bestimmungen des RM. d. Justiz vom 12. Juni 1920 (abgedruckt unter D II 1).

19. Durch die Aberkennung der bürgerlichen Ehrenrechte wird, abgesehen von der Vorschrift des § 3 Abs. 1, der Lauf der Frist nicht berührt.

Ist auf Grund des § 37 StGB. (oder im Ausland auf Grund von Vorschriften, welche die Verurteilung zu Ehrverlust allein zulassen) nur auf Ehrverlust ohne eine weitere Strafe erkannt, so gilt, da eine solche Verurt. in § 6 Abs. 1 Nr. 1 nicht aufgeführt ist, die lange Frist der Nr. 2. Sie beginnt mit dem Ende des Zeitraums, für den die bürgerlichen Ehrenrechte aberkannt sind.

Ebenso zu behandeln sind die Fälle, in denen z. B. in der Schweiz auf Kantonsverweisung als alleinige Hauptstrafe erkannt ist.

20. Für die Berechnung der Fristen ist zunächst maßgebend, daß § 6 Abs. 2, 3 d. Ges. die Fristen „mit dem Tage", also mit dem Anfang des Tages beginnen läßt. Es wird also — abweichend von der allgemeinen Regel des § 187 Abs. 1 BGB., nach der der Tag der Verurteilung oder der Vollstreckung nicht mitzurechnen wäre —, der Tag, an dem die Frist beginnt, mitgerechnet. Die Fristen enden demnach gemäß §§ 186, 188 Abs. 2 BGB. an dem Tage, der im Kalender dem dem Tage des Beginns vorausgehenden Tage entspricht. Die beschr. A. beginnt also mit dem Tage, der im Kalender dem Tage der Verurteilung bezw. der Vollstreckung usw. entspricht. Beispiel: Verurt. zu 3 Tagen Gef. am 1. März 1920. Beginn der Frist 1. März 1920, Ende 28. Febr. 1925. Vom 1. März 1925 ab ist beschr. A. zu erteilen.

21. Die gesetzmäßige Berechnung der Frist ist Aufgabe des StrRegFührers. Fühlt sich ein Verurteilter durch die Entscheidung der StrRegBeh. beschwert, so kann er die Dienstaufsichtsbeschwerde bis zur obersten Justizverwaltungsbehörde ergreifen. Ein im Zivilprozeß geltend zu machender Klageanspruch steht ihm nicht zu (vgl. jedoch Vorbem. z. Gesetz Anm. 9), ebensowenig eine Beschwerde nach der Strafprozeßordnung.

22. Ein Schema für die Berechnung der Fristen der §§ 6 und 7 ist bei § 7 (Anm. 14) abgedruckt.

§ 7.

Die Frist, nach deren Ablauf ein Strafvermerk zu tilgen ist, beträgt

1. **fünf Jahre, wenn** *auf Verweis oder* **auf Geldstrafe oder auf Haft oder auf Gefängnis oder Festungshaft von höchstens einer Woche, allein oder in Verbindung miteinander oder mit Nebenstrafen, erkannt worden ist, mit Ausnahme der Fälle, in denen auf Überweisung an die Landespolizeibehörde oder auf die Zulässigkeit von Polizeiaufsicht erkannt worden ist;**
2. **zehn Jahre in allen übrigen Fällen.**

Die Frist beginnt mit dem Tage, von dem ab nur noch beschränkt Auskunft zu erteilen ist.

War der Verurteilte zur Zeit der Tat noch nicht achtzehn Jahre alt, so verkürzt sich die Frist von fünf Jahren auf drei Jahre und die Frist von zehn Jahren auf sechs Jahre.

Abs. 1 Nr. 1 ist durch Streichung der Worte „bis zu fünfhundert Mark" hinter Geldstrafe geändert durch Art. VI Abs. 1 Nr. 3 des Geldstrafengesetzes vom 27. April 1923, übernommen in Art. X Abs. 1 Nr. 3 der VO. über Vermögensstrafen und Bußen vom 6. Februar 1924 (RGBl. 1923 I S. 254; 1924 I S. 44).

Die Worte „auf Verweis oder" in Abs. 1 Nr. 1 sind gegenstandslos geworden durch §§ 46, 47 des Jugendgerichtsgesetzes vom 16. Februar 1923 (RGBl. I S. 135, 252), wonach die Strafe des Verweises abgeschafft ist und die Vermerke im StrReg. über Verurteilungen zu Verweis zu tilgen sind.

1. Für die Tilg. bestehen, wie bei der beschr. A., verschiedene Fristen, je nach der Art und Höhe der erkannten Strafe und je nachdem, ob der Verurteilte zur Zeit der Tat jugendlich oder erwachsen war. Die kurze Tilgungsfrist ist indessen an strengere Voraussetzungen gebunden als die kurze Frist für die beschr. A. Während die kurze Frist für die beschr. A. für Freiheitsstrafen bis zu 3 Monaten gilt, ist hier die kurze Frist (abgesehen von Haft und Arrest, vgl. Anm. 2, 3) nur für Freiheitsstr. bis zu 1 Woche bestimmt.

2. § 6 spricht allgemein von „Freiheitsstrafe"; in § 7 sind drei Arten der Freiheitsstrafe besonders genannt. Aus der Fassung (auf Haft oder auf Gefängnis oder Festungshaft) geht hervor, daß der Zusatz von höchstens einer Woche sich nur auf Gefängnis und auf Festungshaft bezieht, nicht aber auch auf Haft. Für die Haftstrafe gilt also ohne Rücksicht auf ihre Dauer, vorausgesetzt, daß nicht gleichzeitig auf Überweisung an die Landespolizeibehörde oder auf Zulässigkeit von Polizeiaufsicht erkannt worden ist, stets die kurze Tilgungsfrist (so auch bay. AB. 15. Nov. 1920 in bay. JMBl. 249 und Erlaß des Bad. JM. vom 5. Jan. 1921 III JMBl. S. 1).

3. Der Arrest des MilStGB. ist in § 7 Abs. 1 nicht besonders erwähnt. Dies beruht offenbar auf einem Versehen; denn es ist nicht anzunehmen, daß die Arreststrafe später getilgt werden soll als die Haftstrafe, der sie sonst im Allgemeinen entspricht, und der sie gemäß § 52 MilStGB. auch hinsichtlich der Verjährung der Strafvollstreckung gleichsteht (vgl. auch Fuhse, Militärstrafgesetzbuch, § 52 Anm. 3). Da die Tilgung des Strafvermerks ebenso wie die Verjährung nach einer bestimmten Frist Folgen einer Verurteilung beseitigt, wird es angängig sein, unter entsprechender Anwendung des § 52 MilStGB. auch für die Fristberechnung nach § 7 die Arreststrafe der Haft gleichzusetzen. Sachsen hat eine derartige Anordnung getroffen (VO. d. JM. vom 21. März 1922, JMBl. S. 22). Für die Tilgung in den militärischen Listen ist diese Gleichstellung von Haft und Arrest bei der Berechnung der TilgFrist vom Reichswehrminister in seinem Erlaß vom 31. Jan. 1922 (abgedr. unter D VIII 2) angeordnet. Die Gleichstellung muß für alle Arten von Arrest gelten; zwischen den einzelnen Arten des Arrests kann und darf ein Unterschied nicht gemacht werden (vgl. § 5 Anm. 10).

4. Auch bei § 7 fallen Verurt. zu Geldstrafe ohne Rücksicht auf deren Höhe seit 1. Mai 1923 immer unter die kurze Frist (vgl. Vorbem. und § 6 Anm. 3). Auf Geldstrafe ist auch dann erkannt, wenn auf Grund des § 27 b StGB. an Stelle einer an sich verwirkten Freiheitsstrafe Geldstrafe verhängt worden ist (vgl. § 6 Anm. 4). Dagegen bleiben die Fälle, in denen nach § 10 Abs. 2 des ersten Geldstrafengesetzes vom 21. Dez. 1921 (RGBl. S. 1604) dem Verurteilten auf Antrag gestattet worden ist, die nicht verbüßte Freiheitsstrafe durch Zahlung einer Geldstrafe abzuwenden, Verurteilungen zu Freiheitsstrafe.

5. Verurt. zu Verweis kommen auch hier nicht mehr in Frage (vgl. Vorbem. und § 6 Anm. 6).

6. Für die Berechnung der Fristen für die Freiheitsstrafen nach § 7 Abs. 1 ist zu beachten, daß im Gegensatz zu § 6 auch die verschiedenen Freiheitsstrafen zusammentreffen können. Die kurze Tilgungsfrist kommt also z. B. auch dann zur Anwendung, wenn die Verurteilung gleichzeitig auf Gefängnis bis zu einer Woche, Festungshaft bis zu einer Woche und Haft bis zu 6 Wochen lautet (vgl. § 6 Anm. 7).

7. Bei der Fristberechnung wird der Tag, von dem an beschr. A. zu erteilen ist, mitgerechnet (vgl. § 6 Anm. 19). Die Frist beginnt stets zu laufen, sobald beschr. A. zu erteilen ist, gleichgültig ob auf Grund des § 6 oder auf Grund des § 8 (vgl. jedoch § 8 Anm. 18). Es ist auch nicht möglich, bei einer Anordnung gemäß § 8 diese Wirkung der beschr. A. auszuschließen, wenn es auch manchmal erwünscht sein könnte, zwar die Wirkungen der beschr. A., aber nicht diejenigen der Tilg. vorzeitig eintreten zu lassen. Wird nach § 8 die beschr. A. für eine Verurt. zu Todesstrafe oder Zuchthaus angeordnet, so beginnt keine Tilgungsfrist zu laufen (vgl. § 8 Anm. 18).

8. Die Frist beginnt mit dem Tage, von dem an nur noch beschr. A. zu erteilen ist, d. h. von dem Tage an, nach dem nach den gesetzlichen Bestimmungen die Voraussetzungen für die beschr. A. vorliegen, nicht von dem Tage an, von dem an tatsächlich beschr. A. erteilt wird. Wird versehentlich früher als es nach dem Gesetze zu geschehen hätte oder später, als es dem Gesetze entspricht, die beschr. A. erteilt, so wird dadurch die Tilgungsfrist nicht berührt. Ist die Frist für die beschr. A. zu lang bemessen worden, so tritt die Tilgungsreife doch nach der richtig bemessenen Frist für die beschr. A. ein. Ist die Frist für die beschr. A. zu kurz bemessen worden, so tritt die Tilgungsreife erst dann ein, wenn seit dem richtig berechneten Zeitpunkt der beschr. A. 5 oder 10 Jahre — bei Jugendlichen 3 oder 6 Jahre — verstrichen sind. Wird das Versehen noch rechtzeitig bemerkt, so ist es richtig zu stellen. Wird es nicht rechtzeitig bemerkt, so kann zwar bei zu lang bemessener Frist trotz eingetretener Tilgungsreife die Tilg. nicht ohne weiteres als vollzogen behandelt werden (vgl. § 5 Anm. 12), wohl aber ist auf die Richtigstellung des StrReg. hinzuwirken. Ist ein Strafverm. infolge zu kurzer Bemessung der Frist schon vor tatsächlicher Tilgungsreife getilgt worden, so ist für die große Mehrzahl der Fälle damit ohne weiteres die Möglichkeit, die getilgte Strafe bei der Frage nach Vorliegen eines Rückfalls zu verwerten, ausgeschaltet; für diejenigen Fälle aber, in denen durch Vorakten oder auf sonstige Weise die zu Unrecht getilgte Strafe bekannt wird, kann die Tilg., die zu Unrecht erfolgt ist, nicht ohne weiteres als nicht geschehen behandelt werden. Ebenso wie bei der Frage, ob § 5 Abs. 2 tatsächliche vollzogene Tilg. oder nur Tilgungsreife voraussetzt (§ 5 Anm. 12), wird auch hier an sich lediglich der tatsächliche Inhalt des StrReg. maßgebend sein. Aber auch hier wird es als Pflicht des Gerichts oder der Staatsanwaltschaft zu gelten haben, auf eine schleunige Berichtigung des StrReg. hinzuwirken, um nach Möglichkeit die Berücksichtigung eines unrichtigen Registerinhalts zu vermeiden. Ist aber inzwischen der Strafvermerk schon tilgungsreif geworden, so hat es bei der Tilg. zu verbleiben.

9. Der Ablauf der TilgFrist ist ebenso wie der Lauf der Frist für die beschr. A. für jede Verurt. gesondert zu berechnen.

Dabei spielt zunächst der Umstand, daß noch andere Verurt. im StrReg. vermerkt sind, keine Rolle. Erst wenn die TilgFrist nach § 7 für die einzelnen Verurt. abgelaufen ist, muß die Frage geprüft werden, ob etwa der Eintritt der Wirkungen des Fristablaufs durch eine andere Verurt. nach § 2 oder durch einen Umstand nach § 3 gehemmt wird (vgl. § 2 Anm. 7, § 3 Anm. 1). AM. anscheinend Schultheiß Recht 1921 S. 121.

10. Wegen der Berechnung der Fristen, wenn neben der Freiheitsstr. auf Überweisung an die Landespolizeibehörde oder auf Zulässigkeit von Polizeiaufsicht erkannt ist, vgl. § 6 Anm. 17.

11. Ausländische Verurteilungen werden wie inländische behandelt (§ 9). Über die Anpassung der ausländischen Strafarten an die Freiheitsstrafen des StGB. vgl. Bestimmungen des RM. d. Justiz vom 12. Juni 1920 (abgedruckt unter D VIII 1).

12. Die Tilgung im StrReg. führt zwangsläufig auch zur Tilg. in den polizeilichen Listen (§ 5 Abs. 1 Satz 2). In der Regel wird derselbe Strafverm. gleichzeitig im StrReg. und in den polizeilichen Listen tilgungsreif werden. Niemals kann der Strafvermerk in den polizeilichen Listen später tilgungsreif werden als im StrReg. Dagegen kann er in den polizeilichen Listen früher als im StrReg. tilgungsreif werden, nämlich dann, wenn durch eine nur für die polizeilichen Listen ergehende besondere Anordnung vor Ablauf der gesetzlichen Frist die beschr. A. angeordnet wird. Das geschieht zuweilen, wenn es zwar als erwünscht erscheint, daß im polizeilichen Führungszeugnis die Bestrafung nicht mehr zum Ausdruck kommt, es aber nicht angängig wäre, gleichzeitig auch die Tilgungsfrist vorzeitig in Lauf zu setzen, was mit der Anordnung der beschr. A. im StrReg. notwendig verbunden wäre. Im Gegensatz zu der Anordnung der beschr. A. für das StrReg. setzt die Anordnung der beschr. A. für die polizeilichen Listen die Tilgungsfrist — auch nicht in Beschränkung auf die polizeiliche Liste — nicht auf jeden Fall in Lauf. Es kann vielmehr bei der Anordnung der beschr. A. für die polizeiliche Liste bestimmt werden, daß die Tilgungsfrist erst von dem Eintritt der beschr. A. für das StrReg. an zu berechnen sei. Eine solche Anordnung wird sich im allgemeinen empfehlen, um die sachlich gebotene Übereinstimmung zwischen polizeil. Listen und StrReg. nach Möglichkeit aufrechtzuerhalten.

13. Wegen der Rechtsbehelfe des Verurteilten gegenüber der Fristberechnung durch die StrRegBeh. gilt das Gleiche wie bei § 6 (vgl. § 6 Anm. 21).

14. Für die Bemessung der Fristen der §§ 6, 7 ergibt sich folgendes Schema (die Zahlen in Klammern sind die Fristen für Jugendliche).

Erkannte Strafe	Frist für die beschr. A.	Frist für die Tilg.	Gesamtdauer der beiden Fristen bis zur Tilg.
. Geldstrafe (ohne Rücksicht auf die Höhe) aft (ohne Rücksicht auf die Dauer, aber mit Ausnahme der Fälle, in denen auf Ueberweisung an die Landespolizeibehörde erkannt ist) rrest (ohne Rücksicht auf die Dauer) estungshaft bis zu 1 Woche efängnis bis zu 1 Woche, sofern nicht auf Zulässigkeit von Polizeiaufsicht erkannt ist.	5 (3) Jahre, gerechnet vom Tage der Verurt.	5 (3) Jahre, gerechnet vom Ablauf der Frist für beschr. A.	10 (6) Jahre, gerechnet vom Tage der Verurt.
. Festungshaft von 8 Tagen bis zu 3 Monaten efängnis v. 8 Tagen bis zu 3 Monaten, sofern nicht auf Ueberweisung an die Landespolizeibehörde oder auf Zulässigkeit von Polizeiaufsicht erkannt ist.	"	10 (6) Jahre. gerechnet vom Ablauf der Frist für beschr. A.	15 (9) Jahre, gerechnet vom Tage der Verurt.
Festungshaft von mehr als 3 Monaten efängnis von mehr als 3 Monaten, soferne nicht auf Ueberweisung an die Landespolizeibehörde oder auf Zulässigkeit von Polizeiaufsicht erkannt ist.	10 (6) Jahre, gerechnet vom Tage der Vollstreckung, der Verjährung oder des Erlasses der Strafe. (Anrechnung der Probezeit.)	"	20 (12) Jahre, gerechnet vom Tage der Vollstreckung, der Verjährung oder des Erlasses der Strafe. (Anrechnung der Probezeit.)
Haft oder Gefängnis, wenn daneben auf Ueberweisung an die Landespolizeibehörde erkannt ist.	12 Jahre, gerechnet vom Tage der Vollstreckung der Freiheitsstrafe	10 Jahre, gerechnet vom Ablauf der Frist für beschr. A.	22 Jahre, gerechnet vom Tage der Vollstreckung der Freiheitsstrafe.

Erkannte Strafe	Frist für die beschr. A.	Frist für die Tilg.	Gesamtdauer der beiden Fristen bis zur Tilg.
5. Gefängnis, wenn daneben auf Zulässigkeit von Polizeiaufsicht erkannt ist.	15 Jahre, gerechnet vom Tage der Vollstreckung, der Verjährung oder des Erlasses der Strafe.	10 Jahre, gerechnet vom Ablauf der Frist für beschr. A.	25 Jahre, gerechnet vom Tage der Vollstreckung, der Verjährung oder des Erlasses der Strafe.

§ 8.

Die Landesjustizverwaltung kann in Fällen, in denen die Voraussetzungen der beschränkten Auskunft oder der Tilgung nicht vorliegen, diese Maßnahmen anordnen, wenn dadurch staatliche Interessen nicht gefährdet werden.

Hat der Verurteilte die bürgerlichen Ehrenrechte oder einzelne Rechte oder Fähigkeiten verloren, so sollen die Maßnahmen nicht angeordnet werden, solange er diese Rechte und Fähigkeiten nicht wiedererlangt hat.

Zuständig für die Anordnung ist die oberste Justizverwaltungsbehörde des Landes, in dessen Bezirk das Strafregister geführt wird, und für das Register, das beim Reichsjustizministerium geführt wird, der Reichsminister der Justiz.

Wird angeordnet, daß eine Verurteilung der beschränkten Auskunft unterliegen soll, so beginnt die Frist für die Tilgung des Strafvermerkes mit dem Tage der Anordnung.

1. § 8 gibt die Möglichkeit, auch in Fällen, in denen die gesetzlichen Voraussetzungen der beschr. A. oder der Tilg. (§§ 1, 6, 7) dauernd oder zur Zeit nicht vorliegen, gleichwohl beschr. A. oder Tilg. eintreten zu lassen. Die Vorschrift war nach der Begr. (S. 8) notwendig, um Härten auszugleichen, die sich aus der notwendig starren Regelung der gesetzlichen Voraussetzung für die beiden Vergünstigungen in Einzelfällen ergeben müssen.

2. Die Anordnung gemäß § 8 ist kein Ausfluß des Gnadenrechts, sondern ein Akt der Justizverwaltung (a. M. ohne Begründung Gerland 223). Die Eintragung in das StrReg. ist keine Strafe, sondern eine Folge der Verurteilung ohne Strafcharakter, eine Nebenwirkung der Verurteilung, wie sie auch sonst vorkommt (vgl. z. B. Köhler, Deutsches Strafrecht, Allg. T. S. 620). Sie kann daher auch nicht durch einen Gnadenakt aufgehoben werden. Bestrafung und Eintragung eines Strafverm., gnadenweiser Erlaß der Strafe und Anordnung der ABeschw. oder der Tilg. auf Grund des § 8 StrafTilgG. stehen in keinerlei innerem Zusammenhang. Äußerlich kommt das darin zum Ausdruck, daß nicht die Justizverwaltung des Landes zuständig ist, dessen Gericht das Urteil gesprochen hat, sondern die Justizverwaltung des Landes, in dem das StrReg. geführt wird. Gnadenweiser Erlaß der Strafe und Anordnung der Tilg. des Strafverm. auf Grund des § 8 müssen also in allen Fällen, in denen das Urteil nicht durch ein Gericht des Landes der Geburt gefällt ist, durch verschiedene Instanzen erfolgen. Ist z. B. ein Mecklenburger, der in Berlin geboren ist, in Bayern verurteilt worden, so ist, wenn etwa zu Unrecht eine Doppelverurteilung erfolgt ist, die im Wege des Wiederaufnahmeverfahrens nicht wieder beseitigt werden kann, zum gnadenweisen Erlaß der Strafe die bayerische Gnadeninstanz zuständig, zur Tilgung des Strafvermerks aber der preußische Justizminister.

Früher war allerdings die Anschauung herrschend, daß es sich bei der Löschung von Strafregistervermerken um einen Ausfluß des Gnadenrechts handle. Nur in Sachsen ging man schon früher davon aus, daß ein Gnadenakt im engeren Sinne durch die Krone nicht erforderlich sei, sondern daß eine Anordnung der obersten Aufsichtsbehörde genüge, soweit diese nach dem inneren Strafrecht des Landes für derartige Vergünstigungen zuständig sei (vgl. Protok. d. Bundesrats von 1913 § 522); einen ähnlichen Standpunkt hat auch Hamburg eingenommen. Noch die Löschungserlasse vom 27. Jan. 1916, 1917 und 1918 haben sich — mit Ausnahme der in Sachsen und Hamburg getroffenen Regelungen — auf den Standpunkt gestellt, daß die Löschung eines in dem StrReg. auf Grund der bestehenden Vorschriften zu Recht eingetragenen Strafverm. nur im Wege der Gnade angeordnet werden könne. Ferner enthält noch die VO. der Reichsregierung vom 1. Februar 1919 (RGBl. S. 173), durch welche u. a. das Begnadigungsrecht in Militärsachen dem Präsidenten des Reichsmilitärgerichts übertragen wird, den Satz, daß das Recht des Straferlasses auch das Recht der Löschung von Strafvermerken im StrReg. und in den militärischen Listen und Papieren in sich schließe. Allmählich setzte sich aber, insbesondere in den Beratungen der sog. Strafrechtskommission, die richtige Auffassung durch, daß es sich hier gar nicht um einen Ausfluß des Gnadenrechts, sondern um eine Rückgängigmachung eines Verwaltungsaktes handle, die ebenfalls durch Verwaltungsakt vorzunehmen sei.

Er regelt die Frage der Anordnung der beschr. A. und Tilg. im Einzelfalle erschöpfend. Für Anordnungen dieser Art durch die Gnadeninstanz ist seit 1. Juli 1920 kein Raum mehr. Auch „Löschungen“ im Sinne des früheren Registerrechts können seit

1. Juli 1920 nicht mehr angeordnet werden. Die Vollziehung solcher Anordnungen im StrReg. wäre nicht mehr möglich und müßte vom RegFührer abgelehnt werden.

3. Zuständig ist die oberste Justizverwaltungsbehörde, also das Justizministerium, desjenigen Landes, in dem das StrReg. geführt wird, für das StrReg. des Reichsjustizministeriums der Reichsminister der Justiz. Für die Zuständigkeit ist nur maßgebend, wo das Registerblatt für den Verurteilten nach § 1 der StrRegVO. rechtlich zu führen ist; gleichgültig ist, ob die Verurteilung bereits in den hiernach zuständigen Register tatsächlich enthalten ist oder von diesem erst, z. B. durch Rückfrage bei dem jetzt polnischen StrReg., bei dem das Strafblatt früher zu führen war, beschafft werden muß. Bei Personen mit Geburtsorten, die zum Teil im Inland und zum Teil im Ausland liegen, ist die vom RM. der Justiz im Einvernehmen mit der beteiligten Landesjustizverwaltung nach § 1 Abs. 4 StrRegVO. zu treffende Bestimmung der zuständigen StrRegBehörde auch entscheidend für die Zuständigkeit zu Anordnungen nach § 8 des Ges. In den Fällen des § 14 Abs. 2 StrRegVO. (Zigeuner und Zweifel über die Richtigkeit des Geburtsortes) ist nur das JMin. des Landes zuständig, in dem das Hauptblatt im Reg. liegt, nicht auch das RJustMin., das nur ein Doppel erhält.

Eine Übertragung der Befugnis zur Anordnung der beschr. A. oder Tilg. an eine untergeordnete Behörde ist nicht zulässig. Dagegen darf nicht nur die Anstellung von Ermittlungen auf Gesuche, die eine Anordnung gemäß § 8 betreffen, sondern auch die Ablehnung einer solchen Anordnung untergeordneten Behörden übertragen werden. Dies ist z. B. in Preußen geschehen (vgl. Anm. 23).

Bei Personen, die im Saargebiet geboren sind, ist zu Anordnungen nach § 8 des Gesetzes nur die Justizverwaltung des Saargebiets zuständig (vgl. Art. 8 der VO. der Regierungskommission des Saargebiets vom 18. Juli 1923 — D X 1 —). Auch wenn solche Personen in Deutschland wohnen, ist zurzeit weder der RM. der Justiz noch der Justizminister von Preußen oder Bayern zu solchen Anordnungen befugt, da das StrReg. für Personen mit saarländischem Geburtsort nur im Saargebiet geführt wird. Gehen Gesuche um Anordnungen der bezeichneten Art bei deutschen Beh. ein, so sind sie — durch Vermittlung des Reichskommissars für die Übergabe des Saargebiets (Oberpräsident der Rheinprovinz in Coblenz an die Justizverwaltung des Saargebiets abzugeben. In Deutschland außerhalb des Saargebiets kann höchstens eine entsprechende Anordnung für die polizeilichen Listen getroffen werden. Inwieweit es sich empfiehlt, von dieser Möglichkeit vor Weiterleitung des Gesuchs nach dem Saargebiet Gebrauch zu machen, kann nur im Einzelfalle entschieden werden.

4. Die Landesjustizverwaltungen und der RM. d. Justiz sind in ihren Anordnungen lediglich durch die ihnen gegebene Richtlinie beschränkt, daß durch ihre Anordnungen staatliche Interessen nicht gefährdet werden dürfen; im übrigen sind sie vollkommen frei (Begr. S. 8). Es muß dabei aber davon ausgegangen werden, daß die Justizverwaltungen nur in Ausnahmefällen von dieser Befugnis Gebrauch machen; nämlich dann, wenn anzunehmen ist, daß auch das Gesetz, wenn die Berücksichtigung solcher nur vereinzelt gegebener Voraussetzungen bei einer allgemeinen Regelung möglich gewesen wäre, die beschr. A. oder die Tilg. angeordnet hätte, obgleich sie nach der gegenwärtigen Fassung der §§ 1, 6 und 7 noch nicht zulässig ist. § 8 darf also nicht benutzt werden, um dem Sinn des Gesetzes zuwider den Kreis der Fälle, in denen beschr. A. oder Tilg. eintritt, wesentlich und grundsätzlich zu erweitern. So wird es nicht ohne weiteres als genügende Rechtfertigung einer Anordnung nach § 8 angesehen werden können, daß die Fristen der §§ 6 oder 7 zwar noch nicht ganz abgelaufen sind, sich aber ihrem Ende nähern.

Ob staatl. Interessen durch eine Anordnung nach § 8 gefährdet wurden, ist von der entscheidenden Stelle nach pflichtmäßigem Ermessen zu prüfen. Der Umstand, daß ein Antragsteller, der auswandern will, der Anordnung bedarf, um ein einwandfreies Führungszeugnis zur Erlangung eines ausländischen Visums zu erhalten, erscheint für sich allein nicht als ausreichende Begründung für die Annahme, daß staatliche Interessen nicht gefährdet sind. Das Vertrauen des Auslands in die Zuverlässigkeit deutscher behördlicher Ausweise müßte aufs schwerste erschüttert werden, wenn in dieser Hinsicht ein allzu milder Standpunkt eingenommen würde. Es dient auch nicht der Förderung deutscher Interessen im Ausland, wenn Deutsche mit moralischen Schäden, insbesondere mit Neigung zu Verfehlungen gegen fremdes Eigentum oder Vermögen, auswandern. Solche Personen geraten zu leicht in Gefahr rückfällig zu werden und schänden dann den deutschen Namen im Ausland. Die Erleichterung der Auswanderung solcher Personen liegt nicht einmal im wohlverstandenen Interesse der Verurteilten selbst, die im Ausland ohne den Halt, den ihnen im Inland vielfach Familie und Heimat bieten, und ohne den Schutz der staatlichen und privaten sozialen Fürsorge meist rascher zugrunde gehen als im Inland.

Auch der Umstand, daß der Verurteilte die Anordnung der beschr. A. nachsucht, um auf Grund eines einwandfreien Führungszeugnisses in eine Beamtenstellung, in das Heer oder die Schutzpolizei aufgenommen, zur Prüfung als Meister, Kraftfahrzeugführer u. dgl. zugelassen zu werden oder eine gewerbepolizeiliche Konzession zu erlangen, kann für sich allein Maßnahmen nach § 8 in der Regel nicht rechtfertigen. Sind die Verfehlungen des Verurt. an sich geringfügig oder entschuldbar oder liegen sie so weit zurück, daß ihre Berücksichtigung bei der Zulassung des Verurt. zu den erwähnten Stellungen, Prüfungen oder Konzessionen nicht mehr geboten erscheint, so ist es bei natürlicher Betrachtung der Dinge das Gegebene, daß die hierfür zuständige Behörde im Rahmen ihrer gesetzl. Befugnisse auf Grund selbständiger Beurteilung der Sachlage in geeigneten Fällen bei Kenntnis der Vorstrafe die Zulassung ausspricht. Es kann nicht im Interesse eines gedeihlichen Zusammenwirkens der staatl. Behörden liegen, wenn die eine Behörde Anordnungen trifft, damit eine andere Behörde keine Kenntnis von Vorgängen erhält, die für die sachgemäße Erledigung ihrer Aufgaben wesentlich ist. Der Zweck des StrReg., außer den Gerichten und Strafverfolgungsbehörden auch anderen Behörden die Möglichkeit zu verschaffen, sich über die Persönlichkeit von Gesuchstellern usw. zu unterrichten, müßte durch Anordnungen der gedachten Art vereitelt werden. Praktisch würde eine solche Methode der Anwendung des § 8 des Ges. dazu führen, daß über die erwähnten Zulassungen an Stelle der dazu berufenen und deshalb sachkundigen Stellen tatsächlich die Justizverwaltung entscheidet. Jedenfalls aber wäre es unzweckmäßig, lediglich zur Erreichung des einen beschränkten Zieles die in ihren Folgen viel weiter reichenden (vgl. §§ 4, 5, 8 Abs. 4 d. Ges.) Anordnungen für das StrReg. zu treffen. Man wird nach alledem in Fällen der gedachten Art Anordnungen nach § 8 nur dann zu treffen haben, wenn sie auch vom Standpunkte des StrReg. und der Rechtspflege sowie der allgemeinen Staatsinteressen unbedenklich erscheinen, wenn sie also nach jeder Richtung hin soweit an Bedeutung verloren hat, daß auf ihre Kenntnis allgemein oder doch der Regel nach verzichtet werden kann.

Wenn in Sondergesetzen, wie z. B. in § 35 Nr. 5, § 36 (vgl. auch § 27) des Sächsischen Jagdgesetzes vom 1. Juli 1925 (Gesetzs. S. 201), an die Verurteilung wegen bestimmter Straftaten nachteilige Rechtsfolgen, wie Versagung oder Entziehung der Jagdkarte mit der Folge des Außerkrafttretens des Jagdpachtvertrags, zwingend geknüpft sind, die sich in Einzelfällen als unerträgliche Härte herausstellen, so kann diese Sachlage allein eine Tilg. des StrVerm. nicht rechtfertigen. Die gebotene Abhilfe wird hier nicht durch Beseitigung eines StrRegVermerks, die offenbar eine Schädigung der Interessen einer geordneten Rechtspflege bedeuten würde, sondern durch eine entsprechende Abänderung des unhaltbaren Sondergesetzes, etwa durch Zulassung von Ausnahmen in leichteren Fällen oder durch Umwandlung der „Muß“-Vorschrift in eine „Soll“- oder „Kann“-Vorschrift zu suchen sein.

5. Zulässig ist die Anordnung in allen Fällen, in denen die Voraussetzungen der beschr. A. oder der Tilg. nicht vorliegen, gleichgültig, aus welchem Grunde sie nicht vorliegen und ob sie nur zur Zeit nicht vorliegen oder ob sie, wie bei Verurteilungen zu Todesstrafe oder zu Zuchthaus dauernd nicht vorliegen. Die Fristen können beliebig verkürzt werden, so daß unter Umständen ein Strafverm. schon wenige Monate oder Wochen nach seiner Eintragung getilgt wird, so etwa, wenn es sich um die Beseitigung der Eintragung einer im Gnadenwege erlassenen rechtsirrtümlichen Verurteilung handelt. Die beschr. A. und Tilg. kann, wie sich aus § 1 Abs. 3 klar ergibt, auch bei der Todesstrafe und bei Zuchthausstrafen angeordnet werden (Begr. S. 8). Gerade hier wird aber nur in besonders gelagerten Ausnahmefällen und meist erst nach Ablauf vieler Jahre seit der Verbüßung der Freiheitsstrafe von der Befugnis Gebrauch gemacht werden dürfen (vgl. auch Anm. 18).

Rechtlich zulässig sind Anordnungen nach § 8 auch dann, wenn Hemmungsgründe für den gesetzl. Eintritt der Vergünstigungen nach § 3 des Ges. vorliegen (vgl. jedoch Abs. 2 d. § 8 und Anm. 16, 17).

6. Trotz der allgemeinen Ausdrucksweise des Gesetzes muß angenommen werden, daß sich die Befugnis der Justizverwaltungen ebenso wie die gesetzliche Beschr. der A. und die Tilg., nur auf Strafvermerke, nicht auch auf Vermerke nach § 9 StrRegVO. bezieht (wegen dieser vgl. § 27 StrRegVO.).

Zum „Strafvermerk", auf den sich die Anordnungen nach § 8 beziehen, gehören auch hier (vgl. § 1 Anm. 5) die bei dem Strafverm. in der Spalte „Bemerkungen" eingetragenen Vermerke, wie Nachrichten über Vollstreckung, Verzögerung der Vollstreckung, Bewilligung oder Widerruf einer Bewährungsfrist, Erlaß oder Milderung der Strafe, vorläufige Entlassung. Wird nach § 8 die Tilg. angeordnet, so ist auch der Verm. über eine vorher etwa angeordnete ABeschr. mit zu tilgen.

Von der Anordnung nach § 8 für eine Verurt. werden auch die im Reg. unter einer besonderen Nummer vermerkten, auf der Verurt. beruhenden Verfügungen der Landespolizeibeh., wie sie nach § 3 Satz 1 in Verbindung mit § 19 Abs. 1, § 20 StrRegVO. in das StrReg. einzutragen sind, ohne weiteres mit betroffen, soweit sie nicht, wie eine Verweisung aus dem Reichsgebiete, noch fortwirken. In der neuen StrRegVO. ist dies jetzt ausdrücklich bestimmt (§ 26).

Auf Steckbriefe und Suchvermerke bezieht sich § 8 natürlich nicht.

7. § 8 gilt in gleicher Weise für Strafverm. über natürliche Personen wie für Strafverm. über juristische Personen und Personenvereinigungen (§ 1 Abs. 2 StrRegVO.).

8. Die Tilgungsanordnung kann sich selbstverständlich entweder auf alle Verurt. einer Person erstrecken oder auch nur auf eine oder einen Teil von mehreren Verurt.

Auch erscheint es ohne weiteres angängig und gegebenenfalls zweckmäßig, die Anordnung der ABeschr. auf eine oder einen Teil der Verurt. einer Person zu beschränken, wenn für die übrigen Verurt. die Voraussetzungen bereits nach §§ 1, 6 d. Ges. vorliegen. Das Hemmnis für den Eintritt der Wirkungen des Fristablaufs nach § 2 für die übrigen Verurt. fällt von selbst fort, wenn für die hemmenden Verurt. die ABeschr. nach § 8 angeordnet wird. Zweifelhaft kann es aber erscheinen, ob es mit Rücksicht auf § 2 möglich ist, die ABeschr. auf eine oder einen Teil von mehreren noch der unbeschr. A. unterliegenden Verurt. zu beschränken. Keinerlei Bedenken gegen die Zulässigkeit einer solchen beschränkten Anordnung bestehen dann, wenn die Verurt., für welche die unbeschr. A. fortbestehen soll, eine Verurt. nach § 2 Abs. 2 (Geldstrafe) ist, die nach dem Willen des Gesetzes ohnehin hinsichtlich der ABeschr. andere Verurt. nicht beeinflussen soll. Ist aber die Verurt., die von der Anordnung der ABeschr. nach § 8 ausgeschlossen werden soll, eine Verurt. zu Freiheitsstrafe, so käme die Anordnung der ABeschr. nur für die andere Verurt. darauf hinaus, daß beide Anordnungen der ABeschr. zugleich eine Ausnahme von der Vorschrift des § 2 angeordnet würde. Beispiel: Verurt. 1. Mai 1920 wegen Unterschlagung zu geringer Geldstrafe. Am 1. Mai 1925 wegen Beleidigung zu einer Freiheitsstrafe. Der Verurteilte begehrt beschr. A. nur hinsichtlich der ersten, seinem wirtschaftlichen Fortkommen besonders schädlichen Verurteilung. Da das Gesetz, wie die Vorschriften des § 2 Abs. 2 und des § 11 Abs. 3 ergeben (vgl. § 2 Anm. 2), auch sonst mit einer verschiedenartigen Behandlung von RegVerm. hinsichtlich der AErteilung rechnet, dürfte es als rechtlich zulässig zu erachten sein in Fällen der erwähnten Art die ABeschr. für die erste Verurt. mit der Maßgabe anzuordnen, daß die zweite Verurt. nicht hemmend nach § 2 wirken soll. Eine solche Anordnung müßte allerdings im StrReg. ausdrücklich vermerkt werden. Da jedoch derartige bes. Verm. die Übersichtlichkeit des StrReg. und die RegFührung erschweren und damit die Zuverlässigkeit der AErteilung gefährden, wird man nur in seltenen Ausnahmefällen von der erwähnten Möglichkeit der Beschr. der Anordnung auf einen Teil der unbeschr. auskunftpflichtigen Verurt. Gebrauch machen dürfen.

9. Ob es zulässig ist, nur für einen Teil eines StrVermerks die beschr. A. oder Tilg. anzuordnen, kann zweifelhaft erscheinen. Bejaht man die Frage, so kann ferner zweifelhaft sein, ob und inwieweit bei der Anordnung der Tilgung eines Teils eines StrVerm. eine Änderung des StrRegInhalts angeordnet werden darf.

Grundsätzlich wird man davon auszugehen haben, daß das Gesetz, das die beiden Maßnahmen für den ganzen StrVerm. zugelassen hat, auch das minus, eine auf einen Teil eines StrVerm. begrenzte Anordnung zulassen wollte, soweit dies technisch ausführbar und mit dem Grundsatze einer wahrheitsgetreuen RegFührung vereinbar ist. Mit der Zweckbestimmung des StrReg. und den Grundgedanken des Gesetzes ist eine Anordnung für einen Teil eines Str.-Verm. nicht an sich unvereinbar. Die neue StrReg.-VO. vom 8. März 1926 geht in ihrem neu eingestellten § 25 Abs. 2 davon aus, daß eine teilweise Tilg. im StrVerm. zulässig ist und daß zur Durchführung der Anordnung auch eine Änderung der bisherigen Eintragung angängig ist. Selbstverständlich ist bei solchen Anordnungen größte Vorsicht geboten, weil sonst bei einem Widerspruch zwischen dem Inhalt der vermerkten Gerichtsentscheidungen und dem neuen StrRegInhalt der schlimmste Wirrwarr entstehen, und das Vertrauen, das in Deutschland mit Recht in die Zuverlässigkeit der StrReg. gesetzt wird, schwersten Schaden erleiden könnte. Im allgemeinen wird man sich darauf beschränken müssen, die teilweise Tilgung nur da anzuordnen, wo sie zur Wiedergutmachung eines Unrechts, das dem Verurteilten durch die gerichtliche Entscheidung widerfahren ist, unentbehrlich ist. Grundsätzlich muß auch daran festgehalten werden, daß die nach § 8 zur Anordnung der Tilg. berufene oberste Justizverwaltungsbehörde nicht selbst eine vom Gericht nicht getroffene Entscheidung treffen, insbesondere nicht eine vom Gericht nicht ausgeworfene Strafe selbst bestimmen kann. Die teilweise Tilg. ist nur möglich, wenn sich aus dem Tenor oder wenigstens den Gründen des Urteils der im StrReg. stehen bleibende Teil des Inhalts der Gerichtsentscheidung ohne weiteres feststellen läßt.

Praktisch tritt die Notwendigkeit teilweiser Tilg. von StrVerm. vor allem bei Verm. über Gesamtstrafen zutage, wenn sich nach Rechtskraft des Urteils herausstellt, daß eine der Einsatzstrafen zu Unrecht erkannt ist, z. B. weil gegen den Grundsatz ne bis in idem verstoßen, eine ungesetzliche Doppelverurteilung wegen der gleichen Tat erfolgt ist. Verhältnismäßig einfach liegt der Fall, wenn nur zwei Einsatzstrafen im Tenor oder wenigstens in den Gründen des Urteils festgesetzt sind und die eine davon getilgt werden soll. In diesem Falle wird die Tilgungsanordnung dahin gehen müssen, daß in dem betreffenden StrVerm. die Verurt. wegen des einen Delikts unkenntlich zu machen und die Strafe dahin zu berichtigen ist, daß nur noch die wegen des andern Delikts erkannte Einsatzstrafe als alleinige Strafe vermerkt bleibt. Noch einfacher liegt der Fall, wenn in einem Urteil zwei Strafen verhängt sind und nach §§ 75, 77, 78 StGB. keine Gesamtstrafe gebildet worden ist. Geringe Schwierigkeiten bestehen ferner dann, wenn wegen einer Tat eine Strafe verhängt ist, die das Gesetz nicht vorsieht, z. B. neben einer Freiheitsstrafe auf Ehrverlust erkannt ist, obwohl dies nicht zulässig war. Hier kann einfach die Tilg. der unzulässigen Nebenstrafe angeordnet werden. Dagegen erheben sich Schwierigkeiten und Bedenken, wenn von drei Einsatzstrafen nur eine zu tilgen ist. Hier wäre für die beiden übrig bleibenden Einsatzstrafen an sich eine Gesamtstrafe zu bilden gewesen. Da aber die Bildung einer neuen Gesamtstrafe nach dem oben erwähnten Grundsatz nicht möglich ist, bleibt nur der Weg, die zu tilgende Einsatzstrafe in ihrem vollen Betrage von der Gesamtstrafe in Abzug zu bringen oder von der teilweisen Tilgung ganz abzusehen.

Ist hiernach die teilweise Tilgung eines StrVerm. zur Beseitigung zu Unrecht ergangener Entsch. notwendig und deshalb als zulässig zu erachten, so muß sie, da das Gesetz ihre Zulässigkeit nicht auf solche Fälle beschränkt, auch insoweit als statthaft erachtet werden, als die Maßnahme aus anderen Gründen, insbesondere aus dem Gesichtspunkte des Ausgleichs von Härten, der dem § 8 zugrunde liegt, geboten oder zweckmäßig erscheint. Es ist demnach z. B. möglich, daß die Tilg. einer bestimmten Nebenstrafe oder Nebenfolge der Verurt., z. B. des Verlusts der bürgerlichen Ehrenrechte, der Zulässigkeit von Polizeiaufsicht, die Überweisung an die Landespolizeibehörde angeordnet wird, während der StrVerm. im übrigen bestehen bleibt. Es kann beispielsweise der Fall sich ereignen, daß sich nachträglich das Verschulden des Täters als viel geringer herausstellt, als es bei der Urteilsfällung angenommen worden ist und deshalb die Aberkennung der Ehrenrechte als unbillige Härte erscheint. Werden nun in einem solchen Falle die Ehrenrechte im Gnadenwege wieder verliehen, so könnte unter Umständen die Tilg. der Nebenstrafe als angemessen und zulässig erscheinen. Selbstverständlich können derartige Anordnungen nur in den allerseltensten Ausnahmefällen als zweckmäßig erachtet werden.

Die Frage, ob auch die Anordnung der ABeschr. hinsichtlich eines Teils eines StrVerm. zulässig ist, wird in der StrRegVO. nicht erörtert. An der grundsätzlichen Zulässigkeit wird man, wenn man die teilweise Tilg. für zulässig hält, kaum zweifeln können. Jedenfalls bietet die Fassung des § 8 keine Handhabe, insoweit zwischen den beiden Maßnahmen zu unterscheiden. Es liegt auf der Hand, daß hier die stärkste Zurückhaltung der zuständigen Justizverwaltungen am Platze ist. Während bei der teilweisen Tilg. das StrReg. den StrVerm. wenigstens bei allen A. gleichmäßig wiedergibt, würden hier die A. für denselben Str.-Verm. je nach der Behörde, welche die A. erhält, verschieden lauten; dies müßte notwendig zu Verwirrungen schlimmster Art führen.

Eine Tilgungsanordnung oder Anordnung der beschr. A., die sich auf einen in der Spalte Bemerkungen aufgenommenen Vermerk beschränken würde, muß als unzulässig erachtet werden. Über Fälle teilweiser Tilg. eines Str.-Verm. auf Grund gesetzlicher Vorschrift vgl. Anm. 28.

10. Die nach § 8 angeordnete Beschr. d. A. steht in ihrer Wirkung der kraft Gesetzes eintretenden ABeschr. völlig gleich. § 4 und auch § 2 des Gesetzes gelten auch für sie (vgl. Anm. 15). Die Wirkung der Anordnung fällt also — abweichend von der Regelung, die für die Löschung des bisherigen Rechts außer in Hamburg galt (vgl. § 11 Anm. 17) — automatisch wieder weg, wenn vor Ablauf der nach § 8 Abs. 4 laufenden TilgFrist eine neue Verurt. zu Freiheitsstrafe im StrReg. eingetragen wird (§ 2). (Hamburg hat in Ziff. 47 Abs. 3 seiner AusfVerf. das Gegenteil angeordnet; dies dürfte mit § 2 des Gesetzes nicht vereinbar sein.) Es empfiehlt sich in der Mitteilung, die dem Verurteilten über die Anordnung der beschr. A. zugeht, ausdrücklich hierauf hinzuweisen. Auch für die nach § 8 angeordnete ABeschr. wirkt die neue Verurt. zu Freiheitsstrafe nur hemmend, d. h. die Wirkung der angeordneten ABeschr. wird solange ausgesetzt, bis auch für die neue Verurt. die ABeschr. kraft Gesetzes oder nach § 8 eintritt. Es ist also, wenn eine solche Hemmung nach der Anordnung der beschr. A. eingetreten ist, eine nochmalige Bewilligung der ABeschr. nicht mehr erforderlich. Sie tritt nach Wegfall der Hemmung ebenso automatisch wieder in Wirksamkeit, wie sie durch den Eintritt der Hemmung außer Wirksamkeit getreten ist. Auch die nach § 8 Abs. 4 zwangsläufig in Lauf gesetzte TilgFrist läuft trotz eingetretener Hemmung weiter, so daß die gesetzl. Tilg. beider Str.-Verm. eintritt, sobald für beide Verurt. die TilgFristen abgelaufen sind. Beispiel: Verurteilung 1. Mai 1920 zu 3 Tagen Gefängnis. 1. Mai 1923 Anordnung der beschr. A. 1. Mai 1924 erneute Verurt. zu 5 Tagen Gef. Auskunft vom 1. Mai 1923 — 1. Mai 1924 beschränkt, vom 1. Mai 1924 — 1. Mai 1929 unbeschränkt über beide Verurt. Ab 1. Mai 1929 beschr. A. für beide Verurt. Tilgung beider Verurt. 1. Mai 1934.

11. Die Anordnungen nach § 8 können nicht auf Widerruf oder unter einer Resolutivbedingung erfolgen. Für die Tilg. ergibt sich dies ohne weiteres aus der endgültigen Rechtsnatur dieser Maßnahme, aus ihren nicht rücknehmbaren Wirkungen (§ 5); eine widerrufliche Tilg. wäre im Reg. gar nicht ausführbar. Für eine widerrufliche Anordnung der beschr. A. ist kein Raum, da die beschr. A. ohnehin nach § 2 bei erneuter Verurt. zu Freiheitsstrafe in ihrer Wirkung gehemmt wird (vgl. Anm. 10). Unzulässig wäre insbesondere die Anordnung der beschr. A. unter Vorbehalt des Widerrufs, falls der Verurteilte nicht auswandert oder unter der Bestimmung, daß die Anordnung hinfällig wird, wenn der Verurteilte binnen einer bestimmten Frist nicht auswandert oder von dem infolge der Anordnung erlangten neuen Führungszeugnis zu einem anderen Zwecke als zur Auswanderung Gebrauch macht.

Dagegen erscheint es rechtlich zulässig, die Anordnung der beschr. A. oder der Tilg. unter einer Suspensivbedingung zu treffen, d. h. sie so anzuordnen, daß sie erst nach Erfüllung bestimmter Bedingungen, z. B. weiterer straffreier Führung bis zu einem bestimmten Zeitpunkte oder der Vorlegung des Überfahrtsscheins für die Auswanderung innerhalb bestimmter Frist, in Wirksamkeit tritt. Eine derartige Anordnung ist aber bis zum Eintritt der Bedingung für das StrReg. wirkungslos; um Mißverständnissen vorzubeugen, empfiehlt es sich in solchen Fällen, die Anordnung im StrReg. erst dann vollziehen zu lassen, wenn die Bedingung eingetreten ist. Noch zweckmäßiger ist es aber in der Regel mit der Entscheidung zu warten, bis sie endgültig getroffen werden kann. Vgl. auch Anm. 18.

12. An die Zustimmung irgendwelcher anderer Stellen ist die zuständige Justizverwaltung bei ihrer Entscheidung nicht gebunden. Insbesondere bedarf sie nicht der Zustimmung der Justizverwaltung des Landes, dessen Gericht die von der Anordnung betroffene Entscheidung gefällt hat. Es erscheint jedoch, wenn eine Anordnung nach § 8 hinsichtlich eines Verm. über eine Verurt. erheblicher Art, insbes. aus nicht lange zurückliegender Zeit, getroffen werden soll, ratsam, vor der Entscheidung der zuständigen Landesjustizverwaltung des Gerichts, welches das Urteil gesprochen hat, Gelegenheit zur Äußerung zu geben, insbes. die Stellungnahme des Gerichts und der Staatsanwaltschaft, die mit der Sache befaßt waren, herbeizuführen. Betrifft die Anordnung einen Strafbescheid, der von einer Zoll- oder Steuerbehörde oder einer anderen Verwaltungsbehörde erlassen ist, so empfiehlt es sich, die zuständige Verwaltung zu hören. Das gleiche gilt für die Beteiligung der sachlich interessierten Ressorts des Reichs oder des Landes bei Verfehlungen auf besonderen Gebieten, wie wirtschaftlichen Verfehlungen, z. B. Ein- und Ausfuhrdelikten, Verstößen gegen Militärrecht, Arbeitsrecht, Finanzvorschriften usw. Bei allen irgendwie bedeutsamen Fällen erscheint es auch angezeigt, eine Äußerung der für den Wohnort des Gesuchstellers zuständigen Polizeibehörde durch das zuständige Ministerium des Innern herbeizuführen. In Preußen und wohl auch in anderen Ländern sind Vereinbarungen hierüber zwischen den beteiligten Ministerien getroffen (vgl. Pr. AV. Ziff. 38 Abs. 3).

13. Anordnungen nach § 8 können auf Antrag des Verurteilten wie auch von Amts wegen getroffen werden. Letzteres kommt insbesondere bei den sog. Doppelverurteilungen in Frage, die besonders im Strafbefehlsverfahren zuweilen eintreten (vgl. auch § 11 Anm. 18), ferner in Fällen, in denen sich eine einwandfreie Feststellung der Voraussetzungen des gesetzlichen Eintritts der Vergünstigungen nicht treffen läßt (vgl. Anm. 28 und § 9 Anm. 3, § 11 Anm. 8, 9, 11). Stellt ein anderer für den Gesuchsteller den Antrag, ohne dazu bevollmächtigt zu sein, so wird man in Zweifelsfällen bei dem Verurteilten anzufragen haben, ob er dem Antrage beitritt. In der Regel wird man allerdings auch ohne besondere Rückfrage davon ausgehen können, daß der Antrag auf Veranlassung oder doch mit Zustimmung des Verurteilten gestellt ist, besonders wenn er von einem Angehörigen oder einem Rechtsanwalt ausgeht. Von einer Rückfrage kann im allgemeinen schon deshalb abgesehen werden, weil der Antrag nicht eine gesetzliche Voraussetzung der Anordnung nach § 8 ist, also nur die Rechtsnatur einer „Anregung" hat.

14. Erscheint eine Anordnung nach § 8 angebracht, so ist zunächst zu prüfen, ob die Anordnung der beschr. A. ausreicht. Dies wird, da sie zu einem reinen Führungszeugnis führt, in aller Regel der Fall sein. Eine Tilgung wird nur selten am Platze sein. Rechtlich ist allerdings zur Anordnung der Tilg. auf Grund des § 8 nicht erforderlich, daß vorher schon die beschr. A. nach §§ 1, 6 eingetreten oder nach § 8 angeordnet worden war. Auch für eine noch der unbeschr. A. unterliegende Strafe kann die Tilg. angeordnet werden. Dies geschieht natürlich meist nur in solchen Fällen, in denen sich die Verurteilung als zu Unrecht ergangen herausstellt und eine Möglichkeit der Beseitigung des Urteils im Wege der Wiederaufnahme des Verfahrens nicht möglich oder zu umständlich erscheint.

15. Aus der Anwendbarkeit des § 2 auf Anordnungen nach § 8 (vgl. Anm. 10) folgt, daß in den Fällen, in denen für eine Verurt. zu Todesstrafe oder zu Zuchthaus nach § 8 beschr. A. oder Tilg. angeordnet wird, damit ohne weiteres die durch diese Verurt. eingetretene Hemmung für den gesetzlichen Eintritt der Vergünstigungen bei den übrigen StrVerm. der Person wegfällt.

16. Die Vorschrift des § 8 Abs. 2 dient den gleichen Zwecken, wie § 3 Abs. 1 für die kraft Gesetzes eintretenden Vergünstigungen. Ihr Hauptanwendungsgebiet ist die Wiederverleihung der durch Verurteilung zu Zuchthaus nach § 31 StGB. verloren gegangenen Fähigkeiten zum Dienste in der Reichswehr und zur Bekleidung öffentlicher Ämter. Sie ist aber nur eine „Soll"-Vorschrift, welche die Gültigkeit einer Anordnung, die unter Außerachtlassung der Vorschrift erfolgt, nicht berührt. Wegen der einzelnen Fälle, die in Betracht kommen, kann auf die Erl. zu § 3 verwiesen werden.

17. Dem § 3 Abs. 2, 3 entsprechende Vorschriften, daß die Maßnahmen der beschr. A. oder Tilg. nicht angeordnet werden sollen, solange die Vollstreckung einer Strafe noch nicht erledigt ist oder solange ein Steckbrief im StrReg. niederliegt, enthält das Gesetz nicht. Es ist demnach rechtlich zulässig, die beschr. A., ja sogar die Tilg. eines StrVerm. anzuordnen, obwohl z. B. die Bewährungsfrist noch läuft. Eine derartige Anordnung wird man allerdings auch nur in seltenen Ausnahmefällen treffen dürfen, da es das Vertrauen in die Zuverlässigkeit einer A. aus dem Str.-Reg. schwer erschüttern müßte, wenn die RegBeh. bescheinigen würde, daß über eine Person StrVerm. nicht vermerkt seien, während kurz darauf vielleicht die Person zur Verbüßung der noch nicht verbüßten Strafe festgenommen wird. Daß sich die Anordnung der Maßnahmen nach § 8 nicht empfiehlt, wenn ein Steckbrief niederliegt, bedarf keiner Ausführung.

18. Die Anordnung der beschr. A. setzt nach Abs. 4 zwangsläufig die Tilgungsfrist in Lauf. Es erscheint nicht angängig, bei der Anordnung der beschr. A. gleichzeitig zu bestimmen, daß die Tilg. erst nach Ablauf der gesetzlichen Tilgungsfrist (§ 7) zu erfolgen habe.

Der Grundsatz des Abs. 4 kann natürlich nur für solche Verurt. gelten, für die eine gesetzl. Tilgungsfrist bestimmt ist. Er gilt also nicht für Verurt. zu Todesstrafe oder Zuchthaus, wenn die beschr. A. angeordnet ist. Auch die Fassung des § 1 Abs. 3 d. Ges. läßt erkennen, daß bei solchen Verurt. sowohl beschr. A. wie Tilg. nur auf Grund besonderer Anordnung nach Prüfung des Einzelfalls erfolgen sollen. Es tritt also, wenn für eine solche Verurt. beschr. A. angeordnet ist, die Tilg. nicht kraft Gesetzes, sondern nur auf Grund einer erneuten Anordnung nach § 8 ein. Möglich bleibt natürlich, daß schon bei der Anordnung der beschr. A. die Tilg. nach Ablauf einer weiteren — bestimmten oder nicht bestimmten — Frist in Aussicht genommen wird; dem Verurteilten kann hiervon auch Kenntnis gegeben werden. Es muß aber auch als zulässig erachtet werden, daß schon bei der Anordnung der beschr. A. gleichzeitig angeordnet wird, daß im Falle weiterer straffreier Führung an einem bestimmten späteren Zeitpunkt die Tilg. eintreten soll. Eine derartige Anordnung muß auch bei der Anordnung der beschr. A. für solche Verurt. zulässig sein, für die an sich eine gesetzliche Tilgungsfrist läuft, also § 8 Abs. 4 an sich anwendbar ist. Da sich jedoch in aller Regel nicht voraussehen läßt, ob die Tilg. nach Ablauf der gesetzten Frist wirklich angezeigt ist, empfiehlt es sich immer, die endgültige Entscheidung über die Tilg. aufzuschieben, bis der Zeitpunkt zu einer unbedingten Tilg. gekommen ist. (Wegen der Unzulässigkeit einer Anordnung nach § 8 auf Widerruf vgl. Anm. 11.)

19. Die Tilgungsfrist berechnet sich nach § 7, soweit nicht durch besonders neue Anordnung gemäß § 8 Abs. 1 vorzeitig die Tilg. herbeigeführt wird (vgl. jedoch Anm. 18).

Der Lauf der Tilgungsfrist beginnt mit dem Tage der Anordnung (§ 8 Abs. 4), also nicht erst mit dem Tage, an dem die Anordnung dem Registerführer bekannt oder gar an dem Tage, an dem sie von dem zuständigen Beamten der Landesjustizverwaltung unterzeichnet wird. Das ist derjenige Tag, von dem an rechtlich nur noch beschr. A. zu erteilen ist (§ 7 Abs. 2), wenngleich tatsächlich der Registerführer vor Kenntnisnahme der Anordnung noch gar nicht in der Lage ist, dies zu wissen. Der Tag der Anordnung wird mitgerechnet (vgl. § 6 Anm. 19).

20. Die Wirkung der Tilg. auf Grund des § 8 Abs. 1 ist genau die gleiche wie bei der Tilg. auf Grund des § 7 (vgl. § 5). Sie ist sofort auszuführen; die Dreimonatsfrist des § 25 Abs. 1 Satz 2 StrRegVO. gilt hier nicht.

21. Auch die auf Grund des § 8 StrTilgG. angeordnete ABeschr. oder Tilg. erstreckt sich zwangsläufig auch auf die polizeiliche Liste (vgl. § 5 Anm. 8). Es bedarf nicht etwa einer Zustimmung des Ministers des Innern zu der Anordnung der Landesjustizverwaltung (vgl. aber Anm. 12). Um die Berücksichtigung der Anordnung in der polizeilichen Liste sicherzustellen, ist im Anschluß an eine vorausgegangene gleichartige Anordnung der meisten Landesjustizverwaltungen in § 21 Abs. 4 Str.-RegVO. bestimmt, daß solche Anordnungen der Ortspolizeibehörde des Wohnortes oder des letzten Aufenthaltsortes des Verurteilten mitzuteilen sind.

22. Für die polizeil. Listen steht den nach Landesrecht ermächtigten Stellen die Befugnis, ABeschr. und Tilg. anzuordnen, an sich selbständig zu. Um jedoch die wünschenswerte Übereinstimmung zwischen StrReg. und polizeil. Liste aufrechtzuerhalten, sollten die zuständigen Stellen der Polizeiverwaltung von dieser Befugnis nur in Ausnahmefällen Gebrauch machen, also nur dann, wenn eine Anordnung für das StrReg. bedenklich erscheint, eine solche für die polizeil. Liste aber nach Lage des Falles erwünscht ist. Zwischen den beteiligten preuß.

Ressorts und dem Reichsjustizministerium ist deshalb vereinbart, daß Gesuche um Anordnung der beschr. A. oder Tilg., auch wenn sie auf Anordnungen für die polizeil. Listen gerichtet sind und bei Behörden der Polizeiverwaltung eingehen, als Gesuche um derartige Anordnungen für das StrReg. zu behandeln und an die zuständige Justizverwaltung abzugeben sind, es sei denn, daß der Gesuchsteller ausdrücklich oder doch erkennbar sein Gesuch auf die polizeil. Listen unter Verzicht auf Anordnungen für das StrReg. beschränkt. Will sich die Polizeiverwaltung für den Fall der Ablehnung des Gesuchs durch das zuständige Justizressort die Prüfung darüber vorbehalten, ob es wegen Vorliegens besonderer Ausnahmeumstände von sich aus eine Anordnung für die polizeil. Liste treffen will, so wird es bei der Abgabe des Gesuchs an das Justizressort sich durch einen entsprechenden Vermerk in dem Übersendungsschreiben die Rückgabe des Gesuchs sichern.

23. Für die geschäftsmäßige Behandlung von Gesuchen um Anordnungen nach § 8 empfiehlt sich folgendes Verfahren: Die Justizbehörde (Ministerium, Gericht, Staatsanwaltschaft, Beauftragter für Gnadensachen usw.), bei der ein solches Gesuch eingeht, stellt zunächst, gegebenenfalls aus den Gerichtsakten oder durch Rückfrage beim Antragsteller, fest, wo (und wann) die Person geboren ist, für die eine Maßnahme nach § 8 begehrt wird. Ergibt die Feststellung des Geburtsorts, daß nach § 8 Abs. 3 d. Ges. in Verbindung mit § 1 StrRegVO. eine andere oberste Justizverwaltungsbehörde als die des eigenen Landes, z. B. der Reichsminister der Justiz, zur Entscheidung über das Gesuch zuständig ist, so ist das Gesuch unverzüglich und unmittelbar an diese oberste Justizverwaltungsbehörde oder an die zuständige StrRegBehörde abzugeben. Falls das Gesuch nicht mit Rücksicht auf § 8 Abs. 2 oder im Hinblick auf die Grundsätze des § 3 Abs. 2, 3 oder wegen der Kürze der seit der Verurt. ergangenen Zeit oder der Schwere der Tat von vornherein als aussichtslos erscheint, empfiehlt es sich, die Gerichtsakten über die Verurt. beizufügen. Weitere Erhebungen, insbesondere die Einholung einer Äußerung der Polizeibehörde des Wohnorts über den Leumund des Betroffenen, sind in der Regel zunächst als nicht zweckmäßig zu unterlassen, da die große Mehrzahl der Gesuche schon nach dem Inhalt des StrReg. und der Gerichtsakten abzulehnen sind und durch überflüssige Erhebungen nur Zeit und Arbeitskraft nutzlos verloren geht und dem Verurteilten Schaden zugefügt werden kann.

Ergibt die Prüfung der Zuständigkeit, daß zwar die oberste Justizverwaltungsbehörde des eigenen Landes zuständig ist, das StrReg. aber von einer anderen StrRegBeh. geführt wird, so ist das Gesuch zur weiteren Behandlung an diese StrRegBeh. abzugeben. Wegen der Beilegung von Akten und der Durchführung von Erhebungen ist ebenso zu verfahren wie bei Abgabe an ein anderes Land oder an den RM. d. J.

Das zuständige StrReg. prüft die bei ihm unmittelbar oder mittelbar eingehenden Gesuche zunächst daraufhin, ob sich die erbetene

Anordnung dadurch erübrigt, daß die erbetene Maßnahme schon kraft Gesetzes eingetreten ist oder es sich um eine nicht registerpflichtige Strafe handelt. Ist dies der Fall, so ist das StrReg. in Preußen ermächtigt, den Antragsteller selbst entsprechend zu bescheiden. War Bericht vom JustMin. erfordert, so ist kurz Anzeige zu machen und abzuwarten, ob trotzdem Bericht erfordert wird.

Führt die Prüfung durch die StrRegBeh. zu dem Ergebnis, daß die erbetene Maßnahme noch nicht eingetreten ist, so ist in Preußen zunächst dem Regierungspräsidenten, der für den Wohnsitz oder gewöhnlichen Aufenthaltsort des Verurteilten zuständig ist — in Berlin dem Polizeipräsidenten —, Gelegenheit zur Äußerung zu geben. (Die regelmäßige Anhörung der Verwaltungsbeh. hat, wie oben ausgeführt, wenig Zweck und ist unter Umständen schädlich.) Sodann ist die Sache dem Oberstaatsanwalt vorzulegen, der — gegebenenfalls nach Anstellung von Erhebungen, bei denen auf möglichste Schonung des Verurteilten Bedacht zu nehmen ist —, zu prüfen hat, ob er das Gesuch mit einem befürwortenden Bericht dem Justizminister vorlegen oder auf Grund der ihm erteilten Ermächtigung ablehnend bescheiden will. Ist Bericht erfordert, so ist in jedem Falle (auch wenn Ablehnung empfohlen wird) die Sache zur Entscheidung dem Ministerium vorzulegen.

Das Ministerium teilt, wenn es eine Anordnung nach § 8 trifft, seine Entscheidung dem StrReg. mit, das sie im StrReg. vermerkt oder sonst vollzieht und nach § 21 Abs. 4 StrRegVO. die Ortspolizeibehörde des Wohnorts oder letzten Aufenthaltsorts benachrichtigt. Liegt nach § 14 Abs. 2 StrRegVO. ein Doppel der Strafnachricht im StrReg. des RJustMin. (Zigeuner oder bei Zweifeln über die Richtigkeit des angegebenen Geburtsorts), so ist auch das StrReg. des RJustMin. von Anordnungen nach § 8 zu benachrichtigen.

In den Ländern sind meist allg. Verf. über die geschäftl. Behandlung von Straflöschungsgesuchen ergangen, die im wesentlichen sich mit vorstehenden Ausführungen decken. Vgl. für Preußen Ziff. 38 der Allg. Verf. vom 14. April 1926 (JMBl. S. 138, D XII 1), für Bayern Bek. vom 5. März 1922/14. Juni 1924 (JMBl. 1922 S. 67; 1924 S. 89).

24. Über die Frage, ob für Entscheidungen auf Gesuche um Anordnungen nach § 8 von den Antragstellern Gebühren zu zahlen sind, enthält das Reichsgesetz keine Vorschrift. Die Regelung dieser Frage ist dem Landesrecht und, soweit das beim RJustMin. geführte StrReg. in Betracht kommt, besonderen reichsrechtlichen Vorschriften überlassen. Im Reich bestehen Vorschriften über Gebührenpflicht insoweit nicht, die Entscheidungen des RMin. d. Justiz ergehen also gebührenfrei. In Preußen sind Amtshandlungen aus Anlaß von Anträgen gemäß § 8 ausdrücklich für gebührenfrei erklärt (§ 3 Nr. 2 der AV. des JustMin. vom 26. März 1924 über Erlaß einer Verwaltungsgebührenordnung für Angelegenheiten der Justizverwaltung, JMBl. S. 135).

Die Mitteilung der Entscheidung an den Gesuchsteller erfolgt als „gebührenpflichtige Dienstsache“.

Der Rechtsanwalt erhält für die Anfertigung eines Gesuchs um eine Anordnung gemäß § 8 StrRegTilgG. nach § 68 Nr. 4 in Verbindung mit § 89 der Gebührenordnung für Rechtsanwälte fünf Zehntel der Verteidigungsgebühr, also wenn es sich um den Vermerk über eine Verurt. durch das Schwurgericht oder Reichsgericht handelt, 20 Reichsmark, im übrigen 10 Reichsmark.

25. Für den Eintritt der Vergünstigungen des Ges. (beschr. A. und Tilg.) kommt neben dem Ablauf der gesetzl. Fristen (§§ 1 bis 7, 9) und der Anordnung im Einzelfalle durch die oberste Justizverwaltungsbehörde nach § 8 (§ 9) noch eine dritte sehr wichtige Gruppe in Betracht, nämlich die allgemeine Anordnung einer der beiden Vergünstigungen für Verurt. bestimmter Art durch besondere Vorschriften des Reichs- oder Landesrechts. Derartige Anordnungen beruhen zum Teil auf einer geläuterten Rechtsauffassung hinsichtlich gewisser früher strafbar gewesener Handlungen, der durch eine Tilgungsanordnung gewissermaßen rückwirkende Kraft beigelegt werden soll (vgl. Anm. 27—29), zum andern Teil sind sie im Zusammenhang mit Amnestien erlassen (vgl. Anm. 30—32).

Außerdem gibt es noch eine vierte Gruppe von Vorschriften, in denen die Entfernung und Vernichtung von Strafverm. bestimmter Art angeordnet ist. Anordnungen solcher Art sind zum Teil in der StrRegVO. selbst enthalten (vgl. Anm. 33), zum andern Teil sind sie im Anschluß an Änderungen der Vorschriften über die Registerpflicht ergangen (vgl. Anm. 34). Hier handelt es sich jedoch nicht um eine „Tilgung“ im technischen Sinne des StrTilgG. Die Entfernung und Vernichtung eines StrVerm. auf Grund solcher Vorschriften führt nicht die im StrTilgG. § 5 Abs. 2 vorgesehenen Wirkungen hinsichtlich des Rückfalls usw. herbei.

Die Vorschriften der dritten und vierten Gruppe haben, auch soweit sie aus früheren Zeiten stammen, sämtlich heute und künftig noch unmittelbare praktische Bedeutung. Denn jedes StrRegBlatt muß, bevor es zur Grundlage einer Auskunft gemacht wird, von dem RegFührer daraufhin geprüft werden, ob sein Inhalt mit den geltenden und den jeweils bei und nach Eintragung eines Vermerks gültig gewesenen Vorschriften in Einklang steht. Der RegFührer muß, wenn sich nach Maßgabe der genannten Vorschriften bei Bearbeitung eines RegBlatts ein Zweifel über die Richtigkeit des Reg.-Inhalts ergibt, bei der zuständigen Behörde rückfragen und gegebenenfalls das RegBlatt vor weiterer Bearbeitung berichtigen. Wenn beispielsweise im Reg. bei einer Strafe vermerkt ist „erlassen durch Amnestie-VO. vom 3. Dez. 1918“, so ist eine Unrichtigkeit des

RegInhaltes offenbar. Entweder ist versehentlich Erlaß der ganzen Strafe im Reg. vermerkt, obwohl nur der Strafrest erlassen ist. Oder es ist die als zwingende Folge des Erlasses der ganzen Strafe eingetretene „Löschung" des StrVerm. entweder von der Strafvollstreckungsbehörde nicht festgestellt oder dem StrReg. nicht mitgeteilt worden. In jedem dieser Fälle ist Berichtigung des Reg. geboten.

26. Die Anordnung beschr. A. hinsichtlich bestimmter StrVerm. durch allgemeine Vorschriften außerhalb des StrTilgG. ist an sich möglich. Bisher sind aber Bestimmungen solcher Art weder im Reich noch in den Ländern erlassen worden. In der Wirkung kommen solchen Vorschriften jedoch die Bestimmungen aus der Zeit vor Inkrafttreten des Str.-TilgG. (1. Juli 1920) ungefähr gleich, in denen die „Löschung" bestimmter Strafvermerke angeordnet ist. StrVerm., die unter solche Löschungsvorschriften fallen, sollen nach § 11 Abs. 3 des StrTilgG. der beschr. A. unterliegen und zwar — abweichend von § 2 des Ges. — endgültig und dauernd (vgl. § 2 Anm. 12). Soweit sich solche Löschungsvorschriften auf Zuchthausstrafen erstrecken, ist eine Tilgung nur auf besondere Anordnung nach § 8 des Gesetzes möglich (vgl. oben Anm. 18).

Die hauptsächlichsten Löschungsvorschriften dieser Art sind:

a) Die im Reich und in den Ländern jeweils am 27. (in einzelnen Ländern am 20., 21., 25. oder 26.) Jan. 1916, 1917 und 1918 übereinstimmend ergangenen sog. Löschungserlasse des Kaisers, der Bundesfürsten und der Senate der Freien Städte (in Sachsen Verordnung der beteiligten Ministerien). In diesen Erlassen und Verordnungen wurde von dem jeweiligen Inhaber des Gnadenrechts (in Sachsen von den zuständigen Ministerien) angeordnet, daß alle bis zum 27. Jan. 1916, 1917 oder 1918 von Zivil- und Militärgerichten, Konsulargerichten, Marinegerichten, Schutztruppengerichten, Polizeibehörden festgesetzten und von den Schutzgebietsbehörden gegen Nichteingeborene ausgesprochenen Strafen im StrReg. und in den polizeil. Listen gelöscht werden, wenn der Bestrafte keine anderen Strafen erhalten hat als Gefängnis bis zu 1 Jahr einschließlich oder Festungshaft bis zu 1 Jahre einschließlich oder Arrest oder Haft oder Geldstrafe oder Verweis allein oder in Verbindung miteinander oder mit Nebenstrafen und wenn der Bestrafte in den letzten 10 Jahren nicht wegen eines Verbrechens oder Vergehens bestraft worden ist. Der Hamburger Senat hat sich dabei den Widerruf der Löschung für den Fall vorbehalten, daß der Bestrafte nach dem Stichtage wegen eines Verbrechens oder Vergehens von neuem verurteilt werden sollte.

Zu diesen Löschungserlassen sind in den Ländern ebenfalls im allgemeinen übereinstimmend ergangene Ausführungsbestimmungen erlassen (vgl. für Preußen JMBl. 1916 S. 14; 1917 S. 42; 1918 S. 18). In diesen ist die Ausführung der Erlasse, soweit das StrReg. in Betracht kommt, den StrRegFührern übertragen; in Zweifelsfällen soll die Entscheidung des Ersten Staatsanwalts eingeholt werden. Die Durchführung sollte bei der allgemeinen Durchsicht der Reg. oder wenn ein RegBlatt aus anderem Anlaß gebraucht wurde, erfolgen. Maßgebend für das Vorliegen der Voraussetzungen der Löschung sollte ausschließlich der Inhalt des StrReg. sein. (Dementsprechend wurde in einem Nachtragserlaß vom 24. April 1918 bestimmt, daß die aus dem Reg. entfernten Vermerke über Bestrafungen wegen Vergehen mit Verweis oder Geldstrafe bis zu 50 Mk. der Löschung nicht entgegenstehen sollten.) Entscheidend sollte insbes. das im Reg. vermerkte Datum der Verurt. sein, bei Eintragung mehrerer Daten, das für den Bestraften günstigere. Die Löschung sollte auch dann Anwendung finden, wenn die im Erlaß genannten Strafen nebeneinander erkannt sind. Bei Gesamtstrafen sollten diese maßgebend sein. Auch Nebenstrafen, z. B. Aberkennung der bürgerl. Ehrenrechte, sollten mit gelöscht werden. Urteilsveröffentlichung und Verurteilung zu Wertersatz sollten als Nebenstrafen angesehen werden. Mit den Verm. über Strafen nach §§ 361 Nr. 3—8 StGB. sollten auch die Verm. über Anordnungen der Landespolizeibehörde nach § 362 gelöscht werden. Strafverm., die infolge eines Wiederaufnahmeverfahrens im StrReg. gelöscht sind, sollten der Löschung nicht entgegenstehen. Ergänzend ist noch darauf hinzuweisen, daß Verm. über Verurt. zu Übertretungen die Löschung auch dann nicht hinderten, wenn sie wie die gegen § 361 auf Haft lauteten. Der preuß. Erlaß vom 27. Jan. 1918 ist nebst den AusfBest. des JustMin. unter D 1 a bis f abgedruckt.

b) **§ 5 der VO. der Volksbeauftragten über die Gewährung von Straffreiheit und Strafmilderung** vom 3. **Dez.** 1918 mit Ergänzung vom 21. Dez. 1918 (RGBl. S. 1393, 1451). Hiernach sind die Verm. über Strafen, die nach dieser VO., also nach den §§ 2 oder 4, **in vollem Umfang erlassen** worden sind, im StrReg. zu löschen. § 2 ordnet den Straferlaß für alle von den bürgerlichen Behörden, einschließlich der außerordentlichen Kriegsgerichte, bis zum Inkrafttreten der VO. (5. Dez. 1918) rechtskräftig erkannten oder bis zum Inkrafttreten erkannten und bis 10. Jan. 1919 rechtskräftig gewordenen Strafen samt Nebenstrafen an, soweit die Strafen nicht schwerer sind als Gefängnis bis zu 1 Jahre oder Festungshaft bis zu 1 Jahre oder Geldstrafe bis zu 3000 Mk., allein oder in Verbindung miteinander oder mit Nebenstrafen an. Nach § 4 tritt bei Strafen, die wegen übermäßiger Preissteigerung oder Höchstpreisüberschreitung erkannt sind, der Erlaß nur ein, wenn sie nicht schwerer sind als Gefängnis bis zu 3 Monaten oder Geldstrafe bis zu 600 Mk., allein oder in Verbindung miteinander oder mit Nebenstrafen und nur unter der Bedingung, daß der Verurteilte nicht binnen 1 Jahre wegen einer nach dem 5. Dez. 1918 begangenen gleichartigen Verfehlung zu Strafe verurteilt wird.

Da § 5 Erlaß im vollen Umfang fordert, fallen nicht unter

die Löschungsvorschrift Verm. über Strafen, die ganz oder zum Teil als durch Untersuchungshaft verbüßt erklärt sind (vgl. Preuß. JMBl. 1918 S. 443). In den Fällen des § 4 ist, wenn die Bedingung einjähriger rückfallsfreier Führung erfüllt ist, der Erlaß und ebenso die Löschung rückwirkend als am 3. Dez. 1918 angeordnet anzusehen (vgl. § 11 Abs. 3 StrTilgG.). Die für das StrReg. bedeutsamen Vorschriften der VO. vom 3. Dez. 1918 sind unter D V 2 a abgedruckt.

c) § 6 Satz 1 der VO. der Volksbeauftragten über eine militärische Amnestie vom 7. Dez. 1918 mit Ergänzungen vom 13. Jan. 1919 und 6. Juni 1920 (RGBl. 1918 S. 1415, 1919 S. 30, 1920 S. 1143). Diese Vorschrift ordnet die Löschung der StrRegVerm. über Strafen an, die durch diese VO. in vollem Umfange erlassen sind. Den vollen Straferlaß sieht § 2 der VO. für alle von Militärgerichten gegen Personen, die während des Weltkrieges 1914/18 vor 12. Dez. 1918 wenn auch nur zeitweise zum aktiven Heere, der Marine oder den Schutztruppen gehört oder sich in einem Dienst- oder Vertragsverhältnis beim kriegführenden Heere oder der kriegführenden Marine befunden haben, erkannten Strafen, soweit sie noch nicht vollstreckt sind und sofern die einzelne Strafe in Gefängnis von nicht mehr als 3 Jahren oder Festungshaft von nicht mehr als 3 Jahren oder in Arrest, Haft, Geldstrafe (ohne Höchstbetrag) oder Verweis, allein oder in Verbindung miteinander oder mit Nebenstrafen besteht. Bei Fahnenflucht, unerlaubter Entfernung, Feigheit und strafbaren Handlungen gegen Pflichten der militärischen Unterordnung ist die Strafe ohne Rücksicht auf Art und Höhe erlassen (§ 2 Abs. 3 mit Ergänzung von 1920), sofern nicht durch eine Tätlichkeit gegen einen Vorgesetzten der Tod oder eine schwere Körperverletzung desselben verursacht worden ist. Strafen wegen solcher militärischer Straftaten sind von etwaigen Gesamtstrafen voll abzuziehen und der Rest nach den allgem. Erlaßvorschriften zu behandeln. Auch hier sind die nach dem Inkrafttreten der VO. bis 31. Dez. 1919 rechtskräftig gewordenen Verurt. einbezogen. Bei Fahnenflucht und Feigheit war der Straferlaß ursprünglich nach § 3 an gewisse Bedingungen geknüpft, ist aber durch das Ergänzungsgesetz von 1920 in einen unbedingten umgewandelt. Soweit der militärische Straferlaß über den Straferlaß nach der allgemeinen AmnestieVO. (vgl. unter b) hinausgeht, ist er in § 4 an die weitere Bedingung geknüpft, daß der Verurteilte nicht wegen der Tat aus dem Heere usw. entlassen ist; diese Bedingung gilt jedoch nicht bei Entlassung wegen Fahnenflucht, Feigheit oder Handlungen gegen die Pflichten der militärischen Unterordnung. Die für das StrReg. bedeutsamen Vorschriften der VO. vom 7. Dez. 1918 sind unter D 2 b und c abgedruckt.

d) Nr. VII der VO. der Regierung des Volksstaats Bayern vom 22. Dez. 1918 (JMBl. S. 239), in welchem die Löschung der Vermerke über die von bayer. Gerichten bis zum 22. Nov. 1918 wegen Zuwiderhandlungen gegen die auf Grund des § 3 des Ermächtigungsgesetzes vom 4. Aug. 1914 oder auf Grund des Art. 4 Nr. 2 des bayer. Kriegszustandsges. erlassenen Vorschriften erfolgten Verurt. mit Ausnahme der Verurt. wegen Höchstpreisüberschreitung und Preistreiberei angeordnet ist, ferner die VO. der provisorischen württemberg. Regierung vom 23. Dez. 1918 (Amtsbl. d. württemberg. JustMin. S. 224), soweit diese VO.en für den Verurteilten günstiger sind als die Reichsamnestien vom 3. und 7. Dez. 1918. Diese Landesamnestien sind in § 6 der VO. vom 3. Dez. 1918 und in § 7 der VO. vom 7. Dez. 1918 insoweit neben den Reichsamnestien ausdrücklich aufrechterhalten.

27. Von den Tilgungsanordnungen, die einer geläuterten Rechtsauffassung gewissermaßen rückwirkende Kraft beilegen sollten (vgl. Anm. 25), enthält die bedeutsamsten das Jugendgerichtsgesetz in seinen §§ 45, 46 (abgedruckt unter D V 8).

Nach der am 27. Febr. 1923 in Kraft getretenen (§ 43) Vorschrift des § 46 JGG. sind alle Strafen des Verweises im StrReg. zu tilgen. Diese Vorschrift beruht darauf, daß das JGG. den Verweis nicht mehr kennt und in Fällen, in denen bisher auf Verweis erkannt wurde, nur noch Erziehungsmaßregeln vorsieht, für die eine Mitteilung ins StrReg. nicht erfolgt.

Nach dem gemäß § 43 am 1. Juli 1923 in Kraft getretenen § 45 Abs. 2 sind Verm. über Verurt., die gegen Personen verhängt worden sind, die zur Zeit der Tat noch nicht 14 Jahre alt waren, im StrReg. zu tilgen. Dabei ist bestimmt, daß, soweit der Vermerk „zu tilgen ist", § 5 des StrTilgG. Anwendung zu finden hat. Letztere Vorschrift wird von Kiesow, Jugendgerichtsgesetz, § 45 Anm. 1 a die Auslegung gegeben, daß die Wirkungen der Tilg. hier nicht wie bei § 5 erst von der tatsächlich erfolgten Tilg. an eintrete, sondern schon von dem Zeitpunkt der Tilgungsreife an. Er folgert dies aus dem von § 5 StrTilgG. abweichenden Wortlaut des § 45, „soweit der Vermerk zu tilgen ist". Dieser Schluß aus dem Wortlaut ist jedoch nicht zwingend, um so weniger, als es nahe gelegen hätte, daß die Begr. zu der damals schon bekannten Streitfrage über § 5 des StrTilgG. Stellung genommen hätte. Man wird vielmehr auch hinsichtlich der Tilgung von Verurteilungen noch nicht 14jähriger die oben zu § 5 (Anm. 12) erörterten Grundsätze anzuwenden haben (vgl. Hellwig, Jugendgerichtsgesetz, Berlin 1923, § 45 Anm. 3). Insbesondere ist es auch hier die Pflicht der StA. und des Gerichts, vor Anklageerhebung oder vor Eröffnung des Hauptverfahrens oder wenigstens vor der Verurteilung eine Berichtigung des StrReg. durch Tilg. der betreffenden Strafe herbeizuführen.

28. Die Durchführung der in §§ 45, 46 JGG. angeordneten Tilg. kann zu Schwierigkeiten führen, wenn die Verurt., über die der Verm. zu tilgen ist, nicht für sich allein im StrReg. steht, sondern mit anderen Verurt. wegen anderer Straftaten, auf die sich die Tilgungsanordnung nicht erstreckt, in einer fortlaufenden Nummer zusammengefaßt ist. Dies kann sowohl bei Verurt. zu Verweis wie bei Verurt. vor Vollendung des 14. Lebensjahres der Fall sein.

Die Strafe des Verweises kann z. B. in einer Verurt., die wegen mehrerer Straftaten erfolgt ist, neben einer anderen Strafe (Geldstrafe oder Freiheitsstrafe) verhängt sein. Handelt es sich dabei um die Verurt. eines über 14 Jahre alten Jugendlichen, so ist der Verweis und der RegVerm., soweit er sich auf die Verurt. zu Verweis bezieht, zu tilgen, der übrige Verm. aber im StrReg. zu belassen. Es liegt hier also ein Fall der teilweisen Tilg. eines Str.-Verm. auf Grund gesetzl. Tilgungsanordnung vor.

Schwieriger liegt die Sache, wenn ein Jugendlicher wegen Taten, die er teils vor teils nach Vollendung des 14. Lebensjahres begangen hat, eine Gesamtstrafe erhalten hat. Hier ist nach denselben Grundsätzen zu verfahren, wie sie oben (Anm. 9) hinsichtlich der Tilg. von Teilen eines StrVerm. auf Anordnung der obersten Justizverwaltungsbehörde dargelegt sind. Ergibt sich in solchen Fällen die Unausführbarkeit der teilweisen Tilg., z. B. weil das StrReg. die Einsatzstrafen nicht enthält und die Gerichtsakten nicht beizubringen sind, so bleibt wohl, da die gesetzliche Anordnung des § 45 JGG. nicht unausgeführt bleiben darf, nur der Weg, für den StrVerm., soweit er von § 45 nicht erfaßt würde, die Tilg. nach § 8 StrTilgG. anzuordnen und somit den ganzen StrVerm. zu tilgen.

Weitere Schwierigkeiten werden sich bei der Durchführung der im § 45 JGG. angeordneten Tilg. von Verurt. noch nicht 14jähriger Jugendlicher dadurch ergeben, daß aus dem Reg. in der Regel nicht zu ersehen ist, ob die Tat vor oder nach Vollendung des 14. Lebensjahres begangen ist. Auch eine gesetzliche Vermutung nach Art des § 11 Abs. 2 Satz 4 StrTilgG. fehlt hier. Im allgemeinen wird man wohl in Anlehnung an den Grundgedanken dieser Vorschrift davon auszugehen haben, daß Verurt., die nach Vollendung des 15. Lebensjahres erfolgt sind, Straftaten betreffen, die erst nach Vollendung des 14. Lebensjahres begangen sind. Ist die Verurteilung vor Vollendung des 15. Lebensjahres ergangen, so wird es Pflicht des RegFührers sein, aus den Gerichtsakten Aufklärung über das Alter zur Zeit der Tat zu beschaffen (und einen entsprechenden Verm. darüber in das Reg. zu machen). Gelingt dies nicht, z. B. weil die Gerichtsakten im Ausland (Polen) oder nicht mehr aufzufinden sind, und ist nach Lage des Falles mit der Möglichkeit zu rechnen, daß die Tat vor Vollendung des 14. Lebensjahrs begangen ist, so wird man bei Verurt., die nur wenige Wochen nach der Vollendung des 14. Lebensjahres ergangen sind, die Voraussetzungen des § 45 auch ohne ausdrückliche Feststellung des Alters für gegeben ansehen können; in anderen Fällen wird man auf Grund des § 8 StrTilgG. Abhilfe schaffen müssen.

28 a. § 45 Abs. 1 Satz 2 JGG. bezieht sich trotz seiner allgemeinen Fassung wohl nur auf Verurt. durch deutsche Gerichte, nicht auch auf Verurt. im Ausland. Doch wird entsprechend dem Grundgedanken der Vorschrift bei Verurt. noch nicht 14jähriger Jugendlicher im Ausland die Anordnung der Tilg. des ausländischen StrVerm. im deutschen StrReg. auf Grund des § 8 StrTilgG. in der Regel angezeigt sein.

29. Auf einer Änderung der Gesetzgebung beruht ferner die in § 13 Abs. 3 des Ges. über die Ausgabe und Einlösung von Notgeld vom 17. Juli 1922 (RGBl. I S. 693) angeordnete Tilg. von Bestrafungen wegen Zuwiderhandlungen gegen § 55 des Bankges. vom 14. März 1875/1. Juni 1909 und gegen § 145 a StGB., die durch Ausgabe von Notgeld vor dem 4. Juli 1922 begangen worden sind. Der für solche Verurt. angeordnete Straferlaß und die Tilgungsanordnung beruhen hier darauf, daß vor Erlaß des Gesetzes Unklarheit über die Befugnis zur Ausgabe von Notgeld bestand und die Behörden solche Ausgabe vielfach geduldet hatten. Die Befristung reicht bis 4. Juli 1922, also bis zu dem Tage, an dem der Gesetzentwurf dem Reichstag vorgelegt worden ist; von da ab konnte sich niemand mehr mit Recht auf seinen guten Glauben berufen. Die Vorschrift ist unter D V 7 abgedruckt.

30. Im Zusammenhang mit Amnestien (vgl. Anm. 25) sind im Reich folgende Tilgungsanordnungen erlassen:

a) Im Gesetz über die Gewährung von Straffreiheit (vom 3. August 1920 (RGBl. S. 1487) § 3 (abgedruckt unter D V 4 a). Das Gesetz ordnet in seinen §§ 1, 2 Straffreiheit für Straftaten an, die zur Abwehr eines hochverräterischen Unternehmens gegen das Reich begangen worden sind, ferner für Personen, die an einem hochverräterischen Unternehmen gegen das Reich mitgewirkt haben, sofern sie nicht Urheber oder Führer des Unternehmens gewesen sind, schließlich unter gewissen Voraussetzungen auch für andere mit den genannten Straftaten zusammenhängende Handlungen. Verm. über Strafen, die hiernach erlassen werden, sind nach § 3 im StrReg. zu tilgen. Diese Tilgungsanordnung bezieht sich nur auf Strafen, die auf Grund der Amnestie der §§ 1, 2 ganz oder deren Rest voll erlassen worden ist, dagegen nicht auf solche Verurt., bei denen nach § 2 Abs. 3 des Gesetzes von einer Gesamtstrafe eine Einzelstrafe in Abzug gebracht worden ist, auch nicht auf bereits ganz verbüßte Strafen. Zur Tilg. genügt es, wenn auch nur noch eine Nebenstrafe erlassen worden ist. Die Tilg. erfolgt hier von Amts wegen. Vgl. Richtlinien zu der Amnestie: Allg. Verf. d. Preuß. Just.-Min. vom 7. Aug. 1920 (JMBl. S. 397).

b) Im Gesetz über Straffreiheit für politische Straftaten vom 21. Juli 1922 (RGBl. I S. 595) § 1 Abs. 4 (abgedruckt unter D V 5 a). In § 1 Abs. 1—3 dieses Gesetzes werden — unter Ausschluß schwerer Verbrechen gegen Leib oder Leben sowie gewisser gemeingefährlicher Verbrechen — Strafen gegen Personen erlassen, die im Jahre 1920 nach dem 4. Aug. 1920 oder im Jahre 1921 an einem hochverräterischen Unternehmen gegen das Reich mitgewirkt haben oder die von einem im Jahr 1921 errichteten außerordentlichen Gerichte des Reichs wegen Handlungen verurteilt sind, die mit einem hochverräterischen Unternehmen gegen das Reich im Zusammenhang stehen, sofern diese Handlungen nicht auf unpolitischen Beweggründen beruhen. Hier tritt die Tilg. von Amts wegen ein, soweit die Strafe ganz oder der noch zu verbüßende Rest erlassen ist. Bei den vor Inkrafttreten des Gesetzes bereits vollständig verbüßten Strafen bedarf es zur Tilg. eines Antrags des Verurteilten. Über den Antrag entscheidet die Vollstreckungsbehörde. Vgl. AusfBest. des Preuß. JustMin. AV. vom 26. Juli 1922 (JMBl. S. 281).

c) Bestimmungen von Staatsverträgen, z. B. Art. V § 3 des deutsch-polnischen Abkommens über die Gewährung von Straffreiheit im oberschlesischen Abstimmungsgebiete vom 21. Juni 1922 (Gesetz vom 21. Juli 1922, RGBl. II S. 715); hier geht die Tilgungsanordnung weiter als der Straferlaß, da sich dieser nur auf die während der Dauer der Besetzung Oberschlesiens begangenen Straftaten beschränkt (Art. I § 1 d. Abk.), während die Tilg. auch Verm. über Strafen wegen Taten erfaßt, die vor der Besetzung Oberschlesiens begangen sind.

d) Das Reichsgesetz über Straffreiheit vom 17. Aug. 1925 (RGBl. I S. 313) und die meisten der im Anschluß daran ergangenen Landesamnestiegesetze (z. B. Preuß. Ges. vom 21. Aug. 1925, Ges. S. 105) sehen eine Tilgungsanordnung für die erlassenen Strafen nicht vor; vgl. jedoch das Thüring. Gesetz unter 31, c.

31. Auch in Landesamnestiegesetzen sind zuweilen Tilgungsanordnungen enthalten. Es kommen hauptsächlich in Betracht:

a) Die in Preußen und anderen Ländern im Anschluß an das Reichsgesetz vom 21. Juli 1922 (vgl. Anm. 30, b) erlassenen Landesamnestiegesetze. Für Preußen vgl. § 6 des Gesetzes über die Gewährung von Straffreiheit vom 26. Juli 1922 (Gesetzs. S. 192); die Tilgungsvorschrift erfaßt hier sowohl die nach dem Gesetz erlassenen Strafen als auch bereits verbüßte Strafen, wenn der Strafvollstreckungsbehörde bekannt wird, daß die Straftaten unter das Gesetz fallen, d. h. zu erlassen gewesen wären, wenn sie noch nicht verbüßt gewesen wären. Die Entscheidung darüber, ob die Tilg. vorzunehmen ist, hat hier die Strafvollstreckungsbehörde.

b) Das Sächsische Gesetz über eine Amnestie für Not- und Abtreibungsdelikte vom 24. Juli 1923 (Sächs. Gesetzbl. S. 235) § 6 (abgedruckt unter D V 9). Das Gesetz sieht in §§ 1, 3 den Straferlaß vor bei Verfehlungen, die aus Not begangen worden sind, wenn sie von sächsischen Gerichten bis einschließlich 1. Juli 1923 rechtskräftig erkannt worden sind und die erkannte Strafe nur in Festung oder Gefängnis von höchstens einem Jahr oder in Geldstrafe von höchstens 80 000 Mk., allein oder in

Verbindung miteinander oder mit Nebenstrafen, besteht. Ferner sind Strafen wegen Abtreibung erlassen, wenn sie von sächsischen Gerichten bis einschließlich 1. Juli 1923 rechtskräftig erkannt worden sind, der Erlaß betrifft jedoch nicht Personen, die die Schwangeren gröblich ausgebeutet oder auszubeuten versucht haben, oder die wider dem Willen der Schwangeren gehandelt haben, oder die durch gröbliche Außerachtlassung der gebotenen Vorsicht die Gesundheit der Schwangeren schwer geschädigt oder gefährdet haben. Vermerke über Strafen, die durch das Gesetz erlassen worden sind, werden im Strafregister getilgt.

c) Das Thüringische Gesetz über Straffreiheit vom 29. Okt. 1925 (Gesetzs. für Thüringen 1925 S. 305) § 5 Abs. 4 (abgedruckt unter D V 10). In § 5 Abs. 2 dieses Gesetzes ist Straferlaß für die von thüringischen Gerichten erkannten Strafen wegen der bis zum 15. Juli 1925 begangenen Zuwiderhandlungen nach §§ 113, 242, 243 Nr. 2, 3, 4 und 7, 244, 246, 247, 248a, 253, 257 bis 259, 263, 264, 264a, 370 Nr. 5 des Strafgesetzbuchs und nach den Vorschriften des thüringischen Forst- und Feldrügegesetzes vom 21. Januar 1924/18. Juni 1924, wenn die Tat nachweisbar allein oder überwiegend aus wirtschaftlicher Not begangen ist und wenn die Strafe oder der noch nicht verbüßte Strafrest nur entweder in Geldstrafe allein oder in Haft oder Gefängnis bis zu einem Jahre allein oder in einer dieser Freiheitsstrafen neben Geldstrafe besteht. Steht die hier voll erlassene Strafe als einzige im Strafregister und ist nicht auf Verlust der bürgerlichen Ehrenrechte oder einzelner Rechte oder Fähigkeiten erkannt, so wird der Vermerk im Strafregister und in den polizeilichen Listen getilgt. Die Tilgungsanordnung ist ausdrücklich auf den Fall beschränkt, daß das Land Thüringen zuständig ist (§ 7 des Ges.), gilt also nur für Personen, die in Thüringen geboren sind.

32. Eine für das ganze Reichsgebiet wirksame allgemeine Tilgungsanordnung kann nur durch Reichsgesetz getroffen werden. Die in Anm. 31 aufgeführten Landesgesetze wirken nur für die StrReg. des Gebiets des betreffenden Landes. Ist die betreffende Person im übrigen Reichsgebiet oder im Ausland geboren, so darf die Tilg. auf Grund des Landesamnestiegesetzes im StrReg. nicht vollzogen werden. Es kann in solchen Fällen nur Tilg. im Einzelfalle nach Prüfung der Verhältnisse des Einzelfalles gemäß § 8 des StrTilgG. von der zuständigen obersten Justizverwaltungsbehörde angeordnet werden. Eine Vereinbarung zwischen den obersten Justizverwaltungsbehörden über gegenseitige Anerkennung solcher Tilgungsanordnungen ohne Prüfung des Einzelfalles wäre mit dem StrTilgG. nicht vereinbar.

33. Von den Vorschriften, welche die Entfernung und Vernichtung (Unkenntlichmachung) ohne Tilgungscharakter vorschreiben (vgl. Anm. 25) ist ein Teil in der StrRegVO. selbst enthalten. Es kommen in Betracht:

a) Verm. über nicht registerpflichtige Verurt., die dem StrReg. um deswillen mitgeteilt sind, weil Bewährungsfrist bewilligt ist (§ 5 Abs. 2 StrRegVO.), sind aus dem StrReg. zu entfernen und zu vernichten, wenn die Nachricht über die Erledigung der Bewährungsfrist eingeht oder wenn seit dem Ablauf der Bewährungsfrist drei Monate verstrichen sind (§ 19 Abs. 3).

b) Verm. über Verurt., die im Wiederaufnahmeverfahren rechtskräftig aufgehoben sind (§ 21 Abs. 3). — (Nach der nämlichen Vorschrift sind auch Verm. nach § 9 Nr. 2 zu entfernen und zu vernichten, wenn die Entmündigung auf Anfechtungsklage [§§ 672, 684 ZPO.] aufgehoben ist.

c) Verm. über Personen, deren Tod dem StrReg. glaubhaft nachgewiesen wird, sind nach § 24 Abs. 1 zu entfernen und zu vernichten, ebenso Verm. über Personen, die über 80 Jahre alt sind, es sei denn, daß dem StrReg. bekannt ist, daß der Betroffene noch lebt oder daß seit der letzten im Reg. vermerkten Verurt. noch nicht 5 Jahre verstrichen sind (§ 24 Abs. 2).

d) Wegen § 40 StrRegVO. vom 12. Juni 1920, übernommen als § 48 in die neue StrRegVO. vgl. Anm. 34.

e) Vgl. noch § 16 (Berichtigung bei Verurt. unter falschem Namen), §§ 26, 27 (Entfernung und Vernichtung von Mitteilungen nach §§ 3 und 9).

34. Weitere Anordnungen über Entfernung und Vernichtung (Unkenntlichmachung) von StrVerm. enthalten die Verordnungen, durch welche die Vorschriften über die Registerpflicht geändert worden sind. Bei derartigen Verordnungen ist in der Regel die Entfernung und Vernichtung der im StrReg. enthaltenen Verm. vorgeschrieben worden, die nach den neuen Vorschriften nicht mehr aufzunehmen waren. Es sollte dadurch das unbillige, ja ungerechte Ergebnis vermieden werden, daß ältere Verurt. im StrReg. stehen geblieben wären, während gleichartige Verurt. nach den neuen Vorschriften nicht mehr aufgenommen werden sollten. Es kommen hier in Betracht:

a) Art. II der VO. des Bundesrats vom 16. Mai 1918 zur Änderung der Vorschriften über die Strafregister (Zentralbl. f. d. Deutsche Reich S. 11). In dieser Vorschrift ist den Landesregierungen und dem RMin. d. Justiz die Befugnis erteilt, anzuordnen, daß die in den StrReg. niedergelegten Verm. über Verurt., die nach § 2 Abs. 2 der StrRegVO. in der Fassung vom 6. Sept. 1917 (Zentralbl. S. 341) in die Reg. nicht mehr einzutragen wären, aus diesen entfernt und vernichtet oder unkenntlich gemacht werden. Durch die VO. vom 6. Sept. 1917 ist die Registerpflicht für Verurt. wegen Vergehen, bei denen der Rückfall nicht mit besonderer Strafe bedroht ist, beseitigt, soweit nur auf Verweis oder auf Geldstrafe nicht über 50 Mk. allein oder in Verbindung mit Nebenstrafen erkannt ist. Von der Ermächtigung haben alle Landesregierungen und der RMin. d. Justiz Gebrauch gemacht. Diese Entfernungsanordnungen sind jedoch durch die unter b aufgeführte weitergehende Entfernungsanordnung des § 40 der StrRegVO. vom 12. Juni 1920 überholt.

b) § 40 der StrRegVO. vom 17. Juni 1920 (Zentralbl. S. 909), nunmehr als § 48 in die neue StrRegVO. übernommen. In dieser Vorschrift ist die Vernichtung oder Unkenntlichmachung der im StrReg. niedergelegten StrVerm. über Verurt. vorgeschrieben, die nach den neuen Vorschriften nicht mehr registerpflichtig wären. Hiervon werden, da die StrRegVO. von 1920 Verurt. zu Verweis oder Geldstrafe bis zu 150 Mk. nur noch dann für registerpflichtig erklärt, wenn die Strafe wegen eines Vergehens verhängt ist, das im Rückfall mit besonderer Strafe bedroht ist, alle Verurt. wegen Nichtrückfallsvergehen zu Verweis oder Geldstrafe bis zu 150 Mk. betroffen, die vor 1. Juli 1920 ergangen sind.

c) Art. III der VO. zur Änderung der StrReg.-VO. vom 2. Juni 1922 (Zentralbl. S. 325). Er ordnet die Tilg. der seit 1. Jan. 1922 eingetragenen Verm. über Verurt. zu Geldstrafe wegen Übertretungen an. Die Vorschrift sollte mit rückwirkender Kraft den bisherigen Rechtszustand aufrechterhalten, daß Verurt. wegen Übertretungen zu Geldstrafe nicht ins StrReg. aufzunehmen sind. Seit 1. Januar 1922 konnten solche Verurt. ins Reg. gelangt sein, da der Höchstbetrag der Geldstrafe bei Übertretungen durch das an diesem Tage in Kraft getretene erste Geldstrafengesetz vom 21. Dez. 1921 (RGBl. S. 1604) auf 1500 Mk. erhöht worden ist und die Grenze der Registerpflicht zu dieser Zeit 150 Mk. betrug.

e) Art. II Abs. 2 der VO. zur Änderung der Str.-RegVO. vom 17. Mai 1923 (RMinBl. S. 364). Er ordnet die Tilg. der seit 1. Mai 1923 eingetragenen Vermerke über Verurt. zu Geldstrafe an, wenn die Verurt. nach den Vorschriften des Art. I der genannten VO. nicht ins StrReg. einzutragen wäre. Hiervon werden betroffen alle Verurt. wegen Übertretungen oder Vergehen zu Geldstrafe bis zu 5000 Mark, soweit sie nicht geeignet waren, bei Aburteilung einer späteren Straftat die Anwendung einer besonderen Strafdrohung wegen Rückfalls zu begründen.

e) Art. II Abs. 3 der VO. zur Abänderung der Str.-RegVO. vom 24. Nov. 1923 (RMBl. S. 1091). Er ordnet die Tilg. der seit 20. Okt. 1923 ergangenen Verurt. zu Geldstrafen bis zu 150 Millionen Mark an, soweit die Verurt. nicht geeignet sind, bei Aburteilung einer späteren Straftat die Anwendung einer besonderen Strafdrohung wegen Rückfalls zu begründen.

f) Art. III der VO. zur Änderung der StrRegVO. vom 19. Febr. 1926 (RMBl. S. 63). Er ordnet die Tilg. von Verm. über Verurt. wegen Übertretungen zu Geldstrafe an, die nach der neuen StrRegVO. nicht mehr in das Str.-Reg. einzutragen wären. Hiervon werden die bisher registerpflichtigen

Geldstrafen wegen solcher Übertretungen betroffen, die bei Begehung im Rückfall mit besonderer Strafe bedroht sind.

Die vorstehenden Entfernungs- und Tilg.-Vorschriften sind, soweit sie vom RegFührer noch jetzt angewendet werden müssen (b—f), unter D I) abgedruckt.

§ 9.

Vermerke über Verurteilungen im Ausland sind im Sinne dieses Gesetzes Vermerken über Verurteilungen im Inland gleichzuachten.

1. In Staatsverträgen ist oft gegenseitige Mitteilung von gewissen Verurteilungen von Ausländern in Deutschland und von Deutschen im Ausland an den Heimatstaat vereinbart (vgl. § 46 Str.-RegVO. und Erl. dazu). Diese Verurt. werden bei uns in das StrReg. aufgenommen, ebenso Verurt. im Ausland gegen Ausländer, die im Reichsgebiete geboren sind oder wohnen (§ 2 Abs. 4 StrRegVO). Als „Verurteilungen im Ausland" im Sinne des § 9 sind nur die von ausländischen Gerichten im Ausland erfolgten Verurteilungen anzusehen. Die Freie Stadt Danzig und das Memelgebiet sind „Ausland". Verurteilungen durch Gerichte dieser Gebiete, die ergangen sind, solange diese Gebiete noch Bestandteile des Deutschen Reichs waren, sind Verurteilungen durch deutsche Gerichte. Ein Strafnachrichtenaustausch ist übrigens mit Danzig und dem Memelgebiet bis jetzt noch nicht vereinbart. Die durch deutsche Gerichte im Ausland erfolgten Verurteilungen, wie z. B. die durch Konsulargerichte oder im besetzten Gebiet während des Krieges durch die deutschen Militärgerichte oder bürgerlichen Gerichte erfolgten Verurteilungen sind wie Verurteilungen im Inland zu behandeln (vgl. § 2 Abs. 1 StrRegVO. und Ebermayer-Lobe-Rosenberg § 244 Anm. 2 b). Das gleiche gilt für Verurteilungen im Saargebiet (Art. II der VO. vom 19. Februar 1926, abgedruckt unter D I 6). Die im besetzten deutschen Gebiete erfolgten Verurteilungen durch Gerichte der Besatzungsmächte kommen hier nicht in Betracht, da derartige Verurteilungen nicht in deutsche StrReg. aufzunehmen sind (vgl. § 2 Str.-RegVO.).

2. Für die in ein neues deutsches StrReg. aufgenommenen Verm. über im Ausland erfolgte Verurt. gelten alle Bestimmungen des StrTilgG. Die Regelung des § 9 ist unverändert aus § 21 Abs. 1 Satz 2 der StrRegVO. von 1918 übernommen.

Es gelten also zunächst die Vorschriften der §§ 1—7 über den Eintritt der Vergünstigungen kraft Gesetzes. Bei der Bestimmung der anzuwendenden Fristen sowie bei ihrer Berechnung können Schwierigkeiten entstehen, da für die Strafen ausländischer Strafensysteme besondere Bestimmungen über Dauer und Lauf der gesetzlichen Fristen nicht vorgesehen sind. Zur Beseitigung dieser Schwierigkeiten bestimmt § 38 (bisher § 31) der Str.-RegVO., daß für die Anwendung der Vorschriften über die Erteilung von A. aus dem StrReg. und die Tilg. von StrVerm. die ausländischen Strafarten der deutschen Strafart gleichzustellen sind, der sie nach ihrer Stellung in dem fremden Strafensystem am meisten entsprechen. Der RM. d. Justiz kann hierüber nähere Bestimmungen erlassen. Dies ist geschehen durch die Bestimmungen vom 12. Juni 1920 (abgedruckt unter D II 1). Vgl. hierzu Näheres bei § 38 Str.-RegVO.

Liegen über eine Person StrNachr. aus dem Inland und aus dem Ausland vor, so bilden sie für die Anwendung des Gesetzes, z. B. hinsichtlich des § 2, eine Einheit (vgl. § 23 StrRegVO. Anm. 6).

3. Auch § 8 StrTilgG. gilt für die Verm. über Verurteilungen im Ausland. Schon bisher konnten sie nach richtiger Ansicht „im Gnadenwege" von demjenigen Land, in dessen Reg. sie eingetragen waren, gelöscht werden, und zwar ohne daß es eines Einverständnisses des Staates bedurfte, dessen Gericht die Verurteilung ausgesprochen hatte. Ein Gnadenakt oder eine Verwaltungsanordnung des ausländischen Staats ist weder erforderlich noch von irgendwelchem Einfluß (vgl. Vorbem. zum Gesetz, Anm. 6). Die beschr. A. oder Tilg. kann für das deutsche StrReg. angeordnet werden, auch wenn diese Maßnahmen in dem betreffenden ausländischen Staat nicht angeordnet werden, und umgekehrt kann von der Anordnung dieser Maßnahmen für das deutsche StrReg. abgesehen werden, auch wenn sie im Ausland angeordnet sind. Gnadenakte oder Verwaltungsanordnungen erstrecken sich nicht über die Grenze des Staates, dessen Behörden sie aussprechen. Auch wenn das Urteil im Rechtswege, im Wiederaufnahmeverfahren wieder aufgehoben wird, besteht keine Verpflichtung dem ausländischen Staat oder dem Verurteilten gegenüber den Strafvermerk zu tilgen. Auch die Anwendung der Bestimmungen der VO. §§ 7, 21 Abs. 2 führt nicht zu einer solchen Verpflichtung. § 21 Abs. 2 bezieht sich nur auf solche Aufhebungen der Verurteilung infolge Wiederaufnahme des Verfahrens, die der StrRegBeh. auf Grund des § 7 Nr. 2 mitgeteilt sind. § 7 bezieht sich aber, wie sich auch aus StrRegVO. § 11 ergibt, nur auf die von deutschen Gerichten erfolgten Aufhebungen der Verurteilung im Wiederaufnahmeverfahren. Gegebenenfalls empfiehlt sich eine Anordnung nach § 8 d. Ges. (vgl. Vorbem. zum Gesetz Anm. 6).

4. Die Übergangsvorschriften des § 11 Abs. 2 gelten nach § 9 ohne weiteres auch für solche Verurt. im Ausland, die vor dem Inkrafttreten des Gesetzes (1. Juli 1920) in das StrReg. aufgenommen worden sind.

Dagegen enthält das Gesetz keine Vorschrift darüber, wie die Fristen zu berechnen sind, wenn nach dem 1. Juli 1920 Verurt. im Ausland in die deutschen StrReg. aufgenommen werden und aus dem StrReg. nicht zu ersehen ist, wann eine unter § 6 Nr. 2 fallende Strafe vollstreckt ist oder wie lange eine anzurechnende Probezeit gedauert hat oder ob der Verurteilte zur Zeit der Tat noch jugendlich war.

Derartige Angaben werden sogar in der Regel fehlen, da Mitteilungen darüber, abgesehen von den Vereinbarungen mit der Tschechoslowakei und Polen (vgl. § 38 StrRegVO. Anm.), in den Vereinbarungen mit ausländischen Staaten nicht vorgesehen sind. Man wird hier unbedenklich die in § 11 Abs. 2 enthaltenen Grundsätze entsprechend anwenden dürfen und müssen. Dies erscheint um so mehr geboten, als § 10 Satz 2 für den ähnlich liegenden Fall der Beurteilung eines ausländischen StrRegAuszugs die entsprechende Anwendung des § 11 Abs. 2 ausdrücklich vorschreibt.

5. Wenn § 9 auch nur von der Anwendbarkeit „dieses Gesetzes" spricht, so müssen darüber hinaus aber auch die das StrTilgG. ergänzenden Bestimmungen, insbesondere auch die StrRegVO. auf sie anwendbar sein, insbes. auch StrRegVO. § 38 (bisher § 31) und die auf Grund dieser Vorschrift ergangenen Bestimmungen des RM. d. Justiz über die Behandlung ausländischer Strafarten vom 12. Juni 1920 (abgedruckt unter D II 1). Näheres vgl. Anm. zu § 2 Abs. 4 und § 38 StrRegVO.

6. Um dem RegFührer die Anwendung des § 9 zu ermöglichen, müssen die ausländischen Strafblätter, soweit sie nicht in deutscher oder einer anderen den RegFührern oder wenigstens einem von ihnen oder dem Leiter des StrReg. bekannten Sprache abgefaßt sind, übersetzt werden. Im StrReg. des RJustMin. ist deshalb angeordnet, daß jede nicht deutsch oder französisch abgefaßte Strafnachricht gleich bei ihrem Eingang derart übersetzt wird, daß die deutsche Übersetzung bei den einzelnen Bestandteilen der Strafnachricht mit roter Tinte vermerkt wird.

§ 10.

Bei der Verwertung von Auszügen aus ausländischen Strafregistern ist so zu verfahren, wie wenn die in dem Auszug enthaltenen Vermerke in einem inländischen Strafregister enthalten wären. Die Vorschriften des § 11 Abs. 2 sind entsprechend anzuwenden.

1. Das Gesetz gilt natürlich nur für die Führung der inländischen Strafregister. Um jedoch die Wohltaten des Gesetzes auch den Personen zuteil werden zu lassen, über die von deutschen Behörden Auszüge aus ausländischen Strafregistern eingefordert werden, z. B. den zahllosen Deutschen, deren Geburtsort in den nach dem Vertrag von Versailles abgetretenen Gebieten liegen, bestimmt § 10, daß bei der Verwertung solcher ausländischer Auszüge so zu verfahren ist, wie wenn die darin enthaltenen Vermerke in einem inländischen Strafregister enthalten wären.

2. Im Gegensatz zu § 9 handelt es sich hier nicht um Auszüge aus deutschen StrReg. über ausländische Verurteilungen, sondern um Auszüge aus ausländischen StrReg. über im Ausland erfolgte Verurteilungen. Der Begriff „Ausland" hat hier die gleiche Bedeutung wie in § 9 (vgl. § 9 Anm. 1).

3. Die Anwendung des § 10 führt zu folgendem Ergebnis. Soweit der ausländische StrRegAuszug, was überwiegend der Fall sein wird, Verurt. durch ausl. Gerichte enthält, ist nach Maßgabe des § 9 in Verbindung mit §§ 1—7 des Ges. zu prüfen, ob die Vergünstigungen des Ges. nach deutschem Recht Platz greifen würden. Dabei sind die Erl. zu § 9 (vgl. Anm. 2, 4, 5) auch hier in Betracht zu ziehen. Enthält der ausl. StrRegAuszug auch Verurt. durch deutsche Gerichte, so sind insoweit die §§ 1—7 für die Verwertung unmittelbar maßgebend. Vermerke in ausl. StrRegAuszügen dürfen also, wenn sie nach §§ 1—7, 9 des Gesetzes der Tilgung unterliegen würden, überhaupt nicht, wenn sie der beschr. A. unterliegen würden, nur von den Stellen verwendet werden, die nach deutschem Recht über solche der beschr. A. unterliegende Vermerke Auskunft verlangen dürfen. Wenn also z. B. in einem ausländischen StrRegAuszug, beispielsweise einem polnischen, eine Strafe vermerkt ist, so ist zu prüfen, ob sie in Deutschland hätte getilgt werden müssen, wenn sie in einem deutschen Str.-Reg. enthalten wäre. Ist dies der Fall, so ist sie als getilgt zu behandeln, wirkt also nicht mehr rückfallbegründend, gleichgültig, ob die betreffende Verurteilung von einem damals deutschen Gericht des später an Polen abgetretenen Gebiets erfolgt ist oder ob das verurteilende Gericht schon zur Zeit des Urteilsspruches polnisch oder russisch oder österreichisch gewesen ist.

4. Zweifelhaft kann sein, wie zu verfahren ist, wenn im Ausland hinsichtlich der ABeschr. oder Tilg. für den Verurteilten günstigere Vorschriften bestehen, als sie das deutsche Ges. vorsieht. Diese Frage wird insbes. praktisch bei StrRegAuszügen aus Danzig, dessen Straftilgungsgesetz (vgl. Vorbem. z. Gesetz Anm. 7), die gesetzl. Fristen für ABeschr. und Tilg. auch für Verurt. zu Todesstrafe und Zuchthaus laufen läßt. Mit Rücksicht auf den Zweck des § 10, lediglich eine ungünstigere Behandlung der Personen mit ausländischem Geburtsort zu verhindern (vgl. Anm. 1), wird anzunehmen sein, daß die günstigeren ausl. Bestimmungen dem Verurt. auch im Inland zugute kommen sollen. Die gegenteilige Auffassung würde unter Umständen zu einer Verschlechterung der Lage des Verurt. insofern führen, als im Ausland Maßnahmen nach Art des § 8 des deutschen Ges. in solchen Fällen, in denen nach dem ausl. Recht gesetzl. Fristen laufen, vielleicht eben deshalb nicht in Betracht gezogen worden sind, während sie möglicherweise angeordnet worden wären, wenn auch in dem ausl. Staate die strengeren deutschen Vorschriften gegolten hätten.

5. Als zweifelhaft kann ferner erscheinen, ob und wie Anordnungen, die im Ausland nach Art der Anord-

nungen gemäß § 8 des deutschen Ges. getroffen sind, bei der Verwertung des ausl. RegAuszugs im Inland maßgebend bleiben. Aus dem gleichen Gesichtspunkt wie in Anm. 4 werden solche Anordnungen *auch bei uns zu berücksichtigen* sein. Auf die Bezeichnung der Maßnahme im Ausland kann es dabei nicht ankommen, sondern nur auf die tatsächliche Rechtswirkung der Maßnahme.

6. Liegt über einen Verurt. *sowohl* ein StrRegAuszug aus dem *deutschen* StrReg. *wie* ein Auszug aus einem *ausl.* StrReg. vor, so müssen beide zusammen als *Einheit* betrachtet werden. Es muß also von diesem Standpunkt aus beurteilt werden, inwieweit die Vergünstigungen des Ges. Platz greifen.

7. Die Vorschrift des § 10 wendet sich an *alle deutschen Behörden*, denen ein ausländischer StrRegAuszug vorliegt, also nicht nur an Gerichte und Strafverfolgungsbehörden, sondern auch an Verwaltungsbehörden, vor allem auch an die Polizeibehörden, die etwa auf Grund eines ausl. StrRegAuszugs ein polizeil. Führungszeugnis ausstellen. Die Versorgungsbehörden sind in den Richtlinien des RArbMin. vom 24. Aug. 1922 (abgedruckt unter D IX) besonders auf die Anwendung der Vorschrift hingewiesen.

8. *§ 10 Satz 2* dient, soweit er sich auf Verurt. aus der Zeit vor 1. Juli 1920 erstreckt, nur der Klarstellung, da sich die entsprechende Anwendung des § 11 Abs. 2 schon aus § 10 Satz 1 ergeben würde. Er schreibt aber darüber hinaus auch für Verurt. aus späterer Zeit die entsprechende Anwendung der in den Übergangsvorschriften des § 11 Abs. 2 enthaltenen Grundsätze für die Berechnung der Fristen vor (vgl. § 9 Anm. 4).

9. § 10 gilt für Auszüge aus StrReg. des *Saargebiets* nicht unmittelbar, da das *Saargebiet* nach dem Vertrag von Versailles Inland und nicht Ausland ist. Da jedoch das deutsche StrTilgG. im Saargebiet nicht gilt (vgl. Vorbem. z. Gesetz Anm. 6 und Art. II der VO. vom 19. Febr. 1926), ist, um den im Saargebiet geborenen Personen die Wohltaten des Ges. auch zuteil werden zu lassen, durch *§ 4 des Gesetzes über vorübergehende Rechtspflegemaßnahmen im Hinblick auf das Saargebiet vom 10. März 1922 (RGBl. I S. 241) § 10* des Ges. für die Verwertung von Auszügen aus den StrReg. des Saargebiets für *entsprechend anwendbar* erklärt worden. Diese Vorschrift hat jedoch, nachdem im Saargebiet durch VO. der Regierungskommission vom 18. Juli 1923 (abgedruckt unter D X 1) sachlich die gleichen Vorschriften, wie sie das deutsche Gesetz enthält, eingeführt worden sind, ihre praktische Bedeutung fast ganz verloren. Sie wird allenfalls noch von Bedeutung sein, wenn etwa der saarländische RegFührer die Vorschriften der VO. vom 18. Juli 1923 nicht oder unrichtig zur Anwendung gebracht hat.

§ 11.

Das Gesetz tritt mit dem 1. Juli 1920 in Kraft.

Bei Verurteilungen, die schon vor dem Inkrafttreten dieses Gesetzes in das Strafregister aufgenommen worden sind, berechnen sich die Fristen so, wie wenn das Gesetz schon zur Zeit der Aufnahme des Vermerkes in das Register in Kraft gewesen wäre. Ist in den Fällen des § 6 Nr. 2 aus dem Register nicht zu ersehen, wann die Strafe vollstreckt worden ist, so ist die Frist vom Tage der Verurteilung an zu berechnen; sie verlängert sich jedoch in diesem Falle um die Dauer der erkannten Freiheitsstrafe. Das gleiche gilt in den Fällen des § 6 Nr. 2, wenn nach dem Inhalt des Registers anzunehmen ist, daß eine Strafe erst nach einer Probezeit erlassen worden ist, und die Dauer dieser Probezeit aus dem Register nicht zu ersehen ist. Ist aus dem Register nicht zu ersehen, ob der Verurteilte zur Zeit der Tat schon achtzehn Jahre alt war, so sind die kürzeren Fristen anzuwenden, wenn der Verurteilte zur Zeit der Verurteilung noch nicht neunzehn Jahre alt war; andernfalls greifen die längeren Fristen Platz.

Verurteilungen, die vor dem Inkrafttreten dieses Gesetzes im Strafregister gelöscht worden sind, unterliegen der beschränkten Auskunft. Die Frist für ihre Tilgung beginnt mit dem Tage, an dem die Löschung angeordnet worden ist.

1. Das Ziel der Übergangsvorschriften der Abs. 2, 3 ist nach der Begr. S. 8, den beim Inkrafttreten des Ges. bereits verurteilten Personen die Vergünstigungen des Ges. in gleicher Weise zugute kommen zu lassen, wie wenn die Vorschriften bereits zur Zeit der Verurteilung gegolten hätten (vgl. RG. 56 S. 68; 307; 57 S. 390). Dabei mußte darauf Rücksicht genommen werden, daß die Vorschriften des Ges. über Berechnung von Fristen in gewissen Fällen Mitteilungen an die StrRegBeh. voraussetzen, die nach den bisherigen Vorschriften nicht immer erfolgt sind; für diese Fälle sind in § 11 Abs. 2 ergänzende Vorschriften getroffen worden. Härten, die sich aus diesen Vorschriften etwa im Einzelfall ergeben, können durch Anordnungen der zuständigen Justizverwaltung gemäß § 8 ausgeglichen werden.

2. Die Übergangsvorschriften des Abs. 2, 3 sind nur Aushilfsmittel für den Fall, daß die in erster Linie maßgebenden Vorschriften der §§ 6, 7 nicht Anwendung finden können, weil ihre

Voraussetzungen aus dem RegInhalt nicht feststellbar sind. Hieraus folgt, daß sie nur dann Anwendung finden dürfen, wenn sie zu einem für den Verurteilten günstigeren Ergebnis führen als die Anwendung der allgemeinen Bestimmungen. Soweit die allgemeinen Vorschriften für den Verurteilten günstiger sind, müssen sie angewendet werden. Praktisch wird dies insbes. bei § 11 Abs. 3 Satz 2 (vgl. Anm. 19).

3. Die Sondervorschriften des Abs. 2 für die Berechnung der Fristen greifen nur Platz, wenn die erforderlichen Unterlagen für die Berechnung der Fristen nach den allgemeinen Vorschriften „aus dem Register nicht zu ersehen ist". Hieraus ergibt sich, daß der RegFührer, wenn sich ihm Gelegenheit bietet, z. B. die Gerichtsakten vorliegen, das Strafblatt durch Ergänzung der fehlenden Angaben berichtigen darf und soll und daß er dann die Fristen nach den allgemeinen Vorschriften berechnen darf. Der Verurteilte hat in keinem Falle ein Recht darauf, daß sein RegBlatt unvollständig bleibt und in seiner unvollständigen Form der Fristenberechnung zugrunde gelegt wird. Eine Ergänzung des StrReg. in den behandelten Punkten ist auch dann zulässig, wenn dadurch die Rechtslage des Verurteilten hinsichtlich des Eintritts der Vergünstigungen des Gesetzes sich verschlechtert, z. B. für einen zwischen dem 18. und 19. Lebensjahr Verurteilten festgestellt wird, daß er zur Zeit der Tat nicht jugendlich war.

4. Sind die zur Anwendung der allgemeinen Vorschriften erforderlichen Unterlagen aus dem StrReg. zu ersehen, so sind die allgemeinen Vorschriften anzuwenden, auch wenn die Behelfsvorschriften des § 11 Abs. 2 für den Verurteilten günstiger wären. Wenn also z. B. eine am 1. Dez. 1919 erkannte Gefängnisstrafe von 4 Monaten am 1. Juni 1920 erlassen ist, tritt die beschr. A. erst am 1. Juni 1930 ein, nicht schon am 1. April 1930, wie es der Fall wäre, wenn der Gnadenerweis im Reg. nicht vermerkt wäre.

5. Die Vorschriften des Abs. 2 sind nur Übergangsvorschriften. Sie gelten nur für Verurt., die vor Inkrafttreten des Gesetzes (1. Juli 1920) erfolgt sind. Dies gilt insbes. auch für die Bestimmungen des Abs. 2 Satz 4 über Personen, die zur Zeit der Verurt. noch nicht 19 Jahre alt waren. Ist der Täter nach dem 1. Juli 1920 im Alter zwischen 18 und 19 Jahren verurteilt, so gilt Abs. 2 Satz 4 nicht, sondern die längeren Fristen greifen Platz.

Die Vorschriften des Abs. 2, insbes. Satz 2 und 3, müssen aber unter Umständen doch auch für Verurt., die unter der Herrschaft des Ges. ergangen sind, analoge Anwendung finden, nämlich dann, wenn die Unterlagen für die Anwendung der allgemeinen Vorschriften dem Reg. versehentlich nicht mitgeteilt oder darin aus irgend einem Grunde nicht vermerkt worden sind und eine Berichtigung des Reg. nicht mehr möglich ist, weil z. B. die Akten nicht mehr auffindbar sind, oder wenn es sich um Verurt. im Ausland handelt (vgl. § 9 Anm. 4).

6. Da die früher Verurteilten den nach dem Inkrafttreten des Ges. nur gleichgestellt, nicht aber günstiger als sie gestellt werden sollen, steht eine vor dem Inkrafttreten des Ges. erfolgte Verurteilung zu einer Zuchthausstrafe der Tilg. der anderen Strafvermerke in gleichem Maße entgegen wie eine nach dem Inkrafttreten des Ges. erfolgte Verurteilung es getan hätte. Wenn also bei der Verurteilung zur Zuchthausstrafe die Frist für die Tilg. anderer Strafverm. schon abgelaufen gewesen wäre, so daß diese schon hätten getilgt werden müssen, so sind sie zu tilgen, ohne Rücksicht darauf, daß zur Zeit der tatsächlichen Vornahme der Tilg. schon bekannt ist, daß der Verurteilte später zu einer Zuchthausstrafe verurteilt worden ist. War dagegen die Frist für die Tilg. noch nicht abgelaufen, so hemmt auch die vor Inkrafttreten des Ges. erfolgte Verurteilung zu einer Zuchthausstr. die Tilg. der anderen Strafverm. (vgl. auch RG. 56, 75).

Entsprechend ist zu verfahren, wenn nach dem Inkrafttreten des Ges. eine neue Bestrafung bekannt wird, bevor die vor dem Inkrafttreten vermerkten Verurteilungen getilgt sind. Falls die früheren Strafen zur Zeit der neuen Verurteilung schon hätten getilgt werden müssen, wenn das Gesetz schon damals gegolten hätte, so ist trotz der neuen Verurteilung die Tilgung der früheren Verurteilungen vorzunehmen; andernfalls hat sie zu unterbleiben. Vgl. auch Anm. 12.

7. § 11 Abs. 2 Satz 2 geht von der Annahme aus, daß die Vollstreckung der Strafe im Zweifel mit dem Tage der Verurteilung begonnen hat. Haben der Verurteilte und der Staatsanwalt bei der Urteilsverkündung auf Rechtsmittel verzichtet, so stimmt die Fristberechnung nach § 11 Abs. 2 Satz 2 mit der allgemeinen Berechnung überein (vgl. § 450 StPO.). In den anderen Fällen ist sie in der Regel für den Verurteilten günstiger, weil dieser die Zeit zwischen Urteilsverkündung und Antritt der Strafe, die bei wiederholter Einlegung von Rechtsmitteln unter Umständen Jahre ausmachen kann, abweichend von der allgemeinen Regelung in die Fristen eingerechnet erhält.

Die Regelung des Abs. 2 Satz 2 kann aber auch zum Nachteil des Verurteilten ausschlagen, z. B. wenn auf die Strafe Untersuchungshaft angerechnet worden ist oder wenn es sich um Gesamtstrafen handelt, bei denen die Verbüßung schon vor der Festsetzung der Gesamtstrafe begonnen hatte. Soweit sich aus den Reg. ersehen läßt, daß die Vollstreckung früher erledigt war, als sich nach dem Wortlaute des Abs. 2 Satz 2 berechnen würde, so ist dies zugunsten des Verurteilten in Anrechnung zu bringen. So ist z. B. von der nach Abs. 2 Satz 2 Halbs. 2 anzurechnenden „Dauer der erkannten Freiheitsstrafe" eine nach dem Inhalt des StrReg. angerechnete Untersuchungshaft in Abzug zu bringen. Wegen des Falles einer Gesamtstrafe vgl. Anm. 8.

8. Sind eine oder mehrere im Reg. eingetragene Strafen später nach § 79 StGB. oder § 460 StPO. in eine Gesamtstrafe einbezogen, so berechnet sich die Frist an sich nach der Gesamtstrafe (vgl. § 6 Anm. 9 und 12). Es würde also vom Tage der Bildung der Gesamtstrafe ab die nach der Dauer der Gesamtstrafe in Betracht kommende Frist laufen, verlängert um die Dauer der ganzen Gesamtstrafe. Eine schematische Durchführung dieser Berechnung würde indessen in den Fällen, in denen eine in die Gesamtstrafe eingerechnete Verurt. schon vorher dem Reg. mitgeteilt war, insbes. in den Fällen des § 460 StPO., zu einer Benachteiligung des Verurteilten führen, da in solchen Fällen in aller Regel die Vollstreckung der ersten Einsatzstrafe schon vor der Bildung der Gesamtstrafe begonnen oder vielleicht sogar schon vollendet war. Man wird also hier den Lauf der Frist von dem Tage der letzten in die Gesamtstrafe einbezogenen und schon vorher im StrReg. vermerkt gewesenen Verurt. zu rechnen, die Dauer der Frist aber um die ganze Gesamtstrafe zu verlängern haben. Auch diese Berechnung kann noch zu Unbilligkeiten führen. In Zweifelsfällen kann der RegFührer die Vollstreckungsakten einfordern, um den Zeitpunkt der Vollstreckung der Gesamtstrafe festzustellen und einzutragen. Auch kann es sich empfehlen, zur Beseitigung von Zweifeln oder Unbilligkeiten eine Anordnung nach § 8 des Gesetzes anzuregen.

9. Durch die Aushilfsvorschrift des Abs. 2 Satz 2 wird die Berücksichtigung des § 3 Abs. 1 nicht entbehrlich. Es muß also bei alten Verm. über Aberkennung der bürgerl. Ehrenrechte, bei denen das Ende des Ehrverlusts aus dem Reg. nicht festgestellt werden kann, weil die Zeit der Verbüßung der Freiheitsstrafe nicht angegeben ist, im Einzelfalle durch Rückfrage festgestellt werden, ob der Verurteilte die Ehrenrechte schon wieder besitzt oder nicht.

10. Abs. 2 Satz 3 ist nur anwendbar, wenn nach dem Inhalt des Reg. anzunehmen ist, daß eine Strafe erst nach einer Probezeit erlassen worden ist. Diese Annahme wird dadurch, daß der im StrReg. vermerkte Erlaß der Strafe erst geraume Zeit nach der Verurt. eingetreten ist, noch nicht ausreichend begründet. Der späte Eintritt des Straferlasses kann auch darauf beruhen, daß das Urteil 1. Instanz noch mehrfach mit Rechtsmitteln angefochten, aber in der Hauptsache nicht geändert worden ist (dann gilt nach § 13 Abs. 4 StrRegVO. der Tag der Entscheidung 1. Instanz als der Tag der Verurteilung), daß Wiederaufnahmeverfahren, Strafaufschub nach §§ 455, 456 StPO. oder im Gnadenwege stattgefunden haben usw. Immerhin wird man im allgemeinen annehmen können, daß bei Straferlaß, der erst 3 Jahre nach der Verurt. oder noch später eingetreten ist, eine bedingte Strafaussetzung vorlag; bei Jugendlichen wird man schon bei einer Zwischenzeit von 2 Jahren die Annahme für begründet halten können. Eine weitherzige Beurteilung der Frage ist nach dem Zwecke der Vorschriften geboten. In Zweifelsfällen wird man auch durch eine Anordnung nach § 8 des Gesetzes nachhelfen können.

Eine Abrundung der Probezeit, wie sie in § 6 Abs. 3 Satz 2 angeordnet ist, kommt bei der Anwendung des § 11 Abs. 2 Satz 3 nicht in Frage.

11. Abs. 2 Satz 4 enthält praktisch eine gesetzl. Fiktion über das Alter des Verurteilten zur Zeit der Tat. Sie kann durch Feststellung des wirklichen Alters entkräftet werden (vgl. Anm. 3). Sie gilt nur für Verurt. vor 1. Juli 1920 (vgl. Anm. 5). Bei späteren Verurt. einer Person nach Vollendung des 18. Lebensjahres ist mit Rücksicht auf § 13 Abs. 5 StrRegVO. anzunehmen, daß sie auch zur Zeit der Tat schon 18 Jahre alt war, wenn die Strafnachricht nicht den Vermerk „jugendlich" enthält.

12. Für die nach dem JGG. § 45 angeordnete Tilg. von Verurt. von Personen, die bei der Begehung der Tat das 14. Lebensjahr noch nicht vollendet hatten, ist eine Übergangsvorschrift nach Art der in § 11 Abs. 2 Satz 4 getroffenen nicht erlassen. Wegen des in solchen Fällen einzuschlagenden Verfahrens vgl. § 8 Anm. 28 letzter Absatz.

13. Auch hinsichtlich der vor 1. Juli 1920 eingetragenen Verurt. gilt der Grundsatz, daß bei der Prüfung der Frage, ob eine Vergünstigung des Gesetzes Platz greift, chronologisch vorzugehen ist (vgl. § 2 Anm. 7). Wäre ein vor 1. Juli 1920 eingetragener Vermerk nach den Vorschriften des Gesetzes schon tilgungsreif gewesen, als die nächste Verurt. zum StrReg. mitgeteilt wurde, so ist die erste Verurt. ohne Rücksicht auf die zweite zu tilgen.

Ist z. B. jemand am 1. Juli 1902 zu 3 Tagen Gef. verurteilt und hat er am 1. Juli 1913 eine weitere Strafe von einem Monat Gef. erhalten, so ist die Strafe vom 1. Juli 1902 im StrReg. zu tilgen, weil die Tilgungsreife der ersten Verurt. schon eingetreten war, als die zweite Verurteilung erfolgte; die zweite unterliegt seit Inkrafttreten des Gesetzes der beschr. A. und wird am 1. Juli 1928 getilgt. Ist die zweite Verurt. am 1. Juli 1908 ergangen, so ist seit 1. Juli 1920 über beide Strafen beschr. A. zu erteilen, die Tilg. der beiden Strafen ist jedoch erst am 1. Juli 1923 zulässig, d. h. in dem Zeitpunkt, an welchem die zweite Strafe getilgt werden darf. Vgl. auch Anm. 6.

14. Die Vorschrift des Abs. 3 beruht darauf, daß die bisherige „Löschung" in ihren Wirkungen im allgemeinen (vgl. jedoch § 4 Anm. 2) der jetzigen beschr. A. entsprach, insbes. nicht die weitgehenden Wirkungen der vom Gesetz neu eingeführten Tilg. (§ 5 Abs. 2) hatte (vgl. RG. in JW. 1917 S. 172; v. Liszt JW. 46 S. 322; OLG. Hamburg DStrZ. 1922 S. 187). Es bleibt aber auch jetzt noch ein sehr wesentlicher Unterschied. Während die beschr. A. nach § 2 stets unter der Bedingung eintritt, daß nicht eine weitere Verurt. zu einer Freiheitsstrafe dem StrReg. mitgeteilt wird, ist die Löschung, die als Gnadenerweis oder doch als ähnlich wirkender Verwaltungsakt unwiderruflich bewilligt worden ist (vgl. jedoch Anm. 17), endgültig. Demnach ist auch die nach § 11 Abs. 3 vom Gesetz angeordnete A Beschr. unwiderruflich, so daß über die ihr unterliegenden Verurt. auch dann nur beschr. A. erteilt werden darf, wenn im Reg. eine weitere noch der unbeschr. A. unterliegende Strafe vermerkt ist. Der allgemeine Grundsatz des § 2 Abs. 1 findet in den Fällen des § 11 Abs. 3 keine Anwendung; er gilt, wie sich aus der Stellung des § 2 Abs. 1 im Gesetze ergibt, nur für die Fälle des § 1 (vgl. Anm. 12). Vgl. ferner Pr. AV. Ziff. 31 Fußn. 13.

Dagegen hat für den Lauf der nach § 11 Abs. 3 Satz 2 von der Löschungsanordnung ab laufenden Tilgungsfrist der § 2 Abs. 1 Satz 2 volle Geltung. Die Tilg. „gelöschter" StrVerm. kann also nur erfolgen, wenn für alle anderen eingetragenen Verm. (abgesehen von den Fällen des § 2 Abs. 2) die Tilgungsreife gleichfalls eingetreten ist.

15. „Löschungen" im StrReg. sind angeordnet worden:

a) Durch Einzelanordnungen im Gnadenwege, in einigen Ländern (Sachsen und Hamburg) durch Verwaltungsakte der obersten Justizverwaltungsbehörden. Seit dem 3. Mai 1913, dem Tage, an dem die Bestimmungen vom 29. April 1913 (Zentralbl. f. d. D. Reich S. 495) bekannt gemacht und damit in Kraft getreten sind, ist die Eintragung von Löschungen vor StrVerm. ins StrReg. in der StrRegVO. vorgeschrieben und die Bedeutung der Löschung festgelegt;

b) durch die bei § 8 Anm. 26 aufgeführten allgemeinen Löschungserlasse und Amnestieverordnungen.

16. Die bei § 5 behandelte Frage, ob die Wirkungen der Tilg. schon mit der Tilgungsreife oder erst nach vollzogener Tilg. eintreten (vgl. § 5 Anm. 12) hat auch hinsichtlich der Löschung Bedeutung. Sie ist in dem gleichen Sinne wie dort zu entscheiden. Auch § 11 Abs. 3 Satz 1 spricht von Verurt., die „gelöscht worden sind". Die beschr. A. tritt also nur dann ein, wenn die Löschung im StrReg. tatsächlich vermerkt ist. Ist das nicht geschehen, so ist es Pflicht des RegFührers und gegebenenfalls des Gerichts oder der Staatsanwaltschaft, vor weiterer Behandlung des Strafblatts oder Verwertung des RegAuszugs diese Frage zu klären oder auf Klärung zu bringen.

Die Auffassung, daß tatsächlich vollzogene Löschung erforderlich ist, wird auch nicht durch die Fassung des Abs. 3 Satz 2 widerlegt, der die Tilgungsfrist mit dem Tage beginnen läßt, an dem die Löschung angeordnet worden ist". Diese Vorschrift besagt nur, daß, wenn die Löschung, wie im Satz 1 vorausgesetzt, vollzogen worden ist, die Tilgungsfrist mit dem Tage der Anordnung der Löschung, nicht erst mit dem aus dem StrReg. in aller Regel nicht ersichtlichen Tage des Vollzugs der Anordnung beginnen soll. Demgemäß beginnen die Tilgungsfristen bei den Löschungserlassen vom 1. Jan. 1916, 1917, 1918 am 27. Jan. dieser Jahre, bei den Amnestieverordnungen vom 3. und 7. Dez. 1918 an diesen Tagen, nicht erst am 5. oder 12. Dez. 1918, den Tagen, an denen die betreffenden Stücke des RGBl. ausgegeben worden sind und die VOen Gesetzeskraft erlangt haben.

17. Die Löschungserlasse von 1916, 1917 und 1918 sowie die Amnestieverordnungen von 1918 hat der Registerführer auch jetzt noch anzuwenden, wenn ein Strafblatt bearbeitet wird, bei dem sie noch nicht berücksichtigt sind (vgl. § 25 Abs. 1 Satz 1 StrRegVO. und § 8 Anm. 25). Es wäre im höchsten Grade unbillig, wenn der Eintritt der beschr. A. und die Tilg. bezüglich der nach den Erlassen und Verordnungen von 1916, 1917, 1918 zu löschende Strafen von dem zufälligen Umstande abhinge, ob das betreffende Strafblatt vor dem 1. Juli 1920 aus anderem Anlaß gebraucht worden ist oder nicht. Bei der Anwendung der Löschungserlasse von 1916, 1917 und 1918 ist besonders zu beachten, daß sie zum Teil für die Verurteilten günstiger sind als die Fristen des Gesetzes; z. B. hinderte nach ihnen die Verurt. wegen einer Übertretung zu Haft (§ 361 StGB.) den Eintritt der Löschung für andere StrVerm. nicht.

18. Nach der Hamburger Verwaltungspraxis konnte die Löschung auch mit dem Vorbehalte des Widerrufs erfolgen. So wurde auch in der Bekanntmachung des Senats vom 26. Jan. 1916, 1917 und 1918 der Widerruf für den Fall vorbehalten, daß der Verurteilte wegen eines Verbrechens oder Vergehens nach dem 27. Jan. 1916 von neuem bestraft würde. Seit Inkrafttreten des § 11 Abs. 3 des Gesetzes ist ein solcher Widerruf einer „Löschung" nicht mehr möglich.

19. Die bisher gelöschten Strafen unterliegen der beschr. A., nicht der Tilgung, auch dann, wenn die Löschung erfolgt ist, weil die Verurteilung auf einem Justizirrtum beruhte und im Wiederaufnahmeverfahren aufgehoben worden ist (vgl. § 14 der StrRegVO. vom 16. Mai 1918, Zentralbl. f. d. Deutsche Reich S. 164). Seit 1. Juli 1920 hat in Fällen, in denen die Verurteilung infolge Wiederaufnahme des Verfahrens rechtskräftig aufgehoben ist, gemäß § 7 Nr. 2 Str.-RegVO. Mitteilung an das StrReg. zu erfolgen und der Strafverm. ist gemäß § 21 Abs. 3 zu entfernen und zu vernichten. Die gleichen Unzuträglichkeiten ergeben sich, wenn der Justizirrtum durch gnadenweisen Erlaß und Löschungsanordnung beseitigt worden ist, z. B. weil wegen ein und derselben Handlung zwei Verurteilungen ergangen und rechtskräftig geworden sind. Durch die Löschung, die nur die Wirkung der ABeschr hat, wird die rückfallbegründende Wirkung der zu Unrecht erfolgten Verurteilung nicht beseitigt. Im Geiste des Gesetzes, insbesondere auch des § 11 Abs. 2, liegt es, daß Justizbehörden, denen eine vor dem 1. Juli 1920 erfolgte Löschung infolge Justizirrtums bekannt wird, bei der Landesjustizverwaltung die Anordnung der Tilg. auf Grund des § 8 in Anregung bringen.

20. Für die Fristberechnung gibt Abs. 2 Satz 1 den allgemeinen Grundsatz, während Abs. 3 Satz 2 nur für einen Sonderfall Bestimmung trifft. Aus der Zweckbestimmung des § 11, die vor dem Inkrafttreten des Gesetzes Verurteilten nicht ungünstiger als die später Verurteilten zu stellen, ergibt sich, daß die Fristberechnung des Abs. 3 Satz 2 nur dann Anwendung findet, wenn sie zu einem für den Verurteilten günstigeren Ergebnis führen würde, als die Anwendung der allgemeinen Bestimmung des Abs. 2 Satz 1. Abs. 3 regelt den dem § 8 entsprechenden Fall, während Abs. 2 die analoge Anwendung auf die gesetzlichen Fristen des § 6 bezüglichen Fristen betrifft. Ebenso wie eine Anordnung gemäß § 8 nur dann in Frage kommt, wenn durch sie die gesetzlichen Fristen abgekürzt werden, so gilt die Fristberechnung des Abs. 3 auch nur dann, wenn die Löschung früher angeordnet worden ist, als sie schon kraft Gesetzes erfolgt wäre, wenn das Gesetz damals schon in Kraft gewesen wäre. Andernfalls würden gerade diejenigen Personen, deren Strafe früher gelöscht worden ist und die im allgemeinen einer Rechtswohltat in besonderem Maße würdig gewesen sein werden, gegenüber den anderen Verurteilten, die dieser Vergünstigung nicht würdig erschienen sind, benachteiligt werden (vgl. Pr. AV. Ziff. 31 Abs. 4, ferner RG. 56, 75, ebenso Ehard, Ztschr. f. Rechtspflege in Bayern 1920 S. 202 f.).

II.

Strafregisterverordnung.

In der Fassung vom 8. März 1926 (RGBl. I S. 157; Berichtigung vom 26. Mai 1926, RGBl. I S. 254).

1. Die StrRegVO. vom 8. März 1926 ist eine Neufassung der Strafregisterverordnung vom 12. Juni 1920 (Zentralbl. f. d. Deutsche Reich S. 909). Sie beruht auf Art. IV der VO. zur Änderung der StrRegVO. vom 19. Febr. 1926 (Reichsministerialbl. S. 63) und berücksichtigt außer den durch diese ÄnderungsVO. eingetretenen Änderungen noch die Änderungen durch die VOen vom 2. Juni 1922, 17. Mai und 25. Nov. 1923 (Zentralbl. 1922 S. 325, Reichsministerialbl. 1923 S. 364, 1091). Die Änderungen, welche die VO. vom 19. Febr. 1926 gebracht hat, sind unter A der Bayer. AusfBek. und in der Sächs. AusfVO. (abgedruckt unter D XII 2, 3 a) kurz zusammengestellt.

2. Materialien: Verordnung, betreffend die Einrichtung von Strafregistern und die wechselseitige Mitteilung der Strafurteile vom 16. Juni 1882 (Zentralbl. f. d. Deutsche Reich S. 309). Geändert durch VOen vom 9. Juli 1896, 17. April 1913, 6. Sept. 1917, 16. Mai 1918 (Zentralbl. 1896 S. 426; 1913 S. 495; 1917 S. 341; 1918 S. 161). Auf Grund des Art. V der VO. vom 16. Mai 1918 (abgedruckt unter D I 1; Regierungsvorlage: Drucks. des Bundesrats Tagung 1918 Nr. 98) neu bekannt gemacht als VO. über die Strafregister vom 16. Mai 1918 (Zentralbl. S. 164), mit dem 1. Juli 1920 außer Kraft gesetzt und ersetzt durch die Strafregisterverordnung vom 12. Juni 1920 (Zentralbl. S. 909; Regierungsvorlage: Drucks. d. Reichsrats Tagung 1920 Nr. 168; Niederschriften des Reichsrats § 598). Geändert durch VO. vom 2. Juni 1922 (Zentralbl. S. 325; Regierungsvorlage: Drucks. d. Reichsrats Tagung 1922 Nr. 105; Niederschr. § 470), VO. vom 17. Mai 1923 (Reichsministerialbl. S. 364; Regierungsvorlage: Drucks. d. Reichsrats 1923 Nr. 148, Niederschr. § 522), VO. vom 24. Nov. 1923 (Reichsministerialbl. S. 1091; Regierungsvorlage: Drucks. d. Reichsrats 1923 Nr. 395; Niederschr. § 1288) und VO. vom 26. Febr. 1926 (Reichsministerialbl. S. 63; Regierungsvorlage: Drucks. d. Reichsrats 1925 Nr. 188; Niederschr. 1926 § 122).

Auf Grund des Art. IV der VO. vom 19. Febr. 1926 in der seit 1. Mai 1926 geltenden Fassung vom Reichsminister der Justiz bekannt gemacht durch die Bekanntmachung des Textes der Strafregisterverordnung vom 8. März 1926 (RGBl. S. 157, abgedruckt unter B II).

3. Die StrRegVO. vom 8. März 1926 gilt im ganzen Reichsgebiet, insbes. auch in den besetzten Gebieten.

Nur im Saargebiet gilt sie noch nicht. Dort galt bis 27. Juli 1925 die VO. über die Strafregister vom 16. Mai 1918 (Zentralbl. f. d. Deutsche Reich S. 164), seitdem gilt dort auf Grund der Verfügung des Mitglieds der Regierungskommission für die Angelegenheiten der Justiz vom 13. Juli 1925 (Amtsbl. der Regierungskommission des Saargebiets S. 164) die Strafregisterverordnung vom 12. Juni 1920 mit der Maßgabe, daß § 1 Abs. 2 und 3, § 4 Abs. 1 Ziff. 2 (gemeint ist wohl § 6 Nr. 2), § 26 Abs. 2, § 30 Abs. 1, § 31 Abs. 2, § 37 (= § 1 Abs. 2, 3, vermutlich § 6 Nr. 2, ferner § 32 Abs. 2, § 37 Abs. 2, § 38 Abs. 2, § 45 der StrRegVO. vom 8. März 1926) in Wegfall kommen und in § 2 Abs. 1 die Grenze der Registerpflicht von Geldstrafen für nicht rückfallbegründende Vergehen statt 150 Mk. 50 Franken beträgt. Es gelten also im Saargebiet außer den genannten Vorschriften noch nicht die Änderungen, welche die StrRegVO. von 1920 durch die Novellen vom 17. Mai und 24. Nov. 1923 und 19. Febr. 1926 erhalten hat, insbes. die neuen Vorschr. in § 1 Abs. 4, § 2 Abs. 1, 3, § 3 Abs. 2, § 4 Abs. 1, § 5 Abs. 3, § 12 Abs. 3, § 15, § 21 Abs. 4, § 22, § 25 Abs. 2, §§ 26, 27, 30 Abs. 3, § 31, § 33 Abs. 5, 6, §§ 34, 42, 44. Die Vorschriften des § 1 Abs. 2 waren schon vorher durch die Verfügung des Regierungskommissars für Justiz vom 16. April 1924 (Amtsbl. S. 154) für das Saargebiet dadurch praktisch außer Wirksamkeit gesetzt, daß durch diese Verf. bei der Staatsanwaltschaft in Saarbrücken ein Zentral-Strafregister für das Saargebiet eingerichtet worden ist, in das alle Verurt. einzutragen sind, die von saarländischen Gerichten gegen Personen ausgesprochen sind, die weder im Saargebiet noch im gegenwärtigen Umfange des Deutschen Reichs geboren sind oder deren Geburtsort nicht zu ermitteln ist. Dieses Zentral-Strafreg. sollte für das Saargebiet an die Stelle des beim RJustMin. geführten StrReg. treten. In der Verf. vom 16. April 1924 ist ferner die Strafregisterführung für die Amtsgerichtsbezirke des pfälzischen Teils des Saargebiets (Homburg, St. Ingbert, Blieskastel) der Staatsanwaltschaft in Saarbrücken übertragen. Um die Vollständigkeit des beim RJustMin. geführten StrReg. auch hinsichtlich der von saarländischen Gerichten verurteilten, im Reg. des RJustMin. zu führenden Personen sicherzustellen, hat die Regierungskommission des Saargebiets auf Ersuchen der deutschen Regierung im Februar 1925 angeordnet, daß die dem Zentralregister für das Saargebiet zugehenden Nachrichten regelmäßig dem RJustMin. zwecks Eintragung in dessen Register übersandt werden.

Die besonderen Vorschriften für das Saargebiet sind unter D X abgedruckt. Vgl. auch StrTilgG. Vorbem. Anm. 6 und die dort bezeichneten Anm.

4. In der freien Stadt Danzig galt bis 31. Okt. 1922 noch die VO. über die Strafregister vom 16. Mai 1918 (Zentralbl. f. d. Deutsche Reich S. 164). Seit 1. Nov. 1922 gilt auf Grund der vom Senat Justizabteilung am 23. Okt. 1922 erlassenen „Bestimmungen zur Ausführung des Gesetzes über beschränkte Auskunft aus dem Strafregister und die Tilgung von Strafvermerken“ vom 26. Mai 1922 die deutsche Strafregisterverordnung vom 12. Juni 1920 in der Fassung der VO. vom 2. Juni 1922 mit Ausnahme der §§ 37—39 (jetzt 45—47) und mit der Maßgabe, daß an Stelle des RJustMin. und des Preuß. JM. der Senat Justizabteilung tritt. Für die nicht im Danziger Staatsgebiet geborenen Personen wird bei der Staatsanwaltschaft Danzig ein „Auslandsstrafregister“ geführt, das für Danzig an die Stelle des in Deutschland beim Reichsjustizministerium geführten Strafregisters tritt; dabei sind Bestimmungen zur Ergänzung des Auslandsstrafregisters getroffen. Für Personen, die in Deutschland geboren sind, ist Mitteilung der Strafnachricht auch an die deutsche Strafregisterbehörde vorgeschrieben. Neben der deutschen StrRegVO. von 1920/22 sind noch die dazu ergangenen Preußischen AusfVerf. in Danzig für anwendbar erklärt.

Die in Danzig geltenden Vorschriften sind unter D XI 1 abgedruckt.

5. Im Memelgebiet gilt noch die VO. über die Strafregister vom 16. Mai 1918 (Zentralbl. f. d. Deutsche Reich S. 164) mit den Abweichungen, die durch die VO. des Oberkommissars, betr. die Führung des Strafregisters über diejenigen Personen, deren Geburtsort außerhalb des Memelgebiets gelegen oder nicht zu ermitteln ist, vom 25. März 1922 (Amtsbl. des Memelgebiets 1922 S. 296, abgedruckt unter D XI 2) angeordnet sind. In dieser VO. ist insbesondere bestimmt, daß für Personen, deren Geburtsort nicht zu ermitteln oder außerhalb des Memelgebiets gelegen ist, bei der Staatsanwaltschaft des LG. Memel ein besonderes Register geführt wird. Außerdem sind Vorkehrungen getroffen, durch die dieses Register vervollständigt werden soll; insbes. ist bestimmt, daß A. über die genannten Personen in der Regel von dem Zentralregister zu erfordern sind und daß dieses, soweit es zur Erteilung einer erschöpfenden A. nach dem Stande seines neuen Reg. nicht in der Lage ist, die hierzu erforderlichen Unterlagen durch Anfrage bei den früheren Registerstellen beschaffen soll. Demgemäß gibt auch die StrRegBeh. des Memelgebiets auf Anfragen deutscher Behörden allgemein A. aus ihrem Reg.

6. Wegen der Ausführungsvorschriften der Länder zur StrRegVO. vgl. § 45 und D XII.

7. Die StrRegVO. ist auf Grund des Art. 77 der Reichsverf. als AusfVO. zur StPO. von der Reichsregierung mit Zustimmung

des Reichsrats erlassen. Sie ist demnach für die Landesregierungen und Landesbehörden bindendes Recht, das durch die Ausführungsvorschriften der Länder nicht abgeändert werden kann. Sollten die AusfVorschriften der Länder Bestimmungen enthalten, die mit einer Vorschrift der StrRegVO. unvereinbar sind, so sind diese Bestimmungen unwirksam, soweit sie mit der StrRegVO. in Widerspruch stehen (vgl. z. B. § 17 Anm. 2).

Auf Grund des Artikel 77 der Verfassung des Deutschen Reichs wird von der Reichsregierung mit Zustimmung des Reichsrats folgendes verordnet:

I. Strafregisterbehörden.

§ 1 (1)[1].

Das Strafregister für eine Person wird in dem Bezirke geführt, in dem ihr Geburtsort liegt. Die Landesregierungen bestimmen, welche Behörden die Strafregister führen. Die Aufsicht und Leitung steht der Landesjustizverwaltung oder der von ihr bestimmten Behörde zu.

Über Personen, deren Geburtsort außerhalb des Reichsgebiets gelegen, zweifelhaft oder nicht zu ermitteln ist, sowie über juristische Personen und Personenvereinigungen wird das Strafregister bei dem Reichsjustizministerium oder der von ihm bestimmten Behörde geführt. Die Leitung und Aufsicht hat der Reichsminister der Justiz oder die von ihm bestimmte Behörde.

Der Reichsminister der Justiz wird bekanntmachen, welche Behörden die Strafregister führen.

Liegt ein Ort zum Teil im Inland und zum Teil im Ausland, so kann der Reichsminister der Justiz im Einvernehmen mit der beteiligten Landesjustizverwaltung bestimmen, bei welcher Strafregisterbehörde das Strafregister für die in dem Orte geborenen Personen zu führen ist.

Abs. 2 geändert durch VO. vom 2. Juni 1922 Art. I Nr. 1.
Abs. 4 eingefügt durch VO. vom 19. Febr. 1926 Art. I Nr. 1.

---

[1]) Die eingeklammerten Zahlen hinter der §-Nummer geben die §-Nummer der Strafregisterverordnung vom 12. Juni 1920 (Zentralbl. für das Deutsche Reich S. 909) an.

1. Das StrReg. für natürliche Personen, deren Geburtsort im Inland liegt, wird regelmäßig in dem Bezirk des Geburtsorts geführt. Ob sich der Geburtsort im Inland befindet, bestimmt sich nach den jeweiligen Reichsgrenzen, d. h. es kommt darauf an, ob der Ort an dem Tage, an dem die betreffende Handlung, z. B. Auskunfterteilung, Eingang des Strafverm., Tilg. usw. erfolgt, zum Deutschen Reiche gehört oder nicht. Orte in den auf Grund des Vertrags von Versailles abgetretenen Gebieten (einschließlich Danzig und Memelgebiet) sind jetzt außerhalb des Reichsgebiets gelegen. Auf die in diesen Gebieten geborenen Personen findet daher Abs. 2 Anwendung ohne Rücksicht darauf, daß ihr Geburtsort zur Zeit ihrer Geburt im Inland gelegen war (vgl. Anm. 3).

Das Saargebiet gehört zum Inland. Vgl. Art. II der VO. zur Änderung der Strafregisterverordnung vom 19. Febr. 1926 (abgedruckt unter D I 6). Das Saargebiet gehört, wenn auch die Ausübung der Staatshoheit gemäß dem Vertrag von Versailles der vom Völkerbund berufenen Regierungskommission übertragen ist, nach wie vor zum Deutschen Reich. Gleichwohl ist es nicht zweifelsfrei, ob die saarländischen Gerichte als deutsche Gerichte anzusehen sind (der Preußische Justizminister bejaht die Frage; vgl. Rundverf. des pr. JM. vom 30. Nov. 1923 I Fr. 6147). Für den Strafregisterverkehr bedarf es einer Entscheidung der Frage nicht, da Art. II Abs. 1 der VO. zur Änderung der Strafregisterverordnung vom 19. Febr. 1926 ausdrücklich bestimmt, daß Verurteilungen durch saarländische Gerichte oder Verwaltungsbehörden bezüglich der Aufnahme in das Strafregister wie Verurteilungen durch deutsche Gerichte und Behörden außerhalb des Saargebiets zu behandeln sind. Desgleichen schreibt Art. II Abs. 2 dieser VO. vor, daß auch den saarländischen StrReg. die Mitteil. in der gleichen Weise zu machen sind wie den deutschen StrReg. außerhalb des Saargebiets. Die StrRegBeh. des Saargebiets nehmen die ihnen übermittelten Strafnachrichten in demselben Umfang auf, wie dies für die übrigen deutschen StrRegBeh. gilt, abgesehen lediglich von Zollvergehen. Die von saarländischen Beh. übermittelten Strafnachrichten über Zollvergehen sind aber ohne Rücksicht auf diese Stellungnahme der saarländischen Regierungskommission in die deutschen Strafregister außerhalb des Saargebiets aufzunehmen.

Wegen der Verwertung von Auszügen aus StrReg. des Saargebiets vgl. Vorbem. 6 zum StrTilgG.

2. Liegt der Geburtsort einer Person außerhalb des (jetzigen) Reichsgebiets, so ist das StrReg. beim Reichsjustizministerium oder der von ihm bestimmten Behörde zu führen. Der RM. der Justiz könnte die Führung des StrReg. sowohl einer Reichsbehörde wie einer Landesbehörde übertragen. Von dieser Befugnis hat er jedoch bisher nicht Gebrauch gemacht.

Das beim RJustMin. geführte StrReg. ist außerdem zuständig für Personen, deren Geburtsort zweifelhaft oder nicht zu ermitteln ist. Nur durch Sammlung der über solche Personen vorliegenden Registernachrichten bei **einer** Zentralstelle ist es möglich, derartige StrRegBlätter überhaupt zu verwerten und wenigstens zuweilen den richtigen Geburtsort zu ermitteln. Tritt letzteres ein, so ist das Strafblatt, wenn eine andere StrRegBeh. sich als zuständig herausstellt, an diese abzugeben.

Wegen der Zuständigkeit des beim RJM. geführten StrReg. für **juristische Personen und Personenvereinigungen** vgl. Anm. 5.

Zweifelhaft ist der Geburtsort, wenn sich nicht mit Sicherheit feststellen läßt, welcher von mehreren in Betracht kommenden Orten der Geburtsort ist. Ist nur ein in Deutschland gelegener Geburtsort angegeben, bestehen aber Zweifel, ob der angegebene Geburtsort der richtige ist, so bleibt die für den angegebenen Ort zuständige Landesregisterbehörde zuständig, es ist jedoch nach § 14 Abs. 2 ein Doppel, eine zweite Mitteilung an das beim RJM. geführte Str.-Reg. zu senden; die Befugnis aus § 8 StrTilgG. bleibt also hier ausschließlich der zuständigen obersten JustVerwBeh. des betreffenden Landes, natürlich ist von solchen Anordnungen auch das StrReg. des RJM. zu benachrichtigen, damit das Nebenregister auf dem Laufenden bleibt.

Für **Zigeuner** bleibt, wenn ihr Geburtsort in Deutschland liegt, das betr. Landesregister zuständig. Da jedoch bei Zigeunern häufig der angegebenene Geburtsort nicht stimmt (sie wissen die richtigen Angaben oft selbst nicht), ist generell angeordnet, daß eine zweite Mitteilung an das StrReg. des RJMin. zu senden ist (§ 14 Abs. 2). Ist bei einem Zigeuner der Geburtsort zweifelhaft oder nicht zu ermitteln, so ist **nur** das StrReg. des RJM. zuständig.

3. Die **Zuständigkeit des StrReg. d. RJustMin.** für die **in den abgetretenen Gebieten** geborenen Personen ist **erst durch die Abtretung der Gebiete begründet** worden. Dabei kann es zweifelhaft sein, von welchem genaueren Zeitpunkt an die Zuständigkeit begründet worden ist. In Betracht kommen der Zeitpunkt, zu dem die einzelnen Gebietsteile nach dem Vertrag von Versailles oder den auf ihn gestützten Entscheidungen der Botschafterkonferenz usw. aus der deutschen Staatshoheit ausgeschieden sind, oder der Zeitpunkt, an dem die Verwaltung der einzelnen Gebiete tatsächlich an den ausländischen Staat übergeben worden ist. oder schließlich der Zeitpunkt, an dem die Rechtspflege in den einzelnen Gebieten übergegangen ist. Da es sich bei den StrReg. um eine Einrichtung der Rechtspflege handelt, wird man unbedenklich den letzteren Zeitpunkt als maßgebend ansehen dürfen. Praktisch spielt übrigens die Frage keine erhebliche Rolle. Einmal beträgt der zeitliche Zwischenraum zwischen den 3 verschiedenen Zeitpunkten meist höchstens Tage oder wenige Wochen. Außerdem kommt es weniger darauf an. von wann ab das StrReg. des RJustMin. einen Anspruch auf die vorgeschriebenen Mitteilungen an das StrReg. hatte, als darauf, von wann an sie ihm tatsächlich zugegangen sind.

Als Zeitpunkt, von dem ab die Rechtspflege in den einzelnen Gebieten übergegangen ist, kommt für Elsaß-Lothringen der 30. Nov. 1918 in Betracht (vgl. Gesetz, betr. elsaß-lothringische Rechtsangelegenheiten, vom 1. April 1922, RGBl. I S. 327). Für die übrigen abgetretenen Gebiete sind die entsprechenden Daten in § 2 der auf Grund des § 6 des genannten Gesetzes vom 1. April 1922 ergangenen VO., betr. Rechtsangelegenheiten der Abtretungsgebiete, vom 22. August 1922 (RGBl. I S. 719) sowie in Art. III des Gesetzes über Danziger und Memelländische Rechtsangelegenheiten vom 4. März 1924 (RGBl. I S. 169) festgelegt. Hiernach kommen als Zeit des Übergangs der Rechtspflege in Betracht:

Für Gebiete, die abgetreten sind, an

Belgien	der 10. 1. 1920
Polen (außer Oberschlesien)	die Zeit zwischen 1. 1. u. 12. 2. 1920
Danzig	der 10. 2. 1920
Memelgebiet	der 15. 2. 1920
Dänemark	der 18. 6. 1920
Polen hinsichtlich Oberschlesiens	die Zeit zwischen 18. u. 30. 6. 1922.

Dem StrReg. des RJustMin. sind demnach in der Regel erst seit diesen Tagen die Mitteilungen über Personen zugegangen, die in diesen Gebietsteilen geboren sind. Um die hieraus sich ergebende Unvollständigkeit des StrReg. des RJM. allmählich mehr und mehr zu beseitigen, sind verschiedene Vorkehrungen getroffen worden. Zunächst ist in den unter D VI abgedruckten Abkommen mit den ausländischen Staaten, an welche die abgetretenen Gebiete gefallen sind, vereinbart worden, daß den deutschen Behörden Auskunft aus den abgetretenen StrReg. zu erteilen ist. Es ist ferner dafür gesorgt worden, daß alle derartigen AErsuchen über das StrReg. des RJustMin. geleitet wurden, damit dieses aus den eingeholten Auskünften sein Register ergänzen konnte. Das RJMin. hat auch von sich aus, wenn Anfragen über Personen mit Geburtsorten in den abgetretenen Gebieten, insbes. den jetzt polnischen, oder Löschungsanträge solcher Personen eingingen, sein Register nach Möglichkeit durch Rückfrage bei den früheren Reg. ergänzt. Weiterhin sind auf Veranlassung des RJustMin. in allen Ländern die Justizbehörden angewiesen worden, die in den zur Vorlage kommenden Akten etwa enthaltenen RegAuszüge über solche Personen in Urschrift — wenn nötig unter Zurückbehaltung einer beglaubigten Abschrift, jedenfalls aber unter Vermerkung der Abgabe in den Akten — an das RJM. (StrReg.) abzugeben; dabei soll der Auszug vor der Absendung durch Nachtragen der Strafe aus den betreffenden Akten ergänzt werden. Gleichzeitig sind die Strafanstalten, in denen solche Personen Strafe verbüßen, angewiesen worden, hievon der zuständigen Strafvollstreckungsbehörde Mitteilung zu machen, damit diese die vorgeschriebenen Nachrichten an das RJustMin. veranlaßt. Für Preußen vgl. AV. d. JM. vom 15. Juni 1921 (JMBl. S. 348).

Schließlich sind die zuständigen Behörden angewiesen worden, die nunmehr für das StrReg. des RJM. bestimmten Nachrichten und sonstigen Mitteilungen an dieses zu leiten und dabei, wenn sich die Mitteilung (z. B. über eine Bewährungsfrist oder eine Begnadigung) auf eine Strafe bezieht, die dem RJM. früher nicht mitgeteilt worden war, eine neue Ausfertigung der Strafnachricht oder, falls ein StrRegAuszug vorliegt, eine beglaubigte Abschrift dieses Auszugs beizufügen. Für Preußen vgl. Allg. Verf. des JM. vom 6. März 1920 (JMBl. S. 104).

Endlich sollen A. über im Ausland geborene Personen, die aus ausländischen Registern etwa unmittelbar erholt werden, in Abschrift dem RJMin. zugeleitet werden (vgl. AV. d. Preuß. JM. vom 10. April 1926 I 1 Abs. 3, JMBl. S. 147 und frühere Verfügungen in allen Ländern).

Um wiederholte Rückfragen bei der früheren Registerstelle zu vermeiden, ist für das StrReg. beim RJM. angeordnet, daß von der früheren Registerstelle eingegangene Auskünfte auch dann in das Str.-Reg. eingelegt werden, wenn sie nur den Vermerk enthalten, daß die betreffende Person nicht bestraft ist.

4. Auch die Landesregister in den Gebieten, die an die abgetretenen Gebiete grenzen, wurden vielfach dadurch unvollständig, daß der Sitz des Landgerichts, bei dem die Reg. geführt worden sind, abgetreten, ein Teil der zu dem LG. gehörigen Orten aber bei Deutschland geblieben und nunmehr einem anderen Reg. zugeteilt worden ist. Hier ist zum Zwecke der Vervollständigung der neuen StrReg. zunächst in den Abkommen mit Polen die Übergabe der auf die nicht mit abgetretenen Orte bezüglichen StrRegBlätter, an denen die Gegenseite kein Interesse hatte, vereinbart worden (vgl. die unter D VI 2, 6 abgedruckten Abkommen); daneben ist in den unter D VI 1, 2 abgedruckten Abkommen ein Ausk.-Recht der deutschen Behörden hinsichtlich der abgetretenen StrReg. sichergestellt. Die vorgesehene Aussonderung und der Austausch der ausgesonderten RegBlätter ist nunmehr als beendigt anzusehen (vgl. Allg. Verf. des Preuß. JM. vom 22. Juli 1925, JM. S. 269). Die daneben bestehenden AuskPflichten bestehen aber unverändert fort, auch im Verkehr mit Polen (a. M. anscheinend Preuß. JM. Allg. Verf. vom 10. April 1926, JMBl. S. 147), mit dem im übrigen durch Notenwechsel vom 16. Dez. 1925 (RGBl. II S. 89, abgedruckt unter D VII 8) die gegenseitige Auskunft aus den Strafregistern im unmittelbaren Geschäftsverkehr der Gerichtsbehörden der beiden Staaten sowie ein allgemeiner Strafnachrichtenaustausch vereinbart worden ist (vgl. bes. Ziff. 1, 5, 7 des Notenwechsels). Mit Danzig ist ebenfalls ein Rechtspflegeabkommen vom 27. Aug. 1920 (Drucks. des Reichstags 1920 Nr. 994) abgeschlossen, in dem gegenseitige Auskunft und Austausch der nicht mehr benötigten RegBl. vereinbart ist; das Abkommen ist zwar nicht ratifiziert worden, der Austausch hat aber stattgefunden und Auskunft wird gegenseitig erteilt.

Auch die Landesregister sind angewiesen worden, bei Anfragen, soweit sie selbst zur Erteilung einer erschöpfenden Antwort nach dem Stande des Reg. nicht in der Lage sind, die hierzu erforderlichen Unterlagen nach Möglichkeit durch Anfrage bei den früheren Reg.-Stellen zu beschaffen (vgl. § 4 Satz 2 der Allg. Verf. d. Preuß. JM. vom 6. März 1920, JMBl. S. 104).

5. Für juristische Personen und Personenvereinigungen, die nicht juristische Personen sind, ist ebenfalls das StrReg. bei dem RJM. oder der von ihm bestimmten Behörde als RegBehörde bestimmt. Die Vorschrift hierüber ist durch Ziff. 1 der VO. vom 2. Juni 1922 (Zentralbl. S. 325) eingefügt worden. Damit ist dem Umstand Rechnung getragen, daß die juristischen Personen sowie Personenvereinigungen, die nicht juristische Personen sind, nach neueren Bestimmungen des Steuerstrafrechts (vgl. Reichsabgabeordnung § 357) auch selbst bestraft werden können. Das Zentralregister des RJM. ist als Reg.-Beh. für juristische Personen usw. bestellt worden zur Vermeidung von Schwierigkeiten, die sich aus der Verlegung des Sitzes einer juristischen Person und des dadurch erforderlich werdenden Wechsels des Strafregisters ergeben könnten. (Vgl. hierzu Heinrich, „Handbuch des Steuerstrafrechts", Berlin 1923, Anm. zu § 357; Lelewer, „Steuerstrafrecht", Berlin 1925, S. 55; Cattien, „Reichssteuerstrafrecht und Reichssteuerstrafverfahren", Berlin 1925, S. 138, vgl. aber S. 25; andererseits leugnen die Straffähigkeit solcher juristischer Personen usw. Juliusberger, „Steuerstrafrecht und Steuerstrafverfahren", Bd. 1 S. 32 und Rode in DStrZ. 1922 S. 348 f.). — Über die Frage besonderer Formulare für solche Strafnachrichten vgl. unter § 12 Anm. 3.

6. Besondere Bestimmungen für die Führung von Str.-Reg. für Ortschaften, die teils zum Deutschen Reich, teils zum Ausland gehören, haben sich als zweckmäßig erwiesen. Durch den Vertrag von Versailles und die in Ausführung dieses Vertrags erfolgte Änderung der Reichsgrenzen ist eine Anzahl von Orten in der Weise zerschnitten worden, daß ein Teil der Ortschaft deutsch geblieben, während der übrige Teil an einen ausländischen Staat abgetreten worden ist. Nach § 1 der VO. in der bisherigen Fassung mußte deshalb, um die zuständige Strafregisterbehörde festzustellen, bei jedem Verurteilten geprüft werden, ob das Haus, in dem er geboren ist, in dem deutsch gebliebenen oder in dem abgetretenen Teile der Ortschaft liegt. Diese Prüfung würde viel Zeit, Mühe und Kosten verursachen und doch vielfach eine einwandfreie Feststellung nicht ergeben. Die Schwierigkeiten sind auch nicht nur von vorübergehender Natur. Wenn auch die abgetretenen Teile der Ortschaften vielfach besondere ausländische Namen und zuweilen auch die deutsch gebliebenen Teile neue Namen erhalten haben, so wird dadurch im Einzelfalle der Zweifel über die Zuständigkeit zur Führung des Registers nicht behoben, da in den Angaben über den Geburtsort noch auf lange Zeit hinaus die alte einheitliche deutsche Ortsbezeichnung neben den neuen verschiedenartigen Bezeichnungen der beiden Ortsteile Verwendung finden wird und außerdem in den bereits im Strafregister enthaltenen Strafblättern durchweg nur die alte Bezeichnung angegeben ist. Zur Vereinfachung des Strafregisterverkehrs erschien es deshalb geboten, für jeden dieser von der Reichsgrenze durchschnittenen Orte die Führung des Registers durch eine einzige Registerbehörde vorzuschreiben. Eine solche Regelung war besonders auch um deswillen notwendig, weil nur so eine einwandfreie Feststellung der für Anordnungen nach § 8 des StrTilgG. zuständigen obersten Justizverwaltungsbehörde möglich ist. Die Bestimmung der Registerbehörde, bei der das Strafregister für einen von der Reichsgrenze durchschnittenen Ort geführt werden soll, ist durch die in der AbänderungsVO. vom 19. Febr. 1926 neu eingefügte Vorschrift des § 1 Abs. 4 dem Reichsminister der Justiz im Einvernehmen mit der beteiligten Landesjustizverwaltung übertragen.

Eine solche Verfügung ist im Einvernehmen mit dem Preuß. Justizminister ergangen. Sie ist unter D II 4 abgedruckt. Die dem StrReg. des RJM. zugewiesenen Orte sind diejenigen, bei denen mehr als ein Drittel der Einwohnerschaft auf Grund der Abtretung im Ausland wohnen; außerdem ist der Gutsbezirk Filehne-Schloß, von dem nur ein kleiner Teil der Einwohnerschaft von der Abtretung berührt ist, dem RJM. zugewiesen, weil Filehne-Stadt ganz polnisch geworden ist. Alle übrigen Orte, die von der neuen preußischen Grenze durchschnitten sind, sind der preußischen Registerbehörde des deutsch gebliebenen Teils zugeteilt.

Nicht unter Abs. 4 fallen die Orte, bei denen der bewohnte Teil ganz deutsch geblieben oder ganz ans Ausland abgetreten ist, während unbewohnte Teile (gleichviel welchen Flächeninhalts) in dem anderen Staate liegen. Diese Orte gehören zu der StrRegBeh., zu deren Bezirk der bewohnte Teil gehört, also zum StrReg. des RJustMin., wenn der bewohnte Teil ganz abgetreten ist.

7. Es gibt auch Orte, die in verschiedenen inländischen Bezirken liegen. Eine besondere Bestimmung für sie erübrigte sich, da ohne weiteres die Landesregierungen als berechtigt angesehen werden müssen, zu bestimmen, daß die StrReg. für alle in dem Orte geborenen Personen in einem bestimmten Bezirke geführt werden müssen (so auch Bayer. AB. B 1 III). Durch die Bestimmung der VO., daß der Geburtsort einer Person für die Führung der Str.-Reg. maßgebend ist, wird in keiner Weise bestimmt, daß die StrReg.-Bezirke mit denjenigen Verwaltungsbezirken usw., mit denen sie sich nach den maßgebenden Bestimmungen des betreffenden Landes in der Regel decken, ausnahmslos zusammenfallen müssen. Das Land kann vielmehr ohne weiteres für bestimmte Orte, die in verschiedenen Gerichts- oder Verwaltungsbezirken usw. liegen, bestimmen, daß sie zum StrReg. eines von ihnen gehören sollen. Gehört der Ort zu Bezirken mehrerer Länder, so kann dies durch Vereinbarung der betreffenden Länder bestimmt werden.

8. Die Bekanntmachung der Strafregisterbehörden (Abs. 3) ist zuletzt durch Bek. d. RM. d. Just. vom 20. März

1925 (RMBl. S. 224) erfolgt; sie ist unter D II 2 abgedruckt. Im allgemeinen sind die Staatsanwaltschaften des Landgerichts, in Sachsen und Baden die Amtsgerichte als StrReg.Behörden bestimmt. Durch Bildung von Gerichtsgemeinschaften zwischen Gerichten verschiedener Länder wird auch die Abgrenzung der Registerbezirke berührt. Vgl. für Preußen AV. Ziff. 8 Abs. 2. Die Anschrift des beim RJustMin. geführten StrReg. lautet: „Reichsjustizministerium (Strafregister) in Berlin W 9 Voßstraße 4/5."

Die Leitung der Register steht dem ersten Beamten der Staatsanwaltschaft oder dem mit der Leitung des Strafregisters besonders beauftragten Staatsanwalt, bei den Strafregistern der Amtsgerichte dem aufsichtführenden Amtsrichter oder dem mit der Leitung des Strafregisters besonders beauftragten Amtsrichter zu (Preuß. AV. Ziff. 9; Bayer. AB. B 2 II). Die Führung der Register ist im allgemeinen Bürobeamten übertragen, die in Zweifelsfällen die Weisung des Leiters des Strafregisters einzuholen haben (vgl. Preuß. AV. Ziff. 31 Abs. 5). In Preußen ist der Justizobersekretär der Staatsanwaltschaft als Registerführer bestimmt (AV. Ziff. 9 Abs. 1). In Bayern sollen die Staatsanwälte die Registergeschäfte geeigneten und unbedingt zuverlässigen Beamten der staatsanwaltschaftlichen Kanzlei übertragen, die mit dem Zusatz K. E. (Kraft Ermächtigung) zeichnen (AB. B 2 I).

9. Die StrRegFührung ist eine Angelegenheit der Justizverwaltung. Beschwerden gegen Maßnahmen der StrRegBeh. sind von der Aufsichtsbehörde zu entscheiden. Als oberste Aufsichtsbehörde kommt bei dem StrReg. der Länder die oberste Justizverwaltungsbehörde des Landes in Betracht. Vgl. für Preußen AV. Ziff. 9 Abs. 2, für Bayern AB. B 2 III.

10. Die StrReg. sind Urkunden im Sinne der §§ 133, 348, 349 StGB. (RG. 26 S. 413; Klein in „Wörterbuch des Deutschen Staats- und Verwaltungsrechts", 2. Aufl. S. 553 § 6).

11. Die Abs. 2—4 des § 1 gelten nicht im Saargebiet (vgl. Vorbem. zu StrRegVO. Anm. 3).

II. Mitteilungen an das Strafregister.

§ 2 (2).

Dem Strafregister sind die Verurteilungen mitzuteilen, die wegen einer strafbaren Handlung durch Urteil oder Strafbefehl eines deutschen Gerichts oder von einer deutschen Behörde durch Strafverfügung oder Strafbescheid oder im Unterwerfungsverfahren ausgesprochen sind. Verurteilungen zu Geldstrafe wegen einer Übertretung sind nur mitzuteilen, wenn es sich um Zuwiderhandlungen gegen die §§ 361, 363 des Strafgesetzbuchs handelt.

Enthält eine Entscheidung mehrere Verurteilungen einer Person, von denen nur ein Teil registerpflichtig ist, so sind alle Verurteilungen mitzuteilen.

Dem Strafregister sind ferner mitzuteilen Entscheidungen, durch die eine Gesamtstrafe gebildet wird. Dabei sind für die in die Gesamtstrafe einbezogenen Einzelstrafen das Gericht, das die Einzelstrafen erkannt hat, der Tag, an dem die Strafen erkannt sind, und die Aktenzeichen anzugeben.

Mitteilungen über Verurteilungen im Ausland sind ohne Rücksicht auf Art und Höhe der Strafe in die Strafregister aufzunehmen, wenn sie sich auf Deutsche oder auf solche Ausländer beziehen, die im Reichsgebiete geboren sind oder wohnen.

Abs. 1 geändert, Abs. 3 eingefügt durch VO. vom 19. Febr. 1926 Art. I Nr. 2. Abs. 1 war auch schon durch die VOen v. 2. Juni 1922, 17. Mai und 24. Nov. 1923 geändert worden.

1. Durch § 2 wird der Kreis der nach Reichsrecht registerpflichtigen und damit auch der registerfähigen Verurt. abschließend umgrenzt. Die Landesregierungen können aber auch andere Verurteilungen registerfähig und damit für die Strafregister ihres Gebietes registerpflichtig machen, soweit es sich um Verurteilungen durch Gerichte oder Behörden des betreffenden Landes handelt (§ 10). Durch Vereinbarung der Länder kann diese Registerpflicht auch auf die von den Gerichten und Behörden anderer Länder ausgesprochenen Verurteilungen sowie auf die in anderen Ländern geführten StrReg. ausgedehnt werden.

2. Wie das StrTilgG. bezieht sich auch die VO. nur auf die kriminellen Strafen, nicht auf Ordnungsstrafen, Disziplinarstrafen und Zwangsstrafen. Die Unterscheidung ist jedoch insbesondere bei Geldstr. nicht immer einfach. Die Bezeichnung ist nicht immer maßgebend. Es gibt kriminelle Strafen, die als Ordnungsstrafen bezeichnet werden, und andererseits werden Ordnungsstrafen und Zwangsstrafen häufig als Geldstrafen bezeichnet. Mitunter werden kriminelle Geldstrafen auch als Geldbußen bezeichnet. Zu beachten ist insbesondere, daß die Ordnungsstrafen des § 377 der Reichsabgabenordnung (nicht auch die des § 202) sowie des § 29 (nicht auch des § 30) des Weinsteuergesetzes v. 26. Juli 1918 kriminelle Str. sind. Kriminelle Str. und Ordnungsstr. sind Reaktion auf eine in der Vergangenheit liegende Handlung, während die Zwangsstrafe für die Zukunft den Willen des Täters beugen und für die Zukunft ein der Rechtsordnung gemäßes Verhalten des Täters erzwingen soll. Den Ordnungsstrafen ist gemeinsam, daß sie nicht, wie in der Regel die

Kriminalstrafe, wegen Verletzung oder doch wegen Gefährdung von Rechtsgütern, sondern wegen einfachen Ungehorsams gegen gesetzliche, statutarische und obrigkeitliche Anordnungen oder wegen Nichterfüllung besonderer Pflichten eintreten. Über Einzelheiten vgl. Hellwig, Das Geldstrafengesetz, 3. Aufl., München und Berlin 1924, § 1 Anm. 2 ff.

Keine kriminellen Geldstrafen sind insbesondere auch die sogen. Bußen, auf die nach verschiedenen Arbeitsgesetzen im gerichtlichen Verfahren wegen bestimmter Zuwiderhandlungen zu erkennen ist, so nach dem Hausarbeitsgesetz vom 27. Juni 1923 (RGBl. I S. 472) § 37, nach der VO. über die Einstellung und Entlassung von Arbeitern und Angestellten während der wirtschaftlichen Demobilmachung vom 12. Febr. 1920 (RGBl. S. 218) § 18, nach der VO. über die Freimachung von Arbeitsstellen während der wirtschaftlichen Demobilmachung vom 25. April 1920 (RGBl. S. 708) § 20 und nach dem Gesetz über die Beschäftigung Schwerbeschädigter in der Fassung vom 12. Januar 1923 (RGBl. I S. 58) §§ 18, 26. Diese sogen. Sozialbußen sind nicht, wie Klee DStrZ. 1922 S. 188 anscheinend meint, kriminelle Geldstrafen; man wird sie wohl auch nicht mit Hellwig, Geldstrafengesetz, 3. Aufl. Anm. 9 als Ordnungsstrafen im eigentlichen Sinn ansehen können, sondern man wird sie vielmehr richtiger als eine neuartige Erscheinung von besonderer Eigenart kennzeichnen müssen, die ein Mittelding zwischen der Buße im Sinne der bisherigen Gesetzgebung der öffentlichen Strafe, insbesondere der kriminellen Strafe darstellt. So OLG. Stuttgart in ZStrW. 45 S. 196 ff.; ebenso Schäfer bei Schäfer und Hartung, Strafrecht und Strafprozeß, Bd. I S. 177 Anm. 35 zu Art. II des Geldstrafengesetzes. Wegen der Bußen nach dem Gesetz vom 12. Jan. 1923 vgl. die ausdrückliche Anweisung des Preuß. JustMin. vom 1. März 1923 (JMBl. S. 168).

3. Keine kriminelle Strafe, insbesondere keine Geldstrafe ist die nach manchen Reichsges. und Landesges. eintretende Haftbarkeit natürlicher oder juristischer Personen oder sonstiger Personenvereinigungen für die gegen andere Personen verhängten Geldstr. (vgl. Hellwig, Geldstrafengesetz Anm. 119). Dies gilt auch dann, wenn nur die für haftbar erklärte Person verurteilt wird, wie z. B. nach § 3 Abs. 2 des Preuß. Feld- und Forstpolizeiges. v. 21. Jan. 1926 (Ges. S. 83).

4. Gleichgültig für die Registerpflichtigkeit einer von einer deutschen Behörde ausgesprochenen Verurteilung ist es, ob der Verurteilte Inländer oder Ausländer ist, ob sein Geburtsort oder sein Wohnsitz oder sein ständiger Aufenthaltsort im Deutschen Reiche oder im Ausland liegt. Anders bei Verurteilungen im Ausland (vgl. § 2 Abs. 4, Anm. 22).

5. Strafbescheide werden von den Finanzämtern und anderen Finanzbehörden, Strafverfügungen von anderen Verwaltungsbehörden, insbesondere Polizeibehörden erlassen. Wegen der Zuständigkeit zum Erlaß von Strafverfügungen vgl. § 413 StPO. und VO. über die Bestrafung von Zuwiderhandlungen gegen die Paßvorschriften vom 6. April 1923 (RGBl. I S. 249). Die Strafverfügungen, durch die Disziplinarstr. verhängt werden, gehören nicht hierher, insbesondere auch nicht die Strafverfügungen der militärischen Disziplinarvorgesetzten, selbst dann nicht, wenn sie sich auf disziplinarisch erledigte militärische Vergehen (EG. zum MStGB. § 3) beziehen. Auch die disziplinarisch erledigten militärischen Vergehen bleiben zwar militärische Vergehen (Mayer, Strafrecht S. 7 Anm. 15), aber die Strafen, die zu ihrer Ahndung verhängt werden, sind keine kriminellen Strafen, sondern Disziplinarstrafen. Vom 1. August 1926 ab wird diese Unterscheidung bedeutungslos, da an diesem Tage § 3 EG. zum MStGB. außer Kraft tritt (Art. II Nr. 1, Art. IV des Gesetzes zur Vereinfachung des Militärstrafrechts vom 30. April 1926, RGBl. I S. 197) und militärische Vergehen künftig nicht mehr disziplinarisch erledigt werden können.

Nach der bisherigen Fassung des § 2 Abs. 1 der StrRegVO. konnte es zweifelhaft erscheinen, ob Verurteilungen, die im Unterwerfungsverfahren des § 410 der Reichsabgabenordnung oder ähnlicher Vorschriften des Reichs- oder Landesrechts (zu vergleichen z. B. § 20 des Preuß. Gesetzes vom 26. Juli 1897 — Gesetzsamml. S. 237 —) ergehen, in das StrReg. aufzunehmen sind. Die Neufassung des § 2 Abs. 1 stellt klar, daß solche Verurteilungen registerpflichtig sind.

6. Freiheitsstrafen sind Zuchthaus, Festungshaft, Gefängnis, Haft und Arrest (StGB. § 19; MStGB. § 16). Sämtliche Verurteilungen zu Freiheitsstrafen sind registerpflichtig, insbesondere auch soweit sie für Übertretungen oder für im Wege der Privatklage erfolgte Vergehen erkannt sind. Unterbleibt die Mitteilung oder geht sie nicht rechtzeitig ein, so entsteht die Gefahr, daß frühere Verurteilungen infolge Unkenntnis der neuen Str. getilgt werden. Eine Verurteilung zu FrStr. liegt selbstverständlich nur dann vor, wenn die in erster Linie erkannte Str. eine FrStr. ist; die im Falle der Nichtvollstreckbarkeit der Geldstr. an ihre Stelle tretende Ersatzstr. bleibt außer Betracht. Auch soweit das Gericht bei FrStr. von weniger als 3 Monaten, die eigentlich verwirkt ist, von der Befugnis des § 27 b StGB. Gebrauch macht und an Stelle der verwirkten FrStr. auf eine Geldstr. erkennt, handelt es sich lediglich um eine Verurteilung zu einer Geldstrafe, nicht zu einer FrStr. (vgl. Hellwig, Geldstrafengesetz, Anm. 5, Preuß. AV. vom 4. Nov. 1924, JMBl. S. 386, AV. vom 14. April 1926 Ziff. 2 Anm. 3 Abs. 2; Bayer. AB. B 4 III).

7. Nach der Neufassung der VO. sind alle Verurteilungen zu Geldstr., die wegen eines Vergehens verhängt worden sind — auch wenn es sich um eine im Wege der Privatklage verfolgte Straftat handelt —, registerpflichtig, ohne Rücksicht auf die Höhe der erkannten Geldstr. Nach der bisherigen Regelung waren Verurteilungen wegen Vergehen zu Geldstrafe bis zu 50 RMk. nur dann registerpflichtig, wenn sie geeignet waren, bei Aburteilung einer späteren Straftat die Anwendung einer besonderen Strafdrohung wegen Rückfalls zu begründen. Diese Regelung bestand seit 15. Sept. 1917, dem Tage des Inkrafttretens des Beschlusses des Bundesrats vom

6. Sept. 1917 (zu vergl. Bekanntmachung vom gleichen Tage, Zentralbl. für das Deutsche Reich S. 341, abgedruckt unter D I 1); sie hat in der Zwischenzeit nur insofern Änderungen erfahren, als der Betrag der Geldstrafe, der die Grenze für die Eintragungspflicht bilden soll, wiederholt den veränderten wirtschaftlichen Verhältnissen angepaßt worden ist (vgl. die unter D I 3—5 abgedruckten Verordnungen). Bis zum 15. Sept. 1917 waren Verurteilungen wegen Vergehen ohne Rücksicht auf Art und Höhe der Strafe registerpflichtig. Die Registerpflicht wurde im Jahre 1917 eingeschränkt, um der Überfüllung der Strafregister entgegenzuwirken, die sich insbesondere aus der großen Zahl der fast durchweg mit Vergehensstrafe bedrohten Zuwiderhandlungen gegen die sogen. Kriegsverordnungen ergab. Es handelte sich dabei um eine Überlastung der Strafregister mit Strafvermerken, die für die Beurteilung der Persönlichkeit der Verurteilten nur von geringem Belange waren.

Diese Verhältnisse haben sich jedoch inzwischen so wesentlich verändert, daß die bisherige Regelung als nicht mehr haltbar erschien. Auf der einen Seite ist die Zwangswirtschaft fast völlig beseitigt, so daß eine Überfüllung der Strafregister mit Vermerken über notwirtschaftliche Vergehen nicht mehr zu besorgen ist. Anderseits hat die Geldstrafe durch die Geldstrafengesetze, insbesondere durch die Vorschrift des § 27 b des Strafgesetzbuchs, die bei allen Vergehen und Übertretungen an Stelle einer an sich verwirkten Freiheitsstrafe von weniger als drei Monaten die Verhängung einer Geldstrafe zuläßt, wenn der Strafzweck durch eine Geldstrafe erreicht werden kann, ein wesentlich erweitertes Anwendungsgebiet gewonnen. Von § 27 b ist z. B. im Halbjahr 1. April bis 30. Sept. 1925 bei 32 566 Personen Gebrauch gemacht, während in der gleichen Zeit 44 662 Freiheitsstrafen von weniger als drei Monaten wegen Vergehen verhängt worden sind. Bei der bisherigen Regelung konnte es vorkommen, daß jemand, der sich wiederholt Vergehen zuschulden kommen ließ, immer wieder zu Geldstrafen bis zu 50 RMk. verurteilt wurde, weil den erkennenden Gerichten seine Vorstrafen nicht bekannt waren, während bei Kenntnis der Vorstrafen die sachlich gebotene Freiheitsstrafe verhängt worden wäre. Außerdem bildet die Höhe der erkannten Geldstrafe überhaupt keinen sicheren und gerechten Maßstab für die Ausschaltung der Verfehlungen von geringerer Bedeutung. Die Höhe der Geldstrafe hängt im Einzelfalle meist weniger von der Schwere der Tat als von den Vermögens- und Einkommensverhältnissen des Täters (vgl. § 27 c des Strafgesetzbuchs) und von den nach Zeit und Ort sehr verschiedenen allgemeinen wirtschaftlichen Verhältnissen sowie der hierauf begründeten Praxis der einzelnen Gerichte ab. Die Folge dieser Verhältnisse ist, daß mehr wie früher Verfehlungen von größerer Bedeutung, die bei der Beurteilung der Persönlichkeit des Täters nicht außer Betracht bleiben sollten, diesem Zweck entzogen werden, wenn sie nicht in das Strafregister gelangen. Dies machte sich besonders auch bei der Handhabung des Gnadenrechts, insbesondere der Anwendung der bedingten Strafaussetzung, als schwerwiegender Mangel bemerkbar.

Die jetzige Regelung muß als zweckmäßig bezeichnet werden, jedenfalls insofern, als die Höhe der erkannten Geldstrafe schon früher keinen Maßstab für die Schwere der Tat abzugeben vermochte (Islar, DStrZ. 1920 S. 44) und vollends nicht, nachdem der Grundsatz, daß die wirtschaftlichen Verhältnisse bei der Strafzumessung wesentlich mitzuberücksichtigen sind, gesetzlich anerkannt worden ist (Hellwig, Geldstrafengesetz, 3. Aufl. Anm. 73). Vielleicht aber hätte man daran denken können, die Höhe der erkannten Ersatzfreiheitsstrafe als Maßstab zu nehmen, wenn man beabsichtigte, die geringfügigen Verurteilungen im Interesse der Übersichtlichkeit des StrReg. auszuschließen (Hellwig a. a. O. Anm. 180a).

8. Die wegen Übertretungen erkannten Haftstrafen sind in allen Fällen mitzuteilen, natürlich nur, soweit sie als Hauptstrafen erkannt worden sind. Ersatzhaftstrafen sind nicht mitzuteilen, außer wenn einer der Ausnahmefälle vorliegt, in denen wegen einer Übertretung erkannte Geldstr. mitzuteilen sind. Dies ist nur in den Fällen der §§ 361, 363 StGB. der Fall.

9. Auch die Registerpflichtigkeit von Geldstr. bei Übertretungen ist durch die Neufassung der VO. anders als bisher geregelt worden.

Nach der bisherigen Regelung waren Verurteilungen zu Geldstrafe wegen Übertretungen nur dann registerpflichtig, wenn sie geeignet sind, bei Aburteilung einer späteren Straftat die Anwendung einer besonderen Strafdrohung wegen Rückfalls zu begründen. Diese Vorschrift zwang dazu, einen sehr erheblichen Teil der Übertretungen gegen die Feld- und Forstpolizeigesetze der Länder ohne Rücksicht auf die Höhe der erkannten Geldstrafe in das Strafregister aufzunehmen. Ein sachliches Bedürfnis für die Aufnahme solcher Vermerke besteht jedoch nicht, da für die Feststellung solcher Zuwiderhandlungen von den zuständigen Behörden meist besondere Listen geführt werden. Die Aufnahme solcher Vermerke in das Strafregister bringt, weil es sich um recht häufig begangene Straftaten handelt, eine erhebliche und aus dem angegebenen Grunde überflüssige Belastung des Strafregisters mit sich. Die Neuregelung verzichtet auf Eintragung solcher Verurteilungen und bestimmt, daß im allgemeinen Verurteilungen wegen Übertretungen nur dann in das Strafregister einzutragen sind, wenn sie auf Freiheitsstrafe lauten.

Die Beschränkung der Eintragung bei Übertretungen auf Verurteilungen zu Freiheitsstrafe hätte indessen dahin geführt, daß auch die für die Beurteilung der Persönlichkeit des Täters besonders wichtigen Zuwiderhandlungen gegen § 361 StGB. (Betteln, Landstreichen, Gewerbsunzucht usw.) sowie gegen § 363 StGB. (Fälschung von Legitimationspapieren usw.) unter Umständen von der Eintragung in das Strafregister ausgeschlossen würden, da bei § 363 wahlweise Geldstrafe angedroht ist und auch bei § 361 nach § 27b des Strafgesetzbuchs an Stelle der an sich ausschließlich angedrohten Haftstrafe auf Geldstrafe erkannt werden darf. Diesen Erwägungen entspricht die Neufassung.

Ob die Auswahl richtig getroffen worden ist, kann man vielleicht verschieden beurteilen. So finden sich auch in manchen Nebengesetzen, z. B. in § 11 des Nahrungsmittelgesetzes, § 21 des Kraftfahrzeuggesetzes Übertretungen von besonderer Bedeutung, bei denen erfahrungsgemäß häufig auf Geldstrafe erkannt wird. Auch § 370 Nr. 5 StGB. käme in Frage. Bei allen diesen Übertretungen handelt es sich aber immerhin in der Regel um geringfügige Gelegenheitsdelikte oder um Verfehlungen, die das Gesetz besonders privilegiert, oder um Ausschreitungen, die sich im Berufsleben ergeben, ohne daß der Täter dieserhalb als kriminell bewertet werden darf. Dagegen handelt es sich in den Fällen der §§ 361, 363 StGB. fast durchweg um asoziale Personen, die nicht selten auch zu Verbrechen neigen, vielfach auch um Vorbereitungshandlungen zu schweren Straftaten.

10. Ob eine Handlung eine Übertretung oder ein Vergehen ist, richtet sich nach der für die betreffende Handlung angedrohten Strafe; Übertretungen sind die mit Haft oder mit Geldstrafe bis zu 150 RMk. bedrohten Handlungen (§ 1 Abs. 3 StGB.). Da es nicht auf die erkannte, sondern auf die angedrohte Strafe ankommt, läßt sich Erkenntnissen, die auf keine höhere Geldstrafe als auf 150 RMk. lauten, nicht ohne weiteres ansehen, ob es sich um ein Vergehen oder um eine Übertretung handelt. Bei Strafgesetzen, die ein bestimmtes Vielfaches als Höchststrafe androhen (vgl. z. B. § 2 des preuß. Forstdiebstahlgesetzes vom 15. April 1878 das Fünffache und § 3 das Zehnfache, ferner § 369 Reichsabgabenordnung in der Fassung des § 56 Nr. 7 der dritten Steuernotverordnung vom 14. Febr. 1924, RGBl. I S. 74), kommt es darauf an, wie hoch im konkreten Fall die zulässige höchste Geldstrafe ist. So sind z. B. Übertretungen diejenigen Zuwiderhandlungen gegen § 2 des preuß. Forstdiebstahlges., bei denen der Wert des Entwendeten nicht mehr als 30 RMk. beträgt und bei den Zuwiderhandlungen gegen § 3 des preuß. Forstdiebstahlges. diejenigen Zuwiderhandlungen, bei denen der Wert des Entwendeten nicht mehr als 15 RMk. beträgt (vgl. Preuß. AV. Ziff. 3 Anm. 3). Die Zuwiderhandlungen gegen § 18 des Ges. betr. den Verkehr mit Butter, Käse, Schmalz und anderen Ersatzmitteln vom 15. Juni 1897 (RGBl. S. 497) sind Übertretungen. Im Wiederholungsfalle werden sie aber zu Vergehen. Da die erkannten Geldstrafen aber, weil sie wegen einer Übertretung verhängt sind, nicht registerpflichtig sind, wird es in der Praxis oft nicht leicht sein, den Rückfall festzustellen.

11. Die Bestimmungen über die Registerpflicht sind im Laufe der Jahre wiederholt verändert worden. Zunächst waren bis zum 1. Juli 1920 Verurt. in Privatklagesachen, in Forst- und Feldrügesachen, wegen Zuwiderhandlungen gegen Vorschriften über Erhebung öffentlicher Abgaben und Gefälle und wegen gewisser militärischer Delikte nicht registerpflichtig gewesen. Ferner war die Registerpflicht bei Verurt. zu (Verweis und zu) Geldstrafe bis zu einem bestimmten Betrage bei nicht rückfallbegründenden Vergehen in der Zeit vom 14. Sept. 1917 bis 1. Mai 1926 ausgeschlossen. Der Grenzbetrag der nicht eintragungspflichtigen Geldstrafen betrug ursprünglich 50 Mk., dann 150 Mk., während der Inflation wurde er zuerst auf 5000 Mk., dann auf 150 Millionen Mark erhöht und schließlich nach der Stabilisierung der Mark auf 50 Goldmark (RMk.) festgesetzt. Endlich wurde der Umfang der Registerpflicht hinsichtlich der Verurt. wegen Übertretungen wiederholt gewechselt. Die Bestimmungen über Änderung der Registerpflicht im einzelnen sind, soweit sie heute noch für die Registerführung von Bedeutung sind, unter D I abgedruckt. In Übergangsbestimmungen ist dann in der Regel die Entfernung oder Tilg. der vorhandenen StrVerm., die nach den neuen Vorschriften nicht mehr registerpflichtig gewesen wären, angeordnet worden. Niemals aber ist die nachträgliche Eintragung einer bisher nicht registerpflichtigen Verurt. angeordnet oder zugelassen worden. Näheres hierüber in Anm. 12 und 13.

12. Für die Frage der Registerpflicht einer Verurt. sind an sich die zur Zeit der Verurt. geltenden Vorschriften ausschließlich maßgebend. Es ist also nicht statthaft, Verurt., die zur Zeit ihrer Verhängung nicht registerpflichtig waren, nach Änderung der Vorschriften über die Registerpflicht nachträglich in das StrReg. aufzunehmen. Demnach dürfen frühere Verurt. wegen nicht rückfallbegründender Vergehen zu Geldstrafe bis zu 50 RMk. (oder der entsprechenden Grenzbeträge früherer Zeiten) nicht um deswillen nunmehr nachträglich ins StrReg. aufgenommen werden, weil jetzt seit 1. Mai 1926 die bisherige Grenze der Registerpflicht von 50 RMk. bei Vergehen beseitigt ist. Auch RegVerm. solcher Art, die früher vielleicht versehentlich ins StrReg. aufgenommen worden waren, dürfen nicht im Reg. stehen bleiben, sind vielmehr daraus zu entfernen. Auch eine nachträgliche Eintragung von Vermerken über Verurt. in Privatklagesachen, in Forst- und Feldrügesachen, wegen Zuwiderhandlung gegen Vorschriften über Erhebung öffentlicher Abgaben und Gefälle und gewisser militärischer Verbrechen und Vergehen aus der Zeit vor 1. Juli 1920, die nicht registerpflichtig waren, darf nicht erfolgen. Solche Verurt. könnten nur durch Zufall dem StrReg. bekannt werden; ihre Eintragung müßte deshalb, da sie nur einen geringen Bruchteil der Verurteilten treffen würde, zu großer Ungerechtigkeit führen. Solche Vermerke sind, wenn sie etwa versehentlich in das StrReg. aufgenommen sind, daraus zu entfernen. Soweit ausnahmsweise eine nachträgliche Eintragung erfolgen soll, ist dies ausdrücklich angeordnet (vgl. Art. II Abs. 2 der AV. vom 2. Juni 1922).

Maßgebend für die Registerpflicht ist der Tag der Verurteilung, nicht der Tag der Rechtskraft. Demgemäß sind die vor 1. Mai 1926 wegen nicht rückfallbegründender Vergehen erkannten Verurteilungen auch dann nicht registerpflichtig, wenn sie nach dem 1. Mai 1926 rechtskräftig geworden sind (a. A. anscheinend Pr. AV. Ziff. 27 Fußn. 10).

Andererseits bleibt die Registerpflicht von Verurt., die zur Zeit ihrer Verhängung registerpflichtig waren, an sich weiterbestehen, selbst wenn der Grund für ihre Aufnahme später weggefallen ist. So blieb z. B. nach den bisherigen Vorschriften eine Verurt. zu Geldstrafe wegen einer Übertretung, die nur aufgenommen war, weil sie den Rückfall begründete, auch dann registerpflichtig und im StrReg. bestehen, wenn sie infolge Ablaufs einer Frist zur Begründung einer besonderen Rückfallsstrafe nicht mehr herangezogen werden konnte. Praktisch spielt diese Frage aber keine Rolle mehr, da nach Art. III der VO. vom 19. Febr. 1926 derartige Vermerke aus früherer Zeit im StrReg. zu tilgen sind.

Aus dem Grundsatz, daß die einmal begründete Registerpflicht bestehen bleibt, auch wenn sie nach späteren Vorschriften nicht mehr begründet wäre, würde an sich folgern, daß auch bei Änderung der Registerpflicht die nach den alten Vorschriften eingetragenen, nach den neuen Vorschriften aber nicht mehr registerpflichtigen Verm. im Str.-Reg. bestehen bleiben. Dies würde jedoch zu dem für den Betroffenen offenbar unbilligen Ergebnis führen, daß von gleichartigen Verfehlungen die aus alter Zeit auch weiterhin berücksichtigt, die neu begangenen aber nicht mehr herangezogen würden. Deshalb schreibt § 48 StrRegVO. allgemein die Vernichtung oder Unkenntlichmachung der im StrReg. niedergelegten Verm. über Verurt. vor, die nach den neuen Vorschriften nicht mehr registerpflichtig wären. Außerdem sind, da diese aus § 40 der StrRegVO. vom 12. Juni 1920 übernommene Vorschrift an sich nur auf die durch diese VO. von der Registerpflicht ausgenommenen Verurt. sich bezog, bei allen späteren Änderungen der Registerpflicht ausdrückliche Vorschriften über Tilg. der nach den neuen Vorschriften nicht mehr registerpflichtigen Verm. ergangen. Solche ausdrückliche Vorschriften waren auch deshalb zweckmäßig, weil sie die zu tilgenden Verm. näher bezeichnen und damit die Registerführung erleichtern konnten. Die in Betracht kommenden Vorschriften sind unter D I abgedruckt und bei § 8 StrTilgG. (Anm. 34) im einzelnen behandelt. Die früheren Vorschriften schreiben meist die „Entfernung oder Unkenntlichmachung", die späteren in der Regel die „Tilgung" der Verm. vor. Auch soweit die „Tilgung" vorgeschrieben wird, handelt es sich nicht um eine Tilg. im technischen Sinne des § 5 StrTilgG.; die Entfernung der StrVerm. hat also in diesen Fällen nicht die Wirkung auf den Rückfall nach § 5 Abs. 2 dieses Ges., vielmehr bleiben z. B. die auf Grund des Art. III der VO. vom 19. Febr. 1926 zu tilgenden Verm. über Verurt. zu Geldstrafe wegen rückfallbegründender Übertretungen (Forst- und Feldpolizeidelikte) auch nach Entfernung aus dem StrReg. rückfallbegründend. Eine solche Wirkung auf die gesetzlichen Rückfallsvorschriften könnte nur durch Gesetz, nicht durch eine Verwaltungsverordnung, wie sie die auf Grund des Art. 77 der Reichsverfassung erlassene StrRegVO. darstellt, angeordnet werden.

Im Zusammenhang betrachtet führen die erwähnten Entfernungs- und Tilgungsvorschriften in Verbindung mit den jeweiligen Vorschriften über die Registerpflicht zu dem Ergebnis, das in Anm. 13 tabellarisch dargestellt ist und von dem Registerführer auch jetzt bei der Behandlung jedes StrRegBlatts zu beachten und gegebenenfalls durch Berichtigung des StrRegBlatts zu berücksichtigen ist. Um die praktische Verwendbarkeit der Tabelle für die StrRegFührer zu erhöhen, sind bei den „ohne zeitliche Beschränkung" zu tilgenden Verurt. auch die nach dem JGG. vorzunehmenden Tilg. der Verurt. der bei Begehung der Tat noch nicht 14jährigen und der Verurt. zu Verweis aufgenommen.

13. **Nicht registerpflichtig** (von vorneherein oder mit rückwirkender Kraft) und deshalb aus dem Strafregister zu entfernen sind Strafvermerke

aus der Zeit	über	auf Grund des
bis 1. 7. 1920	1. Verurteilungen a) in den auf Privatklage verhandelten Sachen, b) in Forst- und Feldrügesachen, c) wegen Zuwiderhandlungen gegen Vorschriften über Erhebung öffentlicher Abgaben u. Gefälle	§ 2 der StrRegVO. vom 16. 5. 1918 und der früheren VO.en im Vergleich zu § 2 der Str.-RegVO. v. 12. 6. 1920
	2. Verurteilungen auf Grund des § 361 Nr. 9, 10 u. des § 363 StGB.	
	3. Verurteilungen von Kriegsgefangenen (und Entscheidungen nach § 3 gegen Kriegsgefangene)	Art. III der VO. vom 16. 5. 1918 (nicht übernommen in die Str.-RegVO. v. 12. 6. 1920)
vom 1. 7. 1920 bis 1. 5. 1926	Verurteilungen zu Geldstrafe auf Grund des § 361 Nr. 9, 10 und und des § 363 StGB.	§ 2 der StrRegVO. vom 12. 6. 1920 im Vergleich zu § 2 der Str.-RegVO. vom 8. 3. 1926
bis 1. 10. 1920	Verurteilungen wegen der militärischen Verbrechen und Vergehen wider die §§ 62 bis 68, 79, 80, 84 bis 90, 92 bis 95, 101 bis 104, 112 bis 120, 132, 139, 141 bis 144, 146, 147, 150 bis 152 des Militärstrafgesetzbuchs vom 20. 6. 1872	§ 2 der StrRegVO. vom 16. 5. 1918 und der früheren Verordnungen mit § 39 Abs. 2 der StrRegVO. vom 12. 6. 1920
bis 30. 4. 1923	Verurteilung wegen nicht rückfallbegründender Vergehen zu Geldstrafe bis zu 150 Mk.	§ 40 in Verbindung mit § 2 der StrRegVO. vom 12. 6. 1920

aus der Zeit	über	auf Grund des
vom 1. 5. bis 19. 10. 1923	Verurteilungen wegen nicht rückfallbegründender Vergehen zu Geldstrafe bis zu 5000 Mk.	Art. II in Verbindung mit Art. I Nr. 1 der VO. vom 17. 5. 1923
vom 1. 5. 1923 bis 1. 5. 1926	Verurteilungen zu Geldstrafe wegen Uebertretungen nach § 361 Nr. 1—3, 5—8 des Strafgesetzbuchs	§ 2 der StrRegVO. vom 12. 6. 1920 in Verbindung mit § 27 b StGB. (in Kraft seit 1. 5. 1923, Geldstrafengesetz vom 27. 4. 1923, RGBl. I S. 254)
seit 20. 10. 1923	Verurteilungen wegen nicht rückfallbegründender Vergehen bis zu 150 Millionen Mk. (Papiermark)	Art. II Abs. 2 der VO. vom 24. 11. 1923
vom 8. 12. 1923 bis 1. 5. 1926	Verurteilungen wegen nicht rückfallbegründender Vergehen zu Geldstrafe bis zu 50 Goldmark oder Reichsmark	Art. II Abs. 3 in Verbindung mit Art. I der VO. vom 24. 11. 1923
ohne zeitliche Beschränkung	1. Verurteilungen zu Geldstrafe wegen anderer Uebertretungen als Zuwiderhandlungen gegen §§ 361, 363 StGB.	Art. III der VO. vom 19. 2. 1926 in Verbindung mit § 2 der StrRegVO. vom 8. 3. 1926 (vgl. auch Art. III der VO. vom 2. 6. 1922, Art. II Abs. 2 der VO. vom 17. 5. 1923)
	2. Verurteilungen zu Verweis	§ 46 Jugendgerichtsgesetz
	3. Verurteilungen Jugendlicher, die bei Begehung der Tat noch nicht 14 Jahre alt waren	§ 45 Abs. 1 Jugendgerichtsgesetz

14. Wie die Tabelle in Anm. 13 ergibt, ist dafür, ob eine vor 1. Mai 1926 ergangene Verurt. wegen Vergehen zu Geldstr. bis zu bestimmter Höhe zu Recht im Reg. steht, der Umstand ausschlaggebend, ob es sich um ein Vergehen handelt, das im Rückfall mit besonderer Strafe bedroht ist. (Für Übertretungen kommt, da bei ihnen, abgesehen von den Fällen der §§ 361, 363 StGB. nur noch Verurt. zu Freiheitsstrafe registerpflichtig sind, die Frage der Rückfallbegründung nicht mehr in Betracht.)

Als Vergehen, die im Rückfall mit besonderer Strafe bedroht sind, auch wenn die vorausgegangene Verurteilung nur auf Geldstrafe lautete, kommen hauptsächlich in Betracht:

Aus dem Strafgesetzbuch: Diebstahl, Betrug, Hehlerei (§§ 242, 263, 258, 259), dagegen nicht Notdiebstahl und Notbetrug (§§ 248 a, 264 a).

Aus den Reichs-Nebengesetzen:

Vereinszollgesetz vom 1. Juli 1869 §§ 134/136.

Gesetz betr. den Verkehr mit Butter usw. vom 15. Juli 1897 § 14.

Zuckersteuerges. vom 6. Jan. 1903 §§ 47, 48.

Zigarettensteuerges. vom 3. Juni 1906 §§ 18, 19.

Weinges. vom 7. April 1909 § 26.

Leuchtmittelsteuerges. vom 15. Juli 1909 §§ 19, 20.

Stellenvermittlungsges. vom 2. Juni 1910 § 12.

Verordnung gegen den Schleichhandel vom 7. März 1918 und 27. Nov. 1919 (Geldstrafe allein ist erst seit 1. Jan. 1922 möglich).

Branntweinmonopolges. vom 26. Juli 1918 §§ 155, 198.

VO. betr. die Arbeitszeit in Bäckereien vom 23. Nov. 1918 § 12.

VO. über die Regelung der Arbeitszeit der Angestellten vom 18. März 1919 § 18.

Tabaksteuerges. vom 12. Sept. 1919 § 63.

Reichsabgabenordnung vom 13. Dez. 1919 §§ 359, 368, 369.

Arbeitsnachweisges. vom 22. Juli 1922 § 57.

VO. betr. Arbeitszeit vom 23. Nov. 1918 und vom 21. Dez. 1923 Nr. X.

Nicht hierher gehören Verurt. zu Geldstrafe aus § 12 der Preistreibereiverordnung vom 13. Juli 1923 und aus § 28 der VO. über Handelsbeschränkungen vom gleichen Tage sowie aus §§ 1, 4 der VO. gegen Preistreiberei vom 8. Mai 1918, weil bei ihnen nur Verurt. zu Freiheitsstrafe den Rückfall begründen. Ferner kommen die landesrechtlichen Rückfallstatbestände in der Regel nicht mehr in Frage, da es sich meist nur um Übertretungen handelt (z. B. Forst- und Feldpolizeiübertretungen, § 50 a des Bayer. Polizeistrafgesetzbuchs für Konkubinat). Landesrechtliche Vergehen, die im Rückfall mit bes. Strafe bedroht sind, sind z. B. das Vergehen gegen das Preuß. Ges., betr. das Spiel in außerpreußischen Lotterien, vom 29. Aug. 1904 (Gesetzs. S. 255), ferner §§ 17, 18 des Preuß. Feld- und

Forstpolizeiges. vom 21. Jan. 1926 (Gesetzs. S. 83), §§ 6, 8 des Preuß. Forstdiebstahlges. vom 15. April 1878.

15. Registerpflichtige Verurt. sind dem StrReg. nach dem gesamten Inhalt der Urteilstenors, soweit er auf Verurt. lautet, mitzuteilen. Außer der Hauptstrafe (Todesstr., Freiheitsstr., Geldstr.) sind auch die an die Stelle der Geldstr. bei deren Uneinbringlichkeit tretende Ersatzfreiheitsstr. oder die in den Fällen des § 27 b StGB. an sich verwirkte Freiheitsstrafe, ferner alle vom Gericht verhängten oder angeordneten Nebenstrafen und Nebenfolgen (Aberkennung der Ehrenrechte, Verlust der Amtsfähigkeit, der bekleideten öffentlichen Ämter, Zulässigkeit von Polizeiaufsicht, Überweisung an die Landespolizeibehörde, militärische Ehrenstrafen, Einziehung von Sachen oder Geldbeträgen, Unbrauchbarmachung von Sachen, Anordnung der Urteilsbekanntmachung, Verlust der Eidesfähigkeit, der Fähigkeit zum Eisenbahnbeamten usw. dem StrReg. mitzuteilen (vgl. Bayer. AB. B 8 I). Auch die Verurt. zu sogen. Wertsersatz nach § 155 Vereinszollgesetz (Anordnung der Erlegung einer Geldsumme an die Staatskasse an Stelle der nicht vollziehbaren Konfiskation der Bannware) und § 365 Abs. 2 der Reichsabgabenordnung ist mitzuteilen.

16. Nur Verurt. strafrechtlicher Art sind dem Str.-Reg. mitzuteilen. Demnach ist bei der Verurteilung zu Strafe und zur Zahlung einer Buße an den Verletzten nur die Strafe, nicht auch die Verurt. zu Buße mitzuteilen. Die Buße ist ein Schadensersatz bürgerlichrechtl. Natur, der nur ausnahmsweise aus Zweckmäßigkeitsgründen im Strafprozeß mitbehandelt wird. Auch die z. B. im Forst- und Feldpolizeirecht (vgl. § 64 des Preuß. Feld- und Forstpolizeigesetzes vom 21. Jan. 1926, Gesetzs. S. 83) vorkommende Verurt. zu Wertsersatz (Ersatz des Wertes des Entwendeten an den Geschädigten) ist dem StrReg. nicht mitzuteilen.

17. Registerpflichtig sind nur Strafen, nicht dagegen Erziehungsmaßnahmen gegen Jugendliche, auch dann nicht, wenn sie in einem Strafurteil ausgesprochen sind. Dies gilt selbst dann, wenn gleichzeitig auf eine registerpflichtige Strafe erkannt und eine Erziehungsmaßnahme angeordnet wird; ein Fall des § 2 liegt hier nicht vor (vgl. pr. AB. vom 17. Juli 1923, JMBl. S. 542; Hellwig, Jugendgerichtsgesetz, § 7 Anm. 14; Hartung bei Schäfer und Hartung Bd. II S. 440 Anm. 5; anders Bayer. AB. B 8 II). Würden auch Erziehungsmaßregeln ins StrReg. eingetragen, so würde damit leicht der Zweck des JGG., das bei Straftaten Jugendlicher unter gewissen Voraussetzungen gerade die Strafe vermeiden und an ihre Stelle Erziehungsmaßregeln treten lassen will, vereitelt. Erziehungsmaßregeln, die im StrReg. vermerkt werden, würden zu leicht wie Verurt. bewertet. Allerdings läßt sich nicht verkennen, daß es für den Jugendrichter, den Vormundschaftsrichter und das Jugendamt, die sich mit einem Jugendlichen zu befassen haben, zu einer sachgemäßen Behandlung des Jugendlichen oft geradezu unerläßlich ist zu wissen, ob und welche Erziehungsmaßregeln schon früher an dem Jugendlichen vollzogen worden sind und mit welchem Erfolg. Hierüber Auskunft zu geben, ist aber nicht die Aufgabe des StrReg. Es wird sich vielmehr empfehlen, hierfür ein besonderes Register, etwa beim Jugendamt oder beim Jugendgericht oder Vormundschaftsgericht, zu schaffen (vgl. auch § 9 Anm. 5 sowie Hellwig, JGGA § 7 Anm. 14).

Wegen der rechtlichen Möglichkeit, die Mitteilung von Erziehungsmaßregeln an das StrReg. nach § 10 StrRegVO. landesrechtlich anzuordnen, vgl. § 10 Anm. 5.

18. Registerpflichtig sind im allgemeinen nur Verurteilungen, nicht aber Freisprechungen. Eine Ausnahme macht § 9 Nr. 1 für solche Freisprechungen, die erfolgen, weil der Angeklagte nicht zurechnungsfähig gewesen ist (vgl. § 9 Anm. 1 ff.). Dort (Anm. 5) auch darüber, daß Freisprechungen usw. von Jugendlichen auf Grund des § 3 JGG. nicht ins StrReg. aufzunehmen sind.

19. Verurt. durch Gerichte und Verwaltungsbehörden des Saargebiets sind nach Art. II Abs. 1 d. VO. vom 19. Febr. 1926 bei der Aufnahme in das StrReg. wie Verurt. durch deutsche Gerichte und Behörden außerhalb des Saargebiets zu behandeln. Sie fallen also unter Abs. 1, nicht unter Abs. 4 des § 2. Durch Art. II wurde nur ausdrücklich angeordnet, was schon vorher Übung war. Bei der Aufnahme saarländischer Strafnachrichten ist zu beachten, daß die Geldstrafen im Saargebiet seit 31. Jan. 1923 auf Grund einer VO. der Reg.-Kommission des Saargebiets vom 10. Jan. 1923 (Amtsbl. S. 22) in Frankenwährung und zwar in ziffermäßig gleicher Höhe wie die angedrohten Markbeträge festgesetzt werden. Demgemäß sind sie hinsichtlich der Registerpflicht zu behandeln wie entsprechende Verurt. durch deutsche Behörden außerhalb des Saargebiets in gleich hohen Markbeträgen. Verurt. durch saarländische Gerichte wegen nicht rückfallbegründender Vergehen sind also, soweit sie vor 8. Dez. 1923 erkannt sind, nicht registerpflichtig, wenn sie nur auf Verweis oder auf Geldstrafe bis zu 150 Franken, und wenn sie später, aber vor 1. Mai 1926 erkannt sind, bis zu 50 Franken lauten. (Die Erhöhungen der Grenzsumme von 150 Mk., die im Reich wegen der Inflation wiederholt vorgenommen worden sind — Anm. 11 —, können hier nicht berücksichtigt werden, vielmehr wird hier die Grenze von 150 Mk. als fortbestehend zu unterstellen sein, bis sie mit Wirkung vom 8. Dez. 1923 — auf 50 Goldmark festgesetzt wurde). Seit 1. Mai 1926 sind auch aus dem Saargebiet alle Verurt. wegen Vergehen und wegen §§ 361, 363 StGB. registerpflichtig ohne Rücksicht auf Art und Höhe der Strafe. Die Justizbehörden des Saargebiets werden allerdings voraussichtlich, solange die neue StrReg.-VO. vom 8. März 1926 im Saargebiet noch nicht eingeführt ist (vgl. Vorbem. zu StrRegVO. Anm. 3), den außersaarländischen StrReg. Verurt. wegen nicht rückfallbegründender Vergehen bis zu 50 Franken kaum mitteilen.

20. Eine Ausdehnung der Registerpflicht auf an sich nicht registerpflichtige Verurt. tritt dann ein, wenn eine Entscheidung mehrere Verurt. enthält, von denen nur ein Teil registerpflichtig ist. Da eine Teilung der ein einheitliches Ganzes bildenden Entscheidung zu praktischen Schwierigkeiten und unerwünschten Ergebnissen führen könnte, ist in Abs. 2 vorgeschrieben, daß in solchen Fällen der ganze Inhalt der Entsch. ins Reg. aufzunehmen ist. Wird jemand z. B. in ein und derselben Entscheidung wegen Sachbeschädigung zu Freiheitsstrafe und zugleich wegen groben Unfugs zu Geldstrafe verurteilt, so ist auch die wegen der Übertretung erkannte Geldstr. registerpflichtig. Wird dagegen, wenn auch in derselben Entscheidung, A wegen Körperverletzung und B wegen groben Unfugs zu Geldstr. verurteilt, so ist nur die Verurt. von A registerpflichtig.

Dagegen ist Abs. 2 nicht anwendbar, die ganze Entscheidung also nicht registerpflichtig, wenn von den mehreren in einer Entscheidung enthaltenen Verurt. keine für sich allein registerpflichtig ist, z. B. mehrere in einer Entscheidung aus der Zeit vor 1. Mai 1926 enthaltene Verurt. wegen nicht rückfallbegründender Vergehen zu Geldstr. bis zu 150 Mk. (50 Gold- oder Reichsmark), mag auch die Gesamtsumme der erkannten, nach den Bestimmungen des StGB. nicht zu einer Gesamtstrafe zusammenzufassenden Einzelstrafen eine registerpflichtige Strafhöhe ergeben.

21. Die Strafregisterverordnung enthielt bisher keine Vorschrift darüber, daß Entscheidungen, durch die eine Gesamtstrafe gebildet wird, dem Strafregister mitzuteilen sind. In § 2 Abs. 3 ist diese Lücke ausgefüllt. Gemeint sind damit natürlich nur die Fälle nachträglicher Bildung einer Gesamtstrafe nach § 79 StGB. oder § 460 StPO. Wird von vornherein gemäß §§ 74, 75 Abs. 2 StGB. eine Gesamtstrafe gebildet, so wird nur die Gesamtstrafe nach § 2 Abs. 1, nicht auch die einzelnen Einsatzstrafen dem StrReg. mitgeteilt.

Die in Abs. 2 Satz 2 erforderten Angaben sollen sicherstellen, daß im Register richtig vermerkt wird, welche der vorher eingetragenen Einsatzstrafen in die Gesamtstrafe einbezogen sind. Sind einbezogene Einzelstrafen dem Reg. schon früher mitgeteilt worden, so wird zweckmäßig hierauf verwiesen (so auch Bayer. AB. B 9 II).

Die registermäßige Behandlung der eingehenden Mitteilungen über Gesamtstrafen ist durch entsprechende Änderungen in den §§ 19, 21 und 23 geregelt.

Die neue Regelung entspricht der bisher schon allgemein geübten Praxis.

22. Die in § 2 Abs. 1 und den früheren Fassungen dieser Vorschriften aufgestellten Grenzen der Registerpflicht hinsichtlich Art und Höhe der Strafen gelten nach Abs. 4 nicht für Verurt. im Ausland. Diese sind vielmehr, wenn sie überhaupt in deutsche StrReg. aufgenommen werden, ohne Rücksicht auf Art und Höhe der Strafe aufzunehmen. Seit 1. Mai 1926 spielt diese Abweichung, da auch inländische Verurt. wegen Verbrechen und Vergehen jetzt ohne Rücksicht auf Art und Höhe der Strafe aufgenommen werden, höchstens für Übertretungen eine praktische Rolle, wenn etwa nach den bestehenden Verträgen auch Verurt. wegen Übertretung zu Geldstrafe mitgeteilt werden. Dagegen war die Vorschrift früher von großer Bedeutung, als bei inländischen Verurt. wegen Vergehen eine Grenze nach der Höhe der erkannten Geldstrafe bestand. Insoweit ist die Vorschrift auch jetzt noch für eine längere Übergangszeit hinsichtlich der im StrReg. enthaltenen Verm. über ausländische Verurt. aus der Zeit vor 1. Mai 1926 von praktischer Wichtigkeit.

Wegen des Begriffs „Verurt. im Ausland" vgl. § 9 StrTilgG. Anm. 1. Es sind also insbes. Verurt. durch die Gerichte der Besatzungsmächte in den besetzten Gebieten nicht ins StrReg. aufzunehmen. Sollten Mitt. über derartige Verurt. einem StrReg. des unbesetzten Gebiets zugehen oder zugegangen sein, so wären sie zu vernichten. Mitt. an StrReg. des besetzten Gebiets wären von diesen nicht ins StrReg. aufzunehmen, sondern gesondert zu verwahren; Mitt. daraus an deutsche Behörden sind nicht zu machen.

Zweifelhaft kann sein, ob Verurt. nur aus solchen ausländischen Staaten aufzunehmen sind, mit denen ein regelmäßiger Strafnachrichtenaustausch (§ 46 Satz 2) besteht. Wenn auch praktisch Mitt. aus anderen Ländern kaum eingehen werden, so wird doch, wenn dies ausnahmsweise einmal geschehen sollte, die Aufnahme der Strafnachricht zu erfolgen haben.

Beschränkt ist die Aufnahme ausländischer Verurt. hinsichtlich des Kreises der Personen, die sie betreffen. In deutsche StrReg. sind natürlich nur solche Verurt. aufzunehmen, die für die deutschen StrReg. von Interesse sind. Diese Voraussetzung liegt nach Abs. 4 nur dann vor, wenn es sich um Verurt. deutscher Reichsangehöriger handelt oder um Verurt. von Ausländern, die im Reichsgebiet geboren sind oder wohnen. Hier kann es zweifelhaft sein, ob Nichtdeutsche, die in den auf Grund des Vertrages von Versailles abgetretenen Gebietsteilen zu einer Zeit, als diese noch zum Deutschen Reich gehörten, geboren sind, im Sinne des Abs. 4 als „im Reichsgebiet geboren" anzusehen sind oder nicht. Ihre Gleichstellung mit den Ausländern, die „im Reichsgebiet wohnen", sowie die Zweckbestimmung der Beschränkung auf den Teil der Ausländer, an denen das Deutsche Reich gegenwärtig noch ein besonderes Interesse hat, spricht dafür, daß unter Reichsgebiet der gegenwärtige Umfang des Deutschen Reichs zu verstehen ist. Für die Verurt. von Ausländern, die im Abtretungsgebiet geboren sind, als es noch zum Deutschen Reich gehörte, gilt die Sondervorschrift des Abs. 4 also nur, wenn sie im Deutschen Reich wohnen.

Bestehen Zweifel darüber, ob der im Ausland Verurteilte ein Deutscher ist oder ob er — als Ausländer — in Deutschland geboren ist oder wohnt, so ist die Strafnachricht aufzunehmen, bis feststeht, daß eine Registerpflicht nicht begründet ist.

Registerpflichtig sind an sich auch solche Verurteilungen im Ausland, die wegen deutschfreundlicher Handlungen oder angeblicher Kriegsverbrechen ergangen sind. Doch wird in solchen Fällen vielfach eine

TilgAnordnung nach § 8 StrTilgG. am Platze sein. Die StrReg.-Beh. sind angewiesen, falls derartige StrNachrichten ihnen zugehen oder im Register sich vorfinden sollten, die StrNachr. der obersten Justizverwaltungsbehörde zur Prüfung der TilgFrage einzureichen.

Wegen der gesonderten Aufbewahrung ausländischer Strafnachrichten vgl. § 23 Abs. 4.

Verurt. im Ausland, die nach Art und Höhe der Strafe nicht registerpflichtig wären, sind bei der AErteilung nicht zu berücksichtigen (§ 32 Abs. 3).

22a. Verurteilungen, die ein deutsches Gericht oder eine deutsche Behörde verhängt hat, bleiben, auch wenn der Gerichtssitz nach dem Erlaß der Entscheidung an das Ausland abgetreten worden ist, „inländische" Verurteilungen, fallen also unter Abs. 1 und nicht unter Abs. 4. Demgemäß müssen solche Verurt. in den deutschen StrReg. verbleiben, auch wenn der Geburtsort des Verurteilten an das Ausland abgetreten worden ist und der Verurteilte die Voraussetzungen des Abs. 4 nicht erfüllt, also weder Deutscher ist noch in Deutschland wohnt. Durch die Abtretung des Geburtsortes an das Ausland ist für derartige StrNachr. lediglich an Stelle des bisherigen StrRegisters das Str.-Reg. des RJustMin. zuständig geworden. Praktisch sind allerdings Verurteilungen durch deutsche Gerichte und Behörden aus der Zeit vor der Abtretung gegen Personen mit nunmehr ausländischer Staatsangehörigkeit und ohne inländischen Wohnsitz nur selten an das StrReg. des RJustMin. gelangt, weil entweder die StrReg., in denen die genannten StrBlätter enthalten waren, mit dem Gerichtssitz ganz an das Ausland gefallen sind (wie in Elsaß-Lothringen und den an Polen abgetretenen Landgerichtssitzen) oder in den unter D VI abgedruckten Überleitungsabkommen mit Polen, Dänemark und der Tschechoslowakei die Aussonderung von StrNachr., an deren weiterer Aufbewahrung in seinen Registern der eine Staat kein Interesse hat, vereinbart ist und diese Vereinbarung naturgemäß gerade auf StrBlätter der bezeichneten Art bezogen wurde.

23. Verm. über nicht registerpflichtige Verurt. sind, sobald sie der Registerführer im StrReg. vorfindet, unverzüglich daraus zu entfernen oder unkenntlich zu machen. Auch etwaige Vermerke dazu in der Sp. Bemerkungen, insbes. auch Verm. über Löschung oder ABeschr. nach § 8 StrTilgG. sind mitzuentfernen (vgl. Preuß. AV. Ziff. 27).

24. Die Vorschriften des § 2 über Registerpflicht gelten an sich nur für die StrReg., nicht auch für polizeil. Listen, militärische Listen usw. Sie sind aber für diese beiden Arten von Listen für anwendbar erklärt (vgl. die unter D VIII abgedruckten Vorschriften hierüber).

25. Die Aufnahme einer Strafnachricht in das StrReg. ist keine Strafe. Es ist deshalb auch nicht möglich oder zulässig, im Gnadenwege anzuordnen, daß die Aufnahme nicht erfolgen soll. Die Pflicht zur Aufnahme wird auch nicht dadurch beseitigt, daß etwa eine im Steuerstrafverfahren verhängte Vergehensgeldstrafe im Gnadenwege in eine Ordnungsstrafe umgewandelt wird, falls dies überhaupt möglich sein sollte. Die Nichtaufnahme eines registerpflichtigen Strafverm. kann nur durch Anordnung der Tilg. nach § 8 StrTilgG. herbeigeführt werden.

26. Eine Ausdehnung der Registerpflicht über den Rahmen des § 2 hinaus kann für das Gebiet eines Landes von der Landesregierung nach § 10 angeordnet werden (vgl. Näheres bei § 10).

27. Im Saargebiet gelten die Abs. 2—4 nicht (vgl. Vorbem. zur StrRegVO. Anm. 3); wegen der nur teilweisen Geltung des Abs. 1 vgl. Anm. 19.

28. Unberührt bleiben gemäß § 46 Satz 1 die Vorschriften des Reichs und der Länder über sonstige Mitteilungen in Strafsachen.

§ 3 (3).

Dem Strafregister sind die Beschlüsse der Landespolizeibehörden mitzuteilen, die auf Grund der Überweisung eines Verurteilten an die Landespolizeibehörde ergehen oder durch die ein Ausländer auf Grund einer Verurteilung aus dem Reichsgebiete verwiesen wird. Ebenso ist dem Strafregister Mitteilung zu machen, wenn ein solcher Beschluß geändert oder aufgehoben wird.

Satz 2 eingefügt durch VO. vom 19. Febr. 1926 Art. I Nr. 3 (vgl. Berichtigung vom 26. Mai 1926, RGBl. I S. 254).

1. Wenn auch die Verurteilung zur Überweisung an die Landespolizeibehörde eine Nebenstrafe sein mag, so ist doch das Gebrauchmachen von der erhaltenen Befugnis durch die Landespolizeibehörde auf keinen Fall eine Strafe, insbesondere keine Freiheitsstrafe. Deshalb bedurfte es einer besonderen Bestimmung.

2. Die Landespolizeibehörden müssen auch in den Fällen, in denen sie, sei es infolge erst nachträglich bekannt gewordener Vorstrafen, sei es auf Grund schlechter Führung in dem Arbeitshaus oder in der Besserungsanstalt, eine Erhöhung der anfänglich ausgesprochenen und zugeteilten korrektionellen Nachhaft anordnen, den RegBeh. von den betr. neuen Beschlüssen Mitteilung machen (vgl. auch Anweisung des Pr. M. d. J. vom 21. Oktober 1885; Pr. MBl. f. i. V. S. 239). In dem neuen Satz 2 ist dies ausdrücklich vorgeschrieben.

3. Der zweite Satz ist erst durch die VO. vom 19. Febr. 1926 hinzugefügt worden, und zwar insbesondere mit Rücksicht auf die durch § 26 VO. neu aufgenommenen Vorschriften über AWeschr. und Tilg. solcher Vermerke. In der Praxis sind Änderungs- und Aufhebungsbeschlüsse schon bisher in der Regel dem StrReg. mitgeteilt worden.

4. Die Verweisung eines Ausländers aus dem Reichsgebiet ist dem StrReg. nur mitzuteilen, wenn sie „auf Grund einer Verurteilung" erfolgt. Dies liegt vor, wenn die Reichsverweisung

a) erfolgt, weil die Zulässigkeit von Polizeiaufsicht ausgesprochen ist (§ 39 Nr. 2 StGB.),

b) auf Grund der Überweisung an die Landespolizeibehörde (§ 362 Abs. 4, § 184 a Abs. 3 StGB.) angeordnet wird,

c) auf Grund der Verurt. wegen bestimmter Straftaten erfolgt, bei denen die Reichsverweisung des verurteilten Ausländers durch Gesetz besonders zugelassen ist (vgl. z. B. § 285 a Abs. 2 StGB., § 14 Abs. 2 des Gesetzes gegen den Verrat militärischer Geheimnisse vom 3. Juni 1914, § 5 des Rennwettgesetzes vom 8. April 1922, § 28 der Preistreibereiverordnung, § 7 der VO. über verbotene Ausfuhr lebenswichtiger Gegenstände, § 33 der VO. über Handelsbeschränkungen, sämtlich vom 13. Juli 1923, § 2 der VO. betr. Bestrafung der Zuwiderhandlungen gegen die Paßvorschriften vom 6. April 1923 — vgl. Runderlaß des Pr. M. d. Innern v. 18. Febr. 1926 —, § 8 des Ges. über den Verkehr mit Vieh und Fleisch vom 10. August 1925 in Verbindung mit § 33 der VO. über Handelsbeschr.).

Wird die Verweisung aus dem Reichsgebiete ausnahmsweise vom Gericht selbst als Nebenstrafe verhängt (so nach § 9 Abs. 2 des Gesetzes zum Schutze der Republik), so kommt nicht § 3, sondern § 2 in Frage; hier gilt auch für die ABeschr. und Tilg. nicht § 26 VO., sondern § 3 Abs. 1 StrTilgG. (vgl. § 3 StrTilgG. Anm. 8).

Überhaupt nicht ins StrReg. einzutragen sind die Ausweisungen lästiger Ausländer, die ohne Rücksicht auf eine vorausgegangene Verurt. auf Grund des allgem. Ausweisungsrechts erfolgen.

5. Zur Mitteilung der Beschlüsse ist die Landespolizeibehörde verpflichtet, die den Beschluß erlassen hat (§ 11 Abs. 1 Nr. 2) und zwar spätestens binnen 2 Wochen nach dem Erlaß des Beschlusses (§ 11 Abs. 2). Für die Mitteilungen ist der Vordruck Muster B vorgeschrieben (§ 12). Die Eintragung erfolgt nach § 20 als neue fortlaufende Nummer auf der Strafnachricht A oder in der Strafliste. Wegen der Behandlung der Mitt. nach Satz 2 vgl. § 20 Anm. 2.

6. Wegen der Entfernung und Vernichtung sowie wegen ABeschr. und Tilgung der Verm. nach § 3 vgl. § 26.

7. Wird der Vollzug einer angeordneten Reichsverweisung ausnahmsweise auf Wohlverhalten ausgesetzt und dem StrReg. eine entsprechende Mitteilung gemacht, so kann dies im StrReg. vermerkt oder die Mitteilung bei dem Strafblatt verwahrt werden.

§ 4 (4).

Ist auf Gefängnis oder auf Festungshaft von mehr als drei Monaten oder neben Gefängnis oder Haft auf Überweisung an die Landespolizeibehörde oder auf die Zulässigkeit von Polizeiaufsicht erkannt, so ist dem Strafregister der Tag mitzuteilen, an dem die Freiheitsstrafe verbüßt ist.

In anderen als den im Abs. 1 bezeichneten Fällen ist bei registerpflichtigen Verurteilungen dem Strafregister Mitteilung zu machen, wenn sich die Strafvollstreckung infolge Strafaufschubs oder aus anderen Gründen so lange verzögert, daß nur noch drei Monate bis zu dem Zeitpunkt fehlen, von dem ab über die Verurteilung nur noch beschränkt Auskunft zu erteilen wäre. Erledigt sich später die Vollstreckung, so ist dies ebenfalls dem Strafregister mitzuteilen.

Abs. 1 und 2 geändert durch VO. vom 17. Mai 1923 Art. I Nr. 2, Abs. 1 weiter durch VO. vom 19. Febr. 1926 Art. I Nr. 4.

1. Die Mitteilungen nach Abs. 1 sind mit Rücksicht auf § 6 Abs. 1 Nr. 2 und Abs. 3 des StrTilgG. in der jetzt geltenden Fassung erforderlich, da bei den in Abs. 1 genannten Strafen die Frist für die ABeschr. erst von der Verbüßung an läuft und ohne die Verm. nach Abs. 1 der Ablauf der Frist für die unbeschr. A. aus dem Str.-Reg. nicht ersichtlich wäre. Wegen ihrer großen Bedeutung ist auf sorgsame Beachtung dieser Bestimmung zu achten.

Bisher sprach die VO. allgemein von Freiheitsstrafen von mehr als 3 Monaten. Da Haft- und Arreststrafen die Dauer von 3 Monaten nicht übersteigen können und bei Zuchthausstrafe ein entsprechendes Bedürfnis nicht besteht (§ 1 Abs. 3 StrTilgG.), ist die jetzige Fassung gewählt worden. In der ursprünglichen Fassung galt die Regelung des Abs. 1 auch für Geldstrafen von mehr als 5000 Mk., da für diese nach der ursprünglichen Fassung des § 6 StrTilgG. die langen Fristen galten. Seit 1. Mai 1923 gelten für alle Geldstrafen die kurzen Fristen und demgemäß auch Abs. 2 des § 4 VO.

Wegen der Vermerke aus der Zeit vor 1. Juli 1920, bei denen die Verbüßungsnachricht regelmäßig fehlt, da § 4 erst seit 1. Juli 1920 gilt, vgl. § 11 Abs. 2 Satz 2 StrTilgG.

2. Die Bestimmungen in Abs. 2 bezwecken, der Vorschrift des § 3 Abs. 3 StrTilgG. allgemein Geltung zu verschaffen, nach der die Vergünstigungen der ABeschr. und der Tilg. einem Verurteilten solange nicht zugute kommen, als sich nach dem Inhalt des Str.-Reg. ergibt, daß die Strafvollstreckung noch nicht erledigt ist. Aus welchem Grunde die Erledigung der Vollstreckung noch aussteht, ist gleichgültig. Die VO. nennt als Beispiel den Strafaufschub. Es kommen ferner in Betracht: bedingte Aussetzung der Strafvollstreckung durch die Gerichte oder Verwaltungsbehörden, Abwesenheit, Krankheit, Bewilligung von Stundung oder von Teilzahlungen durch die Vollstreckungsbehörden oder durch die Gerichte.

3. „Erledigt" ist die Strafvollstreckung, wenn sie nicht mehr stattfinden darf. Erledigt ist z. B. die Geldstrafe in den Fällen des § 29 Abs. 6 StGB., dagegen nicht schon, wenn dem Verurteilten gestattet worden ist, die Geldstrafe durch freie Arbeit abzuarbeiten (§ 28 b StGB.); erledigt ist sie vielmehr in diesem Falle erst dann, wenn die Ersatzarbeit tatsächlich getan und dadurch der Strafanspruch des Staates erloschen ist.

4. Abs. 2 bezieht sich nach seinem Wortlaut auch auf Verurt. zu Todesstrafe oder Zuchthaus. Gemeint sind aber nur die Fälle, für die nach dem StrTilgG. eine Frist für ABeschr. läuft, also die Fälle des § 6 Nr. 1 StrTilgG. Da bei Todesstrafe und Zuchthaus der Zeitpunkt „3 Monate vor Ablauf der Frist für die ABeschr." nie eintritt, ist bei solchen Verurt. Abs. 2 nicht anwendbar.

5. Die Mitteilung obliegt der Strafvollstreckungsbehörde oder nach näherer Bestimmung der Landesregierung der Staatsanwaltschaft (§ 11 Abs. 1 Nr. 1). Für die Mitteilung ist ein besonderer Vordruck (Muster C) vorgeschrieben (§ 12 Abs. 1). Ist die Strafe durch Untersuchungshaft verbüßt, so kann die Mitteilung hierüber auf der Strafnachricht selbst gemacht werden (§ 12 Abs. 3). Die Vollstreckung ist mitzuteilen binnen 2 Wochen nach Eintritt der Tatsache der Vollstreckung (§ 11 Abs. 2), das Ausstehen der Vollstreckung 3 Monate vor dem Ende der Frist für die beschr. A. (§ 4 Abs. 2). Eine Mitteilung des festgesetzten Strafendes, bevor die Verbüßung tatsächlich erfolgt ist, genügt dem § 4 Abs. 1 nicht und ist von der StrRegBeh. zurückzuweisen.

6. Die Mitteilungen nach § 4 Abs. 1 und 2 werden nach Eingang beim StrReg. verschieden behandelt.

Mitteilungen nach Abs. 1 werden bei der Entscheidung, auf die sie sich beziehen, in der Spalte „Bemerkungen" eingetragen und dann vernichtet (§ 21 Abs. 2); der eingetragene Vermerk bildet dann einen untrennbaren Bestandteil des Strafverm., bei dem er steht und teilt hinsichtlich ABeschr. und Tilg. dessen Schicksal (vgl. § 1 StrTilgG. Anm. 5).

Mitteilungen nach Abs. 2 Satz 1 werden in das StrReg. eingelegt (§ 19 Abs. 1) und nach Eingang der Mitt. nach Abs. 2 Satz 2 wieder entfernt und zusammen mit dieser vernichtet (§ 19 Abs. 2 Satz 1). Sie können aber vor der Vernichtung noch zur Weiterleitung der Mitt. an die Ortspolizeibehörde usw. verwendet werden (§ 22).

§ 5 (5).

Dem Strafregister ist Mitteilung zu machen, wenn dem Verurteilten eine Bewährungsfrist bewilligt worden ist, und zwar unter Angabe des Tages der Bewilligung, oder wenn die Bewährungsfrist verlängert oder widerrufen worden ist oder in anderer Weise als durch Erlaß oder Milderung der Strafe sich erledigt.

Dies gilt auch für Verurteilungen, die nicht registerpflichtig sind.

Dem Strafregister kann Mitteilung gemacht werden, wenn die Entscheidung über die Bewilligung einer Bewährungsfrist vorbehalten wird. Ist eine solche Mitteilung gemacht, so ist dem Strafregister auch dann weitere Mitteilung zu machen, wenn eine Bewährungsfrist nicht bewilligt wird.

Abs. 1 geändert, Abs. 3 eingefügt durch VO. vom 19. Febr. 1926 Art. I Nr. 5. — Abs. 3 Satz 2 ist berichtigt (RGBl. 1926 I S. 254).

1. Die Mitteilung der Bewilligung einer Bewährungsfrist, ebenso ihrer Verlängerung oder ihres Widerrufs sind von großer Bedeutung für die Beurteilung der Persönlichkeit des Verurteilten, da sie einen Rückschluß darauf gestatten, ob die Tat auf verbrecherische Neigung zurückgeht und ob sich der Verurteilte des in ihn gesetzten Vertrauens würdig erwiesen hat. Diese Tatsachen sind von Bedeutung insbesondere auch, wenn der Verurteilte eine neue Straftat begeht. Im allgemeinen, wenn auch keineswegs ausnahmslos, wird die zweite Tat strenger zu beurteilen sein, wenn sie begangen worden ist, während die Bewährungsfrist für eine frühere Verurteilung lief. Selbst wenn dem Täter trotzdem auch für die zweite Strafe Bewährungsfrist bewilligt wird, werden sich doch regelmäßig besondere Maßnahmen empfehlen, um die beiden Bewährungsfristen miteinander in Einklang zu bringen (vgl. JGG. § 13; pr. AV. vom 19. Okt. 1920 — JMBl. S. 564 — § 18 und die Anm. dazu bei Hellwig, „Die bedingte Aussetzung der Strafvollstreckung in Preußen" sowie „Die bedingte Aussetzung der Strafvollstreckung in Preußen und im Reich").

Außerdem ist die Bewährungsfrist für das Strafregister selbst von besonderer Bedeutung, weil gemäß § 6 Abs. 3 Satz 2 des Str.-TilgG. bei Berechnung der Frist die Dauer der „Probezeit", d. h. derjenigen Zeit, für die Bewährungsfrist bewilligt worden war, auf die Dauer der zehnjährigen Frist voll anzurechnen ist, wenn er sich also während der Bewährungsfrist einwandfrei geführt hat.

2. Aus diesen Gründen ist genaue Beachtung der Bestimmung des § 5 von großer Wichtigkeit. Insbesondere darf auch nicht vergessen werden, den Tag der Bewilligung der Bewährungsfrist anzugeben. Als Tag der Bewilligung ist nicht der Tag anzusehen, an dem die betr. Entscheidung ergeht, durch welche die Bewährungsfrist bewilligt wird, sondern der Tag, von dem an die Bewährungsfrist zu laufen beginnt. Ist also z. B. am 7. Juli 1925 eine zweijährige Bewährungsfrist, beginnend von der Rechtskraft des Urteils an bewilligt worden, und diese erst am 12. Dez. 1925 eingetreten, so ist der 12. Dez. als Tag der Bewilligung der Bewährungsfrist anzusehen.

Ist in den Fällen, in denen die Bewährungsfrist nicht auf Grund der Bestimmungen des JGG., sondern als Ausfluß des Gnadenrechts erfolgt, bestimmt, daß die Bewährungsfrist am Ende des Monats zu laufen beginnt, in welchem dem Verurteilten die Bewilligung der Bewährungsfrist mitgeteilt worden ist — so in Preußen —, so ist als Tag der Bewilligung der erste Tag desjenigen Monats mitzuteilen, der auf den Monat folgt, in dem dem Verurteilten von der Bewilligung der Bewährungsfrist Mitteilung gemacht worden ist.

3. Gleichgültig ist es, ob die Bewährungsfrist kraft gesetzlicher Ermächtigung erteilt worden ist (vgl. JGG. § 10 ff. sowie Entwurf zu einem StGB. von 1925 §§ 35 ff.) oder aber als Ausfluß des Gnadenrechts, und im letzteren Fall, ob das Gnadenrecht unmittelbar von seinem Inhaber ausgeübt wird oder die Ausübung der Staatsanwaltschaft oder anderen Verwaltungsbehörden oder den Gerichten übertragen worden ist (vgl. Hellwig, angeführt in Anm. 1; Bayer. AB. A 16, B 8 III). In Bayern ist vorgeschrieben, daß es im Reg. besonders zu vermerken ist, wenn die Bewährungsfrist vom JustMin. bewilligt worden ist (AB. B 8 IV).

4. Die Bewährungsfrist wird in der Regel in der Weise bewilligt, daß nach ihrem Ablauf der Erlaß der Strafe besonders verfügt werden muß. Neuerdings wird aber auch vielfach (in Anlehnung an die im § 41 des Entwurfs eines Allg. Deutschen StGB. vorgesehene Regelung) die bedingte Begnadigung in der Art bewilligt, daß sie im Falle straffreier Führung (oder des Ausbleibens erneuter Verurteilungen von gewisser Höhe) ohne weiteres eintritt. Auch derartige Formen der Bewilligung der Bewährungsfrist sind ins StrReg. einzutragen. Die VollstrBeh. wird in solchen Fällen zweckmäßig dem StrReg. nach endgültigem Eintritt des Straferlasses Mitteilung machen.

5. Ist nur ein Teil einer Strafe nach Ablauf einer Probezeit erlassen, so muß sich aus der Mitt. ergeben, welcher Teil der Strafe vollstreckt ist (so auch Bayer. AB. B 8 IV).

6. Ist die Bewährungsfrist durch das erkennende Gericht bewilligt worden, so empfiehlt es sich, die Bewährungsfrist gleichzeitig mit der

Übersendung der Strafnachricht mitzuteilen. Die Übersendung einer besonderen Nachricht D erübrigt sich dann (§ 12 Abs. 3). Da die Mitteilung über die Bewilligung der Bewährungsfrist gemäß § 21 Abs. 2 VO. bei der Entscheidung, auf die sie sich bezieht, in die Spalte Bemerkungen einzutragen und dann zu vernichten ist, empfiehlt es sich im Interesse der Geschäftsvereinfachung, daß die mitteilende Behörde bei der Übersendung der Strafnachricht A von der Ermächtigung des § 12 Abs. 3 Gebrauch macht und von sich aus die Bewilligung der Bewährungsfrist in die Spalte Bemerkungen überträgt.

7. Die Bewährungsfrist ist auch dann mitzuteilen, wenn es sich um Strafen von nicht mehr als 3 Monaten handelt, da die Mitteilung in diesem Falle zwar nicht für die Zwecke der StrRegFührung Interesse hat, weil dann gemäß § 6 Abs. 2 StrTilgG. die Frist von dem Tage der Verurteilung an läuft, wohl aber für die Beurteilung der Persönlichkeit des Verurteilten von Bedeutung ist. Das gleiche gilt für die Verlängerung und für den Widerruf der Bewährungsfrist.

Gleichgültig ist es auch, ob die Bewährungsfrist für eine erkannte Freiheitsstrafe oder aber für eine Ersatzfreiheitsstrafe bewilligt worden ist. Das gilt auch für nicht registerpflichtige Ersatzfreiheitsstrafen (vgl. Anm. 11).

8. Eine Bewährungsfrist kann nicht nur durch ihren Widerruf oder durch Erlaß der Strafe gegenstandslos werden, sondern auch auf andere Weise, so durch Bildung einer Gesamtstrafe, in die die Einzelstrafe einbezogen wird, für die eine Bewährungsfrist bewilligt worden war. Durch die VO. vom 19. Febr. 1926 ist jetzt ausdrücklich bestimmt worden, daß auch in diesen Fällen dem StrReg. Mitteilung gemacht wird.

9. Der Tag der Bewilligung der Bewährungsfrist ist auch in den Fällen mitzuteilen, in denen die ausgesetzte Strafe nicht mehr als 3 Monate beträgt, obgleich, soweit das StrReg. und die Fristen für ABeschr. in Betracht kommt, gemäß StrTilgG. § 6 Abs. 3 die Mitteilung des Tages nur für solche Strafen Bedeutung hat, die mehr als 3 Monate betragen.

10. Wenn der Widerruf nicht mitgeteilt wird, so hat das zur Folge, daß das StrReg. die weiterhin bekannt werdenden Verurteilungen immer wieder mitteilen muß und daß zu den Akten, in denen nachträglich auf Strafe erkannt wird, von dem StrReg. fälschlicherweise mitgeteilt wird, daß eine Bewährungsfrist laufe.

Gleichgültig ist, ob formell ein „Widerruf" erfolgt oder ob dies mittelbar durch Anordnung der Strafvollstreckung geschieht. Ob der Widerruf zulässig ist, hat der Registerführer nicht zu prüfen.

11. Mitteilungen über Bewilligung usw. von Bewährungsfristen sind auch dann zu machen, wenn die Verurteilung selbst an sich nicht registerpflichtig wäre (Abs. 2). Da sämtliche Verurteilungen zu Freiheitsstrafe registerpflichtig sind, kann dies nur für Bewährungsfristen in Frage

kommen, die für Ersatzfreiheitsstrafen bewilligt sind, und zwar, da auch alle Geldstrafen, die wegen eines Vergehens erkannt werden, registerpflichtig sind, nur für Ersatzfreiheitsstrafen, die wegen einer anderen Übertretung als denen nach §§ 361, 363 StGB. erkannt worden sind.

Durch die Vorschrift des Abs. 2 werden die Verurt. selbst, auf die sich die Bewährungsfrist bezieht, nicht registerpflichtig; sie sind also hinsichtlich der Auskunftserteilung als nicht vorhanden zu betrachten. Die Mitteilungen nach Abs. 2 werden deshalb nicht im Reg. vermerkt wie andere Bewährungsfristen (§ 21 Abs. 2), sondern nur in das Strafregister eingelegt (§ 19 Abs. 1) und nach Eingang der Nachricht über Erledigung der Bewährungsfrist oder drei Monaten nach deren Ablauf wieder aus dem Reg. entfernt und vernichtet (§ 19 Abs. 3). Die Vorschrift des § 5 Abs. 2 soll lediglich dem Strafregisterführer die nötige Unterlage für die Anwendung der §§ 30, 31 geben.

12. Neu aufgenommen durch die VO. vom 19. Febr. 1926 ist die Bestimmung über die Mitteilung von Beschlüssen, durch welche die Entscheidung über die Bewilligung einer Bewährungsfrist vorbehalten wird.

Nach § 10 Abs. 2 JGG. kann die Entscheidung über die Aussetzung der Strafvollstreckung vorbehalten werden. Von dieser Möglichkeit wird in manchen Ländern viel Gebrauch gemacht, weil die verurteilten Jugendlichen bis zur Entscheidung über die Aussetzung der Strafvollstreckung erzieherischen Einwirkungen besonders zugänglich sind. Auch bei der Handhabung der landesrechtlich geregelten bedingten Strafaussetzung für Erwachsene setzen die zuständigen Stellen nicht selten die Entscheidung einige Zeit aus. Es hatte sich nun als Lücke herausgestellt, daß die Gerichte oder sonst zuständigen Stellen während der Zeit, für welche die Entscheidung ausgesetzt ist, keine Kenntnis von neuen Bestrafungen des Verurteilten erhielten. Deshalb ist jetzt auch die Mitteilung von Beschlüssen über die Aussetzung der Strafvollstreckung an das Strafregister zugelassen. Diese Mitteilungen sollen, da sie nur von vorübergehender Bedeutung sind, in das Strafregister nur eingelegt werden. Die für die Entscheidung über die Aussetzung der Vollstreckung zuständige Behörde hat, wenn sie eine Mitteilung über den Vorbehalt der Entscheidung über die Aussetzung der Strafvollstreckung an das Strafregister gemacht hat, auch dann weitere Mitteilung zu machen, wenn die Aussetzung der Vollstreckung nicht bewilligt wird. Im letzteren Fall soll die Mitteilung über den Vorbehalt aus dem Register entnommen und zusammen mit der neuen Mitteilung vernichtet werden. Geht die endgültige Mitteilung über die Bewilligung einer Strafaussetzung ein, so ist diese im Strafregister zu vermerken, und die beiden eingegangenen Mitteilungen sind zu vernichten (§ 19 Abs. 1, 2 Satz 2).

Es handelt sich nur um eine Kannvorschrift. Es soll im freien Ermessen der Behörde stehen, ob eine solche Mitteilung zu machen ist oder nicht. Es kommt z. B. nicht selten vor, daß nur noch der Eingang einer Antwort auf eine schon eingeforderte Auskunft abgewartet werden soll, bevor die Bewilligung der Bewährungsfrist sachlich entschieden werden soll. In solchen Fällen würde die Mitteilung des Vorbehalts an das StrReg. keinen Sinn haben. In der VO. ist nicht gesagt, wer die Mitteilung über den Vorbehalt zu veranlassen hat. Da aber nur das Gericht selbst in der Lage ist zu ermessen, ob sich eine solche Mitteilung empfiehlt oder nicht, ist davon auszugehen, daß das Gericht selbst die Anordnung der Mitteilung des Vorbehalts in den Fällen, in denen ihm eine solche zweckmäßig erscheint, im Einzelfalle ausdrücklich zu treffen hat. In Preußen ist dies angeordnet (AB. Ziff. 2 Abs. 3). Umgekehrt hat Hamburg (Ausf.-Verf. Ziff. 21) auf Grund des § 10 angeordnet, daß die Aussetzungsbeschlüsse bei den im Hamburgischen Staatsgebiete geborenen Jugendlichen regelmäßig mitzuteilen sind.

Gleichgültig ist es, ob der Vorbehalt gemäß § 10 JGG. in der Urteilsformel oder in den Urteilsgründen ausgesprochen wird oder gemäß landesrechtlichen Bestimmungen durch besonderen Beschluß, so insbesondere in Preußen in den Fällen, in denen die Berufungsstrafkammer die Entscheidung über Bewilligung einer Bewährungsfrist zwar zur Zeit der Verkündung des Urteils noch nicht treffen will, die spätere Entscheidung aber nicht dem Gericht erster Instanz überlassen, sondern sich selbst vorbehalten will (vgl. Hellwig, „Die bedingte Aussetzung der Strafvollstreckung im Reich und in Preußen", Berlin 1922, Anm. 64).

Mitt. nach Abs. 3 sind auch bei nicht registerpflichtigen Verurt. zulässig.

13. Die Mitteilungen obliegen der Strafvollstreckungsbehörde oder nach näherer Bestimmung der Landesregierung der Staatsanwaltschaft (§ 11 Abs. 1 Nr. 1). Für die Mitteilungen ist das Muster D vorgeschrieben (§ 12 Abs. 1); in den Fällen des § 5 Abs. 3 ist es handschriftlich abzuändern (§ 12 Nr. 2).

14. Die registermäßige Behandlung der eingehenden Mitteilungen nach § 5 ist verschieden.

Mitteilungen nach Abs. 1 werden bei dem Strafvermerk, auf den sie sich beziehen, in der Spalte Bemerkungen eingetragen und dann vernichtet (§ 21 Abs. 2). Der eingetragene Vermerk bildet einen untrennbaren Bestandteil des Strafvermerks, bei dem er steht und teilt hinsichtlich der Auskunft und Tilg. dessen Schicksal (vgl. § 1 StrTilgG. Anm. 5).

Wegen der Mitteilungen nach § 5 Abs. 2 vgl. Anm. 11, wegen der Mitteilungen nach Abs. 3 Satz 1 und 2 vgl. Anm. 12 Abs. 2 am Ende.

Alle zu vernichtenden Mitteilungen können noch zur Weiterleitung an die Ortspolizei usw. verwendet werden (§ 22).

15. Wegen der Pflichten des Registerführers, den beteiligten Stellen Mitteilungen über die eingegangenen Nachrichten nach § 5 sowie über den Inhalt des Reg. zu machen vgl. §§ 30, 31.

§ 6 (5a).

Dem Strafregister ist Mitteilung zu machen, wenn der Verurteilte auf Grund des § 23 des Strafgesetzbuchs vorläufig entlassen worden ist, und zwar unter Angabe des Tages der Entlassung, oder wenn die vorläufige Entlassung widerrufen worden ist.

Eingefügt als § 5a durch VO. vom 2. Juni 1922 Art. I Nr. 3.

1. Ebenso wie Bewilligung und Widerruf einer Bewährungsfrist ist von Bedeutung für die Persönlichkeit des Verurteilten die Bewilligung und der Widerruf der vorläufigen Entlassung (vgl. über sie StGB. §§ 23 ff. und Hellwig, „Die bedingte Aussetzung der Strafvollstreckung im Reich und in Preußen" S. 39). Insbesondere kann es im Einzelfall, z. B. für die Entscheidung, ob eine Maßnahme auf Grund des § 8 des StrTilgG. angeordnet werden soll, von Wert sein, daß aus dem StrReg. selbst hervorgeht, ob der Verurteilte seine Strafe völlig verbüßt hat oder ob er einen Teil der Strafzeit in Freiheit verbracht hat.

2. Die Tatsache der vorläufigen Entlassung hat auch für die Fristberechnung nach § 6 Nr. 2 des StrTilgG. Bedeutung (vgl. § 6 StrTilgG. Anm. 14).

3. Die Mitteilung hat mit dem handschriftlich abgeänderten Muster E zu erfolgen (§ 12 Abs. 1, 2); sie obliegt der Strafvollstreckungsbehörde oder nach näherer Bestimmung der Landesregierung der Staatsanwaltschaft (§ 11 Nr. 1). Die Mitteilung wird bei der Entscheidung, auf die sie sich bezieht, in der Spalte „Bemerkungen" eingetragen und dann vernichtet (§ 21 Abs. 2); sie kann vor der Vernichtung noch zur Weiterleitung der Mitteilung an die Ortspolizeibehörde usw. verwendet werden (§ 22). Der eingetragene Vermerk bildet einen untrennbaren Bestandteil des Strafverm., bei dem er vermerkt ist, und teilt hinsichtlich der Ausk. und Tilg. dessen Schicksal (vgl. § 1 StrTilgG. Anm. 5).

4. Mitteilungen nach § 6 sind im Sinne des § 30 Abs. 1, 2 Mitteilungen über eine Bewährungsfrist gleichzuachten (§ 30 Abs. 3); der Registerführer hat also die in § 30 Abs. 1, 2 sowie in § 31 vorgeschriebenen Nachrichten an bestimmte Behörden zu geben.

§ 7 (6).

Dem Strafregister ist Mitteilung zu machen:

1. wenn eine registerpflichtige Strafe erlassen oder gemildert worden ist oder wenn einem Verurteilten die bürgerlichen Ehrenrechte oder einzelne Rechte

oder Fähigkeiten, die er infolge der Verurteilung verloren hat, wieder verliehen worden sind;

2. wenn eine registerpflichtige Verurteilung infolge Wiederaufnahme des Verfahrens rechtskräftig aufgehoben worden ist.

Nr. 1 geändert durch VO. vom 19. Febr. 1926 Art. I Nr. 6.

1. Nach bisheriger Fassung war nur bei Erlaß oder Milderung im Gnadenwege Mitteilung zu machen. Im Wege ausdehnender Auslegung hat man aber allgemein die Ansicht vertreten, daß über den Wortlaut hinaus auch dann Mitteilung zu machen sei, wenn die Strafe nach Ablauf der einem Jugendlichen bewilligten Bewährungsfrist von dem Gericht nicht kraft einer Übertragung des Gnadenrechts, sondern kraft gesetzlicher Ermächtigung erlassen worden war (so Hellwig, Jugendgerichtsgesetz, § 10 Anm. 9; ebenso auch Hartung bei Schäfer und Hartung Bd. II S. 441 Anm.). Immerhin war es, um jeden Zweifel auszuschließen, erwünscht, daß die Worte in Nr. 1 „im Gnadenweg" durch die Novelle vom 19. Februar 1926 gestrichen worden sind.

2. Es ist gleichgültig, ob es sich um Erlaß im Gnadenwege handelt oder um Erlaß im Rechtswege, ob um teilweisen oder gänzlichen Erlaß, ob um Erlaß nach Ablauf einer Bewährungsfrist oder ohne Bewährungsfrist. Von einem Erlaß der Strafe kann man aber nicht sprechen in dem Fall des § 29 Abs. 6 StGB. Wenn das Gericht in dem Fall, daß die gegen den Verurteilten verhängte Geldstr. nicht beigetrieben werden kann, von der Befugnis Gebrauch macht, anzuordnen, daß die Vollstreckung der Ersatzstrafe unterbleibt, so handelt es sich nicht um einen Erlaß der Strafe, auch nicht unter Beschränkung auf die Ersatzfreiheitsstrafe, sondern um eine Anordnung rein tatsächlicher Art. Eine Mitteilung an das StrReg. ist daher durch § 7 Nr. 1 nicht vorgeschrieben, auch nicht erforderlich (Hellwig, Geldstrafengesetz Anm. 148).

3. Gemildert wird die Strafe, wenn im Gnadenweg eine Nebenstrafe erlassen wird oder wenn die Dauer einer Freiheitsstrafe verkürzt oder die Höhe einer Geldstrafe verringert wird oder wenn eine Freiheitsstrafe in eine Geldstrafe oder eine schwerere Freiheitsstrafe in eine leichtere Freiheitsstrafe, die Todesstrafe in eine Freiheitsstrafe umgewandelt wird. Eine Milderung im Sinne des § 7 Nr. 1 liegt nicht vor, wenn nachträglich im Gnadenwege oder gemäß § 28 Abs. 2 StGB. nur Ratenzahlungen oder Stundung einer Geldstrafe bewilligt werden, desgleichen nicht, wenn im Gnadenwege — ohne Bewilligung einer Bewährungsfrist — die Vollstreckung einer Freiheitsstrafe aufgeschoben wird. Eine Milderung der Strafe im Sinne dieser Bestimmung ist es nicht, wenn nachträglich eine Bewährungsfrist bewilligt wird; dies ist nach § 5 mitzuteilen.

4. Eine Bestimmung darüber, daß die auf Grund des § 10 des Geldstrafenges. vom 21. Dez. 1921 (RGBl.

S. 1604) ergangenen Beschlüsse auf nachträgliche Umwandlung einer Freiheitsstrafe von weniger als 3 Monaten in eine Geldstrafe, dem StrReg. mitgeteilt werden müßten, hat ursprünglich gefehlt, obgleich sie erwünscht gewesen wäre (Hellwig, Geldstrafengesetz, 3. Aufl. Anm. 201). Im Wege ausdehnender Auslegung wurden solche Beschlüsse allerdings in der Praxis dem Reg. meist mitgeteilt und ins Reg. aufgenommen. Erst durch Art. II der VO. vom 2. Juni 1922 (abgedruckt unter D I 3) wurde die Mitteilung und Aufnahme — und zwar mit rückwirkender Kraft (Abs. 2) — ausdrücklich vorgeschrieben. Nach der jetzigen Fassung des § 7 Nr. 1 würde sich die Registerpflicht von selbst ergeben, da es sich zweifellos um eine Milderung der Strafe handelt und es nicht mehr erforderlich ist, daß die Milderung im Gnadenweg erfolgt ist.

5. Die Mitteilung über den Erlaß einer Strafe mit langer A.-BeschrFrist (§ 6 Nr. 2 StrTilgG.) sowie die Mitteilung über Wiederverleihung der Ehrenrechte oder anderer Rechte oder Fähigkeiten hat Bedeutung für den Eintrit der Vergünstigungen des StrTilgG. Der Erlaß der genannten schweren Strafen setzt ebenso wie ihre Verbüßung die Frist für beschr. A. in Lauf (§ 6 Abs. 3 StrTilgG.). Die Wiederverleihung der Ehrenrechte usw. beseitigt die nach § 3 Abs. 1 des Gesetzes während der Dauer des Verlusts der Rechte und Fähigkeiten bestehende Hemmung für den Eintritt der Vergünstigungen des Gesetzes.

6. Die Mitteilung über Aufhebung einer registerpflichtigen Verurteilung im Wiederaufnahmeverfahren (§ 6 Nr. 2) bezweckt, die nach dem Ergebnis des Wiederaufnahmeverfahrens nicht mehr zu Recht bestehende Verurt. auch ihrer Wirkung hinsichtlich des StrReg. zu entkleiden. Demgemäß ist angeordnet, daß bei Eingang einer Mitteilung nach § 7 Nr. 2 die Strafnachricht, auf die sich die Mitteilung bezieht, aus dem StrReg. zu entfernen und zu vernichten oder, wenn das StrReg. noch andere Vermerke enthält, unkenntlich zu machen ist; die eingegangene Mitteilung nach § 7 Nr. 2 ist mitzuvernichten (§ 21 Abs. 2).

7. Wird das Urteil eines früher deutschen Gerichts in den nunmehr an Polen abgetretenen Teilen Oberschlesiens im Wiederaufnahmeverfahren auf Grund des Art. 2 §§ 1, 2 Nr. 1, 2, 4 und des § 4 des deutsch-polnischen Abkommens, betr. Überleitung der Rechtspflege im oberschlesischen Abstimmungsgebiet, vom 4. Dez. 1922 (RGBl. II S. 550) durch das polnische Gericht aufgehoben, so ist der Verm. über die Verurteilung nach § 7 Nr. 2, § 21 Abs. 2 aus dem StrReg. zu entfernen, da das polnische Gericht nach diesen Bestimmungen als das auch nach deutschem Gesetz für die Wiederaufnahme zuständige Gericht anzusehen ist.

8. Die Mitteilungen nach § 7 obliegen der Strafvollstreckungsbehörde oder nach näherer Bestimmung der Landesregierung der Staatsanwaltschaft (§ 11 Nr. 1). Für die Mitteilungen ist der Vordruck Muster E vorgeschrieben, der in den Fällen der Nr. 2 handschriftlich abzuändern ist (§ 12 Abs. 1, 2).

Die registermäßige Behandlung der eingehenden Mitteilung nach § 7 ist verschieden. Mitteilungen nach Nr. 1 sind bei der Verurteilung, auf die sie sich beziehen, in der Spalte Bemerkungen einzutragen und dann zu vernichten (§ 21 Abs. 2); der Vermerk teilt dann das Schicksal des Hauptvermerks (vgl. § 1 StrTilgG. Anm. 5). Wegen der Mitteilungen nach Nr. 2 vgl. Anm. 6. Die Mitteilungen nach § 7 Nr. 1 und 2 können vor ihrer Vernichtung noch zur Weiterleitung der Mitteilung an die Ortspolizeibehörde usw. verwandt werden (§ 22).

9. Die Verpflichtung zur Mitteilung kann in der deutschen StrRegVO. natürlich nur solchen Behörden auferlegt werden, die an die deutschen Vorschriften gebunden sind, also Reichsbehörden und Landesbehörden. Diese Mitteilungspflicht liegt also insbesondere ausländischen Behörden auf Grund des § 7 niemals ob. Erfolgen entsprechende Mitteilungen durch ausländische Behörden, so steht es im freien Ermessen der betreffenden Justizverwaltungsbehörde, welchen Gebrauch sie von diesen Mitteilungen machen will (vgl. jedoch Anm. 7). Das gilt an sich auch dann, wenn die betreffende ausländische Regierung durch Staatsvertrag verpflichtet sein sollte, sachlich dem § 7 VO. entsprechende Mitteilungen zu machen, wie dies z. B. im Register-Austauschverkehr mit der Tschechoslowakei und Polen der Fall ist (vgl. § 46 Anm.); in diesen Fällen wird die Mitteilung von Gnadenakten allerdings in aller Regel ins StrReg. aufzunehmen sein.

Die gleichen Grundsätze müssen gelten, wenn während der Besetzung deutschen Gebiets durch eine feindliche Macht von dieser berechtigter- oder unberechtigterweise Gnadenerlasse ergehen und dem StrReg. mitgeteilt werden, so bezüglich des Gnadenerlasses der interalliierten Kommission für Oberschlesien vom 26. Febr. 1920. Wenn diese Verordnung auch jedenfalls zum Teile dem Vertrage von Versailles widerspricht und deshalb insoweit unwirksam ist, so erschien es doch aus praktischen Erwägungen angezeigt, derartige Mitteilungen, aus denen sich zum mindesten die unter allen Umständen bedeutsame Tatsache ergibt, daß die Strafe nicht vollstreckt worden ist, in das StrReg. aufzunehmen. Die „Löschung" ist aber nur in Spalte „Bemerkungen" zu vermerken, von ihrem wirklichen Vollzuge aber (Unterstreichung des Eintrages mit roter Tinte und AWeischr.) abzusehen. Der Vermerk im StrReg. wird in solchen Fällen zu lauten haben: „Durch Erlaß der interalliierten Kommission für Oberschlesien ist der Erlaß der Strafe und die Löschung des Strafvermerks im StrReg. angeordnet worden."

§ 8 (7).

Dem Strafregister ist Mitteilung zu machen:

1. wenn auf Grund des § 8 des Gesetzes über be-

schränkte Auskunft aus dem Strafregister und die Tilgung von Strafvermerken vom 9. April 1920 (Reichsgesetzbl. S. 507) angeordnet worden ist, daß über eine Verurteilung nur noch beschränkt Auskunft zu erteilen ist;

2. wenn auf Grund des genannten § 8 die Tilgung eines Strafvermerkes angeordnet worden ist.

1. Die Vorschrift ist nötig, um den Anordnungen nach § 8 StrTilgG. Wirksamkeit zu verschaffen.

2. Die Mitteilungen obliegen, wenn sie die nach § 8 Str.-TilgG. entscheidende oberste Justizverwaltungsbehörde nicht selbst an das StrReg. unmittelbar gibt, nach § 11 Nr. 1 der Strafvollstreckungsbehörde oder nach näherer Bestimmung der Landesregierung der Staatsanwaltschaft, die ihrerseits durch die oberste Justizverwaltungsbehörde zu benachrichtigen sind. Bei Anordnungen, die der RM. d. Justiz nach § 8 StrTilgG. trifft, benachrichtigt er selbst das beim RJM. geführte Strafregister. Zur Mitteilung ist das Muster E zu verwenden (§ 12 Abs. 1).

3. Die registermäßige Behandlung ist natürlich bei den Mitteilungen nach Nr. 1 und 2 verschieden. Mitteilungen nach Nr. 1 werden bei der Entsch. oder den mehreren Entscheidungen, auf die sie sich beziehen, in der Spalte Bemerkungen eingetragen und dann vernichtet (§ 21 Abs. 2). In den Fällen der Nr. 2 ist gemäß § 21 Abs. 3 die angeordnete Tilg. nach Maßgabe des § 5 Abs. 1 StrTilgG. zu vollziehen und sodann auch die Mitteilung nach § 8 Nr. 2 zu vernichten (§ 21 Abs. 3).

Nach Erledigung im StrReg. sind die Anordnungen auf Grund des § 8 StrTilgG. der Ortspolizeibehörde des Wohnorts oder des letzten Aufenthaltsorts des Betroffenen mitzuteilen, damit diese die polizeiliche Liste in Einklang mit dem StrReg. bringt; die Mitteilung kann unterbleiben, wenn anzunehmen ist, daß die Verurt. der Ortspolizeibehörde nicht bekannt ist (§ 21 Abs. 4). Zur Mitteilung an die Ortspolizeibehörde kann die eingegangene Mitteilung nach § 8 der VO. verwendet werden (§ 22).

§ 9 (8).

Dem Strafregister sind mitzuteilen:

1. Entscheidungen eines deutschen Gerichts oder einer deutschen Strafverfolgungsbehörde, durch die jemand freigesprochen oder außer Verfolgung gesetzt oder ein Strafverfahren eingestellt oder die Eröffnung des Hauptverfahrens abgelehnt wird, weil der Beschuldigte nicht zurechnungsfähig war, oder

durch die ein Strafverfahren vorläufig eingestellt wird, weil der Beschuldigte nach der Tat geisteskrank geworden ist;

2. Entscheidungen eines deutschen Gerichts, durch die jemand wegen Geisteskrankheit, Geistesschwäche oder Trunksucht entmündigt wird;

3. die Aufhebung der Entmündigung auf Anfechtungsklage (§§ 672, 684 der Zivilprozeßordnung);

4. die Wiederaufhebung der Entmündigung nach §§ 675, 679, 685, 686 der Zivilprozeßordnung.

Nr. 3, 4 geändert durch VO. vom 19. Febr. 1926 Art. I Nr. 7.

1. Die Mitteilung von Entscheidungen der in Nr. 1 bezeichneten Art sowie von Entmündigungen an die StrReg. ist durch Beschluß des Bundesrats vom 16. Mai 1918 eingeführt, also seit 1. Aug. 1918 in Wirksamkeit. Entmündigungen wegen Trunksucht werden erst seit 1. Juli 1920 dem StrReg. mitgeteilt.

Diese Entscheidungen gehören, streng genommen, nicht ins Str.-Reg., das an sich nur zur A. über gerichtliche Bestrafungen und damit zusammenhängende Maßnahmen bestimmt ist. Ihre Aufnahme rechtfertigt sich aber dadurch, daß sie in hohem Maße geeignet ist, der Strafrechtspflege zu dienen. Wenn die Strafverfolgungsbehörden und Gerichte bei der erbetenen A. über die Vorstrafen einer Person auch die Entsch. mitgeteilt erhalten, die hinsichtlich der Zurechnungsfähigkeit dieser Personen ergangen sind, so können ungerechtfertigte Strafverfolgungen und Verurteilungen verhütet und die etwa erforderlichen neuen Untersuchungen über den Geisteszustand eines Angeschuldigten wesentlich erleichtert werden.

2. Die Mitteilungen nach Nr. 1 sind auch dann zu machen, wenn die Freisprechung usw. in einem Verfahren wegen einer Übertretung erfolgt ist, bei der eine Verurteilung zu einer Freiheitsstrafe nicht in Frage kommen würde und die deshalb nicht registerpflichtig sein würde (vgl. auch Bayer. AB. B 4 IV).

Daß in Nr. 1 nur deutschen Gerichten die Mitteilungspflicht auferlegt wird, ist selbstverständlich. Das gleiche gilt für die Mitteilungen in Nr. 2. Auch die Nrn. 3 und 4 richten sich nur an deutsche Gerichte, wie die Bezugnahme auf die Vorschriften der deutschen Zivilprozeßordnung ergibt.

4. Eine Mitteilung hat nicht zu erfolgen, wenn das Gericht gemäß §§ 455, 458 StPO. den Aufschub des Beginns der Strafvollstreckung beschließt, weil der Verurteilte nachträglich in Geisteskrankheit verfallen ist und wenn eine Person während der Strafvollstreckung als geisteskrank erkannt wird.

5. Nach dem Wortlaut der Nr. 1 könnte es als zweifelhaft erscheinen, ob Freisprechungen von Jugendlichen auf

Grund des § 3 JGG. gemäß § 9 Nr. 1 VO. registerpflichtig sind. Bisher mußte man jedenfalls die Ansicht vertreten, daß die Freisprechungen auf Grund des § 56 StGB. nicht registerpflichtig waren, da nach der, im Schrifttum allerdings stark bestrittenen, ständigen Rechtsprechung des RG. § 56 nicht einen Schuldausschließungsgrund, sondern nur einen Strafausschließungsgrund enthielt. Nach dem Wortlaut des JGG. und seiner Entstehungsgeschichte kann aber nicht zweifelhaft sein, daß § 3 JGG. einen Schuldausschließungsgrund enthält, daß also bei Jugendlichen außer der allgemeinen Zurechnungsfähigkeit des § 51 StGB. auch noch die besondere Zurechnungsfähigkeit des § 3 JGG. gegeben sein muß, wenn der Jugendliche im Sinne des Gesetzes soll schuldhaft handeln können (Kiesow, Jugendgerichtsgesetz, § 3 Anm. 2; Hellwig, Jugendgerichtsgesetz, § 3 Anm. 2, 3; das RG. vertritt allerdings auch neuerdings noch eine abweichende Auffassung — RG. 57 S. 206). Es ist daher an sich davon auszugehen, daß auch Entscheidungen gemäß § 3 JGG. Freisprechungen usw. auf Grund mangelnder Zurechnungsfähigkeit des Jugendlichen sind. Hiernach würden sie unter den Wortlaut des § 9 Nr. 1 fallen und wären dann registerpflichtig. Da der Mangel der besonderen Jugendzurechnungsfähigkeit aber im Gegensatz zu dem Mangel der allgemeinen Zurechnungsfähigkeit seiner Natur nach ein nur vorübergehender Zustand ist, und da ferner die betreffenden Entscheidungen auf Grund des § 56 StGB. nicht registerpflichtig waren und nicht zu erkennen ist, daß der Gesetzgeber inzwischen seine Auffassung über die Registerpflichtigkeit geändert haben sollte, wird man trotz des Wortlautes auch für die Freisprechungen usw. auf Grund des § 3 JGG. die Ansicht vertreten müssen, daß sie nicht registerpflichtig sind. Es wäre aber wohl zweckmäßig, auch diese Entscheidungen in ein besonderes Register für Jugendliche einzutragen (vgl. § 2 Anm. 17).

6. Zur Mitteilung verpflichtet ist in den Fällen der Nr. 1 die Strafverfolgungsbehörde, in den Fällen der Nr. 2—4 das Gericht, das die mitgeteilte Entscheidung getroffen hat (§ 11 Abs. 1 Nr. 3, 4); soweit die Entscheidungen einer Rechtskraft fähig sind, ist die Mitteilung binnen 2 Wochen nach Eintritt der Rechtskraft, andernfalls binnen 2 Wochen nach dem Erlaß der Entsch. mitzuteilen (§ 11 Abs. 2).

Die Mitteilung erfolgt bei Mitteilungen nach Nr. 1 und 2 auf dem handschriftlich abgeänderten Vordruck der Strafnachricht A, bei Mitteilungen nach Nr. 3 und 4 auf dem handschriftlich abgeänderten Vordruck E (§ 12 Abs. 1, 2).

Die Mitteilungen nach Nr. 1 und 2 werden in das StrReg. eingelegt (§ 19 Abs. 1). In den Fällen der Nr. 3 ist der Verm. über die Entmündigung aus dem StrReg. zu entfernen und zu vernichten und die Mitteilung selbst mitzuvernichten (§ 21 Abs. 2). Die Mitteilung nach Nr. 4 ist bei der Entscheidung, auf die sie sich bezieht, in die Spalte „Bemerkungen" einzutragen und dann zu vernichten (§ 21 Abs. 1).

Die zu vernichtenden Mitteilungen nach Nr. 3, 4 können noch zur Weiterleitung der Nachricht an die Ortspolizeibehörde usw. (soweit eine solche stattfindet) verwendet werden (§ 22).

7. Wegen der Entfernung und Vernichtung der Vermerke nach § 9 vgl. § 27, wegen der Beschr. der AErteilung über Verm. nach § 9 vgl. § 34.

§ 10 (9).

Die Landesregierungen können die Behörden ihres Landes anweisen, den Strafregistern zu Zwecken der Strafrechtspflege oder der Polizei noch andere Mitteilungen zu machen.

1. Was von Reichs wegen den StrReg. mitgeteilt werden muß, bestimmt die VO. Darüber hinausgehend können aber auch die Landesregierungen die Behörden ihres Landes anweisen, den StrReg., und zwar sowohl den StrReg. des betreffenden Landes als auch denen anderer Länder Mitteilungen zu machen, aber nur Mitteilungen zu Zwecken der Strafrechtspflege oder der Polizei. Aus der Zusammenstellung „Strafrechtspflege und Polizei" ist nicht zu folgern, daß polizeiliche Zwecke im Sinne des § 10 mit Zwecken der Sicherheitspolizei oder gar nur der Kriminalpolizei identisch sind. Es muß vielmehr auch als zulässig die Anweisung gelten, bestimmte, den Zwecken der Wohlfahrtspolizei oder der Ordnungspolizei oder anderen polizeilichen Zwecken dienende Mitteilungen aufzunehmen. Es ist den Landesregierungen aber nicht gestattet, Mitteilungen an die StrReg., die nicht der Strafrechtspflege oder der Polizei zu dienen geeignet sind, zu verlangen. Die Behörden ihres Landes haben aber nicht zu prüfen, ob die betreffenden Mitteilungen, die sie an StrReg. zu machen angewiesen werden, tatsächlich Zwecke der Strafrechtspflege oder der Polizei verfolgen, geschweige denn, ob sie sachgemäß, also geeignet sind, die betreffenden strafrechtlichen oder polizeilichen Zwecke zu fördern. Es kann auch die Mitteilung an die StrReg. anderer Länder oder des Reichs verlangt werden, doch kann natürlich diesen nur von ihrer eigenen Landesregierung bezw. dem RM. d. Justiz die Anweisung gegeben werden, derartige Mitteilungen auch aufzunehmen. Durch gegenseitige Vereinbarungen der Länder untereinander oder der Länder und des Reichs kann unter Umständen erreicht werden, daß auch solche Mitteilungen, die die VO. nicht anordnet, aber zuläßt, tatsächlich für das Reich und sämtliche Länder angeordnet werden.

2. Die anderen Mitteilungen können beliebiger Art sein, vorausgesetzt nur, daß sie zu Zwecken der Strafrechtspflege oder der Polizei erfolgen. Es könnte z. B. angeordnet werden, daß dem StrReg. Fingerabdrücke, die in die Fingerabdrucksammlung aufgenommen werden, in einer Kopie zugesandt werden, aber auch, daß wegen anderer Übertretungen als denen nach §§ 361, 363 StGB. erkannte Geldstrafen mitgeteilt werden. Durch die Beschränkung der registerpflichtigen Strafen in § 2 VO. soll also nicht etwa zum Ausdruck kommen, daß andere Strafen in das StrReg. nicht aufgenommen werden dürfen.

3. Wenngleich § 10 nur von den Landesregierungen spricht, so kann doch kein Zweifel darüber bestehen, daß dasselbe Recht auch der Reichsregierung gegenüber den Reichsbehörden zusteht. Da es zweifelhaft sein konnte, ob überhaupt weitere Mitteilungen in das StrReg. aufgenommen werden durften, war es angebracht, dies ausdrücklich festzustellen. Nachdem dies für die Landesregierungen geschehen ist, läßt sich kein Grund finden, um der Reichsregierung nicht dasselbe Recht zuzugestehen. Die analoge Anwendung des § 10 muß dazu führen, auch für die Reichsregierung den § 10 entsprechend anzuwenden.

4. Für die Verm. über Verurteilungen wegen Übertretungen bestimmt jetzt Art. III der VO. vom 19. Febr. 1926, daß die bisher eingetragenen Verm., die auf Geldstrafe lauten, im StrReg. zu tilgen sind, wenn sie nach den jetzigen Bestimmungen nicht mehr registerpflichtig wären. Damit ist aber **kein unbedingtes** Tilgungsgebot ausgesprochen, sondern nur der Gedanke zum Ausdruck gebracht, daß diese Verm. so angesehen werden sollen, als ob sie auch schon zur Zeit ihrer Eintragung nach Reichsrecht nicht registerpflichtig gewesen wären. Ebenso wie aber gemäß § 10 VO. die Landesjustizverwaltung für die Zukunft alle derartigen Verurteilungen registerpflichtig machen kann, muß sie auch als berechtigt angesehen werden, zu bestimmen, daß diejenigen Verm., die bisher schon nach Reichsrecht registerpflichtig waren, es künftig aber nicht mehr sind, so behandelt werden sollen, als ob sie auch schon zur Zeit ihrer Eintragung registerpflichtig nach Landesrecht gewesen wären. Sie kann die Tilg. dieser Verm. in ihren StrReg. durch Anordnung auf Grund des § 10 VO. verhindern.

5. Die Landesregierungen sind nach § 10 an sich rechtlich befugt, auch die Mitteilung von Freisprechungen nach § 3 JGG., Anordnungen von Erziehungsmaßregeln durch das JG., von Fällen des § 6 JGG. usw. für ihr Gebiet anzuordnen. Es empfiehlt sich aber nicht, hiervon Gebrauch zu machen; vielmehr empfiehlt sich, hierfür ein besonderes Register zu schaffen und zwar am besten nach einheitlichen Grundsätzen für das ganze Reichsgebiet (vgl. § 2 Anm. 17, § 9 Anm. 5).

Hamburg hat in seiner AusfVerf. vom 19. Mai 1926 (Hamb. JustVerwBl. Nr. 6 S. 41) eine derartige Anordnung auf Grund des § 10 getroffen. Nach Ziff. 22 Abs. 2 dieser Verf. sind dem Strafregister in jedem Falle, in welchem eine gerichtliche Hauptverhandlung gegen einen im hamburgischen Staatsgebiet geborenen Jugendlichen stattgefunden hat, Mitt. zu machen, auch wenn die Verhandlung zu einem Freispruche des Angeklagten geführt hat oder der Angeklagte der Tat schuldig befunden, aber von Festsetzung einer Strafe abgesehen ist; dabei soll der Grund der Freisprechung in der Spalte „Besondere Bemerkungen" kurz angegeben werden. Die Mitt. sollen bis zur Volljährigkeit ins StrReg. eingelegt und in Ausk. an Hamb. Jugendämter und Gerichtsbehörden aufgenommen werden.

6. Die Mitteilungen nach § 10 können für dauernd, für bestimmte Zeit oder einmalig vorgeschrieben werden. So ist z. B. in Preußen und Baden im Einvernehmen mit dem RM. d. Justiz und allen anderen Landesregierungen zum Zwecke der Herstellung einer Statistik über die Bewährung der in den beiden Ländern im Jahre 1922 entlassenen Fürsorgezöglinge die Anordnung getroffen, daß allen deutschen StrReg. auf besonderen Vordruck „Nachricht über Entlassung aus der Fürsorgeerziehung" die Entlassung mitgeteilt wird. Alle deutschen StrReg. sind angewiesen, diese Mitt. in die Reg. einzulegen (nicht einzutragen) und der mitteilenden Behörde von allen bis 31. März 1928 eingehenden Strafnachrichten über die entlassenen Fürsorgezöglinge Mitteilung zu machen (vgl. Pr. JMBl. 1922 S. 349).

7. Die anordnende Landesregierung hat auch zu bestimmen, was mit den eingehenden Mitteilungen geschehen soll, ob sie in die Straflisten als besondere Nummern aufzunehmen oder sonst zu vermerken oder nur einzulegen sind. Sie können auch Bestimmungen treffen, wann und unter welchen Voraussetzungen nach § 10 aufgenommene Mitteilungen wieder aus dem Reg. entfernt werden sollen, sowie wie es mit der AErteilung zu halten sei.

Ist auf Grund des § 10 die Aufnahme von Verm. über Verurteilungen angeordnet, so sind die eingehenden Strafnachrichten, wenn nichts anderes bestimmt wird, wie andere registerpflichtige Strafnachrichten zu behandeln, insbesondere auch hinsichtlich des StrTilgG.

8. Die Landesregierungen haben von der Ermächtigung des § 10 — mit Recht — bisher nur sehr wenig Gebrauch gemacht. Sie darf nur ein Aushilfsmittel für besondere Bedürfnisse eines Landes sein; andernfalls würde die Einheitlichkeit der Strafregisterführung im ganzen Reichsgebiet, die von großem Werte ist, Schaden leiden.

§ 11 (10).

Zur Mitteilung ist verpflichtet:

1. **bei Entscheidungen und sonstigen Nachrichten in Strafsachen die Behörde, welche die Strafvollstreckung zu veranlassen hat, oder nach näherer Bestimmung der Landesregierung die Staatsanwaltschaft;**
2. **in den Fällen des § 3 die Landespolizeibehörde, die den Beschluß erlassen hat;**
3. **in den Fällen des § 9 Nr. 1 die Strafverfolgungsbehörde;**
4. **in den Fällen des § 9 Nr. 2 bis 4 das Gericht.**

Die Mitteilungen geschehen bei Entscheidungen binnen zwei Wochen nach Eintritt der Rechtskraft und, soweit die Entscheidung einer Rechtskraft nicht fähig ist, binnen zwei Wochen nach ihrem Erlasse, bei anderen Tatsachen binnen zwei Wochen nach ihrem Eintritt.

Abs. 1 Nr. 3, 4 geändert durch VO. vom 19. Febr. 1926 Art. I Nr. 8 Abs. 2 berichtigt (RGBl. 1926 I S. 254).

1. „Entscheidungen und sonstige Nachrichten in Strafsachen" (Nr. 1) sind die Mitteilungen nach § 2 Abs. 1—3, §§ 4—8, ferner Mitt. nach § 10 und § 16, soweit sie sich auf Verurt. beziehen.

In den Fällen des § 8 kann die Mitt. auch durch die oberste Landesjustizverwaltungsbehörde unmittelbar erfolgen, welche die Anordnung auf Grund des § 8 StrTilgG. getroffen hat.

2. In den Fällen der Nr. 1 kann die Landesregierung bestimmen, daß die Staatsanwaltschaft die Mitt. zu machen hat, auch wenn sie nicht die Strafvollstreckungsbehörde ist.

In Preußen hat die nach Nr. 1, 3 der Strafvollstreckungsbehörde auferlegten Mitt. das Büro der Strafvollstreckungsbehörde zu machen, bei nachträglicher Bildung einer Gesamtstrafe (§ 2 Abs. 3) das Büro der die Gesamtstrafe vollstreckenden Behörde (AV. Ziff. 2 Abs. 1, 2, 4).

3. Hinsichtlich der Verurt. durch Militärgerichte galten nach § 39 Abs. 2 der StrRegVO. vom 12. Juni 1920 (D I 6 Anm. 1) bis zum Inkrafttreten des Gesetzes betr. Aufhebung der Militärgerichtsbarkeit, vom 17. Aug. 1920 (RGBl. S. 1579), d. h. bis zum 1. Okt. 1920, noch die besond. Vorschriften der alten StrRegVO. vom 16. Mai 1918 § 6. An diesem Zustand ist auch dadurch nichts geändert, daß § 39 Abs. 2 bei der Neufassung der VO. in den jetzigen § 47 nicht mehr aufgenommen worden ist, weil seine Fassung im Rahmen der Neufassung der VO. nicht mehr verständlich gewesen wäre. Seit 1. Okt. 1920 finden auf die Mitt. über militärgerichtliche Entscheidungen die allgemeinen Bestimmungen der StrRegVO. Anwendung. Danach sind die Mitt. nach § 10 Nr. 1 und 3 von dem zuständigen Gerichtsherrn unmittelbar und innerhalb der in § 11 Abs. 2 vorgesehenen Fristen von Fall zu Fall an die StrRegBeh. zu senden. Sofern bei den Marineteilen usw. auf Grund der früheren Bestimmungen noch Strafnachrichten lagern sollten, sind sie unverzüglich durch die Stationskommandos den StrRegBeh. zu übersenden, auch wenn der Verurteilte noch im Marinedienst steht (Marineverordnungsblatt Nr. 37 vom 15. Nov. 1920).

4. Nach der bisherigen Fassung der VO. waren Entscheidungen über Entmündigungen, wenn die Entmündigung wegen Geisteskrankheit oder Geistesschwäche eintritt, durch die Staatsanwaltschaft, und wenn sie wegen Trunksucht angeordnet wird, durch das

Gericht dem StrReg. mitzuteilen. Diese Regelung beruhte darauf, daß nach der ZPO. die Staatsanwaltschaft an dem Verfahren der Entmündigung wegen Geisteskrankheit und Geistesschwäche sich beteiligen kann, während sie diese Befugnis bei der Entmündigung wegen Trunksucht nicht hat. Die Staatsanwaltschaft macht indessen erfahrungsgemäß von ihrem Rechte zur Beteiligung nur selten Gebrauch. Dazu kommt, daß die zuständige Staatsanwaltschaft vielfach gar nicht selbst die Strafregisterbehörde ist; deshalb wird oft nicht einmal die Versendung der Mitteilung erspart. Es erschien demnach zweckmäßiger, auch in den Fällen der Entmündigung wegen Geisteskrankheit oder Geistesschwäche dem Gerichte die Mitteilungspflicht aufzuerlegen.

In Preußen ist die Mitteilungspflicht in den Fällen des § 9 Nr. 2—4 dem Büro des Amtsgerichts auferlegt (AV. Ziff. 2 Abs. 4).

5. Die Mitt. haben bei Entscheidungen, die der Rechtskraft fähig sind, binnen 2 Wochen nach Eintritt der Rechtskraft zu erfolgen. Ist eine Verurt. zum Teil rechtskräftig geworden, zum andern Teil aber, z. B. hinsichtlich einer Nebenstrafe, mit Berufung angefochten, so hat die Mitteilung erst zu erfolgen, wenn das ganze Urteil rechtskräftig ist. Die Absendung der Mitteilung hat unverzüglich und von Fall zu Fall zu erfolgen. Sammelsendungen sind in Preußen als nicht statthaft bezeichnet, in Bayern nur dann, wenn dabei die Fristen des Abs. 2 eingehalten werden. Ist anzunehmen, daß Steckbriefe oder Suchvermerke im StrReg. niedergelegt sind, z. B. bei Bettlern und Landstreichern, so ist besondere Eile geboten (vgl. Preuß. AV. Ziff. 2 Abs. 6; Bayer. AV. B 6 I).

6. Welche Behörden eine Namensänderung mitzuteilen haben, bestimmt nach § 15 Abs. 2 die Landesregierung.

7. Die StrRegBehörde selbst ist zu bestimmten Mitt. verpflichtet nach § 21 Abs. 4, §§ 30, 31, 40, 42 Abs. 3 StrRegVO. In Preußen ist außerdem noch die Mitt. über eine Anordnung nach § 8 StrTilgG. zu den Gerichtsakten, die Weiterleitung einer für eine andere StrRegBeh. bestimmten Nachricht, die Mitt. des Todes eines Verurteilten an andere StrReg., die ein Doppel des Strafblatts verwahren, so von nachträglich bekannt werdenden Verurt. von Zigeunern an das RJustMin. ausdrücklich vorgeschrieben (AV. Ziff. 34).

§ 12 (11).

Zu den Mitteilungen sind Vordrucke nach den anliegenden Mustern zu verwenden.

Es sind bestimmt:

das Muster A (Strafnachricht) für die Mitteilungen nach § 2 Abs. 1, 2 und § 9 Nr. 1, 2;

das Muster B für die Mitteilungen nach § 3;

das Muster C für die Mitteilungen nach § 4;

das Muster D für die Mitteilungen nach § 5;
das Muster E für die Mitteilungen nach §§ 6, 7, 8, 9 Nr. 3, 4.

In den Fällen des § 5 Abs. 3, des § 6, des § 7 Nr. 2 und des § 9 sind die Muster entsprechend handschriftlich abzuändern.

Gilt eine Strafe als durch die Untersuchungshaft verbüßt oder ist dem Verurteilten vor Absendung der Strafnachricht eine Bewährungsfrist bewilligt worden, so können die nach §§ 4, 5 vorgeschriebenen Mitteilungen auf der Strafnachricht selbst gemacht werden.

Abs. 2, 3 geändert durch VO. vom 2. Juni 1922 Art. I Nr. 4, Abs. 3 weiter geändert und Abs. 4 eingefügt durch VO. vom 19. Febr. 1926 Art. I Nr. 9.

1. Die Verwendung der vorgeschriebenen Vordrucke ist obligatorisch. Mitteilungen, die nicht auf den vorgeschriebenen Vordrucken erfolgen, können zurückgewiesen werden (vgl. § 33 Abs. 2 Satz 3). Bei Mitteilungen, die in das StrReg. einzulegen sind, insbes. bei Strafnachrichten A ist von dieser Möglichkeit regelmäßig Gebrauch zu machen. Bei anderen Mitteilungen, die nur im Reg. vermerkt werden, kann ein nachsichtigerer Standpunkt gerechtfertigt sein, sofern die nicht mustergemäße Mitteilung inhaltlich alles Erforderliche enthält.

2. Die Vorschrift des Abs. 4 soll überflüssiges Schreibwerk entbehrlich machen. Sie ist erst durch die VO. vom 19. Februar 1926 eingefügt worden, entspricht aber nur der auch bisher schon allgemein geübten Praxis.

3. Die Einführung eines besonderen Musters für Strafnachrichten über juristische Personen und über Personenvereinigungen ist vorläufig nicht in Aussicht genommen, da solche Strafnachrichten nur in verhältnismäßig seltenen Fällen zu erteilen sein werden. Die zur Feststellung der Identität der verurteilten juristischen Personen und Personenvereinigungen erforderlichen Angaben können unbedenklich auf dem Muster A unter entsprechender handschriftlicher Abänderung des Vordruckes eingetragen werden.

4. Wegen der weiteren Vordruckmuster F und G vgl. §§ 33, 39, 43.

5. Wegen der Größe, Farbe und Papierart der Vordrucke vgl. § 43, wegen der Verwendung alter Vordrucke vgl. § 49 und Art. V Abs. 2 der VO. vom 19. Febr. 1926. Die Vordrucke sind unter B II abgedruckt.

6. Die Vordrucke A, D bis G sind durch die VO. vom 19. Febr. 1926 Art. I Nr. 29 bis 32 geringfügig geändert worden. Zum Vordruck E vgl. noch die Berichtigung RGBl. 1926 I S. 254.

Die Änderungen tragen in der Hauptsache den sachlichen Änderungen der §§ 2, 5 der StrRegVO. Rechnung.

7. Wegen der Beschaffung der Vordrucke in Bayern vgl. AB. B 36.

§ 13 (12).

Die Vordrucke sind mit Tinte oder mit Maschinenschrift vollständig auszufüllen. Lassen sich einzelne Tatsachen weder aus den Akten noch durch nachträgliche Erhebungen zweifelsfrei feststellen, so ist hierauf hinzuweisen.

Der Familienname, bei Frauen der Geburtsname, ist in größeren Buchstaben zu schreiben. Etwaige Beinamen sind beizufügen.

Ist der Geburtsort eine Stadt von mehr als 100 000 Einwohnern, so ist möglichst auch Stadtteil und Straße anzugeben.

Als Tag der Entscheidung gilt der Tag der Entscheidung erster Instanz oder, wenn die Entscheidung in höherer Instanz in der Hauptsache geändert worden ist, der Tag der Entscheidung höherer Instanz.

War der Täter zur Zeit der Tat noch nicht achtzehn Jahre alt, so ist dies in der Strafnachricht in der Spalte „Bemerkungen" durch das Wort „jugendlich" kenntlich zu machen.

Abs. 1 geändert durch VO. vom 19. Febr. 1926 Art. I Nr. 10.

1. Die Neufassung des Abs. 1 will die Verwendung von Tintenstift bei der Herstellung von Mitteilungen an das Strafregister ausschließen, weil mit Tintenstift geschriebene Mitteilungen vielfach schwer leserlich sind und durch Verwischen leicht unleserlich werden können. Erst recht unzulässig ist natürlich Ausfüllung des Vordrucks mit Bleistift.

2. Auf möglichst deutliche Schrift ist unbedingt zu achten, da sonst unliebsame Rückfragen, vor allem aber auch verhängnisvolle Irrtümer, unvermeidlich sind.

3. In allen Vordrucken, insbesondere auch bei Anfragen nach dem Vordruck F müssen sämtliche Spalten ausgefüllt werden. Es ist unzulässig, wenn — wie es in einzelnen Ländern häufig geschieht — grundsätzlich der Familienstand nicht kenntlich gemacht und die Namen der Eltern nicht angegeben werden. Dadurch wird eine zuverlässige Feststellung der betreffenden Person erschwert und mitunter unmöglich gemacht. Soweit einzelne Spalten nicht ausgefüllt werden können, z. B. die Spalte „Aktenzeichen" bei badischen Strafverfügungen, für die ein Aktenzeichen nicht geführt wird, so ist in der betr. Spalte ein Strich zu machen.

4. Inhaltlich müssen alle Strafnachrichten und sonstigen Mitteilungen an das StrReg. dem Inhalt der Akten genau entsprechen. Reicht der Inhalt der Akten nicht aus, so sind die erforderlichen Erhebungen rechtzeitig anzustellen (vgl. Pr. AV. Ziff. 3, Bayer. AV. B 10 I, III, IV) und, wenn auch diese erfolglos bleiben, so ist der Mangel in der Mitteilung durch einen entsprechenden Hinweis zu rechtfertigen. Näheres in den AusfVerf. (Preußen Ziff. 2 Abs. 6, Ziff. 3, Bayern B 7 I).

5. Alle Vordrucke sehen „Unterschrift" vor. Die Unterschrift hat der vollziehende Beamte handschriftlich zu leisten; Abdruck eines Namensstempels kann die Unterschrift nicht ersetzen. Auch die ausgefüllten Vordrucke F sind vom Registerführer handschriftlich zu vollziehen. Strafnachrichten und andere Mitt., die nur mit Namensstempel unterfertigt sind, können zurückgewiesen werden. Dagegen erscheint es unbedenklich, bei Rückfragen und dergl. Mitteilungen, die nicht auf den vorgeschriebenen Mustern erfolgen, sich des Namenstempels zu bedienen.

Wer zur Vollziehung der Vordrucke befugt ist, bestimmen die Landesjustizverwaltungen. In Preußen können Strafnachrichten und Auskunftserteilungen aus dem StrReg. den Registraturassistenten und damit auch den Kanzleibeamten nicht zur selbständigen Erledigung übertragen werden (Allg. Verf. d. JM. vom 6. Juli 1921 und vom 20. Juni 1922 I 2, JMBl. 1921 S. 376; 1922 S. 225).

6. Im Muster A ist in der Spalte „auf Grund von" auch auf die §§ 27 a, 27 b, 43, 47, 48, 49, 58, 59 Abs. 2 StGB., § 9 JGG. zu verweisen, wenn sich die Entscheidung auf einen dieser Paragraphen stützt.

In der Spalte „zu" des Musters A sind alle erkannten Haupt- und Nebenstrafen aufzuführen (vgl. § 2 Anm. 15). Ist Untersuchungshaft angerechnet, so empfiehlt es sich, die angerechnete Zeit zu vermerken.

Bei der Strafnachricht A soll bezüglich der Vorstrafen eines der Worte „nein" oder „ja" durchstrichen werden. Dies geschieht vielfach nicht. Der Registerführer muß sich aber vergewissern, ob der Verurteilte nicht schon Vorstrafen erlitten hat.

Der Familienname des Vaters oder — bei unehelichen Kindern — der Mutter wird vielfach nur durch den Anfangsbuchstaben angedeutet. Dies ist aber unzweckmäßig, denn dadurch wird die Möglichkeit genommen, bei undeutlicher Schreibweise diesen Namen mit dem Namen am Kopfe des Vordrucks zu vergleichen. Vgl. auch Pr. AV. Ziff. 2 Anm. 4.

Bei StrNachr. über Vergehen, die im Rückfall mit besonderer Strafe bedroht sind, ist es in einzelnen Ländern üblich, das Datum der Begehung in der StrNachr. zu vermerken, um die Voraussetzungen des Rückfalls schon aus dem StrReg. ersichtlich zu machen. Solche Verm. können aber niemals als ausreichende Grundlage dazu dienen, daß der Rückfall als vorliegend angenommen wird oder nicht; die Vorakten müssen trotz des Verm. beigezogen werden.

Die erwähnten Verm. haben also keinen praktischen Wert und belasten nur unnötigerweise das StrReg. Auch bei StrNachr. über Jugendliche erscheint die Angabe des Zeitpunkts der Tat (wie sie z. B. in Hamburg AusfVerf. Ziff. 20 vorgeschrieben ist) nicht erforderlich; für die Berechnung der Fristen des StrTilgG. genügt der in § 13 Abs. 5 vorgeschriebene Vermerk „jugendlich".

7. Bei den Vordrucken A und F ist auch die Staatsangehörigkeit anzugeben. Es muß dies aber in zuverlässiger Weise geschehen. Ein besonders häufiger Fehler ist es, daß die in dem an Polen abgetretenen Gebiet geborenen Personen ohne weiteres für Polen gehalten werden (vgl. Vertrag von Versailles Art. 31 sowie für Oberschlesien noch das deutsch-polnische Abkommen vom 5. Mai 1922, RGBl. II S. 252 Art. 25 ff.). Die Bestimmungen über Staatsangehörigkeitswechsel kraft des Vertrages von Versailles sind zusammengestellt bei Marschall v. Bieberstein, Verfassungsrechtliche Reichsgesetze, S. 181 ff.

Bei Personen, die in der Tschechoslowakei und insbesondere bei denen, die in Österreich und der Schweiz staatsangehörig sind, muß außer der Staatsangehörigkeit noch die Heimatgemeinde und der zuständige Bezirk (Kanton) in dem ausländischen Staat angegeben werden. Das gleiche ist stets notwendig, wenn die Heimatgemeinde zu einem anderen Staate gehört als der Geburtsort und ein Austausch der Strafnachrichten stattfindet. Fehlen die Angaben, so erfolgt regelmäßig Rückfrage auf Ersuchen der ausländischen Regierungen.

8. Die Spalte „Sonstige Bemerkungen" im Muster A dient hauptsächlich zur Aufnahme von Notizen über die getroffenen Feststellungen hinsichtlich der Angaben über die persönl. Verhältnisse und die dabei unaufgeklärt gebliebenen Punkte. Die Eintragungen in diese Spalte sind tunlichst zu beschränken. Preußen läßt die Aufnahme besonderer Kennzeichen zu, dagegen nicht Personalbeschreibungen (Pr. AV. Ziff. 3 Abs. 2, 3).

Sind weitläufigere Aufklärungen nötig, z. B. wenn die Reg.-Beh. bei der AErteilung auf Abweichungen in den Angaben über die persönl. Verhältnisse hingewiesen hatte, so empfiehlt sich, der Mitt. einen Anlagezettel beizufügen (vgl. Pr. AV. Ziff. 4).

9. Die Ausfüllung der Vordrucke D und E muß in den Angaben über die persönl. Verhältnisse mit der vorangegangenen Strafnachricht usw. genau übereinstimmen. Etwaige Abweichungen, die sich in der Zwischenzeit ergeben haben oder ermittelt worden sind, müssen besonders vermerkt werden (vgl. Pr. AV. Ziff. 7 und Bayer. AV. B 10 VI).

10. Die VO. enthält keine Vorschrift darüber, ob die Mitt. in deutscher oder lateinischer Schrift zu machen sind. Bei Nachrichten, die für das Ausland bestimmt sind, empfiehlt sich die lateinische Schrift. Bei Nachrichten für inländische StrReg. ist in Preußen für den Familien- und Geburtsnamen deutsche Schrift vorgeschrieben (AB. Ziff. 2 Anm. 4 Satz 2), weil bei deutscher Schrift weniger Gefahr der Verwechselung von Buchstaben besteht.

11. Städte von mehr als 100 000 Einwohnern (Abs. 3) sind nach der letzten Volkszählung von 1925:

Aachen	Essen	Ludwigshafen
Altona	Frankfurt a. M.	Magdeburg
Augsburg	Gelsenkirchen	Mainz
Barmen	Halle a. S.	Mannheim
Berlin	Hamborn	Mühlheim a. R.
Bochum	Hamburg	München
Braunschweig	Hannover	München-Gladbach
Bremen	Karlsruhe	Münster
Breslau	Kassel	Nürnberg
Chemnitz	Kiel	Oberhausen
Dortmund	Köln	Plauen
Dresden	Königsberg	Saarbrücken
Duisburg	Krefeld	Stettin
Düsseldorf	Leipzig	Stuttgart
Elberfeld	Lübeck	Wiesbaden
Erfurt		

12. Die genaue Einhaltung der Vorschrift des Abs. 4 (Tag der Entscheidung) ist von größter Wichtigkeit, da hiervon die Berechnung der Fristen des StrTilgG. abhängt. Wird das Urteil 1. Instanz in einer höheren Instanz bestätigt oder lediglich im Kostenpunkt abgeändert, so ist der Tag des Urteils 1. Instanz anzugeben. Ist das Urteil von der höheren Instanz in der Hauptsache (bei Strafsachen in der Schuld- oder Straffrage) abgeändert, so ist nur der Tag der Entscheidung der höheren Instanz anzugeben, auch wenn das erstinstanzliche Urteil zum Teil aufrechterhalten worden ist. Die Angabe von zwei Daten ist stets unrichtig und macht immer eine Rückfrage nötig. Maßgebend kann immer nur ein Datum sein. Ist das Urteil 1. Instanz aufgehoben und die Sache zu neuer Verhandlung an die 1. Instanz zurückverwiesen, so ist nur das Datum der zweiten Entscheidung der 1. Instanz einzusetzen, vorausgesetzt, daß diese Entscheidung zur Rechtskraft gelangt. Die erfolglose Einlegung von Rechtsmitteln oder anderen Rechtsbehelfen ist nicht zu erwähnen. Härten, die sich für den Verurteilten aus der Aufnahme des Tages der Entscheidung der höheren Instanz oder der zweiten Verhandlung in erster Instanz ergeben (z. B. wenn das Urteil im Strafmaß gemildert worden ist), können nur im Wege der Anordnung nach § 8 StrTilgG. ausgeglichen werden. Vgl. auch Bayer. AB. B 7 II, III, V.

Als Aktenzeichen wird in Bayern stets das der ersten Instanz angegeben (AB. B 7 IV).

13. Die Vorschrift des Abs. 5 (Vermerk „jugendlich") ist besonders wichtig, weil von diesen Vermerken die Dauer der Fristen des StrTilgG. (§ 6 Abs. 4, § 7 Abs. 3) abhängt. Soweit bei Verurt. nach dem 1. Juli 1920 das Alter des Verurteilten nicht

angegeben ist, muß davon ausgegangen werden, daß er bei der Tat nicht jugendlich war (vgl. § 11 StrTilgG. Anm. 5); die Übergangsvorschrift des § 11 Abs. 2 Satz 4 galt nur für Verurt. aus der Zeit vor 1. Juli 1920. Wird bei Verurt. eines zwischen 18- und 19jährigen aus der Zeit vor 1. Juli 1920 nachträglich festgestellt, daß der Verurteilte zur Zeit der Tat nicht mehr jugendlich war, so empfiehlt es sich, um spätere Feststellungen gleicher Art entbehrlich zu machen, in die Spalte „Bemerkungen" den Vermerk „nicht jugendlich" zu machen.

14. Die Muster der Vordrucke sind oben unter B II abgedruckt. Wegen der Zulässigkeit der Verwendung alter Vordrucke vgl. § 49 und VO. vom 9. Febr. 1926 Art. V Abs. 2.

15. Wegen der Ausfüllung der eingeforderten Strafregisterauszüge durch den RegFührer vgl. § 33.

§ 14 (13).

Führt der Betroffene befugt oder unbefugt mehrere Familiennamen, so ist für jeden Namen eine Mitteilung zu machen.

Bestehen Zweifel über die Richtigkeit des in die Mitteilung aufgenommenen Geburtsorts oder handelt es sich um einen Zigeuner, so ist außer der Mitteilung an das Strafregister des Geburtsorts eine zweite Mitteilung an das Strafregister zu senden, das bei dem Reichsjustizministerium geführt wird.

Auf jeder Mitteilung ist anzugeben, für welchen anderen Namen oder wohin weitere Mitteilungen gemacht worden sind.

1. Die Vorschriften sollen verhüten, daß das StrReg. und damit die Auskunft aus ihm lückenhaft wird, weil bei Führung mehrerer Familiennamen ein Teil der Strafnachrichten unter dem einen Namen, ein anderer Teil unter dem anderen Namen ins Register gelangt und deshalb an verschiedenen Stellen eingefächert wird.

2. Wegen des Abs. 2 vgl. § 1 Anm. 2. Zunächst muß natürlich versucht werden, den richtigen Geburtsort festzustellen. Erst wenn dies nicht gelingt, ist nach Abs. 2 zu verfahren. Soweit sich Abs. 2 auf Zigeuner bezieht, besteht er erst seit 1. Juli 1920. Finden sich in Landesstrafregistern Vermerke über Zigeuner aus früherer Zeit, so empfiehlt sich, das in § 14 Abs. 2 vorgesehene Doppel nachträglich an das RJM. zu senden. In Preußen ist dies angeordnet (AV. Ziff. 2 Anm. 5).

3. Führt jemand mehrere Vornamen, so ist der Rufname zu unterstreichen und gegebenenfalls (vgl. § 18 Anm. 4) für die Einfächerung ins Register maßgebend. In besonderen Fällen kann es sich empfehlen, wie nach Abs. 1, 3 zu verfahren.

4. § 14 gilt auch für eingehende Auslandsnachrichten. Vgl. hierzu auch Pr. AV. Ziff. 14 Abs. 2.

5. Läßt sich der Geburtsname einer Frau nicht sicher feststellen, so ist eine zweite Mitteilung für den Ehenamen der Frau zu machen und auf den Strafnachrichten gegenseitig zu verweisen (vgl. Pr. AV. Ziff. 6; Bayer. AV. B 10 V).

6. Betrifft die zweite Mitteilung, die nach § 14 zu machen ist, eine Steckbriefnachricht oder einen Suchvermerk, so ist auch für das Doppel der rote Vordruck G zu verwenden.

7. In den Fällen des Abs. 2 sind auch alle weiteren auf die Mitt. bezüglichen Eingänge, ferner die Aussonderung wegen Todes (§ 24) dem StrReg. d. RJM. mitzuteilen (vgl. Pr. AV. Ziff. 25).

8. Beruht die Führung mehrerer Namen auf einer Namensänderung, so erhält das StrReg. Nachricht hierüber nach § 15.

§ 15 (neu).

Wird der Familienname einer über 14 Jahre alten Person in anderer Weise als durch Eheschließung geändert, so ist dies dem Strafregister mitzuteilen. Das gleiche gilt, wenn der Vorname einer solchen Person geändert wird.

Die Landesregierungen bestimmen, wer die Mitteilungen nach Abs. 1 zu machen hat.

Enthält das Strafregister einen Vermerk über die Person, deren Namen geändert worden ist, so ist für jeden Namen ein Vermerk in das Strafregister einzulegen. Auf jedem Blatte ist anzugeben, für welchen andern Familiennamen oder Vornamen ein Vermerk eingelegt ist.

Nach Erledigung der im Abs. 3 vorgeschriebenen Ergänzung des Strafregisters ist die nach Abs. 1 eingegangene Mitteilung zu vernichten. Das gleiche gilt, wenn das Strafregister einen Vermerk über die Person, deren Name geändert worden ist, nicht enthält.

Eingefügt als § 13a durch VO. vom 19. Febr. 1926 Art. I Nr. 11.

1. Die Zwecke des Strafregisters werden durch eine Änderung des Familiennamens leicht vereitelt. Die Änderung des Familiennamens wird sogar nicht selten aus dem Grunde angestrebt, um die Feststellung von Bestrafungen aus dem Strafregister unmöglich zu machen. Deshalb schreibt § 15 Abs. 1 Satz 1 vor, daß alle nicht auf Eheschließung beruhenden Änderungen von Familiennamen dem Strafregister mitzuteilen sind. Die Mitteilung der auf Eheschließung beruhenden Namensänderungen kann unterbleiben, weil Strafblätter über verheiratete oder verheiratet gewesene Frauen stets unter ihrem Mädchennamen (Geburtsnamen) eingefächert werden (§ 18 Satz 2). Die Mitteilung ist auf alle anderen Änderungen des Familiennamens ausgedehnt, weil die mit den Namensänderungen befaßten und demgemäß zur Mitt. verpflichteten Behörden nicht oder jedenfalls nicht sicher wissen können, ob über die betr. Person Verm. im StrReg. enthalten sind. Die Ausscheidung der Mitt. über Personen, über die das StrReg. Verm. nicht enthält, ist dem StrReg.-Führer überlassen (Abs. 4 Satz 2). Liegt über die Person, deren Name geändert worden ist, ein Verm. im Register, so ist für jeden Namen, den alten wie den neuen, ein Verm. im Reg. niederzulegen und auf jedem RegBl. auf das andere zu verweisen; sodann ist die Mitt. nach § 15 Abs. 1 zu vernichten (Abs. 3, 4 Satz 1).

2. Wird die Mitt. über die Änderung des Familiennamens vernichtet, weil Verm. über die Person im Reg. nicht enthalten sind, so ist bei später einlaufenden Verm. nach § 14 zu verfahren.

3. In gleicher Weise wie bei der Änderung des Familiennamens (Anm. 1, 2) ist bei der Änderung des Vornamens zu verfahren (Abs. 1 Satz 2, Abs. 3, 4).

4. Die Bestimmung der Behörde, welche die Mitt. der Namensänderung an das StrReg. zu machen hat, ist der Landesregierung überlassen.

In Preußen ist das Büro des Amtsgerichts bestimmt und ein besonderer Vordruck (Nr. 118, von dem Strafgefängnis Berlin-Tegel zu beziehen) vorgeschrieben. Für den Fall, daß die Namensänderung infolge Legitimation durch nachfolgende Ehe (§§ 1719 bis 1722 BGB.) oder durch Namenserteilung durch Erklärung gegenüber dem Standesbeamten nach § 1706 Abs. 2 Satz 2 BGB. erfolgt, werden in Preußen durch eine bevorstehende Anweisung des Min. des Innern die Standesbeamten zur Mitteilung verpflichtet werden (Pr. AV. Ziff. 2 Abs. 7).

In Bayern ist in den Fällen der Ehelichkeitserklärung und der Annahme an Kindesstatt und deren Aufhebung (§§ 1723 ff., 1741 ff., 1768 ff. BGB.) das Amtsgericht, in den Fällen des § 1706 Abs. 2 Satz 2 BGB. und bei Bewilligung einer Namensänderung durch das StMin. des Innern sowie für die Änderung von Vornamen die Bezirkspolizeibehörde für zuständig erklärt (AV. B 5 II, III).

§ 16 (14).

Stellt sich in einem gerichtlichen Verfahren oder bei einer Strafverfolgungsbehörde heraus, daß der Name einer Person in einer registerpflichtigen Entscheidung falsch angegeben ist oder daß registerpflichtige Vorgänge

in das zuständige Strafregister nicht aufgenommen sind, so ist alsbald zu veranlassen, daß das Strafregister ergänzt oder berichtigt wird.

1. Die Vorschrift nennt die wichtigsten Fälle, die zu einer Ergänzung oder Berichtigung des StrReg. Anlaß gaben. Darüber hinaus muß es aber bei der großen Bedeutung, die einer zuverlässigen StrRegFührung sowohl für die Öffentlichkeit wie für den Betroffenen zukommt, als allgemeine Pflicht aller Justizbehörden, ja aller öffentlichen Behörden angesehen werden, dem StrReg. Nachricht zu geben, wenn sie bei irgend einem Anlaß bemerken, daß das StrReg. in irgend einem Punkte unrichtig oder unvollständig ist. Insbesondere müssen z. B. Strafvollstreckungsbehörden, Strafvollzugsbehörden von Amts wegen auf Berichtigung von Mängeln des StrReg. hinwirken, wenn sie einen solchen bei ihrer amtlichen Tätigkeit aufdecken. Die Verpflichtung besteht nicht bloß dann, wenn die in § 16 genannten Mängel (falscher Name — Familien-, Geburts- oder Vornamen —, Fehlen einer registerpflichtigen Verurt. — auch eines Gesamtstrafenbeschlusses § 2 Abs. 3 —) vorliegen, sondern ebenso bei anderen Mängeln, z. B. wenn eine Strafe im StrReg. unrichtig oder unvollständig angegeben ist, eine Nebenstrafe weggelassen ist, die Staatsangehörigkeit oder Heimatgemeinde unrichtig angegeben ist, der Familienstand nicht stimmt usw.

2. § 16 begründet nach seinem Wortlaut die Verpflichtung zur Mitt. an das StrReg. nur dann, wenn sich die Unrichtigkeit oder Unvollständigkeit des Reg. „herausstellt". Es muß aber schon ein ernstlicher Verdacht, daß ein solcher Mangel vorliege, genügen, um die Behörde zur Mitt. an das StrReg. zu veranlassen. Sache der StrRegBeh. ist es dann, die erforderlichen Feststellungen zu treffen, um den richtigen RegInhalt herbeizuführen.

3. Die Vorschrift des § 16 wendet sich nach ihrer Fassung nur an die außerhalb des StrReg. bestehenden Justizbehörden. Daß auch die StrRegBehörde selbst ständig darüber wachen muß, daß die verwahrten RegBlätter richtig und vollständig sind, ist als selbstverständlich nicht besonders hervorgehoben. Diese Pflicht der StrRegBeh. ergibt sich übrigens auch aus § 17, der sich allerdings seinem Wortlaut nach nur auf die Prüfung der Neueingänge bezieht.

4. Sind bei Gelegenheit der Ausfertigung einer neuen Strafnachricht im Reg. nicht vermerkte Verurt. mitzuteilen, so werden sie auf die Rückseite der Strafnachricht A gesetzt (Näheres Preuß. AV. Ziff. 5, Bayer. AV. B 9 I).

5. Eingehende Berichtigungen sind vom StrRegFührer mit roter Tinte auf dem StrBlatt zu vermerken (vgl. Pr. AV. Ziff. 21, Bayer. AV. B 16).

Mitt., die einen unter falschem Namen Verurteilten betreffen, sind aus dem Reg. zu entfernen oder in der Strafliste unkenntlich zu machen (vgl. Pr. AV. Ziff. 23, Bayer. AV. B 17).

Ist nach der eingegangenen Mitt. der Sachverhalt nicht völlig geklärt, so bleibt der Verm. im Reg., es ist aber ein entsprechender Vermerk, nötigenfalls auf einer Anlage zum RegBlatt zu machen und bei jeder Auskunfterteilung mitzuberücksichtigen.

III. Führung der Strafregister.

§ 17 (15).

Die Strafregisterbehörde hat die Mitteilungen, bevor diese in das Strafregister aufgenommen werden, daraufhin zu prüfen, ob die vorgeschriebenen Angaben richtig und vollständig sind; soweit nötig, sind zur Prüfung die Standesregister heranzuziehen.

Ergeben sich erhebliche Mängel, welche die Strafregisterbehörde nicht selbst beseitigen kann, so ist der Vermerk mit kurzer Begründung an die mitteilende Behörde zur Prüfung und Berichtigung zurückzusenden.

1. Abs. 1 bezieht sich an sich nur auf die für die inländischen Strafregister bestimmten Mitteilungen. Der Registerführer ist jedoch auch verpflichtet, die bei ihm eingegangenen, an die ausländischen Regierungen weiterzugebenden Strafnachrichten daraufhin zu prüfen, ob sie die vorgeschriebenen Angaben richtig und vollständig enthalten. Insbesondere hat er bei solchen Strafnachrichten dafür zu sorgen, daß die Staatsangehörigkeit und, soweit erforderlich (vgl. § 13 Anm. 7) die Heimatgemeinde und der zuständige Kreis (Bezirkshauptmannschaft, Kanton) angegeben ist.

2. Die Nachprüfung der Angaben über die Person auf Grund der Geburtenregister ist in Preußen (AV. Ziff. 12) für bis auf weiteres nicht erforderlich erklärt. Damit ist wohl nur gemeint, daß nicht eine regelmäßige Nachprüfung der eingehenden Mitteilungen an der Hand der Geburtsregister stattzufinden braucht. Auch § 17 Abs. 1 Halbs. 2 verlangt die Heranziehung der Standesregister nur „soweit nötig". Ergeben sich Zweifel über die Personalien, die durch das Geburtsregister aufgeklärt werden können, so müssen diese auch von den preuß. Registerbehörden herangezogen werden (vgl. Vorbem. zur StrRegVO. Anm. 7).

3. Ergibt die Nachprüfung einer eingegangenen Strafnachricht, daß die mitgeteilte Verurt. nicht registerpflichtig ist, so ist die Nachricht mit einem entsprechenden Vermerk zurückzusenden (Pr. AV. 13; Bayer. AB. B 11 III).

4. Ergibt die Nachprüfung, daß eine eingegangene Mitt. in ein anderes StrReg. gehört, so ist sie an dieses abzugeben (so Pr. AB. Ziff. 4 Abs. 1, 4) oder an die mitteilende Behörde zurückzusenden (so Bayer. AB. B 11 III).

5. Besonderes Gewicht ist auf die zuverlässige Nachprüfung der Angaben über den Geburtsort zu legen, da von ihm die Zuständigkeit der Registerbehörde und damit die praktische Verwendbarkeit der Nachricht überhaupt abhängt. Läßt sich der Geburtsort nicht ermitteln oder bleibt es zweifelhaft, welcher von mehreren (z. B. gleichnamigen) Orten als Geburtsort in Frage kommt, so ist die Strafnachricht an das StrReg. des RJM. abzugeben (§ 1 Abs. 2). Bleiben Zweifel bestehen, ob der eine angegebene Geburtsort richtig ist, so ist nach § 14 Abs. 2 zu verfahren. Vgl. § 1 Anm. 2.

6. Die Neueingänge sind nicht nur für sich allein, sondern auch im Zusammenhalt mit den bereits im Reg. niederliegenden Verm. über die betr. Person auf ihre Richtigkeit und Vollständigkeit zu prüfen. Insbesondere gilt dies für Mitt. nach Vordruck B—E, die namentlich in den Angaben über die Person und den Inhalt der vorausgegangenen Verurt. mit der über diese im Register enthaltenen Strafnachrichten übereinstimmen müssen. Ergibt sich z. B. bei Eingang einer Nachricht B—E, daß die zugrundeliegende Verurt. im Register noch nicht vermerkt ist, so ist die Strafnachricht A einzufordern. Vgl. Pr. AB. Ziff. 14 Abs. 3, Bayer. AB. B 11 V.

Ergibt sich bei Prüfung eines Neueingangs, daß ein Verm. zu Unrecht aus dem Reg. entfernt worden ist, so ist der Verm. — mit Genehmigung des Leiters der StrRegBeh. — wieder aufzunehmen (§ 28).

7. § 17 gilt auch für eingehende Nachrichten über Verurt. im Ausland. Auch hier sind erforderlichenfalls Rückfragen bei der ausländischen Behörde, welche die Mitteilung gemacht hat, zu stellen, insbesondere wenn der Geburtsort nicht sicher feststeht oder bei ausländischem Geburtsort und Wohnsitz die deutsche Staatsangehörigkeit nicht festgestellt ist. Vgl. Pr. AB. Ziff. 14 Abs. 2, Bayer. AB. B 11 IV.

Ergibt sich, daß ein deutsches StrReg. für die eingegangene Auslandsnachricht nicht zuständig ist, so ist die Strafnachricht mit entsprechendem Vermerk an die ausländische Regierung oder Behörde auf dem vorgeschriebenen Wege zurückzusenden.

8. Berichtigungen, die der Strafregisterführer auf Grund der getroffenen Feststellungen auf einem in das StrReg. einzulegenden Eingang vorzunehmen hat, sind in roter Tinte zu vermerken (Pr. AB. Ziff. 21; Bayer AB. B 16).

9. Alle neuen Eingänge sind nach Anordnungen, die wohl für alle StrReg. getroffen sind (vgl. Pr. AB. Ziff. 11) mit einem Verm. oder Stempel zu versehen, aus dem sich der Tag des Eingangs ergibt. Für das StrReg. des RJM. ist außerdem vorgeschrieben, daß der Registerführer bei Eingängen, die ins StrReg. eingelegt werden, neben den Eingangsstempel seinen Namenszug setzt, um damit die Erledigung seiner Prüfungspflicht zum Ausdruck zu bringen.

10. Wegen der allgemeinen Pflicht des StrReg.-Führers, auch ohne Rücksicht auf Neueingänge ständig darüber zu wachen, daß die im Reg. niederliegenden Strafblätter richtig und vollständig sind, vgl. § 16 Anm. 3.

So oft ein Registerblatt in Bearbeitung genommen wird, hat der Registerführer zu prüfen, ob sein Inhalt den bestehenden Vorschriften entspricht; insbesondere hat er darauf zu achten, daß nicht oder nicht mehr registerpflichtige Verm. aus dem Reg. entfernt werden (vgl. § 2 Anm. 13).

Daneben ist eine regelmäßige Durchsicht aller Registerfächer in gewissen Zeitabständen in § 25 Abs. 1 Satz 1 vorgesehen und auch in allen Ländern und beim RJM. angeordnet (in Preußen von 3 zu 3 Jahren, Pr. AV. Ziff. 22, im RJMin. von 2 zu 2 Jahren; in Bayern bestimmt der Leiter der StrRegBeh., wann die Durchsicht zu erfolgen hat, AV. B 18 I).

11. Wegen der Vervollständigung des StrReg. beim RJMin. über Personen, die in den auf Grund des Vertrags von Versailles abgetretenen Gebieten geboren sind, sowie der Landesregister über Personen, bei denen der Sitz der StrRegBeh. abgetreten worden ist, vgl. § 1 Anm. 3, 4.

12. Wegen der Pflicht aller öffentlichen Beh., insbesondere der Justizbehörden, auf erforderliche Berichtigungen des StrReg. hinzuwirken, vgl. § 16 Anm. 1.

13. Um die Geschäftslast der StrReg. zu ermitteln und den jeweiligen Bestand der StrReg. an RegBlätter statistisch zu erfassen, ist meist, z. B. auch in Preußen, vorgeschrieben, daß der Registerführer ein Notizbuch führt, in das täglich die Zahl der verschiedenartigen Eingänge zu vermerken sind (Pr. AV. 35, 39). Im RJMin. wird die Zahl der Eingänge anderweitig festgestellt.

14. Im RJMin. hat jeder Registerführer ein Tagebuch zu führen, aus dem sich ergibt, welche Eingänge zur Vervollständigung zurückgesandt sind. Der Wiedereingang ist nach dem Tagebuch zu kontrollieren.

§ 18 (16).

Die Mitteilungen werden im Strafregister alphabetisch geordnet. Bei Frauen ist der Geburtsname maßgebend.

1. Bei jeder StrRegBeh. darf nur ein einziges fortlaufendes alphabetisches Reg. geführt werden, obgleich größere StrReg. vielleicht an Übersichtlichkeit gewinnen würden, wenn gestattet wäre, Männer und Frauen zu sondern.

2. Die Art der alphabetischen Einordnung ist, soweit nicht von der vorgesetzten Behörde besondere Bestimmungen ergehen, innere Angelegenheit einer jeden StrRegBeh. Für das Str.-

Reg. bei der Staatsanwaltschaft I in Berlin kommen z. B. folgende Grundsätze zur Anwendung:

Doppelte Vokale und Konsonanten zählen nur einfach. aa = a, ee = e, ss = s, rr = r.

Dehnlaute wie h und e (soweit stumme) gelten als nicht vorhanden.

Es werden folgende Doppelvokale zurückgeführt: ä, ae, ö, oe (soweit letzteres nicht am Anfange eines Namens steht) auf e.

ai, äu, ay, eu, ey, oi, oy, oj auf ei.

ü, ie, ue, y auf i.

j in der Mitte eines Namens gilt als g.

c liegt stets unter k.

ck unter k.

cz unter z (nur zu Anfang eines Namens unter Kz).

tzsch unter tsch.

tz unter z.

Für das StrReg. des RJMin. sind ebenfalls besondere, noch viel eingehendere Richtlinien aufgestellt. Bei diesem StrReg. sind genaue Anweisungen über die Einordnung der Registerblätter besonders nötig, weil die im Reg. geführten im Ausland geborenen Personen vielfach fremden Sprachen entstammende Namen führen, deren Aussprache und Schreibweise, vom Standpunkt der deutschen Sprache aus gesehen, oft stark voneinander abweichen und die von den Namensinhabern selbst ganz verschieden geschrieben werden. Die Anordnungen für das StrReg. beim RJMin. erstrecken sich in gewissem Umfang auch auf die Vornamen. Im StrReg. des RJMin. findet zur Zeit auf Grund der im Jahre 1925 neu aufgestellten Anweisungen eine planmäßige Zusammenlegung der Registerfächer statt, deren Vollendung die Zuverlässigkeit der Registerführung wesentlich erhöhen wird.

3. Besondere Anordnungen sind vor allem nötig für Familiennamen, deren Schreibweise erfahrungsgemäß keine feststehende ist (z. B. Schulz, Schultze, Schultz, Schulze). Hier empfiehlt es sich, alle diese Namen als einen Namen zu behandeln (vgl. Pr. AB. Ziff. 15 Abs. 2; Bayer. AB. B 12).

4. Maßgebend für die Einordnung ist bei Männern der Familienname, bei Frauen, auch wenn sie verheiratet, verwitwet oder geschieden sind, der Geburtsname (Mädchenname). Innerhalb des gleichen Familien- oder Geburtsnamens ist die Einordnung der Strafblätter von Reichs wegen nicht vorgeschrieben. In Preußen und Bayern ist der Geburtstag für maßgebend erklärt (Pr. AB. Ziff. 15 Abs. 1 Satz 3; Bayer. AB. B 12); beim StrReg. des RJMin. wird nach der alphabetischen Reihenfolge des — auf einheitliche Grundformen zurückgeführten — Vornamens, bei mehreren des Rufnamens, und innerhalb des gleichen Vornamens nach dem Geburtstag eingefächert.

5. Die Einfächerung der Neueingänge hat, soweit nicht Rückfragen erforderlich werden (§ 17), nach den im RJMin. und in den meisten Ländern getroffenen Anordnungen täglich (Pr. AB.

Ziff. 15 Abs. 1 Satz 2), in Bayern „spätestens am Tage nach dem Eingang" (AB. B 11 III) zu erfolgen.

6. Die alphabetische Ordnung des StrReg. ist bei der in gewissen Zeitabständen stattfindenden allgemeinen Durchsicht des Reg. nachzuprüfen (Pr. AB. Ziff. 22).

7. Strafnachrichten über Personen, deren Familienname, oder bei Frauen, deren Geburtsname unbekannt ist, müssen natürlich gesondert verwahrt werden. Bei verheirateten Frauen mit unbekanntem Geburtsnamen ist bei dem bekannten Namen des Ehemanns eine Verweisung einzulegen.

§ 19 (17).

Mitteilungen nach § 2 Abs. 1, 2, 4, § 4 Abs. 2 Satz 1, § 5 Abs. 2, 3 Satz 1 und § 9 Nr. 1, 2 werden in das Strafregister eingelegt.

Mitteilungen nach § 4 Abs. 2 Satz 1 werden aus dem Strafregister entfernt und vernichtet, wenn eine Nachricht nach § 4 Abs. 2 Satz 2 eingeht; dabei ist diese Nachricht mitzuvernichten. Entsprechend ist mit einer Mitteilung nach § 5 Abs. 3 Satz 1 zu verfahren, wenn eine Mitteilung nach § 5 Abs. 1 oder Abs. 3 Satz 2 eingeht.

Mitteilungen nach § 5 Abs. 2 werden aus dem Strafregister entfernt und vernichtet, wenn die Bewährungsfrist widerrufen oder die Mitteilung sonst gegenstandslos geworden ist oder wenn seit dem Ablauf der Bewährungsfrist drei Monate verstrichen sind.

Abs. 1 geändert, Abs. 2 Satz 2 eingefügt durch VO. vom 19. Febr. 1926 Art. I Nr. 12.

1. Die Vorschriften der §§ 19—23 über die registermäßige Behandlung der eingehenden Mitt. beruhen auf folgenden Grundsätzen. Die eingehenden Mitt. lassen sich in fünf verschiedenartige Gruppen zusammenfassen:

a) Die Mitt. der Gruppe I, die als „Hauptvermerke" bezeichnet werden können, enthalten die Nachricht über eine ergangene Verurteilung oder die Bildung einer Gesamtstrafe oder über selbständige, auf Grund einer Verurt. ergangene Beschlüsse der Landespolizeibehörden gemäß § 3 Satz 1 oder über eine ausgesprochene Freisprechung, Einstellung usw. wegen Geisteskrankheit oder über eine angeordnete Entmündigung (§§ 2, 3 Satz 1, § 9 Nr. 1, 2). Diese „Hauptvermerke" bilden den Hauptinhalt des StrReg., seinen Grundstock. Sie werden deshalb als dauernde selbständige Bestandteile des StrReg. in Urschrift in das StrReg. eingelegt oder, wenn schon andere Hauptverm. vorhanden sind, bei diesen verwahrt oder als neue fortlaufende Nummer in eine S t r a f l i s t e übertragen (§ 19 Abs. 1, § 20, § 21 Abs. 1, § 23).

b) Die Mitt. der G r u p p e II, die man als „N e b e n v e r m e r k e" bezeichnen kann, enthalten Nachrichten über nachträgliche Anordnungen und Vorgänge, die bei Verwirklichung der in Hauptverm. der Gruppe I enthaltenen Entscheidungen eingetreten sind. Sie werden, weil sie für die Bewertung des Hauptvermerks, die Beurteilung der Persönlichkeit oder den Lauf der Fristen des StrTilgG. von dauernder Bedeutung sind, im StrReg. bei dem Hauptverm. der Gruppe I, zu dem sie gehören, in der Spalte „Bemerkungen" vermerkt und dann vernichtet (§ 21 Abs. 2). Hierher gehören die Nachrichten über Vollstreckung der Strafe, Bewilligung, Verlängerung oder Widerruf einer Bewährungsfrist oder der vorläufigen Entlassung, Erlaß oder Milderung einer Strafe, Anordnung der beschr. A., Änderung eines Beschlusses nach § 3, Wiederaufhebung einer Entmündigung wegen nachträglichen Wegfalls ihrer Voraussetzungen (§ 3 Satz 2, § 4 Abs. 1, § 5 Abs. 1, § 6, § 7 Abs. 1, § 8 Nr. 1, § 9 Nr. 4). Für die Änderung der Beschlüsse nach § 3 fehlt allerdings eine ausdrückliche Vorschrift nach Art des § 21 Abs. 2. Die „Nebenvermerke" bilden nach ihrer Eintragung bei dem Hauptverm. einen untrennbaren Bestandteil dieses Hauptverm. und teilen hinsichtlich ABeschr. und Tilg. dessen Schicksal (vgl. § 1 StrTilgG. Anm. 5).

c) Die Mitt. der G r u p p e III, die man vielleicht als „E n t f e r n u n g s m i t t e i l u n g e n" bezeichnen könnte, enthalten Mitt., aus denen sich ergibt, daß ein im Reg. niederliegender Hauptvermerk der Gruppe I nicht mehr zu Recht im Reg. steht, also daraus entfernt werden muß. Hierher gehören Nachrichten über Aufhebung einer Verurt. im Wiederaufnahmeverfahren, Aufhebung eines Beschlusses nach § 3 über eine Ausweisung, Anordnung der Tilgung eines Strafvermerks und Aufhebung einer Entmündigung auf Anfechtungsklage (§ 7 Nr. 2, § 3 Satz 2, § 8 Nr. 2, § 9 Nr. 3). In diesen Fällen ist der Hauptverm. der Gruppe I, auf den sich die neue Mitt. bezieht, aus dem Reg. zu entfernen und zu vernichten oder, wenn noch andere Verm. vorhanden sind, die im Reg. stehen bleiben müssen, darin unkenntlich zu machen (§ 21 Abs. 3, § 26 Abs. 1); mit dem Hauptverm. ist auch die neue Mitt. zu vernichten.

d) Die Mitt. der G r u p p e IV, die man als „V o r m e r k u n g s m i t t e i l u n g e n" bezeichnen könnte, sind solche Mitt., die für die Registerführung nur von vorübergehender Bedeutung sind. Dabei handelt es sich entweder um Mitt., die nur bezwecken, den Registerführer zu gewissen Mitt. über den Stand oder künftige Änderungen des Registerinhalts zu veranlassen, oder um Mitt., die nur eine dem StrTilgG. zuwiderlaufende Beurteilung des Registerinhalts verhüten sollen. Hierher gehören Mitt. von Bewährungsfristen für nicht registerpflichtige Strafen, Mitt. des Vorbehalts der Entscheidung über Bewilligung einer Bewährungsfrist und Mitt. über Verzögerung der Strafvollstreckung, ferner Steckbriefe und Suchvermerke (§ 5 Abs. 2, 3 Satz 1, § 4 Abs. 2 Satz 1, §§ 39, 42). Mitt. der Gruppe IV werden wegen ihrer nur vorübergehenden Bedeutung für die Registerführung nicht auf Registerblättern der Gruppe I vermerkt oder in Straflisten aufgenommen, sondern lediglich ins StrReg. eingelegt, bis sie ihren Zweck erfüllt haben und gegenstandslos geworden sind (§ 19 Abs. 1). Ist dieser Fall eingetreten, so werden sie mitsamt der Nachricht der Gruppe V, aus der sich ihre Erledigung ergibt, aus dem Reg. wieder entfernt und vernichtet (§ 19 Abs. 2, 3).

e) Die Mitt. der Gruppe V sind die Nachrichten über Erledigung der Vormerkungen der Gruppe IV. Man könnte sie vielleicht als „Mitt. über Entfernung von Vormerkungen" bezeichnen. Hierher gehören die Mitt. über die Erledigung einer verzögert gewesenen Vollstreckung, über Widerruf oder sonstige Erledigung der Bewährungsfrist für eine nicht registerpflichtige Verurt., über Nichtbewilligung einer Bewährungsfrist, deren Bewilligung vorbehalten war, Widerruf oder sonstige Erledigung eines Steckbriefs oder Suchvermerks (§ 4 Abs. 2 Satz 2, § 5 Abs. 2, § 39 Abs. 2, § 42 Abs. 3). Auf Grund der Mitt. der Gruppe V wird die Vormerkung der Gruppe IV aus dem Reg. entfernt und zusammen mit der Mitt. der Gruppe V vernichtet (§ 19 Abs. 2, 3, § 41 Abs. 2 Satz 1, § 42 Abs. 3). Zuweilen hat auch eine Mitt. der Gruppe II gleichzeitig die Funktion einer Mitt. der Gruppe V, z. B. die Mitt. über Bewilligung der Bewährungsfrist gegenüber der Mitt. des Vorbehalts hierüber.

2. Die in § 19 Abs. 1 erwähnten Mitt. betreffen:

§ 2 Abs. 1, 2:	inländische Strafnachrichten;
§ 2 Abs. 4:	ausländische Strafnachrichten:
§ 4 Abs. 2 Satz 1:	Verzögerung der Strafvollstreckung;
§ 5 Abs. 2:	Bewilligung oder Verlängerung einer Bewährungsfrist bei nicht registerpflichtigen Verurteilungen;
§ 5 Abs. 3 Satz 1:	Vorbehalt der Entscheidung über die Bewilligung einer Bewährungsfrist;
§ 9 Nr. 1:	Freisprechung, Einstellung usw. wegen Unzurechnungsfähigkeit;
§ 9 Nr. 2:	Entmündigungen wegen Geisteskrankheit, Geistesschwäche oder Trunksucht.

Die im § 19 Abs. 2 weiter erwähnten Mitt. betreffen:

§ 4 Abs. 2 Satz 2:	Erledigung der verzögert gewesenen Vollstreckung;
§ 5 Abs. 1:	Bewilligung einer Bewährungsfrist;
§ 5 Abs. 3 Satz 2:	Nichtbewilligung einer Bewährungsfrist, deren Bewilligung vorbehalten war.

3. Zu § 19 Abs. 1 und 2 im besonderen vergleiche:
wegen des Abs. 1 die Anm. 1 a (zu § 2 Abs. 1, 2, 4 und § 9 Nr. 1, 2), und Anm. 1 d (zu § 4 Abs. 2 Satz 1 und § 5 Abs. 2, 3 Satz 1),
wegen des Abs. 2 die Anm. 1 d.

Geht nach Vorgang einer Mitt. nach § 5 Abs. 3 Satz 1 eine Mitt. nach § 5 Abs. 1 ein, so ist die alte Vormerkung nach

§ 5 Abs. 3 Satz 1 stets zu entfernen und zu vernichten (§ 19 Abs. 2 Satz 2). Die neue Mitteilung nach § 5 Abs. 1 ist, wenn sie eine registerpflichtige Strafe betrifft, bei dieser im Reg. zu vermerken und dann zu vernichten (§ 21 Abs. 2); wenn sie eine nicht registerpflichtige Strafe betrifft, ist sie ins Reg. einzulegen (§ 19 Abs. 1).

4. Nach Abs. 1 sind auch Strafnachrichten aus dem Ausland (§ 2 Abs. 4) in die StrReg. einzulegen. Wenn sie in einer den Registerführern nicht bekannten fremden Sprache abgefaßt sind, müssen sie vor der Einlegung ins Deutsche übersetzt werden, weil sie sonst für den StrRegVerkehr wertlos wären und § 9 StrTilgG. nicht zur Anwendung gelangen könnte (vgl. § 46 Anm. 16).

5. Wegen der gemeinsamen Aufbewahrung mehrerer Hauptvermerke (Anm. 1 a) über eine Person und die Bildung von Straflisten vgl. § 23.

6. Die Vorschrift des Abs. 3 trägt dem Umstand Rechnung, daß es sich bei der Mitt. nach § 5 Abs. 2 um nicht registerpflichtige Verurt. handelt, die nur vorübergehend, um die Benachrichtigungen nach §§ 30, 31 zu veranlassen, ins StrReg. eingelegt worden sind (vgl. Anm. 1 d).

Bei den Mitteilungen, die „sonst gegenstandslos geworden" sind (Abs. 3), ist z. B. daran zu denken, daß die Strafe, für die Bewährungsfrist gewährt war, mit einer anderen zu einer Gesamtstrafe zusammengezogen wird oder daß sie durch Amnestie oder Einzelgnadenerweis erlassen wird.

Wenn 3 Monate seit Ablauf der Bewährungsfrist verstrichen sind, sind die Mitteilungen stets zu entfernen und zu vernichten, auch wenn inzwischen eine neue Verurt. bekannt geworden ist. Über den Grund dieser Bestimmung des Abs. 3 vgl. § 5 Anm. 8, 10). Es wird aber nichts im Wege stehen, wenn die Reg.-Behörde in Zweifelsfällen vorher bei dem Gericht anfrägt, ob die Strafe erlassen oder die Bewährungsfrist widerrufen oder verlängert worden ist.

7. Wegen der technischen Durchführung der Vernichtung, insbesondere ihres Zeitpunkts, vgl. § 23 Anm. 8.

§ 20 (18).

Mitteilungen nach § 3 sind auf die im Strafregister bereits vorhandene Mitteilung über die zugrunde liegende Verurteilung oder in eine Strafliste (§ 23) als neue fortlaufende Nummer zu übertragen und dann zu vernichten.

1. Gemeint sind, wenn auch die Vorschrift allgemein von „Mitt. nach § 3" spricht, nur die Mitt. nach § 3 Satz 1 (vgl. § 19 Anm. 1 a), also die Mitt. über Beschlüsse der Landespolizeibehörden, die auf Grund der Überweisung eines Verurteilten an die Landespolizeibehörde ergehen oder durch die ein Ausländer auf Grund einer Verurteilung aus dem Reichsgebiete verwiesen wird.

Die Worte „als neue fortlaufende Nummer zu übertragen und dann zu vernichten" beziehen sich auch auf den Fall, daß die Mitt. nach § 3 Satz 1 auf die bereits vorhandene Mitt. über die zugrunde liegende Verurt. übertragen werden soll; der Beschluß der Landespolizeibehörde ist also auch in diesem Falle nicht etwa in der Spalte „Bemerkungen" einzutragen.

2. Mitt. nach § 3 Satz 2 sind, soweit sie Änderungen eines Beschlusses der Landespolizeibehörde, z. B. bei Verlängerung der Dauer der Unterbringung im Arbeitshaus, betreffen, beim Hauptvermerk nach § 3 Satz 1 in der Spalte „Bemerkungen" einzutragen und dann zu vernichten (in analoger Anwendung des § 21 Abs. 2); vgl. § 19 Anm. 1 b. Soweit Mitt. nach § 3 Satz 2 die Aufhebung eines Beschlusses der Landespolizeibehörde betreffen, sind sie ebenso zu behandeln, d. h. in der Spalte „Bemerkungen" einzutragen, sofern es sich um Aufhebung eines Beschlusses auf Grund der Überweisung an die Landespolizeibehörde handelt, der nicht auf Verweisung aus dem Reichsgebiete gelautet hat. Handelt es sich dagegen um Aufhebung eines Beschlusses über Reichsverweisung, so ist nach § 26 Abs. 1 zu verfahren, d. h. der Hauptvermerk ist aus dem Reg. zu entfernen und zusammen mit der Mitt. nach § 3 Satz 2 zu vernichten.

3. Wegen der technischen Durchführung der Vernichtung, insbesondere ihres Zeitpunktes, vgl. § 23 Anm. 8.

§ 21 (19).

Eine Mitteilung nach § 2 Abs. 3 ist bei den im Strafregister bereits vorhandenen Mitteilungen über die Einzelstrafen, aus denen die Gesamtstrafe gebildet ist, aufzubewahren. Ist oder wird eine Strafliste (§ 23) angelegt, so ist die Mitteilung in die Strafliste als neue fortlaufende Nummer zu übertragen und dann zu vernichten.

Mitteilungen nach § 4 Abs. 1, § 5 Abs. 1, § 6, § 7 Nr. 1, § 8 Nr. 1 und § 9 Nr. 4 sind bei der Entscheidung, auf die sie sich beziehen, in der Spalte „Bemerkungen" einzutragen und dann zu vernichten.

In den Fällen des § 7 Nr. 2, § 8 Nr. 2 und § 9 Nr. 3 ist der Vermerk über die Verurteilung oder die Entmündigung aus dem Strafregister zu entfernen und zu vernichten; enthält das Strafregister noch andere Vermerke, so wird der Vermerk unkenntlich gemacht. Die Mitteilung nach § 7 Nr. 2, § 8 Nr. 2 oder § 9 Nr. 3 ist mitzuvernichten.

über Anordnungen auf Grund des § 8 des Gesetzes über beschränkte Auskunft aus dem Strafregister und die Tilgung von Strafvermerken hat das Strafregister der Ortspolizeibehörde des Wohnorts oder des letzten Aufenthaltsorts des Betroffenen Mitteilung zu machen. Die Mitteilung kann unterbleiben, wenn anzunehmen ist, daß die Verurteilung der Ortspolizeibehörde nicht bekannt ist.

Abs. 1 und 4 eingefügt durch VO. vom 19. Febr. 1926 Art. I Nr. 13, Abs. 2 (früher 1) geändert durch VO. vom 2. Juni 1922 Art. I Nr. 5.

1. Die in § 21 genannten Mitt. betreffen:

§ 2 Abs. 3: Bildung einer Gesamtstrafe;

§ 4 Abs. 1: Verbüßung einer Freiheitsstrafe mit langer ABeschr.-Frist;
§ 5 Abs. 1: Bewilligung, Verlängerung, Widerruf einer Bewährungsfrist für eine registerpflichtige Strafe;
§ 6: Bewilligung oder Widerruf der vorläufigen Entlassung;
§ 7 Nr. 1: Erlaß oder Milderung einer Strafe, Wiederverleihung verlorener Rechte und Fähigkeiten;
§ 8 Nr. 1: Anordnung beschr. Auskunft;
§ 9 Nr. 4: Wiederaufhebung einer Entmündigung nach Wegfall ihrer Voraussetzungen;

§ 7 Nr. 2: Aufhebung der Verurt. im Wiederaufnahmeverfahren;
§ 8 Nr. 2: Anordnung der Tilgung eines Strafvermerks;
§ 9 Nr. 3: Aufhebung einer Entmündigung auf Anfechtungsklage.

2. Wegen der in § 21 Abs. 1—3 zum Ausdruck gelangten Grundgedanken vgl. § 19 Anm. 1.

3. Abs. 1 regelt die registermäßige Behandlung der Gesamtstrafenbeschlüsse nach § 2 Abs. 3. Er gilt also nur, soweit bereits rechtskräftig festgesetzte Einzelstrafen vor der Bildung der Gesamtstrafe vorliegen. Solche sind gegebenenfalls vor der Gesamtstrafe noch ins Reg. aufzunehmen. Ist die Gesamtstrafe nicht nach § 79 StGB., § 460 StPO., sondern nach §§ 74, 78 Abs. 2 StGB. gebildet, so wird nur die Gesamtstrafe ins Reg. eingelegt, ohne Angabe der vom Gericht zugrundegelegten Einzelstrafen (vgl. § 2 Anm. 21).

4. Wegen des Abs. 2 vgl. insbesondere § 19 Anm. 1 b, wegen des Abs. 3 § 19 Anm. 1 d.

Die unterschiedliche Behandlung der Mitt. nach § 9 Nr. 3 (Aufhebung der Entmündigung auf Anfechtungsklage, §§ 672, 684 ZPO.) und nach § 9 Nr. 4 (Wiederaufhebung der Entmündigung nach §§ 675, 679, 686 ZPO.). beruht darauf, daß es sich in den Fällen des § 9 Nr. 3 um Entscheidungen handelt, welche die ausgesprochene Entmündigung als von vorneherein nicht gerechtfertigt erscheinen lassen, während bei den Fällen des § 9 Nr. 4 die Entmündigung nur aufgehoben worden ist, weil ihre Voraussetzungen nachträglich weggefallen sind. Im letzteren Falle behält die Entmündigung auch nach ihrer Wiederaufhebung dauernd eine gewisse Bedeutung für die Beurteilung der Persönlichkeit, die Wiederaufhebung wird deshalb im Reg. nur vermerkt (§ 21 Abs. 2) und die Entfernung des Verm. über die Entmündigung selbst soll nur auf besondere Anordnung nach Prüfung des Einzelfalls erfolgen (§ 27 Abs. 1 Satz 2, Abs. 2). Im ersteren Falle dagegen liegt die Sache ähnlich, wie wenn eine Verurt. im Wiederaufnahmeverfahren aufgehoben wird; der Hauptvermerk ist also zu entfernen und zusammen mit der Mitt. über die Aufhebung zu vernichten (§ 21 Abs. 3).

5. Nebenvermerke, die im Reg. bei einem bereits vorhandenen Hauptvermerk in der Spalte „Bemerkungen" zu vermerken sind (Abs. 2), werden, um sie als nachträgliche Ergänzungen des Reg.-Blatts auch äußerlich kenntlich zu machen, zweckmäßig mit roter Tinte oder mit rotem Stempel vermerkt. So vorgeschrieben in Preußen (AB. Ziff. 21).

6. Die Vorschrift des Abs. 4 ist durch die VO. vom 19. 2. 1926 hinzugefügt. Sie entspricht einer Regelung, die auf Veranlassung des Reichsjustizministeriums fast in allen Ländern schon vorher eingeführt war. Sie soll den Anordnungen nach § 8 StrTilgG. die im § 4 Abs. 3 und § 5 Abs. 1 Satz 2 dieses Gesetzes vorgeschriebene Wirkung für die polizeilichen Listen auf einem einfachen Wege sichern.

7. Daß durch die Mitteilung an die Ortspolizeibehörde nach Abs. 4 Satz 1 die betreffende Verurteilung erst bekannt werde und dadurch die Wirkungen, die durch die Anordnung auf Grund des § 8 StrTilgG. herbeigeführt werden sollen, illusorisch gemacht würden, ist im allgemeinen nicht zu befürchten. Dies schon deshalb nicht, weil bei Auskünften aus der polizeil. Liste und in Führungszeugnissen gemäß der ergangenen Anordnung verfahren werden muß. Eher ist zu befürchten, daß die unterlassene Mitteilung der Anordnung dazu führt, daß die Polizei, der entgegen der Annahme der StrRegBehörde die Verurteilung doch bekannt gewesen ist, die Anordnung bei ihren Auskünften usw. nicht berücksichtigt und dadurch für den Verurteilten Schaden entsteht. Es empfiehlt sich daher, von der Ermächtigung in Abs. 4 Satz 2 nur vorsichtig Gebrauch zu machen, die Mitt. also in allen Fällen zu machen, in denen der StrRegBeh. nicht mit Sicherheit bekannt ist, daß die betreffende Ortspolizeibehörde die Verurteilung nicht kennt. Dies wird nur selten der Fall sein.

In Bayern ist die Entscheidung darüber, ob eine Mitt. nach § 21 Abs. 4 Satz 1 an eine Ortspolizeibehörde zu machen ist, dem Staatsanwalt oder Amtsanwalt vorbehalten (AB. B 20 I). Vgl. auch Hamburgische AusfVerf. Ziff. 35.

8. Ist für eine Strafnachricht ein Doppel an ein anderes StrReg. gesandt, z. B. bei Zigeunern (§ 14 Abs. 2), so muß die in Abs. 4 vorgeschriebene Mitt. von dem StrReg., das sie erhalten hat, nach Vollzug im eigenen Reg. an das andere Reg. weitergegeben werden (vgl. § 8 StrTilgG. Anm. 23). Enthält das StrReg. selbst ein Doppelblatt (vgl. § 15 Abs. 3), so ist für den Vollzug der mitgeteilten Anordnung auf beiden Blättern Sorge zu tragen.

9. Bei Anordnungen auf Grund des § 8 StrTilgG. ist in einzelnen Ländern, z. B. in Preußen (AB. Ziff. 38 Abs. 8) der StrRegBehörde noch die Pflicht auferlegt, eine Mitt. zu den Gerichtsakten zu machen. Betrifft die Anordnung mehrere Verurt. einer Person, so muß sie dann natürlich für jede Verurt. gesondert gemacht werden, weil die einzelnen Mitt. in die verschiedenen Gerichtsakten aufgenommen werden sollen.

10. Wegen der technischen Durchführung der Vernichtung, insbesondere ihres Zeitpunktes vgl. § 23 Anm. 8.

§ 22 (neu).

Mitteilungen, die nach den §§ 19 bis 21 zu vernichten sind, dürfen noch zur Weiterleitung der Mitteilung an die Ortspolizeibehörde oder andere von den obersten Landesbehörden bezeichnete Stellen verwendet werden. Sie sind alsdann von den Behörden, denen sie übersandt worden sind, zu vernichten. Auf diese Verpflichtung ist bei der Übersendung hinzuweisen.

Eingefügt als § 19a durch VO. vom 19. Febr. 1926 Art. I Nr. 14.

1. Diese durch die VO. vom 19. Febr. 1926 neu eingefügte Vorschrift dient der Verminderung des Schreibwerks. Die meisten Mitt. der in den §§ 19—21 bezeichneten Art müssen nach den in den Ländern erlassenen Vorschriften außer dem StrReg. auch der Ortspolizeibehörde des Wohnorts zugehen, um die Übereinstimmung der polizeilichen Liste mit dem StrReg. sicherzustellen. Es wäre offensichtlich unzweckmäßig, Mitt., die im Str.-Reg. und ebenso in der polizeilichen Liste doch nur vermerkt und dann vernichtet werden, von der mitteilungspflichtigen Beh. zweimal ausstellen zu lassen. Vielmehr wird dem praktischen Bedürfnis völlig genügt, wenn die Mitt. lediglich dem StrReg. gemacht und von diesem nach Vermerk im Reg. an die Ortspolizeibehörde weitergeleitet, dort in der polizeilichen Liste ebenfalls vermerkt und dann vernichtet werden.

In Bayern ist angeordnet, daß von § 22 nur wenig Gebrauch gemacht werden soll (AB. B 20 II).

Eine Verpflichtung der StrRegBeh. zu Mitt. an die Ortspolizeibehörde wird durch § 22 nicht begründet. Er gestattet nur für den Fall, daß die Mitt. durch besondere Anordnung der Landesregierung vorgeschrieben wird, hierzu die nach den §§ 19—21 sonst zu vernichtende Mitt. zu verwenden.

2. Da auch Mitt. an andere Behörden als Ortspolizeibehörden in Frage kommen können, z. B. Mitt. über Wiederverleihung der bürgerlichen Ehrenrechte oder der durch Verurt. zu Zuchthaus verloren gegangenen Fähigkeiten an die zur Aufstellung der Wählerlisten zuständigen Verwaltungsbehörden, die nicht Ortspolizeibehörden sind, ist den obersten Landesbehörden die Ermächtigung erteilt, die Weiterleitung zu vernichtender Mitt. an das StrReg. auch an andere Behörden als die Ortspolizeibehörde zu gestatten.

3. Die Vorschrift in Satz 3 soll verhüten, daß die weitergeleiteten Mitt. Schaden stiften. Es empfiehlt sich, wenn eine Weiterleitung der Mitteilung erfolgt, auf die weitergeleitete Mitt. einen Stempelaufdruck etwa folgenden Inhalts zu setzen: „Die Mitt. ist im Str.-Register vermerkt und wird zur Eintragung in die polizeiliche Liste gemäß § 22 StrRegVO. übersandt. Nach Eintragung in die polizeiliche Liste ist die Mitt. zu vernichten."

4. Wegen der technischen Durchführung der Vernichtung, insbesondere ihres Zeitpunkts vgl. § 23 Anm. 8.

§ 23 (20).

Mehrere Mitteilungen nach § 2 Abs. 1 bis 3, § 9 Nr. 1, 2, welche dieselbe Person betreffen, sind in einem Umschlag mit Namensaufschrift gemeinsam aufzubewahren oder in eine Strafliste zu übertragen.

Zur Strafliste ist das Muster A zu verwenden; eine schon vorhandene Mitteilung nach Muster A kann benutzt werden. Soweit nötig, wird die Strafliste auf einem beigefügten Bogen fortgesetzt.

Weichen die Angaben über die Person in den einzelnen Mitteilungen erheblich voneinander ab, so werden auf der Vorderseite der Strafliste entsprechende Vermerke mit roter Tinte gemacht.

Mitteilungen über Verurteilungen im Ausland werden in die Strafliste nicht übertragen, sondern sind im Strafregister gesondert zu verwahren. Es kann jedoch über Verurteilungen im Ausland eine besondere Strafliste geführt werden.

Mitteilungen, die in eine Strafliste übertragen sind, sind zu vernichten.

Abs. 1 geändert, Abs. 5 eingefügt durch VO. vom 19. Febr. 1926 Art. I Nr. 15.

1. Die in Abs. 1 genannten Mitt. betreffen:
§ 2 Abs. 1, 2: inländische Strafnachrichten;
§ 2 Abs. 3: Bildung von Gesamtstrafen;
§ 9 Nr. 1: Freisprechung, Einstellung usw. wegen Unzurechnungsfähigkeit;
§ 9 Nr. 2: Entmündigung wegen Geisteskrankheit, Geistesschwäche oder Trunksucht.

2. Die Strafliste ist mit Wirkung vom 1. Okt. 1896 durch die Bestimmungen vom 9. Juli 1896 zur Abänderung der VO. vom 16. Juni 1882 (Zentralbl. f. d. D. Reich 1896 S. 426) eingeführt worden. Sie dient dazu, das Strafregister dadurch zu entlasten und übersichtlicher zu gestalten, daß mehrere Mitteilungen, die sich auf verschiedenen einzelnen Strafblättern befinden, zu einer fortlaufenden Mitteilung auf einem einzigen Strafblatt zusammengefaßt werden. Die Strafliste hat aber andererseits auch den Nachteil der Vermehrung des Schreibwerks und bringt die Gefahr mit sich, daß durch mangelhafte Übertragung des Inhalts der Strafnachrichten in die Strafliste die Zuverlässigkeit des StrReg. leidet.

2. § 23 läßt es offen, ob die Verwahrung mehrerer dieselbe Person betreffender Hauptverm. (§ 19 Anm. 1 a) in einem Umschlag mit Namensaufschrift gemeinsam aufzubewahren oder in eine Strafliste zu übertragen sind. Im allgemeinen überwiegen die Vorteile der Strafliste, es ist deshalb in der Regel die Bildung von Straflisten vorzuziehen. Die Landesregierungen können bestimmen, ob und unter welchen Voraussetzungen die Anlegung von Straflisten erfolgen soll. Im RJMin., in Preußen (AV. Ziff. 17) und in Bayern (AV. B 13 I) sowie wohl auch in anderen Ländern ist bestimmt, daß immer Straflisten anzulegen sind, wenn eine zweite, zweifellos dieselbe Person betreffende Nachricht A oder B eingehen. In Hamburg werden nach Ziff. 37 der AusfVerf. Straflisten bis auf weiteres nicht geführt.

3. Mitt. nach § 9 Nr. 1, 2 können ebenfalls in eine Strafliste übertragen werden. Da die StrRegVO. aber allgemein neben der Strafliste die gemeinsame Verwahrung zur Wahl stellt, können die Landesregierungen bestimmen, daß Mitt. nach § 9 Nr. 1, 2 grundsätzlich nicht in die Strafliste übertragen werden sollen, wofür manches spricht. Preußen hat eine solche Anordnung getroffen (AV. Ziff. 17 Satz 2); Bayern dagegen hat die Eintragung in die Strafliste vorgeschrieben (AV. B 13 I). Die preußische Anordnung geht auf § 17 Abs. 6 der alten StrRegVO. vom 16. Mai 1918 zurück, wonach Verm. nach § 9 Nr. 1, 2 bei der AErteilung abgesondert von etwaigen Strafvermerken und hinter diesen aufzuführen waren.

4. Zur Strafliste wird in der Regel die erste im Register vorhandene Strafnachricht A oder auch die 2. Strafnachricht A verwendet. Es kann aber auch ein neuer Vordruck A verwendet werden, z. B. wenn die erste Strafnachricht schlecht leserlich oder beschädigt oder unübersichtlich geworden ist oder durch die Übertragung der zu übertragenden Nachrichten unübersichtlich

werden würde; in diesem Falle sind in der obersten Spalte die Worte „Mitteilende Behörde und „Aktenzeichen" zu durchstreichen und statt dessen unterhalb der ersten Worte der Vermerk anzubringen: „Strafliste angelegt am . . ." (Pr. AV. Ziff. 18 Abs. 2).

Zulässig ist auch die Verwendung einer Strafnachricht A, auf deren Rückseite frühere Bestrafungen vermerkt sind (vgl. aber Anm. 5). In Preußen ist allerdings die Verwendung solcher Strafnachrichten zur Strafliste untersagt (AV. Ziff. 19).

5. Die Strafliste muß die einzelnen Vermerke genau in der Zeitfolge der Verurt. enthalten (Pr. AV. Ziff. 19; Bayer AV. B 13 II). Wird eine bereits vorhandene StrNachr., insbes. eine Str.-Nachr., auf deren Rückseite frühere Bestraf. vermerkt sind (vgl. Anm. 4 Abs. 2), verwendet, so sind erforderlichenfalls die einzelnen Verm. durch Änderung der laufenden Nr. mit roter Tinte nach der Zeitfolge der Verurt. zu ordnen. Wird dabei eine mehrfache Neuordnung nötig, so kann die Strafliste leicht unübersichtlich und dadurch insbesondere die Berechnung der Fristen des StrTilgG., namentlich wegen dessen § 2, erschwert werden; in solchen Fällen wird besser auf die Verwendung der alten Strafnachrichten zur Bildung der Strafliste verzichtet.

6. Zu Abs. 4 (Strafnachrichten aus dem Ausland) vgl. § 2 Anm. 22, § 19 Anm. 4 und StrTilgG. § 9 mit Erläuterungen.

Die „gesonderte" Aufbewahrung, von der Abs. 4 spricht, darf natürlich nicht etwa darin bestehen, daß die Auslandsnachrichten abgesondert von dem übrigen Register verwahrt werden. Gemeint ist nur, daß sie nicht in die Inlandsstrafliste eingetragen werden. Auslandsstrafnachrichten müssen zusammen mit den Inlandsnachrichten in das einheitliche, nach dem Namen der Verurteilten geordnete Register aufgenommen werden (Bayer. AV. B 14). Liegen für eine Person Inlands- und Auslandsstrafnachrichten oder -Straflisten vor, so müssen sie unmittelbar beieinander, am besten in einem Umschlag mit Namensunterschrift verwahrt werden. Für die Frage der Auskunfterteilung und Tilgung von Strafvermerken sind Inlands-Strafnachrichten oder -Liste und Auslands-Strafnachrichten oder -Liste als Einheit zu behandeln (§ 9 StrTilgG. Anm. 2).

7. Strafliste im Sinn von § 249 StPO. ist ein weiterer Begriff als die Strafliste im Sinn der StrRegVO. Sie umfaßt auch das einzelne RegBlatt, auf dem sich nur eine registerpflichtige Verurteilung oder sonstige Mitteilung befindet.

8. In § 23 Abs. 5 und an mehreren anderen Stellen der VO. (§ 19 Abs. 2, 3, § 20, § 21 Abs. 1—3, § 24, § 25 Abs. 1, §§ 26, 27, 41 Abs. 2, §§ 42, 48) ist die Vernichtung der aus dem StrReg. entfernten oder der beim StrReg. eingegangenen, aber nicht darin niederzulegenden, sondern auf ein vorhandenes RegBlatt zu übertragenden Mitt. vorgeschrieben. Damit wird zum Ausdruck gebracht, daß es unzulässig ist, solche Mitt. und RegBlätter als Altpapier zum Einstampfen zu verkaufen. Diese

Verwertung kann nicht zugelassen werden, da die einzustampfenden Blätter mißbräuchlich verwendet werden könnten.

Die Vernichtung hat unter amtlicher Aufsicht (des StrRegFührers oder eines anderen damit beauftragten Beamten) stattzufinden. Zweckmäßig wird sie nicht von Fall zu Fall, sondern erst dann vorgenommen, wenn sich eine größere Menge zu vernichtender Blätter angesammelt hat.

Dieses Verfahren erscheint auch um deswillen zweckmäßig, weil bei der Übertragung und Aussonderung Irrtümer vorkommen können, die dann in der Zwischenzeit noch berücksichtigt werden können. Durch die Vorschriften der VO. ist über den Zeitpunkt der Vernichtung nichts bestimmt. Wenn es auch nicht als zulässig angesehen werden könnte, die Vernichtung jahrelang, etwa bis zum Ablauf der Tilgungsfrist bei ausgesonderten Strafnachrichten, hinauszuschieben, so erscheint es doch als unbedenklich, wenn die Landesjustizverwaltung bestimmt, daß die Vernichtung z. B. erst nach 6 Monaten oder 1 Jahre nach erfolgter Übertragung zu geschehen habe. Bis dahin sind die Mitteilungen noch als Bestandteil der StrReg. anzusehen, sodaß sie insbesondere auch gemäß VO. § 29 verschlossen aufzubewahren sind. Mit Recht schreibt deshalb Bayern (AB. B 15) vor, daß die in die Straflisten übertragenen Mitt. bis zur Vernichtung in der gleichen Reihenfolge wie die Straflisten gesondert zu verwahren sind. Im Reichsjustizministerium wird die Vernichtung nach Bedarf etwa alle 4 Monate durch Verbrennen in der Zentralheizung vorgenommen; in Preußen soll sie alljährlich (AB. Ziff. 28), in Bayern alle 6 Monate (AB. B 15, 19) erfolgen.

§ 24 (21).

Vermerke über Personen, deren Tod dem Strafregister glaubhaft nachgewiesen wird, werden aus dem Strafregister entfernt.

Ferner werden entfernt Vermerke über Personen, die über 80 Jahre alt sind. Dies gilt nicht, wenn dem Strafregister bekannt ist, daß der Betroffene noch lebt oder wenn seit der letzten im Strafregister vermerkten Verurteilung noch nicht fünf Jahre verstrichen sind.

Die aus dem Strafregister entfernten Strafnachrichten sind zu vernichten.

Abs. 3 eingefügt durch VO. vom 19. Febr. 1926 Art. I Nr. 16.

1. Das StrReg. soll praktischen, nicht rein wissenschaftlichen Zwecken dienen. Die Verm. über Personen, die inzwischen gestorben sind, haben keinerlei praktische Bedeutung mehr. Sie sind deshalb aus dem StrReg. zu entfernen, da sie das Str.-Reg. unnötigerweise belasten und dadurch unübersichtlich machen.

2. Die Landesregierungen haben Anordnungen getroffen, daß der Tod verurteilter Personen den StrReg. mitgeteilt werde. Insbesondere sind die Verwaltungen der Strafanstalten, Arbeitshäuser angewiesen, den Tod von Insassen den zuständigen StrReg. anzuzeigen; außerdem ist allen Polizei- und Justizbehörden die Pflicht zur Benachrichtigung der StrReg. auferlegt, sobald sie von dem Ableben einer bestraften Person zuverlässige Kenntnis erhalten. Vgl. für Preußen AV. des JM. vom 19. Jan. 1924 (JMBl. S. 34, 52 zu 2) und V. d. MfV. vom 18. Juli 1924 (JMBl. S. 343); für Bayern AV. B 18 III.

3. Ersieht der RegFührer bei der Entfernung eines RegBlatts infolge Todes der Person, daß ein gleicher Vermerk in einem anderen StrReg. niedergelegt ist, so hat er diese RegBehörde zu benachrichtigen. Hierzu kann die durchstrichene, aus dem Reg. entfernte Mitt. mit einem entsprechenden Vermerk verwendet werden (Pr. AV. Ziff. 25; Bayer. AV. B 19).

4. RegVerm. über Personen von über 80 Jahren sind aus dem StrReg. im allgemeinen zu entfernen, da bei diesen Personen die Vermutung besteht, daß sie nicht mehr leben oder doch die Annahme begründet erscheint, daß sie nicht mehr kriminell werden. Erscheint diese Vermutung nicht begründet, weil der Tod des betreffenden nicht bekannt geworden und seit seiner letzten Verurteilung noch nicht 5 Jahre verstrichen sind, so ist die Entfernung nicht vorzunehmen.

5. Die Strafnachrichten wegen Verletzung der Wehrpflicht (§ 140 Nr. 1 StGB.) sind zahlreich. Eine Entfernung dieser jetzt als überflüssig zu betrachtenden Strafnachrichten kann aber nur erfolgen, wenn die Voraussetzungen der §§ 5, 8 Str.-TilgG. oder des § 24 VO. gegeben sind.

6. Gleiches (Anm. 5) gilt für Strafnachrichten, die sich auf Vergehen beziehen, die in vorübergehenden besonderen Verhältnissen der Kriegszeit wurzeln, insbesondere Verletzungen der Zwangsbewirtschaftungsvorschriften, die längst aufgehoben sind. Auch sie werden heute für die Beurteilung der Persönlichkeit des betreffenden nur noch geringe oder gar keine Bedeutung haben. Trotzdem müssen sie grundsätzlich im StrReg. verbleiben. Eine allgemeine Vorschrift, die es unter gewissen Voraussetzungen ermöglicht, solche überflüssigen Strafverm. vorzeitig zu tilgen, empfiehlt sich im allgemeinen nicht, da die einschlägigen Verurteilungen im Einzelfalle recht verschieden zu bewerten sind und deshalb die Tilgungsanordnung nach § 8 StrTilgG., die eine Prüfung des Einzelfalles voraussetzt, einer allgemeinen Tilgungsanordnung vorzuziehen ist.

In Bayern ist für die Verurt. wegen Verfehlungen gegen die auf Grund des § 3 des sog. Ermächtigungsgesetzes vom 4. Aug. 1914 und des Art. 4 Nr. 2 des Bayer. Kriegszustandsgesetzes erlassenen Vorschriften durch die VO. vom 22. Nov. 1918 Nr. VII (abgedruckt unter D V 3) allgemein die Löschung angeordnet, soweit die Verurt. durch bayer. Gerichte bis 22. Nov. 1918 erfolgt ist.

7. Die neu eingefügte Vorschrift des Abs. 3 entspricht der bisherigen Übung. Wegen der technischen Durchführung der Vernichtung, insbesondere ihres Zeitpunkts vgl. § 23 Anm. 8.

8. Ist der Tod (Abs. 1) zu Unrecht angenommen oder stellt sich nach Entfernung eines StrBl. über einen mehr als Achtzigjährigen heraus, daß er noch lebt (z. B. geht eine neue StrNachr. über ihn ein), so sind die zu Unrecht entfernten Verm. möglichst wiederherzustellen (§ 28).

§ 25 (22).

Ein Strafvermerk, der auf Grund des § 5 des Gesetzes über beschränkte Auskunft aus dem Strafregister und die Tilgung von Strafvermerken zu tilgen ist, ist zu vernichten oder unkenntlich zu machen, wenn sich bei der Bearbeitung eines Registerblatts wegen einer eingegangenen Anfrage oder Mitteilung oder bei einer allgemeinen Durchsicht des Strafregisters ergibt, daß die Voraussetzungen der Tilgung vorliegen. Der Vermerk soll jedoch erst dann aus dem Strafregister entfernt oder in dem Strafregister unkenntlich gemacht werden, wenn seit Ablauf der gesetzlichen Frist weitere drei Monate verflossen sind.

Ist angeordnet, daß ein Strafvermerk zum Teil zu tilgen ist, so wird der Teil, dessen Tilgung angeordnet ist, im Strafregister unkenntlich gemacht. Ist zur Durchführung der Anordnung eine Änderung der bisherigen Eintragung erforderlich, so ist die Änderung mit roter Tinte einzutragen und in der Spalte „Bemerkungen" ein Vermerk darüber zu machen, daß die Änderung auf einer Tilgungsanordnung beruht. Auf Anfragen ist der Vermerk in der geänderten Form ohne Hervorhebung der Änderungen und ohne die Eintragung in der Spalte „Bemerkungen" mitzuteilen; den Gerichten, den Behörden der Staatsanwaltschaft sowie auf ausdrückliches Ersuchen den obersten Reichs- oder Landesbehörden ist der Vermerk so mitzuteilen, wie er im Strafregister enthalten ist.

Abs. 1 redaktionell geändert, Abs. 2 hinzugefügt durch VO. vom 19. Febr. 1926 Art. I Nr. 17.

1. Die Vorschrift enthält im Abs. 1 zwei Ausführungsbestimmungen zu § 5 Abs. 1 StrTilgG. Im Satz 1 wird klargestellt, daß die infolge Ablaufs der Tilgungsfrist vorzunehmende Tilg. eines Strafverm. nicht sofort nach Eintritt der Tilgungsreife tatsächlich ausgeführt werden muß (was technisch undurchführbar wäre), sondern erst bei der Bearbeitung des betr. RegBlatts aus irgend einem Anlaß (Eingang einer Mitt., eines AErsuchens, eines Steckbriefs oder eines Suchvermerks) oder bei der in gewissen Zeitabständen regelmäßig stattfindenden allgemeinen Durchsicht des Reg. Im Satz 2 wird eine dreimonatige Sperrfrist für die technische Ausführung der Tilg. vorgeschrieben, um irrigen Tilg. vorzubeugen.

Der Abs. 2 enthält eine Ausführungsvorschrift zu § 8 Str.-TilgG., durch welche die Zulässigkeit einer teilweisen Tilgung von Strafverm. klargestellt und deren Durchführung näher geregelt wird.

2. Die Tilgung wird, wie schon § 5 Abs. 1 StrTilgG. bestimmt, durch Entfernung und Vernichtung des StrBlatts oder, wenn das StrBlatt noch andere, nicht zu tilgende Verm. enthält, durch Unkenntlichmachung (Schwärzen oder Überkleben) vollzogen. Näheres hierüber bei § 5 StrTilgG. Anm. 1.

3. Da nach Abs. 1 Satz 1 die kraft Gesetzes vorzunehmenden Tilg. trotz eingetretener Tilgungsreife aus praktischen Gründen erst vorgenommen werden, wenn das RegBlatt aus irgend einem Anlaß bearbeitet wird, so ist es eine der wichtigsten Pflichten des Registerführers, jedes StrBlatt durch Tilgung der tilgungsreifen Strafverm. zu bereinigen, bevor er ein bearbeitetes RegBlatt wieder eingefächert oder zur Grundlage einer Auskunft macht. Daneben muß natürlich auch stets geprüft werden, ob das RegBlatt sonst mit den gegebenen Vorschriften übereinstimmt (vgl. § 16 Anm. 3, § 17 Anm. 10) und gegebenenfalls muß seine Berichtigung, z. B. durch Entfernung nicht registerpflichtiger Vermerke, herbeigeführt werden.

4. Bei der allgemeinen Durchsicht der StrReg. sind nicht nur die vom Gesetz vorgeschriebenen Tilg. durchzuführen, soweit sie nicht schon vorher bei Bearbeitung einzelner RegBlätter erfolgt sind, sondern es ist auch sonst eine Prüfung des RegInhalts auf seine Vollständigkeit und Richtigkeit sowie der alphabetischen Ordnung des Reg. vorzunehmen; insbesondere sind auch Strafnachrichten über nicht registerpflichtige Verurt. zu entfernen oder unkenntlich zu machen (vgl. § 17 Anm. 8, § 18 Anm. 6; Pr. AV. Ziff. 17, Bayer. AV. B 18 II). Ferner ist die Frage, inwieweit die beschränkte Auskunft Platz greift, zu prüfen; ist die Frage bezüglich aller oder einzelner Verurteilungen zu bejahen, so ist nach Anordnungen, die in verschiedenen Ländern, z. B. in Preußen (AV. Ziff. 31 Abs. 3) und Bayern (AV. B 27), auch im RJustMin. bestehen, in der rechten oberen Ecke des Strafblatts ein „b" (= beschr. Ausk.) mit roter Tinte zu vermerken. Dieser Vermerk hat allerdings nur begrenzten Wert, er darf nicht als ein für allemal gültig angesehen werden, da ja nach § 2 StrTilgG. die bereits eingetretene AB. durch eine neue Verurt. zu Freiheitsstr. wieder hinfällig wird. Tritt dieser Fall ein, so ist das „b" wieder zu entfernen. In früheren Jahren war weiterhin vorgesehen, daß die StrBlätter bei der allgem. Durchsicht darauf geprüft wurden, ob etwa auf Grund der Löschungserlasse von 1916, 1917, 1918 (D V 1) die Löschung von Strafverm. stattzufinden hatte, und nach erfolgter Prüfung auf das StrBlatt der Verm. „Auf Löschung geprüft" gesetzt wurde.

5. Bei Verurteilten, die in den abgetretenen Gebieten geboren sind, müßte, wenn eine Strafnachricht im StrReg. des RJM. noch nicht verwahrt wird, an sich trotz eingetretener Tilgungsreife zunächst der Strafvermerk in das Register eingelegt und demnächst alsbald wieder entfernt werden. Dieses Verfahren wäre eine unnötige Umständlichkeit; durch die Nichtaufnahme eines solchen Vermerks wird die gesetzl. vorgeschriebene „Entfernung" als erfüllt anzusehen sein. Andererseits läßt sich aber nicht verkennen, daß es in Fällen dieser Art unter Umständen zu Nachteilen für den Verurteilten führen muß, wenn das Strafregister nichts über die Tilgung der Strafe enthält. Denn es ist möglich, daß auf irgend eine Weise (vgl. § 1 Anm. 3) dem Strafregister des RJM. die bisher in den abgetretenen Gebieten registrierte Strafe bekannt und dort eingetragen wird, obwohl sie schon getilgt ist. Um diesen Nachteil zu vermeiden, ist angeordnet, daß eine Notiz mit den Personalien des Verurteilten in das Strafregister eingelegt wird, aus der sich ergibt, daß eine Tilgung vorgenommen ist. Dies gilt insbesondere auch für Tilgungsanordnungen nach § 8 Str.-TilgG. Praktisch kommt dieses Verfahren darauf hinaus, daß die Tilgung statt durch Entfernung durch die ihr gleichwertige Unkenntlichmachung erfolgt. Vgl. auch § 1 Anm. 3 letzter Absatz.

H a m b u r g hat in Ziff. 48 Abs. 3, 4 seiner AusfVerf. angeordnet, daß bei Tilg. auf Grund des § 8 StrTilgG. allgemein ein besonderes Blatt ins Reg. eingelegt wird, aus dem sich Gericht, Aktenzeichen, Datum der Verurteilung und Datum der Anordnung der Tilg. ergibt.

6. Die Bestimmung des A b s. 1 S a t z 2, daß die T i l g u n g noch nicht sofort zu erfolgen hat, wenn die gesetzlichen Voraussetzungen vorliegen, sondern e r s t n a c h A b l a u f e i n e r w e i t e r e n F r i s t v o n 3 M o n a t e n, bezweckt, nach Möglichkeit zu verhindern, daß die Tilg. vorgenommen wird, obgleich ihre Voraussetzungen nicht vorgelegen haben, weil inzwischen eine neue Verurteilung erfolgt ist, die dem StrReg. aber erst nach Ablauf der ursprünglichen Tilgungsfrist bekannt geworden ist. Dagegen kann und soll durch die Dreimonatsfrist nicht eine Verlängerung der gesetzlichen Tilgungsfrist des § 7 StrTilgG. herbeigeführt werden, wie Oetker (Gerichtssaal, Bd. 89 S. 178) anscheinend annimmt. Vgl. § 5 StrTilgG. Anm. 7.

Daraus ergibt sich, daß s o f o r t m i t E i n t r i t t d e r g e s e t z l i c h e n V o r a u s s e t z u n g e n d i e A u s k u n f t s o z u l a u t e n h a t, a l s o b d i e T i l g. b e r e i t s v o r g e n o m m e n w ä r e. Die Strafe wirkt daher auch nicht mehr rückfallbegründend, obwohl die Tilg. tatsächlich noch nicht endgültig vollzogen ist. Das ist aber kein Beweis dafür, daß es nicht auf die Tilg. selbst, sondern auf das Vorliegen der gesetzlichen Voraussetzungen für die Tilg. bei der Beurteilung der Frage ankomme, ob eine bestimmte Strafe rückfallbegründend ist oder nicht. Die Strafe, bei der der StrRegFührer erkennt, daß die gesetzlichen Voraussetzungen für die Tilg. vorliegen, deren Tilg. er aber vorläufig auf Grund des § 25 Abs. 1 Satz 2 VO. noch nicht ausführt, ist von ihm als getilgt zu behandeln. Lediglich die StrRegBeh. ist die maßgebende Instanz, welche durch ihre amtliche Auskunft festzustellen hat, ob eine Strafe als getilgt zu behandeln ist oder nicht. Erklärt sie, daß eine Strafe in dem Str.-Reg. nicht vermerkt sei, so ist das Gericht an diese Auskunft ebenso gebunden wie an die Auskunft, daß eine bestimmte Strafe in dem StrReg. vermerkt, also nicht getilgt sei. Vgl. § 5 StrTilgG. Anm. 13.

Durch die Dreimonatsfrist des § 25 Abs. 1 Satz 2 wird nicht der rechtliche Eintritt der Tilg., sondern nur ihre technische Ausführung gehemmt. Später eintretende Umstände, so nach Ablauf der gesetzlichen Tilgungsfrist, aber vor Ablauf der Dreimonatsfrist erfolgende Verurteilungen, sind infolgedessen ohne Bedeutung. Sie bilden kein Hindernis für die Ausführung der Tilg. nach Ablauf der Dreimonatsfrist (Schultheiß, Recht, 1921 S. 122). Dagegen ist eine erst nach Ablauf der gesetzlichen Tilgungsfrist bekannt werdende, aber vorher ergangene Verurteilung von Bedeutung; sie hindert, auch wenn sie erst nach Ablauf der Tilgungsfrist rechtskräftig geworden ist, die Ausführung der Tilgung.

7. Die Vorschriften des Abs. 1 gelten nicht für die Durchführung der Tilgungsanordnungen nach § 8 StrTilg.-Ges. Diese müssen natürlich sofort nach Eingang der Mitt. gemäß § 8 Nr. 2 VO. ausgeführt werden. Die Sperrfrist des Abs. 1 Satz 2 hat für sie keine Bedeutung, da der Eingang neuer Verurt. die Wirksamkeit der Anordnungen nach § 8 StrTilgG. nicht berührt.

8. Zweifelhaft könnte es sein, ob § 25 Abs. 1 Satz 2 auch auf die durch Sondergesetz angeordneten Tilg. anzuwenden ist. Diese Frage wird zu bejahen sein, soweit auch in diesen Fällen die Möglichkeit gegeben ist, daß nachträglich dem StrReg. Mitteilungen zugehen, die der Tilgung entgegenstehen würden. Ergibt sich aber aus einem Sondergesetz, daß sofortige Tilg. unter allen Umständen vorzunehmen ist, so wird anzunehmen sein, daß die Entfernung des Strafverm. unverzüglich vorzunehmen sei. Dies ist z. B. der Fall bezüglich der in JGG. §§ 46 und 45 Abs. 1 angeordneten Tilg. der Verurteilungen zu Verweis und der Strafverm. über Bestrafung von Personen, die zur Zeit der Tat noch nicht 14 Jahre alt gewesen sind.

9. Der Abs. 2 ist durch die VO. vom 19. Febr. 1926 eingefügt worden, um die Zulässigkeit der teilweisen Tilg. sicherzustellen und zugleich einen praktisch gangbaren Weg zur Durchführung zu weisen.

Bei der Anwendung des § 8 StrTilgG. hatte sich schon wiederholt das Bedürfnis herausgestellt, einen Strafvermerk nur zum

Teil zu tilgen, z. B. den Vermerk über die Aberkennung der Ehrenrechte nach Wiederverleihung dieser Ehrenrechte im Gnadenwege. Dabei hatte sich vielfach auch die Notwendigkeit ergeben, die bisherige Eintragung zu ändern, z. B., wenn sich eine Einsatzstrafe, aus der zusammen mit anderen Strafen eine Gesamtstrafe gebildet ist, nachträglich als unzulässige Doppelverurteilung oder sonst als Fehlverurteilung erweist.

Über die sachlichen Grenzen der Zulässigkeit der teilweisen Tilg. vgl. § 8 StrTilgG. Anm. 9.

10. Für die Durchführung teilweiser Tilgung ist nur der in § 25 Abs. 2 Satz 1, 2 gewiesene Weg zulässig. Nicht statthaft ist es, die teilweise Tilg. in der Weise vorzunehmen, daß der bisherige Verm. völlig unkenntlich gemacht und ein neuer Verm. mit dem nicht getilgten Rest eingetragen wird. Vielmehr muß — wenigstens für die Gerichte, die Staatsanwaltschaften und die obersten Reichs- und Landesbehörden — die Möglichkeit bestehen bleiben, den ursprünglichen RegVerm. sowie den Umfang der angeordneten Tilg. aus dem RegAuszug zweifelsfrei zu erkennen. Wird beispielsweise von einer Gesamtstrafe von 9 Monaten Gefängnis wegen Betrugs und Unterschlagung bei Einsatzstrafen von je 5 Monaten die Verurt. wegen Betrugs getilgt, so wären mit roter Tinte in der Spalte „wegen" die Worte „Betrugs und", in der nächsten Spalte der Hinweis auf § 263 StGB. zu durchstreichen und in der Spalte für die Strafe die Zahl 9 zu streichen und dafür die Zahl 5 zu setzen; ferner müßte in die Spalte „Bemerkungen" ein Verm. etwa folgenden Inhalts gesetzt werden: „Die mit 5 Monaten Gefängnis in Ansatz gebrachte Einsatzstrafe wegen Betrugs ist durch Anordnung des . . . vom . . . getilgt worden."

§ 26 (neu).

Ein Vermerk nach § 3 über einen Beschluß der Landespolizeibehörde, durch den ein Ausländer aus dem Reichsgebiete verwiesen ist, wird aus dem Strafregister entfernt und vernichtet, wenn die Ausweisung aufgehoben ist.

Andere Vermerke nach § 3 werden hinsichtlich der Beschränkung der Auskunftserteilung und der Tilgung im Strafregister ebenso behandelt wie die Vermerke über die Verurteilung, auf Grund deren der Beschluß der Landespolizeibehörde ergangen ist.

Eingefügt als § 22a durch VO. vom 19. Febr. 1926 Art. I Nr. 18.

1. Bis zur VO. vom 19. Febr. 1926 fehlten Bestimmungen darüber, ob und wann Verm. nach § 3 VO. aus dem StrReg.

entfernt werden können und wie es mit der ABeschr. hinsichtlich solcher Vermerke zu halten sei.

2. Die Verweisung eines Ausländers aus dem Reichsgebiete wirkt, sofern sie nicht im Gnadenweg aufgehoben wird, dauernd fort und muß deshalb im Strafregister so lange enthalten bleiben, als die Ausweisung wirksam ist (Abs. 1). Bis zur Entfernung unterliegen solche Verm. stets der unbeschr. A., auch wenn etwa der Verm. über die zugrunde liegende Verurt. schon der beschr. A. unterliegt oder getilgt ist. Vgl. auch § 3 StrTilgG. Anm. 8. Wegen der technischen Durchführung der Vernichtung, insbesondere des Zeitpunkts vgl. § 23 Anm. 5.

3. Andere Beschlüsse nach § 3 (Beschlüsse der Landespolizeibehörden auf Grund der Überweisung eines Verurteilten an die Landespolizeibehörde) geben lediglich Nachricht über die Ausführung des Urteils hinsichtlich der Maßregel. Die Unterbringung des Verurteilten in einem Arbeitshaus, einer Besserungs- oder Erziehungsanstalt oder einem Asyl oder seine Verwendung zu gemeinnützigen Arbeiten müssen, obwohl der Vermerk darüber nach § 20 VO. als besondere Nachricht im Register verwahrt oder als neue fortlaufende Nummer in die Strafliste aufgenommen wird, als ein Teil der Verurteilung angesehen werden, auf Grund deren sie angeordnet worden sind. Die Vermerke darüber sollen deshalb hinsichtlich der Beschränkung der Auskunfterteilung und der Tilgung das Schicksal des Vermerkes über die Verurteilung teilen, auf Grund deren die Maßregel angeordnet worden ist (Abs. 2). Doch kann die gesonderte Tilg. des Verm. über die Unterbringung (mit oder ohne den Überweisungsvermerk bei der Verurt. selbst) als „teilweise Tilg." nach § 8 StrTilgG. angeordnet werden (vgl. § 8 StrTilgG. Anm. 9).

§ 27 (neu).

Vermerke, die auf Grund des § 9 Nr. 1 in das Strafregister aufgenommen worden sind, können auf Anordnung der Landesjustizverwaltung aus dem Strafregister entfernt und vernichtet werden. Das gleiche gilt für Vermerke nach § 9 Nr. 2, bei denen die Wiederaufhebung der Entmündigung nach § 9 Nr. 4 vermerkt ist.

Die gleiche Anordnung kann der Reichsminister der Justiz für solche Vermerke treffen, die in dem beim Reichsjustizministerium geführten Strafregister enthalten sind.

Eingefügt als § 22b durch VO. vom 19. Febr. 1926 Art. I Nr. 18.

1. Die Bestimmung ist durch VO. vom 19. Febr. 1926 aufgenommen worden, um die Möglichkeit zu geben, auch Vermerke gemäß § 9 VO. aus dem StrReg. zu entfernen. Das StrTilgG.

galt und gilt für sie nicht, da es sich nicht um Verurteilungen handelt (vgl. StrTilgG. § 5 Anm. 3, § 8 Anm. 6).

2. Vermerke nach § 9 Nr. 1, 2, aus denen sich ergibt, daß der Betroffene geisteskrank oder entmündigt ist oder gewesen ist, behalten ihre Bedeutung für die Beurteilung seiner Persönlichkeit und seiner Handlungen an sich dauernd fort. Dies gilt von Mitt. über Entmündigungen wegen Geisteskrankheit, Geistesschwäche oder Trunksucht (§ 9 Nr. 2) auch dann noch, wenn die Entmündigung nach Wegfall ihrer Voraussetzungen wieder aufgehoben worden ist (§ 9 Nr. 4). Deshalb sah das bisherige Recht die Entfernung von Entmündigungsvermerken nach solcher Art der Aufhebung nicht vor. Immerhin kann es vorkommen, daß das Fortbestehen solcher Eintragungen und deren Mitteilung an auskunftsberechtigte Stellen für den Betroffenen eine unbillige Härte bedeuten würde, z. B. wenn die Geisteskrankheit oder die Trunksucht offensichtlich vollständig behoben sind, wenn sich die Annahme der Unzurechnungsfähigkeit hinterher als unrichtig herausstellt oder doch begründete Zweifel an ihrer Richtigkeit sich ergeben, wenn seit der Feststellung der Geisteskrankheit oder seit der Wiederaufhebung der Entmündigung lange Zeit verstrichen ist und eine Gefährdung öffentlicher Interessen aus der Entfernung des Vermerkes nicht zu besorgen ist. Durch die Neuregelung ist deshalb den zur Tilgung von Strafvermerken zuständigen Stellen die Befugnis gegeben, die Entfernung und Vernichtung von Vermerken nach § 9 Nr. 1 und 2 anzuordnen. Bei Vermerken über Entmündigung (§ 9 Nr. 2) soll dies jedoch erst dann zulässig sein, wenn die Wiederaufhebung der Entmündigung erfolgt und im Strafregister vermerkt ist (§ 9 Nr. 4).

3. Ist eine Entmündigung auf Anfechtungsklage (§§ 672, 684 ZPO.) aufgehoben (§ 9 Nr. 3), so ist die sofortige Entfernung des Entmündigungsverm. zwingend vorgeschrieben (§ 21 Abs. 1; vgl. § 21 Anm. 4).

4. Für die geschäftsmäßige Behandlung von Gesuchen um eine Anordnung nach § 27 sind die Vorschriften und Grundsätze entsprechend anzuwenden, die für Gesuche um Anordnungen nach § 8 StrTilgG. gelten (so Bayer. AB. B 36). Vgl. § 8 StrTilgG. Anm. 23.

5. Die Anordnung nach § 27 kann auf Antrag oder von Amts wegen erfolgen. Die Entscheidung ist nach pflichtmäßigem Ermessen der zuständigen Justizverwaltung zu treffen. Sie wird — in analoger Anwendung des § 8 Abs. 1 StrTilgG. — die Anordnung nur treffen dürfen, wenn staatliche Interessen nicht gefährdet werden.

6. Wegen der Beschr. der AErteilung über Verm. nach § 9 vgl. § 34.

§ 28 (23).

Ein Vermerk, der zu Unrecht aus dem Strafregister entfernt worden ist, darf nur mit Genehmigung des Lei-

ters der Strafregisterbehörde in das Strafregister wieder=aufgenommen werden.

Bis der Leiter entschieden hat, wird eine entsprechende Vormerkung in das Strafregister eingelegt.

Abs. 1 und 2 geändert durch VO. vom 19. Febr. 1926 Art. I Nr. 19.

1. Die Entfernung (Tilg. oder Unkenntlichmachung) der Reg.=Verm. obliegt im allgemeinen dem Registerführer. In Zweifelsfällen hat er die Weisung des Leiters der Str.=RegBeh. (§ 1 Anm. 8) einzuholen. Hat der Registerführer zu Unrecht einen Vermerk (gleichviel welcher Art) aus dem Reg. entfernt, so besteht eine gewisse Vermutung dafür, daß es sich um einen Zweifelsfall handelt. Aus diesem Grunde und weil jedenfalls die Zuverlässigkeit der StrRegFührung in solchen Fällen eine besonders sorgfältige Nachprüfung der Sachlage fordert, bestimmt § 28, daß nur der Leiter der StrRegBehörde, nicht der Registerführer die endgültige Entscheidung treffen soll, ob der entfernte Verm. wieder aufgenommen werden soll. Auch die Frage, wie sich der Registerführer Gewißheit über den Inhalt des wiederherzustellenden Verm. verschaffen muß, läßt es angezeigt erscheinen, den Leiter des StrReg. mit der Sache zu befassen.

2. Ist die Entfernung tatsächlich zu Unrecht erfolgt, stellt sich beispielsweise nachträglich heraus, daß vor Ablauf der gesetzlichen Tilgungsfrist eine neue Verurteilung erfolgt ist oder daß zu Unrecht angenommen worden ist, der Verurteilte sei gestorben (vgl. § 24 Anm. 8), so muß der Leiter der StrRegBehörde die Wiederaufnahme des Verm. in das StrReg. anordnen.

3. Bis 1. Mai 1926 war in den Fällen des § 28 sogar die Genehmigung der Aufsichtsbehörde vorgeschrieben. Dieser Weg erschien aber zu umständlich. Eine zuverlässige Registerführung ist auch dann sichergestellt, wenn der Leiter des Strafregisters, also der Leiter der Staatsanwaltschaft oder der Richter, dem die Registerführer unterstellt sind, die Wiederaufnahme des Vermerks genehmigt.

§ 29 (24).

Das Strafregister ist verschlossen aufzubewahren.

1. Die Vorschrift soll verhüten, daß Unbefugte Zutritt zu den StrBlättern erlangen und damit Mißbrauch treiben. Angesichts der schweren gesellschaftlichen und wirtschaftlichen Schädigung, die einem Verurteilten aus unbefugter Bekanntgabe von Vorstrafen erwachsen können, ist die Vorschrift auf das strengste einzuhalten. Insbesondere hat auch der Leiter der StrRegBehörde die Pflicht, die Innehaltung der Vorschrift ständig zu überwachen.

2. Die Pflicht zur verschlossenen Aufbewahrung des StrReg. schließt die Pflicht zur sorgfältigen Verwahrung der Schlüssel zu den RegSchränken wie zu den RegRäumen in sich.

3. Wegen der Art der Verwahrung, insbesondere der Einrichtung der Schränke vgl. die AusfVorschr. der Länder (Pr. AV. Ziff. 10, Bayer. AV. B 3).

4. RegBeamte, die gegen § 29 verstoßen, machen sich und den Staat unter Umständen schadensersatzpflichtig.

5. Wegen der verschlossenen Versendung aller Str.-RegSendungen vgl. § 44.

§ 30 (25).

Läuft nach dem Inhalt des Strafregisters für einen Verurteilten eine Bewährungsfrist, so hat das Strafregister, wenn vor Eingang der Nachricht über die nach Ablauf der Probezeit getroffene Entscheidung eine Strafnachricht eingeht, hiervon die Behörde, welche die Bewilligung der Bewährungsfrist mitgeteilt hat, sofort zu benachrichtigen und zugleich die Behörde, welche die Strafnachricht eingesandt hat, in Kenntnis zu setzen, daß eine Bewährungsfrist läuft. Das gleiche gilt, wenn eine Nachricht über die Bewilligung einer andern Bewährungsfrist oder über den Vorbehalt der Entscheidung hierüber, eine Steckbriefnachricht, ein Ersuchen um Auskunftserteilung oder eine andere Mitteilung eingeht, die auf eine anhängige Untersuchung schließen läßt.

Wird die Bewährungsfrist widerrufen und läuft noch eine andere Bewährungsfrist, so hat das Strafregister die Behörde, welche die andere Bewährungsfrist mitgeteilt hat, von dem Widerrufe zu benachrichtigen.

Mitteilungen über eine vorläufige Entlassung sind im Sinne der Vorschriften der Abs. 1, 2 Mitteilungen über eine Bewährungsfrist gleichzuachten.

Abs. 1 geändert, Abs. 3 eingefügt durch VO. vom 19. Febr. 1926 Art. I Nr. 20.

1. Die Vorschrift über Mitteilung über eine Strafnachricht, die während der Bewährungsfrist eingeht (Abs. 1 Satz 1), bezweckt, den beiden Behörden, von der die Mitteilung über die Bewährungsfrist eingegangen ist und von der die neue Strafnachricht gekommen ist, Gelegenheit zu geben, sich miteinander in Verbindung zu setzen. Dieses Einvernehmen kann dazu führen, daß die Bewährungsfrist widerrufen oder verlängert wird oder daß dem Verurteilten besondere neue Verpflichtungen auferlegt werden; es kann aber auch unter bestimmten Umständen dazu führen, daß für die zweite Strafe ebenfalls eine Bewährungsfrist nachträglich bewilligt wird. Die Pflicht der Benachrichtigung besteht nicht nur dann, wenn die neue Strafnachricht auf eine Freiheitsstrafe lautet — gleichgültig, ob für sie eine Bewährungsfrist bewilligt worden ist oder nicht — sondern auch dann, wenn sie auf eine Geldstrafe lautet.

2. Bisher war die Mitteilung vorgeschrieben, wenn „während der Probezeit" eine Strafnachricht einging. Durch die jetzige Fassung ist klargestellt, daß die Bewährungsfrist für das StrReg. so lange als laufend anzusehen ist, bis dem StrReg. Nachricht über die nach Ablauf der Bewährungsfrist ergangene Entscheidung mitgeteilt wird. Probezeit und Bewährungsfrist bedeuten dasselbe (Anm. 3).

3. Als Bewährungsfrist im Sinne der §§ 30, 31 ist ebenso wie bei § 5 auch die Probezeit nach §§ 10ff. JGG. zu verstehen (vgl. Bayer. AB. A 16; B 8 III).

4. Ob die Bewährungspflicht für eine registerpflichtige oder nicht registerpflichtige Verurt. läuft (§ 5 Abs. 1 oder 2), ist für die Mitteilungspflicht nach § 30 (und § 31) gleichgültig. Die Mitt. von Bewährungsfristen bei nicht registerpflichtigen Verurt. erfolgen gerade und ausschließlich zu dem Zwecke, um die Mitt. nach § 30 zu veranlassen (vgl. § 5 Anm. 11).

5. Die in Abs. 1 Satz 1 vorgeschriebenen Mitt. sind nicht nur bei Eingang einer neuen Strafnachricht zu machen, sondern überhaupt dann, wenn irgend eine Mitt. eingeht, die auf eine anhängige Untersuchung (in einer Strafsache) schließen läßt (Abs. 1 Satz 2). Als Beispiele solcher Mitt. waren in der bisherigen Fassung der VO. eine Steckbriefnachricht und ein Ersuchen um AErteilung genannt. Die neue Fassung nennt daneben noch die Nachricht über die Bewilligung einer anderen Bewährungsfrist (§ 5 Abs. 1) und die Nachricht über den Vorbehalt der Entscheidung über die Bewilligung einer Bewährungsfrist (§ 5 Abs. 3). Das erste neue Beispiel ist eingefügt, weil es nach den bisherigen Erfahrungen nicht selten vorkommt, daß Bewährungsfristen in Unkenntnis der früheren Bestrafungen bewilligt werden. Das zweite neue Beispiel beruht auf der Einfügung des § 5 Abs. 3 in die VO. Der Eingang eines Suchvermerks läßt nicht ohne weiteres auf eine anhängige Untersuchung schließen (vgl. § 42 Anm. 2). Ist aus dem Suchvermerk nicht klar ersichtlich, daß es sich nicht um eine anhängige Untersuchung handelt, z. B. wenn ein Zeuge oder ein zahlungssäumiger Unterhaltspflichtiger gesucht wird, so ist von der Mitt. abzusehen. Im Zweifel sind aber die Mitt. des § 30 auch bei Suchvermerken zu machen.

6. Die Mitt. des Widerrufs einer Bewährungsfrist an die Behörde, welche eine andere Bewährungsfrist mitgeteilt hat (Abs. 2), bezweckt, dieser Behörde die Prüfung der Frage nahezulegen, ob sie gleichfalls den Widerruf aussprechen soll.

7. Bisher war zweifelhaft, ob auch bei vorläufiger Entlassung (§§ 23ff. StGB.) die in der VO. bei Bewilligung von Bewährungsfristen vorgeschriebenen Mitt. zu machen seien. Der neu eingestellte Abs. 3 stellt die Frage in bejahendem Sinne klar.

8. Wegen der Mitt. der vor der Bewilligung einer Bewährungsfrist usw. ergangenen Verurt. an die Behörde, welche die Mitt. über die Bewährungsfrist gemacht hat, vgl. § 31.

9. Für die Mitt. nach §§ 30 und 31 haben die Länder meist besondere Vordrucke hergestellt: Preußen die Vordrucke PF 53, 54, die vom Strafgefängnis Berlin-Tegel bezogen werden können (AV. Ziff. 34 b); in Bayern sind für Mitt. nach § 30 entweder der Vordruck F oder die der AV. als Formblätter 1 und 2 angefügten Muster, für Mitt. nach § 31 der Vordruck F bestimmt (AB. B 31 II).

§ 31 (neu).

Geht eine Mitteilung über Bewilligung einer Bewährungsfrist oder über den Vorbehalt der Entscheidung hierüber oder über die Bewilligung einer vorläufigen Entlassung ein, so sind der Behörde, welche die Mitteilung gemacht hat, die im Strafregister vermerkten Verurteilungen mitzuteilen, soweit nach den Umständen anzunehmen ist, daß ihr die Verurteilungen bei ihrer Entscheidung nicht bekannt gewesen sind.

Eingefügt als § 25 a durch VO. vom 19. Febr. 1926 Art. I Nr. 21.

1. Bisher war eine Benachrichtigung der Behörde, die eine bedingte Strafaussetzung bewilligt hat, über Bestrafungen des Begünstigten nur für den Fall vorgeschrieben, daß die Verurteilungen nach der Bewilligung der Bewährungsfrist ergehen. Nicht selten werden jedoch Bewährungsfristen in Unkenntnis früherer Bestrafungen bewilligt. Oft läuft auch für die früheren Bestrafungen bereits eine Bewährungsfrist, von der die neu bewilligende Stelle nichts weiß. Die neue Vorschrift des § 31 will deshalb auch die Mitteilung früherer, der mitteilenden Behörde vermutlich nicht bekannter Verurteilungen sowie etwa bereits laufender Bewährungsfristen sicherstellen; selbstverständlich muß die neue Bewährungsfrist auch der Behörde mitgeteilt werden, welche die frühere Bewährungsfrist bewilligt hat (§ 30 Abs. 1 Satz 2).

2. Auch § 31 gilt, gleichviel ob die Verurt., für die Bewährungsfrist bewilligt ist, registerpflichtig ist oder nicht (§ 5 Abs. 1 oder 2).

3. Wegen des Vordrucks, mit dem Mitteilungen nach § 31 zu machen sind, vgl. § 30 Anm. 9.

4. Wegen der sonstigen Mitteilungen, die der Str.-RegFührer bei Eingang einer Nachricht über Bewährungsfrist usw. zu machen hat, vgl. § 30.

IV. Auskunft aus dem Strafregister.

§ 32 (26).

Gerichten, Strafverfolgungsbehörden, höheren Verwaltungsbehörden und Polizeibehörden ist über den Inhalt des Strafregisters auf jedes Ersuchen, das eine bestimmte Person betrifft, kostenfrei Auskunft zu erteilen.

Welche Behörden als höhere Verwaltungsbehörden und als Polizeibehörden im Sinne dieser Vorschrift anzusehen sind, bestimmen die Landesregierungen, bei Reichsbehörden der Reichsminister der Justiz. Der Reichsminister der Justiz kann im Einvernehmen mit den beteiligten Landesregierungen bestimmen, daß auch anderen Behörden oder Stellen Auskunft aus dem Strafregister zu erteilen ist. Der Reichsminister der Justiz wird die Behörden und Stellen bekanntmachen, denen hiernach Auskunft aus den Strafregistern zu erteilen ist.

Bei der Auskunftserteilung sind Verurteilungen im Ausland nur zu berücksichtigen, wenn sie nach Art und Höhe der Strafe registerpflichtig wären.

1. Die §§ 32—37 regeln das Recht auf A. aus dem StrReg. *im allgemeinen*. Die Vorschrift, welche Beh. über Strafverm. A. erhalten, auch wenn sie bereits der beschr. A. unterliegen, enthält § 4 Abs. 1 StrTilgG. Die *Unterschiede*, die sich aus dem Zusammenhalt dieser Bestimmungen *hinsichtlich des Rechts auf A. aus dem StrReg.* ergeben, sind bei *§ 4 in Anm. 14 zusammengestellt*.

2. § 32 bezieht sich nur auf die A. an *inländische Behörden*, einschließlich der Behörden des Saargebiets (vgl. Anm. 23). Die APflicht gegenüber ausländischen Behörden ist in § 37 geregelt.

3. Nach § 32 sind auskunftsberechtigt:

a) Gerichte und Strafverfolgungsbehörden schlechthin;

b) höhere Verwaltungsbehörden und Polizeibehörden nach näherer Bestimmung der Landesregierungen, bei Reichsbehörden nach näherer Bestimmung des RM. d. Justiz;

c) andere Behörden und Stellen, die der RM. d. Justiz im Einvernehmen mit der beteiligten Landesregierung für auskunftsberechtigt erklärt.

Alle diese Behörden und Stellen erhalten nur A. über Verurt., die noch der unbeschr. A. unterliegen. Über Verurt., die *bereits der beschr. A. unterliegen*, erhalten sie nur A., wenn sie auch in § 4 Abs. 1 StrTilgG. aufgeführt sind. Der Kreis dieser mit unbeschr. ARecht ausgestatteten Beh. ist erheblich enger gezogen.

Die Beschr. der auskunftsberechtigten Beh. und Stellen, die § 32 vorsieht, ist erst durch die StrRegVO. vom 12. Juni 1920 (§ 26) neu eingeführt. Vorher (§ 19 StrRegVO. vom 16. Mai 1918) war jede gerichtliche und andere öffentliche deutsche Behörde berechtigt, A. aus dem StrReg. zu fordern. Entsprechend dem Grundgedanken des StrTilgG., jede durch öffentliche Interessen nicht gebotene Erteilung von A. aus dem StrReg. zu verhindern, zog die gleichzeitig mit dem StrTilgG. in Kraft getretene StrRegVO. von 1920 den Kreis der auskunftberechtigten Beh. und Stellen wesentlich enger. Dadurch sollte zugleich einem Mißbrauch des StrReg. und unnötigem Bekanntwerden von Vorstrafen vorgebeugt und die Geschäftslast der StrRegBeh. in angemessenen Grenzen gehalten werden.

4. Der Begriff der „Gerichte" im Sinne des § 32 Abs. 1 deckt sich mit dem Begriff der Gerichte im Sinne des § 4 Abs. 1 StrTilgG. (vgl. dort Anm. 8). Es fallen darunter also alle Gerichte jeder Art, insbesondere auch Zivilgerichte, Gerichte der freiwilligen Gerichtsbarkeit, Verwaltungsgerichte, Disziplinargerichte usw. Weder aus dem Wortlaut noch aus dem Sinn der VO. wie des StrTilgG. ergibt sich ein Anhalt dafür, daß als Gerichte im Sinn des § 32 nur Strafgerichte in Betracht kommen.

Da, wie bei § 4 StrTilgG. (Anm. 8) ausgeführt, das ARecht nur den Gerichten, nicht auch den Vorständen der Gerichte als solchen zusteht, sind diese Vorstände, soweit sie auskunftsberechtigt sein sollen, als höhere Verwaltungsbeh. im Sinne des § 32 Abs. 1, 2 Satz 1 bezeichnet oder auf Grund des Abs. 2 Satz 2 besonders für auskunftsberechtigt erklärt worden. Demgemäß sind unter C des auf Grund des § 32 Abs. 2 Satz 2 bekanntgemachten Verzeichnisses der auskunftsberechtigten Beh. und Stellen die Präsidenten des Reichsgerichts, des Reichsfinanzhofs, des Reichswirtschaftsgerichts, des Reichsversorgungsgerichts, der Oberlandesgerichte, Landgerichte usw. für auskunftberechtigt erklärt.

5. Strafverfolgungsbehörden sind nicht nur die „Behörden der Staatsanwaltschaft" (§ 4 StrTilgG., vgl. dort Anm. 9), sondern außerdem noch alle Verwaltungsbehörden, denen eine eigene Strafverfolgungsbefugnis übertragen ist, insbesondere die Finanzämter (Reichsabgabenordnung § 386). Es ist ihnen über alle Vorstrafen, nicht nur über Zoll- und Steuerfragen Auskunft zu erteilen, es sei denn, daß die Anfrage sich auf sie ausdrücklich beschränkt. Andererseits sind den Finanzämtern Strafen, die der beschr. A. unterliegen, nicht mitzuteilen, da sie nicht zu den „Behörden der Staatsanwaltschaft" (StrTilgG. § 4 Abs. 1) gehören.

6. Zu den höheren Verwaltungsbehörden im Sinne des § 32 gehören zunächst die in § 4 Abs. 1 StrTilgG. auch mit dem Recht auf unbeschr. A. ausgestatteten obersten Reichs- und Landesbehörden. Im übrigen ist es den Landesregierungen, bei Reichsbehörden dem RM. d. Justiz anheimgegeben zu bestimmen, welche Beh. als höhere Verwaltungsbeh. im Sinne des § 32 anzusehen sind. Die Bestimmung braucht sich mit dem in staatlicher oder sonstiger Beziehung normierten oder üblichen Begriff der oberen VerwBeh. nicht zu decken. Eine nicht in die Liste der auskunftsberechtigten Beh. aufgenommene Beh. kann ein ARecht nicht mit dem Nachweis begründen, daß sie eine höhere VerwBeh. sei.

7. Auch hinsichtlich der Polizeibehörden ist es den Landesregierungen und dem RM. d. Justiz freigestellt, zu bestimmen, welche Beh. im Sinne des § 32 als Polizeibeh. gelten sollen. Nicht nur Behörden der Sicherheitspolizei, sondern auch solche der Wohlfahrtspolizei können bestimmt werden. Auch hier besteht Freiheit der Bestimmung und keine Bindung an etwaige gesetzliche oder wissenschaftliche Festlegung dieses Begriffs oder verwaltungsmäßige Übung über die Anerkennung als Polizeibehörde. Auch eine Polizeibehörde kann nicht A. verlangen, wenn sie nicht in der Liste der auskunftsberechtigten Behörden steht.

8. Außer den in Abs. 1 genannten Behörden kann der RM. d. Justiz noch andere Beh. oder Stellen für auskunftberechtigt erklären. Diese brauchen nicht „höhere VerwBeh." im staatsrechtlichen Sinne zu sein; es können unmittelbare oder mittelbare Reichs- oder Landesbeh., also z. B. auch Gemeindebeh. und andere Beh. öffentlichrechtlicher Selbstverwaltungskörper (Provinzen, Kreise usw.) sein. Aus dem Zusatz „oder Stellen" ergibt sich, daß selbst Organisationen ohne Behördeneigenschaft für auskunftberechtigt erklärt werden können.

Dem Sinn und Zweck der VO. entspricht es, das Recht auf A. aus dem StrReg. in den engsten Grenzen zu halten. Der RJM. wird daher nur in Ausnahmefällen weiteren Behörden und Stellen das Recht auf A. verleihen dürfen, nämlich dann, wenn die Behörde oder Stelle zur Erledigung ihrer dienstlichen Aufgaben StrRegAuszüge dringend benötigt und dieses Bedürfnis so häufig zutage tritt, daß ihr die Inanspruchnahme der Vermittlung einer vorgesetzten Behörde oder einer sonstigen Behörde nicht zugemutet werden kann. Besondere Vorsicht ist natürlich geboten, wenn Stellen ohne Behördeneigenschaft das ARecht eingeräumt werden soll. Von dieser Möglichkeit ist bisher nur bei gewissen kirchlichen Stellen und den preuß. Wanderarbeitsheimen Gebrauch gemacht worden.

Unzulässig wäre es, Privatpersonen oder juristische Personen des Privatrechts, z. B. die Leitung großer Banken oder gemeinnützige Siedelungsunternehmungen für auskunftberechtigt zu erklären.

Eine Beschränkung des Kreises der auskunftsberechtigten Beh. und Stellen ist auch um deswillen geboten, weil sonst die Geschäftslast der StrRegBeh. zu sehr anwachsen würde.

9. Was unter „Landesregierungen", welche die höheren VerwBeh. und Polizeibeh. ihres Gebiets bezeichnen dürfen und bei Verleihung des ARechts durch den RM. d. Justiz ihr Einvernehmen zu erklären haben, zu verstehen ist, bestimmt sich nach der Verfassung und dem Staatsrecht des einzelnen Landes. In der Regel wird die Entschließung des zuständigen Ressortministers genügen, meist wird allerdings der Justizminister des Landes als mitbeteiligt anzusehen sein. Bei Reichsbehörden und -stellen kann der RM. d. Justiz die Verfügung allein treffen; er wird sich aber selbstverständlich mit dem etwa mitbeteiligten anderen RM. ins Einvernehmen setzen, wenn dies auch in der VO. nicht ausdrücklich vorgeschrieben ist.

10. Die Bestimmung der Reichsbeh., die als „höhere VerwBeh. des Reichs" im Sinne des Abs. 2 Satz 1 anzusehen sind, hat der RM. d. Justiz zuerst in Nr. I der Verfügung vom 3. Sept. 1920 (Zentralbl. f. d. Deutsche Reich S. 1415) getroffen; Nr. II der gleichen Verfügung enthält die Bestimmung der Reichs- und Landesbehörden und -stellen, die nach Abs. 2 Satz 2 neben den in Abs. 1 und Abs. 2 Satz 1 bezeichneten Beh. A. aus dem Str.-Reg. erhalten sollen. Diese beiden Gruppen von Beh. sowie die von den Landesregierungen nach Abs. 2 Satz 1 als höhere VerwBeh. oder als Polizeibeh. ihres Landes bezeichneten Beh. wurden in der vom RM. d. Justiz erlassenen „Bekanntmachung der Behörden und Stellen, denen Auskunft aus dem Str.-Register zu erteilen ist, vom 3. Sept. 1920 (Zentralbl. S. 1418) zusammengefaßt.

Durch Verfügung des RM. d. Justiz vom 9. Sept. 1921 (Zentralbl. S. 810) wurde die in Abs. 1 dieser Anm. genannte Verfügung in ihren beiden Teilen (I und II) durch Bezeichnung neuer „höherer Verwaltungsbehörden des Reichs" und Verleihung des ARechts an weitere Beh. und Stellen des Reichs und der Länder nach Abs. 2 Satz 2 ergänzt. Unter Aufhebung der oben genannten Bekanntmachung vom 3. Sept. 1920 wurden die nunmehr auskunftberechtigten Stellen, einschließlich der von den Landesregierungen neu als höhere VerwBeh. oder Polizeibeh. bezeichneten Beh., in einer Bekanntmachung der auskunftsberechtigten Behörden und Stellen vom 9. Sept. 1921 (Zentralbl. S. 813) neu bekanntgemacht.

Diese Bekanntmachung vom 9. Sept. 1921 wurde durch die Bekanntmachung vom 3. Dez. 1923 (Reichsministerialbl. S. 1093) ersetzt. Von einer Veröffentlichung der ihr zugrundeliegenden Verfügungen des RM. d. Justiz nach Abs. 2 Satz 1 und 2 wurde dabei abgesehen.

Ebenso wurde verfahren bei der zur Zeit gültigen „Bekanntmachung der Behörden und Stellen, denen Auskunft aus dem Strafregister zu erteilen ist", vom 20. März 1925 (RMBl. S. 223), durch welche die Bek. vom 3. Dez. 1923 ersetzt worden ist. Die neue Bek. ist unter D II 3 abgedruckt und bildet zur Zeit die Grundlage für die ATätigkeit der RegBeh.

11. Eine Erweiterung des Kreises der auskunftsberechtigten Beh. über das Verzeichnis (Anm. 10) hinaus kann dadurch eintreten, daß Beh. oder Stellen in Gesetzen das Recht eingeräumt ist, von allen öffentlichen Behörden Rechtshilfe zu fordern. So wird man z. B. die Staatsvertreter bei den gemischten Schiedsgerichtshöfen (§ 2 des Gesetzes vom 10. Aug. 1920, RGBl. S. 1569) für auskunftsberechtigt anzusehen haben, obwohl sie nicht in dem Verzeichnis vom 20. März 1925 stehen. Im Interesse der Erleichterung des StrRegVerkehrs und zur Vermeidung von Unzuträglichkeiten empfiehlt es sich aber, auch solche Beh. und Stellen in das Verzeichnis aufzunehmen. Dagegen begründet z. B. § 115 der Reichsversicherungsordnung kein Recht der Berufsgenossenschaften, A. aus dem StrReg. zu fordern.

12. Gehen bei einer Umorganisation von Beh. die Dienstgeschäfte einer auskunftberechtigten Behörde oder Stelle ganz oder doch überwiegend auf eine andere Behörde über, so geht das A Recht mit auf diese über, jedenfalls solange bis eine neue Bekanntmachung der auskunftsberechtigten Stellen erfolgt. So sind durch die Neuregelung des Fürsorgewesens (VO. vom 13. Febr. 1924, RGBl. I S. 100) die Befugnisse der in der Bek. aufgeführten Armenverbände auf die Fürsorgeverbände übergegangen, deren Geschäfte vielfach, z. B. in Hamburg, durch die Wohlfahrtsämter geführt werden. Diese müssen demnach als auskunftberechtigt angesehen werden. Auch hier erscheint es aus den in Anm. 11 angeführten Gründen geboten, bei einer Neufassung der Bek. die Beh., welche die A. nunmehr erhalten sollen, mit ihrer Amtsbezeichnung aufzuführen.

13. Die gleichen Grundsätze (Anm. 12) müssen gelten, wenn eine Beh. ihre Bezeichnung ändert. Zur Vermeidung von Mißverständnissen ist es ratsam, daß solche Beh. bei ihren Ersuchen um A. ausdrücklich bemerken, daß sie an die Stelle der früheren, in dem Verzeichnis aufgeführten Beh. getreten sind.

14. Im einzelnen ist zu der Bekanntmachung der auskunftsberechtigten Beh. und Stellen vom 20. März 1925 folgendes zu bemerken:

Zu C: Die Vorstände der Amtsgerichte (außer in Berlin-Mitte und Hamburg) sind nicht auskunftsberechtigt.

Zu D: Die Berufsgenossenschaften sind nicht auskunftsberechtigt (vgl. Anm. 11). Die nach § 615 RVO. erforderlichen Nachrichten können sie sich durch die in allen Ländern vorgeschriebenen Mitteilungen über Inhaftnahme eines Rentenempfängers, erforderlichenfalls durch die Polizeibehörde beschaffen.

Zu F 3: Die Anleihe-Altbesitzstellen sind Abteilungen der Finanzämter und deshalb auskunftsberechtigt.

Zu F 6: Das Reichsoberseeamt und die Reichskommissare bei den Seeämtern ressortieren seit 1. Mai 1926 zum Reichsverkehrsministerium.

Zu G 2: **Kreisunmittelbare Städte in Bayern** sind:

Amberg	Bayreuth	Erlangen
Ansbach	Deggendorf	Forchheim
Aschaffenburg	Dillingen	Frankenthal
Augsburg	Dinkelsbühl	Freising
Bad Kissingen	Donauwörth	Fürth
Bamberg	Eichstätt	Günzburg

Hof	Memmingen	Rosenheim
Ingolstadt	München	Rothenburg o. T.
Kaiserslautern	Neuburg a. D.	Schwabach
Kaufbeuren	Neumarkt i. O.	Schwandorf
Kempten	Neustadt a. H.	Schweinfurt
Kitzingen	Neustadt bei Koburg	Selb
Koburg	Neu-Ulm	Speyer
Kulmbach	Nördlingen	Straubing
Landau	Nürnberg	Traunstein
Landshut	Passau	Weiden
Lindau	Pirmasens	Weißenburg i. B.
Ludwigshafen	Regensburg	Würzburg
Marktredwitz	Rodach	Zweibrücken

Zu G 3: Zu den Sächsischen „Städten, denen die Befugnisse der unteren Verwaltungsbehörde voll übertragen sind" (ehemals Städte mit Revidierter Städteordnung) gehören außer den 20 sog. „bezirksfreien" größeren Städten noch 67 kleinere Städte; nicht darunter fallen 66 ganz kleine Städte, die z. T. (11) Gemeinden sind, denen nur die Befugnis erteilt worden ist, sich „Stadt" zu nennen. Vgl. Staatshandbuch für den Freistaat Sachsen 1925.

Zu G 4: Die Württembergischen Anwaltsämter (Vorsteher von Teilgemeinden) sind befugt zum Erlaß von polizeilichen Strafverfügungen (Art. 11 des Württemb. Polizeistrafverfügungsgesetzes vom 12. Aug. 1879) und demgemäß als „Ortspolizeibehörden" auskunftsberechtigt.

15. Nicht auskunftsberechtigt sind u. a.:

a) die Berufsgenossenschaften (vgl. Anm. 11, 14);

b) die Gemeindebehörden, soweit sie nicht als Ortspolizeibehörden oder sonst für auskunftsberechtigt erklärt sind;

c) die Handelskammern, Handwerkskammern und ähnliche Standesverbände mit behördlichem Charakter;

d) die gemeinnützigen Siedlungsunternehmungen (vgl. jedoch MBl. f. d. preuß. innere Verw. 1920 S. 155).

16. Beh. und Stellen, denen selbst ein Recht auf A. aus dem StrReg. nicht zusteht, bleibt, wenn sie Aufschluß über die Bestrafungen einer Person benötigen, der Weg, falls die Behandlung eines Gesuchs in Frage steht, von dem Gesuchsteller die Vorlegung eines polizeil. Führungszeugnisses zu verlangen. In anderen Fällen können sie sich an ihre vorgesetzte Beh., die das ARecht besitzt, mit dem Ersuchen wenden, die Beschaffung eines Str.-RegAuszugs zu vermitteln. Ob einem solchen Ersuchen zu entsprechen ist, hat die ersuchte Beh. im Einzelfalle nach dessen Umständen und ihrem pflichtmäßigen Ermessen zu entscheiden. Dabei müssen die zu § 4 StrTilgG. Anm. 4 dargelegten Gesichtspunkte entsprechend berücksichtigt werden.

An Stelle des Ersuchens an die vorgesetzte Beh. um Vermittlung eines StrRegAuszugs kann schließlich noch eine Anfrage bei der Polizeibeh. um A. aus den polizeil. Listen in Betracht kommen. Für diese gilt die Beschränkung in § 32 hinsichtlich des Kreises der auskunftsberechtigten Beh. nicht. Gleichwohl werden auch die Polizeibehörden an Beh. und Stellen, die A. aus dem StrReg. nicht erhalten, nicht ohne weiteres, sondern nur dann A. geben dürfen, wenn die Prüfung des Einzelfalles ein berechtigtes Interesse ergibt.

17. Im Sinne der Vorschriften, die den Kreis der auskunftsberechtigten Behörden und Stellen nach Möglichkeit beschränken, liegt es, daß auch die auskunftsberechtigten Beh. und Stellen von ihrem Auskunftsrecht nur Gebrauch machen, wenn es für ihre amtlichen Zwecke wirklich nötig ist (vgl. Pr. AV. Ziff. 1; Bayer. AB. B 23), ferner daß sich alle Behörden und Stellen, die nicht auskunftsberechtigt sind, bei ihren Anfragen an Polizeibeh. oder vorgesetzte Beh. (Anm. 16) ebenfalls auf die wirklich nötigen Fälle beschränken.

18. Darüber, daß auf unbeschränkte A. verzichtet werden soll, wenn beschr. A. dem Bedürfnis genügt, vgl. § 4 Str.-TilgG. Anm. 6.

19. Die A. ist im allgemeinen kostenfrei zu erteilen (Abs. 1); es sind weder Gebühren noch Portoersatz zu verlangen. Daß sich die Kostenfreiheit der A. auf etwa verlangte A. durch Telegramm oder Fernsprecher grundsätzlich nicht bezieht, ist in § 33 Abs. 6 bestimmt.

20. Keine A. aus dem StrReg. ist es, wenn eine StrRegBeh. ein RegBlatt, für das eine andere StrRegBeh. zuständig ist, an diese abgibt. In solchen Fällen muß natürlich das RegBl., so wie es ist, nicht etwa unter Ausscheidung der bereits der beschr. A. unterliegenden Verm. übergeben werden.

21. Wegen der unterschiedlichen AErteilung über teilweise getilgte Verm. vgl. § 25 Abs. 2 Satz 3.

22. Die Vorschrift des Abs. 3 spielt seit 1. Mai 1926, da seitdem auch inländische Verurteilungen wegen Verbrechen und Vergehen ohne Rücksicht auf Art und Höhe der Strafe registerpflichtig sind, nur noch eine geringe Rolle (vgl. § 2 Anm. 22). Bei der Beurteilung der Frage, ob eine Verurteilung im Ausland im Inland registerpflichtig wäre, ist die Zeit ihrer Verhängung entscheidend zu berücksichtigen (vgl. § 2 Anm. 12, 13).

23. Den saarländischen Behörden ist in gleicher Weise wie deutschen Beh. außerhalb des Saargebiets Auskunft zu erteilen. Die A. werden in der Regel nicht unmittelbar, sondern durch Vermittlung der Regierungskommission und des Oberpräsidenten der Rheinprovinz in Coblenz als Reichskommissar für die Übergabe des Saargebiets erbeten (vgl. Amtsbl. des Reg.-Kommission des Saargebiets 1921 S. 146) und sind auf dem gleichen Wege zurückzuleiten. Ebenso sind Anfragen deutscher Behörden an saarländische StrReg. durch Vermittlung des Übergabekommissars zu richten.

§ 33 (27).

Das Ersuchen (§ 32) ist auf einem Vordruck F an das zuständige Strafregister zu richten.

Das Strafregister erteilt die Auskunft durch Ausfüllung des Vordrucks. Abweichungen in den Angaben über die Person sind auf Grund des Strafregisters mit roter Tinte zu berichtigen, fehlende Angaben zu ergänzen. Ersuchen, die nicht auf dem vorgeschriebenen Vordruck gestellt werden, können zurückgewiesen werden. Die Urschrift des Strafregisters darf nicht versandt werden.

Anfragen, die zur Zuständigkeit eines anderen Strafregisters gehören, sind an dieses abzugeben. Ist das zuständige Strafregister nicht bekannt, so ist die Anfrage mit einer kurzen Bemerkung zurückzusenden.

Auf Verlangen ist die Auskunft telegraphisch zu erteilen. Sind Vorstrafen telegraphisch mitgeteilt, so ist eine schriftliche Auskunft nachzusenden.

In dringenden Fällen darf die Auskunft durch Fernsprecher erfordert und erteilt werden. Soll die Auskunft durch Fernsprecher erteilt werden, so soll sie dem Anrufenden nicht unmittelbar, sondern nur durch neuen Anruf, der von dem angerufenen Strafregister auszugehen hat, erteilt werden. Der Leiter der Strafregisterbehörde kann an Stelle dieser Sicherungsmaßregel andere Vorkehrungen treffen, die einen Mißbrauch der Einrichtung ausschließen. Enthält eine durch Fernsprecher erteilte Auskunft Angaben über Verurteilungen oder sonstige Registervermerke, so ist unter Bezugnahme auf das Ferngespräch eine schriftliche Auskunft nachzusenden.

Wird die Auskunft gemäß Abs. 4, 5 durch Telegramm oder durch Fernsprecher erteilt, so hat die ersuchende Stelle dem Strafregister die ihm entstehenden Telegramm- oder Fernsprechgebühren zu erstatten, soweit nicht die Landesjustizverwaltung für die in ihrem Bezirke geführten Strafregister oder der Reichsminister der Justiz für das im § 1 Abs. 2 bezeichnete Strafregister etwas anderes bestimmen; Gebühren für Orts- und Vorortsgespräche werden nicht erstattet.

Abs. 4 geändert durch VO. vom 2. Juni 1922 Art. I Nr. 6 und durch VO. vom 19. Febr. 1926 Art. I Nr. 27 a sowie berichtigt durch Berichtigung vom 26. Mai 1926 (RGBl. I S. 254); Abs. 5, 6 eingefügt durch VO. vom 19. Febr. 1926 Art. I Nr. 27 b.

1. Für die Ersuchen um A. ist nach Abs. 1 der Vordruck F zu verwenden. Ersuchen, die nicht auf diesem Vordruck gestellt werden, können nach Abs. 2 Satz 3 zurückgewiesen, d. h. unerledigt zurückgesandt werden. Die Zurückweisung ist aber nicht vorgeschrieben. Wenn das übersandte Ersuchen alle für die Feststellung der Identität der Person erforderlichen Angaben in einer dem Vordruck F im wesentlichen entsprechenden Reihenfolge sowie die zur Beantwortung der Anfrage durch Ausfüllung geeigneten Spalten enthält, wird von der Zurückweisung in der Regel abzusehen sein. Auch wenn die erforderlichen Spalten für die Antwort fehlen, wird eine Zurückweisung nicht ratsam sein, falls RegVerm. nicht mitzuteilen sind. Dagegen wird eine Zurückweisung in der Regel dann am Platze sein, wenn der RegFührer zur Beantwortung erst selbst einen neuen Vordruck mit den Personalien der Person versehen müßte.

Für den Vordruck F bestimmt § 43 Abs. 1 eine bestimmte Größe. Weicht das eingereichte Ersuchen nur im Papierformat, nicht auch im Texte des Vordrucks von dem Muster F ab, so kann er nicht zurückgewiesen werden; § 33 Abs. 2 Satz 3 ist nicht anwendbar, weil der vorgeschriebene Vordruck inhaltlich vorhanden ist und § 43 Abs. 1 Satz 2 spricht nur von „Mitteilungen" (Strafnachricht A und Steckbriefnachricht G), nicht von Ersuchen um AErteilung (F).

2. Hat die anfragende Behörde in ihren Akten schon einen Reg.-Auszug, so kann auch dieser zur Ergänzung der StrRegBeh. übersandt oder die Anfrage auf die seit dem Datum des vorhandenen StrRegAuszugs erfolgten Verurteilungen (und ABeschränkungen; vgl. Anm. 8) gerichtet werden. Von diesen beiden Möglichkeiten ist in der Regel die erstere vorzuziehen, weil sie sicherer zu einem vollständigen RegAuszug führt (vgl. Anm. 8).

3. In Preußen ist zur Kostenersparnis und zur Vereinfachung des StrRegVerkehrs ein vereinfachter Vordruck Fa (aus einem Blatte bestehend) seit 1921 eingeführt. Er soll Verwendung finden, wenn das StrReg. bei der die A. erfordernden Behörde geführt wird, ferner sofern seine Verwendung unbedenklich erscheint, wenn die Justizbeh., welche die A. erfordert, an dem nämlichen Orte wie die StrRegBeh. ihren Sitz hat (AV. Ziff. 1 Abs. 10). Da der Vordruck Fa inhaltlich dem Vordruck F im wesentlichen entspricht, ist seine Verwendung als zulässig zu erachten. Eine Zurückweisung dürfte, solange der Vordruck nur in dem vorgesehenen engen Rahmen Verwendung findet, nicht statthaft sein. Wird dieser Rahmen überschritten, der Vordruck Fa etwa an eine StrRegBeh. in einer anderen Stadt gesandt, so wäre er zurückzuweisen. Eine auf Vordruck Fa gestellte Anfrage darf nicht nach § 33 Abs. 3 an ein anderes Reg. abgegeben werden (AV. Ziff. 30 Abs. 5).

4. Bei der Anfrage ist der Vordruck, auch soweit er von der anfragenden Beh. auszufüllen ist, vollständig auszufüllen (§ 13). Insbesondere sind die Personalien sowie der Aufenthaltsort (Haftort) erschöpfend anzugeben; letzteres ist schon wegen der in den §§ 30, 31, 39 ff. vorgeschriebenen Mitteilungen unbedingt geboten (vgl. Pr. AV. Ziff. 1 Abs. 7). Wichtig ist auch, daß angegeben wird, ob die Person bereits bestraft ist (vgl. Bayer. AV. B 21 II).

5. Bei Anfragen in Übertretungsstrafsachen soll es nach Bestimmungen, die z. B. in Preußen (AV. Ziff. 1 Abs. 8 und Ziff. 31 letzter Absatz) und Bayern (AV. B 23 V) erlassen sind, angegeben werden, daß es sich um eine Übertretungssache handelt; dann erhält die anfragende Beh. über Verbrechen und Vergehen nur summarische Auskunft. Vgl. auch Ziff. 1 Abs. 5 der Hamb. AusfVerf. vom 19. Mai 1926 (Hamb. JustVerwBl. Nr. 6 S. 41), wo z. B. die Beschränkung der einzufordernden Vorstrafen auf Straftaten gegen das Eigentum vorgesehen ist.

6. Die A. hat in der Regel durch Ausfüllung des übersandten Vordrucks F zu erfolgen. Es ist unzulässig, statt dessen die Urschrift des StrBlatts zur Einsicht zu übersenden (Abs. 2 Satz 4). Dagegen erscheint es zulässig, bei größeren Strafsiten auch zweckmäßig, die A. durch Übersendung eines Duplikats der Strafliste mit der Bitte um demnächstige Rückgabe zu erteilen (vgl. Bayer. AV. B 29, I, II). Das ist insofern praktisch, als dadurch das wiederholte Abschreiben größerer Straflisten erspart und damit auch die Möglichkeit von Fehlern beim Abschreiben verringert wird. Andererseits macht auch die Rücksendung der Straflisten und ihre Kontrolle unter Umständen mehr Arbeit als die Neuanfertigung einer Abschrift. Hinzukommt, daß die Straflisten auch nach rechtskräftiger Verurteilung vielfach noch bei den Gerichtsakten gebraucht werden. Deshalb ist bei umfangreichen Straflisten wohl die gleichzeitige Herstellung mehrerer Abschriften oder Abdrücke vorzuziehen. Daß die Übersendung eines solchen Abdrucks trotz des Wortlautes des § 33 Abs. 1 zulässig ist, unterliegt keinem Bedenken.

7. Bei der Ausfüllung ist der gesamte RegInhalt, soweit nichts anderes bestimmt ist (vgl. § 4 StrTilgG., § 25 Abs. 2 Satz 3 VO.) wörtlich und vollständig aufzunehmen, also insbesondere auch alle Berichtigungen und Nebenverm. (§ 19 Anm. 1 b). Nicht aufzunehmen sind die sog. „Vormerkungen", die ins StrReg. nur vorübergehend eingelegt werden (§ 19 Anm. 1 d). Vgl. Pr. AV. Ziff. 30 Abs. 2, Bayer. AV. B 25 IV).

Soweit Verurt. aufzunehmen sind, die bereits der beschr. Auskunft unterliegen, ist dies im Auszug besonders hervorzuheben (§ 4 Abs. 1 Satz 2 StrTilgG., § 37 Abs. 2 Satz 2 VO.). Soweit die beschr. A. auf einer vor 1. Juli 1920 angeordneten „Löschung" beruht, ist auch dies besonders hervorzuheben, d. h. es ist die Verurt. mit dem Löschungsverm. aufzunehmen und außerdem darauf hinzuweisen, daß die Verurt. nur noch der beschr. A. unterliegt (vgl. Pr. AV. Ziff. 30 Abs. 2). Beruht die beschr. A. auf einer

Anordnung nach § 8 StrTilgG., so genügt es, wenn die Verurt. mitsamt dem nach § 8 Nr. 1, § 21 Abs. 2 in der Spalte „Bemerkungen" eingetragenen Verm. über die Anordnung in den Auszug aufgenommen wird.

8. Ist das Ersuchen um A. auf die nach dem Datum eines früheren Auszugs erfolgten Verurt. beschränkt (Anm. 2), so empfiehlt es sich die 3 Monate vor diesem Datum liegenden Verurt. ebenfalls mitzuteilen; ferner muß stets Mitteilung gemacht werden, wenn inzwischen ein Vermerk aus dem StrReg. entfernt worden ist oder ABeschr. über einen Vermerk eingetreten ist (vgl. Pr. AV. Ziff. 30 Abs. 3; Bayer. AV. B 23 VII).

9. Wenn einzelne Vermerke nicht in einen erbetenen RegAuszug aufgenommen werden, weil sie bereits der beschr. A. unterliegen, so darf aus dem Auszug in keiner Weise hervorgehen, daß solche Vermerke vorhanden sind (vgl. § 4 Abs. 2 StrTilgG., Pr. AV. Ziff. 30 Fußn. 11).

10. Der RegFührer hat die A. handschriftlich zu unterschreiben (vgl. § 13 Anm. 5; Pr. AV. Ziff. 30 Abs. 1). Er übernimmt damit die persönliche Verantwortung für die Richtigkeit der erteilten A., auch wenn der Auszug durch die Kanzlei ausgefüllt worden ist (vgl. Pr. AV. Ziff. 30 Abs. 4).

11. Wegen des sachlichen Umfangs der AErteilung vgl. § 4 Abs. 1 StrTilgG., § 25 Abs. 2 Satz 3, § 26 Abs. 2, § 32 Abs. 3, §§ 34, 35 VO. und die Anm. dazu.

12. In Abs. 2 Satz 2 (Berichtigung und Ergänzung der Angaben über die Person in der Anfrage) beziehen sich die Worte „mit roter Tinte" auch auf die Verpflichtung „fehlende Angaben zu ergänzen". Vgl. hierzu noch Pr. AV. Ziff. 32 Abs. 2; Bayer. AV. B 28.

13. Das Ersuchen um A. darf telegraphisch gestellt werden. Es kann ferner schriftlich, telegraphisch oder telephonisch um telegraphische Antwort ersucht werden. Erfolgt telegr. Anfrage, ohne daß ausdrücklich um telegr. Antwort gebeten wird oder bezahltes Rücktelegramm beiliegt, so ist das Ersuchen in der Regel nur schriftlich, aber außerhalb der Reihenfolge der Eingänge vor den übrigen zu beantworten.

Der Satz 2 des Abs. 4 war in der Bekanntmachung des neuen Textes der StrRegVO. vom 8. März 1926 versehentlich weggeblieben; durch die oben bezeichnete Berichtigung ist er in den Text nachträglich eingefügt. Nach dieser Vorschrift ist die schriftliche Bestätigung nur erforderlich, wenn Vorstrafen telegraphisch mitgeteilt worden sind. Ist nur mitgeteilt, daß die Person nicht verurteilt sei („Negativattest"), oder sind nur Vermerke nach § 9 Nr. 1, 2 mitgeteilt, so ist schriftliche Bestätigung der telegr. A. nicht vorgeschrieben; sie empfiehlt sich aber bei Mitt. von Verm. nach § 9 Nr. 1, 2 gleichwohl, um Mißverständnissen durch Verstümmelung des Telegramms vorzubeugen.

14. Auf A. durch Fernsprecher bestand bisher kein Anspruch. Doch hat sich die Einholung und Erteilung von A. durch Fernsprecher immer mehr eingebürgert; sie hat sich auch bewährt. Sie ist eine wesentliche Voraussetzung für die Anwendung des beschleunigten Verfahrens nach §§ 212 StPO. Es empfahl sich, die Zulässigkeit der Einrichtung durch eine ausdrückliche Regelung in der Strafregisterverordnung sicherzustellen und dabei die erforderlichen Sicherungsmaßregeln gegen einen Mißbrauch der Einrichtung vorzuschreiben.

Die A. kann telephonisch erfordert werden. Dabei kann auch um telephonische (telegraphische oder schriftliche) A. ersucht werden. Im Zweifel ist anzunehmen, daß bei telephonischer Anfrage auch telephonische Antwort erbeten wird. Es kann aber auch telegraphisch oder schriftlich um telephonische A. ersucht werden.

15. Schriftliche A. und telephonische A. im Orts- und Vorortsverkehr sind kostenfrei (§ 32 Abs. 1, § 33 Abs. 6 Halbs. 2). Für andere telephonische A. sowie für telegraphische A. sind die entstandenen Fernsprech- und Telegrammgebühren zu erstatten, soweit nicht von der obersten Aufsichtsbehörde etwas anderes bestimmt ist. Solche Bestimmungen sind von einigen Ländern für den AVerkehr innerhalb des Landesgebiets getroffen (vgl. Pr. AV. Ziff. 33 Abs. 2, 3, wo nur Mitt. an die ersuchende Beh. vorgeschrieben ist; Bayer. AV. B 30 II). Über Verzicht auf Erstattung von Kosten im Verkehr zwischen Behörden verschiedener Länder sind Bestimmungen nicht getroffen; sie würden wohl entsprechende Vereinbarungen der Länder voraussetzen. Für das StrReg. des RJM. sind Bestimmungen nicht getroffen. Meist, so auch in Preußen und Bayern sowie im RJM., soll bei bezahlter Telegrammantwort die A. möglichst auf die bezahlte Wortzahl beschränkt werden.

16. Die Ersuchen um A. sind nach der Reihenfolge des Eingangs zu erledigen. Telegraphische oder telephonische A. sind sofort außer der Reihe zu bearbeiten. Auch Ersuchen in Haftsachen oder mit „Eilt!" bezeichnete Sachen können vorweg erledigt werden. Im allgemeinen ist darauf zu halten, daß AErsuchen spätestens am Tage nach dem Eingang beantwortet werden.

17. Um die Möglichkeit zu haben, bei einer nach Erteilung einer A. eintretenden Berichtigung des StrReg. der Beh., welche eine unrichtige A. erhalten hat, eine berichtigte A. nachzusenden und bei einem späteren Eingang einer Steckbriefnachricht oder eines Suchvermerks die in § 40 Abs. 2 Satz 2 vorgesehene Mitt. von der erfolgten Anfrage zu machen, ist im StrReg. des RJM. und vielleicht auch in anderen StrReg. die Anordnung getroffen, daß bei jeder AErteilung auf dem StrBl. mit Blei die Beh., der die A. erteilt worden ist, und der Tag, an dem dies geschehen ist, samt dem Aktenzeichen vermerkt wird. Diese Einrichtung hat sich sehr bewährt und verdient allgemeine Einführung.

§ 34 (neu).

Vermerke nach § 9 Nr. 1, 2 werden nur den Gerichten, den Behörden der Staatsanwaltschaft, den obersten Reichs- und Landesbehörden und den Polizeibehörden mitgeteilt. Andern Behörden oder Stellen, denen Auskunft aus dem Strafregister zu erteilen ist, können solche Vermerke mit Genehmigung des Leiters der Strafregisterbehörde mitgeteilt werden, wenn ein berechtigtes Interesse an der Erlangung der Auskunft dargelegt ist. Soweit hiernach Vermerke nach § 9 Nr. 1, 2 nicht mitgeteilt werden dürfen, sind die Anfragen in gleicher Weise zu beantworten wie in den Fällen, in denen ein Vermerk nicht vorhanden ist.

Eingefügt als § 27a durch VO. vom 19. Febr. 1926 Art. I Nr. 23.

1. Durch die Mitteilung von Registervermerken, aus denen sich ergibt, daß der Betroffene geisteskrank oder wegen Geisteskrankheit, Geistesschwäche oder Trunksucht entmündigt ist oder gewesen ist, kann die gesellschaftliche und wirtschaftliche Stellung des Betroffenen ebenso sehr, ja noch mehr geschädigt werden wie durch die Mitteilung eines Strafvermerkes. Die Aufnahme solcher Vermerke in die Strafregister soll auch nur dem Zwecke dienen, der Strafrechtspflege wichtige Hinweise für die Beurteilung eines Täters oder einer Tat zu geben und aussichtslose Strafverfahren zu verhindern. Es erschien deshalb zweckmäßig und dem Sinne der VO. wie des StrTilgG. entsprechend, wenn die Erteilung von Auskunft über derartige Vermerke erheblich eingeschränkt wird. Dem praktischen Bedürfnis wird genügt, wenn solche Vermerke den Stellen, die auch über Strafvermerke unbeschr. Auskunft erhalten (den Gerichten, den Behörden der Staatsanwaltschaft und den obersten Reichs- und Landesbehörden), mitgeteilt werden; darüber hinaus ist aus praktischen Gründen nur noch die Mitteilung an die Polizeibehörden vorgesehen. Anderen Behörden und Stellen, die Auskunft aus dem Strafregister beanspruchen können, sollen solche Vermerke nur dann mitgeteilt werden, wenn ein berechtigtes Interesse an der Erlangung einer Auskunft über diese Verhältnisse dargelegt ist und von dem Leiter der Strafregisterbehörde, also dem Staatsanwalt oder Richter, dem die Registerführer unterstehen, durch Genehmigung der Auskunftserteilung anerkannt wird.

P o l i z e i b e h ö r d e n erhalten auch über Vermerke nach § 9 Nr. 1, 2 natürlich nur dann A., wenn sie überhaupt auskunftberechtigt, also in dem Verzeichnis der auskunftberechtigten Behörden und Stellen aufgeführt sind.

2. Zu S a t z 3 vgl. die gleichartige Bestimmung in § 4 Abs. 2 StrTilgG. (Anm. 15 zu § 4 StrTilgG.).

§ 35 (28).

Ist eine Person wegen eines Vergehens, das mit keiner schwereren Strafe als mit Freiheitsstrafe bis zu sechs Monaten bedroht ist, oder wegen einer Übertretung wiederholt verurteilt, so brauchen von jeder Art dieser strafbaren Handlung nur die drei letzten Verurteilungen in die Auskunft aufgenommen zu werden, sofern nicht die ersuchende Behörde ausdrücklich einen vollständigen Auszug verlangt. Bei den übrigen gleichartigen Verurteilungen genügt die Angabe ihrer Zahl.

Ist auf Überweisung an die Landespolizeibehörde oder auf die Zulässigkeit von Polizeiaufsicht erkannt, so ist die Verurteilung stets vollständig in den Auszug aufzunehmen.

1. Die Vorschrift dient der Vereinfachung des Strafregisterverkehrs. Ist jemand wegen des gleichen, minder bedeutenden Delikts mehr als dreimal verurteilt, so wird den Bedürfnissen der anfragenden Behörde in aller Regel genügt, wenn sie die drei letzten Verurt. solcher Art und außerdem die Zahl der weiteren gleichartigen Verurt. mitgeteilt erhält. Nur wenn auf die in Abs. 2 bezeichneten Maßregeln erkannt ist, erscheint die Verurt. so bedeutungsvoll, daß sie auf jeden Fall, auch wenn nicht ein vollständiger Auszug verlangt ist, vollständig in den RegAuszug aufzunehmen ist.

2. Als Vergehen der in Abs. 1 bezeichneten Art kommen hauptsächlich in Betracht: §§ 146, 146a, 147 GewO., § 6 des Preuß. Gesetzes betreffend den Forstdiebstahl. Die übrigen in Pr. AV. Ziff. 31 Fußn. 15 aufgeführten Fälle sind bei demselben Verurteilten nur selten im Reg. mehr als dreimal vermerkt, spielen also kaum eine praktische Rolle. Wirklich bedeutsam ist die Vorschrift des § 35 eigentlich nur für die Übertretungen des Landstreichens, Bettelns und der Gewerbsunzucht (§ 361 Nr. 3, 4, 6 StGB.).

3. Nach der Bayer. AB. (B 23 IV) soll von der Möglichkeit, in den Fällen des § 35 einen vollständigen Auszug zu fordern, nur beim Vorliegen besonderer Umstände Gebrauch gemacht werden.

4. Bei den summarisch anzugebenden Verurt. schreibt § 35 nur die Angabe der Zahl vor. Außerdem empfiehlt sich aber noch die Angabe der Jahre, in denen die Verurt. erfolgten. Die summarische Angabe ist an den Schluß des Auszugs zu setzen, etwa: „Außerdem ist die Person in den Jahren 19 . . bis 19 . . durch . . . Entscheidungen . . . mal wegen . . . (§) verurteilt worden."

5. Die abgekürzte A. des § 35 kann etwa dadurch vorbereitet werden, daß in der Strafliste die zusammengefaßt mitzuteilenden StrVerm. durch einen Bleistrich in einer Spalte bezeichnet werden.

6. Wegen abgekürzter A. bei Anfragen in Übertretungssachen vgl. § 33 Anm. 5.

7. § 35 gilt nicht für A. an ausländische Behörden (§ 37).

§ 36 (29).

Privatpersonen wird Auskunft aus dem Strafregister nicht erteilt.

1. Die Vorschrift ist durch die StrRegVO. vom 12. Juni 1920 neu eingestellt worden, weil bis dahin bei manchen StrRegBeh. sich die Übung herausgebildet hatte, auch Privatpersonen über den ihre eigene Person betreffenden Inhalt des StrReg. A. zu geben, wenn sie ein berechtigtes Interesse an der Erlangung der A. glaubhaft machten. In Preußen und Bayern war dies allerdings untersagt (vgl. Pr. JMBl. 1918 Ziff. 29; Bayer. JMBl. 1918 S. 131, III Nr. 22).

2. Ein zwingendes Bedürfnis, auch Privatpersonen A. aus dem StrReg. zu erteilen, kann nicht anerkannt werden. Auch soweit besondere polizeiliche Listen nicht geführt werden, ist die PolBeh. in der Lage, zum Zwecke der Erteilung eines Führungszeugnisses sich einen StrRegAuszug zu beschaffen und auf Grund dieses Auszugs das Führungszeugnis auszustellen.

3. Wie die Entstehungsgeschichte der Vorschrift (Anm. 1) ergibt, erstreckt sich das Verbot des § 36 insbesondere auch auf die Person selbst, über die A. begehrt wird.

§ 37 (30).

Inwieweit ausländischen Behörden kostenfrei oder gegen eine Gebühr Auskunft aus dem Strafregister zu geben ist, bestimmt, soweit nicht das Reich besondere Vereinbarungen trifft, der Reichsminister der Justiz.

Soweit Behörden ausländischer Staaten Auskunft aus dem Strafregister gegeben wird, sind in die Auskunft auch solche Verurteilungen aufzunehmen, die bereits der beschränkten Auskunft unterliegen. In der Auskunft ist hervorzuheben, daß die Verurteilung nach den deutschen Vorschriften der beschränkten Auskunft unterliegt; bei Vermerken, die vor dem 1. Juli 1920 im Strafregister gelöscht sind, ist die Tatsache der Löschung zu vermerken.

Abs. 1 u. 2 geändert durch VO. vom 19. Febr. 1926 Art. I Nr. 24.

1. Ausländische Behörden erhalten A. aus deutschen StrReg. entweder auf Grund der vom Reich getroffenen besonderen Vereinbarungen mit ausländischen Staaten (Anm. 2—5) oder nach allgemeiner oder im Einzelfalle eintretender Bestimmung des Reichsministers der Justiz (Anm. 6 u. 7). Wegen der AErt. auf Grund tatsächlicher Übung vgl. Anm. 8.

Die vom Reich getroffenen besonderen Vereinbarungen sind:

a) Verträge oder sonstige Abmachungen, in denen ausdrücklich eine gegenseitige allgemeine A. aus dem Str.-Reg. vereinbart ist, so in dem neuen Vertrage mit der Tschechoslowakei und der vorläufigen Vereinbarung mit Polen (Anm. 2).

b) Überleitungsabkommen hinsichtlich der auf Grund des Vertrags von Versailles abgetretenen früher deutschen Gebiete oder der von der neuen Reichsgrenze durchschnittenen StrRegBezirke (Anm. 3).

c) Verträge und sonstige Abmachungen, in denen ein regelmäßiger Austausch von Strafnachrichten vereinbart ist (vgl. § 46 Anm. 9). Soweit der vereinbarte StrNachrAustausch reicht, wird übungsgemäß auch A. aus dem StrReg. gegenseitig erteilt (Anm. 4).

d) Verträge, in denen gegenseitige Rechtshilfe in Strafsachen vereinbart ist (Anm. 5).

2. Eine ausdrückliche Vereinbarung gegenseitiger allgemeiner A. aus den StrReg. (Anm. 1 a) besteht zwischen Deutschland und der Tschechoslowakei sowie zwischen Deutschland und Polen.

a) Die gegenseitige AErteilung im Verkehr mit der Tschechoslowakei beruht auf Art. 20 des deutsch-tschechoslowakischen Vertrags über die Auslieferung und die sonstige Rechtshilfe in Strafsachen vom 8. Mai 1922 (RGBl. II S. 48, 396), abgedruckt unter D VII 11). Die APflicht erstreckt sich, wie Art. 1 Abs. 1 des Vertrags ergibt, nur auf Strafsachen, allerdings auf „Strafsachen aller Art, mögen sie bei Gerichts- oder Verwaltungsbehörden schweben". Eine Strafsache liegt vor, wenn ein Verfahren wegen einer mit öffentlicher Strafe bedrohten Tat (also auch einer Übertretung) betrieben wird (RG. Bd. 6 S. 181; 46 S. 425; vgl. auch Mettgenberg, Die Verträge mit der Tschechoslowakei über Rechtshilfe in Strafsachen 1925 Anm. 8, 103). Auch die Behandlung von Anträgen nach § 8 Str.-TilgG. werden noch zur „Strafsache", auf die sie sich beziehen, zu rechnen sein. Obwohl die Vereinbarung in einem Auslieferungs- und Rechtshilfevertrag enthalten ist, besteht die Verpflichtung zur A. aus dem StrReg. auch dann, wenn die Voraussetzungen einer Auslieferung oder einer sonstigen Rechtshilfe nicht vorliegen, also z. B. auch dann, wenn die A. in einer politischen Strafsache oder in einer Strafsache gegen einen Angehörigen des auskunftgebenden Staates erfordert wird (so auch Mettgenberg a. a. O., Anm. 100). Das Ersuchen steht der „zuständigen“, d. h. der zur Betreibung der Strafsache berufenen Behörde zu. Es ist unmittelbar an die zuständige StrRegBeh. zu richten. Die Verzeichnisse der StrRegBeh. sind deshalb gegenseitig ausgetauscht worden (vgl. Zusatzprotokoll zu dem Vertrage, abgedruckt unter D VII 11; dort auch das Verzeichnis der tschechoslowakischen StrRegBeh.). Das Ersuchen ist deutscherseits in deutscher, tschechoslowakischerseits in tschechischer oder slowakischer Sprache abzufassen; eine Übersetzung braucht nicht beigefügt zu werden (Art. 23 des Vertrags). Die Antwort erfolgt natürlich in der Regel in der Sprache des ersuchten Teils. Wegen der Übersetzung der tschechoslowakischen Vordrucke sowie der bei deren Ausfüllung am häufigsten vorkommenden tschechischen Worte vgl. § 46 Anm. 9 t).

Wegen einer weitergehenden am 1. Jan. 1926 erloschenen A.-Pflicht der StrRegBeh. Ratibor über die im Hultschiner Ländchen geborenen Personen vgl. Anm. 3 e.

b) Die AErteilung im Verkehr mit Polen beruht bis zum Abschluß des in Aussicht genommenen Auslieferungsvertrags auf dem am 2. Jan. 1926 veröffentlichten Notenwechsel der beiderseitigen Bevollmächtigten über den deutsch-polnischen Rechtshilfeverkehr in Strafsachen vom 16. Dez. 1925 (RGBl. 1926 II S. 89, abgedruckt unter D VII 8 a). Auch hier handelt es sich nur um eine A. in „Strafsachen“ (vgl. unter a). Das Ersuchen ist von den Gerichtsbehörden (Gerichten oder Staatsanwaltschaften) der beiden Staaten an die StrRegBeh. des anderen Staates unmittelbar zu richten (Ziff. 1, 2 Abs. 2 Satz 2, Ziff. 3 des Notenwechsels). Ein Verzeichnis der beiderseitigen StrRegBeh. ist ausgetauscht worden; die polnischen StrRegBeh. sind durch Bek. vom 28. April 1926 (RGBl. II S. 237; abgedruckt unter D VII 8 b) veröffentlicht; ebenso die polnischen Gerichtsbehörden.

Daneben besteht die durch die Überleitungsabkommen vom 20. Sept. 1920 und 12. April 1922 hinsichtlich der abgetretenen oder durch die neue Reichsgrenze durchschnittenen Bezirke vereinbarte gegenseitige APflicht weiter (Ziff. 7 des Notenwechsels). Vgl. hierzu Anm. 3 d.

3. Hinsichtlich der A. aus dem StrReg. über Personen, die in den auf Grund des Vertrags von Versailles von Deutschland abgetretenen oder in den durch die neue Reichsgrenze durchschnittenen StrRegBezirken geboren sind, enthalten die Überleitungsabkommen (abgedruckt unter D VI) besondere Vereinbarungen.

a) Mit Belgien ist in Art. 2 § 7 der deutsch-belgischen Vereinbarung, betr. Überleitung der Rechtspflege in den Kreisen Eupen und Malmedy vom 23. April 1920 (RGBl. 1921 S. 197, 1532; abgedruckt unter D VI 3) den belgischen Beh. das Recht eingeräumt, aus dem StrReg. bei der Staatsanwaltschaft Aachen im Einzelfalle kostenfreie A. über Personen, die in den abgetretenen Kreisen geboren sind, zu verlangen.

Die A. erfolgt unmittelbar von Beh. zu Beh. A.berechtigt sind nicht nur belgische Gerichtsbehörden, sondern alle Beh.

Die Vorschrift des Art. 2 § 7 gilt auch jetzt noch, obwohl die StrNachr. über die in diesen Bezirken geborenen Personen aus dem StrReg. Aachen ausgesondert und dem für sie jetzt zuständigen (§ 1 Abs. 2 StrRegVO.) StrReg. des RJMin. übersandt worden sind. Demgemäß ist Vorsorge getroffen, daß von belgischen Beh. eingehende Anfragen auf Grund des Inhalts des StrReg. beim RJMin. auch weiterhin von der StrRegBeh. Aachen beantwortet werden. Art. 4 § 2 der Überleitungsvereinbarung kommt für A. aus dem StrReg. nicht in Betracht, da diese Frage in Art. 2 § 7 erschöpfend geregelt ist.

b) Mit Dänemark ist in § 13 Satz 1 des deutsch-dänischen Abkommens, betr. die Überleitung der Rechtspflege im nordschleswigischen Abtretungsgebiete vom 12. Juli 1921 (RGBl. 1922 S. 45, 191; abgedruckt unter D VI 5) die Vereinbarung getroffen, daß den dänischen Gerichtsbehörden und anderen öffentlichen dänischen Behörden auf ihr Ersuchen bezüglich der in dem abgetretenen Gebiete geborenen Personen nach Maßgabe der deutschen Vorschriften kostenfreie Auskunft aus den bei der Staatsanwaltschaft in Flensburg geführten Strafregistern zu erteilen ist. Die Vereinbarung gilt noch, wenn auch die in Satz 2 des § 13 vereinbarte allmähliche Aussonderung der Strafnachrichten, die in dem abgetretenen Gebiet geborene Personen betreffen und an deren weiterer Aufbewahrung Preußen kein Interesse hat, aus dem StrReg. in Flensburg beendet ist und die ausgesonderten StrNachr. der dänischen Justizverwaltung zur Verfügung gestellt worden sind. Praktisch wird die A. natürlich nur noch in Ausnahmefällen, z. B. wenn etwa die Aussonderung versehentlich unterblieben sein sollte, in Betracht kommen.

c) Hinsichtlich Elsaß-Lothringens sieht Art. 11 Abs. 2 des deutsch-französischen Abkommens über elsaß-lothringische Rechtsangelegenheiten vom 5. Mai 1920 (RGBl. S. 1995, 2006; abgedruckt unter D VI 1) vor, daß die französische Regierung auf Ersuchen deutscher Behörden aus den in Elsaß-Lothringen und die deutsche Regierung auf Ersuchen französischer Behörden in Elsaß-Lothringen aus den in Deutschland geführten StrReg. A. erteilen wird. Das Abkommen ist zunächst für eine Frist von 5 Jahren, die am 28. Nov. 1925 endete, abgeschlossen; es gilt aber nach Art. 16 des Abkommens mit dreimonatiger Kündigungsfrist weiter. Die A. erfolgt im diplomatischen Verkehr. Auf besonderes Verlangen der französischen Regierung ist die A. mit förmlichem Rechtshilfeersuchen zu erfordern; vgl. AV. d. Preuß. JMin. vom 15. Juni 1921 (JMBl. S. 348). Die gleichen Anforderungen sind deshalb auch von deutscher Seite zu stellen; etwa unmittelbar eingehende französische Anfragen sind dem Ausw. Amt oder dem RM. der Justiz zu übersenden.

d) Mit Polen ist in § 13 Abs. 2 des deutsch-polnischen Abkommens, betr. die Überleitung der Rechtspflege, vom 20. Sept. 1920 (RGBl. S. 2043; abgedruckt unter D VI 2) vereinbart, daß gerichtlichen und anderen öffentlichen Behörden beider Staaten auf ihr Ersuchen über den Inhalt der Register der Landgerichtsbezirke, die mit dem Inkrafttreten des Vertrags von Versailles ganz oder teilweise an Polen gefallen sind, kostenfrei A. zu erteilen ist. Die gleiche Vereinbarung ist nach der Abtretung eines Teiles von Oberschlesien in § 13 Abs. 2 des deutsch-polnischen Abkommens, betr. die Überleitung der Rechtspflege im oberschlesischen Abstimmungsgebiete vom 12. April 1922 (RGBl. II S. 550; abgedruckt unter D VI 6) hinsichtlich der in den Landgerichtsbezirken Beuthen, Gleiwitz, Oppeln und Ratibor geborenen Personen getroffen worden. Auf das StrReg. des RJMin. erstreckt sich die APflicht nicht.

Die beiden Abkommen sind durch die allgemeine Vereinbarung gegenseitiger A. in Strafsachen durch den Notenwechsel vom 16. Dez. 1925 (Anm. 2 b) nicht gegenstandslos geworden, vielmehr in Ziff. 7 dieses Notenwechsels ausdrücklich für unberührt erklärt. Sie sind auch durch den in § 13 Abs. 3 der Abkommen vorgesehenen, inzwischen erfolgten Austausch der StrNachr., an deren weiterer Aufbewahrung in seinen Reg. der eine Staat kein Interesse hat, nicht überflüssig geworden; denn die Beh. beider Staaten haben dauernd ein wesentliches Interesse an der Kenntnis der Vorstrafen solcher Personen, die auf der einen Seite der Grenze geboren sind, aber auf der anderen Seite wohnen. Der Austausch hat sich aber naturgemäß auf die Strafblätter über solche Personen beschränkt, die auf der anderen Seite der neuen Grenze geboren sind und wohnen.

Die Bedeutung der beiden Abkommen nach dem Inkrafttreten der Vereinbarung im Notenwechsel von 1925 liegt insbesondere auch darin, daß nicht nur Gerichtsbehörden, sondern alle anderen öffentlichen Behörden auskunftberechtigt sind.

Die A. erfolgt im unmittelbaren Verkehr der Behörden. Aus praktischen Gründen, insbesondere um das StrReg. des RJMin. allmählich zu ergänzen, sind Anfragen, die sich auf Personen mit jetzt polnischem Geburtsort bezogen, über das StrReg. des RJMin. geleitet worden. Besondere Bestimmungen hierüber wie über den Strafregisterverkehr mit Polen überhaupt waren in den vom RJMin. herausgegebenen und von den Landesregierungen usw. bekanntgemachten Richtlinien vom 5. Sept. 1921 (vgl. AV. des Preuß. JMin. vom 4. August 1922, JMBl. S. 302) enthalten. Diese Richtlinien sind teils durch den oben erwähnten Austausch von Strafnachrichten, teils durch das Inkrafttreten der Vereinbarung im Notenwechsel von 1925 gegenstandslos geworden und jetzt aufgehoben. Um die Vollständigkeit des StrReg. des RJMin. möglichst sicherzustellen, sind die Landesbehörden auf Ersuchen des RJMin. angewiesen worden, A. aus Polen über Personen, die in jetzt polnischen Orten geboren sind, in Abschrift dem RJMin. zu übersenden. Am zweckmäßigsten ist es, in solchen Fällen von unmittelbaren Ersuchen an polnische StrRegBeh. ganz abzusehen und die A. vom StrReg. des RJMin. zu erbitten, das auf Ersuchen oder wenn Anlaß zur Annahme des Vorliegens im StrReg. des RJMin. noch nicht enthaltener Vorstrafen gegeben ist, von Amts wegen Rückfrage bei dem polnischen StrReg. auf Grund der Überleitungsabkommen hält.

e) Mit der Tschechoslowakei war in § 8 Abs. 1 des deutsch-tschechoslowakischen Abkommens, betreffend Überleitung der Rechtspflege im Hultschiner Lande, vom 3. Febr. 1921 (RGBl. 1921 S. 724, 824) vereinbart, daß die Strafregisterbehörde in Ratibor den Gerichten und anderen öffentlichen Behörden der Tschechoslowakischen Republik auf ihr unmittelbares Verlangen, nach Maßgabe der deutschen Vorschriften über die Auskunftpflicht, kostenfreie A. aus dem StrReg. über diejenigen Personen zu erteilen hatte, deren Geburtsorte zu dem ehemals deutschen Teile der Tschechoslowakischen Republik gehören. Der Strafnachricht sollte tunlichst ein Lichtbild der bestraften Personen beigefügt werden. Die Verpflichtung ist am 1. Jan. 1926 erloschen (Abs. 3 des § 8). Die APflicht besteht jetzt nach dem in Anm. 2a behandelten Vertrage zeitlich unbegrenzt (vgl. Mettgenberg a. a. O. Anm. 105, 180).

4. Soweit zwischen Deutschland und ausländischen Staaten ein regelmäßiger Austausch von Strafnachrichten vereinbart ist oder tatsächlich besteht (§ 46), wird nach allgemeiner Übung damit zugleich — auch ohne ausdrückliche Abmachung — eine gegenseitige AErteilung aus dem StrReg. als vereinbart angesehen oder tatsächlich gewährt, aber nur in demselben Umfang und in denselben Formen wie der Austausch der StrNachr. erfolgt. Die AErteilung beschränkt sich also in solchen Fällen auf Staatsangehörige des anfragenden Teiles und meist auf Verurt. durch Gerichte wegen Verbrechen und Vergehen. Vgl. wegen der Staaten, die in Betracht kommen, sowie des Umfangs der AErteilung und ihrer Form die Erl. zu § 46, insbes. Anm. 3 bis 18.

5. Eine allgemeine Verpflichtung zu gegenseitiger A. aus den StrReg. kann sich schließlich aus Verträgen ergeben, die ohne ausdrückliche Erwähnung der A. aus den StrReg. die gegenseitige Rechtshilfe in Strafsachen zusichern. Die A. aus dem StrReg. stellt eine „Untersuchungshandlung" im Sinne solcher Verträge dar (vgl. Mettgenberg, a. a. O. Anm. 99). Selbstverständlich kommt hier nur eine A. in schwebenden Strafsachen (vgl. Anm. 2a) in Betracht und die A. ist zu versagen, wenn Gründe vorliegen, die eine Rechtshilfe im Einzelfalle als unstatthaft erscheinen lassen, wie z. B. in Verfahren gegen Angehörige des ersuchten Staates oder in politischen oder militärischen Strafsachen.

Rechtshilfeverträge der erwähnten Art bestehen z. B. zwischen Deutschland und Schweden (Auslieferungsvertrag vom 19. Jan. 1878,

RGBl. S. 110). In Betracht kommt insbesondere auch die Vereinbarung mit Kolumbien (RGBl. 1894 S. 486 Art. 23), in der bis zum Inkrafttreten eines Auslieferungs- und Rechtshilfevertrags die gegenseitige Meistbegünstigung auf diesen Gebieten vereinbart ist.

Gegenüber Großbritannien kommt eine AErteilung aus dem StrReg. nicht in Betracht, da der Auslieferungsvertrag vom 14. Mai 1872 (RGBl. S. 229) außer der Auslieferung eine gegenseitige Rechtshilfe in Strafsachen nicht vorsieht.

6. Soweit nicht nach dem in Anm. 2—5 Ausgeführten eine besondere Vereinbarung des Reichs besteht, erfolgt die Erteilung der A. aus deutschen StrReg. an ausländische Behörden nach Bestimmung des Reichsministers der Justiz. Die Bestimmung kann die allgemeine Anordnung enthalten, daß gegenüber einem bezeichneten Lande allgemein A. aus dem StrReg. zu erteilen ist. Sie kann sich auch auf einen Einzelfall beschränken. Eine solche A. für einen Einzelfall ist z. B. im Jahre 1925 der dänischen Regierung erteilt worden. Der RM. d. Justiz wird die AErteilung, insbesondere allgemeine, nur dann anordnen, wenn er die Gegenseitigkeit als verbürgt ansieht. In Einzelfällen wird er bei A. aus Landesregistern mit der beteiligten Landesregierung ins Benehmen treten.

Die jetzige Fassung des Abs. 1 geht auf die VO. vom 19. Febr. 1926 zurück. Nach der bisherigen Fassung bestimmten für die von den Ländern geführten StrReg. die Landesregierungen, wie weit ausländischen Behörden Auskunft erteilt werden sollte. Um einer ungleichen Durchführung der Auskunftserteilung an ausländische Behörden vorzubeugen, erschien es angezeigt, die Entscheidung darüber, ob im Einzelfalle die Auskunft erteilt werden soll, da, wo eine allgemeine Vereinbarung des Reichs mit einem ausländischen Staate nicht besteht, für das ganze Reich einer Stelle zu übertragen. Liegt keine Vereinbarung des Reichs vor, so ist die AErteilung ohne Ermächtigung des RM. d. Justiz nicht statthaft. Soweit die Landesregierungen nach der bisherigen Vorschrift allgemeine Anordnungen über Erteilung von Auskunft an einen ausländischen Staat getroffen haben, bleiben sie wirksam.

7. Maßgebend sind in erster Linie die besonderen Vereinbarungen des Reichs mit ausländischen Staaten. Soweit solche Vereinbarungen bestehen und der Umfang der APflicht zu Zweifeln nicht Anlaß gibt, hat die Str.-RegBeh. die A. ohne weiteres zu erteilen, ohne daß es der Einholung einer Entscheidung des RM. d. Justiz bedarf.

8. Auf Grund tatsächlicher Übung besteht eine gegenseitige AErteilung mit den StrReg. der Freien Stadt Danzig und des Memelgebiets. Die AErteilung ist von den Beh. auf beiden Seiten ohne besondere Vereinbarung oder Anordnung aufgenommen worden. In beiden ausländischen Staaten sind die Reg.-Führer auch angewiesen, A. aus deutschen StrReg. nötigenfalls einzufordern (vgl. D XI 1 b IV und 2 Ziff. 3—5). In Danzig ist auch die AErteilung an deutsche Gerichte und Strafverfolgungsbeh. ausdrücklich vorgeschrieben, bei Ers. anderer deutscher Beh. hat sich der Senat die Entscheidung vorbehalten (D XI 1 b V). Im Memelgebiet ist die AErteilung an deutsche Beh. als selbstverständlich vorausgesetzt. Dieses tatsächliche Verhältnis wird auch künftig als Grundlage für die gegenseitige AErteilung dienen können, bis eine vertragsmäßige Regelung oder eine Bestimmung des RM. d. Justiz erfolgt. Die gegenseitige A. erfolgt im unmittelbaren Verkehr der deutschen Beh. mit den Beh. Danzigs und des Memelgebiets.

Gehen Ersuchen memelländischer Beh. nicht von der Staatsanwaltschaft (RegBeh.) in Memel selbst aus, so sollen nach einer in Preußen und für das StrReg. des RJMin. getroffenen Anordnung (vgl. AV. d. Pr. JM. vom 26. Nov. 1925, JMBl. S. 411) die Auskünfte nicht den ersuchenden Beh. unmittelbar, sondern stets über die StrRegBeh. Memel zurückgeleitet werden, damit diese ihr Reg. (vgl. D XI 2) vervollständigen kann.

9. Bei den ausländischen Beh. kann eine Unterscheidung zwischen auskunftsberechtigten und nicht auskunftsberechtigten nicht gemacht werden. Soweit nicht in den Verträgen das ARecht auf bestimmte Beh., z. B. Gerichtsbeh., oder auf bestimmte Zwecke, z. B. für Strafsachen, beschränkt ist und sich hierdurch eine Einengung des Kreises der auskunftsberechtigten Behörden ergibt, erhalten alle Behörden der auskunftsberechtigten ausländischen Staaten auf Anfrage A. aus den deutschen StrReg. (vgl. auch Anm. 14). Praktisch ergibt sich eine gewisse Einschränkung dadurch, daß meist der diplomatische Weg vorgesehen ist (vgl. Anm. 10) und die bei der Vermittlung mitwirkenden Zentralbehörden ungeeignete Anfragen anhalten können.

10. Im allgemeinen ist die Auskunft im diplomatischen Weg einzufordern und zu geben. Auf unmittelbares Ersuchen erhalten unmittelbar A. aus deutschen StrReg.

a) die Gerichtsbehörden der Tschechoslowakei und Polens (Anm. 2),
b) die auf Grund der Überleitungsabkommen auskunftsberechtigten Behörden, mit Ausnahme der im AVerkehr zwischen Deutschland und Elsaß-Lothringen auskunftsberechtigten Beh. (Anm. 3 b—e),
c) die schweizerischen Beh., soweit es sich um nichtpolitische Strafsachen handelt (vgl. Anm. 11),
d) auf Grund tatsächlicher Übung die Behörden von Österreich, der Freien Stadt Danzig und des Memelgebiets,
e) nach besonderer Vereinbarung die niederländischen Generalstaatsanwälte und Staatsanwälte (vgl. Bayer. AB. B 74 II).

Diese Grundsätze gelten in gleicher Weise für Ersuchen deutscher Beh. an die ausländischen StrRegBeh.

11. Die Frage der Auskunftserteilung an schweizerische Behörden und umgekehrt ist in folgender Weise geregelt:

a) In schwebenden nichtpolitischen Strafsachen sind nach

Art. 12 des deutsch-schweizerischen Auslieferungsvertrags vom 24. Jan. 1874 (Reichsgesetzbl. S. 113) auch unmittelbare Ersuchen der zuständigen deutschen und schweizerischen Behörden an die Strafregister des anderen Teils um Erteilung von Strafregisterauszügen als Rechtshilfeersuchen zulässig und in unmittelbarem Verkehr mit den anfragenden Behörden zu erledigen. Ersuchen von deutscher Seite in Strafsachen sind ausschließlich an das Schweizerische Zentralpolizeibüro in Bern zu richten, bei dem alle inländ. und ausländ. Strafnachrichten der Schweiz zentralisiert sind (die kantonalen StrReg. sind nicht vollständig).

b) In Niederlassungsangelegenheiten sind deutsche Strafregisterauszüge für schweizerische Behörden ausschließlich durch die deutschen Konsulate, zu denen auch die Gesandtschaft in Bern als Konsulat für die Kantone Bern und Freiburg zu rechnen ist, zu vermitteln, die ihrerseits zu diesem Zwecke in das Verzeichnis der auskunftsberechtigten deutschen Behörden und Stellen aufgenommen worden sind.

c) In allen andern nicht Strafverfahren oder Niederlassung betreffenden Fällen, namentlich auch bei Auskunftsersuchen aus Anlaß von Einbürgerungen Deutscher in der Schweiz, müssen die deutschen und schweizerischen Behörden den diplomatischen Weg einhalten.

12. Die Gerichte der Besatzungsmächte haben kein Recht auf A. aus dem StrReg. des unbesetzten Gebiets. Art. 4 des Rheinlandabkommens begründet eine solche Verpflichtung nicht. Sie können sich nur der Vermittlung einer Beh. des besetzten Gebiets bedienen, etwa des Oberstaatsanwalts oder z. B. des Amtsrichters, dem die Fürsorge für die Verteidigung eines vor den Besatzungsgerichten Angeklagten obliegt. Etwa unmittelbar eingehende Ersuchen sind dem Justizministerium des Landes vorzulegen. Die Str.-Reg. des besetzten Gebiets werden den Gerichten der Besatzungsmächte A. zu erteilen haben (vgl. Art. 8 der Verordn. 2 der interalliierten Rheinlandoberkommission betr. die Gerichtsorganisation, nach dem die französischen Gerichtsbehörden im besetzten Gebiet sich alle behördlichen Urkunden, deren Vorlegung für den Gang der Untersuchung für notwendig erachtet wird, ausliefern lassen können).

13. Ersuchen deutscher Beh. um A. aus österreichischen StrReg. sind an das bei der Polizeidirektion in Wien errichtete StrRegAmt zu richten, bei dem alle bisher bei den deutsch-österreichischen Staatsanwaltschaften geführten StrReg. zusammengelegt sind (vgl. AV. d. Pr. JM. vom 31. Jan. 1921, JMBl. S. 91).

14. Da bei ausländischen Behörden nicht unterschieden werden kann zwischen Behörden, denen auch bereits der beschr. A. unterliegende Verurt. mitzuteilen sind, und solchen, bei denen dies nicht der Fall ist (vgl. auch Anm. 9), so ordnet Abs. 2 des § 37 an, daß ausländischen Behörden, wenn ihnen überhaupt A. erteilt wird, auch die schon der beschr. A. unterliegenden Verurt. mitzuteilen sind. Hierauf ist jedoch in der A. besonders hinzuweisen; ebenso ist ein Hinweis vorgeschrieben für den Fall, daß ein StrVerm. vor dem 1. Juli 1920 gelöscht worden ist.

In der bisherigen Fassung des Abs. 2 war noch vorgeschrieben, daß auch die nach Art und Höhe der Strafe nicht registerpflichtigen Verurt. — unter Hervorhebung dieses Umstandes — in die A. an ausl. Behörden aufzunehmen seien. Durch die VO. vom 19. Febr. 1926 ist diese Vorschrift gestrichen worden. Die Vorschrift hatte schon bisher nur insofern Bedeutung, als es sich um ausl. Verurt. (§ 2 Abs. 4) handelte; denn inländische Verurt. zu nicht registerpflichtigen Strafen wurden in die StrReg. überhaupt nicht aufgenommen und konnten schon aus diesem tatsächlichen Grunde den ausländischen Behörden nicht mitgeteilt werden. Da infolge der Neufassung des § 2 Abs. 1 die Registerpflichtigkeit inländischer und ausländischer Verurt. jetzt im wesentlichen gleich ist (zumal Verurt. wegen Übertretungen fast durchweg von dem StrNachrAustausch ausgeschlossen sind; vgl. § 46 Anm. 3), konnte die erwähnte Ausnahmebestimmung in § 37 Abs. 2 wegfallen. Es besteht indessen kein Bedenken, im StrReg. etwa niedergelegte nach den deutschen Vorschriften nicht registerpflichtige Auslandsverurteilungen in einen für eine ausländische Behörde bestimmten Auszug aufzunehmen.

15. Die Frage, ob die A. den ausländischen Beh. kostenfrei oder gegen eine Gebühr zu erteilen ist, entscheidet sich nach dem Inhalt der getroffenen Vereinbarung oder wird vom RM. d. Justiz bestimmt. Tatsächlich ist in allen Abmachungen Kostenfreiheit teils ausdrücklich vereinbart, teils als selbstverständlich vorausgesetzt. Auch portofrei sind die A. zu übersenden; nur etwaige Telegramm- oder Telephongebühren (die praktisch aber keine Rolle spielen) können in Ansatz gebracht werden (in entsprechender Anwendung des § 33 Abs. 6).

V. Ausländische Strafarten.

§ 38 (31).

Für die Anwendung der Vorschriften über die Erteilung von Auskunft aus dem Strafregister und die Tilgung von Strafvermerken sind bei Verurteilungen im Ausland die ausländischen Strafarten der deutschen Strafart gleichzustellen, der sie nach ihrer Stellung in dem fremden Strafensystem am meisten entsprechen.

Der Reichsminister der Justiz kann hierüber nähere Bestimmungen erlassen.

1. Vgl. die auf Grund des Abs. 2 ergangenen Bestimmungen des RM. d. Justiz über die Behandlung ausländischer Strafarten bei den deutschen Strafregistern vom 12. Juni 1920 (Zentralbl. f. d. Deutsche Reich S. 928, abgedruckt auch Pr. JMBl. S. 340; abgedruckt unter D II 1).

2. Auch die von deutsch-österreichischen und tschechoslowakischen Gerichten ausgesprochene schwere Kerkerstrafe ist, wenn sie ein Jahr nicht übersteigt, der deutschen Gefängnisstrafe gleichzustellen; ebenso in Ungarn oder schweizerischen Kantonen erkannte Zuchthausstrafen von weniger als einem Jahre.

3. Zweifelhaft kann es sein, ob der von deutsch-österreichischen und tschechoslowakischen Gerichten wegen eines Vergehens erkannte strenge Arrest als Haftstrafe oder als Gefängnisstrafe zu bewerten ist. Das letztere dürfte anzunehmen sein.

4. In StrNachr. aus der Schweiz findet sich häufig die Kantonsverweisung und zwar nicht nur als Nebenstrafe neben einer Freiheitsstrafe, sondern auch als alleinige Hauptstrafe; zum Teil ist auch ein Teil der Freiheitsstrafe durch Kantonsverweisung (von doppelter, dreifacher und vierfacher Dauer des ersetzten Teiles der Freiheitsstrafe) als Hauptstrafe ersetzt. In den beiden letztgenannten Fällen, in denen die Kantonsverweisung als Hauptstrafe zu gelten hat (z. B. in den Kantonen Genf, Zürich, Luzern, St. Gallen), ist die Kantonsverweisung gegebenenfalls unter Berücksichtigung des in dem betreffenden Kanton vorgeschriebenen Umrechnungsmaßstabs — in entsprechende Freiheitsstrafe umzurechnen und der etwa daneben erkannten Freiheitsstrafe hinzuzurechnen. Je nach dem Ergebnis ist dann die lange oder kurze Frist der §§ 6, 7 StrTilgG. anzuwenden. Ist jedoch nach dem Recht des betr. Kantons die Kantonsverweisung nur als Nebenstrafe anzusehen, so bestimmen sich die Fristen ausschließlich nach der erkannten Freiheitsstrafe.

Allgemein ist zu beachten, daß bei einer vom Gericht selbst verhängten Kantons- oder Landesverweisung § 3 Abs. 1 StrTilgG. in Betracht zu ziehen ist. Solange diese Verweisungen noch wirksam sind, ist der Ablauf der Fristen des StrTilgG. gehemmt, bei dauernder Kantonsverweisung solange, bis etwa diese in der Schweiz aufgehoben ist und dem StrReg. hierüber Mitteilung zugeht (vgl. § 3 Anm. 8 in Verbindung mit § 9 StrTilgG.). Etwaige Härten können durch Anordnung nach § 8 StrTilgG. ausgeglichen werden.

5. Die Feststellung, welcher deutschen Strafart eine ausländische Strafe gleichzustellen ist, ist häufig recht schwierig und setzt meist eine genaue Prüfung des Strafensystems des fremden Staates voraus. Es empfiehlt sich deshalb, von der für Zweifelsfälle in § 2 der in Anm. 1 genannten Bestimmungen des RM. d. Justiz gebotenen Möglichkeit, die Entscheidung des RM. d. Justiz einzuholen, nicht zu selten Gebrauch zu machen. Nur so läßt sich auch eine einheitliche Praxis im Reichsgebiet erzielen.

VI. Steckbriefnachrichten und Suchvermerke.

§ 39 (32).

Im Strafregister können Steckbriefnachrichten niedergelegt werden. Die §§ 14, 15 gelten entsprechend.

Erledigt sich der Steckbrief, so ist dies dem Strafregister mitzuteilen.

Abs. 1 geändert durch VO. vom 19. Febr. 1926 Art. I Nr. 25.

1. Steckbriefnachrichten sind in Preußen durch die AV. d. JM. vom 6. Okt. 1887 (JMBl. S. 272) und im Anschluß daran auch in anderen Bundesstaaten eingeführt worden. In die StrRegVO. des Reichs sind Vorschriften über Steckbriefnachrichten durch die am 1. Okt. 1896 in Kraft getretenen Bestimmungen vom 9. Juli 1896 zur Abänderung der VO. v. 16. Juni 1882 (Zentralbl. f. d. Deutsche Reich 1896 S. 426) eingefügt worden.

2. Ein Steckbrief kann erlassen werden:

a) auf Grund eines Haftbefehls von dem Richter oder der Staatsanwaltschaft, wenn der zu Verhaftende flüchtig ist oder sich verborgen hält (§ 131 Abs. 1 StPO.);

b) ohne vorgängigen Haftbefehl von dem Richter, der Staatsanwaltschaft oder der Polizeibehörde, wenn ein Festgenommener aus dem Gefängnis entweicht oder sonst sich der Bewachung entzieht (§ 131 Abs. 2 StPO.);

c) von der Staatsanwaltschaft oder dem mit der Strafvollstreckung nach § 451 Abs. 3 StPO. betrauten Amtsrichter, wenn ein zu Freiheitsstrafe Verurteilter auf die an ihn ergangene Ladung zum Antritt der Strafe sich nicht gestellt hat oder der Flucht verdächtig ist (§ 457 Abs. 2, 3 StPO.); die Befugnis zum Erlaß des Steckbriefs steht in diesen Fällen auch dem Amtsanwalt, dem Sekretär der Staatsanwaltschaft oder dem Gerichtsschreiber zu, wenn ihnen die Strafvollstreckung auf Grund des Art. VI § 1 Nr. III des Gesetzes zur Entlastung der Gerichte vom 11. März 1921 (RGBl. S. 229) von der Landesjustizverwaltung übertragen und die Befugnis nicht ausdrücklich ausgeschlossen ist.

3. Steckbriefnachricht ist die auf dem Vordruck G dem Str.-Reg. gemachte Mitteilung über den Erlaß eines Steckbriefs. Sie hat den Zweck, das StrReg. für die Ermittlung des Aufenthalts des steckbrieflich Verfolgten nutzbar zu machen. Eine Vorschrift, daß über jeden Steckbrief dem StrReg. eine StBrNachr. zu übersenden ist, besteht nicht. Es empfiehlt sich aber, dies stets zu tun, auch wenn zur Zeit des Erlasses des Steckbriefs wenig Aussicht besteht, des Gesuchten mit Hilfe des StrReg. habhaft zu werden.

4. In der Fassung der StBrNachr. muß klar zum Ausdruck kommen, ob es sich um eine Steckbriefnachricht handelt.

So genügt z. B. nicht die Mitteilung „Im Fahndungsblatt ausgeschrieben“, da es sich dabei auch um einen Suchvermerk handeln kann. Dies ist deshalb von besonderer Wichtigkeit, weil nur die Steckbriefnachricht, nicht auch ein Suchvermerk den Ablauf der Fristen des Str.-TilgG. hemmt (§ 3 Abs. 2 StrTilgG.). Aus diesem Grunde ist auch sorgfältig darauf zu achten, daß der Steckbrief im Register nicht von dem Registerblatt für die gesuchte Person getrennt wird.

5. Führt die gesuchte Person befugt oder unbefugt mehrere Familiennamen, so ist nach dem in Abs. 1 Satz 2 für entsprechend anwendbar erklärten § 14 für jeden Namen eine Steckbriefnachricht niederzulegen. Bei Zigeunern oder wenn Zweifel über die Richtigkeit des angegebenen Geburtsortes bestehen, so ist ein Doppel der Steckbriefnachricht im StrReg. d. RJMin. niederzulegen.

Treten Änderungen des Familiennamens oder des Vornamens ein, so ist nach dem gleichfalls für entsprechend anwendbar erklärten § 15 die Steckbriefnachricht für jeden Namen einzulegen.

Soweit mehrere Steckbriefnachrichten niedergelegt werden, ist durch gegenseitige Verweisung sicherzustellen, daß sie einheitlich behandelt werden.

6. Die Pflichten des Registerführers bei Eingang einer Steckbriefnachricht und während der Dauer ihrer Niederlegung enthalten die §§ 40, 41. Näheres hierüber bei § 40.

7. Der Steckbrief erledigt sich durch Aufhebung des ihm zugrunde liegenden Haftbefehls oder durch Zurücknahme durch die Behörde, die ihn erlassen hat. Von der Erledigung ist dem StrReg. Mitteilung zu machen (Abs. 2); dabei ist der Grund der Erledigung anzugeben (§ 41 Abs. 2 Satz 1). Geht eine Mitteilung über die Erledigung eines Steckbriefs ein, so wird die Steckbriefnachricht aus dem Register entfernt und vernichtet (§ 41 Abs. 2 Satz 1).

Zur Benachrichtigung der Registerbehörde von der Erledigung einer Steckbriefnachricht ist in Preußen ein besonderer Vordruck PF. 42 vorgesehen, der vom Strafgefängnis Berlin-Tegel bezogen werden kann (AV. Ziff. 36 Abs. 2). Auch Bayern hat besondere Formblätter eingeführt (AB. B 34 II).

8. Im Verkehr mit dem Ausland sind Steckbriefnachrichten (und Suchvermerke) nicht eingeführt. Es besteht also weder für deutsche StrReg. eine Verpflichtung, ausländische Steckbriefnachrichten (oder Suchvermerke) aufzunehmen noch für ausländische Str.-RegBeh. eine Verpflichtung deutsche Nachrichten oder Verm. solcher Art in ihren Reg. niederzulegen. Vereinzelt ist jedoch eine solche Niederlegung, z. B. im Verkehr mit der Schweiz, schon erfolgt.

§ 40 (33).

Das Strafregister hat sofort nach Eingang einer Steckbriefnachricht zu prüfen, ob Vermerke über den Verfolgten vorhanden sind. Ergibt sich, daß ein anderes

Strafregister zuständig ist, so hat es die Steckbriefnachricht an dieses abzugeben und der verfolgenden Behörde hiervon Mitteilung zu machen.

Ist nach dem Inhalt des Strafregisters anzunehmen, daß der Verfolgte sich in Haft befindet, oder ist sein Aufenthalt sonst bekannt, so hat das Strafregister die Steckbriefnachricht mit der entsprechenden Auskunft der verfolgenden Behörde zurückzusenden. Ist der Aufenthalt des Verfolgten nicht bekannt, liegt aber aus der letzten Zeit eine Strafnachricht oder ein Ersuchen einer anderen Behörde um Auskunft über den Verfolgten vor, so hat das Strafregister dies der verfolgenden Behörde unter Zurückbehaltung der Steckbriefnachricht mitzuteilen.

Ebenso ist zu verfahren, wenn später der Aufenthalt des Verfolgten bekannt wird oder von einer anderen Behörde eine Strafnachricht oder eine sonstige Mitteilung oder ein Ersuchen um Auskunftserteilung eingeht.

Liegen von verschiedenen Behörden Steckbriefnachrichten vor, welche dieselbe Person betreffen, so ist jeder Behörde von der Nachricht der anderen Behörde Mitteilung zu machen. Entsprechendes gilt, wenn Steckbriefnachrichten von derselben Behörde unter verschiedenen Aktenzeichen vorliegen.

1. Geht eine Steckbriefnachricht ein, so bestehen folgende Möglichkeiten:

a) Die nach § 17 vorzunehmende Prüfung der eingegangenen Steckbriefnachricht (vgl. Pr. AV. Ziff. 36 Abs. 1 in Verbindung mit Ziff. 12) ergibt, daß ein anderes StrReg. für die gesuchte Person zuständig ist. Dann ist die Nachricht an dieses abzugeben und die verfolgende Behörde von der Abgabe zu benachrichtigen (Abs. 1 Satz 2).

b) Das StrReg. ist zuständig, es liegen aber keine Vermerke über die Person im Register. Dann wird die Steckbriefnachricht an der für die gesuchte Person bestimmten Stelle ins Register eingelegt (§ 41 Abs. 1) und dort verwahrt, bis die Erledigung mitgeteilt wird oder 3 Jahre verflossen sind (§ 41 Abs. 2, 3). Ist jedoch der Aufenthalt der gesuchten Person der StrRegBeh. bekannt, z. B. weil gerade ein Löschungsantrag wegen einer bereits getilgten oder nicht registerpflichtigen Verurteilung vorliegt, so ist die Steckbriefnachricht mit der Mitteilung über den Aufenthalt des Gesuchten zurückzusenden (Abs. 2 Satz 1).

c) Das StrReg. ist zuständig und es finden sich Vermerke im Register. Dann ist zu unterscheiden. Ergeben die Vermerke, daß sich der Gesuchte in Haft befindet oder wo er sich aufhält, so ist die Steckbriefnachricht mit der A. hierüber zurückzusenden (Abs. 2 Satz 1). Die Zurücksendung darf aber nur erfolgen, wenn der Aufenthaltsort sicher feststeht. Ist dies nicht der Fall, liegen aber Strafnachrichten oder sonstige Registervermerke aus nicht zu weit zurückliegender Zeit vor, die möglicherweise zur Feststellung des gegenwärtigen Aufenthaltsortes des Gesuchten führen können, so ist zwar die Steckbriefnachricht im Register zu belassen, die verfolgende Behörde aber über die vorliegenden Vermerke zu unterrichten (Abs. 2 Satz 2). Ebenso ist zu verfahren, wenn in der letzten Zeit ein Ersuchen um A. eingegangen war. Wegen der Notierung eines solchen Vorgangs im Reg. vgl. § 33 Anm. 17.

2. Während des Niederliegens einer Steckbriefnachricht im StrReg. können sich folgende Möglichkeiten ergeben:

a) Dem StrReg. wird der Aufenthalt des Gesuchten bekannt, z. B. durch Eingang einer Strafnachricht, aus der sich ergibt, daß und wo der Gesuchte in Haft ist, oder durch Bearbeitung eines Straflöschungsgesuchs über eine frühere Verurteilung. Dann ist die Steckbriefnachricht mit dem Vermerk über den Aufenthalt des Verurteilten zurückzusenden (Abs. 3 in Verbindung mit Abs. 2 Satz 1). Bestehen nur Anhaltspunkte dafür, wo der Gesuchte sich aufhalten könne, ohne daß der Aufenthalt feststeht, so ist die Steckbriefnachricht weiter im Register zu belassen und lediglich Mitteilung über die erlangten Anhaltspunkte für die Aufenthaltsermittlung zu machen (Abs. 3 in Verbindung mit Abs. 2 Satz 2).

b) Es geht eine neue Strafnachricht oder eine sonstige Mitteilung oder ein Ersuchen um AErteilung ein, aus denen sich zwar nicht der Aufenthalt des Gesuchten mit Sicherheit feststellen läßt, die aber möglicherweise Anhaltspunkte zur Ermittlung des Aufenthalts bieten. Dann ist der Behörde, welche die Steckbriefnachricht gemacht hat, sofort der neue Eingang mitzuteilen (Abs. 3 in Verbindung mit Abs. 2 Satz 2). Von der Mitteilung wird aber abzusehen sein, wenn der neue Eingang für die suchende Behörde offenbar ohne Bedeutung ist, wie z. B. eine Nachricht nach § 4 Abs. 2 Satz 1. Ist ein Ersuchen um A. eingegangen, so empfiehlt es sich — wenn dies auch nicht ausdrücklich vorgeschrieben ist (die niederliegenden Steckbriefnachrichten gehören nicht zum „Inhalt" des StrReg. im Sinne des § 32) —, bei der Beantwortung der Anfrage anzugeben, daß und von welcher Behörde eine Steckbriefnachricht vorliegt, da dies für die A. begehrende Behörde häufig von Wert sein wird.

c) Es geht eine Mitteilung ein, daß der Steckbrief erledigt ist. Dann wird die Steckbriefnachricht aus dem Register entfernt und zusammen mit der eingegangenen Mitteilung vernichtet (§ 41 Abs. 1). Damit entfällt zugleich die in § 3 Abs. 2 StrTilgG. angeordnete Hemmung des Ablaufs der Fristen dieses Gesetzes.

d) Es sind drei Jahre seit der Niederlegung der Steckbriefnachricht verflossen (die 3 Jahre laufen vom Tage der Ausstellung der Steckbriefnachricht, mag sie auch erst einige Zeit später beim Register eingegangen sein). Dann wird die Steckbriefnachricht an die Behörde zurückgesandt, die sie eingesandt hatte (§ 41 Abs. 3). Ist der Steckbrief noch nicht erledigt, so muß die Behörde ihn erforderlichenfalls erneuern; die 3 Jahre laufen dann von neuem. Die Rücksendung nach 3 Jahren ist angeordnet, weil nicht selten versäumt wird, die Erledigung eines Steckbriefs mitzuteilen und das StrReg. sonst durch viele längst erledigte Steckbriefnachrichten überflüssigerweise belastet bliebe. Hat die StrRegBeh. Anlaß zu der Annahme, daß trotz Ablaufs der 3 Jahre der Steckbrief noch nicht erledigt ist, z. B. weil er erst vor kurzem erneut veröffentlicht worden ist, so kann sie trotz der Vorschrift in § 41 Abs. 3 die Steckbriefnachricht im Register belassen und lediglich bei der suchenden Behörde anfragen, ob der Steckbrief erledigt ist. § 41 Abs. 3 gibt der Reg.-Beh. nur das Recht, begründet aber nicht auch die Pflicht zur Zurücksendung. Eine Rückfrage empfiehlt sich auch dann, wenn der Reg.-Beh. während der 3 Jahre Anhaltspunkte bekannt werden, welche die Vermutung begründen, daß sich die Steckbriefnachricht erledigt hat und nur versehentlich nicht zurückgenommen worden ist.

3. Abs. 4 gibt noch eine Sonderbestimmung für den Fall, daß mehrere Steckbriefnachrichten in verschiedenen Strafsachen vorliegen. Durch die Benachrichtigung aller beteiligten Behörden sollen die Ergebnisse der Nachforschungen nach der gesuchten Person, die in dem einen Verfahren erzielt werden, auch für die anderen Verfahren nutzbar gemacht werden. Hat die Beh., der eine Nachr. nach Abs. 4 zugegangen ist, den Aufenthalt des Gesuchten ermittelt oder ist sie seiner habhaft geworden, so empfiehlt es sich, daß sie hiervon sofort und unmittelbar die andere suchende Beh. benachrichtigt und dem StrReg. von diesem Schritte Kenntnis gibt. Dieses braucht dann nicht mehr — wozu es sonst verpflichtet wäre (§ 40 Abs. 3) — der anderen Behörde Nachricht zu geben. Jedenfalls aber muß die suchende Behörde von der Erledigung des Steckbriefs der StrRegBeh. Mitteilung machen (§ 39 Abs. 2) und dabei nach dem — durch die Nov. vom 19. Febr. 1926 neu eingefügten — § 41 Abs. 2 Satz 2 den Grund der Erledigung und wenn möglich auch den Haftort oder Aufenthaltsort angeben.

4. Für die in § 40 vorgeschriebenen Mitteilungen sind in Preußen und Bayern besondere Vordrucke (in Pr. PF. 43 und 44) eingeführt (Pr. AV. Ziff. 36 Abs. 2; Bayer. AB. B 34 II).

§ 41 (34).

Solange der Aufenthalt des Verfolgten nicht bekannt ist, wird die Steckbriefnachricht im Strafregister aufbewahrt.

Sie wird vernichtet, wenn eine Mitteilung über die Erledigung des Steckbriefs eingeht. Bei der Mitteilung

der Erledigung einer Steckbriefnachricht ist der Grund der Erledigung und, wenn möglich, der Aufenthaltsort oder Haftort des Gesuchten anzugeben.

Sind seit der Niederlegung der Steckbriefnachricht drei Jahre verflossen, so wird sie zurückgesandt.

Abs. 2 Satz 2 hinzugefügt durch Nov. vom 19. Febr. 1926 Art. I Nr. 26.

1. Der zweite Satz des Abs. 2 ist durch die VO. vom 19. Febr. 1926 hinzugefügt worden, um zeitraubende Rückfragen, die nach den Erfahrungen der Praxis sonst die Folge sind, zu vermeiden; solche Rückfragen würden insbesondere in den Fällen des § 40 Abs. 4 nötig.

2. Im übrigen vgl. die Anm. zu § 40, wo § 41 des Zusammenhangs wegen mitbehandelt ist.

3. Um die Rücksendung nach Abs. 3 vorzubereiten, insbesondere die Aussonderung der zurückzusendenden Steckbriefnachrichten aus dem StrReg. zu erleichtern, ist im StrReg. des RJMin. angeordnet, daß sofort bei Eingang einer Steckbriefnachricht in der rechten oberen Ecke das Jahr mit Blaustift vermerkt wird, in dem die 3 Jahre des Abs. 3 ablaufen.

4. Soll die Steckbriefnachricht über die 3 Jahre hinaus im Register belassen werden, so muß die suchende Behörde hiervon dem StrReg. vor Ablauf der 3 Jahre Mitteilung machen. Hierzu genügt eine einfache Mitteilung. Die Einsendung einer neuen Steckbriefnachricht ist nicht erforderlich, der Registerführer hat lediglich auf der Steckbriefnachricht die Verlängerung zu vermerken. Die 3 Jahre beginnen am Tage der Verlängerung von neuem zu laufen.

§ 42 (35).

Behörden und Stellen, denen Auskunft aus dem Strafregister zu erteilen ist, dürfen Suchvermerke im Strafregister niederlegen.

Im Suchvermerk ist anzugeben, aus welchem Grunde der Betroffene gesucht wird.

Auf Suchvermerke finden die Vorschriften der §§ 39 bis 41 über Steckbriefnachrichten entsprechende Anwendung.

Abs. 1, 2 eingefügt, Abs. 3 redaktionell geändert durch Nov. vom 19. Febr. 1926 Art. I Nr. 27.

1. Bisher war es bestritten, ob nur Gerichte und Strafverfolgungsbehörden einen Suchvermerk im Str.-Reg. niederlegen dürfen oder jede Behörde und Stelle, die A. aus dem StrReg. beanspruchen darf. Der Entwurf will die Frage im letzteren Sinne entscheiden. Der Suchvermerk ist als Ersuchen um Auskunft über künftig eingehende Registervermerke anzusehen, muß also folgerichtig allen Behörden und Stellen offenstehen, die A. aus dem StrReg. bekommen. Andernfalls würden solche Behörden und Stellen vielfach veranlaßt, ihre Auskunftsersuchen in kurzen Zeitabständen zu wiederholen, um die gewünschte A. zu erhalten. Dadurch würde den StrReg. noch mehr Arbeit aufgebürdet als durch die Niederlegung des Suchvermerkes.

2. Suchvermerke können demnach z. B. auch die Jugendämter niederlegen, um den Aufenthalt unehelicher Väter zu ermitteln, die sich ihrer Unterhaltspflicht entziehen. Auch zur Ermittlung des Aufenthalts von Zeugen können unter Umständen Suchvermerke niedergelegt werden.

3. Die auskunftsberechtigten Behörden sollen selbstverständlich von ihrer Befugnis, Suchvermerke niederzulegen, nur Gebrauch machen, wenn es sich um eine wichtige Angelegenheit handelt. Dies gilt insbesondere für andere Behörden als Gerichte und Strafverfolgungsbehörden. Sonst würde das StrReg. zu sehr überlastet. Vgl. Pr. AV. Ziff. 36 Fußn. 16. Deshalb ist im Abs. 2 auch vorgeschrieben, daß der Grund anzugeben ist, aus dem der Betroffene gesucht wird. Fehlt diese Angabe, so kann der Suchvermerk zurückgewiesen werden. Geht dem StrReg. ein Suchvermerk zu, dessen Niederlegung nach der Auffassung der StrRegBeh. sachlich nicht geboten erscheint, so wird sie den Fall dem Leiter des StrReg. zur Entscheidung darüber vorlegen, ob Vorstellungen bei der suchenden Behörde oder deren Aufsichtsbehörde angezeigt sind. Die Zurückweisung eines Suchvermerks mit der Begründung, der angegebene Grund rechtfertige die Niederlegung eines Suchvermerks nicht, ist nicht statthaft.

4. Bei der in Abs. 3 vorgeschriebenen entsprechenden Anwendung der §§ 39—41 sind Steckbriefnachrichten und Suchvermerke als völlig gleichwertig zu behandeln. Es genügt also z. B. für die Anwendbarkeit des § 40 Abs. 4, daß eine Steckbriefnachricht und ein Suchvermerk vorliegen.

5. Als Vordruck für Suchvermerke ist der rote Vordruck G mit entsprechender handschriftlicher Abänderung zu verwenden. Stets ist die Überschrift „Steckbriefnachricht" in „Suchvermerk" abzuändern, um eine ungerechtfertigte Anwendung des § 3 Abs. 2 StrTilgG. (vgl. Anm. 6) zu verhüten. Suchvermerke, die nicht auf Vordruck G gestellt werden, können zurückgewiesen werden.

6. Die in § 3 Abs. 2 StrTilgG. der Steckbriefnachricht beigelegte Wirkung kommt einem Suchvermerk nicht zu (vgl. § 3 StrTilgG. Anm. 11) und zwar auch dann nicht, wenn ein Haftbefehl vorliegt.

7. Im Verkehr mit dem Ausland ist die gegenseitige Niederlegung von Suchvermerken nicht üblich (vgl. § 39 Anm. 8).

VII. Vordrucke.

§ 43 (36).

Die Vordrucke für die Strafnachricht (A), für das Ersuchen um Auskunftserteilung (F) und für die Steckbriefnachricht (G) dürfen höchstens 255 Millimeter hoch und 192 Millimeter breit und müssen mindestens 240 Millimeter hoch und 177 Millimeter breit sein. Mitteilungen auf Vordrucken, die diese Grenzen nicht einhalten, kann das Strafregister zurückweisen.

Für die übrigen Muster (B bis E) genügt ein kleineres Format.

Die Vordrucke für die Strafnachricht (A) müssen aus starkem, dauerhaftem, weißem Papier sein. Die Steckbriefnachrichten (G) müssen rot sein.

1. Die Vorschriften des § 43 über Größe, Farbe und Qualität der in das StrReg. einzulegenden Mitteilungen sollen die praktische Hantierung im StrReg. erleichtern. Auch Mitteilungen A und G, die den Vorschriften des Abs. 3 nicht entsprechen, können zurückgewiesen werden.

2. Die Vorschrift des Abs. 1 Satz 2 bezieht sich nur auf „Mitteilungen" (A und G), die in das StrReg. einzulegen sind, nicht auch auf Ersuchen um A Erteilung (F), die nicht ins StrReg. aufgenommen werden (vgl. § 33 Anm. 1).

3. Bei den Mitteilungen auf den Mustern B bis E ist ein bestimmtes Format nicht vorgeschrieben, da sie doch nur im Reg. vermerkt und dann vernichtet werden. Soweit sie jedoch eingelegt werden (Mitt. nach § 4 Abs. 1 Satz 1 auf Muster C, nach § 5 Abs. 2 nach Muster D), empfiehlt es sich im Interesse zuverlässigen und einfacher Registerführung die in Abs. 1 bestimmten Größen gleichfalls einzuhalten.

VIII. Schlußbestimmungen.

§ 44 (neu).

Alle Mitteilungen an das Strafregister, alle Ersuchen um Auskunft aus dem Register sowie die zu erteilenden Auskünfte sind verschlossen zu versenden.

Eingefügt als § 36a durch VO. vom 19. Febr. 1926 Art. I Nr. 28.

1. In einzelnen Gebieten des Reichs war es zur Ersparung von Schreibmaterial und Porto vorgeschlagen, zum Teil auch üblich geworden, für gewisse Mitteilungen an das Strafregister Auskunftsersuchen und zu erteilende Auskünfte Postkarten zu verwenden und diese Postkarten gegebenenfalls auch offen mit der Post zu versenden. Bei der außerordentlichen wirtschaftlichen und gesellschaftlichen Tragweite, die das Bekanntwerden einer Registereintragung, aber auch schon der Tatsache, daß über jemand ein Registerauszug eingefordert wird, für den Betroffenen haben kann, erscheint die größte Vorsicht im Strafregisterverkehr geboten. Gegenüber den schweren Schäden, die der Betroffene erleiden kann, können die geringfügigen Ersparnisse, die etwa erzielt werden könnten und die übrigens durch vermehrte Schreibarbeit in zahlreichen Fällen zum größten Teil wieder aufgehoben würden, nicht in Betracht kommen. Um die Geheimhaltung der Strafregistervermerke sicherzustellen, schreibt § 29 VO. vor, daß die Register verschlossen aufzubewahren sind. Es empfahl sich, diese Vorschrift durch eine Bestimmung zu ergänzen, wonach alle Mitteilungen an das Strafregister, Auskunftsersuchen und Auskünfte in verschlossenem Umschlag zu versenden sind.

2. Es ist nicht erforderlich, daß die Mitteilungen und Ersuchen in verschlossenem Umschlag erfolgen; es genügt auch das schon bisher vielfach übliche Falten der Formulare mit einem das Entfalten verhindernden Verschluß (vgl. Bayer. AB. B 35).

3. Ausnahmen sind nicht zugelassen, auch nicht für die in VO. §§ 3, 39, 40 erwähnten Sendungen, obgleich bei ihnen zwingende Gründe, die eine verschlossene Sendung erforderlich machen, meist nicht vorliegen. Auch wo bisher in solchen Fällen die Verwendung von Postkarten üblich war, ist dies künftig nicht mehr zulässig.

§ 45 (37).

Die Ausführungsbestimmungen werden, soweit nicht die Reichsregierung mit Zustimmung des Reichsrates Vorschriften trifft, von den Landesregierungen, für das bei dem Reichsjustizministerium geführte Strafregister von dem Reichsminister der Justiz erlassen.

1. Allgemeine Ausführungsbestimmungen zur StrRegVO. sind im Reich bisher nicht ergangen, auch nicht in Aussicht genommen. Wegen der zu den § 1 Abs. 4, §§ 32 und 38 VO. ergangenen Bestimmungen und Bekanntmachungen des RM. d. Justiz vgl. die Erl. zu diesen Vorschriften und D II.

2. Für das beim RJMin. geführte StrReg. ist angeordnet, daß für die Registerführung neben den Vorschriften des StrTilgG., der StrRegVO. und den in Anm. 1 genannten Bestimmungen die für die preußischen StrReg. geltenden Ausführungsvorschriften anzuwenden sind, soweit nichts besonderes bestimmt wird.

3. Für die Landesstrafregister sind in den einzelnen Ländern, abgesehen von Vorschriften zur Regelung bestimmter Spezialfragen, wie z. B. über den Verkehr mit dem Ausland, allgemeine AVorschriften ergangen, die aus Anlaß der VO. vom 19. Febr. 1926 meist neu gefaßt worden sind.

Wegen der Länder Preußen, Bayern, Sachsen, Württemberg und Baden vgl. die unter D XII abgedruckten AVorschriften. Vgl. ferner Verfügung der Hamburger Senatskommission für die Justizverwaltung, betr. Ausführung der Strafregisterverordnung, vom 19. Mai 1926 (Hamb. JustVerwBl. Nr. 6 S. 41), Bekanntmachung des Mecklenburg-Schwerinschen Justizministeriums zur Ausführung der Strafregisterverordnung vom 15. Mai 1926 (Reg.-Bl. Nr. 37 S. 259).

§ 46 (38).

Unberührt bleiben die Vorschriften des Reichs und der Länder über sonstige Mitteilungen in Strafsachen. Unberührt bleiben insbesondere die Vorschriften, wonach bestimmten ausländischen Regierungen die Verurteilungen ihrer Staatsangehörigen vertragsmäßig in bestimmter Form mitzuteilen sind.

1. Zu Satz 1 vgl. für Preußen die AV. d. JM. vom 29. April 1907 (JMBl. S. 359) über Mitteilungen in Strafsachen, in der Fassung der AV. vom 17. Mai 1921, 20. Juni 1923 und 28. April 1924 (JMBl. 1921 S. 312; 1923 S. 450; 1924 S. 206); ferner die AV. vom 12. Juni 1920 (JMBl. S. 294), welche die Mitteilung von Strafnachrichten an die Ortspolizeibehörde des Wohnorts regelt. Für Bayern vgl. JMBek. vom 29. Nov. 1913 (JMBl. S. 694) und Bek. vom 9. Juni 1921 (JMBl. S. 103), vgl. auch § 33 der neuen Dienstvorschriften für Strafsachen vom 13. Jan. 1926 (JMBl. S. 1). Auch in den übrigen Ländern und im Reich bestehen zahlreiche Vorschriften über Mitteilungen, die über Strafverfahren und Verurteilungen im allgemeinen oder wegen bestimmter Taten oder gegen bestimmte Personengruppen an die beteiligten Behörden zu machen sind.

2. Ein Strafnachrichtenaustausch mit ausländischen Staaten findet statt:

a) auf Grund von ratifizierten Verträgen des Reichs mit ausländischen Staaten. Solche vertragliche Bindungen sind meist in Auslieferungs- oder Rechtshilfeverträgen enthalten. Derartige Verträge sind abgeschlossen mit Belgien, Bulgarien (vgl. jedoch Anm. 9, c), Frankreich hinsichtlich Elsaß-Lothringens, mit Griechenland, Italien, Luxemburg, den Niederlanden, Norwegen, Paraguay, der Schweiz, Spanien und der Tschechoslowakei. Außerdem bestehen solche Verträge zwischen süddeutschen Ländern und Frankreich. Früher hatten solche Verträge des Reichs noch bestanden mit Brasilien und der Türkei. Näheres in Anm. 5. Wegen des Austauschs von Strafnachrichten auf Grund der internationalen Abkommen über Mädchenhandel und Bekämpfung unzüchtiger Veröffentlichungen vgl. Anm. 19.

b) auf Grund einfachen Notenwechsels oder formloser Vereinbarung. Dies ist der Fall im Verkehr mit Österreich, Polen und Liechtenstein und war früher auch der Fall im Verkehr mit Peru und Portugal;

c) in Einzelfällen auf Anordnung der Reichsregierung;

d) ohne Vereinbarung oder Anordnung auf Grund tatsächlicher Übung (vgl. Anm. 9, g).

3. Der Strafnachrichtenaustausch erstreckt sich fast durchweg nur auf Verurteilungen (vgl. jedoch Anm. 4) und zwar meist nur auf Verurteilungen wegen Verbrechen oder Vergehen. Für die Frage, ob eine Verurteilung wegen solcher Straftaten oder wegen Übertretung vorliegt, ist das Recht des Staates maßgebend, in dem die Verurteilung ausgesprochen ist. Demgemäß erhalten die deutschen StrReg. Mitt. über Verurt. wegen Bettelns, Landstreicherei usw. von solchen Staaten, bei denen diese Taten Vergehen darstellen. Mit Rücksicht hierauf und, um die verschiedene Regelung der Mitteilungspflicht an inländische StrReg. und an das Ausland zu vermeiden, haben sich die Landesregierungen im Jahre 1887 dahin geeinigt, daß auch dann, wenn der Vertrag nur auf Mitteilung von Verbrechen und Vergehen lautet, Übertretungen nach § 361 Nr. 1—8 StGB., die damals neben den Verbrechen und Vergehen allein registerpflichtig waren, den ausländischen Regierungen mitgeteilt werden sollen. Entsprechende Anweisungen an die Registerbehörden sind überall ergangen (vgl. z. B. für Preußen AV. vom 30. Juni 1888 und auch noch die AV. d. JM. vom 22. August 1913, 18. März 1914, JMBl. 1888 S. 167; 1913 S. 319; 1914 S. 286), für Bayern Bek. des Min. d. Justiz und d. Innern vom 28. Juni 1888, JMBl. S. 147). Ein Anspruch der ausländischen Regierungen auf Fortdauer dieser Handhabung der Verträge besteht nicht; gleichwohl liegen keine Bedenken vor, auch künftig alle nach den deutschen Vorschriften registerpflichtigen Verurteilungen wegen Übertretungen den ausländischen Regierungen mitzuteilen. Eine Verpflichtung zur Mitteilung besteht nur gegenüber der Tschechoslawakei und Polen, mit denen der Austausch aller registerpflichtigen Verurteilungen vereinbart ist.

Als Verurteilung im Sinne der Verträge und Vereinbarungen gelten auch Beschlüsse über Bildung von Gesamtstrafen (§ 2 Abs. 3).

Keine Verurteilung und deshalb grundsätzlich von dem Austausch ausgeschlossen sind Mitteilungen nach § 9 Nr. 1, 2 und demgemäß auch nach § 9 Nr. 3, 4.

4. Die sog. Nebenvermerke (§ 19 Anm. 1 b) werden in der Regel nicht mitgeteilt. Nur im Verkehr mit der Tschechoslowakei und Polen sind sie mitzuteilen (vgl. Anm. 9, t, p).

Das gleiche gilt für Nachrichten über Beschlüsse der Landespolizeibehörden nach § 3.

5. Für politische oder andere vom Rechtshilfeverkehr ausgeschlossene Verbrechen und Vergehen ist im allgemeinen keine Ausnahme von der Mitteilungspflicht gemacht.

6. Der Austausch beschränkt sich grundsätzlich auf Verurt. (usw.) von Staatsangehörigen des anderen Teils (vgl. jedoch Anm. 19). Entscheidend ist also nicht der Geburtsort oder der Aufenthaltsort, sondern ausschließlich die Staatsangehörigkeit des Verurteilten. Die Verurteilung eines in Belgien geborenen und in der Schweiz wohnenden Holländers wird also nur den Niederlanden mitgeteilt. Die Verurteilung eines in Deutschland geborenen und hier oder im Ausland wohnenden Schweizers wird der Schweiz mitgeteilt. Ebenso werden Deutschland nur die Verurteilungen von deutschen Staatsangehörigen mitgeteilt, gleichviel wo sie geboren sind oder wohnen.

7. In den älteren Verträgen ist der Austausch in der Regel auf Nachrichten über Verurteilungen beschränkt, die von den beiderseitigen Gerichten (Gerichtshöfen) ausgesprochen sind. Damit scheiden aus polizeiliche Strafverfügungen und Strafbescheide und Strafverfügungen von Verwaltungsbehörden, wie der Finanzämter, der Zollämter usw. Straffestsetzungen durch nicht gerichtliche Behörden sind mitzuteilen an die Niederlande, Norwegen, Österreich, Polen und die Tschechoslowakei (vgl. Anm. 9, k—m, p, t).

8. Der Austausch erfolgt, soweit nichts anderes vereinbart ist, im diplomatischen Verkehr. Mit der Tschechoslowakei und Polen ist ein vereinfachter Austausch zwischen den Reichsjustizministerien dieser Staaten vereinbart.

Der Austausch findet meist in regelmäßigen Zwischenräumen, z. B. von 3 zu 3 Monaten (so bei der Tschechoslowakei, Zusatzprotokoll zum Auslieferungsvertrag Ziff. 4, abgedruckt unter D VII 11) oder von Fall zu Fall statt.

Wegen der Form und Sprache der Mitt. vgl. Anm. 12, 16.

9. Nachstehend sind die ausländischen Staaten, mit denen ein Austauschverkehr besteht oder bestanden hat, unter Angabe der Grundlage des Austauschs in alphabetischer Reihenfolge einzeln aufgeführt. Vgl. auch die Zusammenstellung in der AV. d. Pr. JM. vom 11. Juli 1923 (JMBl. S. 531), ergänzt durch AV. vom 10. April 1926 unter 2 (JMBl. S. 147) sowie in der Württemb. AVO. z. StrRegVO. vom 22. April 1926 (JMBl. S. 101, abgedruckt unter D XII 4) Anm. zu § 24. Die getroffenen Vereinbarungen entsprechen, soweit nichts anderes bemerkt ist, dem in den Anm. 3 bis 8 als Regelfall bezeichneten Rechtszustand; d. h. es werden (wurden) im diplomatischen Verkehr Nachrichten über alle Verurt. der Staatsangehörigen des anderen Teils durch die Gerichte wegen Verbrechen oder Vergehen mitgeteilt.

a) Belgien. Rechtsgrundlage des Austauschs ist Art. 16 des Auslieferungsvertrags vom 24. Dez. 1874 (RGBl. 1875 S. 73; abgedruckt unter D VII 1 a). Der Vertrag ist durch den Ausbruch des

Krieges zwischen Deutschland und Belgien außer Kraft getreten, am 29. Mai 1920 aber auf Grund des Art. 289 des Vertrags von Versailles wieder in Kraft gesetzt worden (Bek. des RM. d. Auswärtigen vom 30. Juni 1920 Ziff. 4, RGBl. S. 1379). Der Vertrag bezieht sich nunmehr auch auf Personen, die durch die Abtretung der Kreise Eupen und Malmedy belgische Staatsangehörige geworden sind. Personen, die in diesen Bezirken geboren sind und wohnen, sind, sofern nicht Anhaltspunkte für eine Option für Deutschland vorliegen, als Belgier anzusehen (vgl. Art. 36, 37 des Vertrags von Versailles).

b) Brasilien. Vor dem Kriege hat ein Austausch von Str.-Nachrichten auf Grund des Art. 17 des Auslieferungsvertrags vom 17. Sept. 1877 (RGBl. 1878 S. 293) stattgefunden. Der Vertrag ist durch Kündigung von seiten Brasiliens am 15. Sept. 1913 außer Kraft getreten (RGBl. S. 312).

c) Bulgarien. Es besteht ein gegenseitiger Austausch von StrNachr. auf Grund des Art. 26 des deutsch-bulgarischen Auslieferungsvertrags vom 29. Sept. 1911 (RGBl. 1913 S. 468, 487). Nach dem Kriege bis Anfang 1922 hat der Austausch wegen technischer Schwierigkeiten der Übermittlung vorübergehend geruht. Der Vertrag ist nunmehr von der Reichsregierung gekündigt und wird am 23. Sept. 1926 außer Kraft treten (RGBl. 1925 II S. 952).

d) Frankreich. Zwischen dem Deutschen Reich als solchem und Frankreich besteht ein Strafnachrichtenaustausch nur, soweit Elsaß-Lothringen in Frage steht (Art. 11 Abs. 1 des deutsch-französischen Abkommens über elsaß-lothringische Rechtsangelegenheiten vom 5. Mai 1920, RGBl. S. 1995, abgedruckt unter D VI 1). Die beiden Staaten verpflichteten sich, einander kostenlos Strafnachrichten über die rechtskräftigen Urteile zu übermitteln, die von den Gerichten in Elsaß-Lothringen gegen Deutsche und von deutschen Gerichten gegen in Elsaß-Lothringen geborene Personen wegen strafbarer Handlungen jeder Art mit Ausnahme der Übertretungen erlassen sind. Deutschland hat demnach StrNachr. über die in Elsaß-Lothringen geborenen Personen auch dann mitzuteilen, wenn sie Deutsche oder ausländische Nichtfranzosen sind. Wegen der Geltungsdauer des Abkommens vgl. § 37 Anm. 3 b.

Außerdem ist durch Schriftwechsel der deutschen Botschaft in Paris mit der französischen Regierung vom 16. Jan./6. März 1925 vereinbart worden, daß der Austausch der StrNachr. „unter denselben Voraussetzungen und in der gleichen Weise wie vor dem Kriege“ wieder aufgenommen wird (Bek. des RM. d. Auswärtigen vom 30. März 1925, RMBl. S. 231). Ein regelmäßiger Austausch hat vor dem Kriege bestanden mit Bayern, Württemberg und Baden. Wegen der Ausdehnung des Austauschs auf das ganze Reichsgebiet schweben Verhandlungen mit der französischen Regierung.

e) Griechenland. Rechtsgrundlage des Austauschs ist Art. 19 des Auslieferungsvertrags vom 12. März/27. Febr. 1907 (RGBl. S. 545; abgedruckt unter D VII 2). Dieser Vertrag ist durch den

Ausbruch des Krieges zwischen Deutschland und Griechenland außer Kraft getreten, am 30. Juni 1920 aber auf Grund des Art. 289 des Vertrags von Versailles wieder in Kraft gesetzt worden (Bek. d. RM. des Auswärtigen vom 5. Aug. 1920, RGBl. S. 1544).

f) Italien. Der Austausch erfolgt auf Grund des Art. 15 des Auslieferungsvertrags vom 31. Okt. 1871 (RGBl. S. 446; abgedruckt unter D VII 3). Dieser Vertrag ist durch Ausbruch des Krieges zwischen Deutschland und Italien außer Kraft getreten, am 8. Juli 1920 aber auf Grund des Art. 289 des Vertrags von Versailles wieder in Kraft gesetzt worden (Bek. d. RM. des Auswärtigen vom 15. Aug. 1920 Ziff. 2, RGBl. S. 1577).

g) Jugoslawien. In den letzten Jahren hat ohne besondere Vereinbarung ein Strafnachrichtenaustausch in geringem Umfang stattgefunden. Um die aus Jugoslawien eingehenden StrNachr. für die inländischen StrReg. auswerten zu können, hat die Reichsregierung den Landesregierungen im Jahre 1924 eine deutsche Übersetzung des in Jugoslawien für StrNachr. gebräuchlichen Vordrucks mitgeteilt.

h) Liechtenstein. Durch Notenwechsel vom 15. Juni/24. Sept. 1920 ist vereinbart, daß die in Deutschland erfolgenden Verurt. Liechtensteinischer Staatsbürger durch Vermittlung der Schweizer. Gesandtschaft in Berlin der Liechtensteinischen Regierung und auf dem gleichen Wege Verurt. deutscher Reichsangehöriger in Liechtenstein der deutschen Regierung von Fall zu Fall mitzuteilen sind. Früher hatte die Österreichisch-Ungarische Botschaft in Berlin die Vermittlung.

i) Luxemburg. Der Austausch beruht auf Art. 16 des Auslieferungsvertrags vom 9. März 1876 (RGBl. S. 223; abgedruckt unter D VII 4). Er hat von Dezember 1918 bis Februar 1922 wegen technischer Schwierigkeiten der Übermittlung geruht.

k) Niederlande. Rechtsgrundlage des Austauschs ist Art. 16 des Auslieferungsvertrags vom 31. Dez. 1896 (RGBl. S. 731; abgedruckt unter D VII 5). Der Austausch ist nicht auf Verurt. durch Gerichte beschränkt (vgl. Anm. 7).

l) Norwegen. Der Austausch erfolgt nach Art. 14 a des Auslieferungsvertrag vom 19. Jan. 1878, eingefügt durch Art. 4 des Zusatzvertrags vom 7. März 1907 (RGBl. 1907 S. 239; abgedruckt unter D VII 6). Ausgenommen sind von der Mitteilung die in Deutschland ergangenen Verurteilungen wegen Übertretungen und die in Norwegen ergangenen Verurteilungen wegen solcher als „Forseelser" anzusehenden Straftaten, die nicht mit Gefängnis von mehr als drei Monaten bedroht sind.

m) Österreich. Vor dem Kriege bestand seit 1901 mit Österreich (nicht auch mit Ungarn) eine Vereinbarung über gegenseitigen Austausch von StrNachr. (vgl. AV. d. Pr. JM. vom 21. Jan. 1901, JMBl. S. 25). Diese Vereinbarung ist als im Verhältnis zwischen dem Deutschen Reich und Deutsch-Österreich fortbestehend zu behandeln (vgl. AV. d. Pr. JM. vom 8. Nov. 1920, JMBl. S. 606).

n) P a r a g u a y. Der Austausch beruht auf Art. 17 des Auslieferungsvertrags vom 26. Nov. 1909 (RGBl. 1915 S. 571; abgedruckt unter D VII 7).

o) P e r u. Vom Jahre 1902 bis zum Kriege hat ein gegenseitiger Austausch von StrNachr. stattgefunden. Seitdem ruht er.

p) P o l e n. Der Austausch von StrNachr. ist ohne ausdrückliche Vereinbarung der beiden Regierungen im März 1924 aufgenommen worden (vgl. AV. des Pr. JM. vom 2. April 1924, JMBl. S. 153). Jetzt erfolgt der Austausch auf Grund der Ziff. 5 des Notenwechsels vom 16. Dez. 1925 (RGBl. 1926 II S. 89; abgedruckt unter D VII 8). Ausgetauscht werden alle rechtskräftigen auf Strafe lautenden Entscheidungen, die von den Behörden des einen Staates gegen Angehörige des andern Staates ergehen, soweit sie nach den Vorschriften des mitteilenden Staates registerpflichtig sind. Der Austausch ist also nicht auf Verurt. durch Gerichte und nicht auf Verurt. wegen Verbrechen oder Vergehen beschränkt (Anm. 3, 7). Mitzuteilen sind ferner alle weiteren registerpflichtigen Entscheidungen, die sich auf eine mitzuteilende Verurt. beziehen, also die Nebenvermerke (§ 19 Anm. 1 b), soweit sie sich auf Verurt. beziehen, sowie die Entscheidungen der Landespolizeibehörden nach § 3. Der Austausch erfolgt durch Vermittlung des RM. d. Justiz in Berlin und des Polnischen Justizministeriums in Warschau. Die Regelung stimmt überein mit der Vereinbarung, die mit der Tschechoslowakei (vgl. unter t) getroffen ist. Die Versendung deutscher Übersetzungen der polnischen Vordrucke für die Mitt. an die Landesregierungen ist in die Wege geleitet.

q) P o r t u g a l. Vom Jahre 1894 bis zum Kriege hat ein gegenseitiger Austausch von StrNachr. auf Grund Übereinkommens der Regierungen stattgefunden. Seitdem ruht er.

r) S c h w e i z. Der Austausch beruht auf Art. 15 des Vertrags wegen gegenseitiger Auslieferung der Verbrecher vom 24. Jan. 1874 (RGBl. S. 113; abgedruckt unter D VII 9).

s) S p a n i e n. Rechtsgrundlage des Austauschs ist Art. 16 des Auslieferungsvertrags vom 2. Mai 1878 (RGBl. S. 213; abgedruckt unter D VII 10).

t) T s c h e c h o s l o w a k e i. Der Austausch von StrNachr. ist auf Anregung der Regierung der Tschechoslowakischen Republik im Frühjahr 1920 aufgenommen worden (vgl. AV. d. Pr. JM. vom 14. März 1920, JMBl. S. 153). Jetzt bildet die Rechtsgrundlage des Austauschs der Artikel 20 des am 4. November 1923 in Kraft getretenen (RGBl. 1923 II S. 396) Vertrags über die Auslieferung und die sonstige Rechtshilfe in Strafsachen vom 8. Mai 1922 (RGBl. 1923 II S. 48). Der Vertrag weicht von den früheren Verträgen mit anderen Staaten insofern ab, als

1. alle auf Strafe lautenden Entscheidungen (ohne Beschränkung auf Verbrechen und Vergehen) mitzuteilen sind, soweit sie nach den Vorschriften des mitteilenden Teiles registerpflichtig sind;

2. auch die von anderen Behörden als den Gerichten festgesetzten Verurteilungen mitzuteilen sind;

3. außer den Verurt. auch alle registerpflichtigen Nachrichten mitzuteilen sind, die sich auf derartige Entscheidungen beziehen, also die sog. Nebenvermerke — § 19 Anm. 1 b —, soweit sie sich auf Verurt. beziehen, und Mitteilungen nach § 3 VO.;

4. der Austausch nicht im diplomatischen Verkehr, sondern im unmittelbaren Verkehr zwischen dem RJMin. und dem JMin. in Prag erfolgt.

Die Regelung stimmt sachlich mit der später mit Polen getroffenen vorläufigen Regelung (vgl. unter p) überein und dürfte das Vorbild für etwaige künftige neue Abmachungen des Reichs über Austausch von StrNachr. sein.

Damit die aus der Tschechoslowakei in Deutschland eingehenden Registerblätter ausgewertet werden können, hat die Reichsregierung den Landesregierungen eine deutsche Übersetzung der tschechoslowakischen Vordrucke für StrRegMitt. sowie eine Zusammenstellung deutscher Übersetzungen der in den StrNachr. aus der Tschechoslowakei am häufigsten vorkommenden tschechischen Worte zugehen lassen.

u) Türkei. Ein gegenseitiger Austausch von StrNachr. hat auf Grund des Art. 27 des Auslieferungsvertrags vom 11. Jan. 1917 (RGBl. 1918 S. 264) stattgefunden. Der Vertrag ist nach Art. 290 des Vertrags von Versailles in Verbindung mit Art. 25 des Vertrags von Lausanne aufgehoben. Demgemäß besteht zur Zeit kein Austausch mehr.

10. Mit den in Anm. 9 nicht aufgeführten ausländ. Staaten besteht kein regelmäßiger Austausch von StrNachr., auch nicht mit der Freien Stadt Danzig und dem Memelgebiet. Doch kann in Einzelfällen ein Austausch stattfinden, wenn dafür ein besonderer Grund vorliegt. In Preußen ist für solche Fälle Bericht an das JM. unter Angabe des Grundes, der die ausnahmsweise Übersendung rechtfertigt, vorgeschrieben (AV. Ziff. 37 Abs. 4).

11. Auf das Saargebiet bezieht sich § 46 Satz 2 nicht, da es nicht Ausland, sondern Teil des Deutschen Reichs ist (vgl. § 2 Anm. 19). Daß den saarländischen StrReg. die registerpflichtigen Verurt. durch deutsche Gerichte und Behörden außerhalb des Saargebiets mitzuteilen sind, ist in Art. II Abs. 2 der VO. vom 29. Febr. 1926 (D I 6) ausdrücklich bestimmt. Die Mitt. sind dem StrReg. in Saarbrücken durch Vermittlung des Oberpräsidenten der Rheinprovinz in Coblenz als Reichskommissar für die Übergabe des Saargebiets zuzuleiten.

12. Hinsichtlich der Form der ans Ausland zu machenden Mitteilungen enthalten die älteren Verträge meist die Wendung, daß die Mitteilung „durch vollständige oder auszugsweise Übersendung des ergangenen und rechtskräftig gewordenen Urteils" erfolgen soll. In späteren Verträgen ist manchmal schon die Übersendung einer „Strafnachricht" ausdrücklich zur Wahl gestellt, vielfach die Übersendung eines vollständigen Urteils nicht mehr erwähnt.

Auf Grund einer von den Landesregierungen im Jahre 1887 getroffenen Übereinkunft ist allgemein (vgl. die in Anm. 3 angeführten Bestimmungen in Preußen und Bayern vom Jahre 1888, ferner Pr. AV. Ziff. 37) die Verwendung des Musters der StrNachr. A angeordnet. Der Vordruck ist in der gleichen Weise auszufüllen wie bei Inlandsnachrichten; nur ist im Kopf der ausländische Ort, für dessen StrReg. die Nachricht bestimmt ist, nicht anzugeben, sondern nur neben dem hierfür offen zu lassenden Raum das betreffende Land in Klammer zu bezeichnen.

Die Ausfüllung der für das Ausland bestimmten StrNachr. hat in lateinischer Schrift zu erfolgen. Neben der Unterschrift ist das Dienstsiegel der mitteilenden Behörde beizudrucken; fehlt das Siegel, so kann die StrRegBeh., durch welche die StrNachr. weitergeleitet wird, ihr eigenes Siegel beidrücken, um die StrNachr. nicht zurücksenden zu müssen.

13. Inhaltlich muß die für das Ausland bestimmte StrNachr. mit der Nachricht übereinstimmen, die in das inländ. StrReg. geht; doch können natürlich Vermerke, wie sie z. B. § 12 Abs. 3 VO. vorsieht, wegbleiben, soweit sie dem Ausland nicht mitzuteilen sind.

Wichtig ist, daß stets die Staatsangehörigkeit, bei Schweizern auch der Heimatskanton und die Heimatgemeinde, bei Österreich die Heimatgemeinde und die Bezirkshauptmannschaft angegeben wird (vgl. § 13 Anm. 7).

14. Die Feststellung der Staatsangehörigkeit und damit des Landes, dem die StrNachr. mitzuteilen ist, macht oft Schwierigkeiten, da nicht bekannt ist, in welchen ausländischen Staaten der Geburtsort oder die Heimatgemeinde liegt. Insbesondere entstehen Schwierigkeiten solcher Art wegen der Gebietsabtretungen infolge der Friedensverträge. Als Hilfsmittel für die erforderlichen Feststellungen kommen insbesondere folgende Lexika und Ortschaftsverzeichnisse in Betracht:

Ritters Geographisch-Statistisches Lexikon. (Verlag von Otto Wigand in Leipzig.)

Preuß. Statistisches Landesamt, Plankammer, Berlin 1926. Ortschaftsverzeichnis für alle vom Deutschen Reich auf Grund des Versailler Vertrages vom 28. Juni 1919 abgetretenen Gebiete (einschl. Elsaß-Lothringen). (Verlag des Preuß. Statistischen Landesamts in Berlin SW 68, Lindenstr. 28.)

Preuß. Statistisches Landesamt, Plankammer, Berlin. Die von Preußen abgetretenen Gebiete mit einer Hauptübersicht, einem Gemeinde- und Ortsverzeichnis (einschl. des unter preußischer Staatshoheit verbleibenden Saargebiets). (Verlag des Preuß. Statistischen Landesamts in Belin SW 68, Lindenstr. 28.

Preuß. Statistisches Landesamt, Plankammer, Berlin 1924. Schlesien nach der Teilung. (Verlag des Preuß. Statistischen Landesamts in Berlin SW 68, Lindenstr. 28.)

Pfohl, Ernst Prof., Orientierungs-Lexikon über die Republik Österreich. (Verlag Buchhandlung Sepp Matzky in Wien I Mölkerbastei 3.)

Pfohl, Ernst Prof., Orientierungs-Lexikon der Tschechoslowakischen Republik. (Verlag Buchhandlung Sepp Matzky in Wien I Mölkerbastei 3.)

Pott, M., Aardrijkskundig Woordenboek Van Nederland. Verlag: Te Groningen Bij J. B. Wolters' U. M.)

Weber, Henry, Henne am Rhyn, Otto, Dr., Neues vollständiges Orts-Lexikon der Schweiz.

Mataigne, H., Nouvelle géographie de la France, comprenant toutes les communes, l'administration, la population pp.

Nuovo dizionario dei Comuni e frazioni di comuni del Regno d'Italia.

Wegen der Ortschaften des Saargebiets (vgl. Anm. 11) vgl.

Preuß. Statistisches Landesamt, Plankammer, Berlin. Gemeinde- und Ortschaftsverzeichnis des Regierungsbezirks Trier und des preußischen und bayerischen Teils des Saargebiets. (Verlag des Preuß. Statistischen Landesamts in Berlin SW 68, Lindenstr. 28.)

15. Bis zum 1. Mai 1926 bestand hinsichtlich des Kreises der dem inländischen StrReg. und der den ausländischen Regierungen mitzuteilenden Verurt. wegen Vergehen ein erheblicher Unterschied, da den ausländischen Regierungen entsprechend den Verträgen alle Verurt. wegen Vergehen mitgeteilt werden müssen, auch wenn sie nach den bestehenden Vorschriften nicht in die inländischen StrReg. aufgenommen wurden (vgl. § 2 Anm. 22). Dieser Unterschied ist seit 1. Mai 1926 weggefallen, da nunmehr auch alle Verurt. wegen Vergehen im Inland registerpflichtig sind.

16. Über die Sprache, in der die StrNachr. für das Ausland abzufassen sind, ist meist nichts vereinbart. Dabei ist als selbstverständlich vorausgesetzt, daß jeder Staat seine Mitt. in seiner Amtssprache abfaßt. Im Vertrag mit der Tschechoslowakei ist dies ausdrücklich bestimmt; dabei ist hinzugefügt, daß Übersetzungen in die Sprache des Empfangsstaats nicht beigelegt zu werden brauchen (vgl. Art. 23 des Vertrags mit der Tschechoslowakei, Anm. 9, s). Wegen der Erleichterungen für die Übersetzung der aus der Tschechoslowakei, Polen und Jugoslawien eingehenden Mitteilungen vgl. Anm. 9, g, p, s. Im übrigen ist dafür zu sorgen, daß eingehende Auslandsnachrichten, soweit sie in einer den Registerführern nicht bekannten Sprache abgefaßt sind, vor ihrer Einlegung in das StrReg. ins Deutsche übersetzt werden (vgl. § 19 Anm. 4).

17. Der Weg, auf dem die für das Ausland bestimmten Str.-Nachr. an ihr Ziel zu bringen sind, ist folgender. Die Behörde, welche die Inlandsnachricht herzustellen hat, hat gleichzeitig eine Zweitschrift für das Ausland herzustellen. Ist für die Inlandsnachricht das StrReg. des RJMin. zuständig, so wird die Zweitschrift zusammen mit der Inlandsnachricht dem RJMin. (Strafregister) in Berlin W 9 Voßstraße 5 übersandt, das sie nach Prüfung der Richtigkeit und Vollständigkeit durch das Ausw. Amt der betreffenden ausländischen Regierung übermitteln läßt. Ist der Geburtsort im Inland gelegen, so ist die Zweitschrift mit Bericht dem Justizministerium des Landes vorzulegen, das sie an das Ausw. Amt weiterleitet. Vgl. Pr. AV. Ziff. 37 Abs. 3.

18. Der Austausch erfolgt stets kostenfrei. In vielen Verträgen ist dies ausdrücklich vereinbart. Kostenfreiheit besteht aber auch, wo eine solche ausdrückliche Vereinbarung fehlt.

19. Außer den Verträgen mit einzelnen ausländischen Staaten bestehen noch internationale Abkommen, durch welche die gegenseitige Mitteilung von Strafnachrichten bestimmter Art vorgesehen ist.

a) In Art. 7 des auf Grund des Art. 282 Nr. 17 des Vertrags von Versailles für Deutschland wieder in Kraft getretenen Internationalen Abkommens zur Bekämpfung des Mädchenhandels vom 4. Mai 1910 (RGBl. 1913 S. 31, 44; abgedruckt unter D VII 12 a) haben sich die vertragschließenden Staaten, zu denen auch Deutschland und die meisten anderen Kulturstaaten gehören, verpflichtet, einander die StrNachr. mitzuteilen, sofern es sich um Zuwiderhandlungen der in dem Abkommen bezeichneten Art (Art. 1, 2: Anwerben, Verschleppen oder Entführen minderjähriger Frauen oder Mädchen zu unsittlichem Zwecke oder volljähriger Frauen oder Mädchen durch Täuschung oder Zwangsmittel zu dem gleichen Zwecke) handelt, deren Tatbestandsmerkmale auf verschiedene Länder entfallen. Die StrNachr. sind von den Staatsanwaltschaften an die in dem Lande der Aburteilung auf Grund des alten, ebenfalls auf Grund des Art. 282 Nr. 17 für Deutschland wieder in Kraft getretenen Abkommens gegen den Mädchenhandel vom 18. Mai 1904 (RGBl. 1905 S. 695, 705) eingerichteten Behörde — in Deutschland an die „Zentralpolizeistelle zur Bekämpfung des Internationalen Mädchenhandels“ beim Polizeipräsidium in Berlin (Zentralbl. f. d. Deutsche Reich 1905 S. 185) zu richten, das sie an die gleichartigen Behörden der anderen Vertragsstaaten im unmittelbaren Geschäftsverkehr weitergibt.

Die Internationale Übereinkunft zur Unterdrückung des Frauen- und Kinderhandels vom 30. Sept. 1921 (RGBl. 1924 II S. 180) enthält keine ausdrückliche Vorschrift nach Art des Art. 7 des Abkommens von 1910. Doch erscheint es zweckmäßig auch hinsichtlich der von der Übereinkunft neu erfaßten Tatbestände die in Art. 7 vorgesehenen Strafnachrichten zu geben.

b) Eine ähnliche Verpflichtung der Vertragsstaaten enthält Art. 3 des Internationalen Abkommens zur Bekämpfung der Verbreitung unzüchtiger Veröffentlichungen vom 4. Mai 1910 (RGBl. 1911 S. 209, nach Art. 282 Nr. 18 des Vertrags von Versailles für Deutschland wieder in Kraft getreten, abgedruckt unter D 12 b). Danach soll die in allen Vertragsstaaten einzurichtende besondere Behörde — in Deutschland die „Zentralpolizeistelle zur Bekämpfung unzüchtiger Bilder, Schriften und Inserate“ beim Polizeipräsidium in Berlin (Zentralbl. f. d. Deutsche Reich 1911 S. 507, Pr. JMBl. 1921 S. 412) —, falls die innere Gesetzgebung ihres Landes dem nicht entgegensteht (was in Deutschland nicht der Fall ist), gehalten sein, Strafnachrichten über die in ihrem Lande erfolgten Verurteilungen hinsichtlich unzüchtiger Schriften, Zeichnungen, Bilder oder Gegenstände, soweit sie internationalen Charakter haben, den gleichartigen Behörden aller anderen Vertragsstaaten mitzuteilen. Wegen des Geschäftsgangs gilt das gleiche wie zu a. Vgl. AV. d. Pr. JM. vom 28. Dez. 1912 (JMBl. S. 452).

Die Internationale Übereinkunft zur Bekämpfung der Verbreitung und des Vertriebs unzüchtiger Veröffentlichungen vom 12. Sept. 1923 (RGBl. 1925 II 288) enthält keine den in Art. 3 des Abkommens von 1910 entsprechende Vereinbarung. Nur die Mitteilung des Sachverhalts von Fällen internationaler Bedeutung ist in Art. VI der Übereinkunft vorgesehen. Gleichwohl wird man es als zweckmäßig ansehen müssen, daß die in Art. 3 des Abkommens von 1910 vereinbarten Strafnachrichten auch für die unter das neue Abkommen fallenden Straftaten gemacht werden.

§ 47 (39 Abs. 1).

Die Verordnung tritt mit dem 1. Juli 1920 in Kraft. Gleichzeitig tritt die Verordnung des Bundesrats über die Strafregister vom 16. Mai 1918 (Zentralbl. für das Deutsche Reich S. 164) außer Kraft.

Der bisherige Abs. 2 des § 39 ist bei der Neufassung der VO. auf Grund des Art. IV der VO. vom 19. Febr. 1926 weggelassen worden.

1. Die Vorschrift des Satz 1 bezieht sich nur auf die Bestimmungen der StrRegVO., die aus der StrRegVO. vom 12. Juni 1920 unverändert in die Neufassung vom 8. März 1926 übernommen worden sind. Die nach dem 1. Juli 1920 erlassenen Änderungsvorschriften sind mit dem Inkrafttreten der einzelnen Abänderungsverordnungen (vgl. Vorbem. zu StrRegVO. Anm. 2), die auf Grund der VO. vom 19. Febr. 1926 eingetretenen Änderungen am 1. Mai 1926 in Kraft getreten; letzteres ergibt sich zweifelsfrei aus Art. V Abs. 1 der VO. vom 19. Febr. 1926 und aus dem verfügenden Teil der Bekanntmachung vom 8. März 1926, mit der die neue Fassung der StrRegVO. bekannt gemacht worden ist (RGBl. 1926 I S. 157, abgedruckt unter B II). Es wäre vielleicht, um jedes Mißverständnis auszuschließen, zweckmäßig gewesen, in der VO. vom 19. Febr. 1926 auch die Weglassung des § 39 Abs. 1 (nicht nur des Abs. 2 dieser Vorschrift, wie verfügt, vgl. Anm. 2) anzuordnen. Da dies jedoch nicht geschehen ist, mußte die Vorschrift in ihrer ursprünglichen Fassung in den neuen Text der StrRegVO. aufgenommen werden, der ja nicht eine neue VO., sondern nur eine Neufassung der StrRegVO. vom 12. Juni 1920 darstellt (vgl. Vorbem. zur StrRegVO. Anm. 1).

2. Die bisherigen Übergangsbestimmungen für die im militärgerichtlichen Verfahren ergangenen Entscheidungen (§ 39 Abs. 2, abgedruckt unter D I 6 Anm. 1), sind durch die VO. vom 19. Febr. 1926 Art. IV als überholt nicht mitaufgenommen worden. Vgl. hierzu § 11 Anm. 3.

§ 48 (40).

Die in dem Strafregister niedergelegten Vermerke über Verurteilungen, die nach den neuen Vorschriften nicht mehr registerpflichtig wären, sind zu vernichten oder, falls das Strafregister außerdem Vermerke enthält, die bestimmungsgemäß darin verbleiben müssen, unkenntlich zu machen.

1. Die Vorschrift ist aus der StrRegVO. vom 12. Juni 1920 unverändert übernommen und stellt nur eine — im wesentlichen wohl bereits durchgeführte — Übergangsvorschrift zur Neuregelung der Registerpflicht durch die VO. vom 12. Juni 1920 gegenüber der vorausgegangenen Regelung durch die StrRegVO. vom 16. Mai 1918 dar (vgl. § 2 Anm. 12 Abs. 3 und § 8 StrTilgG. Anm. 34 b).

2. Auch bei anderen Änderungen der Registerpflicht sind gleichartige Vorschriften erlassen worden, insbesondere auch in der VO. vom 19. Febr. 1926 Art. III (vgl. § 8 StrTilgG. Anm. 34 und § 2 StrRegVO. Anm. 12); Art. III ist abgedruckt unter D I 6.

3. Die Entfernung oder Unkenntlichmachung eines RegVerm. nach § 48 hat nicht die Wirkungen der Tilgung nach § 5 StrTilgG. (vgl. § 2 Anm. 12 Abs. 3).

§ 49 (41).

Die bereits vorhandenen oder hergestellten Vordrucke der bisherigen Muster können aufgebraucht werden; die bisherigen Vordrucke für die Strafnachricht A sind jedoch nur für solche Mitteilungen zu verwenden, die nach Annahme der mitteilenden Behörde auf eine Strafliste zu übertragen sind.

Sind Eintragungen, die nach den Vorschriften dieser Verordnung auf dem Muster A in der Spalte „Bemer-

kungen" zu vermerken sind, auf ein Registerblatt des bisherigen Musters A zu setzen, so sind sie, falls nicht ein neues Registerblatt nach dem neuen Muster A angelegt wird, mit roter Tinte unter den Vermerk zu setzen, auf den sie sich beziehen.

1. § 49 ist, ebenso wie § 48, unverändert aus der StrRegVO. vom 12. Juni 1920 übernommen und stellt gleichfalls eine — inzwischen wohl ziemlich gegenstandslos gewordene — Übergangsvorschrift zu der VO. von 1920 dar. Sie sollte die Möglichkeit schaffen, die alten Vordrucke, die durch diese VO. nicht unwesentlich verändert worden waren (insbesondere durch Aufnahme der Spalte „Bemerkungen" im Muster A), noch über den 1. Juli 1920 hinaus aufzubrauchen.

2. Zurzeit ist § 49 hauptsächlich um deswillen noch bedeutsam, weil er eine Erklärung für die Verschiedenheit der in den StrReg. enthaltenen Strafblättern gibt.

3. Eine dem § 49 entsprechende Vorschrift ist auch bei der Änderung der Vordrucke A, D bis G getroffen worden, die am 1. Mai 1926 durch Art. I Nr. 29—32 der VO. vom 19. Febr. 1926 (D I 6) eingetreten ist (Art. V Abs. 2 der VO. vom 19. Febr. 1926).

4. Die Vorschrift gibt nur eine Ermächtigung zur Verwendung der alten Vordrucke. Die Aufsichtsbehörden können ihre Verwendung verbieten (vgl. Bayer. AB. B 38 V).

D.

Sonstige für das Strafregister bedeutsame Vorschriften, Erlasse und Verfügungen.

I. Übergangsvorschriften des Reichs zu den Strafregisterverordnungen.

1. Bestimmungen des Bundesrats zur Änderung der Vorschriften über die Strafregister.

Vom 6. September 1917 (Zentralbl. für das Deutsche Reich S. 341).

Der Bundesrat hat in der Sitzung vom 6. September 1917 folgende Bestimmungen zur Änderung der Vorschriften über die Strafregister beschlossen:

Die Verordnung, betreffend die Einrichtung von Strafregistern und die wechselseitige Mitteilung der Strafurteile, vom 16. Juni 1882/9. Juli 1896 und 29. April 1913 (Zentralblatt 1882 S. 309, 1896 S. 426, 1913 S. 495) wird, wie folgt, geändert:

I. Der § 2 erhält folgende Fassung:

In die Register sind aufzunehmen alle durch richterliche Strafbefehle, durch polizeiliche Strafverfügungen, durch Strafurteile der bürgerlichen Gerichte einschließlich der Konsulargerichte sowie durch Strafurteile der Militärgerichte ergehenden Verurteilungen wegen Verbrechen, Vergehen und wegen der im § 361 Nr. 1 bis 8 des Strafgesetzbuchs vorgesehenen Übertretungen.

Ausgenommen sind Verurteilungen wegen Vergehen, bei denen der Rückfall nicht mit besonderer Strafe bedroht ist, sofern nur auf Verweis oder Geldstrafe nicht über fünfzig Mark allein oder in Verbindung mit Nebenstrafen erkannt ist.

Ferner sind ausgenommen alle Verurteilungen:

1. in den auf Privatklage verhandelten Sachen,
2. in Forst- und Feldrügesachen,
3. wegen Zuwiderhandlungen gegen Vorschriften über Erhebung öffentlicher Abgaben und Gefälle,

4. wegen der militärischen Verbrechen oder Vergehen wider die §§ 62 bis 68, 79, 80, 84 bis 90, 92 bis 95, 101 bis 104, 112 bis 120, 132, 139, 141 bis 144, 146, 147, 150 bis 152 des Militärstrafgesetzbuchs vom 20. Juni 1872.

II. III. . . . .

---

2. Verordnung des Bundesrats zur Änderung der Vorschriften über die Strafregister.

Vom 16. Mai 1918 (Zentralbl. für das Deutsche Reich S. 161).

Der Bundesrat hat in der Sitzung vom 16. Mai 1918 folgende Bestimmungen zur Änderung der Vorschriften über die Strafregister beschlossen:

Artikel I.

In der Verordnung betreffend die Einrichtung von Strafregistern und die wechselseitige Mitteilung der Strafurteile vom 16. Juni 1882, 9. Juli 1896, 17. April 1913, 6. September 1917 (ZBl. für das Deutsche Reich 1882 S. 309, 1896 S. 426, 1913 S. 495, 1917 S. 341) werden folgende Änderungen vorgenommen:

. . . .

Artikel II [1]).

Die Landesregierungen können anordnen, daß die in den Strafregistern niedergelegten Vermerke über Verurteilungen, die nach § 2 Abs. 2 der Verordnung vom 16. Juni 1882 in der Fassung vom 6. September 1917 [2]) in die Register nicht mehr einzutragen wären, aus diesen entfernt werden. Die Entfernung erfolgt durch Vernichtung der Strafnachricht oder durch Unkenntlichmachung des Eintrags in der Strafliste.

Die gleiche Anordnung kann der Reichskanzler für das im § 1 Nr. 2 bezeichnete Register treffen.

Artikel III [3]).

Verurteilungen von Kriegsgefangenen sind in die Register nicht aufzunehmen. Das gleiche gilt von den Entscheidungen nach § 3, soweit sie sich auf Kriegsgefangene beziehen.

---

[1]) Von der Befugnis des Art. II haben alle Landesregierungen sowie der Reichskanzler Gebrauch gemacht.

[2]) Abgedruckt unter 1.

[3]) Die Vorschrift ist in der StrRegVO. vom 12. Juni 1920 nicht übernommen worden, demgemäß am 1. Juli 1920 außer Wirksamkeit getreten.

Artikel IV.

. Die Verordnung tritt am 1. August 1918 in Wirksamkeit.

Artikel V.

Der Reichskanzler wird ermächtigt, den Wortlaut der §§ 1 bis 20 der Verordnung vom 16. Juni 1882, wie er sich aus den Änderungen vom 9. Juli 1896, 17. April 1913, 6. September 1917 sowie aus dem Artikel I dieser Verordnung ergibt, in laufender Paragraphenfolge unter dem Tage der Verkündung dieser Verordnung und unter der Überschrift „Verordnung über die Strafregister" im Zentralblatt für das Deutsche Reich bekanntzumachen [1]).

---

3. Verordnung zur Änderung der Strafregisterverordnung.

Vom 2. Juni 1922 (Zentralbl. für das Deutsche Reich S 325).

Auf Grund des Artikels 77 der Verfassung des Deutschen Reichs wird von der Reichsregierung mit Zustimmung des Reichsrats folgendes verordnet:

Artikel I.

Die Strafregisterverordnung vom 12. Juni 1920 (Zentralblatt für das Deutsche Reich S. 909) wird wie folgt geändert:

1. . . . .
2. An die Stelle des § 2 Abs. 1 Satz 2 treten folgende Sätze:

   Verurteilungen zu Verweis oder zu Geldstrafe bis zu einhundertfünfzig Mark sind mitzuteilen, wenn die Verurteilung geeignet ist, bei Aburteilung einer späteren Straftat die Anwendung einer besonderen Strafdrohung wegen Rückfalls zu begründen. Verurteilungen zu Verweis oder zu Geldstrafe sind nicht mitzuteilen, wenn die Strafe wegen einer Übertretung verhängt ist.

3.—6. . . . .

Artikel II.

Beschlüsse, durch die auf Grund des § 10 Abs. 2 des Gesetzes zur Erweiterung des Anwendungsgebiets der Geldstrafe und zur Einschränkung der kurzen Freiheitsstrafen vom 21. Dezember 1921 (Reichsgesetzbl. S. 1604) die Abwendung einer Freiheitsstrafe durch Zahlung einer Geldstrafe gestattet wird, sind dem Strafregister mitzuteilen. Zur Mitteilung ist das Muster E nach entsprechender handschriftlicher Abänderung zu verwenden. Die Mitteilungen sind bei der Entscheidung, auf die sie sich beziehen, einzutragen und dann zu vernichten.

---

[1]) Die Bekanntmachung der Neufassung der „Verordnung über die Strafregister" ist am 16. Mai 1918 erfolgt (Zentralbl. f. d. Deutsche Reich S. 164).

Die Vorschriften des Abs. 1 gelten auch für die vor Inkrafttreten dieser Verordnung ergangenen Beschlüsse.

Artikel III.

Die im Strafregister seit dem 1. Januar 1922 eingetragenen Vermerke über Verurteilungen zu Geldstrafe sind zu tilgen, wenn die Geldstrafe wegen einer Übertretung verhängt ist.

---

4. Verordnung zur Abänderung der Strafregisterverordnung.

Vom 17. Mai 1923 (Reichsministerialbl. S. 364).

Auf Grund des Artikel 77 der Verfassung des Deutschen Reichs wird von der Reichsregierung mit Zustimmung des Reichsrats folgendes verordnet:

Artikel I.

Die Strafregisterverordnung vom 12. Juni 1920 in der Fassung der Verordnung vom 2. Juni 1922 (Zentralblatt für das Deutsche Reich 1920 S. 909; 1922 S. 325) wird geändert wie folgt:

1. Im § 2 erhält der Abs. 1 folgende Fassung: „Dem Strafregister sind die Verurteilungen mitzuteilen, die durch Urteil oder Strafbefehl eines deutschen Gerichts oder durch Strafverfügung oder Strafbescheid einer deutschen Behörde ausgesprochen werden und auf Todesstrafe, auf Freiheitsstrafe oder auf Geldstrafe von mehr als fünftausend Mark lauten. Verurteilungen zu Geldstrafen sind nicht mitzuteilen, wenn die Strafe wegen einer Übertretung verhängt ist. Verurteilungen, die geeignet sind, bei Aburteilung einer späteren Straftat die Anwendung einer besonderen Strafdrohung wegen Rückfalls zu begründen, sind auch dann mitzuteilen, wenn sie Übertretungen betreffen oder wegen eines Vergehens auf Geldstrafe bis zu fünftausend Mark lauten."

Artikel II.

Diese Verordnung tritt mit Wirkung vom 1. Mai 1923 in Kraft.

Die im Strafregister seit dem 1. Mai 1923 eingetragenen Vermerke über die Verurteilungen zu Geldstrafe sind zu tilgen, wenn die Verurteilung nach den Vorschriften des Artikel I dieser Verordnung nicht in das Strafregister einzutragen wäre.

---

5. Verordnung zur Abänderung der Strafregister-verordnung.

Vom 24. November 1923 (Reichsministerialbl. S. 1091).

Auf Grund des Art. 77 der Verfassung des Deutschen Reichs wird von der Reichsregierung mit Zustimmung des Reichsrats folgendes verordnet:

Art. I. Die Strafregisterverordnung vom 12. Juni 1920 in der Fassung der Verordnung vom 17. Mai 1923 (Reichsministerialbl. S. 364) wird wie folgt geändert:

Im § 2 Abs. 1 Satz 1 und 3 werden die Worte „fünftausend Mark" jeweils durch die Worte „fünfzig Goldmark" ersetzt.

Art. II. Diese Verordnung tritt gleichzeitig mit der Verordnung auf Grund des Gesetzes über Vermögensstrafen und Bußen vom 23. November 1923 (Reichsgesetzbl. I S. 1117) in Kraft.

Für Verurteilungen zu Geldstrafen, die nicht auf Goldmark lauten, bleiben die bisherigen Vorschriften in Kraft. Verurteilungen zu Geldstrafen bis zu einhundertfünfzig Millionen Mark, die seit dem 20. Oktober 1923 ergangen sind, sind dem Strafregister nicht mehr mitzuteilen, es sei denn, daß die Verurteilung geeignet ist, bei Aburteilung einer späteren Straftat die Anwendung einer besonderen Strafdrohung wegen Rückfalls zu begründen.

Im Strafregister eingetragene Vermerke über Verurteilungen, die nach Abs. 2 Satz 2 nicht mehr einzutragen wären, sind im Strafregister zu tilgen.

---

6. Verordnung zur Änderung der Strafregisterverordnung.

Vom 19. Februar 1926 (Reichsministerialbl. S. 63.)

Auf Grund des Art. 77 der Verfassung des Deutschen Reichs wird nach Zustimmung des Reichsrats hiermit verordnet:

Artikel I.

Die Strafregisterverordnung vom 12. Juni 1920 in der Fassung der Verordnungen vom 2. Juni 1922, 17. Mai und 24. November 1923 (Zentralbl. für das Deutsche Reich 1920 S. 909; 1922 S. 325; Reichsministerialbl. 1923 S. 364, 1091) wird geändert wie folgt:

1. . . . .
2. Im § 2 wird
   a) dem Abs. 1 folgende Fassung gegeben:
      Dem Strafregister sind die Verurteilungen mitzuteilen, die wegen einer strafbaren Handlung durch Urteil oder Strafbefehl eines deutschen Gerichts oder von einer deutschen Behörde durch Strafverfügung oder Strafbescheid oder im

Unterwerfungsverfahren ausgesprochen sind. Verurteilungen zu Geldstrafe wegen einer Übertretung sind nur mitzuteilen, wenn es sich um Zuwiderhandlungen gegen die §§ 361, 363 des Strafgesetzbuchs handelt.

b) . . . .

3.—32. . . . .

(Die Änderungen sind in der StrRegVO. vom 8. März 1926 berücksichtigt.)

Artikel II.

Verurteilungen durch Gerichte und Verwaltungsbehörden des Saargebiets sind bei der Aufnahme in das Strafregister wie Verurteilungen durch deutsche Gerichte und Behörden außerhalb des Saargebiets zu behandeln.

Den Strafregistern des Saargebiets sind die Mitteilungen in der gleichen Weise zu machen wie den deutschen Strafregistern außerhalb des Saargebiets.

Artikel III.

Im Strafregister eingetragene Vermerke über Verurteilungen wegen Übertretungen zu Geldstrafe, die nach § 2 der Strafregisterverordnung in der Fassung des Artikel I Nr. 2 dieser Verordnung nicht mehr in das Strafregister einzutragen wären, sind im Strafregister zu tilgen.

Artikel IV.

Der Reichsminister der Justiz wird ermächtigt, den Text der Strafregisterverordnung, wie er sich aus dieser Verordnung und aus den früheren Änderungen ergibt, unter fortlaufender Paragraphenfolge und unter Weglassung des § 39 Abs. 2 [1]) bekanntzumachen.

Artikel V.

Diese Verordnung tritt mit dem 1. Mai 1926 in Kraft.

Die bereits vorhandenen oder hergestellten Vordrucke der bisherigen Muster können aufgebraucht werden.

---

[1]) § 39 Abs. 2 der Strafregisterverordnung vom 12. Juni 1920 lautet:

„Für die Mitteilung der im militärgerichtlichen Verfahren ergangenen Entscheidungen bleiben bis zum Inkrafttreten des Gesetzes, betreffend Aufhebung der Militärgerichtsbarkeit, die bisherigen Vorschriften in Geltung."

Das Gesetz, betr. Aufhebung der Militärgerichtsbarkeit, vom 17. Aug. 1920 (RGBl. S. 1579) ist am 1. Okt. 1920 in Kraft getreten (§ 28).

II. Ausführungsbestimmungen des Reichs zur Strafregisterverordnung.

1. Bestimmungen des Reichsministers der Justiz über die Behandlung ausländischer Strafarten bei den deutschen Strafregistern.

Vom 12. Juni 1920 (Zentralbl. für das Deutsche Reich S. 928).

Auf Grund des § 31 Abs. 2 [1]) der Strafregisterverordnung vom 12. Juni 1920 (Zentralbl. für das Deutsche Reich S. 909) wird folgendes bestimmt:

§ 1.

Bei der Anwendung der Vorschriften des Gesetzes über beschränkte Auskunft aus dem Strafregister und die Tilgung von Strafvermerken vom 9. April 1920 (Reichs-Gesetzbl. S. 507) und der Bestimmungen der Strafregisterverordnung vom 12. Juni 1920 sind gleichzustellen:

1. die Strafe der Zwangsarbeit (travaux forcés), die von französischen, belgischen oder luxemburgischen Gerichten, ferner die Kettenstrafe (cadena) und schwere Gefängnisstrafe (prison mayor), die von spanischen Gerichten ausgesprochen ist, der deutschen Zuchthausstrafe;
2. die von italienischen oder norwegischen Gerichten ausgesprochene Strafe der Einschließung (detenzione und hefte) der deutschen Festungshaft;
3. die von deutsch-österreichischen oder tschechoslowakischen Gerichten ausgesprochene Kerkerstrafe, die von schweizerischen Gerichten ausgesprochene Strafe des Arbeitshauses oder des Korrektionshauses und die von italienischen Gerichten ausgesprochene Strafe der reclusione soweit diese Strafen ein Jahr nicht übersteigen, der deutschen Gefängnisstrafe.

§ 2.

In Zweifelsfällen hat der Registerführer die Entscheidung der Aufsichtsbehörde (§ 1 der Strafregisterverordnung) einzuholen. Die Landesjustizverwaltung kann die Entscheidung des Reichsministers der Justiz herbeiführen.

---

[1]) Jetzt § 38 Abs. 2 der StrRegVO. in der Fassung vom 8. März 1926.

2. Bekanntmachung der Strafregisterbehörden.

Bekanntm. des Reichsministers der Justiz vom 20. März 1925 (Reichsministerialbl. S. 223).

Unter Aufhebung der Bekanntmachung vom 6. August und 22. Dezember 1920 (Zentralblatt für das Deutsche Reich, S. 1360, 1733) und vom 7. Juli 1924 (Reichsministerialbl. S. 255) wird auf Grund des § 1 Abs. 3 der Strafregisterverordnung vom 12. Juni 1920 (Zentralblatt für das Deutsche Reich, S. 909) folgendes bekannt gemacht:

Die Strafregister werden geführt

1. in Sachsen und Baden von den Amtsgerichten,
2. für die Bezirke der Landgerichte I, II und III Berlin von der Staatsanwaltschaft des Landgerichts I Berlin,
3. für die Bezirke des Amtsgerichts München und des Landgerichts München I von der Polizeidirektion München (Strafregister),
4. für den Württembergischen Amtsgerichtsbezirk Balingen (Preußisches Landgericht Hechingen) von der Staatsanwaltschaft bei dem Württembergischen Landgerichte Rottweil,
5. für das Saargebiet, einschließlich der einbezogenen bayerischen Gebietsteile (Amtsgerichtsbezirke Homburg, St. Ingbert, Blieskastel), von der Staatsanwaltschaft bei dem Landgerichte Saarbrücken,
6. im übrigen Reichsgebiete von der Staatsanwaltschaft bei dem Landgericht, in dessen Bezirk der Geburtsort liegt, und zwar auch dann, wenn der Geburtsort in einem anderen Lande liegt als der Landgerichtssitz,
7. a) für Personen, die im Ausland, einschließlich der auf Grund des Vertrages von Versailles abgetretenen Gebiete, geboren sind, oder deren Geburt zweifelhaft oder nicht zu ermitteln ist,
   b) für juristische Personen und Personenvereinigungen,
   von dem Reichsjustizministerium (Strafregister) in Berlin W 9, Voßstraße 5.

---

3. Bekanntmachung der Behörden und Stellen, denen Auskunft aus dem Strafregister zu erteilen ist.

Bekanntm. des Reichsministers der Justiz vom 20. März 1925 (Reichsministerialbl. S. 224).

Unter Aufhebung der Bekanntmachung vom 3. Dezember 1923 (Reichsministerialbl. S. 1093) werden auf Grund des § 26 Abs. 2 Satz 3 [1]) der Strafregisterverordnung vom 12. Juni 1920 (Zentral-

---

[1]) Jetzt § 32 Abs. 2 Satz 3 der StrRegVO. in der Fassung vom 8. März 1926.

blatt für das Deutsche Reich S. 909) nachfolgend die Behörden und Stellen des Reichs und der Länder bekanntgemacht, denen auf Grund des § 26 der Strafregisterverordnung und der Bestimmungen des Reichsministers der Justiz und der Landesregierungen Auskunft aus dem Strafregister zu erteilen ist.

A. die Gerichte, Strafverfolgungsbehörden und Strafregisterbehörden;

B. die Reichsministerien, die Regierungen und Ministerien der Länder (in Hamburg, Bremen und Lübeck die Senate und deren Kommissionen), die Reichskanzlei und die Kanzleien der Landesregierungen; die Vorstände der Büros des Reichspräsidenten und der Staatspräsidenten der Länder;

C. die Präsidenten des Reichsgerichts, des Reichsfinanzhofs, Reichswirtschaftsgerichts und des Reichsversorgungsgerichts; die Präsidenten des Bayerischen Obersten Landesgerichts, der Oberlandesgerichte, der Landgerichte und der Amtsgerichte Berlin-Mitte und Hamburg; der Oberreichsanwalt, die Generalstaatsanwälte und die Oberstaatsanwälte;

D. das Reichsversicherungsamt, die Landesversicherungsämter, die Oberversicherungsämter, die Versicherungsämter und die Landesversicherungsanstalten;

E. alle Landesjugendämter und Jugendämter;

F. folgende Reichsbehörden:

1. im Geschäftsbereiche des Auswärtigen Amtes:
   die deutschen Konsularbehörden in der Schweiz;
2. im Geschäftsbereiche des Reichsministeriums des Innern:
   das Bundesamt für das Heimatwesen,
   das Reichsarchiv in Potsdam,
   das Reichsgesundheitsamt,
   die Reichsstelle für das Auswanderungswesen,
   die Reichskommissare für das Auswanderungswesen in Hamburg und Bremen,
   der Reichskommissar für Kriegsschäden bei dem Reichswirtschaftsgerichte,
   der Reichskommissar bei dem Ausschuß zur Feststellung von Kriegsschäden in der Provinz Ostpreußen in Gumbinnen,
   der Reichskommissar für Überwachung der öffentlichen Ordnung,
   das Reichsamt für Landesaufnahme,
   das Zentralnachweiseamt für Kriegerverluste und Kriegergräber,
   die Physikalisch-Technische Reichsanstalt,
   die Chemisch-Technische Reichsanstalt,
   der Präsident des Deutschen Evangelischen Kirchenausschusses,
3. im Geschäftsbereiche des Reichsfinanzministeriums:
   das Reichsmonopolamt für Branntwein,
   die Landesfinanzämter,
   die Finanzämter, einschließlich der Hauptzollämter,
   die Restverwaltung für Reichsaufgaben,
   das Reichsentschädigungsamt für Kriegsschäden,

das Reichsausgleichsamt,
der Reichskommissar für oberschlesische Schäden in Oppeln,
das Reichskommissariat für Reparationslieferungen;

4. im Geschäftsbereiche des Reichsjustizministeriums:
das Reichspatentamt;

5. im Geschäftsbereiche des Reichswehrministeriums:
die Gruppenkommandos,
die Divisionen (Wehrkreiskommandos),
die Kavalleriedivisionen,
die Waffenschulen,
die Regimenter,
die Bataillone,
die Abteilungen,
die Wehrkreisverwaltungsämter,
die Wehrkreisbaudirektionen,
die Heeresforstinspektionen,
die Heeresanwaltschaften,
der Oberbefehlshaber der Seestreitkräfte,
die Marinestationskommandos,
die Inspektionen des Bildungswesens der Marine in Kiel,
die Inspektion des Torpedo- und Minenwesens in Kiel,
die Inspektion der Marineartillerie in Wilhelmshaven,
die Marinedepotinspektion in Wilhelmshaven,
die Dienststellen der Marineleitung in Königsberg, Stettin, Lübeck, Hamburg und Bremen,
die selbständigen Marineteile am Lande (die Schiffsstammdivision der Ostsee in Kiel, die Schiffsstammdivision der Nordsee in Wilhelmshaven, die Küstenwehrabteilungen in Swinemünde, Wilhelmshaven, Kiel, Cuxhaven, Pillau, Emden, die Marinenachrichtenabteilung in Flensburg-Mürwick),
die Marineintendantur Kiel,
die Marineintendantur Wilhelmshaven,
die Marinewerft Wilhelmshaven,
das Marinearsenal Kiel,
die Marineanwaltschaften;

6. im Geschäftsbereiche des Reichswirtschaftsministeriums:
das Statistische Reichsamt,
das Reichsaufsichtsamt für Privatversicherung,
das Reichsschiffsvermessungsamt,
das Reichskommissariat für Aus- und Einfuhrbewilligung,
das Reichskommissariat für die Kohlenverteilung,
das Reichsoberseeamt,
die Reichskommissare bei den Seeämtern;

7. im Geschäftsbereiche des Reichsarbeitsministeriums:
die Reichsversicherungsanstalt für Angestellte,
die Reichsarbeitsverwaltung,
die Hauptversorgungsämter,

die Versorgungsämter,
die Reichsarbeitskasse (Reichsversorgungskasse);

8. im Geschäftsbereiche des Reichspostministeriums:
das Telegraphentechnische Reichsamt,
die Oberpostdirektionen,
die Direktion der Reichsdruckerei,
die zentralen Ämter im Bereiche der Abteilung München des Reichspostministeriums (Personalamt, Revisionsamt, Verkehrsamt, Telegraphenkonstruktionsamt, sämtlich in München),
die Verkehrsämter der Deutschen Reichspost (die Postämter, Telegraphenämter und Fernsprechämter, insbesondere auch die Bahnpostämter, Postscheckämter, Telegraphenbauämter und Telegraphenzeugämter; ferner das Briefpostamt, Paketpostamt, Postfuhramt, Postrechnungsamt und Postzeitungsamt in Berlin; die Hauptwerkstätten für Postkraftwagen in Borsigwalde, Neuaubing und Bamberg und die Postbetriebswerkstätten; die Hauptfunkstellen in Königs-Wusterhausen und Norddeich sowie die Hauptfunkempfangsstelle in Zehlendorf [Wannseebahn]; außerdem im Bereiche der Oberpostdirektion in Stuttgart: die Druckerei der Verkehrsanstalten, die Kraftwagenwerkstätte und die Telegraphenwerkstätte, sämtlich in Stuttgart, sowie die Telegraphenmaterialverwaltung in Vaihingen auf den Fildern);

9. im Geschäftsbereiche des Reichsverkehrsministeriums:
das Reichskanalamt in Kiel einschließlich der ihm unterstellten Wasserstraßenämter, Wasserstraßenmaschinen- und Wasserstraßenverkehrsämter,
die Leitung des Reichswasserschutzes in Berlin und die unterstellten Abschnitts- und Bezirksleiter,
die Deutsche Seewarte in Hamburg,
die Neckarbaudirektion in Stuttgart und die ihr unterstellten Bauämter;

10. im Geschäftsbereiche des Reichsministeriums für Ernährung und Landwirtschaft;
die Biologische Reichsanstalt für Land- und Forstwirtschaft in Berlin-Dahlem;

11. im Geschäftsbereiche des Reichsministeriums für die besetzten Gebiete:
der Reichskommissar für die besetzten rheinischen Gebiete in Coblenz,
die Reichsvermögensverwaltung für das besetzte rheinische Gebiet,
die Reichsvermögensämter,
die Reichsentschädigungsstelle für Ausgewiesene von Rhein und Ruhr in Cassel;

12. der Rechnungshof des Deutschen Reichs;

13. die Reichsschuldenverwaltung;

14. folgende Stellen der Deutschen Reichsbahn-Gesellschaft:
die Hauptverwaltung,
die Gruppenverwaltung Bayern,
die Reichsbahndirektionen,
das Eisenbahn-Zentralamt in Berlin, die zentralen Ämter bei der Gruppenverwaltung Bayern (Personalamt, Revisionsamt, Verkehrsamt, Reklamationsamt, Tarifamt, Baukonstruktionsamt, Maschinenkonstruktionsamt, Wohlfahrtsamt),
die Eisenbahn-Betriebsdirektionen,
die Ämter und Inspektionen (Eisenbahn-Betriebsämter, Eisenbahn-Maschinenämter, Eisenbahn-Verkehrsämter, Eisenbahn-Werkstättenämter, Eisenbahn-Elektrotechnische Ämter, Eisenbahn-Bauämter, Neubauinspektionen, Bauinspektionen, Eisenbahn-Bauabteilungen, Eisenbahn-Betriebsinspektionen, Eisenbahn-Betriebs- und Bauinspektionen, Eisenbahn-Maschineninspektionen, Eisenbahn-Werkstätteninspektionen, Eisenbahn-Verkehrskontrollen, Eisenbahn-Ausbesserungswerke, Materialbeschaffungsinspektionen, Starkstrominspektionen, Werkstättenverwaltungen, Maschinenverwaltungen, Hafeninspektionen);

15. das Reichsbank-Direktorium in seinem Geschäftsbereiche:
die Reichsbankhauptstellen,
die Reichsbankstellen;

G. folgende Landesbehörden:

1. in Preußen:
der Präsident des Oberlandeskulturamts,
der Generaldirektor der staatlichen Museen,
der Generaldirektor der Preußischen Staatsbibliothek,
die Oberpräsidenten,
der Präsident des Oberverwaltungsgerichts,
die Präsidenten der Strafvollzugsämter,
die Provinzialschulkollegien,
die Universitätskuratoren, bei den Universitäten Köln und Frankfurt a. M. die Kuratorien,
der Rektor der Universität Berlin,
die Syndizi der technischen Hochschulen,
die Regierungspräsidenten,
die Regierungen,
die Oberbergämter,
die Präsidenten der Landeskulturämter,
die Oberstrafanstaltsdirektoren,
die Strafanstaltsdirektoren,
die Strafanstaltsvorsteher,
die Landräte,
die staatlichen Oberförster,
die Oberfischmeister für die Küstengewässer,
die Orts- und Landespolizeibehörden,
der Polizeipräsident in Berlin,

der Präsident des Bezirksausschusses in Berlin,
die staatlichen Bergwerksdirektionen einschließlich der Oberharzer Hüttenwerke und der Bernsteinwerke,
die Rektoren der landwirtschaftlichen und tierärztlichen Hochschulen,
die Direktoren der höheren Lehr- und Versuchsanstalten im Bereiche des Ministeriums für Landwirtschaft, Domänen und Forsten,
der Präsident des Evangelischen Oberkirchenrats,
die Präsidenten der Landeskirchenämter,
die Präsidenten der Landeskirchenräte in Aurich und Frankfurt a. M.,
die Präsidenten der Konsistorien,
der Fürstbischof von Breslau,
der Kardinal-Erzbischof von Köln,
die Bischöfe in Frauenberg, Münster, Paderborn, Trier, Hildesheim, Osnabrück, Limburg, Fulda und der katholische Bischof von Bonn,
die Preußische Staatsschuldenverwaltung,
die Preußische Staatsbank (Seehandlung),
die General-Lotterie-Direktion,
die Preußische Zentralgenossenschaftskasse,
der Magistrat und die Bezirksämter in Berlin,
die Gemeindevorstände (Magistrate, Oberbürgermeister) in den Städten Aachen, Altona, Barmen, Beuthen, Bochum, Bottrop, Breslau, Buer, Cassel, Cronenberg, Elberfeld, Erfurt, Essen, Frankfurt a. M., Gladbeck, Gleiwitz, Gelsenkirchen, Halle a. S., Hanau, Hannover, Kattowitz, Kettwig, Kiel, Köln, Königsberg i. Pr., Lennep, Lüttringhausen, Magdeburg, Mülheim a. R., Oberhausen, Osterfeld, Peiskretscham, Potsdam, Recklinghausen, Remscheid, Ronsdorf, Saarbrücken, Stettin, Velbert, Vohwinkel, Werden, Wiesbaden, Witten, Wandsbek und Wesermünde,
die Land- und Ortsarmenverbände,
die Landesdirektoren und Landeshauptleute,
der Landesausschuß in Sigmaringen,
die Provinzialarbeitsanstalten,
die Wanderarbeitsheime;

2. in Bayern:
die Kreisregierungen,
die Bezirksverwaltungsbehörden (in München, Nürnberg und Fürth die Polizeidirektionen und die Stadträte),
die Ortspolizeibehörden,
die Bayerische Staatsbank, die Bayerische Staatsschuldenverwaltung,
die Versicherungskammer,
die Landesgendarmeriedirektion,
das Landespolizeiamt beim Staatsministerium des Innern,
die örtlichen Landespolizeikommandos,

die Polizeivorschule Eichstätt,
das Oberbergamt,
die Berginspektionen,
die Vorstände der Strafanstalten und der Strafvollstreckungsgefängnisse,
die Direktionen der Kreis-, Heil- und Pflegeanstalten,
die Direktion der Kreis-, Kranken- und Pflegeanstalt Frankenthal,
die Kreisfürsorgeausschüsse, die Wohlfahrtsausschüsse der kreisunmittelbaren Städte, die Bezirks- und Ortsfürsorgeausschüsse,
das Landesamt für Arbeitsvermittlung in München,
die Senate der Universitäten,
der Senat der Technischen Hochschule in München,
das Rektorat der Bayerischen Hochschule für Landwirtschaft und Brauerei in Weihenstephan,
die Rektorate der philosophisch-theologischen Hochschulen,
die erzbischöflichen Ordinariate München und Bamberg sowie die bischöflichen Ordinariate Augsburg, Eichstätt, Passau, Regensburg, Speyer und Würzburg,
der Evangelisch-lutherische Landeskirchenrat in München und der Protestantische Landeskirchenrat in Speyer,
die Generaldirektoren der Berg-, Hütten- und Salzwerke;

3. in Sachsen:
die Landespreisprüfungsstelle,
die Gewerbeaufsichtsämter,
das Landesamt für Arbeitsvermittlung,
die Anstalt für staatliche Schlachtviehversicherung,
das Oberbergamt Freiberg,
die Bergämter,
die Staatspolizeiverwaltung,
das Landeskriminalamt,
die Kreishauptmannschaften,
die Amtshauptmannschaften,
die staatlichen Polizeipräsidenten und Polizeämter,
die Stadträte und Polizeiämter der Städte, denen die Befugnisse der unteren Verwaltungsbehörde voll übertragen sind (bisher Städte mit revidierter Städteordnung),
das evangelisch-lutherische Landeskonsistorium in Dresden,
das Bischöfliche Ordinariat in Bautzen,
der akademische Senat der Universität Leipzig,
der Rektor und Senat der Technischen Hochschule in Dresden,
die Bezirksschulämter,
die Verwaltung der Staatstheater in Dresden,
die Generaldirektion der staatlichen Hütten- und Blaufarbenwerke,
der Landesfürsorgeverband und die Bezirksfürsorgeverbände,
die Direktionen der sächsischen Landes-Heil-, Pflege- und Erziehungsanstalten,

die Direktionen der sächsischen Gefangenen- und Korrektionsanstalten;

4. in Württemberg:
   - die Oberämter,
   - das Polizeipräsidium Stuttgart,
   - das Landeskriminalpolizeiamt,
   - die Polizeidirektionen,
   - die staatlichen Polizeiämter,
   - die Ortspolizeibehörden,
   - die Landesfürsorgebehörde, die Bezirks- und die Ortsfürsorgebehörden,
   - das Landesamt für die Staatskrankenanstalten,
   - die Direktionen der Staatsirrenanstalten (Heilanstalten Schussenried, Winnenthal, Zwiefalten, Weißenau und Weinsberg),
   - das Landesgewerbeamt,
   - das Gewerbe- und Aufsichtsamt,
   - das Landesamt für Arbeitsvermittlung,
   - die Zentralstelle für die Landwirtschaft,
   - die Landespreisstelle,
   - der Evangelische Oberschulrat,
   - der Katholische Oberschulrat,
   - das akademische Rektorat der Universität Tübingen,
   - das Rektorat der Landwirtschaftlichen Hochschule Hohenheim,
   - das Rektorat der Technischen Hochschule Stuttgart,
   - der Evangelische Oberkirchenrat,
   - das Bischöfliche Ordinariat Rottenburg,
   - der Israelitische Oberrat,
   - die Staatsrentämter,
   - die Forstdirektion,
   - die Forstämter,
   - die Oberrechnungskammer,
   - die Staatskassenverwaltung,
   - die Staatsschuldenverwaltung,
   - das Statistische Landesamt,
   - die Verwaltungen der Landesstrafanstalten;
5. in Baden:
   - die Bezirksämter,
   - die Polizeidirektionen,
   - die Landeskommissare,
   - die Direktionen der Heil- und Pflegeanstalten,
   - die Verwaltung des polizeilichen Arbeitshauses Kislau,
   - das Landespolizeiamt,
   - die Bürgermeister,
   - die Kreisvorsitzenden,
   - die Vorstände der Strafanstalten,
   - die Landeshauptkasse,
   - die Staatsschuldenverwaltung,
   - die Wasser- und Straßenbaudirektion,

die Senate der Universitäten Heidelberg und Freiburg,
der Senat der Technischen Hochschule Karlsruhe,
die Direktion der psychiatrischen Klinik der Universität Heidelberg,
die Direktion der psychiatrischen und Nervenklinik der Universität Freiburg;

6. in Thüringen:
die Kreisdirektoren,
die Stadtdirektoren,
die Gemeindevorsteher,
die Gewerbeaufsichtsämter,
die Leiter der Landespolizei Thüringen,
das Landeskriminalamt,
das Landesamt für Maß und Gewicht in Ilmenau,
die Thüringischen Rentämter,
die Thüringischen Forstämter,
die Bergämter in Weimar, Altenburg und Saalfeld,
der Rektor der Universität in Jena,
die Direktionen der Landesstrafanstalten;

7. in Hessen:
die Landesämter,
die Landesgendarmeriedirektion,
die Provinzialdirektionen,
die Kreisämter,
die örtlichen Polizeibehörden,
die Oberbürgermeister,
das Evangelische Landeskirchenamt in Darmstadt,
das Bischöfliche Ordinariat in Mainz,
die Direktion der Zellenstrafanstalt in Butzbach,
die Direktion des Landeszuchthauses in Marienschloß,
die Obere Bergbehörde,
die Hauptfürsorgestelle der Kriegsbeschädigten- und Kriegshinterbliebenenfürsorge in Darmstadt,
der Rektor der Landesuniversität in Gießen,
der Direktor der Technischen Hochschule in Darmstadt;

8. in Hamburg:
die Deputation für Handel, Schiffahrt und Gewerbe,
die Deputation für das Feuerlöschwesen,
die Finanzdeputation,
die Schlachthofdeputation,
die Baudeputation,
die Friedhofsdeputation,
die Behörde für das Arbeitsamt,
die Polizeibehörde,
die Hochschulbehörde,
die Berufsschulbehörde,
die Oberschulbehörde,
das Gesundheitsamt,
die Landherrenschaften (der Geestlande, der Marschlande, Bergedorf und Ritzebüttel),

das Aufsichtsamt für Personenstandswesen,
die Behörde für das Schankkonzessionswesen,
die Behörde für das Auswandererwesen,
die Armenverbände;

9. in Mecklenburg-Schwerin:
die Amtsausschüsse der Ämter,
die Landdrosteien,
die Räte der Städte,
das Landesfürsorgehaus und das Landesarbeitshaus in Güstrow,
die Hauptfürsorgestelle der Kriegsbeschädigten und Kriegshinterbliebenenfürsorge in Schwerin,
das Gewerbeaufsichtsamt in Schwerin,
das Wucheramt mit seiner Abteilung Zulassungsstelle in Rostock;

10. in Oldenburg:
die Regierungen in Eutin und Birkenfeld,
das evangelische Oberschulkollegium in Oldenburg,
das katholische Oberschulkollegium in Vechta,
die Ämter in dem Landesteil Oldenburg,
die Magistrate der Städte Oldenburg, Delmenhorst, Varel, Jever, Rüstringen und Eutin,
die Bürgermeister in dem Landesteile Birkenfeld,
die Hauptfürsorgestelle der Kriegsbeschädigten- und Kriegshinterbliebenenfürsorge,
das Landesarbeitsamt,
das Siedlungsamt in Oldenburg,
die Landesvorstände,
die Amtsvorstände,
die Ortsarmenkommissionen,
die Direktionen der Strafanstalten in Vechta,
die Fürsorgeerziehungsbehörde in Oldenburg,
die Polizeidirektion in Oldenburg,
das Gendarmeriekommando in Oldenburg,
die Direktion der Heil- und Pflegeanstalt in Wehnen;

11. in Braunschweig:
die Polizeidirektion in Braunschweig,
die Polizeibehörden der Städte,
die Kreisdirektionen,
die Landjägerämter,
das Landesbergamt,
das Gewerbeaufsichtsamt,
das Landesfürsorgeamt und die Bezirksfürsorgeämter,
die Direktion der Gefangenenanstalten in Wolfenbüttel,
die Landeserziehungsanstalt Bevern bei Holzminden,
das Landesmedizinalkollegium,
die Direktion der Heil- und Pflegeanstalt in Königslutter,
die Hauptfürsorgestelle für Kriegsbeschädigte und Kriegshinterbliebene,
der Rektor der Technischen Hochschule Braunschweig,

das Landesschulamt für das höhere Schulwesen,
das Landesschulamt für das Volksschulwesen,
das Landeskirchenamt in Wolfenbüttel;

12. in Anhalt:
die Regierung,
die Staatliche Ordnungspolizei,
die Finanzdirektion,
die Strafanstaltskommissionen,
das Landesfürsorgeamt,
die Kreisdirektionen,
die städtischen Polizeiverwaltungen,
die Amtsvorsteher,
die Fürsorgeverbände;

13. in Bremen:
der Senatskommissar für die Hafenstädte,
die Polizeidirektion in Bremen,
die Ämter Bremerhaven und Vegesack,
der Stadtrat Bremerhaven,
die Stadtverwaltung Vegesack,
die Hauptfürsorgestelle der Kriegsbeschädigten- und Kriegshinterbliebenenfürsorge,
das Fürsorgeamt Bremen;

14. in Lippe:
die Verwaltungsämter,
die Magistrate,
das Lippische Konsistorium,
die Direktion der Landesstrafanstalt;

15. in Lübeck:
das Stadt- und Landamt,
das Polizeiamt,
der Bezirksfürsorgeverband der Stadtgemeinde Lübeck,
das Wohlfahrtsamt,
die Arbeitsbehörde;

16. in Mecklenburg-Strelitz:
die Ämter,
der Rat der Städte,
die Landarmenbehörden,
die technische Kommission in Neustrelitz;

17. in Waldeck:
der Landesdirektor,
die Landräte,
der Bürgermeister,
die Armenverbände;

18. in Schaumburg-Lippe:
die Bürgermeister und die Landräte in Bückeburg und Stadthagen,
die Fürsorgeverbände, die Bezirksfürsorgeverbände und der Landesfürsorgeverband.

4. Verfügung des Reichsministers der Justiz über die Registerführung für die von der neuen preußischen Landesgrenze durchschnittenen Gemeinden.

Vom 15. Mai 1926 IIb 1693 Ra.[1])

Im Einvernehmen mit dem Herrn Preußischen Justizminister bestimme ich auf Grund des § 1 Abs. 4 der StRVO. vom 12. Juni 1920 in der Fassung der Bekanntmachung vom 8. März 1926 (Reichsgesetzbl. I S. 157) folgendes:

1. Das Strafregister für Personen, die in den in der beiliegenden Liste aufgeführten Gemeinden geboren sind, wird bei dem Reichsjustizministerium geführt.

2. Für Personen, die in Orten geboren sind, die von der neuen preußischen Landesgrenze durchschnitten werden, aber in der beiliegenden Liste nicht genannt sind, wird das Strafregister bei der preußischen Strafregisterbehörde geführt, die für den deutsch gebliebenen Teil des Ortes zuständig ist.

---

[1]) Der Preußische Justizminister hat in einer Rundverfügung vom 7. Juni 1926 I Fr. 1024 die Generalstaatsanwälte in Breslau, Kiel, Köln, Königsberg, Marienwerder und Stettin unter Mitteilung der obigen Verfügung ersucht, die Strafregisterbehörden in Beuthen, Gleiwitz, Glogau, Oels, Oppeln, Ratibor, Flensburg, Aachen, Allenstein, Elbing, Meseritz, Schneidemühl und Stolp angewiesen, alle eingehenden Anfragen und Mitteilungen über Personen, die in den in der Liste genannten und zum Bezirk dieser Strafregisterbehörden gehörenden Orten geboren sind, gegebenenfalls unter Beifügung der bereits vorhandenen Strafblätter oder mit entsprechender Fehlanzeige, an das Strafregister des Reichsjustizministeriums Berlin W 9, Voßstraße 5 zur Beantwortung weiterzuleiten. Dabei hat er mitgeteilt, daß bei unmittelbar an das Reichsjustizministerium gerichteten Anfragen dieses sein Register erforderlichenfalls durch Rückfrage bei den bisher zuständigen preußischen Registerbehörden ergänzen wird; diese haben dann in der eben angegebenen Weise zu verfahren. Gleichzeitig sind die Generalstaatsanwälte ersucht worden, anzuordnen, daß die bereits vorhandenen Strafblätter über diese Personen bei der durch Ziff. 22 der Allgemeinen Verfügung vom 14. April d. Js. zur Ausführung der Strafregisterverordnung (JMBl. S. 138) vorgeschriebenen Durchsicht oder, wenn sie sonst in Bearbeitung genommen werden, ausgesondert und alsbald dem Strafregister des Reichsjustizministeriums übersandt werden. Das StrReg. beim RJustMin. hat eine entsprechende Anweisung hinsichtlich der Personen erhalten, deren Geburtsort unter Ziff. 2 der obigen Verfügung fällt.

Verzeichnis

derjenigen von der neuen preußischen Landesgrenze durchschnittenen Gemeinden, für welche die Zuständigkeit des Strafregisters beim Reichsjustizministerium als Registerbehörde gegeben ist.

Ort	Der Ort gehörte früher zu: a) Kreis, b) Regierungsbezirk, c) Provinz	Der deutsch verbliebene Teil des Ortes gehört jetzt verwaltungstechnisch zu:	St. = Stadt, L. = Landgemeinde, G. = Gutsbezirk	Staat, an den der nicht bei Deutschland verbliebene Teil des Ortes abgetreten wurde
Adamowitz	a) Ratibor-Land b) Oppeln c) Oberschlesien	Ratibor-Land Oppeln Oberschlesien	L.	Polen
Altkloster	a) Bomst b) Posen c) Posen	Bomst Schneidemühl Posen-Westpreußen	G.	Polen
Bruschiek	a) Lublinitz b) Oppeln c) Oberschlesien	Lublinitz Oppeln Oberschlesien	G.	Polen
Czarnikau	a) Czarnikau b) Bromberg c) Posen	Netzekreis Schneidemühl Posen-Westpr.	St.	Polen
Deutsch-Piekar	a) Beuthen-Land b) Oppeln c) Oberschlesien	Beuthen-Land Oppeln Oberschlesien	G.	Polen
Dobrzetz	a) Groß-Wartenberg b) Breslau c) Niederschlesien	Groß-Wartenberg Breslau Niederschlesien	L.	Polen
Eynatten	a) Eupen b) Aachen c) Rheinprovinz	Aachen-Land Aachen Rheinprovinz	L.	Belgien
Filehne-Schloß	a) Filehne b) Bromberg c) Posen	Netzekreis Schneidemühl Posen-Westpr.	G.	Polen

Ort	Der Ort gehörte früher zu: a) Kreis, b) Regierungsbezirk, c) Provinz	Der deutsch verbliebene Teil des Ortes gehört jetzt verwaltungstechnisch zu:	St. = Stadt, L. = Landgemeinde, G. = Gutsbezirk	Staat, an den der nicht bei Deutschland verbliebene Teil des Ortes abgetreten wurde
roß-Konarczyn	a) Schlochau b) Marienwerder c) Westpreußen	Schlochau Schneidemühl Posen-Westpr.	G.	Polen
ergenrath	a) Eupen b) Aachen c) Rheinprovinz	Aachen-Stadt Aachen Rheinprovinz	L.	Belgien
ohenkamp	a) Schlochau b) Marienwerder c) Westpreußen	Schlochau Schneidemühl Posen-Westpr.	G.	Polen
ündewatt	a) Tondern b) Schleswig c) Schleswig-Holstein	Süd-Tondern Schleswig Schleswig-Holstein	L.	Dänemark
almusen	a) Graudenz-Land b) Marienwerder c) Westpreußen	Marienwerder Marienwerder Ostpreußen	G.	Polen
elpin	a) Schlochau b) Marienwerder c) Westpreußen	Schlochau Schneidemühl Posen-Westpr.	L.	Polen
iebel	a) Bomst b) Posen c) Posen	Bomst Schneidemühl Posen-Westpr.	L.	Polen
onitz	a) Konitz b) Marienwerder c) Westpreußen	Schlochau Schneidemühl Posen-Westpr.	St.	Polen
opnitz	a) Bomst b) Posen c) Posen	Bomst Schneidemühl Posen-Westpr.	St.	Polen

Ort	Der Ort gehörte früher zu: a) Kreis, b) Regierungsbezirk, c) Provinz	Der deutsch verbliebene Teil des Ortes gehört jetzt verwaltungstechnisch zu:	St. = Stadt, L. = Landgemeinde, G. = Gutsbezirk	Staat, an den der nicht bei Deutschland verbliebene Teil des Ortes abgetreten wurde
Koschmieder	a) Lublinitz b) Oppeln c) Oberschlesien	Lublinitz Oppeln Oberschlesien	L.	Polen
Lonken	a) Schlochau b) Marienwerder c) Westpreußen	Schlochau Schneidemühl Posen-Westpr.	L.	Polen
Manderfeld	a) Malmedy b) Aachen c) Rheinprovinz	Monschau Aachen Rheinprovinz	L.	Belgien
Mauche, Forst	a) Bomst b) Posen c) Posen	Bomst Schneidemühl Posen-Westpr.	G.	Polen
Neu-Schilln	a) Meseritz b) Posen c) Posen	Meseritz Schneidemühl Posen-Westpr.	L.	Polen
Richeln	a) Fraustadt b) Posen c) Posen	Fraustadt Schneidemühl Posen-Westpr.	L.	Polen
Preußisch-Moresnet	a) Eupen b) Aachen c) Rheinprovinz	Aachen-Stadt Aachen Rheinprovinz	L.	Belgien
Raeren	a) Eupen b) Aachen c) Rheinprovinz	Aachen-Land Aachen Rheinprovinz	L.	Belgien
Raschütz	a) Ratibor-Land b) Oppeln c) Oberschlesien	Ratibor-Land Oppeln Oberschlesien	L.	Polen
Rippin	a) Groß-Wartenberg b) Breslau c) Niederschlesien	Groß-Wartenberg Breslau Niederschlesien	G.	Polen

Ort	Der Ort gehörte früher zu: a) Kreis, b) Regierungsbezirk, c) Provinz	Der deutsch verbliebene Teil des Ortes gehört jetzt verwaltungstechnisch zu:	St. = Stadt, L. = Landgemeinde, G. = Gutsbezirk	Staat, an den der nicht bei Deutschland verbliebene Teil des Ortes abgetreten wurde
Rohow	a) Ratibor-Land b) Oppeln c) Oberschlesien	Ratibor-Land Oppeln Oberschlesien	G.	Tschechoslowakei
Ruda	a) Hindenburg O/S. b) Oppeln c) Oberschlesien	Hindenburg Oppeln Oberschlesien	L.	Polen
Sallakowo	a) Karthaus b) Danzig c) Westpreußen	Bütow Köslin Pommern	L.	Polen
Schillersdorf	a) Ratibor-Land b) Oppeln c) Oberschlesien	Ratibor-Land Oppeln Oberschlesien	L.	Tschechoslowakei
Schreibersdorf	a) Groß-Wartenberg b) Breslau c) Niederschlesien	Groß-Wartenberg Breslau Niederschlesien	G.	Polen
Sonnenwalde-Forst	a) Bütow b) Köslin c) Pommern	Bütow Köslin Pommern	G.	Polen
Steegen, Forst	a) Danziger Niederung b) Danzig c) Westpreußen	Elbing-Land Marienwerder Ostpreußen	G.	Freistaat Danzig
Tautschken	a) Neidenburg b) Allenstein c) Ostpreußen	Neidenburg Allenstein Ostpreußen	G.	Polen

Ort	Der Ort gehörte früher zu: a) Kreis, b) Regierungsbezirk, c) Provinz	Der deutsch verbliebene Teil des Ortes gehört jetzt verwaltungstechnisch zu:	St. = Stadt, L. = Landgemeinde, G. = Gutsbezirk	Staat, an den der nicht bei Deutschland verbliebene Teil des Ortes abgetreten wurde
Tirschtiegel, Schloß	a) Meseritz b) Posen c) Posen	Meseritz Schneidemühl Posen-Westpr.	G.	Polen
Triebusch	a) Guhrau b) Breslau c) Niederschlesien	Guhrau Breslau Niederschlesien	G.	Polen
Usch	a) Kolmar b) Bromberg c) Posen	Netzekreis Schneidemühl Posen-Westpr.	St.	Polen
Warschkau	a) Neustadt/Westpreußen b) Danzig c) Westpreußen	Lauenburg Köslin Pommern	L.	Polen
Wilmsdorf	a) Neidenburg b) Allenstein c) Ostpreußen	Neidenburg Allenstein Ostpreußen	L.	Polen
Zechlau	a) Schlochau b) Marienwerder c) Westpreußen	Schlochau Schneidemühl Posen-Westpr.	G.	Polen
Zeyer	a) Elbing-Land b) Danzig c) Westpreußen	Elbing-Land Marienwerder Ostpreußen	L.	Freistaat Danzig

III. Gesetz über vorübergehende Rechtspflegemaßnahmen im Hinblick auf das Saargebiet.

Vom 10. März 1922 (RGBl. I S. 241).

Der Reichstag hat das folgende Gesetz beschlossen, das mit Zustimmung des Reichsrats hiermit verkündet wird:

§§ 1—3.

. . . .

§ 4.

Der § 10 des Gesetzes über beschränkte Auskunft aus dem Strafregister und die Tilgung von Strafvermerken vom 9. April 1920 (Reichsgesetzbl. S. 507) gilt bei der Verwertung von Auszügen aus Strafregistern des Saargebiets entsprechend.

§ 5.

. . . .

§ 6.

Das Gesetz tritt mit dem 20. März 1922 in Kraft. Der Reichsminister der Justiz wird ermächtigt, das Gesetz ganz oder teilweise außer Kraft zu setzen. Die Außerkraftsetzung kann auch vorübergehend erfolgen.

IV. Verordnung über Vermögensstrafen und Bußen.

Vom 6. Februar 1924 (RGBl. I S. 44).

Auf Grund des Ermächtigungsgesetzes vom 8. Dezember 1923 (Reichsgesetzbl. I S. 1179) verordnet die Reichsregierung nach Anhörung eines Ausschusses des Reichsrats und des Reichstags:

Die Vorschriften des Gesetzes zur Erweiterung des Anwendungsgebiets der Geldstrafe und zur Einschränkung der kurzen Freiheitsstrafen vom 21. Dezember 1921, des Geldstrafengesetzes vom 27. April 1923, des Gesetzes über Vermögensstrafen und Bußen vom 13. Oktober 1923 und der Verordnung auf Grund des Gesetzes über Vermögensstrafen und Bußen vom 23. November 1923 (Reichsgesetzbl. 1921 S. 1604; 1923 I S. 254, 943, 1117) werden durch folgende Vorschriften ersetzt:

Artikel I—IX.

. . . .

Artikel X[1]).

In dem Gesetz über beschränkte Auskunft aus dem Strafregister und die Tilgung von Strafvermerken vom 9. April 1920 (RGBl. S. 507) werden gestrichen.

1. im § 2 Abs. 2 die Worte „von höchstens fünfhundert Mark",
2. im § 6 Abs. 1 Nr. 1 die Worte „bis zu fünftausend Mark",
3. im § 7 Abs. 1 Nr. 1 die Worte „bis zu fünfhundert Mark".

Bei Geldstrafen, die schon vor dem Inkrafttreten des vorliegenden Gesetzes in das Strafregister aufgenommen worden sind, berechnen sich die Fristen so, wie wenn das Gesetz vom 9. April 1920 in der Fassung des Abs. 1 schon zur Zeit der Aufnahme des Vermerkes in das Register in Kraft gewesen wäre.

Artikel XI—XIV.

. . . .

V. Erlasse, Verordnungen und Gesetze in Reich und Ländern über Löschung oder Tilgung von Strafvermerken.

1. Erlasse des Königs von Preußen vom 27. Januar und 24. April 1918[2]) nebst Ausführungsbestimmungen des Preußischen Justizministers.

a) Erlaß des Königs von Preußen vom 27. Januar 1918.

(Preuß. JustMinBl. S. 17.)

Ich will in Gnaden genehmigen, daß im Strafregister und in den polizeilichen Listen alle noch noch nicht gelöschten Vermerke über die bis zum 27. Jan. 1908 (einschließlich) von preußischen Zivilgerichten oder von Militärgerichten des preußischen Kontingents erkannten, sowie über die bis zu dem bezeichneten Tage durch Ver-

---

[1]) Unverändert übernommen aus Art. VI des am 1. Mai 1923 in Kraft getretenen Geldstrafengesetzes vom 27. April 1923 (RGBl. I S. 254).

[2]) Wegen der sachlich übereinstimmenden Erlasse des Kaisers hinsichtlich der Verurteilungen durch Gerichte des Reichs und Elsaß-Lothringens sowie die Erlasse in den außerpreußischen Bundesstaaten vgl. die unter c abgedruckte Allg. Verf. d. Preuß. Just.-Min. vom 27. Jan. 1918. Schon in den Jahren 1916 und 1917 sind ebenfalls am 27. Jan. (abgesehen von der Zeitgrenze in Nr. 2) gleichlautende Erlasse im Reich und in allen Bundesstaaten sowie in Elsaß-Lothringen ergangen.

fügung preußischer Polizeibehörden festgesetzten Strafen gelöscht werden, wenn

1. der Bestrafte keine anderen Strafen erhalten hat als Gefängnis bis zu einem Jahre einschließlich oder Festungshaft bis zu einem Jahre einschließlich oder Arrest oder Haft oder Geldstrafe oder Verweis allein oder in Verbindung miteinander oder mit Nebenstrafen,
2. gegen den Bestraften nach dem 27. Jan. 1908 bis zum heutigen Tage nicht wieder auf Strafe wegen eines Verbrechens oder Vergehens gerichtlich erkannt ist.

Auf die Strafen, die von einem der mit anderen Bundesstaaten gemeinschaftlichen Gerichte erkannt sind, findet dieser Erlaß Anwendung, sofern nach den mit den beteiligten Regierungen getroffenen Vereinbarungen die Ausübung des Begnadigungsrechts in dem betreffenden Falle mir zusteht.

Die Minister des Krieges, der Justiz und des Innern haben die zur Ausführung dieses Erlasses erforderlichen Anordnungen zu treffen.

b) Erlaß des Königs von Preußen vom 24. April 1918.

(Preuß. JustMinBl. 1918 S. 265.)

Ich will meinen Gnadenerlaß vom 27. Januar 1918 dahin erweitern, daß eine nach dem 27. Januar 1908 erkannte Strafe der Löschung der Strafvermerke im Strafregister und in den polizeilichen Listen nicht entgegensteht, wenn der Vermerk über diese Strafe aus dem Register entfernt wird, weil wegen eines nicht mit besonderer Rückfallsstrafe bedrohten Vergehens auf Verweis oder Geldstrafe nicht über fünfzig Mark allein oder in Verbindung mit Nebenstrafen erkannt ist. Sie haben diesen Gnadenerlaß zur öffentlichen Kenntnis zu bringen.

c) Allgemeine Verfügung des Preußischen Justizministers zu dem Erlaß vom 27. Januar 1918.

(Preuß. JustMinBl. S. 18.)

Zur Ausführung des vorstehenden Allerhöchsten Erlasses bestimme ich, daß die Allgemeine Verfügung vom 27. Jan. 1916 (JMBl. S. 14) entsprechende Anwendung findet. Eine seit dem Inkrafttreten der Verordnung des Bundesrats vom 6. September 1917, betreffend die Einrichtung von Strafregistern usw. (JMBl. S. 319) gemäß § 2 Abs. 2 der Verordnung nicht mehr in das Strafregister aufzunehmende Verurteilung bewirkt, wie dies schon bisher hinsichtlich der Verurteilung wegen eines der im § 2 Abs. 3 der Verordnung (§ 2 Abs. 2 der Bundesratsverordnung in der früheren Fassung) bezeichneten Verbrechen oder Vergehen der Fall gewesen ist, nicht den Ausschluß von dem Allerhöchsten Erlasse, auch wenn der Registerführer vor der Löschung von einer solchen Verurteilung Kenntnis erlangen sollte.

Der Allerhöchste Erlaß ist durch einen weiteren Allerhöchsten Erlaß Seiner Majestät des Kaisers vom 27. Jan. 1918 auf Vermerke über solche Strafen ausgedehnt worden, die von den Konsulargerichten und den Gerichten der Kaiserlichen Marine und der Schutztruppen festgesetzt oder von den Schutzgebietsbehörden gegen Nichteingeborene ausgesprochen worden sind. Ferner sind in allen außerpreußischen Bundesstaaten Gnadenerlasse ergangen, die mit dem für Preußen ergangenen Allerhöchsten Erlasse inhaltlich übereinstimmen. Abs. 1 dieser Verfügung gilt auch für die von diesen Erlassen betroffenen Strafvermerke.

d) Allgemeine Verfügung des Preuß. Justizministers zu dem Erlaß vom 27. Januar 1916.

(Preuß. JustMinBl. S. 14.)

Zur Ausführung des vorstehenden Allerhöchsten Erlasses bestimme ich folgendes:

I.

1. Die Ausführung des Allerhöchsten Erlasses liegt, soweit das Strafregister in Betracht kommt, dem Registerführer ob. Bei Zweifeln hat er die Entscheidung des Ersten Staatsanwaltes einzuholen.

2. Es ist nicht erforderlich, daß alle Strafnachrichten und Strafliſten alsbald darauf durchgesehen werden, ob auf ihnen nach den Bestimmungen des Allerhöchsten Erlasses Löschungen vorzunehmen sind, vielmehr genügt es, wenn diese Prüfung für jede Strafnachricht und Strafliste bewirkt wird, sobald das Blatt aus anderem Anlasse gebraucht wird. Spätestens ist mithin jedes Blatt durchzusehen unmittelbar vor Erteilung einer Auskunft auf Grund dieses Blattes oder bei Gelegenheit der nach Nr. 20 der Allgemeinen Verfügung, betreffend die Einrichtung des Strafregisters usw. vom 7. Juli 1913 — JMBl. S. 267 — alle 2 Jahre vorzunehmenden Durchsicht der Registerfächer. Sobald der Registerführer eine Strafnachricht oder eine Strafliste geprüft hat, hat er dies durch einen kurzen Vermerk in der rechten oberen Ecke des Blattes kenntlich zu machen.

II.

1. Der Allerhöchste Erlaß bezieht sich auf die von preußischen Zivilgerichten, preußischen Polizeibehörden oder Militärgerichten des preußischen Kontingents verhängten Strafen. Falls für die von außerpreußischen Gerichten usw. erkannten Strafen ähnliche Erlasse ergehen sollten, werden besondere Bestimmungen getroffen werden.

2. Ob die Voraussetzungen des Allerhöchsten Erlasses im Einzelfalle vorliegen, ist vom Registerführer lediglich nach dem Inhalte des Strafregisters zu prüfen. Insbesondere ist dafür, wann eine

Strafe erkannt ist, das im Strafregister eingetragene Datum maßgebend; sollten bei einem Erkenntnis mehrere Daten eingetragen sein, so entscheidet das für den Bestraften günstigere. Auch für die Frage, ob eine Person nach dem 27. Januar 1906 bis zum 27. Januar 1916 abermals bestraft ist, kommt es auf den Registerinhalt an; geht aber, bevor die Löschung im Register bewirkt ist, eine Strafnachricht ein, aus der sich ergibt, daß der Bestrafte wegen eines Verbrechens oder Vergehens vor dem 27. Januar 1916 abermals bestraft worden ist, so ist die Löschung der früheren Strafe nicht zulässig.

3. Die Löschung ist auch dann zulässig, wenn durch ein Urteil auf mehrere Strafen nebeneinander erkannt ist, von denen keine die in dem Erlasse bezeichneten Höchstgrenzen übersteigt, z. B. wenn durch ein Urteil 1 Jahr Gefängnis, 6 Wochen Haft und 1000 Mark Geldstrafe verhängt ist. Ist aus dem Register ersichtlich, daß mehrere Strafen zu einer Gesamtstrafe vereinigt sind, so ist der Betrag der Gesamtstrafe maßgebend, z. B. ist Löschung nicht zulässig, wenn jemand nach den Registervermerken zunächst zu 9 Monaten Gefängnis und später zu einer Zusatzstrafe von 6 Monaten Gefängnis verurteilt ist. Im übrigen kommt es lediglich auf die vermerkten Einzelstrafen an.

4. Mit den Hauptstrafen sind alle Nebenstrafen zu löschen, insbesondere auch die Aberkennung der bürgerlichen Ehrenrechte ohne Rücksicht auf die Dauer der Aberkennung. Die Anordnung der öffentlichen Bekanntmachung des Urteils und die Verurteilung zu Wertersatz gelten im Sinne des Erlasses als Nebenstrafe. Mit den Vermerken über Strafen auf Grund des § 361 Z. 3 bis 8 des Reichsstrafgesetzbuchs sind auch die Vermerke über die auf Grund des § 362 das. erlassenen Beschlüsse der Landespolizeibehörde zu löschen.

5. Jede Löschung ist ausgeschlossen, wenn gegen eine Person eine Strafe vermerkt ist, die wegen ihrer Höhe nicht unter den Erlaß fällt. Auf einer Strafliste, die eine Zuchthausstrafe oder eine Gefängnis- oder Festungsstrafe von mehr als einem Jahr aufweist, ist mithin keine Löschung zu vermerken. Dabei bleiben Strafvermerke, die infolge eines Wiederaufnahmeverfahrens oder auf Grund eines Einzelgnadenerweises gelöscht sind, außer Betracht. Eine Strafliste, auf der die zulässigen Löschungen eingetragen sind, kann demnach keine anderen ungelöschten Vermerke über Strafen, die von preußischen Behörden verhängt sind, mehr aufweisen, als über Übertretungsstrafen, die nach dem 27. Januar 1906 erkannt sind, oder andere Strafen, die nach dem 26. Januar 1916 erkannt sind.

III.

Die Löschungen werden in derselben Weise vollzogen, wie es für Löschungen auf Grund von Einzelgnadenerweisen in Ziffer 19 der erwähnten Allgemeinen Verfügung vom 7. Juli 1913 vorgeschrieben ist; von der Befugnis, einen Stempel für die Eintragungen zu verwenden, wird ausgiebig Gebrauch zu machen sein. Auch für die Behandlung gelöschter Vermerke bei der Erteilung von Auskünften gelten die Vorschriften dieser Allgemeinen Verfügung (Ziffer 27 in Verbindung mit §§ 17, 17b der Verordnung des Bundesrats vom 17. April 1913 — JMBl. S. 266 —). Von Amts wegen wird die Tatsache der Löschung keiner Stelle, auch nicht der Strafvollstreckungsbehörde oder dem Verurteilten mitgeteilt. Dem Verurteilten ist auf Anfrage Auskunft zu erteilen. Anfragen von Behörden, ob bestimmte Strafen gelöscht seien, sind zu beantworten, auch wenn der anfragenden Behörde nicht das Recht zusteht, über gelöschte Vermerke Auskunft zu erfordern.

e) Allgemeine Verfügung des Preußischen Justizministers vom 11. Juni 1918 zu dem Erlaß vom 24. April 1918.

(Preuß. JustMinBl. 1918 S. 265.)

Gemäß Artikel II der Bestimmungen des Bundesrats zur Änderung der Vorschriften über die Strafregister vom 16. Mai 1918 (JMBl. S. 213) habe ich durch Nr. 27 meiner Ausführungsverfügung vom heutigen Tage (JMBl. S. 250) angeordnet, daß die in den Strafregistern bereits niedergelegten Vermerke über Verurteilungen, die nach § 2 Abs. 2 der Bundesratsverordnung vom 16. Juni 1882 in der Fassung vom 16. September 1917 in die Register nicht mehr einzutragen wären, aus diesen entfernt werden. Der vorstehende Allerhöchste Erlaß genehmigt, daß solche aus dem Strafregister zu entfernenden Vermerke der Anwendbarkeit des Allerhöchsten Erlasses vom 27. Januar 1918, betreffend Löschung von Strafvermerken im Strafregister usw. (JMBl. S. 17), nicht mehr entgegenstehen. Dadurch sind sie in ihrer Bedeutung für die Löschung früherer Strafen denjenigen Verurteilungen gleichgestellt, die seit dem Inkrafttreten der Bundesratsverordnung vom 6. September 1917 nicht mehr zum Strafregister gelangt sind (Abs. 1 Satz 2 der Allgemeinen Verfügung vom 27. Januar 1918 — JMBl. S. 18).

Zur Ausführung des vorstehenden Allerhöchsten Erlasses bestimme ich, daß die Allgemeine Verfügung vom 27. Januar 1916 (JMBl. S. 14) entsprechende Anwendung findet.

---

2. Amnestieverordnungen des Rats der Volksbeauftragten von 1918.

a) Verordnung über die Gewährung von Straffreiheit und Strafmilderung vom 3. Dezember 1918.

(RGBl. S. 1393.)

Der Rat der Volksbeauftragten hat in Ergänzung der Verordnung vom 12. November 1918 (Reichsgesetzbl. S. 1303), durch die für politische Straftaten bereits Straffreiheit gewährt ist, für Straftaten nicht politischer Art mit Gesetzeskraft für das Reich folgende Verordnung erlassen:

§ 1.

. . . .

§ 2.

Alle von den bürgerlichen Behörden, einschließlich der außerordentlichen Kriegsgerichte, bis zum Inkrafttreten dieser Verordnung rechtskräftig erkannten Strafen werden nebst den Nebenstrafen und den rückständigen Kosten erlassen, soweit sie nicht schwerer sind als Gefängnis bis zu einem Jahre oder Festungshaft bis zu einem Jahre oder Geldstrafe bis zu dreitausend Mark, allein oder in Verbindung miteinander oder mit Nebenstrafen. Das gleiche gilt für die Strafen dieser Art, die bis zum Inkrafttreten dieser Verordnung erkannt sind und binnen zwei Wochen nach dem Inkrafttreten[1]) rechtskräftig werden.

Ist auf Einziehung erkannt, so behält es dabei sein Bewenden.

Ist wegen mehrerer selbständiger Handlungen auf Strafe erkannt, so tritt der Straferlaß nur ein, wenn die erkannte Gesamtstrafe oder, sofern eine Gesamtstrafe nicht zu bilden ist, die noch nicht verbüßten oder noch nicht beigetriebenen Einzelstrafen zusammen die obigen Grenzen nicht überschreiten.

§ 3.

. . . .

§ 4.

Bei Strafen, die erkannt sind

a) wegen übermäßiger Preissteigerung auf Grund des § 1 der Verordnung gegen Preistreiberei vom 8. Mai 1918 oder der entsprechenden früheren Strafvorschriften,

b) wegen Höchstpreisüberschreitung,

tritt, soweit sie nicht schwerer sind als Gefängnis bis zu drei Monaten oder Geldstrafe bis zu sechshundert Mark, allein oder in Verbindung miteinander oder mit Nebenstrafen, Straferlaß unter der Bedingung ein, daß der Verurteilte nicht binnen einem Jahre wegen einer nach dem Inkrafttreten dieser Verordnung begangenen übermäßigen Preissteigerung oder Höchstpreisüberschreitung zu Strafe verurteilt wird. Im übrigen finden die Voraussetzungen und sonstigen Bestimmungen des § 2 entsprechende Anwendung.

Höhere Strafen wegen solcher Straftaten sind von jedem Straferlaß ausgeschlossen.

§ 5.

Vermerke über Strafen, die nach dieser Verordnung in vollem Umfang erlassen werden, sind im Strafregister zu löschen.

---

[1]) Die Frist ist durch VO. des Rats der Volksbeauftragten vom 21. Dezember 1918 (RGBl. S. 1451) bis zum 10. Januar 1919 verlängert worden.

§ 6.

Soweit eine nach dem 31. Oktober 1918 für das Gebiet eines Bundesstaats erlassene Amnestie für den Beschuldigten oder Verurteilten günstigere Bestimmungen enthält als diese Verordnung, gelten solche Bestimmungen neben dieser Verordnung.

§ 7.

Diese Verordnung tritt mit dem Tage der Verkündung [1]) in Kraft.

b) Verordnung über eine militärische Amnestie vom 7. Dezember 1918.

(RGBl. S. 1415.)

Der Rat der Volksbeauftragten hat mit Gesetzeskraft für das Reich folgende Verordnung erlassen:

§ 1.

Alle zur Zuständigkeit der militärischen und der bürgerlichen Behörden gehörigen Untersuchungen gegen Personen, die vor dem Inkrafttreten dieses Gesetzes, wenn auch nur zeitweise, zum aktiven Heere (§ 38 des Reichsmilitärgesetzes) oder zur aktiven Marine oder zu den Schutztruppen gehört oder sich in einem Dienst- oder Vertragsverhältnisse beim kriegführenden Heere oder bei der kriegführenden Marine befunden haben [2]), werden niedergeschlagen, soweit sie betreffen vor dem Inkrafttreten dieses Gesetzes begangene ....

§ 2.

Erlassen werden zugunsten der im § 1 bezeichneten Personen alle vor dem Inkrafttreten dieser Verordnung von Militärbefehlshabern verhängten Disziplinarstrafen und von Militärgerichten rechtskräftig erkannten Strafen, soweit sie noch nicht vollstreckt sind und sofern die einzelne Strafe im Gefängnis von nicht mehr als drei Jahren oder Festungshaft von nicht mehr als drei Jahren oder in Arrest, Haft, Geldstrafe oder Verweis, allein oder in Verbindung miteinander oder mit Nebenstrafen besteht. Der Straferlaß erstreckt sich auch auf die Nebenstrafen einschließlich des Verlustes der bürgerlichen Ehrenrechte, jedoch nicht auf die militärischen Ehrenstrafen und den Amtsverlust. Ist auf Einziehung erkannt, so behält es dabei sein Bewenden.

Ist wegen mehrerer selbständiger Handlungen auf Strafe erkannt, so tritt der Straferlaß nur ein, wenn die erkannte Gesamtstrafe oder, sofern eine Gesamtstrafe nicht zu bilden ist, die noch

---

[1]) 5. Dez. 1918.

[2]) Durch § 2 der VO. des Rats der Volksbeauftragten vom 13. Jan. 1919 (RGBl. S. 30) ist authentisch klargestellt, daß sich die VO. nur auf solche Personen erstreckt, die während des Krieges 1914/18 in der angegebenen Weise zum Heere gehört haben.

nicht verbüßten Einzelstrafen zusammen die obigen Grenzen nicht überschreiten. Ist auf Geldstrafe neben einer Freiheitsstrafe erkannt, so ist die erstere nur dann erlassen, wenn die Freiheitsstrafe erlassen ist. Bei bereits erfolgter Milderung einer Strafe ist die gemilderte Strafe für die Frage des Straferlasses entscheidend.

[1]) Bei Fahnenflucht, Feigheit sowie bei strafbaren Handlungen gegen die Pflichten der militärischen Unterordnung ist die Strafe ohne Rücksicht auf ihre Art und Höhe einschließlich aller Nebenstrafen erlassen, sofern nicht durch eine Tätlichkeit gegen einen Vorgesetzten der Tod oder eine schwere Körperverletzung desselben verursacht worden ist. Ist in einem Urteil auch wegen einer anderen Straftat auf Strafe erkannt, so ist die Strafe wegen der Fahnenflucht oder der Feigheit oder der Handlung gegen die militärische Unterordnung in ihrer vollen Höhe von der Gesamtstrafe abzuziehen. Auf den dann verbleibenden Strafrest findet Absatz 1 Anwendung. Ist wegen einer und derselben Tat zugleich auf Grund eines anderen Strafgesetzes auf Strafe erkannt, so ist die Strafe erlassen, wenn sie aus dem die Fahnenflucht oder die Feigheit oder die Zuwiderhandlung gegen die militärische Unterordnung bedrohenden Strafgesetze festgesetzt ist; andernfalls findet Absatz 1 Anwendung.

Die vorstehenden Bestimmungen gelten auch für Strafen der dort bezeichneten Art, die bis zum Inkrafttreten dieser Verordnung erkannt sind und binnen zwei Wochen nach dem Inkrafttreten [2]) rechtskräftig werden.

§ 3[1]).

Die Amnestierung hinsichtlich einer Untersuchung oder einer Strafe wegen Fahnenflucht erfolgt nur unter folgenden Bedingungen:

a) Der Fahnenflüchtige muß sich, sofern er nicht in der Gewalt der Militärbehörde ist, innerhalb eines Monats seit dem Inkrafttreten dieser Verordnung bei einem Bezirkskommando oder einem Truppenteile des Inlandes melden. Bei derzeitigem Aufenthalte des Fahnenflüchtigen im europäischen Ausland verlängert sich diese Frist auf drei Monate, beim Aufenthalt im außereuropäischen Ausland auf sechs Monate.

b) Der Fahnenflüchtige darf nicht innerhalb zwei Jahren wegen eines nach dem Inkrafttreten dieser Verordnung begangenen Verbrechens oder vorsätzlichen Vergehens zu Freiheitsstrafe von mehr als drei Monaten verurteilt werden.

Die Amnestierung wegen Feigheit erfolgt ebenfalls nur unter der vorstehend unter b angegebenen Bedingung.

---

[1]) Zu § 2 Abs. 3 und § 3 vgl. das Abänderungsgesetz vom 6. Juni 1920 (RGBl. S. 143), abgedruckt unter c.

[2]) Die Frist ist durch § 1 der VO. des Rats der Volksbeauftragten vom 13. Jan. 1919 (RGBl. S. 30) bis zum 31. Jan. 1919 verlängert worden.

§ 4.

Soweit diese Niederschlagung und dieser Straferlaß über die Verordnung über die Gewährung von Straffreiheit und Strafmilderung vom 3. Dezember 1918 (Reichs-Gesetzbl. S. 1393) hinausgehen, erfolgen sie unter der Bedingung, daß der Täter nicht mit Rücksicht auf eine Straftat aus dem aktiven Heere, der aktiven Marine, den Schutztruppen oder aus seinem Dienst- oder Vertragsverhältnis entlassen worden ist. Diese Entlassung gilt jedoch nicht für die Fälle, in denen die Entlassung auf einer durch diese Verordnung erlassenen Strafe wegen Fahnenflucht, Feigheit oder wegen einer Handlung gegen die Pflichten der militärischen Unterordnung mit der im § 2 Abs. 3 vorgesehenen Einschränkung beruht.

§ 5.

. . . .

§ 6.

Vermerke über Strafen, die durch diese Verordnung in vollem Umfang erlassen werden, sind im Strafregister zu löschen. Entsprechendes gilt von den erlassenen Disziplinarstrafen hinsichtlich des Eintrags in den militärischen Listen und Papieren.

§ 7.

Durch diese Verordnung werden die Verordnung über eine politische Amnestie vom 12. November 1918 (Reichs-Gesetzbl. S. 1303) und die Verordnung über die Gewährung von Straffreiheit und Strafmilderung vom 3. Dezember 1918 (Reichs-Gesetzbl. S. 1393) nicht berührt. Soweit eine nach dem 31. Oktober 1918 für das Gebiet eines Bundesstaates erlassene Amnestie für den Beschuldigten oder Verurteilten günstigere Bestimmungen enthält als diese Verordnung, gelten solche Bestimmungen neben dieser Verordnung.

§ 8.

Diese Verordnung tritt mit dem Tage der Verkündung [1]) in Kraft.

c) Gesetz, betreffend Erweiterung der Verordnung über eine militärische Amnestie vom 7. Dezember 1918 vom 6. Juni 1920.

(RGBl. S. 1143.)

Die verfassunggebende Deutsche Nationalversammlung hat das folgende Gesetz beschlossen, das mit Zustimmung des Reichsrats verkündet wird:

§ 1.

Die durch § 3 der Verordnung über eine militärische Amnestie vom 7. Dezember 1918 (Reichs-Gesetzbl. S. 1415) bedingt erfolgte

---

1) 12 Dez. 1918.

Amnestie wegen Fahnenflucht und Feigheit wird in eine unbedingte umgewandelt; § 3 der Verordnung wird aufgehoben. Zugehörigkeit zum aktiven Heere, zu der aktiven Marine oder den Schutztruppen während des Krieges 1914 bis 1920 (§ 2 der Ergänzungsverordnung vom 13. Januar 1919 — Reichs-Gesetzbl. S. 30 —) oder vor demselben (§ 1 der Verordnung vom 7. Dezember 1918) ist nicht Voraussetzung für die Niederschlagung von Untersuchungen und den Erlaß von Strafen wegen einer vor dem 12. Dezember 1918 begonnenen Fahnenflucht, unerlaubten Entfernung und eines Ungehorsams gegen einen Gestellungsbefehl oder die Meldevorschriften.

§ 2.

Die Amnestierung der Untersuchungen und Strafen wegen unerlaubter Entfernung findet im gleichen Umfang wie bei Fahnenflucht statt.

§ 3.

Dieses Gesetz tritt mit dem Tage der Verkündung [1]) in Kraft.

---

3. Verordnung der Regierung des Volksstaates Bayern über die Niederschlagung von Strafverfahren und den Erlaß von Strafen vom 22. November 1922.

(Bayer. JustMinBl. S. 239.)

Erfüllt von dem Wunsche, mit allen Kräften die durch den furchtbaren Krieg geschlagenen Wunden zu heilen, die durch die Kriegsverhältnisse geschaffene Bitterkeit zu beseitigen und alle Kreise des Volkes zur freudigen Mitarbeit beim Wiederaufbau zu gewinnen, verordnet die Regierung des Volksstaates Bayern wie folgt:

I—VI . . . .

VII.

In den Strafregistern sind alle Vermerke über Verurteilungen zu löschen, die bis zum heutigen Tage durch bayerische Gerichte wegen Zuwiderhandlungen gegen die auf Grund des § 3 des Gesetzes über die Ermächtigung des Bundesrats zu wirtschaftlichen Maßnahmen vom 4. August 1914 (RGBl. S. 327) und auf Grund des Art. 4 Nr. 2 des Kriegszustandsgesetzes erlassenen Vorschriften erfolgt sind, mit Ausnahme der Verurteilungen wegen Höchstpreisüberschreitung, übermäßiger Preissteigerung, Preistreiberei, Schleichhandels und Kettenhandels.

VIII . . . .

---

[1]) 12. Juni 1920.

4. Amnestiegesetz von 1920.

a) Reichsgesetz über die Gewährung von Straffreiheit vom 4. August 1920.

(RGBl. S. 1487.)

Der Reichstag hat das folgende Gesetz beschlossen, das mit Zustimmung des Reichsrats hiermit verkündet wird:

§ 1.

Für Straftaten, die zur Abwehr eines hochverräterischen Unternehmens gegen das Reich begangen worden sind, wird Straffreiheit gewährt.

Ferner wird Straffreiheit Personen gewährt, die an einem hochverräterischen Unternehmen gegen das Reich mitgewirkt haben, sofern sie nicht Urheber oder Führer des Unternehmens gewesen sind.

Straffrei sind auch Handlungen, die im Zusammenhange mit den hochverräterischen Unternehmen oder seiner Abwehr begangen worden sind, sofern sie nicht lediglich auf Roheit, Eigennutz oder sonstigen nichtpolitischen Beweggründen beruhen.

Von der Straffreiheit sind ausgeschlossen die Verbrechen gegen das Leben (§§ 211, 212, 214 des Strafgesetzbuchs) und die Verbrechen der schweren Körperverletzung (§§ 224 bis 226 des Strafgesetzbuchs), die Verbrechen des schweren Raubes (§ 251 des Strafgesetzbuchs) und der Brandstiftung (§§ 306 bis 308, 311 des Strafgesetzbuchs).

§ 2.

Soweit Straffreiheit gewährt wird, werden die verhängten Strafen nicht vollstreckt, die anhängigen Verfahren eingestellt und neue nicht eingeleitet. Gegen Beschlüsse des Gerichts, durch welche die Einstellung des Verfahrens abgelehnt wird, findet sofortige Beschwerde statt.

Ist auf Einziehung erkannt, so behält es dabei sein Bewenden.

Ist aus mehreren Strafen, von denen ein Teil unter dieses Gesetz fällt, eine Gesamtstrafe gebildet worden, so sind die unter dieses Gesetz fallenden Einzelstrafen in voller Höhe von der Gesamtstrafe in Abzug zu bringen.

§ 3.

Vermerke über Strafen, die nach diesem Gesetz erlassen werden, sind im Strafregister zu tilgen.

§ 4.

Dieses Gesetz tritt mit dem Tage der Verkündung in Kraft.

b) Allgemeine Verfügung des Preuß. Justizministers zu dem Reichsgesetz vom 3. August 1920 vom 7. August 1920.

(JustMinBl. S. 398.)

Für die Ausführung des vorstehenden Gesetzes gelten folgende Richtlinien:

I, II . . . .

III.

(Zu § 3.) Strafvermerke sind auch dann zu tilgen, wenn ein Teil der Strafe, sei es tatsächlich oder durch Anrechnung der Untersuchungshaft, verbüßt oder ein Teil der Geldstrafe gezahlt und daher nur der Rest der Strafe erlassen ist. Das Gleiche gilt, wenn zwar die Strafe, aber nicht auch eine unter das Gesetz fallende Nebenstrafe bereits vollstreckt ist. Die Tilgung unterbleibt nur dann, wenn die Strafe und die unter das Gesetz fallenden Nebenstrafen bei dessen Inkrafttreten schon ganz verbüßt sind oder bereits ganz und unbedingt erlassen waren. Die Tilgung ist unter Benutzung des Vordrucks E (JMBl. S. 334) herbeizuführen.

---

5. Amnestiegesetze von 1922.

a) Reichsgesetz über Straffreiheit für politische Straftaten vom 21. Juli 1922.

(RGBl. S. 595.)

Der Reichstag hat das folgende Gesetz beschlossen, das mit Zustimmung des Reichsrats hiermit verkündet wird:

§ 1.

Personen, die im Jahre 1920 nach dem 4. August und im Jahre 1921 an einem hochverräterischen Unternehmen gegen das Reich als Täter oder Teilnehmer mitgewirkt haben, wird Straffreiheit gewährt. Dies gilt nicht für Straftaten, die sich in das Jahr 1922 fortgesetzt haben.

Ferner wird Straffreiheit gewährt Personen, die von den auf Anordnung des Reichsministers der Justiz im Jahre 1921 errichteten außerordentlichen Gerichten wegen Handlungen verurteilt worden sind, die mit einem gegen das Reich gerichteten hochverräterischen Unternehmen im Zusammenhange stehen, sofern die Handlungen nicht lediglich auf Roheit, Eigennutz, oder sonstigen nicht politischen Beweggründen beruhen.

Von der Straffreiheit ausgeschlossen sind die Personen, die zur Durchführung des hochverräterischen Unternehmens oder im Zusammenhange mit dem hochverräterischen Unternehmen ein Verbrechen gegen das Leben (§§ 211, 212, 214 des Strafgesetzbuchs), ein Verbrechen der schweren Körperverletzung (§§ 224 bis 226 des Strafgesetzbuchs), ein Verbrechen des schweren Raubes (§ 251 des Strafgesetzbuchs), ein Verbrechen der Brandstiftung (§§ 306 bis 308, 311 des Strafgesetzbuchs), ein Verbrechen der vorsätzlichen Gefährdung eines Eisenbahntransportes (§ 315 des Strafgesetzbuchs), ein Verbrechen gegen § 321 Abs. 2 des Strafgesetzbuchs oder ein Verbrechen gegen die §§ 5, 6 des Gesetzes über den verbrecherischen und gemeingefährlichen Gebrauch von Sprengstoffen vom 9. Juni 1884 (Reichsgesetzblatt S. 61) begangen haben.

Im übrigen finden die Vorschriften der §§ 2, 3 des Gesetzes vom 4. August 1920 (Reichsgesetzblatt S. 1487) mit der Maßgabe entsprechende Anwendung, daß auch die rückständigen Geldbußen und Kosten erlassen werden und daß auf Antrag des Verurteilten auch Vermerke über bereits verbüßte Strafen, die unter die Straffreiheit fallen würden, im Strafregister zu tilgen sind.

§ 2.

Wird die von dem Beschuldigten oder Verurteilten auf Grund dieses Gesetzes in Anspruch genommene Straffreiheit durch eine gerichtliche Entscheidung verneint, so sind die Akten auf Antrag einem Ausschuß vorzulegen, den der Reichsminister der Justiz beruft. Erachtet der Ausschuß die Voraussetzungen der Straffreiheit für gegeben, so legt er die Akten dem Reichsminister der Justiz zur weiteren Entschließung vor.

Bei einer Straftat, die nach § 1 Abs. 3 von der Straffreiheit ausgenommen ist, kann der Ausschuß sich für Gewährung der Straffreiheit aussprechen, wenn die Straftat aus politischen Gründen begangen ist.

Soweit der Ausschuß sich für Straffreiheit ausspricht, kann der Reichspräsident anhängige Strafsachen niederschlagen.

§ 3.

Dieses Gesetz tritt mit dem Tage der Verkündung [1]) in Kraft.

b) Preußisches Gesetz über die Gewährung von Straffreiheit vom 26. Juli 1922.

(GesS. S. 192.)

Der Landtag hat folgendes Gesetz beschlossen:

§ 1.

Für Straftaten, die mit den politischen Unruhen im Frühjahre 1921 oder mit der Abwehr des Kapp-Putsches im Frühjahr 1920 in Zusammenhang stehen, wird, soweit das Begnadigungsrecht dem Freistaate Preußen zusteht, Straffreiheit gewährt.

§ 2.

Unter der gleichen Voraussetzung wird Straffreiheit gewährt für solche Straftaten, die im Jahre 1921 im Zusammenhange mit Kund-

---

[1]) 23. Juli 1922.

gebungen für die republikanische Staatsform begangen worden sind. Zu diesen Kundgebungen gehören insbesondere diejenigen wegen Ermordung des früheren Reichsministers Erzberger.

§ 3.

Von der Straffreiheit nach §§ 1 oder 2 sind ausgenommen:
1. Straftaten, die lediglich auf Roheit oder persönlicher Gewinnsucht beruhen;
2. Straftaten solcher Personen, die im Zusammenhange mit den in den §§ 1 und 2 genannten Bewegungen
   ein Verbrechen gegen das Leben (§§ 211, 212, 214 des Reichsstrafgesetzbuchs),
   ein Verbrechen der schweren Körperverletzung (§§ 224 bis 226 des Reichsstrafgesetzbuchs),
   ein Verbrechen des schweren Raubes (§ 251 des Reichsstrafgesetzbuchs),
   ein Verbrechen der Notzucht (§§ 176, 177 des Reichsstrafgesetzbuchs),
   ein Verbrechen der Brandstiftung (§§ 306 bis 308, 311 des Reichsstrafgesetzbuchs),
   ein Verbrechen der vorsätzlichen Gefährdung eines Eisenbahntransports (§ 315 des Reichsstrafgesetzbuchs),
   ein Verbrechen gegen § 321 Abs. 2 des Reichsstrafgesetzbuchs
   oder
   ein Verbrechen gegen die §§ 5, 6, 7 des Gesetzes über den verbrecherischen oder gemeingefährlichen Gebrauch von Sprengstoffen vom 9. Juni 1884 (Reichs-Gesetzbl. S. 61)
   begangen haben.

§ 4.

(1) Wird die von dem Beschuldigten oder Verurteilten auf Grund dieses Gesetzes in Anspruch genommene Straffreiheit durch gerichtliche Entscheidung verneint, so sind auf seinen Antrag die Akten einem Ausschusse vorzulegen, den das Staatsministerium zur Mitwirkung bei der Ausführung des Gesetzes beruft. Erachtet der Ausschuß die Voraussetzungen der Straffreiheit für gegeben, so legt er die Akten dem Staatsministerium zur weiteren Entschließung vor.

(2) Bei einer Straftat, die nach § 3 von der Straffreiheit ausgenommen ist, kann der Ausschuß auf Antrag des Beschuldigten oder Verurteilten sich für Gewährung der Straffreiheit aussprechen, wenn die Straftat auf politischen Beweggründen beruht; Abs. 1 Satz 2 findet entsprechende Anwendung.

(3) Soweit der Ausschuß sich für Straffreiheit ausspricht, kann das Staatsministerium auch gerichtlich anhängige Strafsachen niederschlagen.

§ 5.

(1) Soweit Straffreiheit gewährt wird, werden die noch nicht verbüßten Strafen und die rückständigen Bußen und Kosten erlassen,

die eingeleiteten Verfahren, auch soweit sie gerichtlich anhängig sind, niedergeschlagen und neue Verfahren nicht eingeleitet.

(2) Ist auf Einziehung erkannt, so behält es dabei sein Bewenden.

(3) Ist aus mehreren Strafen, von denen ein Teil unter dieses Gesetz fällt, eine Gesamtstrafe gebildet worden, so sind die unter dieses Gesetz fallenden Einzelstrafen in voller Höhe von der Gesamtstrafe in Abzug zu bringen.

§ 6.

Vermerke über Strafen, die nach diesem Gesetz erlassen werden, sind im Strafregister zu tilgen; ebenso Vermerke über bereits verbüßte Strafen, wenn der Strafvollstreckungsbehörde bekannt wird, daß die Straftaten unter dieses Gesetz fallen.

§ 7.

Das Gesetz tritt mit dem Tage der Verkündung [1]) in Kraft.

Das vorstehende, vom Landtag beschlossene Gesetz wird hiermit verkündet. Die verfassungsmäßigen Rechte des Staatsrats sind gewahrt.

---

6. Gesetz, betreffend das deutsch-polnische Abkommen über die Gewährung von Straffreiheit im oberschlesischen Abstimmungsgebiete vom 21. Juli 1922.

(RGBl. II S. 715.)

Der Reichstag hat das folgende Gesetz beschlossen, das mit Zustimmung des Reichsrats hiermit verkündet wird:

Artikel 1.

Dem am 21. Juni 1922 unterzeichneten deutsch-polnischen Abkommen über die Gewährung von Straffreiheit für in Oberschlesien begangene Straftaten wird zugestimmt.

Artikel 2.

Dieses Gesetz tritt mit dem Tage der Verkündung in Kraft.

Deutsch-polnisches Abkommen über die Gewährung von Straffreiheit im oberschlesischen Abstimmungsgebiete.

Artikel I.

§ 1.

(1) Gemäß Artikel 88 Absatz 3 des Versailler Vertrags vom 28. Juni 1919 wird für alle im oberschlesischen Abstimmungsgebiete

---

1) 31. 7. 1922.

während der Dauer der Besetzung durch die interalliierten Mächte begangenen Straftaten Straffreiheit gewährt, soweit sie ausschließlich oder überwiegend aus politischen Beweggründen begangen sind.

(2) Die Besetzung im Sinne des Abs. 1 endet mit dem Tage, an dem die Übergabe der Zone, innerhalb deren die Tat begangen worden ist, von den interalliierten Mächten an den einen oder anderen der vertragschließenden Teile beendet ist.

§ 2.

. . . .

Artikel II.

§ 1.

Straffreiheit wird gewährt für Straftaten, die im oberschlesischen Abstimmungsgebiete bis zu dem im Artikel I § 1 Abs. 2 bezeichneten Zeitpunkt durch die Presse oder gegen die §§ 113 bis 131 des deutschen Strafgesetzbuchs begangen worden sind, sowie wegen solcher Straftaten, die in dem genannten Gebiete bis zu dem gleichen Zeitpunkt durch den Besitz von Waffen und Munition oder durch Handel mit solchen oder Schmuggel von solchen begangen worden sind.

§ 2.

Straffreiheit wird gewährt für alle im oberschlesischen Abstimmungsgebiete bis zu dem im Artikel I § 1 Abs. 2 bezeichneten Zeitpunkt begangenen Straftaten, sofern keine höhere Strafe erkannt oder zu erwarten ist als Gefängnis oder Festungshaft von nicht mehr als einem Jahre, als Haft oder als Geldstrafe. Die Straffreiheit bezieht sich auch auf Polizeistrafen und auf Ordnungsstrafen.

§ 3.

Die in dem § 2 vorgesehene Straffreiheit wird nicht gewährt:

1. bei Verbrechen und Vergehen des Wuchers, der Preistreiberei, des Schleichhandels und der Bestechung;
2. bei Verfehlungen gegen die Steuer- und Zollgesetze, es sei denn, daß es sich um Übertretungen handelt.

Artikel III, IV.

. . . .

Artikel V.

§§ 1, 2.

. . . .

§ 3.

Vermerke über die nach den Artikeln I und II in vollem Umfang erlassenen Strafen sind im Strafregister (polizeilichen Straflisten) zu tilgen (löschen), es sei denn, daß die Strafe wegen einer Straftat erkannt worden ist, die im Rückfall mit besonderer Strafe bedroht wird oder daß der Verurteilte nach dem Strafregister wegen einer Straftat gleicher Art bereits vorbestraft ist.

§§ 4—6.

. . . .

Artikel VI.

Dieses Abkommen soll ratifiziert werden, und die Ratifikationsurkunden sollen möglichst bald in Berlin ausgetauscht werden. Das Abkommen tritt mit dem Austausch der Ratifikationsurkunden in Kraft.

---

7. Gesetz über die Ausgabe und Einlösung von Notgeld.

Vom 17. Juli 1922 (RGBl. I S. 693).

Der Reichstag hat das folgende Gesetz beschlossen, das mit Zustimmung des Reichsrats hiermit verkündet wird:

§§ 1—12.

. . . .

§ 13.

Für Zuwiderhandlungen gegen § 55 des Bankgesetzes vom 14. März 1875/1. Juni 1909 (Reichsgesetzbl. 1875 S. 177; 1909 S. 515) oder gegen § 145 a des Strafgesetzbuchs, die durch Ausgabe von Notgeld vor dem 4. Juli 1922 begangen worden sind, wird Straffreiheit gewährt.

Die Straffreiheit hat zur Folge, daß die verhängten Strafen nicht vollstreckt, die anhängigen Verfahren eingestellt und neue nicht eingeleitet werden. Ist auf Einziehung erkannt, so erhält es dabei sein Bewenden. Gegen Beschlüsse des Gerichts, durch welche die Einstellung des Verfahrens abgelehnt wird, findet sofortige Beschwerde statt.

Vermerke über Strafen, die nach Abs. 1, 2 erlassen werden, sind im Strafregister zu tilgen.

§ 14.

Dieses Gesetz tritt mit dem Tage der Verkündung [1]) in Kraft.

---

8. Jugendgerichtsgesetz.

Vom 16. Februar 1923 (RGBl. S. 135).

§ 43 Abs. 1 Satz 1.

Die §§ 2 und 45 Abs. 1 treten mit der Verkündung [2]) in Kraft; im übrigen tritt das Gesetz mit dem 1. Juli 1923 in Kraft.

§ 45.

Gegen Personen, die zur Zeit der Tat noch nicht vierzehn

---

[1]) 14. Aug. 1922.
[2]) 27. Febr. 1923.

Jahre alt waren, dürfen Strafen nicht vollstreckt werden. Vermerke über Verurteilungen solcher Personen sind im Strafregister zu tilgen; soweit der Vermerk zu tilgen ist, findet § 5 des Gesetzes über beschränkte Auskunft aus dem Strafregister und die Tilgung von Strafvermerken vom 9. April 1920 (Reichsgesetzbl. S. 507) Anwendung.

Gegen Personen, die zur Zeit der Tat vierzehn, aber noch nicht achtzehn Jahre alt waren, darf die Landespolizeibehörde die Befugnisse aus der Überweisung an die Landespolizeibehörde nicht mehr ausüben. Ein gegen solche Personen vor dem Inkrafttreten dieses Gesetzes durch eine nicht mehr anfechtbare Entscheidung festgesetzter Verweis wird nach den bisherigen Vorschriften vollstreckt.

§ 46.

Soweit im Strafregister die Strafe des Verweises vermerkt ist, ist der Strafvermerk zu tilgen. § 45 Abs. 1 Satz 2 Halbs. 2 findet Anwendung.

---

9. Sächsisches Gesetz über eine Amnestie für Not- und Abtreibungsdelikte.

Vom 24. Juli 1923 (Sächs. Gesetzbl. S. 235).

Der Landtag hat folgendes Gesetz beschlossen:

§ 1 Abs. 1.

Strafen wegen Verfehlungen, die aus Not begangen worden sind, werden erlassen, wenn sie von sächsischen Gerichten bis einschließlich 1. Juli 1923 rechtskräftig erkannt worden sind und die erkannte Strafe nur in Festung oder Gefängnis von höchstens einem Jahr oder in Geldstrafe von höchstens 80 000 ℳ, allein oder in Verbindung miteinander oder mit Nebenstrafen, besteht.

§ 2.

Not setzt eine ernstliche wirtschaftliche, vom Täter nicht schuldhaft herbeigeführte Bedrängnis voraus, die ihn persönlich oder solche Angehörige betrifft, gegenüber denen er unterhaltspflichtig ist.

§ 3.

Strafen wegen Abtreibung werden erlassen, wenn sie von sächsischen Gerichten bis einschließlich 1. Juli 1923 rechtskräftig erkannt worden sind.

Der Erlaß trifft nicht Personen,

a) die die Schwangeren gröblich ausgebeutet oder auszubeuten versucht haben.
b) die wider den Willen der Schwangeren gehandelt haben,
c) die durch gröbliche Außerachtlassung der gebotenen Vorsicht die Gesundheit der Schwangeren schwer gefährdet oder geschädigt haben.

Strafverfahren wegen Abtreibungen werden niedergeschlagen, wenn sie bei sächsischen Behörden bis einschließlich 1. Juli 1923 anhängig geworden sind und eine Ausnahme im Sinne von Abs. 2 nicht vorliegt.

§ 4.

Wenn die Behörden der Strafvollstreckung oder Strafverfolgung die Amnestierung nach §§ 1 und 2 und § 3 dieses Gesetzes verneinen, so entscheidet das Justizministerium.

Das Nähere wird durch Ausführungsverordnung bestimmt.

§ 5.

Soweit Straferlaß oder Niederschlagung eintritt, werden auch die rückständigen Kosten erlassen.

Ist auf Einziehung erkannt, so hat es hierbei zu bewenden.

Ist aus mehreren Strafen, von denen ein Teil unter dieses Gesetz fällt, eine Gesamtstrafe gebildet worden, so werden die nach diesem Gesetze zu erlassenden Einzelstrafen in voller Höhe von der Gesamtstrafe in Abzug gebracht.

§ 6.

Vermerke über Strafen, die durch dieses Gesetz erlassen worden sind, werden im Strafregister getilgt.

§ 7.

Das Gesetz tritt mit dem Tage der Verkündung [1]) in Kraft.

---

10. Thüringisches Gesetz über Straffreiheit.

Vom 29. Oktober 1925 (Gesetzs. für Thüringen S. 305).

Der Landtag von Thüringen hat folgendes Gesetz beschlossen: Usw.

§ 5.

(1) Weiter werden die bei Gerichten oder Staatsanwaltschaften anhängigen Strafverfahren wegen der bis zum 15. Juli 1925 begangenen Zuwiderhandlungen nach §§ 113, 242, 243 Nr. 2, 3, 4 und 7, 244, 246, 247, 248 a, 253, 257 bis 259, 263, 264, 264 a, 370 Nr. 5 des Strafgesetzbuchs und nach den Vorschriften des thüringischen Forst- und Feldrügegesetzes vom 21. Januar 1924 (Gesetzs. S. 294) niedergeschlagen, wenn die Tat nachweisbar allein oder überwiegend aus wirtschaftlicher Not begangen ist und wenn keine höhere Strafe als Gefängnis bis zu einem Jahr, Haft oder Geldstrafe, allein oder in Verbindung miteinander zu erwarten ist.

(2) Alle Strafen, die wegen der in Absatz 1 aufgeführten Straftaten vor dem Inkrafttreten dieses Gesetzes rechtskräftig verhängt und

---

[1]) 1. Aug. 1923.

noch nicht vollstreckt sind, werden erlassen, wenn die Strafe oder der noch nicht verbüßte Strafrest nur entweder in Geldstrafe allein oder in Haft oder Gefängnis bis zu einem Jahr allein oder in einer dieser Freiheitsstrafen neben Geldstrafe besteht. Übersteigt die noch zu verbüßende Gefängnisstrafe die Dauer von einem Jahr, so wird sie um ein Jahr gekürzt.

(3) Der Absatz 2 des § 3 gilt sinngemäß.

(4) Steht die nach Absatz 2 voll erlassene Strafe als einzige im Strafregister und ist nicht auf Verlust der bürgerlichen Ehrenrechte oder einzelner Rechte oder Fähigkeiten erkannt, so wird der Vermerk im Strafregister und in den polizeilichen Listen getilgt.

Usw.

§ 7.

Niederschlagung, Straffreiheit und Tilgung nach §§ 1 bis 6 tritt nur insoweit ein, als das Land Thüringen zuständig ist.

§ 8.

(1) Dieses Gesetz tritt mit dem auf die Verkündung[1]) folgenden Tag in Kraft.

(2) Das Ministerium für Volksbildung und Justiz, Abt. Justiz, erläßt die zu seiner Ausführung erforderlichen Anordnungen.

VI. Abkommen über die Strafregister der abgetretenen Gebiete.

1. Gesetz, betreffend das deutsch-französische Abkommen über elsaß-lothringische Rechtsangelegenheiten.

Vom 22. November 1920 (RGBl. S. 1995).

Der Reichstag hat das folgende Gesetz beschlossen, das nach Zustimmung des Reichsrats hiermit verkündet wird:

Artikel 1.

Dem am 5. Mai 1920 unterzeichneten deutsch-französischen Abkommen über elsaß-lothringische Rechtsangelegenheiten wird zugestimmt.

Das Abkommen wird nachstehend veröffentlicht.

Artikel 2.

Die Reichsregierung erläßt die zur Ausführung des Abkommens erforderlichen Bestimmungen.

Artikel 3.

Dieses Gesetz tritt mit dem Tage der Verkündung[1]) in Kraft.

---

[1]) Das Gesetz ist am 7. November 1925 verkündet.

Deutsche Delegation für elsaß-lothringische Friedensfragen.

Baden-Baden, den 5. Mai 1920.

Herr Präsident!

Ich beehre mich, Ihnen im Namen meiner Regierung unser beiderseitiges Einverständnis mit den nachfolgenden Bestimmungen zu bestätigen, die den Zweck haben, gemäß dem Vorbehalt im Artikel 78 Nr. 5 des Friedensvertrages einzelne Zuständigkeits-, Verfahrens- und Justizverwaltungsfragen zu regeln:

Artikel 1—10.

. . . .

Artikel 11.

Die Hohen vertragschließenden Mächte verpflichten sich, einander kostenlos Strafnachrichten über die rechtskräftigen Urteile zu übermitteln, die von den Gerichten in Elsaß-Lothringen gegen Deutsche und von deutschen Gerichten gegen in Elsaß-Lothringen geborene Personen wegen strafbarer Handlungen jeder Art mit Ausnahme der Übertretungen erlassen sind.

Die Französische Regierung wird auf Ersuchen deutscher Behörden aus den in Elsaß-Lothringen und die Deutsche Regierung auf Ersuchen französischer Behörden in Elsaß-Lothringen aus den in Deutschland geführten Strafregistern Auskunft erteilen.

Artikel 12—15.

. . . .

Artikel 16.

Das gegenwärtige Abkommen gilt für eine Frist von fünf Jahren. Wird von keinem der Vertragschließenden dem anderen spätestens drei Monate vor Ablauf dieser Frist erklärt, daß er es außer Kraft treten lassen will, so bleibt es bis zum Ablaufe von drei Monaten von dem Tage ab in Geltung, an dem es von einem der beiden Teile gekündigt wird.

Artikel 17.

Dieses Abkommen soll ratifiziert und die Ratifikationsurkunden sollen so bald wie möglich in Baden-Baden ausgetauscht werden.

Das Abkommen tritt am achten Tage nach Austausch der Ratifikationsurkunden [2]) in Kraft.

---

[1]) 4. Dez. 1920.

[2]) Die Ratifikationsurkunden sind am 20. November 1920 ausgetauscht worden (Bekanntm. d. RM. d. Auswärtigen vom 24. Nov. 1920, RGBl. S. 2006).

2. Bekanntmachung über das am 20. September 1920 unterzeichnete deutsch-polnische Abkommen, betreffend die Überleitung der Rechtspflege.

Vom 8. Dezember 1920 (RGBl. S. 2043).

Auf Grund des Artikels 2 des Gesetzes, betreffend den deutsch-polnischen Vertrag über die vorläufige Regelung von Beamtenfragen, vom 23. Januar 1920 (Reichs-Gesetzbl. S. 77) hat die Deutsche Regierung mit der Polnischen Regierung am 20. September 1920 ein Abkommen, betreffend die Überleitung der Rechtspflege, abgeschlossen.

Das Abkommen wird nebst einer Anlage zum Artikel 3 § 3 Abs. 3 und einem Notenwechsel zwischen den Bevollmächtigten der beiden Regierungen nachstehend veröffentlicht.

Der Austausch der Ratifikationsurkunden hat am 30. November 1920 in Berlin stattgefunden.

Deutsch-polnisches Abkommen, betreffend die Überleitung der Rechtspflege.

Artikel 2.

Strafsachen.

§§ 1—12.

. . . .

§ 13.

(1) Die Strafregister, die in den im § 1 bezeichneten Landgerichtsbezirken [1]) geführt sind, werden bis auf weiteres von den bisherigen Registerbehörden fortgeführt oder, falls diese Registerbehörden fortgefallen sind, von denjenigen deutschen oder polnischen Registerbehörden übernommen, zu deren Bezirk der Amtssitz der bisherigen Registerbehörde gehört.

(2) Gerichtlichen und anderen öffentlichen Behörden beider Staaten ist auf ihr Ersuchen über den Inhalt der Register kostenfrei Auskunft zu erteilen.

(3) Strafnachrichten, an deren weiterer Aufbewahrung in seinen Registern der eine Staat kein Interesse hat, werden nach näherer Vereinbarung zwischen den Justizverwaltungen des Deutschen Reichs und Polens allmählich ausgesondert und dem anderen Staate zur Verfügung gestellt.

---

[1]) Es sind dies die Landgerichtsbezirke, die mit dem Inkrafttreten des Friedensvertrages ganz oder teilweise an Polen gefallen sind.

3. Gesetz, betreffend die Überleitung der Rechtspflege in den Kreisen Eupen und Malmedy.

Vom 21. Februar 1921 (RGBl. S. 197).

Der Reichstag hat das folgende Gesetz beschlossen, das mit Zustimmung des Reichsrats hiermit verkündet wird:

Artikel 1.

Der am 23. April 1920 unterzeichneten deutsch-belgischen Vereinbarung, betreffend die Überleitung der Rechtspflege in den Kreisen Eupen und Malmedy, wird zugestimmt.

Der Wortlaut der Vereinbarung wird nachstehend veröffentlicht.

Artikel 2.

Die Reichsregierung wird ermächtigt, die zur Ausführung dieser Vereinbarung erforderlichen Maßnahmen zu treffen.

Artikel 3.

Dieses Gesetz tritt mit dem Tage der Verkündung[1]) in Kraft.

Deutsch-belgische Vereinbarung, betreffend Überleitung der Rechtspflege in den Kreisen Eupen und Malmedy.

Artikel 2.

Strafsachen.

§§ 1—6.

. . . .

§ 7.

Die Strafnachrichten hinsichtlich der in dem Überleitungsgebiete geborenen Personen werden vorläufig von der Staatsanwaltschaft in Aachen weiter aufbewahrt. Den belgischen Behörden ist auf Verlangen über den Inhalt dieser Strafnachrichten im Einzelfalle kostenfrei Auskunft zu erteilen.

---

4. Gesetz über das deutsch-tschechoslowakische Abkommen, betreffend Überleitung der Rechtspflege im Hultschiner Lande.

Vom 28. Mai 1921 (RGBl. S. 723).

Der Reichstag hat das folgende Gesetz beschlossen, das mit Zustimmung des Reichsrats hiermit verkündet wird:

---

[1]) 7. März 1921. Die Ratifikationsurkunden sind am 12. Nov. 1921 ausgetauscht worden (Bekanntm. des RM. des Auswärtigen vom 6. Dez. 1921, RGBl. S. 1532).

§ 1.

Dem am 3. Febr. 1921 unterzeichneten deutsch-tschechoslowakischen Abkommen, betreffend die Überleitung der Rechtspflege im Hultschiner Lande, sowie dem dazugehörigen Schlußprotokoll vom gleichen Tage wird zugestimmt.

Das Abkommen wird nachstehend veröffentlicht.

§ 2.

Die Reichsregierung wird ermächtigt, die zur Ausführung des Abkommens erforderlichen Maßnahmen zu treffen.

§ 3.

Dieses Gesetz tritt mit dem Tage der Verkündung [1]) in Kraft.

Bekanntmachung des Reichsministers des Auswärtigen über die Ratifikation des am 3. Mai 1921 in Berlin abgeschlossenen deutsch-tschechoslowakischen Abkommens, betreffend Ueberleitung der Rechtspflege im Hultschiner Lande, und den Austausch der Ratifikationsurkunden.

Vom 31. Mai 1921 (RGBl. 1921 S. 724, 824).

Das vorstehend abgedruckte, am 3. Mai 1921 in Berlin abgeschlossene deutsch-tschechoslowakische Abkommen, betreffend Überleitung der Rechtspflege im Hultschiner Lande, ist nebst dem dazugehörigen Schlußprotokolle ratifiziert worden. Der Austausch der Ratifikationsurkunden hat am 26. Mai 1921 in Berlin stattgefunden.

Deutsch-tschechoslowakisches Abkommen, betreffend Überleitung der Rechtspflege im Hultschiner Lande.

Artikel 2.

Strafsachen.

§§ 1—7.

. . . .

§ 8.

(1) Die Strafregisterbehörde in Ratibor hat den Gerichten und anderen öffentlichen Behörden der Tschechoslowakischen Republik auf ihr unmittelbares Verlangen, nach Maßgabe der deutschen Vorschriften über die Auskunftpflicht, kostenfreie Auskunft aus dem Strafregister über diejenigen Personen zu erteilen, deren Geburtsorte zu dem ehemals deutschen Teile der Tschechoslowakischen Republik gehören. Der Strafnachricht ist tunlichst ein Lichtbild der bestraften Personen beizufügen.

---

[1]) 7. Juni 1921.

(2) Bis zum 31. Dezember 1925 werden die Strafnachrichten über solche Personen allmählich aus dem Strafregister in Ratibor ausgesondert und der Staatsanwaltschaft in Troppau eingesandt werden.

(3) Mit dem 1. Januar 1926 erlischt die im Abs. 1 bestimmte Verpflichtung [1]).

---

5. Gesetz über das deutsch-dänische Abkommen, betreffend die Überleitung der Rechtspflege im nordschleswigischen Abtretungsgebiete.

Vom 9. Januar 1922 (RGBl. S. 45).

Der Reichstag hat das folgende Gesetz beschlossen, das mit Zustimmung des Reichsrats hiermit verkündet wird:

§ 1.

Dem am 12. Juli 1921 unterzeichneten deutsch-dänischen Abkommen, betreffend die Überleitung der Rechtspflege im nordschleswigischen Abtretungsgebiete, wird zugestimmt.

Das Abkommen wird nachstehend veröffentlicht.

§ 2.

Die Reichsregierung wird ermächtigt, die zur Ausführung des Abkommens erforderlichen Maßnahmen zu treffen.

§ 3.

Dieses Gesetz tritt mit dem Tage der Verkündung [2]) in Kraft.

Abkommen.

Artikel 2.

Strafsachen.

§§ 1—12.

. . . .

§ 13.

Den dänischen Gerichtsbehörden und anderen öffentlichen dänischen Behörden ist auf ihr Ersuchen bezüglich der in dem abge-

---

[1]) Diese Vorschrift des Abs. 3 ist durch Art. 21 des deutsch-tschechoslowakischen Auslieferungsvertrags vom 8. Mai 1922 (RGBl. 1923 II S. 48, 396, abgedruckt unter VII 11) überholt. Die Auskunftspflicht ist nunmehr zeitlich unbegrenzt.

[2]) 15. Januar 1922. Die Ratifikationsurkunden sind am 17. Januar 1922 ausgetauscht worden (Bekanntm. des RM. des Auswärtigen vom 24. Januar 1922 (RGBl. I S. 191).

tretenen Gebiete geborenen Personen nach Maßgabe der deutschen Vorschriften kostenfreie Auskunft aus den bei der Staatsanwaltschaft in Flensburg geführten Strafregistern zu erteilen. Strafnachrichten, welche in dem abgetretenen Gebiet geborene Personen betreffen und an deren weiterer Aufbewahrung Preußen kein Interesse hat, sollen nach näherer Vereinbarung zwischen der preußischen und der dänischen Justizverwaltung allmählich aus dem Strafregister in Flensburg ausgesondert und der dänischen Justizverwaltung zur Verfügung gestellt werden.

---

6. Gesetz über das deutsch-polnische Abkommen, betreffend die Überleitung der Rechtspflege im oberschlesischen Abstimmungsgebiete.

Vom 11. Juni 1922 (RGBl. II S. 550).

Der Reichstag hat das folgende Gesetz beschlossen, das mit Zustimmung des Reichsrats hiermit verkündet wird:

§ 1.

Dem am 12. April 1922 unterzeichneten deutsch-polnischen Abkommen, betreffend die Überleitung der Rechtspflege im oberschlesischen Abstimmungsgebiet und dem zugehörigen Schlußprotokolle wird zugestimmt.

Das Abkommen wird nachstehend veröffentlicht:

§ 2.

Die Reichsregierung wird ermächtigt, die zur Ausführung des Abkommens erforderlichen Maßnahmen zu treffen.

§ 3.

Dieses Gesetz tritt mit dem Tage der Verkündung [1]) in Kraft.

Deutsch-polnisches Abkommen betreffend die Überleitung der Rechtspflege im oberschlesischen Abstimmungsgebiet.

Artikel 2.

Strafsachen.

§§ 1–12.

. . . .

§ 13.

(1) Die Strafregister, die in den im § 1 bezeichneten Landgerichtsbezirken [2]) geführt sind, werden bis auf weiteres von den bis-

---

[1]) 13. Juni 1922. Die Ratifikationsurkunden sind am 8. Juni 1922 ausgetauscht worden (Bekanntm. des RM. des Auswärtigen vom 12. Juni 1922 (RGBl. II S. 585).

[2]) Beuthen, Gleiwitz, Oppeln und Ratibor.

herigen Registerbehörden fortgeführt oder, falls diese Registerbehörden fortgefallen sind, von denjenigen deutschen oder polnischen Registerbehörden übernommen, zu deren Bezirk der Amtssitz der bisherigen Registerbehörde gehört.

(2) Gerichtlichen und anderen öffentlichen Behörden beider Staaten ist auf ihr Ersuchen über den Inhalt der Register kostenfrei Auskunft zu erteilen.

(3) Strafnachrichten, an deren weiterer Aufbewahrung in seinen Registern der eine Staat kein Interesse hat, werden nach näherer Vereinbarung zwischen den Justizverwaltungen des Deutschen Reichs und Polens allmählich ausgesondert und dem anderen Staate zur Verfügung gestellt.

VII. Verträge mit ausländischen Staaten über Austausch von Strafnachrichten und Auskunft aus den Strafregistern[1].

1. Belgien
2. Griechenland
3. Italien
4. Luxemburg
5. Niederlande
6. Norwegen
7. Paraguay
8. Polen
9. Schweiz
10. Spanien
11. Tschechoslowakei.

1. Belgien.

a) Auslieferungsvertrag zwischen dem Deutschen Reiche und Belgien.

Vom 24. Dezember 1874 (RGBl. 1875 S. 73)[2].

. . . .

Artikel 16.

Die vertragenden Teile machen sich verbindlich, sich gegenseitig die Straferkenntnisse wegen Verbrechen und Vergehen jeder Art mit-

---

[1]) Wegen des Strafregister-Verkehrs mit Bulgarien, Dänemark, Liechtenstein, Österreich und mit anderen ausländischen Staaten vgl. C II § 46 Anm. .

[2]) Der Vertrag ist durch den Ausbruch des Krieges zwischen Deutschland und Belgien außer Kraft getreten, am 29. Mai 1920 aber auf Grund des Art. 289 des Vertrags von Versailles wieder in Kraft gesetzt worden (Bekanntm. des Reichsministers des Auswärtigen vom 20. Juni 1920 Ziff. 4, RGBl. S. 1397).

zuteilen, welche von den Gerichten des einen Landes gegen Angehörige des anderen Landes ergehen. Diese Mitteilung wird auf diplomatischem Wege erfolgen und zwar durch vollständige oder auszugsweise Übersendung des ergangenen und rechtskräftig gewordenen Urteils an die Regierung desjenigen Staates, welchem der Verurteilte angehört.

. . . .

Der vorstehende Vertrag ist ratifiziert worden und die Auswechselung der Ratifikations-Urkunden hat zu Brüssel stattgefunden.

b) Wegen besonderer Vereinbarung hinsichtlich der **Kreise Eupen und Malmedy** vgl. VI 3.

2. Griechenland.

Auslieferungsvertrag zwischen Deutschland und Griechenland.

Vom $\frac{\text{12. März}}{\text{27. Februar}}$ 1907 (RGBl. S. 545)[1]).

. . . .

Artikel 19.

Die beiden Regierungen verpflichten sich zur gegenseitigen und kostenlosen Mitteilung der Verurteilungen wegen Verbrechen oder Vergehen jeder Art, die von den Gerichten des einen der beiden Staaten gegen Angehörige des anderen Staates ausgesprochen werden.

Diese Mitteilung soll bewirkt werden, indem auf diplomatischem Wege eine Strafnachricht oder ein Auszug aus der rechtskräftigen Entscheidung der Regierung des Landes, dem der Verurteilte angehört, übersandt wird.

. . . .

Der vorstehende Auslieferungsvertrag zwischen dem Deutschen Reiche und Griechenland ist ratifiziert worden. Die Ratifikationsurkunden sind am 23. Juli 1907 in Athen ausgewechselt worden (Bek. d. Reichskanzlers vom 17. Aug. 1907, RGBl. S. 558).

---

[1]) Der Vertrag ist durch den Ausbruch des Krieges zwischen Deutschland und Griechenland außer Kraft getreten, am 30. Juni 1920 aber auf Grund des Art. 289 des Vertrags von Versailles wieder in Kraft gesetzt worden (Bekanntm. d. Reichsministers des Auswärtigen vom 5. Aug. 1920, RGBl. S. 1544).

3. Italien.

Auslieferungsvertrag zwischen dem Deutschen Reiche und Italien.

Vom 31. Oktober 1871 (RGBl. S. 446)[1].

. . . .

Artikel 15.

Die beiden vertragschließenden Regierungen verpflichten sich, einander wechselseitig die Verurteilungen wegen Verbrechen und Vergehen jeder Art mitzuteilen, welche von den Gerichtshöfen des einen Staates gegen Angehörige des anderen ausgesprochen werden. Diese Mitteilung wird auf diplomatischem Wege erfolgen durch vollständige oder auszugsweise Übersendung des ergangenen und rechtskräftig gewordenen Urteils an die Regierung desjenigen Landes, welchem der Verurteilte angehört. Jede der vertragenden Regierungen wird zu diesem Zweck an die zuständigen Behörden die entsprechenden Anweisungen erlassen.

. . . .

Die Auswechselung der Ratifikations-Urkunden hat in Berlin stattgefunden.

---

4. Luxemburg.

Auslieferungsvertrag zwischen dem Deutschen Reiche und Luxemburg.

Vom 9. März 1876 (RGBl. S. 223).

. . . .

Artikel 16.

Die vertragenden Teile machen sich verbindlich, sich gegenseitig die Strafurteile wegen Verbrechen und Vergehen jeder Art mitzuteilen, welche von den Gerichten des einen Landes gegen Angehörige des anderen Landes ergehen. Diese Mitteilung wird auf diplomatischem Wege erfolgen und zwar durch vollständige oder auszugsweise Übersendung des ergangenen und rechtskräftig gewordenen Ur-

---

[1]) Der Vertrag ist durch Ausbruch des Krieges zwischen Deutschland und Italien außer Kraft getreten, am 8. Juli 1920 aber auf Grund des Art. 289 des Vertrags von Versailles wieder in Kraft gesetzt worden (Bekanntm. d. Reichsministers des Auswärtigen vom 15. Aug. 1920 Ziff. 2, RGBl. S. 1577).

teils an die Regierung desjenigen Staates, welchem der Verurteilte angehört.

. . . .

Der vorstehende Vertrag ist ratifiziert worden und die Auswechselung der Ratifikationen hat stattgefunden.

---

5. Niederlande.

Auslieferungsvertrag zwischen dem Deutschen Reiche und den Niederlanden.

Vom 31. Dezember 1896 (RGBl. 1897 S. 731).

. . . .

Artikel 16.

Die vertragschließenden Teile werden sich gegenseitig die rechtskräftigen Verurteilungen von Angehörigen des anderen Teiles wegen strafbarer Handlungen jeder Art mit Ausnahme der Übertretungen mitteilen. Diese Mitteilung wird durch die auf diplomatischem Wege zu bewirkende Übersendung des Strafurteils oder eines die Entscheidung auszugsweise enthaltenden Vermerkes erfolgen.

. . . .

Der vorstehende Vertrag ist ratifiziert worden und die Auswechselung der Ratifikations-Urkunden hat am 23. Okt. 1897 in Berlin stattgefunden.

---

6. Norwegen.

Zusatzvertrag zwischen dem Deutschen Reiche und Norwegen zu dem am 19. Januar 1878 abgeschlossenen Auslieferungsvertrage.

Vom 7. März 1907 (RGBl. S. 239).

. . . .

Artikel 4.

Dem Auslieferungsvertrage vom 19. Jan. 1878 treten die nachstehenden neuen Artikel hinzu:

. . . .

Artikel 14a.

Die vertragschließenden Teile werden sich gegenseitig die rechtskräftigen Verurteilungen von Angehörigen des anderen Teiles wegen strafbarer Handlungen jeder Art mitteilen, mit Ausnahme der in

Deutschland ergangenen Verurteilungen wegen Übertretungen und der in Norwegen ergangenen Verurteilungen wegen solcher als „Forseelser" anzusehenden Straftaten, die nicht mit Gefängnis von mehr als drei Monaten bedroht sind. Diese Mitteilung wird durch die auf diplomatischem Wege zu bewirkende Übersendung des Strafurteils oder eines die Entscheidung auszugsweise enthaltenden Vermerkes erfolgen.

. . . .

Der vorstehende Vertrag ist ratifiziert worden. Die Ratifikations-Urkunden sind am 25. Mai 1907 in Berlin ausgetauscht worden.

---

7. Paraguay.

Auslieferungsvertrag zwischen dem Deutschen Reiche und dem Freistaate Paraguay.

Vom 26. November 1909 (RGBl. 1915 S. 571).

. . . .

Artikel 17.

Die beiden Teile verpflichten sich zur gegenseitigen und kostenlosen Mitteilung der Verurteilungen wegen Verbrechen und Vergehen jeder Art, die von den Gerichten des einen der beiden Teile gegen Angehörige des anderen Teiles ausgesprochen werden. Diese Mitteilung erfolgt, indem auf diplomatischem Wege eine Strafnachricht oder ein Auszug aus dem rechtskräftigen Urteil dem Lande, dem der Verurteilte angehört, übersandt wird.

. . . .

Der vorstehend abgedruckte, am 26. Nov. 1909 in Asunción abgeschlossene Auslieferungsvertrag zwischen dem Deutschen Reiche und dem Freistaat Paraguay ist ratifiziert worden; der Austausch der Ratifikations-Urkunden ist am 14. Aug. 1915 in Asunción erfolgt.

---

8. Polen.

a) Bekanntmachung der Reichsminister des Auswärtigen und der Justiz über den deutsch-polnischen Rechtshilfeverkehr in Strafsachen und über die Veröffentlichung von Fahndungsersuchen im deutschen und polnischen Fahndungsblatte.

Vom 2. Januar 1926 (RGBl. II S. 89).

Zwischen dem Deutschen Reiche und der Republik Polen ist durch Notenwechsel von Bevollmächtigten der beiden Regierungen vom

16. Dezember 1925 Einverständnis über die Regelung folgender Angelegenheiten festgestellt worden:

a) Rechtshilfeverkehr in Strafsachen,

b) Veröffentlichung von Fahndungsersuchen.

Die Noten werden nebst deutscher Übersetzung der Noten des polnischen Bevollmächtigten nachstehend veröffentlicht.

Berlin, den 16. Dezember 1925.

Der Bevollmächtigte der Deutschen Regierung
für die deutsch-polnischen Verhandlungen[1]).

Herr Bevollmächtigter!

Im Auftrag meiner Regierung beehre ich mich, als Ergebnis der deutsch-polnischen Verhandlungen über den Rechtshilfeverkehr in Strafsachen nachstehendes festzustellen.

Zwischen der Deutschen Regierung und der Polnischen Regierung besteht Einverständnis darüber, daß bis zum Abschluß des in Aussicht genommenen Auslieferungsvertrags der Rechtshilfeverkehr in Strafsachen auf der Grundlage der Gegenseitigkeit nach Maßgabe der folgenden Bestimmungen stattfindet:

1. Für Ersuchen um Zustellung von Schriftstücken, um Vornahme von Untersuchungshandlungen, um Auskunft aus dem Strafregister und um Ausantwortung von Gegenständen, die als Beweismittel für die Untersuchung von Bedeutung sein können, wird der unmittelbare Geschäftsverkehr zwischen den Gerichtsbehörden der beiden Staaten zugelassen.

Eine Übersicht der Einteilung der Gerichtsbehörden ist in Ausführung des deutsch-polnischen Vertrags über den Rechtsverkehr vom 5. März 1924 veröffentlicht.

2. Für die Absendung von Rechtshilfeersuchen dieser Art sind alle Gerichtsbehörden zuständig.

Für die Entgegennahme der Rechtshilfeersuchen sind im Deutschen Reiche die Ersten Beamten der Staatsanwaltschaft bei den Landgerichten, in Polen die Präsidenten der Gerichtshöfe erster Instanz (Sad Okręgowy) zuständig. Soweit es sich um Auskunft aus dem Strafregister handelt, werden die Ersuchen unmittelbar an die Strafregisterbehörde gerichtet.

3. Die in Erledigung der Ersuchen entstandenen Schriftstücke werden der ersuchenden Behörde unmittelbar übersandt.

4. Die Rechtshilfeersuchen werden von den deutschen Gerichtsbehörden in deutscher Sprache und können von den polnischen Gerichtsbehörden in polnischer Sprache abgefaßt werden.

5. Rechtskräftige auf Strafe lautende Entscheidungen, die von den Behörden des einen Staates gegen Angehörige des andern Staates

---

[1]) Die gleichlautende Note des polnischen Bevollmächtigten ist nicht mit abgedruckt.

ergehen, werden dem andern Staate durch Übersendung einer Abschrift des für das Strafregister bestimmten Auszugs der Entscheidung (Strafnachricht, Strafkarte) mitgeteilt. Der Austausch erfolgt durch Vermittlung des Reichsministers der Justiz in Berlin und des Polnischen Justizministeriums in Warschau.

Diese Bestimmung findet keine Anwendung, wenn nach den für die entscheidende Behörde geltenden Vorschriften die Verurteilung in das Strafregister nicht aufgenommen wird.

In gleicher Weise und in gleichem Umfang werden weitere Entscheidungen mitgeteilt, die sich auf eine in Abs. 1 bezeichnete Verurteilung beziehen.

6. Auf Ersatz der durch Gewährung der Rechtshilfe und durch Mitteilung der Strafnachrichten entstandenen Kosten wird beiderseits verzichtet. Die an Sachverständige gezahlten Entschädigungen werden jedoch erstattet.

7. Die Bestimmungen der deutsch-polnischen Abkommen zur Überleitung der Rechtspflege vom 20. September 1920 und vom 12. April 1922 bleiben unberührt.

b) Bekanntmachung der Reichsminister des Auswärtigen über die Ratifikation und Ausführung der deutsch-polnischen Rechtsverträge.

Vom 28. April 1926 (RGBl. II S. 237).

1.—4. . . . .

5. Die Polnische Regierung hat ferner in Ausführung von Nr. 2 des deutsch-polnischen Notenwechsels über den Rechtsverkehr in Strafsachen vom 16. Dezember 1925 (RGBl. 1926 II S. 89) ein Verzeichnis der polnischen Strafregisterbehörden mitgeteilt, das in Übersetzung nachstehend ebenfalls abgedruckt ist.

Anlage 6

Verzeichnis der Strafregisterbehörden[1]) der Republik Polen.

(Nr. 2 des Notenwechsels vom 16. Dezember 1925.)

1. Für die Appellationsgerichtsbezirke: Lublin, Warschau und Wilno: Justizministerium, Warschau;

2. für die Appellationsgerichtsbezirke Kattowitz, Krakau, Lemberg, Posen und Thorn: Staatsanwalt bei dem Landgericht[2]).

c) Wegen besonderer Abkommen aus Anlaß der **Abtretung deutscher Gebietsteile an Polen** vgl. VI 2 und 6.

---

[1]) Als zuständig gilt die Behörde, in deren Bezirk die Person geboren ist.

[2]) Anschrift: Prokurator przy Sądzie Okręgowym.

9. Schweiz.

Vertrag zwischen Deutschland und der Schweiz wegen gegenseitiger Auslieferung der Verbrecher.

Vom 24. Januar 1874 (RGBl. S. 113).

. . . .

Artikel 15.

Die vertragenden Regierungen verpflichten sich, einander wechselseitig die Verurteilungen wegen Verbrechen und Vergehen jeder Art mitzuteilen, welche von den Gerichtshöfen des einen Landes gegen Angehörige des anderen ausgesprochen werden. Diese Mitteilung wird auf diplomatischem Wege erfolgen durch vollständige oder auszugsweise Übersendung des ergangenen und rechtskräftig gewordenen Urtheils an die Regierung desjenigen Landes, welchem der Verurtheilte angehört. Jede der vertragenden Regierungen wird zu diesem Zwecke an die zuständigen Behörden die entsprechenden Anweisungen erlassen.

. . . .

Der vorstehende Vertrag ist ratifizirt worden und die Auswechselung der Ratifikations-Urkunden hat zu Berlin am 6. Juli 1874 stattgefunden.

---

10. Spanien.

Auslieferungsvertrag zwischen dem Deutschen Reich und Spanien.

Vom 2. Mai 1878 (RGBl. S. 213).

. . . .

Artikel 16.

Die vertragenden Teile machen sich verbindlich, sich gegenseitig die Straferkenntnisse wegen Verbrechen und Vergehen jeder Art mitzuteilen, welche von den Gerichten des einen Landes gegen Angehörige des anderen Landes ergehen. Diese Mitteilung wird auf diplomatischem Wege erfolgen und zwar durch vollständige oder auszugsweise Übersendung des ergangenen und rechtskräftig gewordenen Urteils an die Regierung desjenigen Staates, welchem der Verurteilte angehört.

. . . .

Der vorstehende Vertrag ist ratifiziert worden und die Auswechselung der Ratifikations-Urkunden hat stattgefunden.

11. Tschechoslowakei.

Gesetz über einen Auslieferungsvertrag mit der Tschechoslowakischen Republik.

Vom 27. Januar 1923 (RGBl. II S. 48).

Der Reichstag hat das folgende Gesetz beschlossen, das mit Zustimmung des Reichsrats hiermit verkündet wird:

Dem am 8. Mai 1922 unterzeichneten Vertrag über die Auslieferung und die sonstige Rechtshilfe in Strafsachen zwischen dem Deutschen Reiche und der Tschechoslowakischen Republik nebst Zusatzprotokoll wird zugestimmt.

Der Vertrag nebst Zusatzprotokoll wird nachstehend veröffentlicht [1]).

Vertrag über die Auslieferung und die sonstige Rechtshilfe in Strafsachen zwischen dem Deutschen Reiche und der Tschechoslowakischen Republik vom 8. Mai 1922.

Artikel 1.

Grundsatz der Gegenseitigkeit.

(1) Die vertragschließenden Teile verpflichten sich, einander in Strafsachen aller Art, mögen sie bei Gerichts- oder Verwaltungsbehörden schweben, nach Maßgabe der folgenden Bestimmungen Rechtshilfe zu leisten, soweit die Gegenseitigkeit verbürgt ist.

(2) Die Bestimmungen dieses Vertrags erstrecken sich nicht auf die Rechtshilfe in Finanzstrafsachen vor Verwaltungsbehörden; die Regelung dieser Rechtshilfe bleibt dem besonderen Abkommen vorbehalten, das im Artikel XIX des am 31. Dezember 1921 geschlossenen Vertrags über Rechtsschutz und Rechtshilfe in Steuersachen vorgesehen ist.

Artikel 19.

Erledigung der Ersuchen.

Die Ersuchen um Rechtshilfe nach Artikel 14 bis 16 werden von den Behörden des ersuchten Teiles, die nach dessen Gesetzen für gleichartige Amtshandlungen in eigenen Strafsachen zuständig sind, in den für diese Amtshandlungen vorgeschriebenen Formen und mit den entsprechenden Zwangsmaßnahmen erledigt.

. . . .

---

[1]) Vertrag und Zusatzprotokoll sind ratifiziert worden; der Austausch der Ratifikationsurkunden hat am 4. Oktober 1923 in Berlin stattgefunden (Bekanntm. d. RM. des Auswärtigen vom 5. Okt. 1923, RGBl. II S. 396).

Dritter Abschnitt.

Mitteilung von Verurteilungen und Ersuchen um Auskunft aus dem Strafregister.

Artikel 20.

Mitteilung von Verurteilungen.

(1) Die vertragschließenden Teile verpflichten sich, einander von den rechtskräftigen, auf Strafe lautenden Entscheidungen Mitteilung zu machen, die von den Behörden des einen Teiles gegen Angehörige des anderen Teiles erlassen werden und nach den Vorschriften des Teiles, dessen Behörden sie ausgesprochen haben, in das Strafregister aufzunehmen sind. Ebenso werden sie einander die Nachrichten zugehen lassen, die sich auf derartige Entscheidungen beziehen und in das Strafregister aufgenommen werden.

(2) Die Mitteilung geschieht dadurch, daß eine Abschrift der auf Strafe lautenden Entscheidung oder der dem Strafregister zugehenden Nachricht übersandt wird. Der Austausch wird durch den Reichsminister der Justiz in Berlin und das Justizministerium in Prag vermittelt.

Artikel 21.

Auskunft aus dem Strafregister.

(1) Die vertragschließenden Teile verpflichten sich, einander auf Ersuchen einer zuständigen Behörde aus dem Strafregister Auskunft zu erteilen.

(2) Ersuchen um Auskunft aus dem Strafregister sind an die zuständige Strafregisterbehörde unmittelbar zu richten.

Vierter Abschnitt.

Schlußbestimmungen.

Artikel 22.

Kosten des Rechtshilfeverkehrs.

(1) Die durch den Rechtshilfeverkehr nach den Bestimmungen dieses Vertrages erwachsenden Kosten werden von dem Teile getragen, in dessen Gebiete sie entstehen.

(2) Die Kosten, die aus Anlaß einer Durchlieferung oder durch ein Ersuchen um Gutachten von Sachverständigen oder Fakultäten entstehen, werden von dem ersuchenden Teile ersetzt.

Artikel 23.

Sprache der Rechtshilfeersuchen.

(1) Die Ersuchen und deren Anlagen sind in der Staatssprache (offizielle Sprache) des ersuchenden Teiles abzufassen. Als Staatssprache (offizielle Sprache) im Sinne dieses Vertrags gilt deutscher-

seits die Amtssprache, tschechoslowakischerseits die tschechische oder slowakische Sprache.

(2) Den in der Staatssprache des ersuchenden Teiles abgefaßten Urkunden ist, abgesehen von den Ersuchen und Mitteilungen nach Artikel 9, 20 und 21 dieses Vertrags, eine diplomatisch oder durch einen vereideten Dolmetscher beglaubigte Übersetzung in die Staatssprache des ersuchten Teiles beizufügen. Die Beifügung einer Übersetzung kann unterbleiben, sofern es sich um Anlagen der Ersuchungsschreiben handelt, die für einen Staatsangehörigen des ersuchenden Teiles bestimmt sind.

(3) In Fällen, in denen die Beschaffung der Übersetzung der ersuchenden Behörde außerordentliche Schwierigkeiten bereitet, wird ihr die ersuchte Behörde dabei tunlichst behilflich sein. Die durch Beschaffung der Übersetzung entstehenden Kosten sind von dem ersuchenden Teile zu tragen.

Zusatzprotokoll zu dem Vertrag über die Auslieferung und die sonstige Rechtshilfe in Strafsachen zwischen dem Deutschen Reiche und der Tschechoslowakischen Republik.

Vom 8. Mai 1922 (RGBl. 1923 II S. 55).

Die unterzeichneten Bevollmächtigten des Deutschen Reichs und der Tschechoslowakischen Republik stellen, im Begriff zur Unterzeichnung des Auslieferungsvertrags zu schreiten, namens ihrer Regierungen das Einverständnis über folgende Punkte fest:

. . . .

3. Zu Artikel 18 und 21.

Die vertragschließenden Teile werden einander ein Verzeichnis der zur Entgegennahme der Ersuchen nach Artikel 18 des Vertrags zuständigen Behörden, soweit es sich um Gerichte handelt, und der zur Auskunftserteilung nach Artikel 21 verpflichteten Strafregisterbehörden zugehen lassen. Der Übersicht wird eine Karte mit der Gerichtseinteilung beigefügt werden, soweit eine solche vorhanden ist [1]).

4. Zu Artikel 20.

Die vertragschließenden Teile werden einander die hier erwähnten Mitteilungen in dreimonatlichen Zwischenräumen übermitteln.

---

[1]) Die Strafregister werden in der Tschechoslowakei geführt:
1. von den Staatsanwaltschaften bei den Gerichtshöfen erster Instanz;
2. von der Staatsanwaltschaft in Brünn (Brno) für Personen, die außerhalb der Tschechoslowakischen Republik geboren sind, und für Zigeuner.

Entscheidend für die Zuständigkeit ist wie in Deutschland der Geburtsort.

12. Internationale Abkommen.

a) Internationales Übereinkommen zur Bekämpfung des Mädchenhandels.

Vom 4. Mai 1910 (RGBl. 1913 S. 31)[1]).

Artikel 1.

Wer, um der Unzucht eines anderen Vorschub zu leisten, eine minderjährige Frau oder ein minderjähriges Mädchen, selbst mit deren Einwilligung, zu unsittlichem Zwecke anwirbt, verschleppt oder entführt, soll bestraft werden, auch wenn die einzelnen Tatsachen, welche die Merkmale der strafbaren Handlung bilden, auf verschiedene Länder entfallen.

Artikel 2.

Ferner soll bestraft werden, wer, um der Unzucht eines anderen Vorschub zu leisten, eine volljährige Frau oder ein volljähriges Mädchen durch Täuschung oder mittels Gewalt, Drohung, Mißbrauchs des Ansehens oder durch irgendein anderes Zwangsmittel zu unsittlichem Zwecke anwirbt, verschleppt oder entführt, auch wenn die einzelnen Tatsachen, welche die Merkmale der strafbaren Handlung bilden, auf verschiedene Länder entfallen.

. . . .

Artikel 7.[2])

Die vertragschließenden Teile verpflichten sich, einander die Strafnachrichten mitzuteilen, sofern es sich um Zuwiderhandlungen der in diesem Übereinkommen bezeichneten Art handelt, deren Tatbestandsmerkmale auf verschiedene Länder entfallen.

Diese Urkunden sollen durch die Behörden, die gemäß Artikel 1 des am 18. Mai 1904 in Paris getroffenen Abkommens bestellt sind[3]), den gleichartigen Behörden der anderen Vertragsstaaten unmittelbar übermittelt werden.

---

[1]) Von Deutschland und vielen anderen Staaten ratifiziert (vgl. RGBl. 1913 S. 44) und durch Art. 282 Nr. 17 des Vertrags von Versailles wieder in Kraft gesetzt.

[2]) Die Internationale Übereinkunft zur Unterdrückung des Frauen- und Kinderhandels vom 30. Sept. 1921 (RGBl. 1924 II S. 180) enthält keine dem Art. 7 entsprechende Vereinbarung.

[3]) Das Deutsche Reich hat die „Zentralpolizeistelle zur Bekämpfung des internationalen Mädchenhandels beim Polizeipräsidium in Berlin" eingerichtet (vgl. Zentralbl. f. d. Deutsche Reich 1905 S. 185).

b) Abkommen zur Bekämpfung der Verbreitung unzüchtiger Veröffentlichungen.

Vom 4. Mai 1910 (RGBl. 1911 S. 209)[1].

Artikel 1 Abs. 1.

Jede der vertragschließenden Regierungen verpflichtet sich, eine Behörde einzurichten oder zu bezeichnen[2]), der es obliegt

1. alle Nachrichten zu sammeln, welche die Ermittlung und die Bekämpfung derjenigen Handlungen erleichtern können, die sich als Zuwiderhandlungen gegen ihre Landesgesetzgebung hinsichtlich unzüchtiger Schriften, Zeichnungen, Bilder oder Gegenstände darstellen und deren Tatbestandsmerkmale einen internationalen Charakter haben;
2. alle Nachrichten zu liefern die geeignet sind, die Einfuhr der in Nr. 1 bezeichneten Veröffentlichungen oder Gegenstände zu hindern wie auch ihre Beschlagnahme zu sichern oder zu beschleunigen, alles innerhalb der Grenzen der Landesgesetzgebung.

. . . .

Artikel 3.[3])

Die in Artikel 1 bezeichnete Behörde soll, falls die innere Gesetzgebung ihres Landes dem nicht entgegensteht, gehalten sein, die Strafnachrichten über die in diesem Lande erfolgten Verurteilungen den gleichartigen Behörden aller anderen Vertragsstaaten mitzuteilen, sofern es sich um Zuwiderhandlungen der im Artikel 1 bezeichneten Art handelt.

---

[1]) Von Deutschland und vielen anderen Staaten ratifiziert (vgl. RGBl. 1911 S. 215) und durch Art. 282 Nr. 18 des Vertrags von Versailles wieder in Kraft gesetzt.

[2]) Das Deutsche Reich hat die „Zentralpolizeistelle zur Bekämpfung unzüchtiger Bilder und Schriften" beim Polizeipräsidium in Berlin eingerichtet (vgl. Zentralbl. f. d. Deutsche Reich 1911 S. 507), die seit Sommer 1921 den Namen „Zentralpolizeistelle zur Bekämpfung unzüchtiger Bilder, Schriften und Inserate" führt (vgl. Pr. JMBl. 1921 S. 412).

[3]) Die Internationale Übereinkunft zur Bekämpfung der Verbreitung und des Vertriebs unzüchtiger Veröffentlichungen vom 12. Sept. 1923 (RGBl. 1925 II S. 288) enthält keine dem Art. 3 entsprechende Vereinbarung (vgl. jedoch auch Art. VI der Übereinkunft).

VIII. Vorschriften über Auskunftsbeschränkung und Tilgung für polizeiliche und militärische Listen.

1. Runderlaß des Preuß. Ministers des Innern über Strafregister und polizeiliche Liste.

Vom 17. Mai 1926 — I d 629 (MinBl. f. d. Pr. inn. Verw. Nr. 24 S. 472; Berichtigung vom 2. Juni 1926 S. 541).

Die Grundlagen, auf denen der RdErlaß vom 17. Juni 1920 — I d 717 (MBliV. S. 244) abgeändert durch RdErl. vom 31. Okt. 1922 — I d 1483 (MBliV. S. 1078) beruht, haben sich in der Zwischenzeit mehrfach geändert (vgl. auch RdErl. vom 4. Okt. 1923 I d 1178 (MBliV. S. 1007).

Nunmehr ist am 1. Mai 1926 die neue Strafregisterverordnung vom 8. März 1926 (RGBl. I S. 157) in Kraft getreten, die entscheidende Änderungen des bisherigen Rechts enthält. Damit wird auch eine Neufassung der Bestimmungen des RdErl. vom 17. Juni 1920 erforderlich. Da indessen die in diesem Erlaß enthaltenen Mitteilungen über die Einrichtung des Strafregisters und der polizeilichen Liste und über die Behandlung von Strafvermerken gemäß dem Reichsges. vom 9. April 1920 (RGBl. S. 507) als allgemein bekannt vorausgesetzt werden dürfen, erübrigt es sich, diese Mitteilungen in ihrem ganzen Umfange nochmals zu wiederholen. Es wird daher im folgenden nur die vom 1. Mai 1926 ab maßgebende Rechtslage dargestellt und auf den Inhalt des RdErl. vom 17. Juni 1920 nur zurückgegriffen werden, soweit das zum Verständnis des Zusammenhanges geboten erscheint oder Anlaß besteht, auf einige wesentliche, bisher aber vielfach unbeachtet gebliebene Punkte noch besonders hinzuweisen.

I. Die maßgebenden Gesetze und Verordnungen.

1. Reichsgesetz über beschränkte Auskunft aus dem Strafregister und die Tilgung von Strafvermerken vom 9. April 1920 (RGBl. S. 507). Dieses Gesetz hat inzwischen durch Art. VI Abs. 1 des Geldstrafenges. vom 27. April 1923 (RGBl. I S. 254) und durch Art. X Abs. 1 der VO. über Vermögensstrafen und Bußen vom 6. Febr. 1924 (RGBl. I S. 44) die folgenden Textänderungen erfahren: Es sind zu streichen im § 2 Abs. 2 die Worte „von höchstens fünfhundert Mark", im § 6 Abs. 1 Ziff. 1 die Worte „bis zu fünftausend Mark", im § 7 Abs. 1 Ziff. 1 die Worte „bis zu fünfhundert Mark". Art. VI Abs. 2 des Geldstrafenges. und Art. X Abs. 2 der VO. über Vermögensstrafen und Bußen enthält ferner die Bestimmung: „Bei Geldstrafen, die schon vor dem Inkrafttreten des vorliegenden Gesetzes in das Strafregister aufgenommen worden sind, berechnen sich die Fristen so, wie wenn das Ges. vom 9. April 1920 in der Fassung

des Abs. 1 schon zur Zeit der Aufnahme des Vermerkes in das Register in Kraft gewesen wäre." Eine weitere Änderung des Ges. vom 9. April 1920 ist durch § 46 des Jugendgerichtsges. vom 16. Febr. 1923 (RGBl. I S. 135) erfolgt. Nach dieser Vorschrift (vgl. auch VO. vom 17. Mai 1923, RMBl. S. 364) ist die Strafe des Verweises beseitigt und die Tilgung der Strafvermerke über solche Strafen angeordnet worden. Dadurch sind, was aber nicht ausdrücklich angeordnet worden ist, im § 2 Abs. 2, im § 6 Abs. 1 Ziff. 1 und im § 7 Abs. 1 Ziff. 1 des Ges. vom 9. April 1920 auch die Worte „auf Verweis oder" gegenstandslos geworden.

2. Strafregisterverordnung vom 8. März 1926 (RGBl. I S. 157) mit AV. des JM. vom 14. April 1926 zur Ausführung der Strafregisterverordnung (JMBl. S. 138).

3. Seit dem Inkrafttreten des Ges. vom 9. April 1920 in Geltung gewesene Vorschriften über die Registerpflicht von Strafen, auf die im Zweifelsfalle zurückzugreifen ist:

a) Ges. zur Erweiterung des Anwendungsgebietes der Geldstrafe und zur Einschränkung der kurzen Freiheitsstrafen vom 21. Dez. 1921 (RGBl. S. 1604).

b) Geldstrafengeſ. vom 27. April 1923 (RGBl. I S. 254).

c) Ges. über Vermögensstrafen und Bußen vom 13. Okt. 1923 (RGBl. I S. 943).

d) VO. vom 23. Nov. 1923 (RGBl. I S. 1170).

e) VO. über Vermögensstrafen und Bußen vom 6. Febr. 1924 (RGBl. I S. 44).

f) Strafregisterverordnung vom 12. Juni 1920 (RZBl. S. 909), mehrfach abgeändert, nämlich durch die VO. vom 2. Juni 1922 (RZBl S. 325), vom 17. Mai 1923 (RMBl. S. 364), vom 24. Nov. 1923 (RMBl. S. 1091) und vom 19. Febr. 1926 (RMBl. S. 63).

II. Führung der Strafregister.

4. Die Strafregister für die im Inlande geborenen Personen werden im allgemeinen geführt von der Staatsanwaltschaft bei dem Landgericht, in dessen Bezirk der Geburtsort des Verurteilten liegt, und zwar auch dann, wenn der Geburtsort nicht in demselben Lande liegt, wie der Sitz des Landgerichts, bei dem sich die Staatsanwaltschaft befindet.

Jedoch gelten folgende Ausnahmen:

a) Für die Bezirke der Landgerichte I, II und III Berlin führt die Staatsanwaltschaft beim Landgericht I Berlin das Strafregister.

b) Für die Bezirke des Amtsgerichts München und des Landgerichts München I führt die Polizeidirektion München (Strafregister) das Strafregister.

c) In Sachsen und Baden sind die Amtsgerichte Strafregisterbehörden.

d) Für den württembergischen Amtsgerichtsbezirk Balingen (preußisches Landgericht Hechingen) wird das Strafregister von der

Staatsanwaltschaft bei dem württembergischen Landgericht Rottweil geführt.

e) Für das Saargebiet einschließlich der einbezogenen bayerischen Gebietsteile (Amtsgerichtsbezirke Homburg, St. Ingbert, Blieskastel) führt die Staatsanwaltschaft bei dem Landgericht Saarbrücken das Strafregister.

5. Für Personen, die im Ausland einschließlich der auf Grund des Vertrages von Versailles abgetretenen Gebiete geboren sind, oder deren Geburtsort zweifelhaft oder nicht zu ermitteln ist, und für juristische Personen und Personenvereinigungen wird das Strafregister im Reichsjustizministerium (Strafregister) in Berlin W. 9, Voßstr. 5, geführt.

III. Erteilung von Auskunft durch die Strafregisterbehörden.

6. Über den Inhalt des Strafregisters wird den vom Reichsjustizminister am 20. März 1925 im RMBl. 1925 S. 223 bekanntgegebenen Behörden auf jedes Ersuchen, das eine bestimmte Person betrifft, kostenfrei Auskunft erteilt.

Einer Privatperson wird Auskunft aus dem Strafregister nicht erteilt, auch nicht über die sie selbst betreffenden Strafvermerke.

7. Von den nach Ziff. 6 auskunftsberechtigten Behörden erhalten nur die Gerichte, die Behörden der Staatsanwaltschaft und auf besonderes Verlangen die Zentralbehörden Auskunft über alle im Strafregister vermerkten Strafen. Die übrigen auskunftsberechtigten Behörden erhalten Auskunft aus dem Strafregister nur über solche Strafen, die noch nicht der Auskunftsbeschränkung unterliegen. Das schließt nicht aus, daß eine Polizeibehörde auch anfragt, ob eine bestimmte, von ihr näher zu bezeichnende Strafe etwa bereits getilgt sei oder ob sie der beschränkten Auskunft unterliege. Auf Wunsch wird der Polizeibehörde ferner auch mitgeteilt, wann für eine Strafe der Zeitpunkt eintritt, zu dem sie zu tilgen sein wird (vgl. Ziff. 34 Satz 3). Hat eine Polizeibehörde ein Interesse an einer weiteren Auskunft, so kann sie an den Minister des Innern berichten (vgl. auch Ziff. 15).

8. Zu den Behörden, die berechtigt sind, vom Strafregister Auskunft über Strafen einer bestimmt zu bezeichnenden Person einzuholen, gehören nach dem oben Gesagten auch die Polizeibehörden. Auskunft ist jedoch nur zu erbitten, wenn sie im polizeilichen Interesse wirklich notwendig erscheint. Besonders zu beachten ist, daß jede unnötige Ermittlung etwaiger Vorstrafen einer Person für diese selbst und ihre Familie eine Bloßstellung mit sich bringen kann, die tunlichst vermieden werden muß. Unnötig zu den Akten gelangte Strafregisterauszüge können dazu beitragen, daß bei Einsichtnahme in die Akten, namentlich auch im Falle ihrer Versendung an andere Behörden, der Inhalt der Auszüge weiteren Kreisen bekannt wird. Auch zur Ersparung von Schreibwerk und mit Rücksicht auf die ohnehin stark belasteten Registerbehörden ist daher die Einforderung von Strafregisterauszügen tunlichst zu beschränken.

9. Zur Anfrage beim Strafregister ist stets ein dem Muster F der Strafregisterverordnung vom 8. März 1926 entsprechender Vordruck, dessen Herstellung und Lieferung die Regierung in Hannover besorgt, zu benutzen. Ersuchen in anderer Form können zurückgewiesen werden; jedoch ist in eiligen Fällen auch telephonische und telegraphische Auskunftserteilung möglich. Für die Bedarfsanmeldung und die Bezahlung der Vordrucke gelten die allgemeinen Vorschriften über das Vordruckwesen.

Bei der Ausfüllung des Vordrucks ist zu beachten:

a) Auf der zweiten Seite des Vordrucks ist die Anschrift für die Rücksendung anzugeben.

b) Der Familienname des Vaters und der Geburtsname der Mutter des Verurteilten sind voll auszuschreiben; Abkürzungen sind unzulässig. Diese Namen sowie den Namen des Ehegatten anzugeben darf nur unterlassen werden, wenn die Namen ohne Zeitverlust nicht ermittelt werden können.

c) Der Rufname des Verurteilten ist zu unterstreichen.

d) Der Familienname und bei verheirateten Frauen der Geburtsname des Verurteilten sind in deutscher Schrift zu schreiben; nur bei Anfragen, die eine in den abgetretenen Gebieten geborene Person betreffen, ist das zweite, für die Anfrage im Auslande bestimmte Formular ganz in lateinischer Schrift auszufüllen.

e) Deutliche Schrift mit Tinte oder Maschinenschrift (kein Tintenstift) ist bei allen Angaben, insbesondere aber bei der Angabe des Familien-(Geburts-)namens und des Geburtsortes des Verurteilten unbedingt erforderlich.

f) Der Aufenthaltsort, bei größeren Städten auch Stadtteil, Straße und Hausnummer, bei Verhafteten auch der Haftort, sind stets anzugeben.

10. Die zuständige Strafregisterbehörde ist an der Hand des oben in Ziff. 4 und 5 gegebenen Verzeichnisses sorgfältig zu ermitteln.

Alle Anfragen sind verschlossen zu versenden.

IV. Die Registerpflicht der einzelnen Strafarten und Strafen, Behandlung der Strafvermerke nach den Vorschriften des Gesetzes vom 9. April 1920.

11. Vom 1. Mai 1926 ab werden dem Strafregister und der Polizeibehörde des Wohnorts des Verurteilten mitgeteilt: Verurteilungen, die wegen einer strafbaren Handlung durch Urteil oder Strafbefehl eines deutschen Gerichts oder von einer deutschen Behörde durch Strafverfügung oder Strafbescheid oder im Unterwerfungsverfahren ausgesprochen sind, und die auf folgende Strafen lauten:

Todesstrafe,

Freiheitsstrafe (Zuchthaus, Festungshaft, Gefängnis, Haft, Arrest),

Geldstrafe ohne Rücksicht auf die Höhe, jedoch bei Übertretungen nur, wenn es sich um Zuwiderhandlungen gegen die §§ 361, 363 StGB. handelt [1]).

12. Die vom 1. Mai 1926 ab in den Registern zu vermerkenden und die an diesem Tage bereits vermerkten Verurteilungen, abgesehen jedoch von Verurteilungen zu Todes- und Zuchthausstrafe, treten gemäß den Vorschriften des Ges. vom 9. April 1920 unter Auskunftsbeschränkung und sind zu tilgen, sobald die Voraussetzungen für die einzelne Verurteilung vorliegen, insbesondere die gesetzlichen Fristen abgelaufen sind. Zunächst läuft die erste Frist zur Erreichung der Auskunftsbeschränkung, und nachdem die Auskunftsbeschränkung eingetreten ist, läuft die zweite Frist zur Erreichung der Straftilgung. Diese Fristen laufen also nicht hinsichtlich der verurteilten Person, sondern hinsichtlich der einzelnen Verurteilung, ähnlich wie eine Verjährungsfrist. (Wegen der Gesamtstrafen und wegen mehrerer Strafen, die in einem Straferkenntnis enthalten sind,

---

[1]) Über den Unterschied zwischen Vergehen und Übertretungen vgl. § 1 StGB. in der Fassung der VO. vom 6. Febr. 1924 (RGBl. I S. 44).

Es ist also jetzt für die Unterscheidung zwischen Vergehen und Übertretung der Betrag von 150 RM. der für das Delikt im Höchstfalle angedrohten, nicht der im Einzelfalle erkannten Strafe maßgebend.

Bis zum 31. Dez. 1921 bildete der Betrag von 150 Mk. die Grenze,
vom 1. Jan. 1922 bis 30. April 1923 bildete der Betrag von 1500 Mk. die Grenze,
vom 1. Mai 1923 bis 19. Okt. 1923 bildete der Betrag von 300 000 Mk. die Grenze,
vom 20. Okt. 1923 bis 7. Dez. 1923 bildete der Betrag von 10 Milliarden die Grenze,
seit 8. Dez. 1923 bildet der Betrag von 150 GM. (RM.) die Grenze.

Aus §§ 6, 8 des Forstdiebstahlsges. und §§ 17, 18 des Feld- und Forstpolizeiges. vom 21. Jan. 1926 (GS. S. 83) abgeurteilte Straftaten sind Vergehen und deshalb stets registerpflichtig. Besteht die angedrohte Strafe in dem mehrfachen, dem einfachen oder dem Bruchteil eines bestimmten Betrages (z. B. bei Forstdiebstahl, abgesehen von den vorgenannten erschwerten Fällen, Steuerhinterziehung oder Steuerhehlerei auf Grund von Reichssteuergesetzen nach § 369 RAbgO. in der Fassung des § 56 Nr. 7 der dritten Steuernotverordnung vom 14. Febr. 1924, RGBl. I S. 74), so kommt es auf die im Einzelfall zulässige höchste Geldstrafe an; beträgt sie mehr als 150 RM., so ist die Straftat als Vergehen anzusehen, und die erkannte Geldstrafe ist demgemäß registerpflichtig; andernfalls ist die Straftat als Übertretung zu behandeln, die erkannte Strafe also dem Register nicht mitzuteilen.

vgl. Ziff. 14). Ist dieselbe Person mehrfach verurteilt worden, so tritt aber nach § 2 Abs. 1 des Ges. vom 9. April 1920 eine gewisse Verknüpfung der einzelnen Strafvermerke hinsichtlich des Fristlaufs ein. Es tritt nämlich der einzelne Strafvermerk, auch wenn er, für sich allein betrachtet, der Auskunftsbeschränkung unterliegen oder getilgt werden könnte, erst dann unter Auskunftsbeschränkung oder ist erst dann zu tilgen, wenn alle anderen im Strafregister eingetragenen Strafvermerke unter Auskunftsbeschränkung getreten oder zu tilgen sind. Doch soll dieser Grundsatz nicht gelten, wenn nur eine Geldstrafe der Auskunftsbeschränkung entgegensteht. Eine Geldstrafe aus späterer Zeit hat also für die Vermerke über die früheren Strafen keine erhaltende Kraft; sie ist aber selbst noch von Bestand, indem sie, vielleicht als einzige Strafe, unbeschränkt mitzuteilen oder von der Tilgung auszuschließen ist. Anderseits wirkt aber eine im Strafregister eingetragene Freiheitsstrafe auch erhaltend auf die im Strafregister enthaltenen Geldstrafen.

13. Neben der kraft Gesetzes infolge Fristablaufs von selbst eintretenden Auskunftsbeschränkung und Tilgung ist aber auch die entsprechende Anordnung der Ministerialinstanz im Einzelfalle möglich. Sowohl Auskunftsbeschränkung wie Tilgung können für das Strafregister von der obersten Justizverwaltungsbehörde (in Preußen dem Justizminister) angeordnet werden, wenn die gesetzlichen Voraussetzungen nicht vorliegen, also auch bei Verurteilung zu Todes- und Zuchthausstrafe.

Voraussetzung ist, daß staatliche Interessen nicht gefährdet werden. Hat der Verurteilte die bürgerlichen Ehrenrechte oder einzelne Rechte und Fähigkeiten verloren, so sollen die Maßnahmen nicht angeordnet werden, solange er diese Rechte nicht wiedererlangt hat.

Zuständig für die Anordnung ist die oberste Justizverwaltungsbehörde, in deren Geschäftsbereich das Strafregister geführt wird, also diejenige, in deren Gebiet der Verurteilte geboren ist. Für die außerhalb des jetzigen Deutschlands geborenen Personen ist der Reichsjustizminister zuständig.

14. Im Hinblick auf die Vorschriften des Ges. vom 9. April 1920 ist bei Beurteilung der Frage, ob ein Strafvermerk unter Auskunftsbeschränkung steht oder zu tilgen ist, ferner noch folgendes zu beachten:

a) Zu tilgen sind die etwa noch vermerkten Verweise und die Verurteilungen wegen Übertretungen zu Geldstrafen, sofern diese nicht wegen Zuwiderhandlungen gegen die §§ 361, 363 StGB. verhängt sind.

b) Nebenstrafen und sonstige Nebenfolgen der Verurteilung mit Ausnahme der Überweisung an die Landespolizeibehörde und der Polizeiaufsicht bleiben bei Bemessung der Strafhöhe außer Betracht; sie nehmen an den Vergünstigungen ohne weiteres teil.

c) Geldstrafen, die an Stelle an sich verwirkter Freiheitsstrafen verhängt sind (§ 27 b StGB.), gelten hinsichtlich ihrer Behandlung in den Registern als Geldstrafen.

d) überall, wo die Höhe einer Strafe von Bedeutung ist, muß der rechtliche Unterschied zwischen einer Strafe und mehreren Strafen beachtet werden (vgl. oben Ziff. 12).

Ist an Stelle mehrerer Freiheitsstrafen auf eine „Gesamtstrafe" erkannt (§ 74 StGB.), so liegt nur eine Strafe vor, deren Höhe entscheidend ist. Das gilt auch dann, wenn zu einer Strafe in einem zweiten Urteil eine „Zusatzstrafe" ausgesprochen, oder wenn die Gesamtstrafe nachträglich durch besonderen Beschluß gebildet ist (§ 460 StPO.).

Sind dagegen gegen dieselbe Person, sei es in einer Entscheidung oder in mehreren Entscheidungen mehrere Strafen verhängt, ohne daß eine Gesamt-(Zusatz-)strafe gebildet ist, sind insbesondere mehrere Geldstrafen zugleich oder ist eine Geldstrafe neben einer Freiheitsstrafe oder Haft neben sonstiger Freiheitsstrafe oder Festung neben Gefängnis (§§ 75 bis 78 StGB.) ausgesprochen, so liegen grundsätzlich — vorbehaltlich der im folgenden Absatz genannten Ausnahmen — verschiedene, getrennt zu beurteilende Strafen vor.

Enthält eine Entscheidung mehrere Strafen gegen dieselbe Person, von denen nur ein Teil registerpflichtig ist, so sind alle Strafen dem Strafregister mitzuteilen. Ebenso ist eine Entscheidung, die mehrere Verurteilungen enthält, für die Bemessung der Fristen einheitlich zu beurteilen.

Maßgebend ist die in der Verurteilung ausgesprochene Strafe auch dann, wenn sie etwa später im Gnadenwege ermäßigt oder erlassen ist.

V. Auskunftsbeschränkung.

15. Auskunftsbeschränkung bedeutet, daß der lesbar bleibende Strafvermerk gewissen Behörden und dem Publikum verheimlicht wird. Über eine unter Auskunftsbeschränkung stehende Verurteilung wird nur den Gerichten, den Behörden der Staatsanwaltschaft (nicht auch den Hilfsbeamten der Staatsanwaltschaft) und, auf ausdrückliches Ersuchen, den obersten Reichs- und Landesbehörden Auskunft erteilt (vgl. auch Ziff. 7).

16. Über Freiheitsstrafen (aber nicht über Zuchthausstrafen) ist nach fünf Jahren nur noch beschränkt Auskunft zu erteilen, wenn es sich um Strafen von höchstens 3 Monaten, allein oder in Verbindung mit Geld- oder Nebenstrafen handelt, ausgenommen die Fälle, in denen auf Überweisung an die Landespolizeibehörde oder auf Zulässigkeit von Polizeiaufsicht erkannt ist. Die Frist rechnet vom Tage der Verurteilung ab, so wie dieser Tag im Strafregister vermerkt ist.

In allen übrigen Fällen tritt erst nach zehn Jahren beschränkte Auskunft ein. Die Frist rechnet dann vom Tage des Strafendes ab. Als Strafende gilt Vollstreckung, Verjährung oder Erlaß der Freiheitsstrafe. Bei Überweisung an die Landespolizeibehörde und bei Zulässigkeit von Polizeiaufsicht beginnt die Frist erst, wenn die Zulässigkeit dieser Maßregel erloschen, d. h. in der Regel die gesetzliche Frist von 2 Jahren (§ 362 Abs. 2 StGB.) oder von 5 Jahren

(§ 38 StGB.) abgelaufen ist, gleichviel, was die Polizei tatsächlich angeordnet hat.

17. Handelt es sich um die Verurteilung von Jugendlichen, d. h. von Personen, die zur Zeit der Tat noch nicht 18 Jahre alt waren, so verkürzen sich die Fristen auf drei Fünftel, also von fünf auf drei und von zehn auf sechs Jahre.

18. Ausnahmsweise verlängern sich die Fristen, indem ihr Ablauf gehemmt wird,

a) solange der Verurteilte die bürgerlichen Ehrenrechte oder einzelne Rechte oder Fähigkeiten nicht wiedererlangt hat,

b) solange über den Verurteilten eine Steckbriefnachricht (nicht auch ein sonstiger Suchvermerk) im Strafregister niedergelegt ist,

c) solange die Vollstreckung ausweislich des Strafregisters noch nicht erledigt ist,

d) gemäß dem in Ziff. 12 erwähnten Grundsatz des § 2 des Ges. vom 9. April 1920, solange der Vergünstigung eine andere Freiheitsstrafe entgegensteht, die noch nicht tilgungsreif ist.

Anderseits verkürzt sich die Frist, wenn sie gesetzlich zehn (sechs) Jahre dauert, in dem Falle, daß dem Straferlaß eine Bewährungsfrist vorausgegangen ist und sich so der Beginn der Frist, also das Strafende, um die Dauer der Bewährungsfrist hinausgeschoben hat. Die Bewährungsfrist wird dann auf volle Monate nach oben abgerundet zugunsten des Verurteilten auf die Frist angerechnet.

19. Geldstrafen treten gesetzlich nach fünf Jahren (bei Jugendlichen nach drei Jahren) unter Auskunftsbeschränkung (vgl. jedoch für den Fall, daß Geldstrafen und Freiheitsstrafen vermerkt sind, Ziff. 12).

20. Kommt nach Eintritt der Anordnung der Auskunftsbeschränkung eine neue Freiheitsstrafe hinzu, so tritt die Anordnung gemäß § 2 des Ges. vom 9. April 1920 außer Wirkung.

VI. Tilgung.

21. Tilgung bedeutet Entfernung oder Unkenntlichmachung des Strafvermerks. Eine getilgte Strafe gilt auch für den Strafrichter (z. B. bei Entscheidung der Frage, ob Rückfall vorliegt) als nicht erfolgt. Dagegen ist im Gesetz nicht gesagt, daß in jeder Beziehung die Verurteilung als nicht geschehen gelten soll; denn das liegt nicht im Bereich weltlicher Gesetze. Insbesondere ist die Tilgung ebenso wie die Auskunftsbeschränkung ohne Einfluß auf die etwaige Pflicht des Verurteilten selbst, die Begehung des Delikts, die Verurteilung zur Strafe oder die Verbüßung der Strafe bei einer Zeugenvernehmung oder bei sonstiger Gelegenheit auf Befragen wahrheitsgemäß anzugeben. Natürlich kann aber die Auskunftsbeschränkung oder die Tilgung zusätzlich erwähnt werden.

22. Die Frist für den Eintritt der Tilgung rechnet (vorbehaltlich des in Ziff. 27 Ausgeführten) von dem Tage ab, an dem die Auskunftsbeschränkung, sei es gesetzlich oder auf Grund besonderer Anordnung eingetreten ist. Besonderes gilt jedoch für die in Ziff. 18 erwähnten Fälle, in denen die Frist für den Eintritt der Auskunfts-

beschränkung sich verlängert hat; eine solche Fristverlängerung bleibt bei Berechnung des Zeitpunktes des Eintritts der Tilgung außer Betracht, wenn ihr Grund vor Ablauf der Tilgungsfrist wegfällt.

23. Liegen mehrere Verurteilungen einer Person vor, so ist zunächst die Frist für die Tilgung jeder einzelnen Verurteilung zu errechnen. Alle Verurteilungen bis einschließlich der letzten Freiheitsstrafe sind zu tilgen, sobald die am längsten wirkende Verurteilung, für sich betrachtet, getilgt werden könnte. Wird der Eintritt der Auskunftsbeschränkung über eine Verurteilung infolge Hinzutretens einer weiteren Freiheitsstrafe verzögert, so wird dadurch die Frist für die Tilgung nicht immer verlängert[1]).

24. Die Frist zwischen Auskunftsbeschränkung und Tilgung beträgt fünf Jahre, wenn es sich um Gefängnis oder Festungshaft von höchstens einer Woche oder um Haft oder Arrest, allein oder in Verbindung miteinander oder mit Geld- oder Nebenstrafen handelt, ausgenommen die Fälle, in denen auf Überweisung an die Landespolizeibehörde oder auf Zulässigkeit von Polizeiaufsicht erkannt ist. In diesen sowie in allen übrigen Fällen beträgt die Frist zehn Jahre.

25. Bei Geldstrafen tritt die Tilgung stets nach fünf Jahren ein (vgl. jedoch für den Fall, daß Geldstrafen und Freiheitsstrafen eingetragen sind, Ziff. 12).

26. Handelt es sich um Jugendliche, so verkürzen sich die Tilgungsfristen auf drei Fünftel, also von fünf auf drei Jahre und von zehn auf sechs Jahre.

27. Da Todes- und Zuchthausstrafen kraft Gesetzes niemals unter Auskunftsbeschränkung treten oder getilgt werden können, sind solche Strafvermerke auch dann nicht nach Ablauf einer bestimmten Frist zu tilgen, wenn die Auskunftsbeschränkung besonders angeordnet worden war. Vielmehr muß dann auch die Tilgung besonders angeordnet werden.

VII. Auskunftsbeschränkung und Tilgung gemäß sonstigen Gesetzen.

28. Strafvermerke, die nach dem bis zum 1. Juli 1920 gültig gewesenen Recht „gelöscht" worden sind (vgl. insbesondere die Löschungsamnestien aus den Jahren 1916 bis 1918), sind so zu behan-

[1]) Bei einer am 3. April 1910 erkannten Strafe von einem Jahr Gefängnis gilt die Strafe am 3. April 1911 als verbüßt. Die Strafe unterliegt vom 3. April 1921 ab der Auskunftsbeschränkung; sie ist zu tilgen am 3. April 1931. Ist am 2. Sept. 1918 abermals Verurteilung erfolgt, und zwar zu 3 Tagen Gefängnis, so bleibt diese Strafe bis 2. Sept. 1923 unter Auskunftspflicht und wäre, wenn sie allein im Strafregister stände, am 2. Sept. 1928 zu tilgen. Durch die zweite Verurteilung ist die Frist für den Eintritt der Auskunftsbeschränkung über die erste Strafe bis 2. Sept. 1923 verlängert. Beide Strafen sind am 3. April 1931 zu tilgen.

deln, als ob sie unter Auskunftsbeschränkung ständen, jedoch mit dem Unterschiede, daß sie nicht wieder unter Auskunftspflicht treten, wenn eine neue Freiheitsstrafe verhängt wird. Doch verhindert eine neue Freiheitsstrafe die Tilgung einer gelöschten Strafe ebenso wie die einer anderen Strafe. Die Frist für die Tilgung von gelöschten Strafen rechnet vom Tage der Anordnung der Löschung an. Würde unter Anwendung der in Ziff. 24 bis 26 gegebenen Fristen die Tilgung der Strafe zu einem früheren Zeitpunkte möglich sein, so tritt die Tilgung schon alsdann ein.

29. Auch durch die Reichs-Amnestieverordnungen vom 7. Dez. 1918 (RGBl. S. 1415) und vom 3. Dez. 1918 (RGBl. S. 1393) ist über „Löschung", durch die Reichsamnestiegesetze vom 4. Aug. 1920 (RGBl. S. 1487) und vom 21. Juli 1922 (RGBl. I S. 595), durch das preuß. Amnestiegesetz vom 26. Juli 1922 (GS. S. 192) sowie durch das deutsch-polnische Amnestieabkommen für Oberschlesien vom 21. Juni 1922 (Reichsgesetz vom 21. Juli 1922, RGBl. II S. 715) ist über die Tilgung von Vermerken über die unter die Amnestien fallenden Verurteilungen Bestimmung getroffen.

VIII. Verurteilungen im Auslande.

30. Vermerke über Verurteilungen im Ausland, die sich auf Deutsche oder auf in Deutschland geborene oder wohnhafte Ausländer beziehen, werden zwar ohne Rücksicht auf Art und Höhe der Strafe in das Strafregister aufgenommen. Doch werden sie bei der Auskunft an deutsche und ausländische Behörden nur berücksichtigt, wenn sie nach deutschem Recht registerpflichtig wären. Für die Anwendung der Vorschriften über die Erteilung von Auskunft aus dem Strafregister und die Tilgung von Strafvermerken sind in solchen Fällen die ausländischen Strafarten der deutschen Strafart gleichzustellen, der sie nach ihrer Stellung in dem fremden Strafensystem am meisten entsprechen. Für gewisse Strafarten ist durch VO. des Reichsjustizministers vom 12. Juni 1920 (RZBl. S. 928) Bestimmung getroffen.

Die Vorschriften des Gesetzes vom 9. April 1920 finden auch auf die dem Strafregister mitgeteilten Verurteilungen im Auslande Anwendung.

IX. Polizeiliche Liste.

31. Als polizeiliche Liste im Sinne dieser Vorschriften gelten alle bei den Polizeibehörden bestehenden und für die Aufnahme von Strafvermerken und Strafnachrichten irgendwelcher Art bestimmten Einrichtungen, also Personalakten, Personalblätter, Sammelkarten, Strafliſten usw.

32. Die Vorschriften über Auskunftsbeschränkung und Tilgung gelten nach dem Gesetz vom 9. April 1920 auch für die polizeilichen Listen. Demnach dürfen Strafvermerke, die der Auskunftsbeschränkung unterliegen, nur den in Ziff. 15 genannten Behörden mitgeteilt (vgl. aber Ziff. 39) und müssen dem Publikum gegenüber jedenfalls verschwiegen werden, insbesondere aber bei Ausstellung polizeilicher Füh-

rungszeugnisse (vgl. darüber Näheres in Ziff. 38) außer Betracht bleiben. Strafvermerke, die im Strafregister zu tilgen sind, müssen auch aus den polizeilichen Listen entfernt oder darin unkenntlich gemacht werden.

33. Der Führer der polizeilichen Liste hat die Voraussetzungen der Auskunftsbeschränkung oder Tilgung in jedem Falle nachzuprüfen, in dem er infolge einer Anfrage, eines Antrags auf Ausstellung eines Führungszeugnisses oder bei Abgabe von Akten dazu Anlaß hat. Er muß sich vor Augen halten, daß die Mitteilung einer Strafe in einem Falle, in dem das Gesetz Schweigen gebietet, oder das Bestehenlassen eines Strafvermerks in einem Falle, in dem Tilgung vorgeschrieben ist, die Verletzung einer gesetzlichen Amtspflicht enthält, die unter Umständen schwere Folgen für ihn haben kann.

34. Kann der Listenführer auf Grund der ihm bekannten Tatsachen mit Sicherheit übersehen, ob eine vermerkte Verurteilung den Voraussetzungen der Auskunftsbeschränkung oder Tilgung entspricht oder nicht, so trifft er die Entscheidung selbst. Das wird z. B. der Fall sein, wenn die Voraussetzungen als nicht vorliegend erkannt werden, weil die gesetzliche Frist noch nicht abgelaufen sein kann, oder weil unter den Strafen eine Zuchthausstrafe ist. Ist dagegen möglich, daß die Voraussetzungen für die Auskunftsbeschränkung oder für die Tilgung bereits vorliegen, so wird es zur Klarstellung nicht selten einer Anfrage bei der Strafregisterbehörde bedürfen (vgl. hierüber Ziff. 7). Auch für solche Anfragen ist das in Ziff. 9 erwähnte Vordruckmuster zu verwenden. Auf der dritten Seite sind dann die Strafen anzugeben, hinsichtlich deren die Auskunftsbeschränkung oder Tilgung in Frage steht. Der Satz unter den Personalangaben hat zu lauten: „In der polizeilichen Liste sind folgende Verurteilungen vermerkt:"

35. Ergibt sich für den Führer der Polizeiliste endgültig, daß die Voraussetzungen der Auskunftsbeschränkung vorliegen, so versieht er den Vermerk wie bisher mit einem auffälligen „b".

Ergibt sich endgültig, daß die Voraussetzungen der Tilgung vorliegen, so vernichtet er den Strafvermerk oder, wenn das nach Lage der Sache nicht tunlich ist, macht er ihn unkenntlich, so daß weder er selbst noch ein anderer ihn lesen kann, jedoch erst dann, wenn seit Ablauf der gesetzlichen Frist weitere drei Monate verflossen sind (§ 25 Abs. 1 der Strafregisterverordnung).

Ergibt sich endgültig, daß der erwogenen Vergünstigung ein Umstand entgegensteht, der bisher nicht bekannt war, so ist dieser Umstand und das Ergebnis der Erwägung mit Tagesangabe zu vermerken.

36. Hat die Landesjustizverwaltung gemäß § 8 des Gesetzes vom 9. April 1920 für das Strafregister Auskunftsbeschränkung oder Tilgung im Einzelfall angeordnet, so wirkt diese Maßnahme ohne weiteres auf die polizeiliche Liste entsprechend ein. Einer besonderen Anordnung gleicher Art für die polizeiliche Liste bedarf es nicht. Dementsprechend sind Anträge zu behandeln. Dabei ist zu beachten, daß

die Landesjustizverwaltung des Staates zuständig ist, in welchem der Verurteilte im Inland geboren ist, und daß bei im Ausland (einschließlich der in den abgetretenen Gebieten) geborenen Personen das Reichsjustizministerium zuständig ist. Von jeder gemäß § 8 ergehenden Anordnung erhält die Polizeibehörde des Wohnorts des Verurteilten vom Strafregister Mitteilung.

37. Liegt eine Anordnung der Landesjustizverwaltung nicht vor, und ist es auch nicht angezeigt, eine solche zu beantragen, so steht dennoch dem Minister des Innern das Recht zu, seinerseits die Auskunftsbeschränkung oder Tilgung für die polizeiliche Liste anzuordnen, falls ein genügender Anlaß dazu gegeben erscheint. Hat der Minister des Innern vorzeitig Auskunftsbeschränkung für die polizeiliche Liste angeordnet, so beginnt damit außer bei Zuchthaus- und Todesstrafe die für die Tilgung maßgebliche Frist, so daß der Strafvermerk in der polizeilichen Liste früher zu tilgen ist als im Strafregister.

38. Im Führungszeugnisse sind, abgesehen natürlich von Verurteilungen, die überhaupt nicht registerpflichtig oder zu tilgen sind, nicht aufzunehmen alle diejenigen Verurteilungen, über die nach den Vorschriften der §§ 1—6 des Gesetzes vom 9. April 1920 oder infolge besonderer Anordnung, sei es für das Strafregister oder für die polizeilichen Listen allein, nur noch beschränkte Auskunftserteilung zulässig ist.

Alle Führungszeugnisse, in welche keine Strafen aufzunehmen sind, sei es, daß überhaupt keine Strafen bekannt geworden sind, sei es, daß die bekannt gewordene Strafe zu verschweigen ist, sollen die Erklärung enthalten, „daß in den polizeilichen Listen eine Strafe nicht verzeichnet ist".

Mit Vorstehendem soll nicht der Inhalt der Führungszeugnisse erschöpfend geregelt werden. Welche Fassung einem Führungszeugnis, allgemein oder im Einzelfalle, abgesehen von der Äußerung über Bestrafungen, zu geben ist, bleibt der Polizeibehörde überlassen; der RdErl. vom 14. Sept. 1916 — II d 2105 (nicht veröffentlicht) sagt nur, welcher Vermerk „in die Führungszeugnisse aufzunehmen ist". Unberührt bleibt auch die Frage, ob ein Führungszeugnis im Einzelfall versagt werden kann.

39. Fragt eine Polizeibehörde wegen einer in ihren Bezirk zugezogenen Person bei der Polizeibehörde des bisherigen Wohnsitzes nach den Vorstrafen, so fällt die Antwort nicht unter den Begriff einer „Auskunft", deren Erteilung durch das Gesetz vom 9. April 1920 beschränkt ist. Solche Anfragen dürfen vielmehr unbeschränkt erledigt werden, indem die Polizeibehörden insoweit als einheitliche Organisation gelten.

2. Vorschrift des Reichswehrministers über Tilgung von Strafvermerken.

Vom 31. Januar 1922 (H. Dv. 215).

Die Bestimmungen des Gesetzes über die beschränkte Auskunft aus dem Strafregister und die Tilgung von Strafvermerken sind mit folgenden Maßgaben sinngemäß auch auf die Strafvermerke in den militärischen Listen und Papieren anzuwenden.

1. In den militärischen Listen (Stammrollen, Strafbüchern, Personalnachweisen) sind
   a) Eintragungen über Verurteilungen, die der beschränkten Auskunft unterliegen (d. h. über die nur den Gerichten, den Behörden der Staatsanwaltschaft sowie auf ausdrückliches Ersuchen den obersten Reichs- oder Landesbehörden Auskunft erteilt werden darf §§ 4, 6 des Gesetzes) in der Spalte „Bemerkungen" in roter Tinte mit dem Vermerk zu versehen:

      „beschränkte Auskunft";

   b) die zu tilgenden Vermerke (§§ 5, 7 des Gesetzes) durch Schwärzen und überkleben unkenntlich zu machen.

   Die Bestimmungen zu a und b gelten auch dann, wenn die Maßnahmen der beschränkten Auskunft oder der Tilgung auf besonderer Anordnung im Einzelfalle beruhen (§ 8 des Gesetzes).

   Gerichtliche Strafen, die nach den früher oder jetzt geltenden Bestimmungen nicht in das Strafregister aufgenommen *), aber in den militärischen Listen enthalten sind, werden ebenso behandelt, wie registerpflichtige Strafen.

2. In militärische Papiere (Stammrollenauszüge, Personalpapiere, Führungszeugnisse) dürfen getilgte oder zu tilgende Vermerke in keinem Falle, solche, die der beschränkten Auskunft unterliegen, nur dann aufgenommen werden, wenn die Papiere
   a) den Gerichten oder den Behörden der Staatsanwaltschaft vorzulegen sind (es sei denn, daß diese selbst nur eine nach §§ 1 und 6 des Gesetzes vom 9. April 1920 beschränkte Auskunft über die Strafen verlangen),
   b) vorgesetzten Dienststellen oder bei Überweisungen anderen Truppenteilen mitzuteilen sind,

---

*) Früher wurden z. B. Strafen wegen bestimmter militärischer Verbrechen oder Vergehen nicht in die Strafregister aufgenommen (vgl. § 2 der Verordnung des Bundesrats über die Strafregister vom 16. Mai 1918, Zentralblatt für das Deutsche Reich S. 164). Jetzt ist § 2 der Strafregisterverordnung vom 12. Juni 1920 (Zentralblatt für das Deutsche Reich S. 909) maßgebend.

c) den obersten Reichs- oder Landesbehörden vorgelegt werden müssen, *sofern diese eine unbeschränkte Auskunft über die Strafen ausdrücklich verlangen.*

In diesen Fällen (a bis c) ist in die militärischen Papiere unter dem Verzeichnis der Strafen *mit roter Tinte* der Vermerk aufzunehmen:

„die Strafen unterliegen der beschränkten Auskunft".

3. Militärpapiere mit Strafvermerken, die nach Ziffer 2 nicht in sie eingetragen werden dürfen, sind — als Duplikat — neu auszufertigen.
4. Die Disziplinarvorgesetzten, bei denen die militärischen Listen (Stammrollen, Strafbücher, Personalnachweise) geführt werden, haben alsbald nach Bekanntgabe dieses Erlasses ein Verzeichnis der gerichtlich Vorbestraften ihrer Untergebenen nach anliegendem Muster unter Ausfüllung der Spalte 1 bis 6 aufzustellen und den für sie zuständigen Heeresanwälten zu übersenden.

Die Heeresanwälte haben die Eintragungen in Spalte 4 und 5, soweit erforderlich (insbesondere soweit sie nur auf eigenen Angaben beruhen), auf Grund ihrer Straflisten oder der einzufordernden Strafakten nachzuprüfen, gegebenenfalls — mit roter Tinte — zu berichtigen, danach die Spalte 7 bis 11 auszufüllen und das Verzeichnis zurückzusenden.

Die Disziplinarvorgesetzten haben darauf die Tilgung oder Eintragung über Erteilung beschränkter Auskunft nach Ziffer 1 in den militärischen Listen zu bewirken, oder, wenn nach der Auskunft der Heeresanwälte in Spalte 9, 10 des Musters zu übersehen, in der Spalte „Bemerkungen" mit Blei einzutragen:

„Voraussichtlich beschränkte Auskunft vom ..... ab."

„Voraussichtlich zu tilgen am ....."

5. In gleicher Weise wie zu 4 ist zu verfahren, wenn ein bestrafter Freiwilliger ausnahmsweise eingestellt wird.
6. Nach jeder gerichtlichen rechtskräftigen Verurteilung von Soldaten hat der Heeresanwalt bei Zusendung der Akten an die Truppen usw. anzugeben, von wann ab voraussichtlich beschränkte Auskunft zu erteilen und wann der Strafvermerk voraussichtlich zu tilgen oder ob beides noch nicht zu übersehen ist.

Eintragung in die militärischen Listen erfolgt sodann wie zu 4 Abs. 3.

7. Die Eintragung über „beschränkte Auskunft", über „voraussichtlich beschränkte Auskunft" und über „voraussichtliche Tilgung" ändert sich in der Regel bei wiederholter Verurteilung derselben Person (§ 2 des Gesetzes). Dies ist besonders von den Heeresanwälten bei ihren Mitteilungen zu 6 Abs. 1 zu beachten.

Ferner wird besonders auf § 3 Abs. 3 des Gesetzes hingewiesen, wonach die Vergünstigungen der Tilgung und der beschränkten Auskunft dem Verurteilten für eine Verurteilung solange nicht zugute kommen, als die Vollstreckung noch nicht erledigt ist.

Im Sinne des § 7 Ziffer 1 des Gesetzes ist die Arreststrafe der Haft gleichzuachten.

8. Vor jeder Auskunftserteilung über gerichtliche Bestrafungen und vor jeder Eintragung solcher in militärische Papiere haben die Disziplinarvorgesetzten sorgfältig zu prüfen, ob die Auskunft oder Eintragung erfolgen darf. Ergibt sich dabei, daß eine Tilgung oder Eintragung über beschränkte Auskunft in den militärischen Listen bestimmungswidrig (Ziffer 1) noch nicht erfolgt ist, so ist die Tilgung oder Eintragung sofort vorzunehmen.

In Zweifelsfällen ist ein Gutachten des Heeresanwalts einzuholen.

In der Zeit zwischen dem 1. Okt. und 31. Dez. jedes Jahres — erstmalig 1922 — haben die Disziplinarvorgesetzten, bei denen die militärischen Listen (Stammrollen, Strafbücher, Personalnachweise) geführt werden, diese auf die Notwendigkeit von Tilgungen und Eintragungen über beschränkte Auskunft nach Ziffer 1 zu prüfen und zu berichtigen. In Zweifelsfällen sind Gutachten der Heeresanwälte einzuholen. Das Muster zu 4 kann dabei benutzt werden.

Zum 15. Jan. jedes Jahres — erstmalig 15. Jan. 1923 — ist den Divisionen auf dem Dienstwege zu melden, daß Prüfung und Berichtigung stattgefunden haben.

10. Die Disziplinarvorgesetzten, bei denen die militärischen Listen (Stammrollen, Strafbücher, Personalnachweise) geführt werden, sind für die bestimmungsmäßigen Tilgungen und Eintragungen über beschränkte Auskunft verantwortlich.

11. Die vorgesetzten Dienststellen haben die Strafbücher auch auf die Richtigkeit der Eintragungen nach vorstehenden Bestimmungen zu prüfen.

IX. Richtlinien des Reichsarbeitsministers für die Beurteilung von Vorstrafen bei der Erteilung von Zivilversorgungs-, Anstellungs- und Beamtenscheinen.

Vom 24. August 1922 (Reichsversorgungsbl. S. 427 Nr. 765).

(Vgl. MVG. §§ 15 bis 17 und 19 bis 21, Anstellungsgrundsätze 1922 §§ 1 und 2 (RVBl. 22 S. 401 Nr. 727), Anstellungsgrundsätze I 1907 § 1 Nr. 3 bis 8, RVG. § 33 und die entsprechenden Vorschriften älterer Gesetze.)

Bei der Beurteilung der „Geeignetheit" zum Beamten im Sinne des § 33 RVG. oder der „Würdigkeit" zum Beamten im Sinne der §§ 15 bis 17 und 19 bis 21 des Mannschaftsversorgungsgesetzes und der entsprechenden Bestimmungen der früheren Versorgungsgesetze ist das Gesamtverhalten des Antragstellers zu berücksichtigen. Es umfaßt für den Beamtenschein gemäß § 33 RVG. (vgl. auch Ziffer 5 der Ausführungsbestimmungen) und für den Anstellungsschein im Sinne des § 17 MVG. die Führung vor dem Eintritt in den Militärdienst, während der Dienstzeit und nach dem Ausscheiden aus dem Militärdienste. Die bestrittene Frage, ob für die Erteilung auch des Zivilversorgungsscheines das Verhalten nach Ablauf der zwölfjährigen Dienstzeit (§ 15 MVG.) und das Verhalten im bürgerlichen Leben nach dem Ausscheiden aus dem Militärdienst (§§ 15, 16 MVG.) zu berücksichtigen sei, ist nach der grundsätzlichen Entscheidung des Reichsversorgungsgerichts vom 1. Dezember 1921 (M 6518/20²) zu bejahen. Diese grundsätzliche höchstrichterliche Entscheidung muß für die Verwaltungsbehörden einstweilen als maßgebend erachtet werden. Die Frage liegt jedoch dem großen Senat des Reichsversorgungsgerichts erneut zur Prüfung und Entscheidung [1]) vor.

Handlungen und Unterlassungen, die nur wegen der dem Militärdienst eigentümlichen Verhältnisse als militärische Verfehlungen mit Strafe oder mit erhöhter Strafe bedroht waren und zu einer Bestrafung geführt haben, sollen nur dann berücksichtigt werden, wenn sie einen Mangel an Zuverlässigkeit oder Pflichtbewußtsein erkennen lassen oder nach Art und Umständen eine ungünstige Beurteilung der gesamten Führung bedingen.

Für die Beurteilung des Verhaltens im bürgerlichen Leben wird es im Regelfall neben den sonst noch nach Lage des Falles angezeigt erscheinenden Ermittlungen der Einholung einer Auskunft aus dem Strafregister bedürfen. Eintragungen über Vorstrafen im Kriegsstammrollen- oder Kriegsranglistenauszug bieten keine Gewähr für Vollständigkeit. Die Verwaltungsbehörden der Reichsversorgung erhalten jedoch nur Auskunft über die der unbeschränkten Auskunft unterliegenden Strafen. Im allgemeinen muß diese Art von Auskünften für ausreichend erachtet werden, weil andernfalls der von dem Gesetzgeber mit der Einführung der Auskunftsbeschränkung angestrebte Zweck nicht erreicht werden würde. Es wird hierzu auf die Begründung zu dem Gesetz über beschränkte Auskunft aus dem Strafregister Bezug genommen. (Vgl. Verhandlungen der verfassunggebenden Deutschen Nationalversammlung Bd. 339, Aktenstück Nr. 1486 S. 1517), in der es, wie folgt, heißt: „Nicht selten tritt in der Bewertung von Vorstrafen eine starke Überspannung zutage. Es besteht die Neigung,

[1]) Die Entscheidung ist durch das Urteil des G. Senats des RVersGer. vom 24. Jan. 1924 (Bd. 4 S. 16 Nr. 5 der Sammlung der Entsch.) ergangen. Danach ist bei der Prüfung der Frage, ob ein Kapitulant zum Beamten würdig und brauchbar ist, das Verhalten in der Zeit nach Beendigung der 12jährigen Dienstzeit jedenfalls dann nicht zu berücksichtigen, wenn das Kapitulationsverhältnis weder fortgesetzt noch später erneuert worden ist.

die Tatsache einer Bestrafung, mag sie auch noch so weit zurückliegen und nach Auffassung aller Verständigen ihre Bedeutung längst verloren haben, zum alleinigen Gradmesser für die Beurteilung einer Persönlichkeit zu machen und zwischen Bestraften und Unbestraften eine starre Grenzlinie zu ziehen. Eine solche schematische Auffassung des Wesens der Vorstrafe bedeutet eine unbillige Härte gegen den Verurteilten, dessen ganzes Leben hierdurch unter Umständen zerstört wird."

Für Ausnahmen bleibt die Möglichkeit, bei mir die Einholung eines Strafregisterauszuges zu beantragen, der auch die der beschränkten Auskunft unterliegenden Strafen enthält. Anträgen dieser Art ist ein vorbereiteter Vordruck F beizufügen, auf dessen Seite 1 die Worte unter dem Striche „die der beschränkten Auskunft nicht unterliegenden" zu durchstreichen sind. Ich werde solchen Anträgen jedoch nur entsprechen können, wenn besondere Gründe vorliegen. Bei der Vorlage von Anträgen dieser Art wird zu beachten sein, daß es der Anstellungsbehörde, falls sie dem Inhaber eines Zivilversorgungsscheines, Anstellungsscheines oder eines Beamtenscheines eine besondere Vertrauensstellung übertragen will, immer noch unbenommen ist, bei der ihr vorgesetzten Reichs- oder Landeszentralbehörde die Einholung eines vollständigen Strafregisterauszugs zu beantragen.

Soweit den Versorgungsbehörden aus den Versorgungsakten (z. B. den Stammrollenauszügen) oder auf sonstige Weise Vorstrafen bekannt sind oder bekannt werden, die nach dem Gesetz vom 9. April 1920 zu den der beschränkten Auskunft unterliegenden oder zu den getilgten Strafen gehören, ist von ihrer Verwertung Abstand zu nehmen. Für die Verwertung von Auszügen aus ausländischen Strafregistern wird auf § 10 des Gesetzes über die beschränkte Auskunft aus dem Strafregister usw. und für die Bewertung von Auszügen aus Strafregistern des Saargebiets auf § 4 des Gesetzes vom 10. März 1922 (RGBl. S. 244) verwiesen. Liegen besondere Gründe für die Berücksichtigung einer der beschränkten Auskunft unterliegenden Strafe vor, so ist zunächst die Einholung eines entsprechenden Strafregisterauszuges bei mir zu beantragen. Bis zum Eingang meiner Antwort ist die Verwertung einer solchen Strafe unzulässig. Ebenso ist zu verfahren, wenn Vorstrafen von Personen, die im abgetretenen Gebiet, z. B. Polen, geboren sind, dadurch bekannt werden, daß aus dem Strafregister des Auslandsstaates, also z. B. Polens, noch Strafen mitgeteilt werden, die nach der deutschen Gesetzgebung der beschränkten Auskunft unterliegen würden oder bereits getilgt waren.

Bei den nach vorstehendem in Betracht kommenden Verfehlungen werden Strafart und Strafmaß einen Anhaltspunkt bilden können. Zuchthausstrafen sowie Strafen, neben denen auf Verlust der bürgerlichen Ehrenrechte usw. erkannt ist, werden stets absolute Ausschließungsgründe sein. Im übrigen ist entscheidendes Gewicht auf den Beweggrund, der zu der Verfehlung geführt hat, zu legen, also z. B. darauf, ob die Straftat aus einer besonderen, unverschuldeten Notlage heraus, aus Unerfahrenheit oder infolge von Verführung begangen ist, oder ob sie auf einen verbrecherischen Hang (Gewerbs- oder Gewohnheitsmäßigkeit) oder auf den Mangel der für eine sittlich ausreichend gefestigte Persönlichkeit selbstverständlichen Eigenschaft zurückzuführen ist. Zur Beurteilung der Beweggründe und der sonstigen Umstände können nötigenfalls die Strafprozeßakten von den zuständigen Gerichtsbehörden oder den Staatsanwaltschaften eingefordert werden.

X. Vorschriften über Strafregisterführung und Straftilgung im Saargebiet.

1. Verordnung über beschränkte Auskunft aus dem Strafregister und die Tilgung von Strafvermerken.

Vom 18. Juli 1923 (Amtsbl. d. Reg.-Kommission des Saargebiets Nr. 19 S. 166).

Auf Grund der §§ 19 und 23 der Anlage zu Abschnitt IV (Teil 3) des Friedensvertrages von Versailles, nach Anhörung der gewählten Vertreter der Bevölkerung, verordnet die Regierungskommission gemäß ihrem Beschlusse vom 18. Juli 1923, was folgt:

Artikel 1—3.

Wörtlich wie §§ 1—3 des Reichsgesetzes (in der unter B I abgedruckten Fassung).

Artikel 4.

Über Verurteilungen, die der beschränkten Auskunft unterliegen, wird nur den Gerichten, den Behörden der Staatsanwaltschaft sowie auf ausdrückliches Ersuchen den obersten Landesbehörden Auskunft erteilt. Ist hiernach Auskunft zu erteilen, so ist darin besonders hervorzuheben, daß die Verurteilung der beschränkten Auskunft unterliegt.

Abs. 2, 3.

Wörtlich wie § 4 Abs. 2, 3 des Reichsgesetzes.

Artikel 5—7.[1])

Wörtlich wie §§ 5—7 des Reichsgesetzes.

Artikel 8.

Die Justizverwaltung kann usw. (wörtlich wie § 8 Abs. 1, 2, 4 des Reichsgesetzes).

Artikel 9.

Vermerke über Verurteilungen außerhalb des Saargebiets sind im Sinne dieser Verordnung Vermerken über Verurteilungen im Saargebiet gleichzuachten.

---

[1]) In Art. 5 Abs. 1 fehlen, offenbar infolge eines Druckfehlers, die Worte „unkenntlich gemacht. Ebenso wird der Vermerk".

Artikel 10.

Bei der Verwertung von Auszügen aus außersaarländischen Strafregistern ist so zu verfahren, wie wenn die in dem Auszug enthaltenen Vermerke in einem saarländischen Strafregister enthalten wären. Die Vorschriften des Artikels 11 Abs. 2 sind entsprechend anzuwenden.

Artikel 11.

Diese Verordnung tritt 2 Wochen nach ihrer Verkündigung [1]) in Kraft.

Bei Verurteilungen, die schon vor dem Inkrafttreten dieser Verordnung in das Strafregister aufgenommen worden sind, berechnen sich die Fristen so, wie wenn die Verordnung schon zur Zeit der Aufnahme des Vermerkes in das Register in Kraft gewesen wäre. Ist in den Fällen des Artikels 6 Nr. 2 usw. (wörtlich wie § 11 Abs. 2, 3 des Reichsgesetzes).

Artikel 12.

Der Regierungskommissar für Justiz erhält die Befugnis, die Verordnungen betreffend die Einrichtung des Strafregisters entsprechend den Bestimmungen dieser Verordnung und gemäß den von ihm sonst für erforderlich erachteten Neueinrichtungen abzuändern.

---

2. Verfügung des Regierungskommissars für Justiz betr. die Strafregister.

Vom 16. April 1924 (Amtsbl. Nr. 14 S. 154).

Auf Grund des Artikels 12 der Verordnung der Regierungskommission über beschränkte Auskunft aus dem Strafregister und die Tilgung von Strafvermerken vom 18. Juli 1923 — Reg.-Amtsblatt Nr. 462 — wird folgendes verfügt:

1. Für die Zeit vom 1. Mai 1924 ab wird die Führung der Strafregister für die Amtsgerichtsbezirke des pfälzischen Teiles des Saargebietes — Homburg, St. Ingbert, Blieskastel — der Staatsanwaltschaft in Saarbrücken übertragen. Diese übernimmt von dem gleichen Zeitpunkte ab die gesamte bisher von den Amtsanwälten dieser Bezirke geführten Strafregister und Registerakten, so daß ihr damit die Führung des Registers für den ganzen Bereich des Saargebietes obliegt.
2. Für die Zeit vom 1. Mai 1924 ab wird bei der Staatsanwaltschaft in Saarbrücken ein Zentral-Strafregister für das Saargebiet eingerichtet. In dieses Register sind aufzunehmen die Verurteilungen, die von saarländischen Gerichten gegen Personen ausgesprochen sind, die weder im Saargebiet, noch im

---

[1]) 26. Juli 1923.

gegenwärtigen Umfange des Deutschen Reiches geboren sind oder deren Geburtsort nicht zu ermitteln ist. Im übrigen gelten für die Führung und Behandlung dieses Registers die bestehenden Vorschriften. Das Register tritt für das Saargebiet an die Stelle des nach § 1 Ziffer 2 der Verordnung über die Strafregister vom 16. Mai 1918 bei den Reichs-Zentralbehörden geführten Registers.

---

3. Verfügung des Mitglieds der Regierungskommission für die Angelegenheiten der Justiz, betr. die Einrichtung und Tätigkeit der Strafregisterbehörde.

Vom 13. Juli 1925 (Amtsbl. Nr. 20 S. 164).

Auf Grund des Artikels 12 der Verordnung der Regierungskommission über beschränkte Auskunft aus dem Strafregister und die Tilgung von Strafvermerken vom 18. Juli 1923 — Reg.-Amtsblatt Nr. 462 — wird verfügt, daß im Saargebiet die Einrichtung und Tätigkeit der Strafregisterbehörde sowie die Mitteilungen an das Strafregister sich nach den Bestimmungen der deutschen Strafregisterordnung vom 12. Juni 1920 (Zentralblatt für das Deutsche Reich Vom 26. Mai 1922 in der Fassung des Gesetzes vom 27. Juni 1923 mit der Verordnung der Regierungskommission vom 16. April 1924 — Reg.-Amtsbl. Nr. 216 — zu richten hat, mit der Maßgabe, daß in der Strafregisterverordnung vom 12. Juni 1920:

1. in Wegfall kommen: § 1 Abs. 2 und 3, § 4 Abs. 1 Ziffer 2 [1]), § 26 Abs. 2, § 30 Abs. 1, § 31 Abs. 2, § 37;
2. in § 2 Abs. 1 die Worte: „einhundertfünfzig Mark" durch „fünfzig Franken" zu ersetzen sind.

XI. Vorschriften über Strafregisterführung und Straftilgung in der Freien Stadt Danzig und im Memelgebiet.

1. Freie Stadt Danzig.

a) Gesetz über beschränkte Auskunft aus dem Strafregister und die Tilgung von Strafvermerken.

Vom 26. Mai 1922 in der Fassung des Gesetzes vom 27. Juni 1923 (Gesetzbl. für die Freie Stadt Danzig 1922 S. 121; 1923 S. 754).

Volkstag und Senat haben folgendes Gesetz beschlossen, das hiermit verkündet wird:

§ 1. Über Verurteilungen, die in dem Strafregister aufgenom-

---

[1]) offenbarer Druckfehler; gemeint ist wohl § 6 Nr. 2.

men sind, ist nach Ablauf einer bestimmten Frist nur noch beschränkt Auskunft zu erteilen.

Ist nach Eintritt des Zeitpunkts, von dem ab nur beschränkt Auskunft zu erteilen ist, eine weitere Frist abgelaufen, so wird der Vermerk im Strafregister getilgt.

§ 2. Bei mehreren Verurteilungen einer Person ist über alle Verurteilungen unbeschränkt Auskunft zu erteilen, solange über eine der Verurteilungen unbeschränkt Auskunft erteilt werden muß. Die Tilgung eines Vermerkes im Strafregister darf bei mehreren Verurteilungen einer Person erst erfolgen, wenn für alle Verurteilungen die Voraussetzungen der Tilgung vorliegen.

Lautet die Verurteilung, über die unbeschränkt Auskunft erteilt werden muß, oder die im Strafregister noch nicht getilgt werden kann, nur auf Verweis oder auf Geldstrafe von höchstens fünfhundert Mark, allein oder in Verbindung miteinander oder mit Nebenstrafen, so finden die Vorschriften des Absatzes 1 keine Anwendung.

§ 3. Hat der Verurteilte die bürgerlichen Ehrenrechte oder einzelne Rechte oder Fähigkeiten verloren, so kommen ihm die Vergünstigungen des § 1 nicht zugute, solange er diese Rechte und Fähigkeiten nicht wiedererlangt hat.

Das gleiche gilt, solange über einen Verurteilten eine Steckbriefnachricht im Strafregister niedergelegt ist.

Die Vergünstigungen des § 1 kommen einem Verurteilten für eine Verurteilung solange nicht zugute, als sich aus dem Inhalte des Strafregisters ergibt, daß die Vollstreckung noch nicht erledigt ist.

Die Bestimmung des Absatzes 1 findet keine Anwendung, wenn es sich lediglich um die Fähigkeiten handelt, die im § 31 des StGB. genannt sind.

§ 4. Über Verurteilungen, die der beschränkten Auskunft unterliegen, wird nur den Gerichten, den Strafverfolgungsbehörden sowie den vom Senat bestimmten höheren Verwaltungsbehörden und Polizeibehörden der Freien Stadt Danzig Auskunft erteilt. Ist hiernach Auskunft zu erteilen, so ist darin besonders hervorzuheben, daß die Verurteilung der beschränkten Auskunft unterliegt.

Soweit über eine Verurteilung, die der beschränkten Auskunft unterliegt, keine Auskunft erteilt werden darf, sind Anfragen in gleicher Weise zu beantworten wie in den Fällen, in denen ein Vermerk nicht vorhanden ist.

Diese Vorschriften gelten entsprechend für die Auskunft aus den polizeilichen Listen. Bei der Ausstellung polizeilicher Führungszeugnisse bleiben Verurteilungen, die der beschränkten Auskunft unterliegen, außer Betracht.

§ 5. Ein Vermerk, der im Strafregister zu tilgen ist, wird aus dem Register entfernt und vernichtet; enthält das Register außerdem Vermerke, die bestimmungsgemäß darin verbleiben müssen, so wird der zu tilgende Vermerk unkenntlich gemacht. Ebenso wird der

Vermerk über die Verurteilung aus den polizeilichen Listen entfernt oder darin unkenntlich gemacht [1]).

Ist der Vermerk über eine Verurteilung im Strafregister getilgt worden, so gilt die Verurteilung nicht mehr als Bestrafung im Sinne solcher Vorschriften, die für den Fall, daß der Täter bereits bestraft ist, eine schwerere Strafe oder andere Rechtsnachteile androhen.

§ 6. Die Frist, nach deren Ablauf beschränkt Auskunft zu erteilen ist, beträgt:

1. fünf Jahre, wenn auf Verweis oder auf Geldstrafe bis zu fünftausend Mark oder auf Freiheitsstrafe von höchstens drei Monaten allein oder in Verbindung miteinander oder mit Nebenstrafen erkannt worden ist, mit Ausnahme der Fälle, in denen auf Überweisung an die Landespolizeibehörde oder auf die Zulässigkeit von Polizeiaufsicht erkannt worden ist;
2. zehn Jahre in allen übrigen Fällen.

Die Frist der Nr. 1 beginnt mit dem im Strafregister vermerkten Tage der Verurteilung.

Die Frist der Nr. 2 beginnt mit dem Tage, an dem die Strafe vollstreckt, verjährt oder erlassen ist; ist auf Überweisung an die Landespolizeibehörde oder auf die Zulässigkeit von Polizeiaufsicht erkannt worden, so beginnt die Frist erst, wenn diese Maßregeln erledigt sind. Ist die Strafe nach einer Probezeit erlassen, so wird deren Dauer, auf volle Monate abgerundet, auf die Frist der Nr. 2 angerechnet.

War der Verurteilte zur Zeit der Tat noch nicht achtzehn Jahre alt, so verkürzt sich die Frist von fünf Jahren auf drei Jahre und die Frist von zehn Jahren auf sechs Jahre.

§ 7. Die Frist, nach deren Ablauf ein Strafvermerk zu tilgen ist, beträgt:

1. fünf Jahre, wenn auf Verweis oder auf Geldstrafe bis zu fünfhundert Mark oder auf Haft oder auf Gefängnis oder Festungshaft von höchstens einer Woche allein oder in Verbindung miteinander oder mit Nebenstrafen erkannt worden ist, mit Ausnahme der Fälle, in denen auf Überweisung an die Landespolizeibehörde oder auf die Zulässigkeit von Polizeiaufsicht erkannt worden ist;
2. zehn Jahre in allen übrigen Fällen.

Die Frist beginnt mit dem Tage, von dem ab nur noch beschränkt Auskunft zu erteilen ist.

War der Verurteilte zur Zeit der Tat noch nicht achtzehn Jahre alt, so verkürzt sich die Frist von fünf Jahren auf drei Jahre und die Frist von zehn Jahren auf sechs Jahre.

---

[1]) § 5 Abs. 1 lautete ursprünglich anders als im Reichsgesetz; durch Gesetz vom 27. Juni 1923 hat er die jetzige mit dem Reichsgesetz wörtlich übereinstimmende Fassung erhalten.

§ 8. Der Senat kann in Fällen, in denen die Voraussetzungen der beschränkten Auskunft oder der Tilgung nicht vorliegen, diese Maßnahmen anordnen, wenn dadurch staatliche Interessen nicht gefährdet werden.

Hat der Verurteilte die bürgerlichen Ehrenrechte oder einzelne Rechte oder Fähigkeiten verloren, so sollen die Maßnahmen nicht angeordnet werden, solange er diese Rechte und Fähigkeiten nicht wiedererlangt hat.

Wird angeordnet, daß eine Verurteilung der beschränkten Auskunft unterliegen soll, so beginnt die Frist für die Tilgung des Strafvermerkes mit dem Tage der Anordnung.

§ 9. Vermerke über Verurteilungen im Ausland sind im Sinne dieses Gesetzes Vermerken über Verurteilungen im Inlande gleichzuachten.

§ 10. Bei der Verwertung von Auszügen aus ausländischen Strafregistern ist so zu verfahren, wie wenn die in dem Auszug enthaltenen Vermerke in einem inländischen Strafregister enthalten wären. Die Vorschriften des § 11 Abs. 1 sind entsprechend anzuwenden.

§ 11. Bei Verurteilungen, die schon vor dem Inkrafttreten dieses Gesetzes in das Strafregister aufgenommen worden sind, berechnen sich die Fristen so, wie wenn das Gesetz schon zur Zeit der Aufnahme des Vermerkes in das Register in Kraft gewesen wäre. Ist in den Fällen des § 6 Nr. 2 aus dem Register nicht zu ersehen, wann die Strafe vollstreckt worden ist, so ist die Frist vom Tage der Verurteilung an zu berechnen; sie verlängert sich jedoch in diesem Falle um die Dauer der erkannten Freiheitsstrafe. Das gleiche gilt in den Fällen des § 6 Nr. 2, wenn nach dem Inhalt des Registers anzunehmen ist, daß eine Strafe erst nach einer Probezeit erlassen worden ist, und die Dauer dieser Probezeit aus dem Register nicht zu ersehen ist. Ist aus dem Register nicht zu ersehen, ob der Verurteilte zur Zeit der Tat schon achtzehn Jahre alt war, so sind die kürzeren Fristen anzuwenden, wenn der Verurteilte zur Zeit der Verurteilung noch nicht neunzehn Jahre alt war; andernfalls greifen die längeren Fristen Platz.

Verurteilungen, die vor dem Inkrafttreten dieses Gesetzes im Strafregister gelöscht worden sind, unterliegen der beschränkten Auskunft. Die Frist für ihre Tilgung beginnt mit dem Tage, an dem die Löschung angeordnet worden ist.

§ 12. Der Senat wird ermächtigt, die für das Strafregister erforderlichen Vorschriften zu erlassen.

b) Bestimmungen des Senats Justizabteilung zur Ausführung des Gesetzes über beschränkte Auskunft aus dem Strafregister und die Tilgung von Strafvermerken vom 26. Mai 1922 (Gesetzblatt S. 121).

Vom 23. Oktober 1922.

I. Der deutschen Strafregisterverordnung vom $\frac{\text{12. Juni 1920}}{\text{2. Juni 1922}}$ (Zentralblatt f. d. Deutsche Reich $\frac{\text{1120 S. 909 — JMBl. S. 321)}}{\text{1922 S. 325 — JMBl. S. 279)}}$ mit Ausnahme der §§ 37—39 sowie der Ausführungsverfügung des Preußischen Justizministers vom $\frac{\text{21. Juni 1920 (JMBl. S. 340)}}{\text{25. Juli 1922 (JMBl. S. 280)}}$ mit Ausnahme der Ziffer 37 entsprechende Bestimmungen werden hiermit für das Gebiet der Freien Stadt Danzig erlassen, soweit sich nicht aus dem folgenden etwas anderes ergibt.

A bedeutet im folgenden die Strafregisterverordnung,
B die Ausführungsverfügung.

An die Stelle des Reichsjustizministeriums (sofern es sich nicht um das bei diesem geführte Strafregister handelt) und des Preußischen Justizministeriums tritt der Senat, Justizabteilung.

II. Es ist zu beachten, daß das Danziger Gesetz über die beschränkte Auskunft aus dem Strafregister usw. von dem deutschen Gesetze mehrfach abweicht. Insbesondere sind — anders wie in Deutschland — auch Vermerke über Verurteilungen zum Tode und zu Zuchthaus von der Löschung und Tilgung nicht ausgeschlossen (§ 1 Absatz 3 des Deutschen Gesetzes fehlt im Danziger Gesetz) *und die Tilgung von Vermerken hat stets durch Beseitigen der Strafkarte zu erfolgen, während sie nach dem deutschen Gesetz unter Umständen durch Unkenntlichmachen der Eintragung erfolgt (§ 5)*[1]. Der Absatz 4 des § 3 ist im deutschen Gesetz nicht enthalten.

III. Ein Verzeichnis derjenigen höheren Verwaltungsbehörden und Polizeibehörden, denen Auskunft zu erteilen ist — vgl. A § 26 Abs. 2 —, liegt bei.

IV. Über diejenigen von Danziger Gerichten verurteilten Personen, die nicht im Danziger Staatsgebiet geboren sind, wird bei der Staatsanwaltschaft ein besonderes Strafregister geführt („Auslandsstrafregister"). Dieses tritt für Danzig an die Stelle des in Deutschland beim Reichsministerium geführten Straf-

---

[1]) Die schräg gedruckten Worte sind dadurch gegenstandslos geworden, daß § 5 des Danziger Gesetzes durch Gesetz vom 27. Juni 1923 die Fassung des deutschen Gesetzes erhalten hat.

registers. Ihm sind alle Mitteilungen zu machen, welche die deutschen Behörden dem Strafregister beim Reichsjustizministerium zu machen haben. Geht beim Auslandsstrafregister eine Strafnachricht ein, so ist, wenn dies nicht bereits früher geschehen ist, von der Strafregisterbehörde des Geburtsortes oder, wenn der Geburtsort weder in Deutschland noch in Polen liegt oder unbekannt ist, von dem deutschen Reichsjustizministerium (Strafregister) ein Strafregisterauszug einzufordern. An Hand dieses Strafregisterauszuges ist dann gegebenenfalls eine neue vervollständigte Strafkarte anzufertigen. Diejenigen Eintragungen in dieser Liste, die auf der Auskunft einer ausländischen Strafregisterbehörde beruhen, sind als solche zu kennzeichnen. Wegen Vernichtung der von den ausländischen Behörden gemachten Mitteilungen gilt B Ziffer 20, 28.

V. Den deutschen und polnischen Gerichten und Strafverfolgungsbehörden ist auf Erfordern in derselben Weise wie den Danziger Gerichten und Strafverfolgungsbehörden Auskunft zu erteilen.

Anfragen anderer ausländischer Stellen — z. B. Verwaltungs- und Polizeibehörden — sind ohne Anschreiben dem Senat, Justizabteilung, zum Befinden weiterzureichen.

VI. Hinsichtlich der Verurteilten polnischer Staatsangehörigkeit ist Artikel 105 des Danzig-Polnischen Abkommens vom 24. Oktober 1921 zu beachten.

VII. Ist ein Verurteilter in Deutschland geboren, so sind die vorgeschriebenen Mitteilungen auch der deutschen Strafregisterbehörde zu übersenden.

VIII. Mitteilungen und Anfragen, die zu Unrecht (z. B., weil irrtümlich angenommen ist, der Geburtsort liege im Danziger Gebiet) beim Strafregister eingehen, sind an diejenige Stelle, die sie übersandt hat, zurückzusenden (anders A §§ 27 Abs. 3, 33 Abs. 1 Satz 2, Nr. 14 Abs. 1).

Erhebungen gemäß B Nr. 14 Abs. 2 sind nur dann anzustellen, wenn es sich um Mitteilungen deutscher oder polnischer Stellen handelt und nicht ohne weiteres ersichtlich ist, daß der richtige Geburtsort nicht im Danziger Gebiete liegt.

IX. Diese Verordnung tritt mit dem 1. November 1922 in Kraft. Gleichzeitig tritt die Verordnung des Bundesrats über die Strafregister vom 16. Mai 1918 (Zentralbl. f. d. Deutsche Reich S. 164) außer Kraft.

Anlage.

Verzeichnis

derjenigen Behörden und Stellen, denen Auskunft aus dem Strafregister zu erteilen ist (Ziffer III der Bestimmungen zur Ausführung des Gesetzes über beschränkte Auskunft aus dem Strafregister und die Tilgung von Strafvermerken vom 26. Mai 1922 (Gesetzbl. S. 121).

1. Alle Gerichte, Strafverfolgungsbehörden und Strafregisterbehörden,

2. der Senat,
3. die Oberzolldirektion,
4. die Oberpostdirektion,
5. das Hauptversorgungsamt,
6. der Gerichtspräsident,
7. der Generalstaatsanwalt,
8. die Orts- und Kreispolizeibehörden,
9. der Vorsitzende des Oberverwaltungsgerichts,
10. der Vorsitzende des Bezirksausschusses,
11. der Rektor der Technischen Hochschule in Langfuhr,
12. das Protestantische Konsistorium in Danzig,
13. die Apostolische Delegatur in Danzig.

---

2. Memelgebiet.

Verordnung des Oberkommissars für das Memelgebiet, betreffend die Führung des Strafregisters über diejenigen Personen, deren Geburtsort außerhalb des Memelgebiets gelegen oder nicht zu ermitteln ist.

Vom 25. März 1922 (Amtsblatt des Memelgebiets 1922 S. 296).

Auf Vorschlag des Gerichtspräsidenten und des Landesdirektoriums.

1. Die durch die Verordnung über die Strafregister vom 16. Mai 1918 (JustMinBl. S. 216) vorgeschriebenen Mitteilungen der memelländischen Behörden sind, wenn der Geburtsort des Verurteilten nicht zu ermitteln oder außerhalb des Memelgebiets gelegen ist, fortan an die Staatsanwaltschaft des Landgerichtes Memel als die zuständige Registerbehörde zu richten, und durch den Vermerk: „Geburtsort im Auslande" besonders zu kennzeichnen.
2. Bei der Staatsanwaltschaft in Memel wird für die im Inlande vor und nach der Abtretung des Memelgebiets abgeurteilten Personen, deren Geburtsort nicht zu ermitteln oder außerhalb des Memelgebiets gelegen ist, ein besonderes Strafregister angelegt, in welches alle in den §§ 2 ff. der Verordnung vom 16. Mai 1918 bestimmten Verurteilungen und Mitteilungen aufzunehmen sind.

   Als inländische Urteile im Sinne dieser Verfügung gelten auch Urteile deutscher Gerichte, soweit sie vor der Abtretung des Memelgebiets Rechtskraft erlangt haben.

   Hinsichtlich der Aufnahme von Mitteilungen über die in Deutschland nach der Abtretung des Memelgebiets erfolgten Verurteilungen behält es bei den Bestimmungen der §§ 8 Ziffer 2 und 17 Abs. 5 der Verordnung vom 16. Mai 1918 sein Bewenden.

3. Auskünfte über die Vorstrafen der in Ziffer 1 bezeichneten Personen sind fortan von der Staatsanwaltschaft Memel (Registerbehörde) zu erfordern. Diese wird, soweit sie zur Erteilung einer erschöpfenden Auskunft nach dem Stande ihres neuen Registers nicht in der Lage ist, die hierzu erforderlichen Unterlagen durch Anfrage bei den früheren Registerstellen beschaffen.
4. Auskünfte der ausländischen Registerstellen, welche auf Anfragen der Staatsanwaltschaft Memel (Registerbehörde) eingehen, sind in das neue Register aufzunehmen gemäß § 17 der Verordnung vom 16. Mai 1918, und zwar zur Vermeidung wiederholter Rückfragen auch dann, wenn Vorstrafen als nicht ermittelt gemeldet werden.
5. Anfragen bei ausländischen Registerstellen erfolgen seitens der Staatsanwaltschaft Memel (Registerbehörde) nur, soweit eine Auskunft gemäß Ziffer 4 sich noch nicht beim Register befindet, es sei denn, daß die auskunftsuchende Behörde im Interesse der Untersuchung auch die Kenntnis der im Auslande ergangenen Verurteilungen für erforderlich erachtet und demgemäß die Einholung eines ausländischen Registerauszuges neben dem memelländischen Registerauszug ausdrücklich beantragt.
6. In besonders eiligen Fällen können Auskünfte über die Vorstrafen der in Ziffer 1 bezeichneten Personen in Abweichung von der Vorschrift Ziffer 3 bei den ausländischen Registerstellen direkt erfordert werden.
7. Behörden, welche gemäß dieser Verordnung Mitteilungen über Verurteilungen der in Ziffer 1 bezeichneten Personen an die Staatsanwaltschaft Memel (Registerbehörde) richten, haben, falls sich bei ihren Akten eine Registernachricht über diese Personen (auch soweit sie Vorstrafen als nicht vermerkt meldet) befindet, eine beglaubigte Abschrift dieser Nachricht der neuen Strafnachricht beizufügen, sofern die Nachricht noch von der ausländischen Registerbehörde direkt erteilt worden ist.

   In gleicher Weise ist zu verfahren, wenn an die Staatsanwaltschaft Memel (Registerbehörde) andere Mitteilungen bezüglich solcher Strafen, über welche dieser Registerbehörde noch keine Strafnachricht erteilt war, gerichtet werden.
8. Die Vollstreckungsbehörden haben ferner aus allen laufenden Strafakten beglaubigte Abschriften der bei diesen Akten befindlichen ausländischen Strafregisternachrichten der Registerbehörde auch dann zu übersenden, wenn ein Anlaß zu sonstigen Mitteilungen (Ziffer 7) nicht vorliegt. Diese Übergangsvorschrift gilt bis zum 31. Dezember 1922.
9. Steckbriefnachrichten und Suchvermerke hinsichtlich der in Ziffer 1 bezeichneten Personen sind in Zukunft der Staatsanwaltschaft Memel (Registerbehörde) zu übersenden, welche gemäß § 24 der Verordnung vom 16. Mai 1918 verfährt und er-

forderlichenfalls auch eine Abschrift der Mitteilung an ausländische Registerstellen zu Fahndungszwecken übersendet.

10. Im übrigen behalten die früheren Vorschriften über Strafregister Geltung, soweit sich aus dieser Verordnung nicht ein anderes ergibt.

XII. Ausführungsvorschriften der Länder zur Strafregisterverordnung.

1. Preußen.

Allgemeine Verfügung des Justizministers zur Ausführung der Strafregisterverordnung [1]).

Vom 14. April 1926 (JMBl. S. 138).

AV. vom 21. Juni 1920 (JMBl. S. 340) in der Fassung der AV. vom 15. Juni 1921 (S. 348) zu Abs. 4, 25. Juli 1922 (S. 279) zu I und III, 17. Juli 1923 (S. 542) zu IV 2, 19. Jan. 1924 (S. 34, 52) zu 3, 22. Nov. 1924 (S. 400), 12. Sept. 1925 (S. 346). Ferner AV. vom 30. Nov. 1904 (S. 314), 11. Dez. 1911 (S. 438) letzter Absatz und Anlagen, 25. Jan. 1921 (S. 74), 3. Okt. 1921 (S. 522) zu 6, 17. Juli 1923 (S. 542) zu II 2, VI, 4. Nov. 1924 (S. 386), RV. vom 7. April 1903 — I. 999 — (Müller, Justizverw. 6. Aufl. S. 1017 f.), V. vom 6. April 1906 — I. 1686 — (Müller S. 1018), RV. vom 8. Juli 1914 — I. 4855 — (nicht veröffentlicht), 25. Juni 1921 — I. 18 075 — (nicht veröffentlicht).

I. Einforderung der Strafregisterauszüge.

1. Dem Ermessen der Staatsanwaltschaften und der Gerichte bleibt es überlassen, ob, inwieweit und zu welchem Zeitpunkt eine Auskunft über die Vorstrafen von der Registerbehörde einzufordern ist. Hierbei werden folgende Gesichtspunkte zu berücksichtigen sein:

In jedem einzelnen Falle ist zu prüfen, ob die Einforderung zur Aufklärung des Sachverhalts einer strafbaren Handlung notwendig ist. Besonders zu beachten ist, daß jede unnötige Ermittelung etwaiger Vorstrafen [2]) eines Beschuldigten für diesen und seine Familie eine Bloßstellung mit sich bringen kann, die tunlichst vermieden werden

---

[1]) Soweit auf Paragraphen des Gesetzes über beschränkte Auskunft aus dem Strafregister und die Tilgung von Strafvermerken vom 9. April 1920 (RGBl. S. 507) verwiesen wird, ist das Gesetz angeführt; sind Paragraphen ohne Zusatz angeführt, so bezieht sich der Hinweis auf die Strafregisterverordnung.

[2]) Vgl. AV. vom 27. Dez. 1918 (JMBl. S. 537), 23. Juni 1920 (S. 350).

muß. Unnötig zu den Strafakten gelangte Strafregisterauszüge können dazu beitragen, daß in der Hauptverhandlung sachlich nicht notwendige Vorhaltungen aus diesen Auszügen gemacht werden und daß bei Einsichtnahme in solche Akten, namentlich auch im Falle ihrer Versendung an andere Behörden (Prozeßgerichte, Verwaltungsbehörden usw.), der Inhalt der Auszüge weiteren Kreisen bekannt wird. Auch aus dem Gesichtspunkte der Ersparnis von Schreibwerk ist die Einforderung von Strafregisterauszügen tunlichst zu beschränken.

In manchen Fällen wird es auch ausreichen, wenn eine „beschränkte" Auskunft (Nr. 31 Abs. 2) eingezogen wird. In jedem Falle ist auf der ersten Seite des Vordrucks F zum Ausdruck zu bringen, ob über alle oder nur über die von der Auskunftsbeschränkung nicht betroffenen Vorstrafen Auskunft gewünscht wird.

Die Einforderung eines Strafregisterauszugs kann entbehrt werden, wenn die Feststellung der Vorstrafen aus ohne weiteres zugänglichen Strafakten zuverlässig erfolgen kann. In geringfügigen Strafsachen wird von der Erhebung der Vorstrafen meist überhaupt abgesehen werden können.

Wenn die Feststellung der Vorstrafen nicht schon zur Prüfung der Zuständigkeit (Rückfall) oder zur Prüfung der Stärke des Verdachts der Täterschaft in einem früheren Zeitpunkt notwendig ist, wird mit der Einforderung des Strafregisterauszugs in der Regel gewartet werden können, bis feststeht, ob es zur Erhebung der öffentlichen Klage oder zum Antrag auf Erlaß eines Strafbefehls kommt.

Sind die bis zu einem gewissen Zeitpunkt erfolgten Bestrafungen und Auskunftsbeschränkungen ohne Inanspruchnahme des Strafregisters ermittelt (Abs. 4 Satz 1), so ist die Anfrage an die Registerbehörde lediglich auf die seit dem Datum des letzten bekannten Strafregisterauszugs erfolgten Bestrafungen und Auskunftsbeschränkungen zu richten.

Bei jeder Anfrage an die Registerbehörde ist der Aufenthaltsort (Haftort) der Person anzugeben, auf welche die Anfrage sich bezieht.

Amtsanwälte haben auf ihren Ersuchen um Mitteilung der Vorstrafen stets kenntlich zu machen, ob die Auskunft zu einer Verbrechens- oder Vergehenssache oder ob sie zu einer Übertretungssache erfordert wird.

Die an das Reichsjustizministerium als Strafregisterbehörde (§ 1 Abs. 2) zu richtenden Anfragen sind unter der Aufschrift „An das Reichsjustizministerium (Strafregister) in Berlin W 9, Voßstr. 4/5" abzusenden.

An Stelle des Vordrucks F ist der vereinfachte Vordruck Fa (zu beziehen von dem Strafgefängnis in Berlin-Tegel) zu verwenden, wenn das Strafregister bei der die Auskunft erfordernden Behörde geführt wird. Das gleiche gilt, wenn die Justizbehörde, welche die Auskunft erfordert, sich an demselben Ort wie das Strafregister befindet und die Verwendung des Vordrucks Fa unbedenklich erscheint. Vgl. ferner Nr. 30 Abs. 5.

II. Ausfertigung und Absendung der Strafnachrichten und der sonstigen für das Strafregister bestimmten Mitteilungen[3]).

2. In den vor die bürgerlichen Gerichte gehörigen Strafsachen erfolgen die für das Strafregister bestimmten Mitteilungen durch das Büro der Strafvollstreckungsbehörde.

Wird nachträglich eine Gesamtstrafe gebildet, so hat alsbald nach der Rechtskraft der Entscheidung das Büro der die Gesamtstrafe vollstreckenden Behörde dem Strafregister Mitteilung nach § 2 Abs. 3 zu machen.

Mitteilungen nach § 5 Abs. 3 sind nur zu machen, wenn das Gericht es im Einzelfall ausdrücklich angeordnet hat.

Mitteilungen nach § 9 Nr. 1 hat das Büro der Strafverfolgungsbehörde zu machen; ein Amtsanwalt, dem ein Büro nicht zur Verfügung steht, hat die Mitteilungen selbst zu machen.

Mitteilungen über die Entmündigung und ihre Aufhebung oder Wiederaufhebung sind durch das Büro des Amtsgerichts zu machen.

Die Strafnachrichten und die Mitteilungen nach § 9 Nr. 1 bis 4 sind, sobald das Urteil oder der Strafbefehl oder die Entschei-

---

[3]) Verurteilungen zu Freiheitsstrafe sind stets registerpflichtig. Verurteilungen zu Geldstrafe sind nur dann nicht registerpflichtig, wenn sie wegen einer Übertretung verhängt worden sind. Ausnahme: Geldstrafe wegen Übertretung der §§ 361, 363 StGB. sind registerpflichtig (da § 361 StGB. nur Haft androht, kann es sich insoweit nur um Geldstrafen handeln, die gemäß § 27 b StGB. an Stelle einer an sich verwirkten Freiheitsstrafe verhängt worden sind). Geldstrafen wegen anderer Übertretungen sind auch dann nicht registerpflichtig, wenn die Verurteilung wegen einer Straftat erfolgt, die im Rückfall mit besonderer Strafe bedroht ist (z. B. Felddiebstahl, Forstdiebstahl — s. aber den nächsten Satz —, abgesehen von den Fällen der §§ 6, 8 des Forstdiebstahlsgesetzes und der §§ 17, 18 des Feld- und Forstpolizeigesetzes vom 21. Jan. 1926 (GS. S. 83). Besteht die angedrohte Strafe in dem mehrfachen, dem einfachen oder dem Bruchteil eines bestimmten Betrags (z. B. bei Forstdiebstahl, abgesehen von den vorgenannten erschwerten Fällen, Steuerhinterziehung oder Steuerhehlerei auf Grund von Reichssteuergesetzen nach § 369 RAbgO. in der Fassung des § 56 Nr. 7 der dritten Steuernotverordnung vom 14. Febr. 1924, RGBl. I S. 74), so kommt es auf die im Einzelfall zulässige höchste Geldstrafe an; beträgt sie mehr als 150 RM., so ist die Straftat als Vergehen anzusehen, und die erkannte Geldstrafe ist demnach registerpflichtig; anderenfalls ist die Straftat als Übertretung zu behandeln, die erkannte Strafe also dem Register nicht mitzuteilen.

Geldstrafen, die auf Grund des § 27 b StGB. an Stelle einer an sich verwirkten Freiheitsstrafe festgesetzt werden, sind als Geldstrafen zu behandeln.

dung rechtskräftig geworden oder die Einstellungsverfügung der Staats-(Amts-)anwaltschaft erlassen ist, auszufertigen und an die zuständige Strafregisterbehörde (Nr. 8) abzusenden; die Absendung hat unverzüglich und von Fall zu Fall zu erfolgen; Sammelsendungen sind nicht zulässig; besondere Eile ist geboten, wenn damit zu rechnen ist, daß Steckbriefe oder Suchvermerke niedergelegt sind, z. B. bei Verurteilungen gemäß § 361 StGB. (Bettler, Landstreicher, Dirnen). Die Ausfertigung und Absendung der Vordrucke D und E erfolgt unverzüglich, nachdem die Bewährungsfrist oder die vorläufige Entlassung bewilligt oder widerrufen oder der Gnadenerlaß ergangen ist. Alle Strafnachrichten und Mitteilungen müssen dem Inhalte der Akten genau entsprechen[4]).

Die im § 15 vorgeschriebene Mitteilung über die Änderung des Vor- oder Familiennamens einer Person liegt dem Büro des Amtsgerichts ob. Für die Mitteilung ist der „Vordruck Nr. 118" zu verwenden; er kann von dem Strafgefängnis in Berlin-Tegel bezogen werden. Die Mitteilung ist in gleicher Weise auch an die Polizeibehörde des Wohnorts zur polizeilichen Liste zu machen. Für den Fall, daß infolge Legitimation durch nachfolgende Ehe (§§ 1719 bis 1722 BGB.) oder durch Namenserteilung (§ 1706 Abs. 2 Satz 2 BGB.), die dem Standesbeamten gegenüber erklärt wird, eine Änderung des Familiennamens eintritt, werden die Standesbeamten die Mitteilungen zu machen haben; eine entsprechende Anweisung des M. d. J. steht bevor.

Wegen der an das Reichsjustizministerium als Registerbehörde zu richtenden Mitteilungen ist nach Nr. 1 Abs. 9 zu verfahren[5]).

3. Walten Zweifel hinsichtlich der Richtigkeit der in den Akten erörterten persönlichen Verhältnisse des Verurteilten (für unzurechnungsfähig Erklärten oder Entmündigten) ob, oder haben diese im Laufe des Verfahrens nicht vollständig festgestellt werden können, so ist die mitteilende Stelle verpflichtet, vor Ausfertigung der Strafnachrichten und Mitteilungen geeignete Ermittelungen, erforderlichenfalls durch Anfragen bei den Standesämtern oder den kirchlichen Behörden oder durch Einsicht der bei den Gerichten aufbewahrten Duplikate der Kirchenbücher und standesamtlichen Nebenregister, vorzunehmen.

---

[4]) Zur vollständigen Ausfüllung der Vordrucke (§ 13) gehört es, daß bei den Vordrucken A, F und G auch der Familienname des Vaters und der Geburtsname der Mutter voll ausgeschrieben werden. Der Familien- oder Geburtsname der Verurteilten ist stets in deutscher Schrift zu schreiben, außer in den Fällen der Nr. 37.

[5]) Ergibt sich bei der Durchsicht des Strafregisters aus Anlaß eines Ersuchens um Auskunft oder gelegentlich der allgemeinen Durchsicht (Nr. 22), daß eine vor dem 1. Juli 1920 niedergelegte Strafnachricht sich auf einen Zigeuner bezieht, so ist eine Abschrift der Strafnachricht an das Strafregister des Reichsjustizministeriums zu senden. Auf der Urschrift ist die Absendung der Abschrift zu vermerken.

Hat eine derartige Feststellung der persönlichen Verhältnisse auf Grund von Urkunden stattgefunden, so ist hierüber in Spalte „Sonstige Bemerkungen" ein kurzer Vermerk aufzunehmen (z. B. „Eltern, Geburtstag und -ort durch Geburtsurkunde festgestellt").

Im übrigen sind die Eintragungen in dieser Spalte möglichst zu beschränken; eine Personenbeschreibung ist nicht aufzunehmen, die Angabe besonderer Kennzeichen dagegen zulässig.

4. War von der Registerbehörde bei der Auskunftserteilung auf Abweichungen in den Angaben der Registervermerke über die persönlichen Verhältnisse hingewiesen worden (vgl. Nr. 32 Abs. 2), so ist, sofern nicht die abweichenden Angaben bestätigt und in die Mitteilung aufgenommen oder gemäß Nr. 3 Abs. 2 durch Bezugnahme auf Urkunden richtiggestellt worden sind, das Ergebnis der Ermittelungen über die fraglichen Punkte der Registerbehörde bei Übersendung der Mitteilung auf einem Anlagezettel kurz mitzuteilen und dabei anzugeben, ob die vermerkten Vorstrafen von dem Verurteilten anerkannt worden sind.

5. Sind bei Gelegenheit der Ausfertigung einer an das Strafregister zu machenden Mitteilung bisher nicht vermerkte Vorstrafen mitzuteilen (§ 16), so ist nur ein Vordruck A zu benutzen, auf dessen Rückseite die Auszüge der früheren Urteile zu vermerken sind. Dabei ist die zweite Spalte der Rückseite („nach Mitteilung von") nicht auszufüllen; es ist jedoch, sofern die Verurteilung in höherer Instanz ausgesprochen ist, in der dritten Spalte („Aktenzeichen") auch das Gericht erster Instanz anzugeben.

6. Falls der Geburtsname einer verheirateten, verwitweten oder geschiedenen, zur Führung des Ehenamens berechtigten Frau sich nicht mit Sicherheit feststellen läßt, ist eine zweite Mitteilung auf den durch die Verheiratung erlangten Namen anzufertigen (z. B. „Erwinski, angeblich geborene Zach"). In jedes Stück ist in der obersten Spalte ein Hinweis auf die zweite Mitteilung aufzunehmen.

7. Sind die Vordrucke D und E auszufüllen, so müssen die Angaben über die persönlichen Verhältnisse genau übereinstimmen mit den entsprechenden Angaben in der vorangegangenen Mitteilung. Sind infolge in der Zwischenzeit vorgenommener Ermittelungen Abweichungen erforderlich, so ist dies besonders zu bemerken.

III. Tätigkeit der Registerbehörden.

a) Allgemeine Bestimmungen.

8. Die Strafregisterbehörden sind von dem Reichsminister der Justiz unter dem 20. März 1925 im RMBl. S. 223 (abgedruckt im JMBl. 1925 S. 152) bekanntgegeben worden.

Für Preußen kommt aus der Bekanntmachung folgendes in Betracht: Registerbehörde ist die Staatsanwaltschaft bei dem Landgericht [6]), Registerbehörde für die Bezirke der Landgerichte I, II, III

---

[6]) Registerbehörde für diejenigen Personen, deren Geburtsort in den auf Grund des Friedensvertrages abgetretenen Gebieten gelegen

in Berlin ist die Staatsanwaltschaft bei dem Landgericht I in Berlin. Registerbehörde für das Saargebiet einschließlich der einbezogenen bayerischen Gebietsteile (Amtsgerichtsbezirke Homburg, St. Ingbert, Blieskastel) ist die Staatsanwaltschaft bei dem Landgericht in Saarbrücken, für den oldenburgischen Landesteil Birkenfeld die Staatsanwaltschaft bei dem Landgericht in Coblenz (Vertrag vom 18./25. Febr. 1920 — GS. S. 360 —), für die thüringischen Amtsgerichtsbezirke Sondershausen, Greußen, Ebeleben, Frankenhausen, Schlotheim, Allstedt die Staatsanwaltschaft bei dem Landgericht in Erfurt (Vertrag vom 15./20. Juni 1921 — GS. S. 506 —), für den preußischen Kreis Ziegenrück die Staatsanwaltschaft bei dem Landgericht in Rudolstadt, für die preußischen Kreise Schleusingen und Schmalkalden die Staatsanwaltschaft bei dem Landgericht in Meiningen, für die dem Bezirk des Amtsgerichts Lippstadt angeschlossenen Teile des Lippischen Staatsgebiets (Amt Lipperode und Stift Cappel) die Staatsanwaltschaft bei dem Landgericht in Paderborn, für den durch den Vertrag vom 14./15. Dez. 1922 (GS. 1923 S. 59) dem Landgerichtsbezirk Hechingen angeschlossenen württembergischen Amtsgerichtsbezirk Balingen die Staatsanwaltschaft bei dem Landgericht in Rottweil.

Wegen der Führung des Strafregisters hinsichtlich der Personen, die in einem bei der Grenzziehung durchschnittenen Ort geboren sind, ist die in § 1 Abs. 4 vorgesehene Anordnung des Reichsministers der Justiz ergangen und den beteiligten Stellen besonders mitgeteilt worden.

9. Registerführer ist der Justizobersekretär der Staatsanwaltschaft. Er hat unter der Leitung des Oberstaatsanwalts (bei dem Landgericht I Berlin des Generalstaatsanwalts) das Strafregister zu verwalten und die damit verbundenen Geschäfte zu erledigen.

Die Aufsicht über die Registerbehörden führen der Generalstaatsanwalt bei dem Oberlandesgericht und der Justizminister.

10. Die Mitteilungen, die im Register niederzulegen sind, werden im Dienstzimmer des Registerführers in verschließbaren Schränken aufbewahrt, die Fächer entsprechend der Größe der Vordrucke enthalten. In diesen Fächern werden die Mitteilungen, soweit nicht die Einrichtung der vorhandenen Schränke entgegensteht, in Pappkästen niedergelegt. Die Fächer oder Pappkästen sind nach den Buchstaben des Alphabets und, sofern mehrere für denselben Buchstaben bestimmt sind, nach den Anfangssilben von Namen zu bezeichnen.

11. Auf den eingehenden Mitteilungen und Ersuchen um Auskunftserteilung wird vom Registerführer der Zeitpunkt ihres Eingangs vermerkt.

---

ist, ist das Reichsjustizministerium (§ 1 Abs. 2, AV. vom 6. März 1920 — JMBl. S. 104 —, 15. Juni 1921 — S. 348 —, 17. Juli 1923 — S. 542 — zu III 1 b). Der Austausch von Strafnachrichten, der infolge der bei der Grenzziehung erfolgten Durchschneidung einer Anzahl von Landgerichtsbezirken erforderlich war, ist überall beendet.

b) Behandlung der eingehenden Mitteilungen.

12. Die Mitteilungen sind sofort nach ihrem Eingang einer Prüfung zu unterziehen. Daß der Registerführer auch die Richtigkeit der Angaben über die persönlichen Verhältnisse des Verurteilten auf Grund der Geburtsregister prüft (§ 17), ist bis auf weiteres nicht erforderlich.

13. Strafnachrichten über nicht registerpflichtige Strafen (§ 2 Abs. 1) sind mit einem entsprechenden Vermerk zurückzusenden.

14. Eine Mitteilung, die für das Register des Geburtsorts bestimmt ist, wird, wenn der Geburtsort zu einem anderen Bezirk gehört, an die richtige Registerbehörde abgegeben. Ist diese nicht bekannt, oder ist aus der Mitteilung ersichtlich, daß noch ein anderes Exemplar vorhanden ist (§§ 14, 15 und Nr. 6), so erfolgt die Rücksendung an die Behörde, welche die Mitteilung eingesandt hat.

Ergibt sich bei einer aus dem Ausland eingehenden Strafnachricht die Unrichtigkeit oder Ungenauigkeit der Angaben über den Geburtsort des Verurteilten, so hat der Registerführer im unmittelbaren Verkehr mit den inneren deutschen Behörden und bei deutsch-österreichischen, niederländischen [7]) und schweizerischen Strafnachrichten nötigenfalls auch mittels alsbaldiger unmittelbarer Rückfrage bei der Behörde, die die Strafnachricht ausgestellt hat, die zur Feststellung des Geburtsortes erforderlichen Erhebungen vorzunehmen und die Strafnachricht sodann an die richtige Registerbehörde abzugeben. Bleiben diese Erhebungen erfolglos, so ist die Strafnachricht gemäß § 14 Abs. 2 samt den entstandenen Akten dem Reichsjustizministerium (Nr. 1 Abs. 9) vorzulegen.

Die Mitteilungen B und die Mitteilungen D und E, die sich auf eine registerpflichtige Strafe beziehen, sind daraufhin zu prüfen, ob eine entsprechende Strafnachricht im Register niedergelegt ist, ob die Angaben über die persönlichen Verhältnisse genau übereinstimmen, oder ob Abweichungen besonders bemerkt sind (vgl. Nr. 7). Ist eine Strafnachricht im Register nicht vorhanden, so hat der Registerführer ihre nachträgliche Einsendung zu veranlassen; für die Aufklärung von Abweichungen in den Angaben über die persönlichen Verhältnisse hat er Sorge zu tragen. Die Mitteilungen B, D und E bleiben einstweilen bei der Registerbehörde, werden aber im Strafregister erst nach Behebung der Mängel niedergelegt oder vermerkt.

Bei der Rücksendung sowie bei Abgabe einer Mitteilung an die richtige Registerbehörde hat der Registerführer auf der Rückseite der Mitteilung oder — falls es sich um eine erste Mitteilung A handelt, die demnächst als Strafliste verwendet werden kann (vgl. § 23 Abs. 2

---

[7]) Der unmittelbare Verkehr mit den Niederlanden (§ 41 Nr. 2 der AV. vom 16. Juni 1910, JMBl. S. 189, in der Fassung der AV. vom 20. Okt. 1913, JMBl. S. 412, 5. Juli 1915, JMBl. S. 134) hat nur durch den Oberstaatsanwalt zu erfolgen (AV. vom 9. Nov. 1909, JMBl. S. 357, Ziffer 3).

und Nr. 19 Satz 2) — auf einem besonderen Anlagezettel kurz den Grund zu vermerken (z. B. „Crölpa gehört zum Landgericht Rudolstadt. Erfurt, den 4. Sept. 1920. N., Justizobersekretär").

15. Ergeben sich keine Beanstandungen, so sind im Register niederzulegen: diejenigen Mitteilungen A, die sich auf nicht im Register als verurteilt vermerkte Personen beziehen, diejenigen Mitteilungen D, die sich auf nicht registerpflichtige Strafen beziehen, und die Mitteilungen nach § 9 Nr. 1, 2. Die niederzulegenden Mitteilungen sind täglich in die Registerfächer zu verteilen. Die Niederlegung erfolgt unter strengster Beobachtung der alphabetischen Ordnung, bei gleichen Familiennamen unter Berücksichtigung des Alters des Verurteilten.

Familiennamen, deren Schreibweise erfahrungsgemäß keine feststehende ist (z. B. Schulz, Schulze, Schultz, Schultze), sind hinsichtlich der alphabetischen Ordnung als ein gleichlautender Name zu behandeln. Es wird sich unter Umständen empfehlen, für einen solchen Namen ein besonderes Fach anzulegen.

16. Sind Steckbriefnachrichten oder Suchvermerke über eine Person niedergelegt (§§ 39, 42 und Nr. 36), über welche ein Ersuchen um Auskunftserteilung eingeht, so hat der Registerführer den Aufenthaltsort (Haftort), falls dieser sich aus der Anfrage ergibt (Nr. 1 Abs. 7), jedenfalls aber die Anschrift der anfragenden Behörde und das Aktenzeichen, unter dem sie angefragt hat, unverzüglich den Behörden mitzuteilen, welche die Niederlegung der Steckbriefnachricht oder des Suchvermerks veranlaßt haben. Für die Mitteilung kann der Vordruck PF. 43 verwendet werden, der von dem Strafgefängnis in Berlin-Tegel zu beziehen ist.

c) Straflisten.

17. Die Anlegung einer Strafliste (§ 23 Abs. 1) ist stets zu bewirken, sobald eine zweite, zweifellos dieselbe Person betreffende Strafnachricht (A oder B) eingeht (vgl. auch § 21 Abs. 1 Satz 2). Mitteilungen nach § 9 Nr. 1 und 2 bleiben gesondert; die Eintragung der Mitteilungen nach § 9 Nr. 4 (vgl. § 21 Abs. 2) erfolgt mit roter Tinte. Auch über mehrere Verurteilungen im Ausland kann eine besondere Strafliste angelegt werden (§ 23 Abs. 4).

18. Für sämtliche Eintragungen in eine Strafliste ist der Registerführer persönlich verantwortlich.

Wird zur Anlegung einer Strafliste nicht die erste niedergelegte Strafnachricht A, sondern der Vordruck einer solchen benutzt, so sind in der obersten Spalte die Worte: „Mitteilende Behörde" und „Aktenzeichen" zu durchstreichen und unterhalb der ersten Worte der Vermerk: „Strafliste angelegt am . . . . ." einzutragen. Nr. 3 Abs. 2 ist zu beachten.

19. Die einzelnen Urteilsauszüge sind in die Strafliste nach der Zeitfolge der Verurteilung einzutragen. Als Strafliste darf deshalb eine Mitteilung, auf deren Rückseite frühere Vorstrafen von der mitteilenden Behörde vermerkt sind (Nr. 5), nicht verwendet werden.

20. Die Urschriften der in einer Strafliste übertragenen Vermerke sind aus dem Register zu entfernen; neu eingehende Mitteilungen, deren Inhalt in eine Strafliste überführt wird, werden im Register nicht niedergelegt (vgl. § 23 Abs. 5).

d) Berichtigungen und Zusätze.

21. Nachträgliche Berichtigungen (§ 16 und § 23 Abs. 3) oder weitere Mitteilungen, die sich auf Vermerke im Register beziehen (§ 3, § 4 Abs. 1, § 5 Abs. 1, § 6, § 7 Nr. 1, § 8 Nr. 1, § 9 Nr. 4) sind nicht im Register niederzulegen, sondern vom Registerführer gemäß § 20, § 21 Abs. 2 auf den Mitteilungen und Straflisten mit roter Tinte einzutragen. Der Gebrauch eines roten Stempels ist zulässig.

e) Durchsicht der Registerfächer.

22. Sämtliche Fächer des Registerschrankes sind von drei zu drei Jahren einer genauen Durchsicht zu unterziehen. Sie hat sich insbesondere darauf zu erstrecken, ob die Strafnachrichten und Straflisten genau alphabetisch niedergelegt sind, und ob die Zuständigkeit des Strafregisters gegeben ist (vgl. auch Nr. 26, 27 und 36).

f) Entfernung und Vernichtung von Mitteilungen.

23. Mitteilungen, die einen unter falschem Namen Verurteilten betreffen, sowie Mitteilungen über Personen, deren Tod dem Registerführer glaubhaft nachgewiesen ist[8]), sind aus dem Register zu entfernen. Ist eine unter einem falschen Namen erfolgte Verurteilung in einer Strafliste unrichtig eingetragen, so ist diese unrichtige Eintragung durch Überkleben oder durch Schwärzen unkenntlich zu machen.

24. Mitteilungen, die auf Grund des § 5 des Gesetzes über beschränkte Auskunft aus dem Strafregister zu tilgen sind[9]), sind erst

---

[8]) Vgl. AV. d. JM. vom 19. Jan. 1924 (JMBl. S. 34, 52) zu 2 und V. d. MfV. vom 18. Juli 1924 (JMBl. S. 343).

[9]) Nach § 7 des Gesetzes über beschränkte Auskunft beginnt die Frist zur Tilgung mit dem Tage, von dem ab Auskunft nur noch beschränkt zu erteilen ist. Diese Frist ist für jede Strafe besonders zu berechnen. Nach § 2 Abs. 1 Satz 1 des Gesetzes ist zwar bei mehreren Verurteilungen einer Person über alle Verurteilungen unbeschränkt Auskunft zu erteilen, solange über eine der Verurteilungen unbeschränkt Auskunft erteilt werden muß; doch wird dadurch die Frist für die Tilgung nicht verlängert. Eine Hemmung der Tilgung gemäß § 2 Abs. 1 Satz 2 des Gesetzes tritt dann ein, wenn die Voraussetzungen der Tilgung für eine andere Strafe noch nicht vorliegen. Hat A. eine am 3. April 1900 erkannte Strafe von einem Jahr Gefängnis am 3. April 1901 verbüßt, so unterliegt die Strafe vom 3. April 1911 ab der Auskunftsbeschränkung; sie ist zu tilgen am 3. April 1921. Ist er am 2. Sept. 1908 abermals verurteilt, und zwar zu drei Tagen Gefängnis, so beginnt für diese Strafe die

dann aus dem Strafregister zu entfernen oder unkenntlich zu machen, wenn seit Ablauf der gesetzlichen Frist weitere drei Monate verflossen sind (§ 25 Abs. 1).

25. Ersieht der Registerführer bei der Entfernung einer Mitteilung infolge Todes des Verurteilten, daß ein gleicher Vermerk in einem anderen Strafregister niedergelegt ist, so hat er diese Registerbehörde in Kenntnis zu setzen. Die Benachrichtigung erfolgt durch Übersendung der entfernten Mitteilung, die zu durchstreichen und mit einem entsprechenden Vermerk zu versehen ist (z. B. „Wegen Todes des X hier entfernt. Berlin, den...... N., Justizobersekretär").

26. Die Mitteilungen, die über 80 Jahre alte Personen betreffen (§ 24 Abs. 2), sind bei Gelegenheit der Einsicht des Registers sowie bei der unter Nr. 22 vorgeschriebenen Durchsicht der Fächer zu entfernen, jedoch nicht vor dem Ablauf von fünf Jahren seit der letzten Verurteilung und nicht, wenn dem Registerführer bekannt ist, daß der Betreffende noch lebt.

27. Bei diesen Gelegenheiten sind tunlichst auch die Strafnachrichten über nicht registerpflichtige[10]) Strafen zu entfernen oder in den Straflisten durch überkleben oder durch Schwärzen unkenntlich zu machen. Soweit solche Strafen vor dem 1. Juli 1920 gelöscht sind, oder soweit bei ihnen gemäß § 8 des Gesetzes über beschränkte Auskunft die Anordnung der beschränkten Auskunft getroffen worden ist, ist auch der Vermerk über die Löschung oder die beschränkte Auskunft unkenntlich zu machen.

28. Die Vernichtung der aus dem Register entfernten und der im Register nicht niederzulegenden Mitteilungen (§ 19 Abs. 2, 3, § 20, § 21 Abs. 1 bis 3, § 23 Abs. 5, § 24, § 25 Abs. 1, §§ 26, 27, § 41 Abs. 2, § 42, § 48 — vgl. auch Nr. 21, Nr. 23 Abs. 1, Nr. 26, 27 —) erfolgt alljährlich unter amtlicher Aufsicht.

g) Verfahren bei Ersuchen um Auskunftserteilung.

29. Über Strafen, die unkenntlich zu machen oder aus dem Strafregister zu entfernen sind, wird keine Auskunft erteilt. Dies gilt für die in Nr. 24 bezeichneten Mitteilungen auch dann, wenn die weiteren drei Monate noch nicht verflossen sind. Wenn Polizeibehörden anfragen, ob eine bestimmte, von ihnen näher bezeichnete Strafe getilgt sei, oder ob sie der beschränkten Auskunft unterliege, so ist ihnen dies mitzuteilen. Auf Wunsch ist ihnen ferner mitzuteilen, wann für die Strafe der Zeitpunkt eintritt, zu dem sie zu tilgen sein wird.

---

zweite Frist am 2. Sept. 1913; sie endet am 2. Sept. 1918. Dadurch wird für die erste Strafe die erste Frist bis zum 2. Sept. 1913 verlängert. Beide Strafen sind am 3. April 1921 zu tilgen.

[10]) Strafen, die z. Zt. des Eintritts der Rechtskraft nicht registerpflichtig waren, bleiben registerfrei, auch wenn sie bei Anwendung einer nach ihrer Rechtskraft wirksam gewordenen Vorschrift registerpflichtig sein würden.

30. Die aus dem Strafregister zu erteilenden Auskünfte werden von dem Registerführer unterschrieben.

Alle Berichtigungen, Unterstreichungen und Zusätze sind, soweit nicht etwas anderes bestimmt ist, wörtlich und vollständig in die Auskunft aufzunehmen; das gilt insbesondere dann, wenn den in § 4 Abs. 1 des Gesetzes über beschränkte Auskunft genannten Behörden über eine der beschränkten Auskunft unterliegende Strafe Auskunft zu erteilen ist oder, wenn nach § 37 Abs. 2 Auskunft zu erteilen ist. Eintragungen über unkenntlich gemachte Strafen gelten als nicht vorhanden [11]).

Bei Auskunftserteilungen, die zu Strafakten gelangen, kann auf den Inhalt des Vorstrafenverzeichnisses der letzten bei der anfragenden Behörde entstandenen Akten Bezug genommen und die Auskunft auf die nach oder drei Monate vor der letzten Auskunftserteilung erfolgten Verurteilungen beschränkt werden, sofern die neue Auskunft nicht in einer Haftsache oder in einer sonst als eilig erkennbaren Sache verlangt wird. Sind in dem in Bezug genommenen Vorstrafenverzeichnis inzwischen Strafvermerke entfernt, oder unterliegen einzelne Strafvermerke der beschränkten Auskunft, so ist dies mitzuteilen.

Zur Ausfüllung der Vordrucke kann nach näherer Anordnung des Oberstaatsanwalts die Kanzlei herangezogen werden. Der Registerführer bleibt für die Richtigkeit der Nachricht verantwortlich.

Anfragen auf Vordruck F a (vgl. Nr. 2 Abs. 10) dürfen nicht nach § 33 Abs. 3 an ein anderes Strafregister abgegeben werden; sie sind nötigenfalls der anfragenden Stelle zurückzusenden.

31. Wenn über eine Strafe nach dem Gesetz über beschränkte Auskunft aus dem Strafregister nur beschränkte Auskunft zu erteilen ist [12]), so ist der Registerauszug so zu fassen, als ob die Strafe nicht vorhanden wäre.

Auch den Gerichten und Staatsanwaltschaften sind die in dem genannten Gesetz erwähnten Strafen nicht mitzuteilen, wenn ausdrücklich nur um „beschränkte Auskunft" ersucht ist.

Der Registerführer hat Strafnachrichten oder Straflisten, bei denen eine beschränkte Auskunft in Frage kommt, in der oberen rechten

---

[11]) Die Auskunft darf also z. B. nicht lauten: „Nr. 1 bis 3 gelöscht. Nr. 4 unkenntlich gemacht. Nr. 5 — folgt die Strafe, über die unbeschränkt Auskunft zu erteilen ist —", sondern muß lauten: „Nr. 1 — folgt die Strafe, über die unbeschränkt Auskunft zu erteilen ist —". Sind lediglich der beschränkten Auskunft unterliegende Strafen oder unkenntlich gemachte Eintragungen vermerkt, so wird im Vordruck F das Wort „folgende" durchstrichen, wofern nicht eine unbeschränkte Auskunft verlangt werden kann und verlangt wird.

[12]) Zu § 3 Abs. 2 des Gesetzes über beschränkte Auskunft ist zu beachten, daß diese Ausnahme nur für Steckbriefe, nicht auch für Suchvermerke gilt, außer wenn die Voraussetzungen des § 3 Abs. 3 des Gesetzes gegeben sind.

Ecke durch ein deutliches „b“ in roter Tinte ein für allemal zu kennzeichnen, sobald er eine derartige Strafnachricht oder Strafliste erstmalig in Bearbeitung nimmt. Das „b“ ist wieder zu beseitigen, sobald die Voraussetzungen der beschränkten Auskunft wegfallen, weil eine neue Strafnachricht über eine registerpflichtige Bestrafung oder weil eine Steckbriefnachricht eingeht [13]).

Die Frist für die Tilgung der vor dem 1. Juli 1920 im Strafregister gelöschten Verurteilungen beginnt nach § 11 Abs. 3 des genannten Gesetzes zwar mit dem Tage, an dem die Löschung angeordnet ist. Dies gilt aber nur dann, wenn nicht gemäß § 11 Abs. 2 die Frist schon zu einem früheren Zeitpunkt begonnen hätte [14]).

In Zweifelsfällen hat der Registerführer die Entscheidung des Oberstaatsanwalts einzuholen (Nr. 9).

Fordert ein Amtsanwalt in einer Übertretungssache die Vorstrafen ein (Nr. 1 Abs. 8), ohne dabei ausdrücklich um die Mitteilung sämtlicher Vorstrafen zu ersuchen, so sind die Vorstrafen wegen Verbrechen und Vergehen nur nach ihrer Gesamtzahl mitzuteilen [15]).

32. Ermittlungen des Registerführers darüber, ob die in dem Ersuchen bezeichnete Person an dem angegebenen Ort geboren ist, sind bis auf weiteres nicht erforderlich.

Ergibt sich aus dem Register, daß in einem Ersuchen die persönlichen Verhältnisse unvollständig wiedergegeben sind oder in erheblichen Punkten von der Angabe der Registervermerke abweichen, so hat der Registerführer nach Maßgabe der letzteren die Personalien auf dem Ersuchen mit roter Tinte zu vervollständigen und die Abweichungen zu kennzeichnen, zutreffendenfalls mit dem Zusatz „laut Taufschein, Geburtsurkunde“ (vgl. Nr. 3 Abs. 2, Nr. 14, Abs. 2, 3).

---

[13]) Die durch Löschung einmal herbeigeführte Auskunftsbeschränkung bleibt endgültig bestehen. Über die gelöschten Strafen ist daher auch im Falle einer neuen Verurteilung nur beschränkt Auskunft zu erteilen.

[14]) Wenn z. B. ein Erwachsener am 18. Sept. 1910 zu einer Gefängnisstrafe von fünf Tagen verurteilt und diese Strafe am 6. Juli 1918 gelöscht worden ist, so würde diese Strafe schon vom 1. Juli 1920 an und nicht erst vom 6. Juli 1923 an als getilgt zu behandeln sein.

[15]) § 35 bezieht sich nur auf mehr als dreimalige Verurteilungen wegen desselben Vergehens oder derselben Übertretung. Vergehen, bei denen die Bestimmung des § 35 von besonderer praktischer Bedeutung ist, sind Zuwiderhandlungen gegen folgende Strafbestimmungen: StGB. §§ 248 a, 264 a, 292, 293, 296; Gesetz über die Presse vom 7. Mai 1874 (RGBl. S. 65) § 18; Gesetz betr. den Forstdiebstahl vom 15. April 1878 (GS. S. 222), außer in den Fällen der §§ 6 und 8; GO. §§ 146, 146 a, 147; Gesetz betr. Kinderarbeit in gewerblichen Betrieben vom 30. März 1903 (RGBl. S. 113) §§ 23, 24; Gesetz betr. den Verkehr mit Nahrungsmitteln vom 14. Mai 1879 (RGBl. S. 145) § 10, § 14 Abs. 1.

33. Dem Ersuchen einer deutschen Behörde, Auskunft durch den Telegraphen oder durch den Fernsprecher zu erteilen, ist ausnahmlos zu entsprechen (§ 33 Abs. 4, 5).

Hat die um Auskunft ersuchende Behörde das Antworttelegramm bezahlt, so ist die telegraphische Auskunftserteilung tunlichst auf die bezahlte Wortzahl zu beschränken.

Die Gebühren für die Erteilung der Auskunft durch den Telegraphen oder durch den Fernsprecher — letztere mit Ausnahme der Gebühren für Orts- und Vorortsgespräche — sind der ersuchenden Behörde in Rechnung zu stellen. Geht das Ersuchen von einer preußischen Staatsbehörde aus, so sind ihr die Kosten lediglich anzuzeigen; die Erstattung ist nicht in Anspruch zu nehmen (vgl. § 33 Abs. 6).

h) Benachrichtigung von Amts wegen.

34. Von Amts wegen hat der Registerführer Benachrichtigungen zu erlassen:

a) in den Fällen des § 21 Abs. 4 und der Nr. 38 Abs. 8,
b) in den Fällen der §§ 30, 31, und zwar auch bei nicht registerpflichtigen Strafen (für diese Nachrichten sind die Vordrucke PF. 53, 54 bestimmt; sie können vom Strafgefängnis Berlin-Tegel bezogen werden),
c) in den Fällen des § 40 Abs. 2 bis 4 und des § 42 Abs. 3 in Verbindung mit § 40 Abs. 2 bis 4, sowie der Nr. 16,
d) in den Fällen der Nrn. 14 und 25,
e) in den Fällen der Nr. 2 Abs. 8 Anm. 5.

Nr. 30 Abs. 1 gilt auch für die von Amts wegen zu erlassenden Benachrichtigungen.

i) Führung des Notizbuchs.

35. Der Registerführer hat ein Notizbuch nach dem im JMBl. 1924 S. 35 abgedruckten Muster zu führen. Die Eintragungen sind täglich zu bewirken.

IV. Steckbriefnachrichten und Suchvermerke.

36. Steckbriefnachrichten und Suchvermerke[16]) sind unter Beachtung der Vorschriften in Nr. 14 im Register niederzulegen. Die Bestimmungen in den Nrn. 10 bis 12 finden entsprechende Anwendung. Die Entfernung der Steckbriefnachrichten erfolgt, sobald die Erledigung dem Registerführer bekannt wird; die seit länger als drei Jahren niedergelegten Steckbriefnachrichten sind bei Gelegenheit der Einsicht des Registers und der Durchsicht der Fächer (Nr. 22) zu entfernen und an die absendende Behörde zurückzusenden. Vgl. ferner Nr. 16.

Zur Benachrichtigung der Registerbehörde von der Erledigung einer Steckbriefnachricht oder eines Suchvermerks kann der Vordruck

---

[16]) Um das Strafregister nicht zu überlasten, werden Suchvermerke nur in wichtigeren Fällen niederzulegen sein.

PF. 42, zur Benachrichtigung der verfolgenden Behörde von dem Eingang einer Strafnachricht oder einer Vorstrafenanfrage der Vordruck PF. 43, zur Benachrichtigung der verfolgenden Behörde von der Niederlegung einer Steckbriefnachricht oder eines Suchvermerks der Vordruck PF. 44 verwendet werden. Die Vordrucke können von dem Strafgefängnis Berlin-Tegel bezogen werden.

V. Mitteilungen von Strafnachrichten an ausländische Behörden.

37. Für die Mitteilungen von Strafnachrichten an ausländische Regierungen ist unter Berücksichtigung der gegebenen Sonderbestimmungen der Vordruck A zu benutzen.

Zur Nachachtung wird folgendes hervorgehoben:

Die Mitteilung liegt den Strafvollstreckungsbehörden ob. Ist die Strafnachricht für eine ausländische Regierung bestimmt, mit welcher auf Grund von Vereinbarungen ein regelmäßiger Austausch von Strafnachrichten stattfindet [17]), so geschieht die Mitteilung:

a) wenn über die Verurteilung nach § 2 und § 1 Nr. 2 eine Strafnachricht für das Reichsjustizministerium (Strafregister) anzufertigen ist in der Weise, daß die für die ausländische Regierung bestimmte Strafnachricht der an das Reichsjustizministerium (Nr. 1 Abs. 9) zu übersendenden unter Umschlag, jedoch ohne Anschreiben, beigefügt wird.

b) in allen anderen Fällen durch Einreichung an den Justizminister mittels Berichts.

Empfiehlt sich ausnahmsweise die Mitteilung an eine andere als die vorgenannten Regierungen, so ist wie unter b zu verfahren, jedoch in dem Berichte auch der Grund für die ausnahmsweise Übersendung darzulegen.

VI. Behandlung von Gesuchen um Anordnung der beschränkten Auskunft oder der Tilgung.

38. Gesuche um Anordnung der beschränkten Auskunft oder der Tilgung, die bei den Justizbehörden eingehen, sind — einerlei ob sie sich auf das Strafregister oder nur auf die polizeilichen Listen einer preußischen Polizeiverwaltung beziehen — an die für den Geburtsort zuständige Strafregisterbehörde abzugeben, auch dann, wenn das Ge-

---

[17]) Eine Zusammenstellung der Vereinbarungen findet sich in der AV. vom 11. Juli 1923 (JMBl. S. 531) in der Fassung der (Polen betr.) AV. vom 10. April 1926 (JMBl. S. 147). Mit Frankreich ist zwar nach der Bek. vom 30. März 1925 (JMBl. S. 163) der Austausch von Strafnachrichten „unter denselben Voraussetzungen und in der gleichen Weise wie vor dem Kriege" wieder aufgenommen worden. Für Preußen ist das aber von geringer Bedeutung, da ein regelmäßiger Austausch von Strafnachrichten zwischen Preußen und Frankreich vor dem Krieg noch nicht stattgefunden hat.

such an den Justizminister gerichtet ist. Ist der Geburtsort nicht bekannt, so ist er zuvor zu ermitteln.

Die Strafregisterbehörde hat die bei ihr eingereichten, von anderen Justizbehörden ihr übersandten oder von dem Justizminister ihr zugefertigten Gesuche daraufhin zu prüfen, ob die erbetene Anordnung sich dadurch erübrigt, daß die Beschränkung der Auskunft oder die Tilgung schon kraft Gesetzes eingetreten ist. Wenn dies der Fall ist, so ist der Antragsteller entsprechend zu bescheiden. Handelt es sich um ein zum Bericht zugefertigtes Gesuch, so ist dem Justizminister kurz Anzeige zu erstatten und abzuwarten, ob trotzdem Bericht erfordert wird.

Führt die Prüfung zu dem Ergebnis, daß die erbetene Beschränkung der Auskunft oder die Tilgung kraft Gesetzes noch nicht eingetreten ist, so hat die Registerbehörde dem Regierungspräsidenten, der für den Wohnsitz oder den gewöhnlichen Aufenthaltsort des Verurteilten zuständig ist — in Berlin dem Polizeipräsidenten — Gelegenheit zu einer Äußerung zu geben, sofern nicht etwa lediglich aus rechtlichen Erwägungen (z. B. wegen unrichtiger Verurteilung) die Tilgung des Strafvermerks zu beantragen ist. Hat der Verurteilte seinen Wohnsitz oder seinen gewöhnlichen Aufenthalt im Saargebiet, so ist durch die Vermittlung des Oberpräsidenten der Rheinprovinz in seiner Eigenschaft als Reichskommissar für die Übergabe des Saargebiets die zuständige Ortspolizeibehörde des Saargebiets zu hören; hat der Verurteilte seinen Wohnsitz oder gewöhnlichen Aufenthalt in Deutschland außerhalb Preußens und des bayerischen Teils des Saargebiets, so ist die für den Wohnsitz oder Aufenthalt zuständige höhere Verwaltungsbehörde[18]) zu hören. Hat der Verurteilte seinen Wohnsitz oder gewöhnlichen Aufenthalt seit der Verurteilung gewechselt, so ist in gleicher Weise die für den früheren Wohnsitz oder Aufenthaltsort zuständige Verwaltungsbehörde zu hören, falls dies zur Beurteilung des Antrags erforderlich erscheint. Ist anzunehmen, daß durch Anordnung oder Versagung der erbetenen Maßnahme das Interesse einer anderen Behörde als der Polizeibehörde berührt werden würde, so ist auch dieser Behörde Gelegenheit zur Stellungnahme zu geben. Will nach Anstellung der erforderlichen Ermittelungen der Oberstaatsanwalt das Gesuch — sei es auch nur für die polizeilichen Listen — befürworten, so hat er es mit Bericht dem Justizminister einzureichen. Hält der Oberstaatsanwalt dagegen eine Ablehnung für geboten, so hat er den Gesuchsteller entsprechend zu bescheiden, außer wenn Bericht erfordert ist.

Zur Berichterstattung an den Justizminister ist der im JMBl. 1925 S. 347 bis 350 abgedruckte Vordruck zu verwenden, der unter der Bezeichnung „Vordruck Nr. 114" von dem Strafgefängnis in Berlin-Tegel zu beziehen ist. Dem Bericht ist stets ein Strafregisterauszug nach dem neuesten Stande für die Akten des Justizministeriums lose beizufügen.

---

[18]) Für Hamburg ist das die Polizeibehörde.

über Beschwerden gegen den ablehnenden Bescheid des Oberstaatsanwalts entscheidet der Generalstaatsanwalt, über Beschwerden gegen dessen ablehnenden Bescheid der Justizminister; der Beschwerdebericht an den Justizminister ist entsprechend den Vorschriften der Abs. 1 bis 4 von dem Oberstaatsanwalt zu erstatten und von dem Generalstaatsanwalt mit den erforderlich erscheinenden Bemerkungen zu versehen.

Dem Verurteilten gegenüber ist ein Hinweis darauf, daß eine Maßnahme nach § 8 des Gesetzes über beschränkte Auskunft für die polizeilichen Listen allein erbeten werden könne, zu unterlassen.

Steht der Tilgung oder der Beschränkung der Auskunft der Umstand entgegen, daß der Verurteilte die bürgerlichen Ehrenrechte oder einzelne Rechte oder Fähigkeiten verloren hat, so hat sich der Bericht der Strafregisterbehörde, falls sie die Beschränkung der Auskunft oder die Tilgung beantragen will, auf die Wiederverleihung der verlorenen Rechte und Fähigkeiten zu erstrecken. Die Zuständigkeit der Beauftragten für Gnadensachen für die Bearbeitung und Berichterstattung ist in solchen Gnadensachen insoweit ausgeschlossen, als hiernach die Registerbehörde zuständig ist.

Die Mitteilung über eine Anordnung nach § 8 des Gesetzes vom 9. April 1920 ergeht an den Oberstaatsanwalt, falls sie auf Beschwerde erfolgt, durch Vermittlung des Generalstaatsanwalts. Das Strafregister hat außer der im § 21 Abs. 4 vorgeschriebenen Mitteilung eine Mitteilung über die Anordnung zu den Akten über diejenigen Bestrafungen zu bewirken, auf die sich die Anordnung bezieht; die Mitteilung ist bei den Akten aufzubewahren und mit dem Urteil zu vernichten.

VII. Schlußbestimmungen.

39. Nach dem Stande, den das Notizbuch am 31. Dez. eines jeden Jahres aufweist, ist eine ziffernmäßige Darstellung der Ergebnisse der Tätigkeit der Registerbehörden an den Generalstaatsanwalt zum 1. Febr. jeden Jahres einzureichen. Das Büro des Generalstaatsanwalts stellt die Ergebnisse zusammen und reicht die Zusammenstellung zum 1. März eines jeden Jahres der Kalkulatur des Justizministeriums ein. Die „Gesamtsumme der in Verwahrung gebliebenen Strafnachrichten und Straflisten", erstere getrennt nach einzeln niedergelegten und in Straflisten übertragenen, ist in der Darstellung wie bisher anzugeben (vgl. Muster JMBl. 1896 S. 300).

Berichte über die Tätigkeit der Registerbehörden sind von drei zu drei Jahren immer am 1. Sept., zunächst am 1. Sept. 1926, zu erstatten.

40. Die unter der Überschrift angegebenen Vorschriften werden aufgehoben, mit Ausnahme der Nr. 40 der AV. vom 21. Juni 1920, des Vordrucks zur AV. vom 19. Jan. 1924 und des Vordrucks Nr. 114 zu der AV. vom 12. Sept. 1925.

41. Die vorstehende Ausführungsverfügung tritt mit dem 1. Mai 1926 in Kraft.

---

2. Bayern.

Bekanntmachung der Staatsministerien der Justiz und des Innern über die Strafregister.

Vom 22. April 1926 (Gesetz- u. Verordnungsbl. f. d. Freistaat Bayern Nr. 10 S. 288).

A.

Die Strafregisterverordnung ist durch die Verordnung vom 19. Febr. 1926 (RMBl. S. 63), die mit dem 1. Mai 1926 in Kraft tritt, neuerdings geändert und in ihrer neuen Fassung durch die Bekanntmachung des Reichsministers der Justiz vom 8. März 1926 (RGBl. I S. 157) bekanntgegeben worden.

Die wichtigsten Änderungen, die sie durch die Verordnung vom 19. Febr. 1926 erfahren hat, sind:

1. Verurteilungen wegen eines Verbrechens oder Vergehens werden künftig ausnahmslos ohne Rücksicht auf Art und Höhe der Strafe, Verurteilungen wegen einer Übertretung in der Regel nur dann in das Strafregister aufgenommen, wenn sie auf Freiheitsstrafe lauten. Eine Ausnahme bilden Verurteilungen auf Grund der §§ 361 und 363 StGB. Sie werden in das Strafregister auch aufgenommen, wenn sie auf Geldstrafe lauten (§ 2 Abs. 1).

Vermerke über Verurteilungen zu Geldstrafe wegen einer Übertretung, die nach der neuen Fassung des § 2 nicht mehr aufzunehmen wären, sind nach Art. III der Verordnung vom 19. Febr. 1926 im Strafregister zu tilgen.

2. Verurteilungen, die im Unterwerfungsverfahren nach § 410 RAbgO. oder ähnlichen Vorschriften des Reichs- oder Landesrechts erfolgen, sind registerpflichtig (§ 2 Abs. 1).

3. Die Mitteilung der nachträglichen Bildung einer Gesamtstrafe ist in der neuen Vorschrift des § 2 Abs. 3 ausdrücklich angeordnet, die registermäßige Behandlung einer solchen Mitteilung in § 21 Abs. 1 und § 23 geregelt.

4. Mitteilung zum Strafregister muß künftig auch erfolgen, wenn ein Beschluß der Landespolizeibehörde geändert oder aufgehoben wird, der auf Grund der Überweisung eines Verurteilten an die Landespolizeibehörde ergangen oder durch den ein Ausländer auf Grund einer Verurteilung aus dem Reichsgebiete verwiesen worden ist (§ 3 Abs. 2).

5. § 4 Abs. 1 ist auf Verurteilungen zu Gefängnis, Festungshaft oder Haft beschränkt, weil bei Verurteilung zu Zuchthausstrafe der Zweck der Vorschrift entfällt, in den Fällen des § 6 Abs. 1 Nr. 2 des Gesetzes über beschränkte Auskunft aus dem Strafregister und die Tilgung von Strafvermerken vom 9. April 1920 (RGBl. S. 507) ohne Zuziehung der Akten auf Grund des Registers allein die Feststellung des Zeitpunktes zu ermöglichen, von dem ab nur beschränkt Auskunft erteilt wird.

6. § 5 Abs. 1 ist dahin ergänzt, daß dem Strafregister auch mitgeteilt werden muß, wenn sich eine Bewährungsfrist in anderer Weise als durch Erlaß oder Milderung der Strafe erledigt.

7. Die neue Vorschrift in § 5 Abs. 3 soll sicherstellen, daß bei Vorbehalt der Entscheidung über die Bewilligung der Bewährungsfrist in anderer Weise als durch Erlaß oder Milderung der Strafe erledigt.

7. Die neue Vorschrift in § 5 Abs. 3 soll sicherstellen, daß bei Vorbehalt der Entscheidung über die Bewilligung einer Bewährungsfrist die zur Entscheidung berufene Stelle von den in der Zwischenzeit erfolgenden Mitteilungen zum Strafregister Kenntnis erhält, die für die Entscheidung von Bedeutung sein können. Die registermäßige Behandlung der Mitteilungen nach § 5 Abs. 3 regelt § 19 Abs. 1 und 2.

8. Die Wiederaufhebung der Entmündigung wegen Geisteskrankheit oder Geistesschwäche muß künftig dem Strafregister auch mitgeteilt werden, wenn sie auf Klage hin nach § 679 ZPO. erfolgt (§ 9 Nr. 4).

9. Bei Entmündigungen und ihrer Aufhebung obliegt künftig die Mitteilung zum Strafregister ohne Rücksicht auf den Grund ausnahmslos dem Gericht (§ 11 Abs. 1 Nr. 4).

10. Blei- oder Tintenstift dürfen zu Mitteilungen an das Strafregister nicht verwendet werden (§ 13 Abs. 1).

11. § 15 übernimmt im wesentlichen die Vorschriften in Abschnitt III B Nr. 32 der Bek. vom $\frac{\text{24. Juni 1920 (JMBl. S. 136)}}{\text{6. Dez. 1924 (JMBl. S. 108)}}$.

12. Die bisher in § 60 Abs. II der Bekanntmachung vom $\frac{\text{5. März 1922 (JMBl. S. 67)}}{\text{14. Juni 1924 (JMBl. S. 89)}}$ geregelte Benachrichtigung der Ortspolizeibehörden von Anordnungen nach § 8 des Gesetzes vom 9. April 1920 erfolgt künftig durch die Strafregisterbehörde (§ 21 Abs. 4; siehe hierzu Abschnitt B Nr. 20 dieser Bekanntmachung).

13. Die neuen Vorschriften in § 25 Abs. 2 regeln die registermäßige Behandlung und die Auskunfterteilung, wenn nur die teilweise Tilgung eines Strafvermerks angeordnet ist.

14. Vorschriften darüber, ob und wann Vermerke nach den §§ 3 und 9 aus dem Strafregister entfernt werden können, haben bisher gefehlt. Die §§ 26 und 27 füllen die Lücke aus.

15. § 30 Abs. 1 Satz 1 stellt in der neuen Fassung außer Zweifel, daß die dort vorgeschriebenen Mitteilungen an die Behörde, die die Bewilligung einer Bewährungsfrist mitgeteilt hat, solange erfolgen müssen, bis die nach Ablauf der Probezeit getroffene Entscheidung dem Strafregister mitgeteilt wird. Satz 2 ist auf die Nachrichten über die Bewilligung einer anderen Bewährungsfrist oder den Vorbehalt der Entscheidung hierüber ausgedehnt.

16. § 30 Abs. 3 stellt, wie dies schon durch die Bekanntmachung vom 6. Dezember 1924 (JMBl. S. 108) geschehen ist, die vorläufige Entlassung der Bewilligung einer Bewährungsfrist gleich. Bei der

Beratung der Verordnung vom 19. Febr. 1926 im Reichsrate bestand auch übereinstimmung darüber, daß unter Bewährungsfrist im Sinne der Strafregisterverordnung auch die Probezeit nach §§ 10 ff. JGG. zu verstehen ist.

17. Gibt die Mitteilung über Bewilligung einer Bewährungsfrist oder über den Vorbehalt der Entscheidung hierüber oder über die Bewilligung einer vorläufigen Entlassung der Strafregisterbehörde Grund zur Annahme, daß die im Strafregister vermerkten Verurteilungen bei Erlaß der mitgeteilten Entscheidung nicht bekannt waren, so muß die Strafregisterbehörde nach der neuen Vorschrift des § 31 der mitteilenden Behörde von den früheren Verurteilungen Kenntnis geben.

18. § 33 Abs. 5 und 6 übernehmen im wesentlichen den Inhalt der Bekanntmachung vom 25. April 1924 (JMBl. S. 20).

19. über Vermerke nach § 9 Nr. 1 und 2 darf künftig nur noch beschränkt Auskunft erteilt werden (§ 34).

20. Nach § 42 können fortan alle Behörden und Stellen, die Anspruch auf Auskunft aus dem Strafregister haben, unter Angabe des Grundes Suchvermerke im Strafregister niederlegen.

B.

Auf Grund des § 45 StrVO. wird folgendes angeordnet:

1. Strafregisterbehörden.

I. Die Strafregister für die in Bayern geborenen Personen führen die Staatsanwälte bei den Landgerichten.

II. Strafregisterbehörde für die im Bezirke des Landgerichts München I geborenen Personen ist eine bei der Polizeidirektion München errichtete Geschäftsstelle mit der Bezeichnung „Polizeidirektion München (Strafregister)".

III. Liegt ein Ort in den Bezirken verschiedener Strafregisterbehörden, so können die Aufsichtsbehörden bestimmen, bei welcher Strafregisterbehörde das Strafregister für die in dem Orte geborenen Personen geführt wird.

IV. Die Anschrift für das beim Reichsjustizministerium geführte Strafregister lautet: „An das Reichsjustizministerium (Strafregister) in Berlin W 9, Voßstraße 4."

2. Strafregisterführung, Leitung und Aufsicht.

I. Die Staatsanwälte übertragen die Führung des Strafregisters und die Besorgung der damit zusammenhängenden formellen Geschäfte, insbesondere die Erteilung der Auskünfte aus dem Strafregister geeigneten und unbedingt verlässigen Beamten der staatsanwaltschaftlichen Kanzlei. Der Registerführer zeichnet mit dem Zusatze: K. E. (Kraft Ermächtigung).

II. Leiter der Strafregisterbehörde ist der Vorstand der Staatsanwaltschaft, für das bei der Polizeidirektion München geführte Strafregister aber der Leiter der Abteilung IV der Polizeidirektion.

III. Die Aufsicht über die Strafregisterbehörden führen unter Leitung des Staatsministeriums der Justiz die Oberstaatsanwälte.

3. Aufbewahrung der Strafregister.

Die Strafregister werden in verschließbaren, mit Fächern versehenen Schränken aufbewahrt. Die Fächer werden in alphabetischer Ordnung mit den Anfangsbuchstaben der Namen und, wenn weitere Unterabteilungen erforderlich sind, mit den ersten Buchstaben der Namen oder mit ganzen Namen überschrieben.

4. Inhalt der Strafregister.

I. Für den Inhalt der Strafregister ist ausschließlich die Strafregisterverordnung maßgebend.

II. Verurteilungen zu Geldstrafe wegen Vergehen werden ohne Rücksicht auf die Höhe der Geldstrafe, Verurteilungen zu Geldstrafe wegen einer Übertretung aber nur dann in das Strafregister aufgenommen, wenn es sich um Zuwiderhandlungen gegen die §§ 361, 363 StGB. handelt (§ 2 Abs. 1 StrVO.).

III. Verurteilungen, die auf Grund des § 27 b StGB. eine Geldstrafe aussprechen, gelten als Verurteilungen zu Geldstrafe.

IV. Die in § 9 Nr. 1 StrVO. bezeichneten Entscheidungen werden in das Strafregister aufgenommen, mag das Strafverfahren ein Verbrechen, ein Vergehen oder eine Übertretung zum Gegenstande haben.

5. Mitteilungen zum Strafregister.

I. Zur Mitteilung an das Strafregister ist verpflichtet

1. in den Fällen des § 3 StrVO. die Landespolizeibehörde,
2. in den Fällen der §§ 8 und 27 StrVO. der Staatsanwalt oder Amtsanwalt, der die Anordnung den Beteiligten zu eröffnen hat,
3. in den Fällen des § 9 Nr. 1 StrVO. die Strafverfolgungsbehörde,
4. in den Fällen des § 9 Nr. 2 bis 4 StrVO. das Gericht,
5. in allen übrigen Fällen unbeschadet der Vorschriften in Abs. II und III die Strafvollstreckungsbehörde.

II. Die Mitteilung der Änderung eines Familiennamens (§ 15 Abs. 1 Satz 1 StrVO.) obliegt

a) dem Amtsgerichte, das die Entschließung über die Ehelichkeitserklärung (§§ 1723 ff. BGB.) den Beteiligten zu eröffnen hat oder den Vertrag über Annahme an Kindesstatt (§§ 1741 ff. BGB.) oder deren Aufhebung (§§ 1768 ff. BGB.) bestätigt,
b) der Bezirkspolizeibehörde, welche die Erklärung über Namenserteilung seitens des Stiefvaters (§ 1706 Abs. 2 Satz 2 BGB.) entgegennimmt oder die Entschließung des Staatsministeriums des Innern über die Bewilligung der Namensänderung (Art. 3 Abs. 1 AG. BGB.; § 1 der Zuständigkeitsverordnung zur Ausführung des BGB. vom 24. Dezember 1899, GVBl. S. 1229) den Beteiligten zu eröffnen hat.

III. Die Änderung eines Vornamens (§ 15 Abs. 1 Satz 2 StrVO.) teilt die Bezirkspolizeibehörde mit, die sie bewilligt hat (Art. 3 Abs. 2 AG. BGB.; § 2 der Zuständigkeitsverordnung zur Ausführung des BGB. vom 24. Dezember 1899, GVBl. S. 1229, in der Fassung der VO. vom 8. Dezember 1915, GVBl. S. 731).

6.

I. Die Mitteilungen geschehen bei Entscheidungen, die der Rechtskraft fähig sind, unverzüglich, spätestens 2 Wochen nach Eintritt der Rechtskraft, sonst unverzüglich, spätestens 2 Wochen nach Erlaß der Entscheidung oder nach Eintritt der mitzuteilenden Tatsache. Die Mitteilungen müssen sofort an die Strafregisterbehörde abgesandt werden; Sammelsendungen sind nur statthaft, wenn dabei die in Satz 1 bestimmten Fristen eingehalten werden.

II. In den Fällen der §§ 2 und 9 StrVO. wird auf einem besonderen Blatte, das vorne in die Akten eingelegt wird, vermerkt, wann und welchem Strafregister die Mitteilung gemacht wurde. Wegen der Vormerkung über die Benachrichtigung des Strafregisters im Vollstreckungsregister wird auf Nr. 10 der Vorschriften für die Führung des Vollstreckungsregisters (JMBl. 1926 S. 266) verwiesen.

7. Inhalt der Mitteilungen.

I. Die Mitteilungen müssen dem Inhalte der Akten genau entsprechen.

II. Als verurteilendes Erkenntnis wird in den Mitteilungen der Justizbehörden angegeben

a) der Strafbefehl, wenn kein Einspruch eingelegt oder der Einspruch nach § 412 Abs. 1 StPO. ohne Beweisaufnahme verworfen wurde,
b) das Urteil des Berufungs- oder Revisionsgerichts, wenn es das angefochtene Urteil im Schuld- oder Strafausspruch änderte,
c) sonst das Urteil erster Instanz.

III. Die Finanzämter und Gemeindeverwaltungen teilen als verurteilendes Erkenntnis mit

a) den Beschwerde- oder Reklamationsbescheid, wenn er den angefochtenen Strafbescheid im Schuld- oder Strafausspruch änderte,
b) sonst den rechtskräftig gewordenen Strafbescheid, die Strafverfügung oder im Unterwerfungsverfahren die Straffestsetzung.

IV. Als Aktenzeichen wird stets das Aktenzeichen der ersten Instanz angegeben.

V. Die erfolglose Einlegung von Rechtsmitteln oder sonstiger Rechtsbehelfe wird nicht erwähnt.

8. Umfang der Mitteilungen.

I. Mitgeteilt werden auch die Nebenstrafen.

II. Sieht das Gericht in einer Jugendsache von Strafe ab, weil es Erziehungsmaßregeln für ausreichend hält (§ 6 JGG.), so erhält das Strafregister keine Mitteilung. Ordnet das Gericht Erziehungsmaßregeln neben Strafe an (§ 5 Abs. 2 JGG.), so werden in der Strafnachricht die angeordneten Erziehungsmaßregeln nicht aufgeführt; es wird lediglich vermerkt, daß das Gericht Erziehungsmaßregeln angeordnet oder für erforderlich erklärt hat.

III. Bewährungsfrist im Sinne des § 5 StrVO. ist auch die Probezeit nach §§ 10 ff. JGG.

IV. Ist eine Bewährungsfrist vom Staatsministerium der Justiz bewilligt worden, so wird dies besonders vermerkt.

V. Aus der Mitteilung vom Erlasse des Restes einer teilweise vollstreckten Strafe muß sich ergeben, welcher Teil der Strafe vollstreckt wurde.

9. Nachträgliche Mitteilungen.

I. Zur Mitteilung früherer, im Strafregister noch nicht vermerkter registerpflichtiger Vorgänge nach § 16 StrVO. dient Vordruck A. Erfolgt gleichzeitig eine Mitteilung nach § 2 Abs. 1 oder 2 oder nach § 9 Nr. 1 oder 2 StrVO., so wird die zweite Spalte der Rückseite („nach Mitteilung von") nicht ausgefüllt; ist eine mitzuteilende Entscheidung in höherer Instanz ergangen, so wird in der dritten Spalte („Aktenzeichen") das Gericht erster Instanz angegeben.

II. Bei der Mitteilung von Entscheidungen, durch die eine Gesamtstrafe gebildet wurde, werden die in die Gesamtstrafe einbezogenen Einzelstrafen, das Gericht, das die Einzelstrafen erkannt hat, der Tag, an dem die Strafen erkannt sind, und die Aktenzeichen angegeben (§ 2 Abs. 3 StrVO.); soweit die in die Gesamtstrafe einbezogenen Einzelstrafen dem Strafregister schon mitgeteilt wurden, wird auf die früheren Mitteilungen verwiesen.

10. Angaben über die persönlichen Verhältnisse.

I. Die persönlichen Verhältnisse, die in den Mitteilungen angegeben werden müssen, werden rechtzeitig sorgfältig ermittelt. Zu diesem Zwecke kann es sich empfehlen, den Beschuldigten in der Vorladung zur Vernehmung durch ein Polizeiorgan, einen staatsanwaltschaftlichen Beamten oder einen Richter aufzufordern, daß er Ausweispapiere mitbringt. Wurden die Angaben des Beschuldigten über seine persönlichen Verhältnisse an der Hand von Urkunden nachgeprüft, so wird dies in der Niederschrift über seine Vernehmung oder in der Anzeige unter Bezeichnung der Urkunden bemerkt.

II. Kommen für einen Familiennamen verschiedene Schreibweisen vor, so wird die richtige Schreibweise ermittelt.

III. Sind die persönlichen Verhältnisse nicht schon zuvor vollständig klargestellt worden, so wird dies, wenn irgend möglich, vor der Mitteilung zum Strafregister nachgeholt.

IV. Gegebenenfalls wird auf der Mitteilung kurz bemerkt, daß und wie die Richtigkeit der Angaben über die persönlichen Verhältnisse festgestellt wurde, z. B. „Eltern, Geburtstag und Geburtsort durch Geburtsurkunde festgestellt".

V. Wenn der Geburtsname einer Frau nicht mit Sicherheit ermittelt werden kann, wird eine zweite Mitteilung auf den Namen gefertigt, den sie infolge ihrer Verehelichung erlangte. In jeder Mitteilung wird auf die andere verwiesen.

VI. In den Mitteilungen nach Vordruck B, C, D und E müssen die Angaben über die persönlichen Verhältnisse mit den entsprechenden Angaben in den vorangegangenen Mitteilungen genau übereinstimmen. Bei etwaigen Abweichungen muß der Grund angegeben werden.

11. Behandlung der Mitteilungen durch die Strafregisterbehörde.

I. Bevor die Mitteilungen in das Strafregister aufgenommen werden, prüft sie die Strafregisterbehörde sorgfältig auf ihre Richtigkeit und Vollständigkeit (§ 17 Abs. 1 StrVO.). Wenn sie dazu der Standesregister bedarf, bedient sie sich tunlichst der bei den Amtsgerichten aufbewahrten Nebenregister.

II. Gibt die Prüfung zu einer Beanstandung keinen Anlaß, so legt sie die Mitteilungen spätestens am Tage nach ihrem Eingange nach Maßgabe der §§ 18 bis 23 StVO. in das Strafregister ein oder überträgt ihren Inhalt auf die im Strafregister bereits vorhandenen Mitteilungen oder in eine Strafliste.

III. Mitteilungen, die überhaupt in kein Strafregister oder in ein anderes Strafregister gehören, werden der mitteilenden Behörde unter Angabe des Grundes zurückgegeben.

IV. Sind in einer Strafnachricht aus dem Auslande die Angaben über den Geburtsort des Verurteilten unrichtig oder ungenau, so stellt der Registerführer unter Aufsicht des Leiters der Strafregisterbehörde im unmittelbaren Verkehre mit den inneren deutschen Behörden und bei österreichischen, tschechoslowakischen, polnischen, schweizerischen, memelländischen und Danziger Strafnachrichten nötigenfalls auch mittels alsbaldiger unmittelbarer Rückfrage bei der Behörde, welche die Strafnachricht ausgestellt hat, die zur Feststellung des Geburtsorts erforderlichen Ermittelungen an und gibt, wenn veranlaßt, die Strafnachricht an die richtige Strafregisterbehörde ab. Bleiben die Ermittelungen erfolglos, so wird die Strafnachricht nebst den entstandenen Akten dem beim Reichsjustizministerium geführten Strafregister übersandt.

V. Bei Mitteilungen nach Vordruck B, C, D und E, die sich auf eine ins Strafregister aufzunehmende Strafe beziehen, prüft die Registerbehörde, ob sich eine entsprechende Strafnachricht im Register befindet, ob die Angaben über die persönlichen Verhältnisse genau übereinstimmen oder wesentliche Abweichungen aufgeklärt sind. Sie veranlaßt die nachträgliche Erstattung der Strafnachricht, wenn eine solche noch nicht vorliegt, oder führt deren Berichtigung herbei, wenn die Mitteilung und die Strafnachricht wesentliche Abweichungen aufweisen, die nicht auf andere Weise aufzuklären sind.

12. Behandlung gleicher Namen.

Strafnachrichten mit gleichen Familiennamen werden nach den Geburtszeiten geordnet. Dies gilt auch dann, wenn die Familiennamen gleich lauten und sich nur durch die Schreibweise unterscheiden; könnte in diesem Falle der Name noch an einer anderen Stelle gesucht werden, so wird dort ein Fehlblatt eingelegt, das auf die Stelle verweist, wo der Name sich findet.

13. Strafliste.

I. Eine Strafliste (§ 23 StrVO.) muß angelegt werden, sobald eine zweite zweifellos die gleiche Person betreffende Mitteilung nach § 2 Abs. 1 bis 3 oder nach § 9 Nr. 1 oder 2 StrVO. oder eine zweite Mitteilung über eine Verurteilung im Ausland eingeht. Erforderlichenfalls wird zuvor die Personengleichheit festgestellt. Vermerke auf den Strafnachrichten über die Feststellung der persönlichen Verhältnisse werden mitübertragen.

II. Die einzelnen Vermerke werden genau nach der Zeitfolge der Verurteilungen in die Strafliste eingetragen.

14.

Mitteilungen oder Straflisten über Verurteilungen im Auslande werden bei den Strafnachrichten oder Straflisten, zu denen sie gehören, oder, wenn eine Strafnachricht aus dem Inlande nicht vorliegt, an der Stelle aufbewahrt, an der die Strafnachricht einzulegen wäre.

15.

Die Urschriften der in eine Strafliste übertragenen Mitteilungen werden ein halbes Jahr nach Ablauf des Kalenderjahres, in dem sie übertragen wurden, unter Aufsicht des Leiters der Strafregisterbehörde vernichtet. Bis dahin werden sie in der gleichen Reihenfolge wie die Straflisten gesondert aufbewahrt.

16.

Nachträgliche Berichtigungen (§ 16 StrVO.), Vermerke nach § 23 Abs. 3 StrVO. und Änderungen nach § 25 Abs. 2 Satz 2 StrVO. werden im Strafregister mit roter Tinte eingetragen.

17. Berichtigung des Strafregisters.

I. Ist eine Person unter einem falschen Namen verurteilt worden (§ 16 StrVO.), so wird die etwa in das Strafregister aufgenommene falsche Strafnachricht, wenn sie nicht nach Berichtigung als Strafnachricht für die verurteilte Person verwendet werden kann, aus dem Register entfernt. Ist eine Verurteilung irrig in die Strafliste für eine andere als die verurteilte Person eingetragen, so wird der unrichtige Vermerk unkenntlich gemacht.

II. Vermerke über Verurteilungen, die nach den neuen Vorschriften nicht mehr registerpflichtig wären, werden aus dem Strafregister entfernt oder, falls das Strafregister außerdem Vermerke enthält, die darin verbleiben müssen, unkenntlich gemacht. Dies gilt insbesondere für Vermerke über Verurteilungen wegen einer Übertretung zu Geldstrafe, die nach § 2 StrVO. nicht mehr in das Strafregister aufgenommen werden.

III. Ein Vermerk wird durch Überkleben oder Schwärzen mit Tinte unkenntlich gemacht.

18. Bereinigung des Strafregisters.

I. Zum Zwecke der Bereinigung des Strafregisters nach Nr. 17 Abs. II § 19 Abs. 3, § 24 Abs. 2, § 25 Abs. 1, § 26 Abs. 2 StrVO. und §§ 45, 46 JGG. ordnet der Leiter der Strafregisterbehörde von Zeit zu Zeit eine allgemeine Durchsicht des Strafregisters an.

II. Außerdem erfolgt die Bereinigung, wenn die Strafregisterbehörde das einzelne Registerblatt aus Anlaß einer Anfrage oder Mitteilung in Bearbeitung nimmt.

III. Polizei- und Justizbehörden benachrichtigen, sobald sie vom Ableben bestrafter Personen zuverlässig Kenntnis erhalten, hiervon die Strafregisterbehörde. Die gleiche Verpflichtung haben die Verwaltungen der Arbeitshäuser, wenn ein Verurteilter während der Unterbringung im Arbeitshause stirbt.

19. Vernichtung entfernter Mitteilungen.

Für die Vernichtung der nach Nr. 17 sowie nach §§ 19, 21, 24 bis 27 StrVO. aus dem Strafregister entfernten Mitteilungen gelten die Vorschriften in Nr. 15 entsprechend. Ist aber in einem Vermerke, der wegen Ablebens der Person, auf die er sich bezieht, ausgeschieden wird, auf einen gleichlautenden Vermerk in einem anderen Strafregister verwiesen, so wird er unter kurzer Angabe des Grundes der Ausscheidung der Strafregisterbehörde übersandt, in deren Register der andere Vermerk niedergelegt ist.

20. Mitteilungen an die Ortspolizeibehörden.

I. Bei der Mitteilung von Anordnungen nach § 8 des Gesetzes vom 9. April 1920 verständigt der Staatsanwalt oder Amtsanwalt die Strafregisterbehörde, ob nach § 21 Abs. 4 StrVO. eine Mitteilung an die Ortspolizeibehörde des Wohnorts oder des letzten Aufenthaltsorts des Betroffenen veranlaßt ist. Gegebenenfalls bezeichnet er die Ortspolizeibehörde, der die Mitteilung gemacht werden muß. Die Stellungnahme des Staatsanwalts oder Amtsanwalts ist für die Strafregisterbehörde bindend. Die Mitteilung der Strafregisterbehörde ersetzt die in § 60 Abs. II Satz 1 der Bek. vom $\frac{\text{5. März 1922 (JMBl. S. 67)}}{\text{14. Juni 1923 (JMBl. S. 89)}}$ vorgeschriebene Benachrichtigung; § 60 Abs. II Satz 2 und 3 bleiben unberührt.

II. Von der Ermächtigung des § 22, Mitteilungen, die nach den §§ 19 bis 21 StrVO. zu vernichten sind, an die Ortspolizeibehörde oder andere Stellen weiterzuleiten, soll wenig Gebrauch gemacht werden. Geschieht es ausnahmsweise, so muß die Behörde oder Stelle, der die Mitteilung übersandt wird, an augenfälliger Stelle auf die Verpflichtung, die Mitteilung zu vernichten, hingewiesen werden.

21. Auskunft aus dem Strafregister.

I. Zu Ersuchen um Auskunft aus dem Strafregister dient ausschließlich der durch § 33 Abs. 1 vorgeschriebene Vordruck F.

II. Die Anschrift auf der zweiten Seite des Vordrucks füllt auch die ersuchende Behörde aus. Auf der dritten Seite des Vordrucks hebt sie den Familiennamen der Person, über die Auskunft gewünscht wird, durch größere Schrift hervor. In der rechten oberen Ecke gibt sie an, ob nach den Akten eine registerpflichtige Vorstrafe vorliegt. Der Vordruck wird an dieser Stelle durch die Worte ergänzt: „Nach den Akten bestraft — unbestraft."

22.

I. Auskunft aus dem Strafregister einer Person, die in einem der durch den Friedensvertrag von Deutschland abgetretenen Gebiete geboren ist, erteilt das Strafregister beim Reichsjustizministerium. Wird eine Rückfrage bei dem früheren Strafregister für erforderlich gehalten, so muß dies in der Anfrage besonders bemerkt werden.

II. Auskunft aus den elsaß-lothringischen Strafregistern kann nur auf dem Wege des diplomatischen Ersuchens erholt werden. Die näheren Vorschriften hierüber enthält Abs. IV der Bek. vom 2. August 1921 (JMBl. S. 132).

23.

I. Dem Ermessen der Staatsanwaltschaften und Gerichte bleibt es überlassen, ob, inwieweit und wann sie im Strafverfahren eine Auskunft aus dem Strafregister einholen wollen. In jedem einzelnen Falle muß sorgfältig geprüft werden, ob die Auskunft für die Schuld- oder Straffrage erforderlich ist. Dabei ist zu berücksichtigen, daß jede unnötige Ermittelung der Vorstrafen eines Beschuldigten oder gar eines Zeugen oder Sachverständigen wegen der Bloßstellung, die sie für diese Personen und ihre Familie mit sich bringen kann, vermieden werden muß. Auch aus dem Gesichtspunkte der Ersparung von Schreibwerk und Papier muß die Erholung von Auskünften aus dem Strafregister möglichst eingeschränkt werden (vgl. § 72 Abs. V der Dienstvorschriften für die Staatsanwaltschaft vom 13. Januar 1926, JMBl. S. 41, und die dort erwähnten Bekanntmachungen).

II. In geringfügigen Strafsachen wird von der Ermittelung der Vorstrafen häufig abgesehen werden können, wenn nicht die besonderen Umstände des Falles einen Anlaß dazu geben.

III. Unter Umständen kann es auch genügen, eine Auskunft nur über die Verurteilungen zu erholen, die der beschränkten Auskunft nicht unterliegen (vgl. S. 1 des Vordrucks F).

IV. Von der in § 35 Abs. 1 StrVO. vorgesehenen Möglichkeit, auch in den dort bezeichneten Fällen einen vollständigen Auszug aus dem Strafregister zu verlangen, soll nur beim Vorliegen besonderer Umstände Gebrauch gemacht werden.

V. Wird in einem Strafverfahren, das nur eine Übertretung zum Gegenstande hat, ein Strafregisterauszug erholt und ist nicht aus besonderen Gründen, z. B. weil die Bewilligung einer Bewährungsfrist oder eine Strafaussetzung in Frage kommt, die Kenntnis aller Vorstrafen erforderlich, so wird auf der dritten Seite des Vordrucks F in der linken oberen Ecke bemerkt: „Übertretungssache". Enthält der Vordruck diesen Vermerk, so teilt die Strafregisterbehörde die Bestrafungen wegen Verbrechen und Vergehen nur der Gesamtzahl nach mit.

VI. In der Regel wird die Einholung eines Strafregisterauszugs verschoben werden können, bis feststeht, daß es zur Erhebung der öffentlichen Klage oder zur Beantragung eines Strafbefehls kommt.

VII. Ein Auszug aus dem Strafregister wird nicht erholt, wenn der Inhalt des Strafregisters aus bekannten und ohne weiteres zugänglichen Akten festgestellt werden kann. Ist der Inhalt des Strafregisters bis zu einem bestimmten Zeitpunkt ohne Auskunft aus dem Strafregister ermittelt, so wird die Strafregisterbehörde nur um Auskunft über spätere Vermerke ersucht. Dabei wird der letzte bekannte Vermerk genau bezeichnet. Ist in der gleichen Sache schon früher ein Strafregisterauszug erholt worden, so wird er zur Ergänzung übersandt.

24. Auskunft an ausländische Behörden.

I. Den österreichischen, tschechoslowakischen, polnischen, schweizerischen, memelländischen und Danziger Behörden, denen der unmittelbare Verkehr mit deutschen Gerichtsbehörden gestattet ist[1]), wird auf Ersuchen zum Zwecke der strafrechtlichen Verfolgung von Ausländern und von Deutschen, die sich in dem Staate befinden, von dem das Ersuchen ausgeht, in gleicher Weise wie den in § 32 Abs. 1 StrVO. bezeichneten deutschen Behörden Auskunft aus dem Strafregister erteilt. Die Vorschriften des § 37 Abs. 2 StrVO. werden dabei berücksichtigt.

II. Das gleiche gilt gegenüber Ersuchen der niederländischen Generalstaatsanwälte und Staatsanwälte. Ob ihnen Auskunft erteilt wird, entscheidet aber in jedem Falle der Leiter der Strafregisterbehörde als Vorstand der Staatsanwaltschaft und bei Ersuchen an

---

[1]) Eine Übersicht über die Einteilung der tschechoslowakischen Gerichte ist im RGBl. 1924 Teil II S. 136 abgedruckt. Das Verzeichnis der schweizerischen Behörden, die mit den deutschen Gerichtsbehörden unmittelbar verkehren dürfen, ist durch die Bek. vom 4. April 1906 (JMBl. S. 54) / 12. Mai 1923 (JMBl. S. 36) veröffentlicht worden.

das bei der Polizeidirektion München geführte Strafregister der Erste Staatsanwalt bei dem Landgerichte München I.

III. In allen übrigen Fällen werden Ersuchen ausländischer Behörden um Auskunft aus dem Strafregister, die unmittelbar bei den Strafregisterbehörden eingehen, unerledigt dem Staatsministerium der Justiz vorgelegt. Ersuchen polnischer Behörden jedoch, die in einem früher deutschen Gebiet ihren Sitz haben, dürfen, auch wenn die Voraussetzungen des Abs. I Satz 1 nicht vorliegen, im unmittelbaren Verkehr erledigt werden.

25. Inhalt der Auskunft.

I. Vermerke über Verurteilungen, die nicht mehr registerpflichtig sind, dürfen nicht in die Auskunft aufgenommen werden.

II. Wenn über eine Verurteilung, die der beschränkten Auskunft unterliegt, keine Auskunft erteilt werden darf, wird die Anfrage so beantwortet, wie wenn ein Vermerk nicht vorhanden wäre (vgl. § 4 Abs. 2 des Gesetzes vom 9. April 1920). Gilt dies für alle Verurteilungen, so hat die Auskunft zu lauten, daß über die betreffende Person im Strafregister keine Verurteilungen vermerkt sind.

III. Ein Strafvermerk, hinsichtlich dessen die Voraussetzungen für die Tilgung nach § 5 des Gesetzes vom 9. April 1920 gegeben sind, wird bei der Auskunftserteilung als getilgt behandelt, auch wenn die in § 25 Abs. 1 Satz 2 StrVO. bestimmte dreimonatige Frist noch nicht abgelaufen ist. Die Erteilung von Auskünften über Vermerke, die zum Teile getilgt sind, bemißt sich nach § 25 Abs. 2 Satz 3 StrVO.

IV. Im übrigen muß die Auskunft aus dem Strafregister seinem Inhalt unter Berücksichtigung aller Berichtigungen und Zusätze genau entsprechen.

26.

I. Den höheren Verwaltungsbehörden und den Polizeibehörden im Sinne des § 32 Abs. 1 StrVO. darf über Verurteilungen, die der beschränkten Auskunft unterliegen, nur dann Auskunft erteilt werden, wenn sie zugleich oberste Reichs- oder Landesbehörden im Sinne des § 4 Abs. 1 des Gesetzes vom 9. April 1920 sind und ausdrücklich darum ersuchen.

II. Den Gerichten und Staatsanwaltschaften dagegen wird nur dann, wenn dies ihrer Anfrage entspricht, beschränkte Auskunft aus dem Strafregister erteilt.

III. Wenn Zweifel darüber bestehen, ob eine höhere Verwaltungsbehörde oder Polizeibehörde zugleich oberste Reichs- oder Landesbehörde ist, holt der Leiter der Strafregisterbehörde die Weisung der Aufsichtsbehörde ein.

27.

Strafnachrichten oder Straflisten, deren Inhalt ganz oder teilweise der beschränkten Auskunft nach dem Gesetze vom 9. April 1920 unterliegt, kennzeichnet die Strafregisterbehörde in der rechten oberen

Ecke mit roter Tinte durch ein deutliches b, sobald sie eine solche Strafnachricht oder Strafliste zum ersten Male in Bearbeitung nimmt. Das b wird wieder beseitigt, sobald die Voraussetzungen für die beschränkte Auskunftserteilung wegfallen.

28.

Wenn in einer Anfrage bei der Strafregisterbehörde die Angaben über die persönlichen Verhältnisse dessen, über den angefragt wird, unvollständig sind oder vom Inhalte des Strafregisters abweichen, ergänzt die Strafregisterbehörde soweit möglich die Angaben mit roter Tinte oder fügt die abweichenden Angaben des Registers bei, gegebenenfalls unter Hinweis auf die Grundlagen dieser Angaben, z. B. „laut Geburtsurkunde". Die ersuchende Behörde klärt dann die Abweichungen auf und veranlaßt soweit erforderlich die Berichtigung des Strafregisters. Das gleiche gilt, wenn die ersuchende Behörde gegen die Richtigkeit der Auskunft Bedenken hat.

29. Form der Auskunft.

I. Die Urschriften der Strafregister dürfen nicht versandt werden (§ 33 Abs. 2 Satz 4 StrVO.). Die Strafregisterbehörden dürfen aber, statt den Vordruck F auszufüllen, einen durch Vervielfältigung hergestellten Auszug aus dem Strafregister beilegen. Der Auszug muß dem jeweiligen Stande des Strafregisters genau entsprechen und nötigenfalls ergänzt werden. Strafregisterauszüge muß die Registerbehörde auf Verlangen ergänzen, soweit sie zur Auskunft verpflichtet ist.

II. Dem Ersuchen einer Strafregisterbehörde, ihr einen besonders umfangreichen Strafregisterauszug zurückzugeben, sobald er entbehrlich wird, muß entsprochen werden.

30. Fernmündliche oder telegraphische Auskunft.

I. Bei einer fernmündlichen Einholung und Erteilung von Auskünften aus dem Strafregister (§ 33 Abs. 5 StrVO.) sind, namentlich wenn es sich um die Feststellung des Rückfalls handelt, besondere Vorsicht und Sorgfalt geboten. Der Leiter der Strafregisterbehörde sorgt dafür, daß Mißbräuche unter allen Umständen hintangehalten werden. Sollte von der Möglichkeit der fernmündlichen Erholung von Auskünften aus dem Strafregister übermäßig Gebrauch gemacht werden, so werden die Aufsichtsbehörden für Abhilfe Sorge tragen.

II. Die der Strafregisterbehörde entstehenden Telegramm- oder Fernsprechgebühren haben nur Behörden eines anderen Landes oder des Reichs zu erstatten. Hat die um telegraphische Auskunft ersuchende Behörde das Antworttelegramm bezahlt, so wird die telegraphische Auskunft tunlichst auf die bezahlte Wortzahl beschränkt.

31.

I. Zu den in § 30 StrVO. vorgeschriebenen Mitteilungen dienen, soweit nicht Vordruck F verwendet wird, die Formblätter 1 und 2[1]).

II. Zu Mitteilungen nach § 31 StrVO. verwendet die Registerbehörde den Vordruck F. Sie nimmt darin auf die Mitteilung über Bewilligung der Bewährungsfrist oder über den Vorbehalt der Entscheidung hierüber oder über die Bewilligung der vorläufigen Entlassung Bezug und setzt die Aktenzeichen bei.

32. Steckbriefnachrichten, Suchvermerke.

Zu Steckbriefnachrichten und Suchvermerken müssen alle Behörden und Stellen den Vordruck G in roter Farbe verwenden. Bei Suchvermerken wird das Wort „Steckbriefnachricht" auf dem Vordrucke durch das Wort „Suchvermerk" ersetzt; auch sonst wird der Vordruck den Umständen des Falles angepaßt. In der Spalte „Bemerkungen" wird angegeben, aus welchem Grunde der Betroffene gesucht wird.

33.

Die Niederlegung von Suchvermerken im Strafregister hat nicht die Wirkung der Niederlegung von Steckbriefnachrichten nach § 3 Abs. 2 des Gesetzes vom 9. April 1920.

34.

I. Damit die Strafregisterbehörde den Behörden und Stellen, von denen Steckbriefnachrichten oder Suchvermerke vorliegen, den Aufenthaltsort des Gesuchten sofort mitteilen kann, muß bei jeder Anfrage und Mitteilung an sie wenn möglich der Aufenthalts-(Haft-)ort der Person, auf die sich die Anfrage oder Mitteilung bezieht, bei der Mitteilung, daß eine Steckbriefnachricht oder ein Suchvermerk gegenstandslos geworden ist, auch der Grund der Erledigung angegeben werden.

II. Zu den in § 39 Abs. 2, § 40 Abs. 2 Satz 2, Abs. 3 und 4 StrVO. vorgeschriebenen Mitteilungen sind die Formblätter 3 und 4[2]) bestimmt.

35. Versendung unter Verschluß.

Die Versendung der Mitteilungen an das Strafregister, der Auskunftsersuchen und Auskünfte geschieht entweder in verschlossenem Umschlag oder in der Weise, daß die Vordrucke zusammengefaltet und mit einem Verschlusse versehen werden, der die Kenntnisnahme vom Inhalt ausschließt.

---

[1]) Die Formblätter sind hier nicht mit abgedruckt.
[2]) Die Formblätter sind hier nicht mit abgedruckt.

36.

Gesuche um eine der in § 27 StrVO. vorgesehenen Anordnungen werden nach §§ 56 ff. der Bek. vom $\frac{\text{5. März 1922 (JMBl. S. 67)}}{\text{14. Juni 1924 (JMBl. S. 89)}}$ behandelt.

37. Saargebiet.

I. Verurteilungen durch Gerichte und Verwaltungsbehörden des Saargebiets werden bei der Aufnahme in das Strafregister wie Verurteilungen durch deutsche Gerichte und Behörden außerhalb des Saargebiets behandelt.

II. Den Strafregistern des Saargebiets werden die Mitteilungen in der gleichen Weise gemacht wie den deutschen Strafregistern außerhalb des Saargebiets (Art. II der VO. zur Änderung der Strafregisterverordnung vom 19. Februar 1926, RMBl. S. 63).

III. Soweit saarländische Verurteilungen zu Geldstrafe auf Franken lauten, werden sie in dieser Währung in das Strafregister aufgenommen.

38. Anschaffung der Vordrucke.

I. Die Oberstaatsanwälte schaffen die zum Vollzuge der Strafregisterverordnung und dieser Bekanntmachung erforderlichen Vordrucke an und geben sie nach Bedarf an die Gerichte, Untersuchungsrichter, Staatsanwälte, Amtsanwälte, Verwaltungsbehörden, Finanzämter und Gemeindeverwaltungen ab.

II. Den Bedarf der Bezirksverwaltungsbehörden und Gemeindeverwaltungen teilen die Kreisregierungen, Kammern des Innern, den Bedarf der Finanzämter die Präsidenten der Landesfinanzämter und die Zweigstellen dieser Ämter den Oberstaatsanwälten mit.

III. Den Oberstaatsanwälten wird anheimgegeben, zur möglichsten Verminderung des Schreibwerks bei Anschaffung von Vordrucken auf einem entsprechenden Teile für häufig wiederkehrende Fälle weiteren Aufdruck als den vorgeschriebenen anbringen zu lassen.

IV. Die bereits vorhandenen oder hergestellten Vordrucke der bisherigen Muster können aufgebraucht werden.

V. In den Fällen des § 49 Abs. 2 StrVO. wird stets ein neues Registerblatt nach Vordruck A angelegt, wenn die Eintragungen die Übersichtlichkeit des Strafregisters stark beeinträchtigen würden.

VI. Die Kosten der Anschaffung der Vordrucke teilen die Oberstaatsanwälte dem zuständigen Landesfinanzamt oder der zuständigen Zweigstelle zur Zahlung und Verrechnung auf den Haushalt der Gebühren und Strafen mit.

39. Inkrafttreten.

Diese Bekanntmachung tritt mit dem 1. Mai 1926 an die Stelle der Bekanntmachung vom $\frac{\text{24. Juni 1920 (JMBl. S. 136)}}{\text{6. Dez. 1924 (JMBl. S. 108)}}$. Außer Kraft treten ferner die Bekanntmachungen vom 1. Juli 1922 (JMBl. S 149), 5. Juli 1923 (GVBl. S. 234) und 25. April 1924 (JMBl. S. 20).

3. Sachsen.

a) Verordnung vom 16. April 1926 über das Strafregister.

(759 II/26; JMBl. S. 34.)

I. Die Strafregisterverordnung vom 12. Juni 1920 ist durch VO. vom 19. Febr. 1926, RMBl. S. 63, mit Wirkung vom 1. Mai 1926 geändert worden. Die neue Fassung ist RGBl. 1926 I S. 157 f. bekannt gemacht.

Die wichtigsten Neuerungen sind folgende:

I. Vergehensgeldstrafen sind künftig in jeder Höhe registerpflichtig. Die bisherige Grenze von 50 RM. ist fallen gelassen.

Verurteilungen zu Geldstrafe wegen einer Übertretung sind nur mitzuteilen, wenn es sich um Zuwiderhandlungen gegen die §§ 361, 363 StGB. handelt. Im übrigen sind sie künftig auch dann nicht mehr registerpflichtig, wenn die Strafe geeignet ist, bei Aburteilung einer späteren Straftat die Anwendung einer besonderen Strafdrohung wegen Rückfalls zu begründen.

2. Wegen der Mitteilung von Entscheidungen, durch die eine Gesamtstrafe gebildet wird, und der registermäßigen Behandlung solcher Mitteilungen wird auf § 2 Abf 3 und § 21 Abf. 1 der VO. verwiesen.

3. Künftig werden in das Strafregister auch solche Beschlüsse der Landespolizeibehörden aufgenommen, durch welche frühere Beschlüsse dieser Behörden geändert oder aufgehoben werden.

4. Die Vollstreckungsnachricht nach § 4 Abf. 1 der VO., die bisher bei Freiheitsstrafen jeder Art unter bestimmten Voraussetzungen vorgeschrieben war, ist künftig — entsprechend dem Zweck der Vorschrift, dem Registerführer zu ermöglichen, in den Fällen des § 6 Nr. 2 des StrafvermTilgGes. den Beginn der Frist für die beschränkte Auskunftserteilung festzustellen — für Zuchthausstrafen, für welche eine solche Frist nicht läuft, in Wegfall gekommen.

5. Dem Strafregister kann Mitteilung schon dann gemacht werden, wenn die Entscheidung über die Bewilligung der Bewährungsfrist vorbehalten wird (§ 5 Abf. 3 der VO.). Ob eine solche Mitteilung erlassen werden soll, bestimmt die für die Bewilligung einer Bewährungsfrist zuständige Stelle. Das Strafregister hat auf derartige Mitteilungen die gleichen Nachrichten zu geben, wie auf Mitteilungen über die Bewährungsfrist selbst.

6. Entscheidungen über Entmündigungen sind künftig auch in den Fällen der Entmündigung wegen Geisteskrankheit oder Geistesschwäche, in welchem Umfange die Benachrichtigungen an das Strafregister bisher der Staatsanwaltschaft oblagen, durch das Gericht mitzuteilen.

7. Gilt eine Strafe als durch die Untersuchungshaft verbüßt oder ist dem Verurteilten vor Absendung der Strafnachricht eine Bewährungsfrist bewilligt worden, so können die nach §§ 692 b Abf. 1, 692 c der GO. vorgeschriebenen Mitteilungen auf der Straf-

nachricht selbst gemacht werden. Die Vorschrift dient der Geschäftsvereinfachung und entspricht der z. T. schon bisher geübten Praxis.

8. Da die Zwecke des Strafregisters durch eine Änderung des Namens leicht vereitelt werden, ist künftig jede auf einem anderen Grunde als auf Eheschließung beruhende Änderung des Familiennamens einer über 14 Jahre alten Person und jede Änderung des Vornamens einer solchen Person dem Strafregister anzuzeigen. Wegen der näheren Vorschriften und der dazu erlassenen Ausführungsbestimmungen vgl. unten § 695 aa GO.

9. Anordnungen der obersten Justizverwaltungsbehörden auf Grund des § 8 des StrafvermTilgGes. sind nach § 4 Abs. 3 und § 5 Abs. 1 Satz 2 dieses Gesetzes ohne weiteres auch für die polizeilichen Straflisten wirksam. Um ihnen diese Wirkung zu sichern, legt § 21 Abs. 4 der neuen Strafregisterverordnung dem Strafregister die Verpflichtung auf, über derartige Anordnungen in der Regel der Ortspolizeibehörde des Wohnorts oder des letzten Aufenthaltsorts des Betroffenen Mitteilung zu machen.

10. Bei der Anwendung des § 8 des StrafvermTilgGes. hat sich wiederholt das Bedürfnis herausgestellt, einen Strafvermerk nur zum Teil zu tilgen, z. B. nur den Vermerk über die Aberkennung der Ehrenrechte. Dabei hat sich mitunter auch die Notwendigkeit ergeben, die bisherige Eintragung zu ändern, z. B. wenn eine Einzelstrafe einer Gesamtstrafe zu tilgen ist. § 25 Abs. 2 der VO. stellt die Zulässigkeit einer teilweisen Tilgung sicher und enthält zugleich nähere Vorschriften zur registermäßigen Durchführung einer solchen Maßnahme.

11. Die Beschränkung der Auskunftserteilung und die Möglichkeit der Tilgung ist nunmehr auch hinsichtlich der Vermerke über Beschlüsse der Landespolizeibehörde sowie der Vermerke über Geisteskrankheit und Entmündigungen in bestimmtem Umfange vorgesehen. Die Regelung weicht z. T. von den Vorschriften des StrafvermTilgGes. ab und ist auch für beide Arten Vermerke untereinander verschieden (zu vgl. §§ 26, 27 und 34 der VO.).

12. Ist ein Vermerk zu Unrecht aus dem Strafregister entfernt worden, z. B. infolge unrichtiger Berechnung der Tilgungsfristen oder wegen irrtümlicher Annahme des Todes des Verurteilten, so darf er nach den bisherigen Vorschriften nur mit Genehmigung der Aufsichtsbehörde (Justizministerium) in das Strafregister wieder aufgenommen werden. Nach § 28 der VO. ist künftig für solche Entscheidungen der Leiter des Strafregisters, also der Amtsrichter, dem der Registerführer unterstellt ist (§ 691 Zusatz 1 und 2 GO.), zuständig.

13. Läuft nach dem Inhalte des Strafregisters für einen Verurteilten eine Bewährungsfrist, so hat das Strafregister die vorgeschriebenen Mitteilungen künftig auch dann zu geben, wenn eine Nachricht über die Bewilligung einer anderen Bewährungsfrist eingeht (§ 30 Abs. 1 der VO.). Der Strafregisterführer hat also in diesem Falle die bereits laufende Bewährungsfrist zur Kenntnis der Behörde, welche die neue Bewährungsfrist bewilligt hat, zu bringen

und diese der Behörde mitzuteilen, welche die frühere Bewährungsfrist bewilligt hat.

Ferner hat er auf eine Bewährungsfristnachricht hin künftig nicht nur die später eingehenden Strafnachrichten, Vorstrafenanfragen usw. mitzuteilen, sondern auch die bereits vermerkten Verurteilungen, soweit nach den Umständen anzunehmen ist, daß sie der Behörde, welche die Mitteilung gemacht hat, bei ihrer Entscheidung nicht bekannt gewesen sind (§ 31 der VO.).

Das gleiche gilt bei vorläufigen Entlassungen oder Beurlaubungen, sowie wenn die Entscheidung über die bedingte Strafaussetzung vorbehalten worden ist.

14. Ausländische Verurteilungen (§ 2 Abs. 4 der VO.) dürfen künftig auch bei Auskünften an ausländische Behörden nur berücksichtigt werden, wenn sie nach Art und Höhe der Strafe registerpflichtig sind (§§ 32 Abs. 3, 37 Abs. 2 der VO.).

15. Bisher war bestritten, ob nur Gerichte und Strafverfolgungsbehörden einen Suchvermerk im Strafregister niederlegen dürfen oder jede Behörde, die Auskunft aus dem Strafregister beanspruchen darf. § 42 Abs. 1 der VO. entscheidet die Frage im letzteren Sinne.

16. Bei der Mitteilung der Erledigung einer Steckbriefnachricht oder eines Suchvermerks ist künftig der Grund der Erledigung und wenn möglich der Aufenthaltsort oder Haftort des Gesuchten mitanzugeben (§§ 41 Abs. 2 Satz 2, 42 Abs. 3 der VO.).

II. Die §§ 690 f. GO. (Deckbl. 793) werden wie folgt geändert:

. . . .

(Die Änderungen der Geschäftsordnung für die Sächsischen Justizbehörden sind beim Abdruck unter b) berücksichtigt.)

III. Nach Art. III der VO. vom 19. Febr. 1926, RMBl. S. 63, sind im Strafregister eingetragene Vermerke über Verurteilungen wegen Übertretungen zu Geldstrafe, die nach GO. § 692 n. F. nicht mehr in das Strafregister einzutragen wären, zu tilgen. Die Tilgung ist bei Gelegenheit der Bearbeitung eines Registerblattes oder bei der allgemeinen Durchsicht des Strafregisters zu bewirken. Entfernte Vermerke werden vernichtet (§ 699 Zus. 7 GO.).

IV. Nach RMBl. 1926 S. 66 sind die Muster A, D bis G teilweise geändert worden. Die bereits vorhandenen oder hergestellten Vordrucke der bisherigen Muster können aufgebraucht werden.

b) Geschäftsordnung für die Sächsischen Justizbehörden.

Ausgabe 1903, geändert nach Deckblatt 793 und II der VO. vom 16. April 1926 (JMBl. S. 34).

§ 690.

Strafregister.

[1] Über die Einrichtung von Strafregistern und die wechselseitige Erteilung von Strafnachrichten ist die Strafregisterverord-

nung i. d. F. RGBl. 1926 I S. 157 f., ergangen. Sie ist in den §§ 691 bis 706, 710 bis 711 d wiedergegeben.

[2] Die von dem Justizministerium dazu getroffenen Ausführungsvorschriften sind den einzelnen Paragraphen als Zusätze beigefügt *).

§ 691.

Registerbehörde.

(§ 1 der VO.)

Zusätze:

1. Zu Registerbehörden sind in Sachsen die Amtsgerichte bestellt. Bei den mit mehreren Richtern besetzten Amtsgerichten besorgt diese Geschäfte der mit Strafsachen befaßte Richter, wo eine Abteilung für Strafsachen besteht, der Abteilungsvorstand oder der von ihm bestimmte Richter.

2. Der Amtsrichter hat einen Kanzleibeamten, in der Regel den Gerichtsschreiber, mit der Führung des Registers und Besorgung der damit verbundenen Geschäfte ständig zu beauftragen (Strafregisterführer). Soweit tunlich, sind diese Geschäfte mit denen der Justizstatistik in derselben Hand zu vereinigen.

3. Eine Übersicht der Strafregisterbehörden ist JMBl. 1925 S. 24 veröffentlicht.

4. In den Fällen des Abs. 2 macht es für die Richtung der Mitteilung an das Reichsjustizministerium keinen Unterschied, ob der Verurteilte Deutscher ist oder nicht. Die Mitteilung ist auch dann nicht zu unterlassen, wenn außerdem einer ausländischen Regierung die Verurteilung eines ihrer Staatsangehörigen nach § 707 mitzuteilen ist.

Alle Mitteilungen an das Reichsjustizministerium sind unter der Anschrift:

An das Reichsjustizministerium

(Strafregister)

Berlin W 9, Voßstraße 4/5

abzusenden.

Liegt der Geburtsort eines verurteilten Ausländers im Inland, so ist stets auch der inländischen Behörde die Strafnachricht mitzuteilen.

Zu Abs. 2 s. VO. v. 1. 12. 1922, JMBl. S. 131.

*) Der nachstehende Abdruck enthält nur die Zusätze. Soweit in den Zusätzen auf die hier nicht mit abgedruckten §§ der Geschäftsordnung verwiesen ist, ergibt sich der Wortlaut der einzelnen Bestimmung, auf die verwiesen ist, aus dem gleichlautenden Wortlaut des entsprechenden § der Strafregisterverordnung, der in der Überschrift des in Bezug genommenen § der Geschäftsordnung jeweils angegeben ist.

§ 692.

Was findet im Strafregister Aufnahme?

(§ 2 der VO.)

Zusätze:

1. (erledigt: VO. v. 16. 4. 26 II 3.)

2. Die Mitteilungen haben auch die Nebenstrafen zu umfassen.

3. Verurteilungen durch Gerichte und Verwaltungsbehörden des Saargebiets sind bei der Aufnahme in das Strafregister wie Verurteilungen durch deutsche Gerichte und Behörden außerhalb des Saargebiets zu behandeln.

Den Strafregistern des Saargebiets sind die Mitteilungen in der gleichen Weise zu machen wie den deutschen Strafregistern außerhalb des Saargebiets.

4. Ausländische Verurteilungen, die sich auf Deutsche oder im Reichsgebiet geborene oder daselbst wohnhafte Ausländer beziehen, sind in das Strafregister auch dann aufzunehmen, wenn sie in Deutschland nicht registerpflichtig wären.

§ 692 a.

Fortsetzung.

(§ 3 der VO.)

§ 692 b.

Fortsetzung.

(§ 4 der VO.)

Zusätze:

1. Bei registerpflichtigen Verurteilungen, die den Rückfall begründen, ist die Vollstreckung der erkannten Strafe ohne Rücksicht auf deren Art und Höhe mitzuteilen.

2. Die Vorschrift des Abs. 2 beruht auf § 3 Abs. 3 des Gesetzes über beschränkte Auskunft aus dem Strafregister und die Tilgung von Strafvermerken vom 9. April 1920 (RGBl. S. 507). Es soll verhindert werden, daß beschränkte Auskunft eintritt, noch bevor die Strafvollstreckung erledigt ist. Dies kann vorkommen, wenn auf Geldstrafe oder auf Freiheitsstrafe von höchstens 3 Monaten, allein oder in Verbindung miteinander oder mit Nebenstrafen, erkannt worden ist, mit Ausnahme der Fälle, in denen auf Überweisung an die Landespolizeibehörde oder auf Zulässigkeit von Polizeiaufsicht erkannt worden ist (§ 6 Abs. 1 Nr. 1 a. a. O.). Denn bei solchen Verurteilungen beginnt die Frist, nach deren Ablauf beschränkte Auskunft zu erteilen ist, schlechthin mit dem Tage der Verurteilung, unabhängig davon, wann die Strafe vollstreckt oder erlassen wird oder verjährt (§ 6 Abs. 2 und 4 a. a. O.). Hiernach ist folgendes zu beachten: Mitteilungen nach Abs. 2 kommen nur für Verurteilungen der bezeichneten Art, mithin für diejenigen Fälle, in denen keine Vollstreckungsnachricht nach Abs. 1 zu erteilen ist, in Frage (bei

Verurteilungen zu Geldstrafe ist überdies Voraussetzung, daß die Geldstrafe registerpflichtig ist). Verzögert sich in einem solchen Falle die Strafvollstreckung infolge Strafaufschubs oder aus anderen Gründen, z. B. wegen Flucht des Verurteilten, so hat sich der Gerichtsschreiber bezw. der Prozeßregisterführer die Sache für die eventuell später nach Abs. 2 zu erlassenden Mitteilungen vorzumerken. Zu diesem Zwecke berechnet er zunächst den Tag des Eintritts der beschränkten Auskunft, bringt von diesem Tage ab rückwärts 3 Monate in Abzug und trägt den sich hiernach ergebenden Termin nebst Aktenzeichen und Namen des Verurteilten in eine formlose Liste ein. Am Vorlegungstermin prüft er, ob die Voraussetzungen des Abs. 2 noch vorliegen und erläßt gegebenenfalls die Mitteilung an das Strafregister. Die spätere Erledigung einer erlassenen Mitteilung ist im Auge zu behalten.

Zu Abs. 1 und 2 s. VO. v. 15. 6. 1923, JMBl. S. 89.
Zu Zus. 2 s. VO. v. 22. 12. 1923, JMBl. 1924 S. 2.

§ 692 c.

Fortsetzung.

(§ 5 der VO.)

Zusätze:

1. Diese Vorschriften sind entsprechend anzuwenden, wenn die Bewährungsfrist einen Aufschub der Strafverfolgung betrifft, oder wenn es sich um eine Probezeit nach dem JGG. handelt.

2. In anderer Weise als durch Erlaß oder Milderung der Strafe erledigt sich eine Bewährungsfrist z. B. durch den Tod des Verurteilten oder Beschuldigten, durch Anordnung der Strafvollstreckung nach Ablauf der Bewährungsfrist oder dadurch, daß die Strafe, für welche die Bewährungsfrist bewilligt war, in einer Gesamtstrafe aufgeht. Bei Strafverfolgungsaufschub ist dem Strafregister auch die durch Niederschlagung des Verfahrens eintretende Erledigung des Aufschubs mitzuteilen.

3. Eine Mitteilung über den Vorbehalt der Entscheidung nach Abs. 3 wird nur angebracht sein, wenn die Entschließung über die Bewilligung der Bewährungsfrist auf längere Zeit ausgesetzt worden ist. Ob eine solche Mitteilung erlassen werden soll, bestimmt die für die Bewilligung der Strafaussetzung zuständige Stelle. Die Mitteilungen nach Abs. 3 Satz 2 erläßt der Gerichtsschreiber oder Prozeßregisterführer selbständig.

4. Bei Bewilligung eines Strafverfolgungsaufschubs liegen die vorgeschriebenen Mitteilungen der verfolgenden Behörde ob. Hierbei sind in der Bewährungsfristnachricht D in der fünften Querspalte die Worte „Verurteilt am" zu ersetzen durch „Verfolgt" und ist in der dritten Zeile das Wort „zu" zu streichen.

5. Die Bewährungsfristnachrichten wegen registerpflichtiger Verurteilungen sind nach § 698 b zu behandeln. Mitteilungen über den Vorbehalt der Entscheidung, Bewährungsfristnachrichten

wegen nichtregisterpflichtiger Verurteilungen und wegen Strafverfolgungsaufschubs werden im Strafregister aufbewahrt, in die Bestandslisten (§ 697 Zusatz 3) sind sie nicht einzutragen.

6. Die Angaben über die persönlichen Verhältnisse im Vordruck D müssen mit den entsprechenden Angaben in den vorangegangenen Mitteilungen genau übereinstimmen. Sind auf Grund neuerer Ermittelungen Abweichungen erforderlich, so ist hierauf besonders hinzuweisen.

§ 692 cc.

Fortsetzung.

(§ 6 der VO.)

Zusätze:

1. Die Mitteilungen liegen der Strafvollstreckungsbehörde ob (zu vgl. § 693 Abs. 1 Nr. 1 und Zusätze 1 und 5). Außer dem Entlassungstag ist auch der künftige Tag des Ablaufs der Strafzeit anzugeben.

2. Diese Vorschriften sind bei Bewilligung oder Widerruf einer Beurlaubung des Verurteilten entsprechend anzuwenden. Von der Beurlaubung, bei welcher wie bei der vorläufigen Entlassung die Strafzeit weitergerechnet wird, ist die Strafunterbrechung oder Strafaussetzung zu unterscheiden.

S. VO. v. 1. 12. 1922, JMBl. S. 132.

§ 692 d.

Gnadenerweise, Straferlaß nach dem JGG., Wiederaufnahme.

(§ 7 der VO.)

Zusätze:

1. Als Gnadenerweise gelten völliger oder teilweiser Straferlaß, bedingungslose oder bedingte Strafumwandlung, Wiederverleihung der bürgerlichen Ehrenrechte oder der Fähigkeit zur Bekleidung öffentlicher Ämter, nicht dagegen die Bewilligung der Bewährungsfrist, wohl aber die nach bestandener Bewährungsfrist ergehende Entschließung.

2. Die nach bestandener Bewährungsfrist ergehenden Entschließungen sind auch bei nichtregisterpflichtigen Verurteilungen mitzuteilen.

3. In der Mitteilung von der Begnadigung hinsichtlich des Restes einer teilweise vollstreckten Strafe ist anzugeben, welcher Teil der Strafe vollstreckt wurde.

4. Die in den Mitteilungen enthaltenen Angaben über die persönlichen Verhältnisse müssen mit den entsprechenden Angaben in der vorangegangenen Mitteilung genau übereinstimmen. Sind auf Grund neuerer Ermittelungen Abweichungen erforderlich, so ist hierauf besonders hinzuweisen.

5. Die Mitteilung nach § 692 d Nr. 1 hat der Registerführer auf den Strafnachrichten oder Straflisten mit roter Tinte nachzutragen.

§ 692e.

Fortsetzung. (Gesetz vom 9. 4. 1920.)
(§ 8 der VO.)

Zusätze:

1. Zu Mitteilungen dieser Art ist der Vordruck E unter entsprechender Abänderung zu benutzen.

2. Die Mitteilungen nach § 692e Nr. 1 hat der Registerführer auf der Strafnachricht oder Strafliste mit roter Tinte nachzutragen. Die von der Mitteilung betroffenen Einträge sind außerdem mit roter Tinte zu unterstreichen.

§ 692f.

Fortsetzung. (Geisteskranke, Entmündigte.)
(§ 9 der VO.)

§ 693.

Wer erläßt die Mitteilung?
(§ 11 der VO.)

Zusätze:

1. In den vor die bürgerlichen Gerichte gehörigen Strafsachen erläßt die für das Strafregister bestimmten Mitteilungen, wenn Strafvollstreckungsbehörde die Staatsanwaltschaft bei dem Landgericht ist, der Prozeßregisterführer (§ 1813 Abs. 1), wenn Strafvollstreckungsbehörde das Amtsgericht ist, der Gerichtsschreiber.

2. Wird nachträglich eine Gesamtstrafe gebildet, so hat hiervon der Prozeßregisterführer oder der Gerichtsschreiber der die Gesamtstrafe vollstreckenden Behörde dem Strafregister gleichfalls eine Mitteilung zu übersenden (§ 692 Abs. 3).

3. Mitteilungen nach § 692f Nr. 1 erläßt der Prozeßregisterführer der Staatsanwaltschaft, soweit aber die hier in Frage kommenden Entscheidungen in einem bei dem Amtsgericht anhängigen Strafverfahren ergehen, der Gerichtsschreiber. Stellt der Amtsanwalt ein Ermittelungsverfahren auf Grund von § 51 des StGB. ein, so erläßt er die Mitteilung selbst.

4. Mitteilungen nach § 692f Nr. 2 bis 4 erläßt der Gerichtsschreiber des Amtsgerichts.

5. Die Strafnachrichten und Mitteilungen müssen genau dem Akteninhalt entsprechen. Ihre Ausfertigung ist kurz zu den Akten zu vermerken, z. B. „Strafnachricht an StA. Halle ausgef. 10. 8. 20 Justizsekr. N." Wird die Verurteilung unmittelbar in die Strafliste eingetragen, so ist gleichfalls ein entsprechender Vermerk zu den Akten zu bringen, z. B. „In die Strafliste eingetragen am 5. 8. 20 Justizsekr. N."

§ 694.

Vordrucke.

(§ 12 der VO.)

Zusatz:

Muster E findet auch für Mitteilungen über Beurlaubungen oder ihren Widerruf Verwendung. Abs. 3 gilt entsprechend.

Zu Abs. 2 und 3 sowie zum Zus. f. VO. v. 1. 12. 1922, JMBl. S. 132.

§ 695.

Inhalt der Strafnachricht.

(§ 13 der VO.)

Zusätze:

1. Auf die vollständige Ausfüllung der Vordrucke und die aktenmäßige Richtigkeit dieser Angaben ist die größte Sorgfalt zu verwenden.

2. Die Angaben über die persönlichen Verhältnisse der Verurteilten sind zumeist schon für die Zwecke der Justizstatistik zu erheben. Besonderer Ermittelung bedürfen bisweilen der Geburtstag des Verurteilten, die Vor- und Familien-(Geburts-)namen seiner Eltern und Ehegatten sowie der Wohnort oder letzte Aufenthaltsort; es ist dafür zu sorgen, daß diese Punkte im Laufe des Strafverfahrens ermittelt werden.

Kommen für einen Familiennamen verschiedene Schreibweisen vor, so ist auch zu ermitteln, welches die richtige Schreibweise ist.

3. Erscheint die Richtigkeit der in den Akten erörterten persönlichen Verhältnisse des Verurteilten zweifelhaft oder haben diese Verhältnisse im Laufe des Strafverfahrens nicht vollständig festgestellt werden können, so hat die Strafvollstreckungsbehörde vor Ausfertigung der Strafnachricht geeignete Erhebungen, nötigenfalls durch Anfrage bei den Standesämtern oder Pfarrämtern oder, soviel die Amtsgerichte betrifft, durch Einsicht in die bei dem Amtsgericht verwahrten standesamtlichen Nebenregister vorzunehmen. Sind die persönlichen Verhältnisse durch Urkunden festgestellt worden, so ist hierüber in die Spalte „Sonstige Bemerkungen" ein kurzer Vermerk zu bringen, z. B.:

„Eltern, Geburtstag und Geburtsort durch Geburtsurkunde festgestellt."

Im übrigen sind die Eintragungen in diese Spalte möglichst zu beschränken. Eine Personenbeschreibung ist nicht aufzunehmen, die Angabe besonderer Kennzeichen dagegen ist zulässig.

4. War von der Registerbehörde bei der Auskunftserteilung über die Vorstrafen auf Abweichungen in den Angaben der Registervermerke über die persönlichen Verhältnisse hingewiesen worden (§ 705 a Zusatz 16), so ist, sofern nicht die abweichenden Angaben bestätigt und in die Mitteilung aufgenommen oder nach Zusatz 3 durch Bezugnahme auf Urkunden richtig gestellt wor-

den sind, der Registerbehörde das Ergebnis der Ermittelungen bei Übersendung der Mitteilung auf einem Anlagezettel kurz mitzuteilen und dabei anzugeben, ob die vermerkten Vorstrafen von dem Verurteilten anerkannt worden sind.

5. (erledigt: VO. v. 16. 4. 26 II 14.)

6. Ist das zur Mitteilung verpflichtete Amtsgericht zugleich selbst die zuständige Registerbehörde, so ist die Strafnachricht ebenfalls nach dem Vordruck A abzufassen und im Register niederzulegen oder nach § 699 die Strafliste anzulegen oder zu vervollständigen. Ist jedoch der Gerichtsschreiber, der die Strafnachricht A zu erlassen hätte, zugleich der Registerführer (§ 691 Zusatz 2), so hat er, wenn bereits eine Strafliste für denselben Verurteilten angelegt ist oder nach § 699 anzulegen wäre, die Strafliste ohne Anfertigung einer Strafnachricht A unmittelbar auf Grund der Akten zu vervollständigen oder anzulegen.

7. Die Strafnachricht unterbleibt, wenn zu der Zeit, zu der sie anzufertigen wäre, der Tod des Verurteilten glaubhaft nachgewiesen ist (§ 700).

8. Eine Entscheidung in Strafsachen ist als in der Hauptsache geändert anzusehen (Abs. 4), wenn sie im Schuld- und Strafausspruch geändert worden ist.

9. Als Aktenzeichen ist stets das Aktenzeichen der ersten Instanz anzugeben.

10. Bei Verurteilungen wegen der den Rückfall begründenden Verfehlungen ist in der Strafnachricht bei Angabe der Straftat (Längsspalte „wegen") auch die Zeit der Verübung der Tat und, sofern die Strafvollstreckung schon begonnen hat, bei Angabe der erkannten Strafe (Längsspalte „zu") der Beginn der Strafvollstreckung (z. B.: „Strafantritt am 12. August 1920") anzugeben. Im Falle späteren Beginns der Strafvollstreckung wird keine nachträgliche Mitteilung abgesendet.

11. Wird nach Abs. 5 darauf hingewiesen, daß der Verurteilte zur Tatzeit noch nicht achtzehn Jahre alt war, so ist das in der Bemerkungsspalte einzusetzende Wort „jugendlich" mit Blaustift stark zu unterstreichen.

12. Der Rufname ist durch Unterstreichen kenntlich zu machen.

§ 695 a.

Fortsetzung. (Zweifelsfälle.)

(§ 14 der VO.)

Zusätze:

1. (erledigt: VO. v. 16. 4. 26 II 15.)

2. Läßt sich der Geburtsname einer verheirateten, verwitweten oder geschiedenen Frau nicht mit Sicherheit feststellen, so ist eine zweite Strafnachricht auf den durch die Verheiratung erlangten Namen anzufertigen, z. B. „Hofmann, angeblich geborene Drescher".

3. In der obersten Spalte der ersten Seite jeder Strafnachricht ist auf die zweite Strafnachricht hinzuweisen.

4. Bei Zigeunern ist in jedem Falle eine zweite Strafnachricht an das Strafregister des Reichsjustizministeriums zu geben.

§ 695 aa.

Namensänderungen.

(§ 15 der VO.)

Zusätze:

1. Wird der Familienname einer über 14 Jahre alten Person durch Ehelichkeitserklärung (BGB. §§ 1723 f.), Annahme an Kindes Statt (BGB. §§ 1741 f.), Aufhebung der Annahme an Kindes Statt (BGB. §§ 1768 f.), Namenserteilung seitens des Stiefvaters (BGB. § 1706 Abs. 2 Satz 2) oder wird der Vorname oder der Familienname einer solchen Person durch Bewilligung des Ministeriums des Innern (§ 1 der AusfVO. v. 6. 7. 1899 i. d. F. GVBl. 1905 S. 155) geändert, so hat dies der Strafregisterbehörde mitzuteilen

a) das Amtsgericht, das die Entschließung über die Ehelichkeitserklärung den Beteiligten zu eröffnen hat oder den Vertrag über die Annahme an Kindes Statt oder deren Aufhebung bestätigt,

b) das Amtsgericht oder das Jugendamt, das die Erklärung über Namenserteilung nach § 1706 Abs. 2 Satz 2 BGB. entgegennimmt oder beglaubigt,

c) die untere Verwaltungsbehörde (Amtshauptmannschaft oder Stadt, der die Befugnisse der unteren Verwaltungsbehörde voll übertragen sind), welche die Entschließung des Ministeriums des Innern den Beteiligten zu eröffnen hat.

2. Zu der Mitteilung kann der Vordruck A verwendet werden. Auf dem Vordruck ist das Wort „Strafnachricht" durch „Nachricht über eine Namensänderung" zu ersetzen; auch sonst ist der Vordruck entsprechend zu ändern.

3. Wegen der Vernichtung der Mitteilungen vgl. § 699 Zusatz 7.

§ 695 b.

Berichtigung der Register.

(§ 16 der VO.)

Zusätze:

1. Zur Mitteilung bisher nicht in das Register aufgenommener Vorstrafen ist die Rückseite des Strafnachricht-Vordrucks zu benutzen und am Fuße hierauf aufmerksam zu machen (z. B. „Weitere Verurteilungen umstehend!"). Dabei ist die zweite Spalte der Rückseite „nach Mitteilung von" unausgefüllt zu lassen und, wenn die Verurteilung in einer höheren Instanz ausgesprochen worden ist, in der dritten Spalte „Aktenzeichen" auch das Gericht erster Instanz anzugeben.

2. Ist eine Person unter einem falschen Namen verurteilt, so ist die etwa in das Strafregister aufgenommene falsche Strafnachricht, wenn sie nicht nach Berichtigung als Strafnachricht für die verurteilte Person zu verwenden ist, aus dem Register zu entfernen. Ist eine Verurteilung irrig in die Strafliste für eine andere als die verurteilte Person eingetragen, so ist der unrichtige Vermerk unkenntlich zu machen.

3. Nach § 695 b ist auch zu verfahren, wenn sich ein sonstiger Mangel im Strafregister ergibt, z. B. Fehler in der Bezeichnung der Straftat oder hinsichtlich der Strafe, Nichtberücksichtigung einer Gnadenerweisung u. dergl.

4. Die Berichtigung oder Vernichtung falscher Strafnachrichten und Straflisten ist von dem Richter zu beschließen. Berichtigungen hat der Strafregisterführer auf den Strafnachrichten oder Straflisten mit roter Tinte zu vermerken (vgl. auch § 699). Auf die Entfernung der zu vernichtenden Stücke und auf die Art der Vernichtung finden die Vorschriften in den Zusätzen 6, 7 zu § 699 Anwendung.

§ 696.

Prüfung der Strafnachricht.

(§ 17 der VO.)

Zusätze:

1. Besondere Ermittelungen über die sachliche Richtigkeit eingehender Strafnachrichten sind nur dann anzustellen, wenn sich auf Grund dessen, was der Registerbehörde bekannt ist, Zweifel an der Richtigkeit ergeben. Strafnachrichten über Verurteilungen, die nach § 692 nicht hätten mitgeteilt werden sollen, sind der mitteilenden Behörde unter Angabe des Grundes zurückzugeben.

2. Die bei der Prüfung nicht beanstandeten Strafnachrichten sind längstens am nächsten Werktag einzuordnen. Sogleich bei der Prüfung ist in der Spalte „Geburtstag" mit Bleistift die Zeit anzumerken, wo der Verurteilte das 80. Lebensjahr überschreiten wird.

3. Erst nach der Prüfung und Einordnung der Strafnachricht ist die Eintragung in die Bestandsliste (Zusatz 3 zu § 697) vorzunehmen.

4. Eine Mitteilung, die für das Register des Geburtsorts bestimmt ist, hat der Registerführer, wenn der Geburtsort zu einem anderen Bezirke gehört, an die richtige Registerbehörde abzugeben. Ist diese nicht bekannt oder ist aus der Mitteilung ersichtlich, daß noch ein zweites Stück vorhanden ist (§ 695 a), so ist die Mitteilung der Strafvollstreckungsbehörde zurückzugeben.

5. Ergibt sich bei einer aus dem Ausland eingehenden Strafnachricht über die Verurteilung eines Reichsangehörigen die Unrichtigkeit oder Ungenauigkeit der Angaben über den Geburtsort des Verurteilten, so hat der Registerführer im unmittelbaren Ver-

kehr mit den inneren deutschen Behörden und bei Strafnachrichten aus Ländern, mit denen unmittelbarer Rechtshilfeverkehr in Strafsachen besteht (z. B. Österreich, Schweiz, Tschechoslowakei, Polen), nötigenfalls auch mittels alsbaldiger unmittelbarer Rückfrage bei der Behörde, welche die Strafnachricht ausgestellt hat, die zur Feststellung des Geburtsorts erforderlichen Ermittelungen vorzunehmen und die Strafnachricht sodann an die zuständige Registerbehörde abzugeben. Bleiben die Ermittelungen erfolglos, so ist die Strafnachricht mit den Erörterungen dem Reichsjustizministerium unmittelbar zu übersenden (§ 691 Zusatz 4).

6. Die Mitteilungen B und solche Mitteilungen C, D und E, welche sich auf eine registerpflichtige Strafe beziehen, sind darauf zu prüfen, ob eine entsprechende Strafnachricht im Register niedergelegt ist, ob die Angaben über die persönlichen Verhältnisse genau übereinstimmen oder ob Abweichungen besonders vermerkt sind. Ist keine Strafnachricht im Register vorhanden oder finden sich unaufgeklärte Abweichungen in den Angaben über die persönlichen Verhältnisse, so sind die Mitteilungen B, C, D und E mit einem entsprechenden Vermerke zurückzuschicken.

7. Bei der Rücksendung sowie bei der Abgabe einer Mitteilung an die richtige Registerbehörde hat der Registerführer auf der Rückseite der Mitteilung oder falls es sich um eine erste Mitteilung A handelt, die später als Strafliste verwendet werden kann (§ 699 Abs. 2), auf einem Beilagezettel kurz den Grund zu vermerken, z. B.: „Gittersee gehört zum AG. Freital. Dresden, den 10. 11. 25 Justizsekr. N., Registerführer" oder „Zurückgesandt, da hier keine entsprechende Nachricht A niedergelegt ist. Dresden usw." oder „Zurückgesandt, da die Angaben über die persönlichen Verhältnisse mit denen auf der hier niedergelegten Mitteilung A in den mit roter Tinte angemerkten Punkten nicht übereinstimmen. Dresden usw."

§ 697.

Art der Verwahrung der Strafnachrichten.

(§ 18 der VO.)

Zusätze:

1. Die bei der Registerbehörde eingehenden Strafnachrichten werden mit dem Eingangsvermerke versehen. Sie sind in Abteilungen nach der Buchstabenfolge so zu ordnen, daß ein Name leicht und schnell aufgesucht werden kann. Innerhalb der Abteilung ist die wörterbuchartige Folge einzuhalten; bei gleichen Familiennamen soll sich die Folge nach dem Rufnamen, bei gleichen Familien- und Rufnamen nach dem Alter der Verurteilten richten. Mehrere Nachrichten, welche dieselbe Person betreffen und in das Strafregister einzulegen sind, werden zusammen verwahrt.

2. Wo es an geeigneten Behältnissen fehlt und die Register größeren Umfang annehmen, sind zur Aufbewahrung besondere

Schränke anzuschaffen, die in die erforderliche Anzahl viereckiger, der Größe der Vordrucke A entsprechender Fächer zerfallen.

Die Fächer sind nach Buchstaben und, sofern mehrere denselben Buchstaben tragen, nach Namen oder Anfangssilben von Namen zu bezeichnen und zu ordnen. Für häufig vorkommende Namen wird sich die Einrichtung besonderer Fächer empfehlen.

3. Zu den Registern sind weder Registranden noch Namensverzeichnisse anzulegen. Es ist aber für jede Abteilung (jedes Fach) eine Bestandsliste zu führen, die stets in der Abteilung obenauf zu liegen hat.

Die Bestandsliste enthält zwei Spalten: in der einen wird der Eingangstag, in der anderen die Stückzahl der niedergelegten Strafnachrichten ohne weitere Bezeichnung vermerkt. Ist eine Seite vollgeschrieben, so sind die Zahlen der zweiten Spalte zusammenzuzählen.

4. Der Richter hat von Zeit zu Zeit den Bestand des Registers oder einzelner Abteilungen zu prüfen und das Ergebnis unter Angabe des Tages der Durchsicht sowie des listenmäßigen Sollbestandes und des vorgefundenen Bestandes in die Liste einzutragen. Der Vermerk ist von ihm zu vollziehen.

§ 698.

Fortsetzung.

(§ 19 der VO.)

Zusatz:

Die Vorschriften des Abs. 1 und 3 finden auf Mitteilungen über einen Strafverfolgungsaufschub entsprechende Anwendung.

§ 698 a.

Fortsetzung.

(§ 20 der VO.)

Zusatz:

Mitteilungen nach § 692 a Abs. 2 werden bei den Beschlüssen, auf die sie sich beziehen, in der Spalte „Bemerkungen" eingetragen und dann vernichtet, sofern nicht nach § 701 a Abs. 1 zu verfahren ist. Wegen der Vernichtung vgl. § 699 Zusatz 7.

§ 698 b.

Fortsetzung.

(§ 21 der VO.)

Zusätze:

1. Bei Vornahme der in den §§ 698, 698 a und 698 b vorgeschriebenen Übertragungen, Entfernungen, Vernichtungen usw. hat der Registerführer die peinlichste Aufmerksamkeit und Sorgfalt anzuwenden. In Zweifelsfällen hat er die Entscheidung des zuständigen Amtsrichters (§ 691 Zusatz 1) einzuholen. Dieser hat auch gelegentlich, mindestens aber bei der Vernichtung der

entfernten Mitteilungen, die Geschäftsführung des Registerführers durch Stichproben nachzuprüfen.

Auf die Entfernung und Vernichtung finden die Vorschriften der Zusätze 6 und 7 zu § 699 Anwendung.

2. Bewährungsstrafnachrichten und solche Nachrichten A oder Straflisten, in die Vermerke über die Bewilligung von Bewährungsfristen oder vorläufigen Entlassungen übertragen worden sind, sind am rechten Rand mit einem grünen Farbstrich auffallend kenntlich zu machen.

3. Bei Mitteilungen über Beurlaubungen oder ihren Widerruf ist ebenso wie bei Mitteilungen nach § 692 cc zu verfahren.

4. Die Mitteilungen nach Abs. 4 an die Ortspolizeibehörde sind auch dann zu erlassen, wenn der Betroffene seinen Wohnort oder letzten Aufenthaltsort in einem anderen deutschen Lande hat. Die Voraussetzung des Abs. 4 Satz 2 liegt z. B. vor, wenn es sich um eine Verurteilung handelt, die der Polizeibehörde nach § 680 D 2 nicht mitgeteilt zu werden braucht (insbes. in den Fällen der Privatklage).

Zu Abs. 1 sowie Zus. 2 u. 3 s. VO. v. 1. 12. 1922, JMBl. S. 132, m. Berichtigung 1923 S. 24.

§ 698 c.

Fortsetzung.

(§ 22 der VO.)

§ 699.

Strafliste.

(§ 23 der VO.)

Zusätze:

1. Eine Strafliste ist stets anzulegen, sobald eine zweite oder eine weitere zweifellos dieselbe Person betreffende Strafnachricht A oder B oder eine Mitteilung nach § 692 f Nr. 1, 2 eingeht. Wird zur Anlegung nicht die zuerst niedergelegte Strafnachricht A, sondern der Vordruck einer solchen benutzt, so ist auf der ersten Seite in der obersten Spalte der Vordruck „Mitteilende Behörde" und „Aktenzeichen" durchzustreichen und unter die Worte: „Mitteilende Behörde" der Vermerk: „Strafliste angelegt am ...." einzutragen. Sind die persönlichen Verhältnisse des Verurteilten durch Urkunden festgestellt worden (Zusatz 3 zu § 695), so ist dies in der Spalte „Sonstige Bemerkungen" anzugeben.

2. In die Strafliste sind die einzelnen Verurteilungen nach ihrer Zeitfolge einzutragen. Als Strafliste darf daher nicht eine Strafnachricht A verwendet werden, auf deren Rückseite frühere Bestrafungen vermerkt sind (Zusatz 1 zu § 695 b). Bei der Anlegung sind auch die früheren Bestrafungen zu berücksichtigen, die sich aus den bis zum 1. Oktober 1879 gehaltenen Vorbestrafungsbüchern ergeben (Zusatz 2 zu § 700).

3. Geht unter Bezugnahme auf eine schon vorliegende Strafnachricht B eine Mitteilung der Landespolizeibehörde über nachträgliche Verlängerung der ursprünglich festgesetzten korrektionellen Nachhaft ein, so ist diese Nachricht ohne besondere Nummer an der Stelle nachzutragen, wohin nach § 698 a der Inhalt der Strafnachricht B übertragen worden war.

4. Für eine Person, die nach § 695 a oder 695 aa unter mehreren Familien- oder Vornamen vorkommt, ist auf jeden der Namen eine besondere Strafliste anzulegen; in der obersten Spalte der ersten Seite ist auf die vorhandenen anderen Straflisten hinzuweisen.

5. Alle Eintragungen in die Straflisten hat der Strafregisterführer eigenhändig vorzunehmen.

6. Die Urschriften der in eine Strafliste übertragenen Vermerke sind aus dem Register zu entfernen; neu eingehende Mitteilungen, deren Inhalt in eine Strafliste übertragen wird, sind nicht in das Register einzuordnen, sondern einstweilen in einem Umschlag zu sammeln.

7. Die aus dem Register entfernten sowie die wegen sofortiger Eintragung in eine Strafliste nicht in das Register eingeordneten Strafnachrichten (Zusatz 6) sind, in der Regel jedes Jahr einmal, unter Aufsicht des Richters zu verbrennen oder auf andere Weise zu vernichten.

8. Werden zu Abs. 3 Vermerke über Abweichungen in den Angaben über die Person zur Strafliste gemacht, so ist mitanzugeben, bei welcher der in die Strafliste übertragenen Mitteilungen sich die Abweichung ergeben hat.

9. Aus dem Auslande eingehende Strafnachrichten sind in einen besonderen Vordruck A zu übertragen, der im Register niedergelegt wird. Die Urschriften der übertragenen Mitteilungen werden gemäß Zusatz 7 vernichtet.

§ 700.

Ausscheidung aus dem Register.

(§ 24 der VO.)

Zusätze:

1. Auf die Entfernung und Vernichtung der nach § 700 auszusondernden Strafnachrichten finden die Vorschriften der Zusätze 6, 7 zu § 699 Anwendung.

2. Auch aus den bis zum 1. Oktober 1879 gehaltenen Vorbestrafungsbüchern sind, soweit es nicht schon geschehen ist, die Eintragungen zu entfernen, die sich auf inzwischen Verstorbene und die nach § 700 Abs. 2 in Betracht kommenden sowie solche Personen beziehen, die ihren Geburtsort nicht im Bezirke des Amtsgerichts haben. Dasselbe hat zu geschehen, wenn die in die Zeit vor dem 1. Oktober 1879 fallenden Verurteilungen in eine Strafliste übertragen worden sind. Die näheren Anordnungen

über die Art der Entfernung aus den Büchern und den etwaigen Namensregistern erteilt der Richter.

3. Aus den von den sächsischen Ortspolizeibehörden halbjährlich bei den Registerbehörden eingehenden Nachweisungen über das Ableben bestrafter Personen sind die Nachrichten über das Ableben solcher Personen, deren Geburtsort in einem anderen Registerbezirk liegt, unter Benutzung des Vordrucks 412 der zuständigen Registerbehörde mitzuteilen. Liegt der Geburtsort einer in einer solchen Nachweisung aufgeführten Person außerhalb des Reichsgebiets oder ist der Geburtsort nicht ermittelt, so ist das Reichsjustizministerium ohne Benutzung eines Vordrucks in der in dem Zusatze 4 zu § 691 vorgeschriebenen Weise von dem Todesfalle zu benachrichtigen. Ist das hiernach sowie das nach Abs. 1 Erforderliche erledigt, so sind die Nachweisungen über verstorbene Personen sowie die von anderen deutschen Strafregisterbehörden eingegangenen Mitteilungen über das Ableben im Register eingetragener Personen halbjährlich ohne Begleitschreiben an das Landeskriminalamt, Landesstelle für das Fingerabdruckwesen, Dresden-A., Schießgasse 7 abzugeben, und zwar am 15. Februar und 15. August jedes Jahres. Zurückgesendet werden die abgegebenen Stücke nicht.

4. Ist eine Mitteilung, die infolge Todes des Verurteilten aus dem Register zu entfernen ist, auch bei einem anderen Strafregister hinterlegt, so hat der Registerführer diese Registerbehörde zu benachrichtigen und zwar durch übersendung der ausgesonderten Mitteilung, die zu durchstreichen und mit einem entsprechenden Vermerke zu versehen ist, z. B.: „Wegen Todes von X hier ausgesondert.

Dresden, den . . . .

Justizsekr. N., Registerführer.“

§ 701.

Reichsgesetz vom 9. April 1920.

(§ 25 der VO.)

Zusätze:

1. Auf die im Register niedergelegten Strafnachrichten A oder die niedergelegte Strafliste hat der Registerführer mit Bleistift die Tage zu vermerken, von dem ab der Inhalt der Nachricht der beschränkten Auskunft unterliegt und an dem die Tilgung des Vermerks zu erfolgen hat. Das geschieht in der Weise, daß neben dem am Kopf des Vordrucks befindlichen Buchstaben A links die Buchstaben „b. A.“ und der Tag der beschränkten Auskunft, rechts der Buchstabe „T“ und der Tag der Tilgung zu vermerken sind.

Bei schon im Register einliegenden Strafnachrichten und Straflisten sind die Vermerke anzubringen, sobald das Blatt erstmalig in Bearbeitung genommen wird, bei Neueingängen vor der Einlegung ins Register. Die Vermerke sind bei jedem zu der Nachricht oder der Liste zu bringenden neuen Eintrage (insbesondere §§ 698 a, 698 b, 699) derart zu berichtigen, daß sie dem jeweiligen Stand des Registers entsprechen.

Dabei hat der Registerführer neben der Verschiedenheit der in den §§ 6 und 7 des Gesetzes vom 9. April 1920, insbesondere auch hinsichtlich der Jugendlichen, festgesetzten Fristen besonders noch die Vorschriften in den §§ 2, 3, 6 Abs. 3 Satz 2, § 10 und § 11 Abs. 2 und 3 des Gesetzes zu beachten.

Ist auf Überweisung an die Landespolizeibehörde oder auf die Zulässigkeit von Polizeiaufsicht erkannt, so ist nach 2 bezw. 5 Jahren, von der Vollstreckung der Hauptstrafe ab gerechnet, anzunehmen, daß die Erledigung dieser Maßregeln im Sinne von § 6 Abs. 3 Satz 1 des Gesetzes eingetreten ist.

Verurteilungen, die vor dem 1. Juli 1920 im Strafregister gelöscht worden sind, unterliegen nach § 11 Abs. 3 des Gesetzes vom 9. April 1920 der beschränkten Auskunft. Die Frist für ihre Tilgung beginnt mit dem Tage, an dem die Löschung angeordnet worden ist, sofern nicht nach § 11 Abs. 2 des Gesetzes diese Frist schon zu einem früheren Zeitpunkt begonnen haben würde.

2. Durch die Vorschrift in § 701 Satz 2 soll der Möglichkeit Rechnung getragen werden, daß der Verurteilte kurz vor Ablauf der Tilgungsfrist erneut verurteilt worden ist, diese Verurteilung aber erst nach Ablauf der Frist der Registerbehörde mitgeteilt werden kann. Es soll also vermieden werden, daß eine Tilgung zu Unrecht erfolgt.

Bei einer Auskunftserteilung innerhalb der drei Monate sind aber Strafvermerke, deren Tilgung hiernach noch nicht ausgeführt werden soll, als getilgt zu behandeln.

3. Wegen der Vernichtung der entfernten Vermerke vgl. § 699 Zus. 7.

4. Auf die Vornahme von Änderungen nach Abs. 2 Satz 2 hat der Registerführer die peinlichste Sorgfalt zu verwenden. In Zweifelsfällen ist die Entscheidung des Amtsrichters (§ 691 Zus. 1) einzuholen. Bei Auskünften an die im Abs. 2 Satz 3 Halbsatz 2 bezeichneten Stellen ist der Vermerk in der geänderten Form nebst der Eintragung in der Spalte „Bemerkungen" mitzuteilen.

§ 701 a.

Tilgung und beschränkte Auskunft bei Vermerken nach § 292a.

(§ 26 der VO.)

Zusätze:

1. Der zu tilgende Vermerk ist unkenntlich zu machen, wenn das Registerblatt noch andere Vermerke enthält, die bestimmungsgemäß darin verbleiben müssen.

2. Wegen der Vernichtung entfernter Vermerke vgl. § 699 Zusatz 7.

§ 701 b.

Entfernung von Vermerken nach § 692f Nr. 1 und 2.

(§ 27 der VO.)

Zusätze:

1. Die Vorschriften der Zusätze 1 und 2 zu § 701 a gelten entsprechend.

2. Gesuche um Entfernung von Vermerken nach § 692 f. Nr. 1 und 2 hat die Strafregisterbehörde, nötigenfalls nach Ermittelung des Geburtsorts, an das Justizministerium mit Vordruck 476 a unter Beifügung der Sachakten und eines ausführlichen Auszugs aus dem Strafregister einzuberichten. Ist eine andere Strafregisterbehörde zuständig, so ist das Gesuch an diese abzugeben.

§ 702.

Wiederaufnahme entfernter Vermerke.

(§ 28 der VO.)

Zusatz:

Die Wiederaufnahme zu Unrecht aus dem Strafregister entfernter Vermerke unterliegt der Genehmigung des Amtsrichters (§ 691 Zus. 1).

§ 703.

Verwahrung des Strafregisters.

(§ 29 der VO.)

§ 704.

Bewährungsfristen.

(§ 30 der VO.)

Zusätze:

1. Die Vorschriften des Abs. 1 finden entsprechende Anwendung, wenn eine Nachricht über den Vorbehalt der Entscheidung nach § 692 c Abs. 3 Satz 1 niedergelegt ist.

2. Abs. 3 gilt auch für Mitteilungen über eine Beurlaubung.

§ 704 a.

Fortsetzung.

(§ 31 der VO.)

Zusätze:

1. Das gleiche gilt, wenn eine Mitteilung über die Bewilligung einer Beurlaubung eingeht.

2. Die Benachrichtigungspflicht nach § 704 a besteht nur ausnahmsweise, z. B. wenn anderweite Verurteilungen aus letzter Zeit vorliegen, die offensichtlich der mitteilenden Behörde noch nicht bekannt gewesen sein können.

§ 705.

Auskunft aus dem Strafregister.

(§ 32 der VO.)

Zusätze:

1. Nach dem Reichsgesetz vom 9. April 1920 (RGBl. S. 507 f.) ist zu unterscheiden zwischen beschränkter und unbeschränkter Auskunft.

Den Gerichten und den Behörden der Staatsanwaltschaft sind, wenn sie nicht ausdrücklich nur um Mitteilung der der beschränkten Auskunft nicht unterliegenden Vorstrafen gebeten haben, grundsätzlich alle Vorstrafen mitzuteilen (unbeschadet der Vorschrift in § 705 b). Den obersten Reichs- und Landesbehörden ist über Verurteilungen, die der beschränkten Auskunft unterliegen, nur auf ausdrückliches Ersuchen Auskunft zu erteilen. In der Auskunft ist besonders hervorzuheben, daß die Verurteilung der beschränkten Auskunft unterliege. Oberste Reichs- und Landesbehörden sind nur die Zentralbehörden, also z. B. nicht Landesfinanzämter.

Allen anderen nach Abs. 2 auskunftsberechtigten Behörden und Stellen wird Auskunft nur gegeben über die der beschränkten Auskunft nicht unterliegenden Vorstrafen.

Anfragen von Polizeibehörden, ob eine bestimmte, näher bezeichnete Strafe getilgt sei oder der beschränkten Auskunft unterliege, sind zu beantworten.

Vorstrafen, die vor dem 1. Juli 1920 im Strafregister gelöscht worden sind, werden so behandelt wie Vorstrafen, die der beschränkten Auskunft unterliegen.

2. Die Einforderung von Strafregisterauszügen ist tunlichst zu beschränken. In geringfügigen Strafsachen, namentlich solchen, die durch Strafbefehl erledigt werden können, wird von der Feststellung der Vorstrafen meist abgesehen werden können. In manchen Fällen wird es genügen, wenn eine beschränkte Auskunft (Zusatz 1) erfordert wird. Im Vordruck F ist der Umfang der erbetenen Auskunft jeweils durch Streichung des Nichtzutreffenden kenntlich zu machen. Die Einforderung eines Strafregisterauszugs hat zu unterbleiben, wenn die Vorstrafen zuverlässig aus ohne weiteres zugänglichen Straf- und Polizeiakten festgestellt werden können.

3. In der Regel wird mit der Einforderung des Strafregisterauszugs gewartet werden können, bis feststeht, ob es zur Erhebung der öffentlichen Klage oder zum Antrag auf Erlaß eines Strafbefehls kommt. Den Auszug früher herbeizuziehen wird namentlich dann geboten erscheinen, wenn die Feststellung der Vorstrafen zur Prüfung der Zuständigkeit (Rückfall) erforderlich ist, ferner in den Fällen von § 839 Abs. 2 oder wenn es festzustellen gilt, ob der leugnende Beschuldigte etwa schon wegen gleicher oder ähnlicher Vergehungen bestraft ist.

4. Sind die bis zu einem bestimmten Zeitpunkt erfolgten Bestrafungen schon ohne Inanspruchnahme des Strafregisters ermittelt (Zusatz 2 Satz 5), so ist die Anfrage bei der Registerbehörde auf die seit dem Tage des letzten bekannten Strafregisterauszugs erfolgten Bestrafungen zu beschränken.

5. Eine Zusammenstellung der höheren Verwaltungsbehörden, Polizeibehörden und der anderen Behörden und Stellen, die nach Abs. 2 auskunftsberechtigt sind, ist JMBl. 1925 S. 24 f. veröffentlicht.

6. Für die Erlassung des Ersuchens sind in Strafsachen Schreibgebühren und Portoverläge nicht anzusetzen. Die Erledigung des Ersuchens ist auch im Verhältnisse zu dem Kostenschuldner in Strafsachen gebühren- und auslagenfrei.

§ 705 a.

Fortsetzung.
(§ 33 der VO.)

Zusätze:

1. Die Ersuchen (Vordruck F) sind so zusammenzubrechen, daß die auf der ersten Seite stehenden Worte „an .... in" zum Aufschreiben der Anschrift verwendet werden können. Die Anschrift für die Rücksendung ist stets auszufüllen, soweit sie nicht vorgedruckt ist. Die Ersuchen sind mit Siegelmarke zu verschließen und ohne Umschlag abzusenden. Auf die gleiche Weise sind sie unter Verwendung des Vordrucks der zweiten Seite für die Anschrift, falls diese nicht schon vorgedruckt oder von der anfragenden Behörde ausgefüllt ist, zurückzuschicken.

2. Bei jedem Ersuchen ist der Aufenthaltsort (Haftort) der Person anzugeben, auf die sich die Anfrage bezieht, dafern er bekannt ist. Auf der dritten Seite des Vordrucks ist in der rechten oberen Ecke anzugeben, ob die Person, über die Auskunft erbeten wird, nach dem Akteninhalt eine registerpflichtige Vorstrafe erlitten hat.

3. Die an das Reichsjustizministerium als Strafregisterbehörde (§ 691 Abs. 2) zu richtenden Anfragen sind mit der Anschrift „An das Reichsjustizministerium (Strafregister) in Berlin W 9, Voßstraße 4/5" abzusenden.

4. Unterschrieben werden die Ersuchen von dem Gerichtsschreiber oder Prozeßregisterführer unter Bezugnahme auf die vorliegende Anordnung des Richters oder Staatsanwalts, z. B.:

Der Staatsanwalt.

J. A.
N., Justizsekr.

5. Die Ersuchen sind weder bei dem Amtsgerichte, noch bei der Staatsanwaltschaft, die sie an das Amtsgericht weitergibt, in eine Registrande oder in ein Register einzutragen.

6. Die aus dem Strafregister zu erteilenden Auskünfte werden von dem Registerführer angefertigt und unterschrieben. Der Richter hat auf ihre vorschriftsmäßige Form zu achten und hin und wieder die Wichtigkeit des Inhalts zu prüfen.

7. Getilgte Vorstrafen sind so zu behandeln, als ob sie überhaupt nie ins Strafregister aufgenommen worden wären.

8. Vermerke über Verurteilungen, die nicht mehr registerpflichtig sind, dürfen in eine Auskunft nicht aufgenommen werden. Wegen der Mitteilung von Verurteilungen, die der beschränkten Auskunft unterliegen, an ausländische Behörden ist § 706 Abs. 2 zu beachten.

9. Wenn über eine Verurteilung, die der beschränkten Auskunft unterliegt, keine Auskunft erteilt werden darf, ist die Anfrage zu beantworten, als wenn ein Vermerk nicht vorhanden wäre. Die Auskunft darf also in diesem Falle nicht lauten „Nr. 1—3 unterliegt der beschränkten Auskunft. Nr. 4 getilgt. Nr. 5 (folgt die Strafe)". Gilt das für alle Verurteilungen, so hat die Auskunft zu lauten, daß über die betreffende Person im Strafregister keine Verurteilungen vermerkt sind.

10. Im übrigen hat die Auskunft aus dem Strafregister dessen Inhalt genau zu entsprechen, insbesondere sind alle Berichtigungen, Unterstreichungen und Zusätze wörtlich und vollständig in die Auskunft aufzunehmen.

11. Der Registerführer hat Strafnachrichten oder Strafisten, bei denen eine beschränkte Auskunft in Frage kommt, in der rechten oberen Ecke durch den Vermerk B. A. in roter Tinte deutlich zu kennzeichnen, sobald er eine derartige Strafnachricht oder Strafliste erstmalig bearbeitet. Der Vermerk ist rot durchzustreichen, sobald die Voraussetzungen der beschränkten Auskunft wegfallen, insbesondere dadurch, daß eine neue Strafnachricht über eine registerfähige Bestrafung oder eine Steckbriefnachricht eingeht.

12. Auf Grund der bis zum 30. September 1882 geführten Strafregister läßt sich die Zeit der Verurteilung nicht angeben. In der dafür bestimmten Spalte des Vordrucks F ist deshalb zwar einzutragen „unbekannt", jedoch die Zeit der Verübung der Tat und die Zeit des Strafantritts in Klammern beizufügen.

13. Der Vordruck F kann zugleich zu Anfragen und Antworten über andere als darin vorgesehene Verhältnisse, insbesondere über Vermögens- und Militärverhältnisse oder zur Beiziehung einer Altersbescheinigung benutzt werden.

14. Bei Verurteilungen wegen der den Rückfall begründenden Verfehlungen sind unter „wegen" auch die Zeit der Verübung der Tat sowie unter „zu" auch der Beginn und das Ende der Strafvollstreckung sowie etwaige Gnadenerweisungen anzugeben, soweit sie der Registerbehörde bekannt sind.

15. Ermittelungen darüber, ob die in dem Ersuchen bezeichnete Person an dem angegebenen Orte geboren ist, braucht der Registerführer bis auf weiteres nicht anzustellen.

16. Ergibt sich aus dem Register, daß in einem Ersuchen die persönlichen Verhältnisse unvollständig wiedergegeben sind oder in erheblichen Punkten von den Angaben der Registervermerke abweichen, so hat der Registerführer die Angaben über die persönlichen Verhältnisse auf dem Ersuchen mit roter Tinte zu vervollständigen und die Abweichungen zu kennzeichnen, zutreffendenfalls mit dem Vermerke „laut Taufschein" oder „laut Geburtsurkunde".

17. Um telegraphische Auskunft aus dem Strafregister ist nur in ganz besonderen Ausnahmefällen, deren Dringlichkeit zu den Akten zu begründen ist, zu bitten. Die Kosten einer telegraphischen oder telephonischen Auskunft sind der ersuchenden Stelle nur in Rechnung zu stellen, wenn sie einem anderen Lande angehört. Bei bezahlter Rückantwort ist die telegraphische Auskunft tunlichst auf die bezahlte Wortzahl zu beschränken.

18. Den Strafakten ist der von der Registerbehörde zurückgelangte Vordruck F vorzuheften, und zwar unter Voranstellung seiner dritten Seite.

19. Die Vorschrift hat sich erledigt; vgl. die VO. vom 10. 5. 1921 Z. 1, JMBl. S. 29.

20. Wegen Vorstrafenanfragen über Personen, die in Elsaß-Lothringen geboren sind, vgl. JMBl. 1924 S. 18. Wegen abschriftlicher Mitteilung von Auskünften, die aus Strafregistern des an Polen abgetretenen Gebiets beigezogen werden, an das Strafregister des Reichsjustizministeriums, vgl. JMBl. 1926 S. 22.

Zu Abs. 4 s. VO. v. 1. 12. 1922, JMBl. S. 132.

§ 705 aa.

Beschränkte Auskunft über Vermerke nach § 692f Nr. 1 und 2.

(§ 34 der VO.)

Zusatz:

Zuständig für die Entschließungen nach Satz 2 ist der Amtsrichter als Leiter des Strafregisters (§ 691 Zusatz 1).

§ 705 b.

Verkürzter Auszug.

(§ 35 der VO.)

Zusätze:

1. § 705 b setzt voraus, daß eine Person wegen desselben Vergehens oder derselben Übertretung mehr als dreimal verurteilt worden ist.

In Betracht kommen neben den Übertretungen namentlich Vergehen nach §§ 248 a, 264 a, 292, 293, 296 StGB., nach den §§ 6, 7, 8, 10, 11 des Forst- und Feldstrafgesetzes, §§ 146, 146 a, 147 der Gewerbeordnung, § 18 des Preßgesetzes vom 7. Mai 1874, §§ 23, 24 des Gesetzes vom 30. März 1903 betr. Kinderarbeit in gewerblichen Betrieben, §§ 10, 14 des Gesetzes vom 14. Mai 1879 betr. den Verkehr mit Nahrungsmitteln usw. Vollständiger Auszug ist in diesen Fällen nur beim Vorliegen besonderer Umstände zu erfordern.

2. Es wird auf den Schlußvermerk in dem im GVBl. 1918, S. 223 abgedruckten Muster hingewiesen.

3. Wird die Auskunft zu einer Übertretungssache verlangt und hat die ersuchende Behörde nicht ausdrücklich um einen vollständigen Auszug gebeten, so sind die Vorstrafen wegen Verbrechen und Vergehen nur ihrer Gesamtzahl nach mitzuteilen. Soll in einer Übertretungssache nur ein verkürzter Auszug in dieser Form erbeten werden, so hat die ersuchende Behörde auf S. 1 des Vordrucks F hinter dem Worte „Person" die Worte „in einer Übertretungssache" anzufügen.

4. Wegen vereinfachter Auskünfte an Finanzämter vgl. JMBl. 1923 S. 73.

§ 705 c.

Fortsetzung.

(§ 36 der VO.)

§ 706.

Verkehr mit ausländischen Behörden.

(§ 37 der VO.)

§ 707.

Fortsetzung.

[1] In Strafsachen, in denen gegen einen Staatsangehörigen von Belgien, Bulgarien, Frankreich für Elsaß-Lothringen, Griechenland, Italien, Liechtenstein, Luxemburg, den Niederlanden, Norwegen, Österreich, Paraguay, der Schweiz oder Spanien

wegen eines Verbrechens oder Vergehens rechtskräftig auf Strafe erkannt worden ist, soll nach den mit diesen Staaten getroffenen Vereinbarungen *) den auswärtigen Regierungen die Verurteilung auf diplomatischem Wege mitgeteilt werden. Eine gleiche Mitteilung ist dann zu machen, wenn ein Angehöriger dieser Staaten wegen einer Übertretung nach § 361 Nr. 1 bis 8 des StGB. verurteilt worden ist.

[2] In Strafsachen gegen tschechoslowakische oder polnische Staatsangehörige werden alle registerpflichtigen Verurteilungen

---

*) Inwieweit der Strafnachrichtenaustausch mit solchen Staaten, mit denen sich Deutschland im Kriege befunden hat, wieder aufgenommen werden wird, läßt sich zurzeit nicht übersehen. Mit Belgien werden Strafnachrichten nach wie vor ausgetauscht.

mitgeteilt. Ebenso sind die Nachrichten zu erlassen, die sich auf derartige Verurteilungen beziehen und in das Strafregister aufgenommen werden. Wegen des Austauschs der Entscheidungen und Nachrichten wird auf Art. 20 Abs. 2 des Vertrags zwischen dem Deutschen Reiche und der Tschechoslowakischen Republik vom 8. Mai 1922 (RGBl. 1923 II S. 48 f., 396) und auf die VO. vom 1. 3. 1926 über den deutsch-polnischen Rechtshilfeverkehr in Strafsachen (JMBl. 1926 S. 21) verwiesen.

[3] Mit anderen Regierungen findet ein regelmäßiger Austausch von Strafnachrichten nicht statt. Scheint sich ausnahmsweise die Mitteilung zu empfehlen, so ist der Grund dafür bei Einreichung der Strafnachricht (vgl. § 709 unter c) darzulegen.

Zu Abs. 1 s. VOen v. 23. 8. und 12. 11. 1923, JMBl. S. 121 u. 139.

Zu Abs. 2 s. VO. v. 12. 11. 1923, JMBl. S. 139.

§ 708.

Fortsetzung.

[1] Zur Mitteilung an die ausländische Regierung fertigt die Strafvollstreckungsbehörde neben der für das inländische Strafregister bestimmten Strafnachricht nach demselben Vordruck A eine zweite Strafnachricht aus.

[2] Der Vordruck A wird dabei in derselben Weise ausgefüllt, wie bei der für das inländische Register bestimmten Strafnachricht, jedoch mit folgenden Abweichungen:

a) In Spalte 2 ist der ausländische Ort, für dessen Strafregister die Strafnachricht bestimmt ist, nicht anzugeben, sondern nur neben dem hierfür offen zu lassenden Raume das Land in einer Klammer zu bezeichnen, z. B.:

„A.
2. Strafnachricht
für das Strafregister
zu
. . . . (Belgien)."

b) In Querspalte 5 sind von dem Worte „Landgerichtsbezirk" die drei ersten Silben durchzustreichen.

c) In Querspalte 9 ist anzugeben, welche Staatsangehörigkeit der Verurteilte besitzt.

Ist der Verurteilte Österreicher, so ist hinzuzufügen, wo er in Österreich zuständig ist, insbesondere wo er oder seine Eltern zuletzt in Österreich gewohnt haben, sowie wenn der Verurteilte innerhalb des Reichsgebiets geboren ist (§ 709 unter b), wo sein Vater in Österreich geboren war.

Ist der Verurteilte Schweizer, so ist der Heimatskanton und die Heimatsgemeinde in folgender Form hinzuzufügen:

„Heimat { Kanton . . . .
Gemeinde . . . ."

Da die Heimatgemeinde in der Schweiz mit dem Geburtsorte nicht immer übereinstimmt, sind verurteilte Schweizer nach ihrer Heimatsgemeinde besonders zu befragen.

Andere Bemerkungen sind in Querspalte 9 in der Regel nicht aufzunehmen.

d) In Portugal werden bei der Namenführung alle Vornamen aufgeführt und es pflegt zwischen den Vornamen und dem der Person zukommenden Familiennamen noch der Familienname der Mutter oder bei verheirateten oder verheiratet gewesenen Frauen der von ihnen vor der Verheiratung geführte Familienname (Geburtsname) eingeschoben zu werden. Um deswillen ist bei den für die portugiesische Regierung bestimmten Strafnachrichten in Querspalte 2 als Familienname des Verurteilten nur der ihm zukommende Familienname (bei verheirateten oder verheiratet gewesenen Frauen ihr Geburtsname) aufzunehmen. In dem Raume für die Vornamen sind sämtliche Vornamen aufzuführen. Der in den Namen eingeschobene Familienname der Mutter und bei verheirateten oder verheiratet gewesenen Frauen der Familienname des Ehemanns bleiben in Querspalte 2 weg. Dagegen sind in Querspalte 4 die Familiennamen der beiden Eltern nebst deren sämtlichen Vornamen und bei verheirateten oder verheiratet gewesenen Frauen in Querspalte 3 der Vor- und Familienname des Ehemanns oder des früheren Ehemanns aufzuführen.

e) In der unteren rechten Ecke des Vordrucks ist der Unterschrift des Beamten, die unter die Worte: „Die Richtigkeit bescheinigt" zu setzen ist, der Stempel beizudrücken.

[3] Entsprechend ist zu verfahren, soweit nach § 707 Abs. 2 andere Nachrichten als Strafnachrichten der auswärtigen Regierung mitzuteilen sind.

§ 709.

Fortsetzung.

Die zur Mitteilung an die ausländische Regierung bestimmte Strafnachricht oder sonstige Nachricht ist von der Strafvollstreckungsbehörde,

a) wenn der Verurteilte Angehöriger eines der im § 707 Abs. 1 und 2 genannten Staaten und sein Geburtsort außerhalb des Reichsgebiets gelegen oder nicht zu ermitteln ist, der dem Reichsjustizministerium nach § 691 Abs. 2 einzusendenden Strafnachricht oder sonstigen Nachricht in demselben Umschlag, ohne Begleitschreiben oder Beschluß, beizufügen,

b) wenn der Verurteilte Angehöriger eines der im § 707 Abs. 1 und 2 genannten Staaten ist und sein Geburtsort innerhalb des Reichsgebiets liegt, ohne Bericht oder Beschluß dem Justizministerium einzureichen,

c) wenn sich die Mitteilung einer Strafnachricht an einen nicht im § 707 Abs. 1 und 2 genannten Staat ausnahmsweise zu empfehlen erscheint (§ 707 Abs. 3), mit Bericht, in dem der Grund für die Mitteilung darzulegen ist, dem Justizministerium einzureichen.

S. VO. v. 25. 9. 1924, JMBl. S. 80.

§ 710.

Ausländische Strafarten.

(§ 38 der VO.)

Zusätze:

1. Gleichzustellen sind
   a) die Strafe der Zwangsarbeit (travaux forcés), die von französischen, belgischen oder luxemburgischen Gerichten, ferner die Kettenstrafe (cadena) und schwere Gefängnisstrafe (prison mayor), die von spanischen Gerichten ausgesprochen ist, der deutschen Zuchthausstrafe;
   b) die von italienischen oder norwegischen Gerichten ausgesprochene Strafe der Einschließung (detenzione und hefte) der deutschen Festungshaft;
   c) die von deutsch-österreichischen oder tschechoslowakischen Gerichten ausgesprochene Kerkerstrafe, die von schweizerischen Gerichten ausgesprochene Strafe des Arbeitshauses oder des Korrektionshauses und die von italienischen Gerichten ausgesprochene Strafe der reclusione, soweit diese Strafen ein Jahr nicht übersteigen, der deutschen Gefängnisstrafe.

2. In Zweifelsfällen hat das Strafregister die Entscheidung des Justizministeriums einzuholen.

§ 711.

Steckbriefnachricht.

(§ 39 der VO.)

Zusätze:

1. Als Steckbriefnachricht ist der Vordruck G zu verwenden.

2. In die Bestandsliste (§ 697 Zusatz 3) sind die Steckbriefnachrichten nicht einzutragen.

3. Auf die Entfernung und Vernichtung der Steckbriefnachrichten finden die Vorschriften in den Zusätzen 6, 7 zu § 699 entsprechende Anwendung.

§ 711 a.

Fortsetzung.

(§ 40 der VO.)

§ 711 b.

Fortsetzung.

(§ 41 der VO.)

Zusatz:

Wegen der Vernichtung vgl. § 699 Zusatz 7.

§ 711 c.

Suchvermerke.

(§ 42 der VO.)

Zusätze:

1. Suchvermerke dienen zur Ermittelung anderer als steckbrieflich verfolgter Personen. Auf dem Vordruck G ist das Wort „Steckbriefnachricht" durch „Suchvermerk" zu ersetzen. Auch sonst ist der Vordruck entsprechend abzuändern.

2. Suchvermerke haben nicht die Wirkung nach § 3 Abs. 2 des Gesetzes vom 9. April 1920, abgesehen von dem Falle, daß sich aus dem Suchvermerk ergibt, daß die Vollstreckung noch nicht erledigt sei (§ 3 Abs. 3 des Ges.).

§ 711 d.

Geheimhaltung.

(§ 44 der VO.)

§ 712.

Durchsicht des Strafregisters.

[1] Bei jeder Bearbeitung eines Blattes hat der Registerführer nach allen Richtungen zu prüfen, ob sein Inhalt noch zutrifft, ob beschränkte Auskunft eingetreten ist, oder ob darauf befindliche Vermerke unkenntlich zu machen sind.

[2] Dabei sind die im Register niedergelegten Vermerke über inländische Verurteilungen, die nach den Vorschriften der Strafregisterverordnung vom 12. Juni 1920 nicht mehr registerpflichtig wären, zu vernichten oder, falls das Registerblatt außerdem Vermerke enthält, die bestimmungsgemäß darin verbleiben müssen, unkenntlich zu machen. Das gilt auch für den Fall, daß solche Vermerke bereits gelöscht sein sollten.

[3] Von fünf zu fünf Jahren, erstmalig im Jahre 1925, hat eine allgemeine Durchsicht der Strafregister zu erfolgen, die sich neben der Prüfung im Sinne der Absätze 1 und 2 insbesondere auf die Einhaltung der alphabetischen Ordnung und die nach § 700 vorgeschriebene Entfernung von Registervermerken zu erstrecken hat.

Zusatz:

Ergibt sich bei der Durchsicht, daß eine vor dem 1. Juli 1920 niedergelegte Strafnachricht sich auf einen Zigeuner bezieht, so ist eine Abschrift derselben an das Strafregister des Reichsjustizministeriums zu senden. Auf der Urschrift ist die Absendung der Abschrift zu vermerken.

4. Württemberg.

Verordnung des Württembergischen Justizministeriums über die Strafregister (Württ. StRVO.).

Vom 22. April 1926 (JMBl. S. 107).

Zur Ausführung der Strafregisterverordnung (StRVO.) in der Fassung der Bekanntmachung vom 8. März 1926, Reichsgesetzbl. I S. 517, wird folgendes verordnet:

A. Allgemeine Bestimmungen.

§ 1.

1. Das Strafregister für die in Württemberg geborenen Personen wird bei der Staatsanwaltschaft des Bezirks geführt, in dem die Person geboren ist.

2. Für die im Bezirk des Amtsgerichts Balingen geborenen Personen verbleibt das Strafregister auch unter der Herrschaft des Gesetzes über einen Gerichtsgemeinschaftsvertrag mit Preußen vom 21. Febr. 1923 (RegBl. S. 105) bis auf weiteres bei der Staatsanwaltschaft Rottweil.

Anm.: Das Verzeichnis der deutschen Strafregisterbehörden ist in der Bekanntmachung vom 22. Mai 1925, Amtsbl. S. 57 enthalten.

An die Stelle des früheren Strafregisters des Wohnorts sind die polizeilichen Listen getreten. S. unten § 14.

3. Das Strafregister für die Personen, deren Geburtsort im Ausland gelegen oder zweifelhaft oder nicht zu ermitteln ist, wird bei dem Reichsjustizministerium geführt. (§ 1 Abs. 2 StRVO.) Dies gilt auch für Personen, die in den durch den Friedensvertrag abgetretenen Gebieten geboren sind. (Vergl. Verfügung vom 14. Sept. 1920, Amtsbl. S. 205, und vom 7. Mai 1921, Amtsbl. S. 111.)

§ 2.

Mitteilungen, Anfragen und Ersuchen an die württ. Strafregisterbehörden sind mit der Anschrift zu versehen:

„An die Staatsanwaltschaft N. N. (Strafregister).“

Die an das Strafregister bei dem Reichsjustizministerium ergehenden Mitteilungen sind unter der Anschrift: „An das Reichsjustizministerium (Strafregister) in Berlin W 9, Voßstraße 5“, abzusenden.

§ 3.

Die Aufsicht über die württ. Strafregister führen unter der Leitung des Justizministeriums die Oberstaatsanwälte und der Generalstaatsanwalt. Die Oberstaatsanwälte können mit der Aufsicht über das Strafregister einen der ihnen unterstellten planmäßigen Staatsanwälte beauftragen.

§ 4.

Registerführer ist der von dem Oberstaatsanwalt zu bezeichnende Kanzleibeamte der Staatsanwaltschaft, der nach den Weisungen des Oberstaatsanwalts oder des mit der Aufsicht über das Strafregister beauftragten Staatsanwalts das Strafregister zu verwalten und die damit verbundenen Geschäfte zu erledigen hat. Er hat die Auskünfte aus dem Strafregister in folgender Form zu unterzeichnen:

„Strafregister bei der Staatsanwaltschaft N. N.
(Unterschrift)
Registerführer."

Der Gebrauch eines Stempels ist zulässig. Die Unterschrift ist jedoch handschriftlich zu zeichnen. (Vergl. auch § 13 Abs. 1 StRVO.)

Einholung von Auskünften.

§ 5.

1. Die Gerichte und Strafverfolgungsbehörden haben in jedem einzelnen Fall zu prüfen, ob die Einholung einer Auskunft aus dem Strafregister geboten ist. In geringfügigen Strafsachen sowie in allen Sachen, in denen weder Rückfall in Frage kommt, noch die Kenntnis der Vorstrafen für die Beurteilung des Täters oder für die Strafzumessung von Bedeutung ist, wird die Einholung eines Strafregisterauszugs regelmäßig unterbleiben können. Die unnötige Einholung eines Registerauszugs vermehrt das Schreibwerk und setzt den Beschuldigten und seine Familie der Gefahr einer Bloßstellung aus, die zu vermeiden ist.

Anm.: Vergl. Verfügung vom 4. März 1908 (Amtsbl. S. 41).
Wegen der Behandlung der Strafregisterauszüge im Strafverfahren vergl. Ziff. II der Verfügung vom 20. Juni 1919, Amtsbl. S. 71.

2. In den Fällen des § 35 StRVO. ist zu prüfen, ob nicht die Angabe der drei letzten Verurteilungen genügt oder ob ein vollständiger Auszug nötig ist. In manchen Fällen wird es auch ausreichen, wenn ein „beschränkter" Auszug eingefordert wird. In jedem Falle ist auf der ersten Seite des Vordrucks **F** zum Ausdruck zu bringen, ob über alle oder nur über die der beschränkten Auskunft nicht unterliegenden Vorstrafen Auskunft gewünscht wird. Die Einforderung eines Strafregisterauszugs hat zu unterbleiben, soweit die Feststellung der Vorstrafen aus ohne weiteres zugänglichen Strafakten zuverlässig erfolgen kann.

§ 6.

1. Wenn die Feststellung der Vorstrafen aus besonderen Gründen, z. B. für Prüfung des Rückfalls oder der Stärke des Verdachts der Täterschaft nicht schon in einem früheren Zeitpunkt notwendig ist, wird mit der Einforderung des Strafregisterauszugs in der Regel gewartet werden können, bis feststeht, ob es zur Erhebung der öffentlichen Klage oder zum Antrag auf Erlassung eines Strafbefehls kommt.

2. Sind die bis zu einem gewissen Zeitpunkt erfolgten Bestrafungen und Auskunftsbeschränkungen ohne Inanspruchnahme des Strafregisters (§ 5 Abs. 2) festzustellen, so ist die Anfrage an die Registerbehörde lediglich auf die seit dem Datum des letzten bekannten Strafregisterauszugs erfolgten Bestrafungen oder Auskunftsbeschränkungen zu richten.

§ 7.

1. Bei jedem Ersuchen an die Registerbehörde ist der Aufenthaltsort (Haftort) der Person anzugeben, auf die sich das Ersuchen bezieht.

2. Der Familienname des Vaters und der Geburtsname der Mutter sind voll auszuschreiben. Abkürzung ist unzulässig. Der Rufname der Person, über die Auskunft erbeten wird, ist zu unterstreichen.

B. Mitteilungen an das Strafregister.

Mitteilung von Verurteilungen.

§ 8.

1. Dem Strafregister sind alle Verurteilungen mitzuteilen, die wegen einer strafbaren Handlung durch Urteil oder Strafbefehl eines deutschen Gerichts oder von einer deutschen Behörde durch Strafverfügung oder Strafbescheid oder im Unterwerfungsverfahren ausgesprochen worden sind. Auf die Art der Strafsache (Privatklagesache, Steuersache, Forst- oder Feldrügesache, militärische Straftat) kommt es so wenig an wie auf die Art und Höhe der Strafe. Ausgenommen sind nur Geldstrafen, die wegen einer Übertretung erkannt worden sind, und auch diese sind mitzuteilen, wenn es sich um eine Übertretung des § 361 oder § 363 StGB. handelt.

2. Sieht das Gericht von Strafe ab, weil es Erziehungsmaßregeln für ausreichend hält (§ 6 des Jugendgerichtsgesetzes), so bedarf es einer Mitteilung an das Strafregister nicht. Ordnet das Gericht Erziehungsmaßregeln neben der Strafe an (§ 5 Abs. 2 des Jugendgerichtsgesetzes), so bedarf es in der Strafnachricht keiner Angabe über die Art der angeordneten Erziehungsmaßregeln. Im Strafregister ist lediglich zu vermerken, daß das Gericht Erziehungsmaßregeln angeordnet oder für erforderlich erachtet hat.

Anm.: Verurteilungen zu Bußen auf Grund der §§ 18, 26 des Gesetzes über die Beschäftigung Schwerbeschädigter vom 12. Januar 1923, Reichsgesetzbl. I S. 58, sind dem Strafregister nicht mitzuteilen.

§ 9.

1. Als verurteilendes Erkenntnis ist in den Mitteilungen anzugeben

a) der Strafbefehl, wenn kein Einspruch eingelegt oder der Einspruch nach § 412 Abs. 1 StPO. ohne Beweisaufnahme verworfen worden ist, b das Urteil des Berufungs- oder Revisionsgerichts, wenn es das angefochtene Urteil im Schuld- oder Strafausspruch abgeändert hat,

c) in allen anderen Fällen das Urteil erster Instanz.

2. Als Aktenzeichen ist stets das Aktenzeichen erster Instanz anzugeben.

3. Die erfolglose Einlegung von Rechtsmitteln und in den Fällen des § 412 Abs. 1 StPO. die Einlegung des Einspruchs sind nicht zu erwähnen.

§ 10.

Sind nach § 16 StRVO. gleichzeitig frühere Verurteilungen mitzuteilen, so ist nur der Vordruck A zu benützen. Die Vermerke über die früheren Verurteilungen sind auf die Rückseite des Vordrucks zu setzen. Dabei ist die zweite Spalte der Rückseite („nach Mitteilung von") nicht auszufüllen. Wenn aber die Verurteilung in höherer Instanz erfolgt ist, so ist in der dritten Spalte („Aktenzeichen") auch das Gericht erster Instanz anzugeben.

§ 11.

Wegen der nach § 4 Abs. 1 StRVO. der Strafvollstreckungsbehörde obliegenden Mitteilungspflicht haben die Vorstände der Landesstrafanstalten und der Gerichtsgefängnisse in allen Fällen, in denen auf Gefängnis oder auf Festungshaft von mehr als 3 Monaten oder neben Gefängnis oder Haft auf Überweisung an die Landespolizeibehörde oder auf die Zulässigkeit von Polizeiaufsicht erkannt worden ist, der Strafvollstreckungsbehörde den Entlassungstag mitzuteilen, sofern dieser von dem Rückschein über die Einweisung abweicht. (Vgl. Runderlaß vom 28. Januar 1922 Nr. I 1423.)

Mitteilung von Gesamtstrafen.

§ 12.

1. Entscheidungen, durch die eine Gesamtstrafe gebildet wird, sind alsbald nach Eintritt der Rechtskraft von der Behörde, der die Vollstrecknug der Gesamtstrafe obliegt, unter entsprechender Anwendung des für die Strafnachricht vorgeschriebenen Ausdrucks A und unter Beachtung der Vorschrift des § 2 Abs. 3 StRVO. dem Strafregister mitzuteilen.

2. Wird eine Strafe, die dem Strafregister schon mitgeteilt wurde, mit einer anderen Strafe zu einer Gesamtstrafe zusammengefaßt, so ist bei der Mitteilung der Gesamtstrafe auf die frühere Mitteilung Bezug zu nehmen.

Anm.: Die nachträgliche Umwandlung einer Geldstrafe in eine Freiheitsstrafe (§ 459 StPO.) ist dem Strafregister nicht mitzuteilen.

Mitteilung von Gnadenerweisen.

§ 13.

Erstreckt sich ein Gnadenerweis auf mehrere von verschiedenen württembergischen Gerichten erkannte Strafen, so hat jede Strafvollstreckungsbehörde je hinsichtlich der in ihren Geschäftsbereich fallenden Strafen die Mitteilung an das Strafregister nach Vorschrift des § 12 StRVO. zu bewirken.

Mitteilungen an die Ortspolizeibehörden.

§ 14.

Die Strafvollstreckungsbehörden haben der Ortspolizeibehörde der Gemeinde, in welcher der Verurteilte seinen Wohnort oder dauernden Aufenthalt oder beim Fehlen eines solchen seinen letzten Aufenthalt hatte, Mitteilung zu machen:

a) von allen registerpflichtigen Verurteilungen,
außerdem ohne Rücksicht auf die Art und Höhe der Strafe von allen Verurteilungen wegen Übertretung von Vorschriften über den Gewerbebetrieb im Umherziehen.

§ 15.

Wird eine der Ortspolizeibehörde mitgeteilte Strafe (§ 14) nachgelassen, ermäßigt oder umgewandelt oder wird die Verurteilung im Wiederaufnahmeverfahren rechtskräftig aufgehoben oder werden dem Verurteilten die bürgerlichen Ehrenrechte oder einzelne Rechte oder Fähigkeiten, die er infolge der Verurteilung verloren hat, wieder verliehen, so ist hievon der Ortspolizeibehörde unter Verwendung des Vordrucks E Mitteilung zu machen.

Behörden, denen die Mitteilungen an das Strafregister obliegen.

§ 16.

1. Die Mitteilung gerichtlicher Strafurteile und Strafbefehle ist Sache der Behörde, welcher die Strafvollstreckung obliegt (§ 11 Abs. 1 Nr. 1 StRVO.).

2. Die Mitteilungen sind, sofern nicht die Strafvollstreckung durch den Jugendrichter selbst zu bewirken ist (§ 8 der Verfügung vom 25. Mai 1923, Amtsbl. S. 110), durch denjenigen Gerichtsschreiber des Amtsgerichts oder Kanzleibeamten der Staatsanwaltschaft zu unterzeichnen, dem die selbständige Besorgung der Strafvollstreckung obliegt (Ziff. 2 der Verfügung vom 25. Juni 1921, Amtsbl. S. 163, und Abs. 3 der Verfügung vom 15. August 1922, Amtsbl. S. 273).

3. Zur Veranlassung der Ergänzung oder Berichtigung der Registrierung gemäß § 16 StRVO. ist außerdem jede Behörde verpflichtet, die hiezu nach dem Lauf der Untersuchung in die Lage kommt.

4. Die Mitteilung der polizeilichen Strafverfügungen ist Sache der Behörde, der die Strafvollstreckung obliegt (Art. 23 Abs. 1 des Gesetzes vom 12. August 1879, betreffend Änderung des Landespolizeistrafgesetzes vom 27. Dezember 1871 und das Verfahren bei Erlassung polizeilicher Strafverfügungen, Reg.-Bl. S. 153). Soweit solche polizeiliche Strafverfügungen von den Ortsvorstehern erlassen werden (angef. Gesetz Art. 10 Nr. 1), wird ihre Mitteilung an die

Strafregisterbehörden anderer Länder und an das Reichsjustizministerium durch die dem Ortsvorsteher vorgesetzte Staatsanwaltschaft (§ 11 Nr. 1 StRVO.) vermittelt.

§ 17.

1. Die Entscheidungen der Gerichte und Strafverfolgungsbehörden, durch welche ein Strafverfahren in Anwendung des § 51 des StGB.'s durch Einstellung des Verfahrens, Nichteröffnung des Hauptverfahrens oder Freisprechung beendigt oder durch die ein Strafverfahren vorläufig eingestellt wird, weil der Beschuldigte nach der Tat geisteskrank geworden ist (§ 9 Nr. 1 StRVO.), werden von der Behörde (Staatsanwaltschaft, Zweigstelle der Staatsanwaltschaft oder Amtsanwaltschaft) mitgeteilt, welche die Strafverfolgung in erster Instanz betrieben hat.

2. Die Gerichte haben den Staatsanwaltschaften und ihren Zweigstellen sowie den Amtsanwaltschaften alsbald nach Eintritt der Rechtskraft der registerpflichtigen Entscheidungen die Akten zum Zweck der Herbeiführung der Eintragung im Strafregister zu übersenden.

3. Die Mitteilungen über Entmündigungen und deren Wiederaufhebung (§ 9 Nr. 2 bis 4 StRVO.) hat das Amtsgericht zu machen.

§ 18.

Der Standesbeamte, der am Rande des Geburtsregisters oder des Heiratsregisters einen Rechtsvorgang vermerkt, durch den der Vorname oder der Familienname einer über 14 Jahre alten Person geändert wird, hat dies dem zuständigen Strafregister mitzuteilen. Die Mitteilung hat Namen, Tag und Ort der Geburt der Person sowie den Inhalt des Randvermerks zu enthalten.

Genauigkeit der Mitteilungen.

§ 19.

1. Die persönlichen Verhältnisse, die in den Mitteilungen angegeben werden müssen, sind rechtzeitig mit größter Sorgfalt zu ermitteln. Soweit sie sich auf Grund der Akten nicht mit Sicherheit feststellen lassen, sind vor Ausfertigung der Strafnachrichten und Mitteilungen geeignete Erhebungen, nötigenfalls durch Anfrage bei den Standesämtern oder durch Einsicht in die standesamtlichen Nebenregister anzustellen.

Anm.: Wegen der genauen Erhebung des Orts und Tags der Geburt und wegen der Anlegung von Kontrollverzeichnissen vgl. Runderlaß vom 11. Juli 1925 Nr. I 10 493.

2. Hat eine derartige Feststellung der persönlichen Verhältnisse auf Grund von Urkunden stattgefunden, so ist hierüber in Spalte „Sonstige Bemerkungen" ein kurzer Vermerk (z. B. Eltern, Geburtstag und -Ort durch Geburtsurkunde festgestellt) aufzunehmen.

3. Im übrigen sind die Eintragungen in dieser Spalte möglichst zu beschränken, eine Personenbeschreibung ist nicht aufzunehmen, die Angabe besonderer Kennzeichen dagegen zulässig.

§ 20.

1. Bei der Ausfüllung des Vordrucks A ist neben dem Vor- und Familiennamen des Vaters auch dessen Stand, wenn er bekannt ist, anzugeben.

2. Läßt sich der Geburtsname einer verheirateten oder verwitweten Frau nicht mit Sicherheit feststellen, so ist eine zweite Mitteilung auf den durch die Verheiratung erlangten Namen anzufertigen (z. B. „Maier, angeblich geborene Zwicker"). In jedes Stück ist in der obersten Spalte ein Hinweis auf die zweite Mitteilung aufzunehmen.

3. Bei Ausfüllung der Vordrucke A, F und G ist auch der Familienname des Vaters und der Geburtsname der Mutter voll auszuschreiben.

§ 21.

1. Die Beamten und Hilfsbeamten der Staatsanwaltschaft und die Gerichte werden angewiesen, in jedem Verfahren, nach welchem die Mitteilung einer Nachricht an das Strafregister gemäß §§ 1 bis 9 oder § 15 StRVO. erforderlich werden kann, von Anfang an auf die Klarstellung des Orts und Tags der Geburt, sowie den Namen der Eltern der Person hinsichtlich deren eine Nachricht an das Strafregister in Frage kommen kann, bedacht zu sein.

2. Bei der Abfassung der Strafurteile und Strafbefehle sowie der Entscheidungen in Entmündigungssachen sind mit Rücksicht auf die dem Strafregister zu machenden Mitteilungen Ort und Zeit der Geburt desjenigen, auf den sich die Entscheidung bezieht, zu bezeichnen.

§ 22.

1. Alle Strafnachrichten und Mitteilungen müssen mit dem Inhalt der Akten genau übereinstimmen.

2. Sind die Vordrucke D und G auszufüllen, so müssen die Angaben über die persönlichen Verhältnisse genau übereinstimmen mit den entsprechenden Angaben in der vorangegangenen Mitteilung. Sind auf Grund der in der Zwischenzeit angestellten Ermittlungen Abweichungen erforderlich, so ist dies besonders zu vermerken.

§ 23.

Über die erfolgte Mitteilung der Nachrichten zum Strafregister ist unter Angabe der Zeit in den Akten oder auf dem Aktenumschlag ein Vermerk zu machen.

Mitteilungen an ausländische Regierungen.

§ 24.

Bezüglich der Mitteilung von Strafurteilen an ausländische Regierungen hat es bei den mit diesen getroffenen vertraglichen Abmachungen, soweit sie in Kraft geblieben oder nach Art. 289 des

Friedensvertrags wieder in Kraft getreten sind, bis auf weiteres sein Verbleiben *).

---

*) Wegen solcher Abmachungen vgl.:

Auslieferungsvertrag zwischen dem Deutschen Reich und Belgien vom 24. Dezember 1874, Reichsgesetzbl. 1875 S. 73, nach Friedensschluß wieder in Kraft gesetzt (vgl. Bekanntmachung vom 30. Juni 1920, Reichsgesetzbl. S. 1397),

Auslieferungsvertrag zwischen dem Deutschen Reich und Bulgarien vom 29. September 1911, Reichsgesetzbl. 1913 S. 468, Verfügung des Justizministeriums vom 11. Oktober 1913, Amtsbl. S. 780,

Auslieferungsvertrag zwischen Württemberg und Frankreich vom 25. Januar 1853, Reg.-Bl. S. 69, nach Friedensschluß wieder in Kraft gesetzt (vgl. Bekanntmachung vom 9. April 1920, Amtsbl. S. 81),

Auslieferungsvertrag zwischen dem Deutschen Reich und Griechenland vom 27. Februar/12. März 1907, Reichsgesetzbl. S. 545, nach Friedensschluß wieder in Kraft gesetzt (vgl. Bekanntmachung vom 5. August 1920, Reichsgesetzbl. S. 1543),

Auslieferungsvertrag zwischen dem Deutschen Reich und Italien vom 31. Oktober 1871, Reichsgesetzbl. S. 446, nach Friedensschluß wieder in Kraft gesetzt (vgl. Bekanntmachung vom 15. August 1920, Reichsgesetzbl. S. 1577),

Auslieferungsvertrag zwischen dem Deutschen Reich und Luxemburg vom 9. März 1876, Reichsgesetzbl. S. 223,

Auslieferungsvertrag zwischen dem Deutschen Reich und den Niederlanden vom 31. Dezember 1896, Reichsgesetzbl. 1897 S. 731 (vgl. Verfügung vom 9. April 1898, Amtsbl. S. 19),

Auslieferungsvertrag zwischen dem Deutschen Reich und Norwegen vom 19. Januar 1878, Reichsgesetzbl. S. 239 (vgl. Verfügung vom 5. Juni 1907, Amtsbl. S. 103),

Vereinbarung mit der Kaiserl. Österreichischen Regierung (vgl. Verfügung vom 15. Februar 1901, Amtsbl. S. 19, ferner Verfügung vom 25. Februar 1921, Amtsbl. S. 76),

Auslieferungsvertrag zwischen dem Deutschen Reich und Paraguay vom 26. November 1909/14. August 1915, Reichsgesetzbl. 1915 S. 571 (vgl. Verfügung vom 27. September 1915, Amtsbl. S. 77),

Vereinbarung mit der Peruanischen Regierung (vgl. Verfügung vom 24. Juni 1902, Amtsbl. S. 70),

Deutsch-polnische Vereinbarung über Rechtshilfe in Strafsachen (vgl. Bekanntmachung vom 2. Januar 1926, Reichsgesetzbl. II S. 89 und Verordnung vom 17. April 1926, Amtsbl. S. 78).

§ 25.

Die Mitteilung erfolgt, wenn über die Verurteilung nach § 1 Abs. 2 StRVO. eine Strafnachricht für das Reichsjustizministerium (Strafregister) anzufertigen ist, in der Weise, daß die für die ausländische Regierung bestimmte Strafnachricht der an das Reichsjustizministerium zu übersendenden unter Umschlag, jedoch ohne Anschreiben, beigefügt wird, in allen anderen Fällen durch Vorlage an das Justizministerium mittels Berichts.

C. Tätigkeit der Registerbehörden.

§ 26.

Die Strafregister sind verschlossen in Schränken, die die nötige Anzahl von Fächern enthalten, nach Gemeinden geordnet aufzubewahren. Die Fächer sind mit den Namen der Gemeinden und innerhalb der Gemeinden in alphabetischer Ordnung mit den Anfangsbuchstaben der Namen der registrierten Personen zu überschreiben. Wo ein Bedürfnis dazu besteht, kann die Ordnung nach Gemeinden aufgegeben und die Registrierung durchlaufend durch den ganzen Landgerichtsbezirk alphabetisch nach dem Familiennamen vorgenommen werden.

§ 27.

1. Die Führung eines Tagebuchs über die eingehenden Mitteilungen und Ersuchen um Auskunft sowie über deren Erledigung ist nicht erforderlich. Dagegen ist, sobald erstmals eine Anfrage oder ein Ersuchen um Auskunft über eine im Registerbezirk geborene Person eingeht, das Register dieser Person alsbald mit einem Umschlag nach dem dieser Verordnung beigefügten Muster zu versehen.

2. Auf dem Umschlag ist die Zeit und Art der Erledigung des Ersuchens durch Ausfüllung der Spalten 1 bis 4 ersichtlich zu machen. Die Spalte 4 ist vom Registerführer auszufüllen, der sich dabei zu überzeugen hat, daß die Erledigung des Ersuchens keine Verzögerung erlitten hat.

3. Die Anlegung des Umschlags ist auch dann geboten, wenn ein Ersuchen um Auskunft oder eine Steckbriefnachricht oder ein Suchvermerk über eine Person eingeht, über welche das Register keinen Vermerk enthält.

Vereinbarung mit der Portugiesischen Regierung (vgl. Verfügung vom 17. Dezember 1894, Amtsbl. S. 75),
Auslieferungsvertrag zwischen dem Deutschen Reich und der Schweiz vom 24. Januar 1874, Reichsgesetzbl. S. 113,
Auslieferungsvertrag zwischen dem Deutschen Reich und Spanien vom 2. Mai 1878, Reichsgesetzbl. S. 213,
Gegenseitigkeitsvertrag mit der Tschechoslowakei (vgl. Verfügung vom 17. März 1920, Amtsbl. S. 67).

Behandlung der Mitteilungen.

§ 28.

1. Die eingehenden Mitteilungen und Ersuchen um Auskunftserteilung werden vom Registerführer mit dem Vermerk des Zeitpunkts des Eingangs versehen.

2. Sie sind sofort nach ihrem Eingang sorgfältig zu prüfen (§ 17 Abs. 1 StRVO.). Zur Prüfung der Angaben über die persönlichen Verhältnisse dient bis auf weiteres die Einrichtung der Kontrollverzeichnisse nach dem Runderlaß vom 11. Juli 1925 Nr. I 10 493. Wo ausnahmsweise eine Prüfung auf Grund des Standesregisters geboten erscheint, sind die Standesämter zu ersuchen, die Prüfung an der Hand der Standesregister oder Familienregister (vgl. Verfügung der Ministerien der Justiz und des Innern vom 30. Oktober 1899, betreffend die Führung der Familienregister und die Mitteilungen über Personenstandsveränderungen, Reg.-Bl. S. 893) vorzunehmen.

§ 29.

Mitteilungen über Vorgänge, die nach §§ 2 bis 9 StRVO. nicht registerpflichtig sind, werden zurückgesandt.

Anm.: Strafen, die vor dem 1. Mai 1926 rechtskräftig geworden sind und nach den bis dahin geltenden Vorschriften nicht registerpflichtig waren, sind in das Register nicht aufzunehmen, auch wenn sie gemäß § 2 Abs. 1 StRVO. registerpflichtig wären, falls sie nach dem 30. April 1926 rechtskräftig geworden wären.

§ 30.

Eine Mitteilung, die bei einem örtlich unzuständigen Strafregister eingeht, ist an die zuständige Registerbehörde abzugeben. Ist diese nicht bekannt oder ist aus der Mitteilung ersichtlich, daß sie an mehrere Registerbehörden ergangen ist (§ 14 StRVO.), so ist sie an die Strafvollstreckungsbehörde zurückzusenden.

§ 31.

Ergibt sich bei einer aus dem Ausland eingehenden Strafnachricht die Unrichtigkeit oder Ungenauigkeit der Angaben über den Geburtsort des Verurteilten, so hat der Registerführer im unmittelbaren Verkehr mit den inneren deutschen Behörden und bei deutsch-österreichischen, niederländischen, schweizerischen und polnischen*) Strafnach-

*) Vgl. Verfügung vom 30. Oktober 1908, betreffend die Erteilung von Strafregisterauszügen im Verkehr mit den österreichischen Behörden (Amtsbl. S. 108); Verfügung vom 20. Dezember 1909, betreffend den unmittelbaren Verkehr mit den niederländischen Justizbehörden in Strafsachen (Amtsbl. S. 234); ferner hinsichtlich der Schweiz: Abkommen vom 1./10. Dezember 1878 (württ. Gerichtsbl. Bd. 15 S. 226) und wegen Polen Bekanntmachung über den deutsch-

richten nötigenfalls auch mittels alsbaldiger unmittelbarer Rückfrage bei der Behörde, die die Strafnachricht ausgestellt hat, die zur Feststellung des Geburtsorts erforderlichen Erhebungen vorzunehmen und die Strafnachricht sodann an die richtige Registerbehörde abzugeben. Bleiben diese Erhebungen erfolglos, so ist die Strafnachricht gemäß § 14 Abs. 2 StRVO. samt den entstandenen Akten dem Reichsjustizministerium vorzulegen.

§ 32.

Die Mitteilungen B und die Mitteilungen D und E, die sich auf eine registerpflichtige Strafe beziehen, sind daraufhin zu prüfen, ob eine entsprechende Strafnachricht im Register niedergelegt ist, ob die Angaben über die persönlichen Verhältnisse genau übereinstimmen oder ob Abweichungen besonders vermerkt sind. Ist eine Strafnachricht im Register nicht vorhanden oder finden sich unaufgeklärte Abweichungen in den Angaben über die persönlichen Verhältnisse, so sind die Mitteilungen B, D und E mit einem entsprechenden Vermerk zurückzuschicken.

§ 33.

Bei der Rücksendung sowie bei der Abgabe einer Mitteilung an die richtige Registerbehörde hat der Registerführer auf der Rückseite der Mitteilung oder — falls es sich um eine erste Mitteilung A handelt, die demnächst als Strafliste verwendet werden kann (§ 23 Abs. 2 StRVO.), — auf einen besonderen Anlagezettel kurz den Grund zu vermerken (z. B. „Vaihingen a. E. gehört zum Landgericht Heilbronn. Strafregister bei der Staatsanwaltschaft Stuttgart, den 25. Mai 1926. Frank, Registerführer", oder „zurückgesandt, da eine entsprechende Nachricht A hier nicht niedergelegt ist. Strafregister bei der usw." oder „zurückgesandt, da die Angaben der persönlichen Verhältnisse mit denjenigen der hier niedergelegten Mitteilung A in den mit roter Tinte angemerkten Punkten nicht übereinstimmen. Strafregister bei der usw.").

§ 34.

1. Ergeben sich keine Beanstandungen, so werden die Mitteilungen nach näherer Vorschrift der §§ 19 bis 21 StRVO. in das Strafregister eingelegt oder im Register vermerkt.

2. Die einzulegenden Mitteilungen sind täglich in die Registerfächer zu verteilen. Sie sind in alphabetischer Ordnung, bei gleichen Familiennamen unter Berücksichtigung des Alters der Person, auf die sich die Mitteilung bezieht, einzulegen. Dies gilt auch dann, wenn die Familiennamen gleich lauten und sich nur durch die Schreibweise unterscheiden; in diesem Fall ist aber da, wo der Name noch gesucht werden könnte, ein Blatt einzulegen, das auf die Stelle verweist, wo der Name sich findet.

---

polnischen Rechtshilfeverkehr in Strafsachen vom 2. Januar 1926, Reichsgesetzbl. II S. 89, und Verordnung vom 17. April 1926, Amtsbl. S. 78.

Straflisten.

§ 35.

1. Eine Strafliste ist stets anzulegen, sobald eine zweite zweifellos dieselbe Person betreffende Strafnachricht (A oder B) eingeht. Mitteilungen nach § 9 Nr. 1 und 2 StRVO. bleiben gesondert.

2. Über mehrere Verurteilungen im Ausland kann eine besondere Strafliste angelegt werden, andernfalls sind Mitteilungen über Verurteilungen im Ausland gesondert zu verwahren (§ 23 Abs. 4 StRVO.).

§ 36.

1. Wird zur Anlegung einer Strafliste nicht die erste niedergelegte Strafnachricht A, sondern der Vordruck einer solchen benützt, so sind in der obersten Spalte die Worte „mitteilende Behörde" und „Aktenzeichen" zu durchstreichen und unterhalb der ersteren Worte der Vermerk „Strafliste angelegt am . . ." einzutragen. Vermerke auf Strafnachrichten über die Feststellung der persönlichen Verhältnisse sind mitzuübertragen.

2. Die einzelnen Mitteilungen sind in die Strafliste nach der Zeitfolge der Verurteilung einzutragen. Als Strafliste darf deshalb eine Mitteilung, auf deren Rückseite frühere Vorstrafen von der mitteilenden Behörde verzeichnet ist, nicht verwendet werden.

Steckbriefnachrichten und Suchvermerke.

§ 37.

1. Steckbriefnachrichten und Suchvermerke sind unter Beachtung der in § 28 Abs. 2 gegebenen Vorschriften im Register niederzulegen, nachdem sie mit dem Eingangsstempel versehen sind.

2. Die Zurücksendung nach § 41 Abs. 3 StRVO. ist vorzunehmen, wenn sie bei Gelegenheit der Einsicht des Registers oder der Durchsicht der Fächer (§ 43) ergibt, daß eine Steckbriefnachricht schon seit 3 Jahren oder länger im Strafregister niedergelegt ist.

Auskunftsbeschränkung und Tilgung.

Vorbemerkung:

Nach § 2 des Gesetzes über beschränkte Auskunft aus dem Strafregister und die Tilgung von Strafvermerken vom 9. April 1920 (Reichsgesetzbl. S. 507) ist grundsätzlich bei mehreren Verurteilungen einer Person über alle Verurteilungen unbeschränkt Auskunft zu erteilen, solange über eine der Verurteilungen unbeschränkt Auskunft erteilt werden muß; ebenso darf grundsätzlich die Tilgung eines Vermerks im Strafregister bei einer mehrfach verurteilten Person erst erfolgen, wenn für alle Verurteilungen die Voraussetzungen der Tilgung vorliegen. (Ausnahme s. § 2 Abs. 2 des Gesetzes in der Fassung des Art. X der Verordnung über Vermögensstrafen und Bußen vom 6. Februar 1924, Reichsgesetzbl. I S. 44, wonach eine nachfolgende Geldstrafe die Auskunftsbeschränkung oder Tilgung nicht hindert.)

Bei der Handhabung der Vorschriften ist zu berücksichtigen, daß die Tilgung von Strafvermerken eine endgültige, die Beschränkung der Auskunftserteilung aber nur eine vorläufige Maßnahme ist. Ist demnach die spätere Verurteilung zu einer Zeit erfolgt, wo für die erste Verurteilung bereits die Voraussetzung der Tilgung eingetreten war, so ist die erste Strafe zu tilgen, über die zweite aber je nach dem Zeitablauf unbeschränkt oder beschränkt Auskunft zu erteilen. Ist jedoch die zweite Verurteilung zu einer Zeit erfolgt, wo für die erste Verurteilung die Frist des § 6 zwar abgelaufen, die Frist des § 7 aber noch im Lauf war, so ist über beide Verurteilungen solange unbeschränkt Auskunft zu erteilen, bis auch für die zweite Strafe die Frist des § 6 abgelaufen ist; auch die Tilgung der beiden Verurteilungen ist erst zulässig, wenn für beide die Voraussetzungen der Tilgung vorliegen. Diese Grundsätze gelten nach § 11 Abs. 2 des Gesetzes auch für Verurteilungen, die vor dem 1. Juli 1920 in das Strafregister eingetragen sind. Es ist also bei der Beurteilung solcher Strafblätter zunächst zu prüfen, ob etwa für einen Teil der eingetragenen Strafen zu irgend einem Zeitpunkte die Voraussetzungen der Tilgung unter Berücksichtigung des § 2 Abs. 1 Satz 2 vorgelegen haben. Ist dies der Fall, so sind zunächst die einmal tilgungsreif gewordenen und damit endgültig der Tilgung verfallenen Verurteilungen zu tilgen und dann erst die übrigen Eintragungen nach § 2 Abs. 1 des Gesetzes weiter zu behandeln.

Beispiele:

a) 1. 7. 1907 3 Tage Gefängnis,
1. 7. 1918 4 Monate Gefängnis.

Auskunft am 1. 10. 1926: unbeschränkte Auskunft über Strafe 2; die erste Strafe ist zu tilgen.

Vom 1. 11. 1928 ab beschränkte Auskunft über Strafe 2. Am 1. 11. 1938 Tilgung der Strafe 2.

b) 1. 7. 1907 3 Tage Gefängnis,
1. 7. 1918 1 Monat Gefängnis.

Auskunft am 1. 10. 1926: beschränkte Auskunft über Strafe 2; die erste Strafe ist zu tilgen.

Am 1. 7. 1933 Tilgung der Strafe 2.

c) 1. 7. 1907 3 Tage Gefängnis,
1. 7. 1916 4 Monate Gefängnis.

Auskunft am 1. 10. 1926: unbeschränkte Auskunft über beide Strafen.

Vom 1. 11. 1926 ab beschränkte Auskunft über beide Strafen. Am 1. 11. 1936 Tilgung beider Strafen.

d) 1. 7. 1912 3 Tage Gefängnis,
1. 7. 1921 1 Monat Gefängnis.

Auskunft am 1. 10. 1926: beschränkte Auskunft über beide Strafen.

Am 1. 7. 1936 Tilgung beider Strafen.

Die Beispiele setzen erwachsene Verurteilte voraus und gehen weiterhin davon aus, daß in den Fällen des § 6 Abs. 1 Nr. 2 die Vollstreckung sich unmittelbar an die Verurteilung angeschlossen hat (vgl. § 6 Abs. 3).

Die Fristen der §§ 6 und 7 des Gesetzes berechnen sich stets nach der Höhe der in der Verurteilung ausgesprochenen Strafe, mag sie auch später im Gnadenweg ermäßigt oder erlassen worden sein.

§ 38.

Den Eintritt der Auskunftsbeschränkung hat der Registerführer im Register dadurch ersichtlich zu machen, daß er an den Strafnachrichten oder Straflisten in der rechten oberen Ecke mit roter Tinte ein deutliches b anbringt, sobald er eine derartige Strafnachricht oder Strafliste erstmalig in Bearbeitung nimmt. Das b ist wieder zu beseitigen, sobald die Auskunftsbeschränkung wegfällt, weil eine Mitteilung über eine neue Verurteilung zu Freiheitsstrafe (vgl. Art. X der Verordnung über Vermögensstrafen und Bußen vom 6. Februar 1924, Reichsgesetzbl. I S. 44) oder eine Steckbriefnachricht eingeht.

§ 39.

1. Ehe ein Vermerk getilgt (entfernt, vernichtet, unkenntlich gemacht) wird, muß besonders sorgfältig geprüft werden, ob die Voraussetzungen dieser Maßnahme gegeben sind.

Anm.: Vermerke, die im Strafregister gelöscht sind, oder auf Grund der früher geltenden Bestimmungen hätten gelöscht werden können, dürfen nicht ohne weiteres, sondern nur in den Fällen getilgt werden, in denen die Erfordernisse der Tilgung nach der StRVO. oder dem Gesetz über beschränkte Auskunft vom 9. April 1920 vorhanden sind.

2. In allen zweifelhaften Fällen ist die Entscheidung des Oberstaatsanwalts oder des mit der Aufsicht über das Strafregister beauftragten Staatsanwalts einzuholen.

§ 40.

Aus dem Register zu entfernen sind Mitteilungen, die einen unter falschem Namen Verurteilten betreffen. Ist eine solche Verurteilung in eine Strafliste eingetragen, so ist die unrichtige Eintragung durch Überkleben oder durch Schwärzen unkenntlich zu machen.

§ 41.

1. Ersieht der Registerführer bei der Entfernung einer Mitteilung infolge Todes des Verurteilten (§ 24 Abs. 1 StRVO.), daß ein gleicher Vermerk in einem anderen Strafregister niedergelegt ist, so hat er dieses Strafregister zu benachrichtigen und zwar durch Übersendung der entfernten Mitteilung, die zu durchstreichen und mit einem entsprechenden Vermerk (z. B. „wegen Todes des M. hier entfernt“) zu versehen ist.

2. Sind in den bei einer Registerbehörde eingehenden Nachweisungen über den Tod Vorbestrafter solche Personen aufgeführt, deren Geburtsort entweder in einem anderen Registerbezirk oder außerhalb des Deutschen Reichs liegt, oder nicht zu ermitteln ist, so sind diese Personen der zuständigen Registerbehörde zu benennen.

§ 42.

1. Die Mitteilungen, die über achtzig Jahre alte Personen betreffen (§ 42 Abs. 2 StRVO.), sind bei Gelegenheit der Einsicht des Registers sowie bei der periodischen Durchsicht der Fächer (§ 43) zu entfernen, jedoch nicht vor dem Ablauf von 5 Jahren seit der letzten Verurteilung und nicht, wenn dem Registerführer bekannt ist, daß der Betreffende noch lebt.

2. Bei dieser Gelegenheit sind auch die Strafnachrichten, auch die bereits der beschränkten Auskunft unterliegenden, über nichtregisterpflichtige Strafen zu entfernen oder in den Straflisten durch Überkleben oder durch Schwärzen unkenntlich zu machen. Soweit solche Strafen bereits vor dem 1. Juli 1920 gelöscht sind oder soweit bei ihnen gemäß § 8 des Gesetzes über beschränkte Auskunft die Anordnung der beschränkten Auskunft getroffen ist, ist auch der Vermerk über die Löschung oder die Auskunftsbeschränkung unkenntlich zu machen.

Anm.: Zu tilgen sind insbesondere auch die Vermerke über die Strafe des Verweises und über alle Verurteilungen der Personen, die zur Zeit der Tat noch nicht 14 Jahre alt waren. Ist nach dem Strafregister zweifelhaft, ob ein Verurteilter zur Zeit der Tat schon 14 Jahre alt war, so ist dies durch Anfrage bei dem Gericht festzustellen; eine solche Anfrage wird sich regelmäßig empfehlen, wenn ein Verurteilter zur Zeit der Verurteilung noch nicht 15 Jahre alt war (vgl. §§ 45 und 46 des Jugendgerichtsgesetzes).

Ferner sind zu tilgen Vermerke über Strafen, die nach § 13 des Gesetzes über die Ausgabe und Einlösung von Notgeld vom 17. Juli 1922, Reichsgesetzbl. I S. 693, erlassen sind.

Durchsicht der Strafregister.

§ 43.

Sämtliche Fächer des Registerschranks sind nach näherer Anordnung des Oberstaatsanwalts oder des mit der Aufsicht über das Strafregister beauftragten Staatsanwalts von Zeit zu Zeit einer Durchsicht zu unterziehen. Sie hat sich insbesondere darauf zu erstrecken, ob die Strafnachrichten und Straflisten genau alphabetisch niedergelegt sind und ob die Zuständigkeit des Strafregisters gegeben ist.

Erteilung von Auskünften.

Vorbemerkung:

Dem Gesetz über beschränkte Auskunft aus dem Strafregister vom 9. April 1920 liegt der Gedanke zugrunde, daß über das

Vorleben einer Person Auskunft aus dem Strafregister nur erteilt werden darf, wenn dies durch ein überwiegendes öffentliches Interesse geboten ist. Demgemäß ist vor Erteilung einer jeden Auskunft aus dem Strafregister genau zu prüfen, ob das Ersuchen von einer Stelle ausgeht, welcher Auskunft zu erteilen ist, und bejahendenfalls in welchem Umfang die ersuchende Stelle Auskunft aus dem Strafregister zu verlangen berechtigt ist.

§ 44.

1. Auskunftsberechtigt sind außer den Gerichten und Strafverfolgungsbehörden nur die höheren Verwaltungs- und Polizeibehörden, sowie die etwa vom Reichsjustizministerium bezeichneten sonstigen Behörden (§ 32 Abs. 1 und 2 StRVO.).

Anm.: Strafverfolgungsbehörden im Sinne des § 32 StRVO. sind auch die Finanzämter und Hauptzollämter (§§ 386 ff. der Reichsabgabenordnung und Art. 11 des Gesetzes vom 25. August 1879, Reg.-Bl. S. 259.

2. Privatpersonen darf niemals Auskunft aus dem Strafregister erteilt werden, auch nicht über die sie selbst betreffenden Vermerke (§ 36 StRVO.).

3. Das Verzeichnis der Behörden und Stellen, denen Auskunft aus dem Strafregister zu erteilen ist, ist im Reichsministerialbl. vom 27. März 1925 S. 223 ff. veröffentlicht; ein Abdruck davon ist den Strafregisterbehörden mit Runderlaß vom 22. Mai 1925 Nr. I 8017 zugegangen.

Anm.: Von den württembergischen Behörden sind als auskunftsberechtigt auch die Ortspolizeibehörden erklärt. Wenn diese daher um Auskunft aus dem Strafregister zum Zweck der Ausstellung von Leumundszeugnissen nachsuchen, so ist dem Ersuchen stattzugeben. Über Verurteilungen, die der Auskunftsbeschränkung unterliegen, darf ihnen keine Auskunft erteilt werden.

§ 45.

Über Verurteilungen, die der beschränkten Auskunft unterliegen, darf nur den Gerichten, den Behörden der Staatsanwaltschaft sowie auf ausdrückliches Verlangen den obersten Reichs- und Landesbehörden Auskunft erteilt werden (§ 4 Abs. 1 des Gesetzes über beschränkte Auskunft). Auch den Gerichten und Behörden der Staatsanwaltschaft wird über solche Verurteilungen dann keine Auskunft erteilt, wenn sie ausdrücklich nur um beschränkte Auskunft ersuchen.

Anm.: Wegen des Polizeipräsidiums s. Runderl. vom 27. Mai 1924 Nr. I 8660.

Solange über einen Verurteilten eine Steckbriefnachricht im Register niedergelegt ist, muß allen auskunftsberechtigten Stellen über sämtliche Vorstrafen, auch die sonst der Auskunftsbeschränkung unterliegen, Auskunft erteilt werden (§ 3 Abs. 2 des Gesetzes). Bloße Suchvermerke haben diese Wirkung nicht.

§ 46.

Wenn über eine Verurteilung nur beschränkt Auskunft zu erteilen ist, so muß der Registerauszug so gefaßt werden, als ob die Strafe nicht vorhanden wäre. Das gleiche gilt hinsichtlich getilgter Vermerke.

Anm.: Sind z. B. im Register einer Person zunächst 3 gelöschte oder sonst der Auskunftsbeschränkung unterliegende, dann ein getilgter Vermerk enthalten und endlich eine Gefängnisstrafe von 3 Monaten, über welche unbeschränkt Auskunft zu erteilen ist, eingetragen, so darf der Auszug nicht lauten: Nr. 1 bis 3 gelöscht (oder Auskunft beschränkt), Nr. 4 getilgt, Nr. 5 (folgt die Verurteilung zu 3 Monaten Gefängnis); der Auszug hat vielmehr lediglich zu lauten: Nr. 1 (folgt die Verurteilung zu 3 Monaten Gefängnis).

Sind im Register nur gelöschte oder sonst der Auskunftsbeschränkung unterliegende oder getilgte Vermerke enthalten, so ist, falls nicht eine unbeschränkte Auskunft verlangt werden kann und verlangt wird, der Auszug genau so zu fassen, wie wenn keine Verurteilung vermerkt wäre (§ 4 Abs. 2 des Gesetzes), d. h. es ist in dem Vordruck F das Wort „folgende" zu durchstreichen.

Wegen der Auskunft über Vermerke nach § 9 Nr. 1 und 2 StRVO. vergl. § 34 StRVO.

§ 47.

Strafen, deren Löschung im Register vor dem 1. Juli 1920 angeordnet worden ist, unterliegen der beschränkten Auskunft (§ 11 Abs. 1 und 3 des Gesetzes). Die Frist für die Tilgung beginnt mit dem Tage, an dem die Löschung angeordnet ist.

Anm.: Als Tag, an dem die Löschung angeordnet ist, gilt der Tag der Anordnungsverfügung, bei allgemeiner Anordnung der Tag des Inkrafttretens. Demgemäß werden tilgungsreif die Strafen, deren Löschung angeordnet ist

durch Gnadenerlaß vom 27. 1. 1916 am 27. 1. 1921 bzw. 27. 1. 1926,

durch Gnadenerlaß vom 27. 1. 1917 am 27. 1. 1922 bzw. 27. 1. 1927,

durch Gnadenerlaß vom 27. 1. 1918 am 27. 1. 1923 bzw. 27. 1. 1928,

durch Verordnung der württ. prov. Regierung vom 23. 12. 1918 am 23. 12. 1923 bzw. 23. 12. 1928,

durch Amnestieerlaß vom 3. 12. 1918 am 5. 12. 1923 bzw. 12. 12. 1928,

durch Amnestieerlaß vom 7. 12. 1918 am 12. 12. 1923 bzw. 12. 12. 1928,

wobei vorausgesetzt ist, daß der Verurteilte eine erwachsene Person ist. Hinsichtlich Jugendlicher kommen die Fristen des § 7 Abs. 3 des Gesetzes in Anwendung.

Die durch Löschung einmal herbeigeführte Auskunftsbeschränkung bleibt endgültig bestehen. Während also die auf §§ 1 und 6 des Gesetzes beruhende Auskunftsbeschränkung durch erneute Verurteilung wieder in Wegfall kommen kann (§ 2 des Gesetzes), ist über gelöschte Strafen auch im Fall einer neuen Verurteilung stets nur beschränkt Auskunft zu erteilen.

§ 48.

1. Über Vermerke, die im Register zu tilgen sind, darf keine Auskunft erteilt werden. Dies gilt auch dann, wenn die weitere dreimonatige Frist des § 25 Abs. 1 StRVO. noch nicht abgelaufen ist.

Anm.: Der Vermerk über eine am 3. Oktober 1916 erkannte Gefängnisstrafe von einer Woche, hinsichtlich deren am 3. Oktober 1921 die Auskunftsbeschränkung eingetreten war, ist erst am 3. Januar 1927 zu tilgen, dagegen ist die Auskunftserteilung schon vom 3. Oktober 1926 ab unzulässig.

2. Wenn Polizeibehörden anfragen, ob eine bestimmte, von ihnen näher bezeichnete Strafe getilgt sei oder ob sie der beschränkten Auskunft unterliege, so ist ihnen dies im Hinblick auf § 4 Abs. 3 und § 5 Abs. 1 des Gesetzes mitzuteilen.

§ 49.

Ergibt sich aus dem Register, daß in einem Ersuchen die persönlichen Verhältnisse unvollständig wiedergegeben sind oder in erheblichen Punkten von den Angaben der Registervermerke abweichen, so hat der Registerführer nach Maßgabe der letzteren die Personalien auf dem Ersuchen mit roter Tinte zu vervollständigen und die Abweichungen zu kennzeichnen, zutreffendenfalls mit dem Zusatz „laut Geburtsschein" (vergl. § 33 Abs. 2 StRVO. und oben § 19 Abs. 2).

Auskunft mittels Telegramms oder Fernsprechers.

§ 50.

Im Fall der Auskunftserteilung durch Telegramm oder Fernsprecher hat die ersuchende Stelle dem Strafregister die ihm entstehenden Telegramm- oder Fernsprechgebühren zu erstatten (§ 33 Abs. 6 StRVO.). Hat die ersuchende Behörde das Antworttelegramm bezahlt, so ist die telegraphische Auskunft tunlichst auf die bezahlte Wortzahl zu beschränken.

Anordnung der Auskunftsbeschränkung oder Tilgung durch das Justizministerium.

Vorbemerkung.

Die Wirkung der Eintragung einer Strafe im Strafregister kann nur noch durch Beschränkung der Auskunftserteilung oder durch Tilgung des Vermerks über die Bestrafung gemildert oder beseitigt werden. Eine Löschung der

Vorstrafen kennt das Gesetz über beschränkte Auskunft usw. vom 9. April 1920 nicht, sie kann auch nicht mehr im Gnadenweg angeordnet werden. Gesuche um Bewilligung der Löschung sind als Gesuche um Anordnung der Auskunftsbeschränkung oder Tilgung zu betrachten. Zuständig für die Anordnung der Auskunftsbeschränkung oder Tilgung ist die oberste Justizverwaltungsbehörde des Landes, in dessen Bezirk das Strafregister geführt wird (also nicht des Landes, dessen Behörde die Strafe ausgesprochen hat), und für das bei dem Reichsjustizministerium geführte Register der Reichsminister der Justiz (§ 8 Abs. 3 des Gesetzes). Die Zuständigkeit des württ. Justizministeriums zur Anordnung der Auskunftsbeschränkung oder Tilgung erstreckt sich hienach auch auf die Vermerke über Strafen, die von württ. Verwaltungsbehörden oder von nichtwürttemb. Gerichten oder Verwaltungsbehörden erkannt worden sind, sofern nur der Verurteilte in Württemberg geboren ist.

Wird die Auskunftsbeschränkung angeordnet, so beginnt alsbald die gesetzliche Frist für die Tilgung des Strafvermerks. Für die Zuchthaus- und die Todesstrafe besteht eine solche Frist nicht (§ 1 Abs. 3 des Ges.), so daß auch hier die Tilgung stets nur durch Einzelanordnung erreicht werden kann.

Die Anordnung ist kein Gnadenakt und hat keine weitergehende Wirkung als die kraft Gesetzes eintretende Auskunftsbeschränkung (vergl. Runderlaß vom 10. Febr. 1826 Nr. I 2202). Vorbescheidung durch den Oberstaatsanwalt auf Grund der Verfügung des Justizministeriums vom 5. August 1922, Amtsblatt S. 250, ist ausgeschlossen.

Behandlung der Gesuche.

§ 51.

1. Gesuche um Anordnung der beschränkten Auskunftserteilung über Strafregistervermerke oder der Tilgung solcher Vermerke sind bei den Strafvollstreckungsbehörden anzubringen und von diesen zu behandeln.

2. Wird ein solches Gesuch hinsichtlich mehrerer gegen eine in Württemberg geborene Person von verschiedenen württembergischen Gerichten oder von einem württembergischen Gericht und anderen (nichtwürttembergischen) Gerichten oder von Verwaltungsbehörden erkannter Strafen bei der für die Vollstreckung der gerichtlichen Strafe zuständigen württembergischen Justizbehörde eingereicht oder ihr von dem Justizministerium zum Bericht überwiesen, so hat diese die Behandlung zu übernehmen, insbesondere die Akten der übrigen beteiligten Stellen beizuziehen und mit dem Ergebnis der Erhebungen mittels Berichts dem Justizministerium vorzulegen.

3. Wird in dem in Abs. 2 bezeichneten Falle das Gesuch bei der mitbeteiligten württembergischen Verwaltungsbehörde eingereicht

oder ihr von ihrer vorgesetzten Behörde zur Behandlung überwiesen, so wird sie die einschlägigen Akten mit dem Ergebnis ihrer etwaigen Erhebungen und ihrer Stellungnahme zu dem Gesuch der zuständigen Justizbehörde (Strafvollstreckungsbehörde) zwecks Vorlage an das Justizministerium übersenden.

4. Gesuche von Personen, die in Württemberg geboren, aber nur von nichtwürttembergischen Behörden bestraft worden sind, können bei der Staatsanwaltschaft, bei welcher das Strafregister geführt wird, eingereicht werden und sind von dieser zu behandeln.

§ 52.

1. Die hienach für die Behandlung der Gesuche zuständigen Justizbehörden haben die Gesuche zunächst darauf zu prüfen, ob die Beschränkung der Auskunft oder die Tilgung schon kraft Gesetzes eingetreten ist. In diesem Falle haben sie den Gesuchsteller entsprechend zu bescheiden und wenn ihnen das Gesuch vom Justizministerium überwiesen war, diesem kurz über die Erledigung zu berichten.

2. In den übrigen Fällen haben sie die Würdigkeit des Verurteilten zu prüfen und zu diesem Zweck insbesondere zu erheben, ob er während eines angemessenen Zeitraums, seit dem die Strafe vollstreckt, verjährt oder erlassen ist, sich ehrenhaft geführt und einer besonderen Berücksichtigung würdig gezeigt hat. Hiezu bedarf es stets eines auf den neuesten Stand ergänzten Strafregisterauszugs. Im übrigen wird es regelmäßig dem Gesuchsteller selbst überlassen werden können, die Nachweise beizubringen; soweit erforderlich, sind weitere Erhebungen von Amts wegen zu veranstalten.

3. Die Erhebungen sind in tunlichst schonender Form vorzunehmen. Bei der Einholung des Auszugs aus dem Strafregister ist der Grund anzugeben, aus welchem sie geschieht (etwa mit den Worten „anläßlich eines Gesuchs um Anordnung der Auskunftsbeschränkung im Strafregister“). Erscheint das Gesuch, insbesondere wegen offenbar zu kurzer Frist, von vornherein aussichtslos, so sollen Erhebungen überhaupt unterbleiben.

4. Eine Äußerung des erkennenden Gerichts ist nur dann einzuholen, wenn dies ausnahmsweise aus besonderen Gründen angezeigt erscheint.

§ 53.

1. Die Eröffnung des ergangenen Bescheids an den Gesuchsteller hat schriftlich in verschlossenem Brief gemäß den Vorschriften in § 31 der Verfügung vom 1. August 1921, betreffend die Zustellungen von Amts wegen (Amtsbl. S. 95) zu geschehen.

2. Hatte sich das Gesuch auf mehrere von verschiedenen Behörden erkannte Strafen erstreckt, so hat die mit seiner Behandlung befaßte württ. Justizbehörde die Eröffnung an den Gesuchsteller bezüglich aller Strafen zu bewirken.

§ 54.

Die ergangene Anordnung ist von der Strafvollstreckungsbehörde mittels des Vordrucks **E** derselben Strafregisterbehörde mitzuteilen, der ausweislich der Akten seinerzeit die Strafnachricht zugefertigt worden ist. Die Benachrichtigung der Ortspolizeibehörde des Wohnorts oder letzten Aufenthaltsorts des Betroffenen ist Sache des Strafregisters (§ 21 Abs. 4 und 5 StRVO.).

§ 55.

Erstreckt sich die Anordnung auf mehrere von verschiedenen württembergischen Gerichten oder Verwaltungsbehörden erkannte Strafen, so hat die mit der Behandlung der Sache befaßte Strafvollstreckungsbehörde die übrigen Strafvollstreckungsbehörden um die Mitteilung an das Strafregister zu ersuchen. Zu diesem Zweck wird das Justizministerium seinem Erlaß jeweils die erforderliche Zahl von Abdrücken beilegen.

§ 56.

Während des ganzen Verfahrens ist mit besonderer Sorgfalt darauf Bedacht zu nehmen, daß die frühere Verurteilung nicht ohne Not zur Kenntnis anderer Personen gebracht wird.

D. Schlußbestimmung.

§ 57.

Vorstehende Verordnung tritt am 1. Mai 1926 an die Stelle der Verfügung des Justizministeriums betreffend die Strafregister vom 3. Dezember 1920, Amtsbl. S. 235.

---

5. Baden.

Erlaß des badischen Justizministers über die Ausführungsbestimmungen zur Strafregisterverordnung.

Vom 24. April 1926 Nr. 30246 (JMBl. S. 53).

Nachstehend werden im Einvernehmen mit dem Herrn Minister des Innern die Ausführungsbestimmungen zur Strafregisterverordnung mit den Änderungen, die durch die Verordnung zur Änderung der Strafregisterverordnung vom 19. Febr. 1926 (Reichsministerialblatt S. 63) und die Bekanntmachung des Textes der Strafregisterverordnung vom 8. März 1926 (Reichsgesetzblatt I S. 157) nötig gefallen sind, bekanntgegeben.

Die gesamten Strafregistervorschriften werden in eine demnächst erscheinende Handausgabe der Tabellen-, Register- und Registraturvorschriften aufgenommen werden.

Ausführungsbestimmungen zur Strafregisterverordnung vom 24. April 1926.

I. Strafregisterbehörden.

§ 1.

1. Strafregisterbehörde (StRV. § 1 Abs. 1) ist das Amtsgericht. Leiter der Strafregisterbehörde ist der Amtsrichter, bei den mit meh-

reren Richtern besetzten Amtsgerichten der durch die Geschäftsabteilung bestimmte Amtsrichter.

2. Mit der Führung des Strafregisters wird ein Beamter des gehobenen mittleren Justizdienstes betraut. Im Falle der Verhinderung kann er von einem Beamten des einfachen mittleren Justizdienstes vertreten werden.

3. Der Strafregisterführer hat das Strafregister nach Weisung des Leiters der Strafregisterbehörde zu verwalten und die damit verbundenen Geschäfte zu erledigen.

II. Erhebung der Strafregisterauszüge.

§ 2.

1. Dem Ermessen der Staatsanwaltschaften und Gerichte bleibt es überlassen, ob, inwieweit und wann im Strafverfahren eine Auskunft über die Vorstrafen einzufordern ist. In jedem einzelnen Falle ist aber sorgfältig zu prüfen, ob die Auskunft für die Schuld- oder Straffrage wirklich nötig ist. Dabei ist zu berücksichtigen, daß jede unnötige Ermittelung der Vorstrafen eines Beschuldigten oder gar eines Zeugen wegen der Bloßstellung, die sie für diese Personen und ihre Familie mit sich bringen kann, tunlichst vermieden werden muß. Auch aus dem Gesichtspunkt der Ersparung von Schreibwerk und Papier ist die Einholung von Auskünften aus dem Strafregister möglichst zu beschränken.

2. In geringfügigen Sachen, namentlich solchen, die durch Strafbefehl oder Strafverfügung ihre Erledigung finden, wird von der Erhebung der Vorstrafen meist abgesehen werden können.

3. Vielfach wird es ausreichen, wenn nur eine beschränkte Auskunft (Gesetz vom 9. April 1920, RGBl. 507) eingezogen wird. In jedem Falle ist bei der Anfrage nach Vordruck F auf dessen erster Seite zum Ausdruck zu bringen, ob über alle oder nur über die der beschränkten Auskunft nicht unterliegenden Vorstrafen Auskunft gewünscht wird.

4. Ein Auszug aus dem Strafregister ist nicht zu erheben, wenn die Bestrafungen aus bekannten und ohne weiteres zugänglichen Akten festgestellt werden können.

5. Sind die bis zu einem bestimmten Zeitpunkt erfolgten Bestrafungen ohne Inanspruchnahme des Strafregisters ermittelt, so ist die Strafregisterbehörde nur um Auskunft über spätere Bestrafungen zu ersuchen. Die letzte bekannte Bestrafung ist nach Tag, Gericht und Aktenzeichen anzugeben. Ist in der gleichen Sache früher schon ein Strafregisterauszug erhoben worden, so ist er zur Ergänzung zurückzugeben.

6. Wenn die Feststellung der Vorstrafen zur Prüfung der Zuständigkeit (Rückfall) oder zur Prüfung der Stärke des Verdachts der Täterschaft nicht schon in einem früheren Zeitpunkt notwendig ist, wird mit der Einforderung des Strafregisterauszugs in der Regel gewartet werden können, bis feststeht, daß es zur Erhebung der öffentlichen Anklage oder zur Beantragung eines Strafbefehls kommt.

7. Bei jeder Anfrage an die Registerbehörde ist der Aufenthaltsort (Haftort) der Person anzugeben, auf die sich die Anfrage bezieht.

8. Wird in einem Strafverfahren, das nur eine Übertretung zum Gegenstand hat, ein Strafregisterauszug erhoben, und ist nicht aus besonderen Gründen die Kenntnis aller Vorstrafen nötig, so ist in Muster F über oder neben der Überschrift „Auszug aus dem Strafregister" das Wort „Übertretungssache" beizufügen.

9. Bei Auskunftsersuchen ist die Rückanschrift (Seite 2 des Vordrucks F) von der ersuchenden Behörde auszufüllen. Auf Seite 3 des Vordrucks ist der Familienname der Person, auf die sich die Anfrage bezieht, durch größere Schrift hervorzuheben.

10. Den Anfragen an das Reichsjustizministerium (StRVO. § 1 Abs. 2) nach Vorstrafen solcher Personen, die in den auf Grund des Friedensvertrags abgetretenen Gebieten außer Elsaß-Lothringen geboren sind, sollen, falls Rückfrage bei der Strafregisterbehörde des Geburtsorts gewünscht wird, eine kurze Denkschrift über den Grund der Erhebungen sowie etwa vorliegende Gerichtsbeschlüsse und Haftbefehle angeschlossen werden. Der Wunsch nach Rückfrage ist nur zu äußern, wenn diese zur Förderung der Untersuchung unbedingt geboten ist. Wird eine Rückfrage nicht gewünscht, so ist dies ausdrücklich zu vermerken. Anträge um Vermittlung der Auskunft von elsaß-lothringischen Strafregisterbehörden sind an das Justizministerium einzureichen; sie sind in Form eines kurzen Berichts zu stellen; diesem ist ein Rechtshilfeersuchen, das zur unveränderten Weitergabe an die französischen Behörden geeignet ist, sowie ein Anfragevordruck F, in dem die Angaben über die Person ausgefüllt sind, beizufügen; in dem Ersuchen sind stets die näheren Umstände sowie der Zweck und, wenn es sich um Haftsachen handelt, auch Datum und Aktenzeichen des Haftbefehls anzugeben.

III. Ausfertigung und Absendung der Strafnachrichten und der sonstigen für das Strafregister bestimmten Mitteilungen.

§ 3.

1. In den vor die bürgerlichen Gerichte und die Polizeibehörden gehörigen Strafsachen erfolgen die für das Strafregister bestimmten Mitteilungen durch diejenige Behörde, die den Strafvollzug zu veranlassen hat (landgerichtliche Staatsanwaltschaft, Amtsgericht, Bezirksamt, Bürgermeister). Das Amtsgericht hat eine Strafnachricht auch dann zu erteilen, wenn es selbst Registerbehörde ist.

2. Bei Beschlüssen auf Grund des § 362 Abs. 3 des Strafgesetzbuchs geschieht die Mitteilung durch die Landeskommissäre, bei Ausweisungen von Reichsausländern durch die Bezirksämter.

3. Mitteilungen nach § 9 Nr. 1 der Strafregisterverordnung hat die Staatsanwaltschaft zu machen. Die Gerichte haben die Akten mit ihren Entscheidungen der Staatsanwaltschaft zu übersenden.

4. Mitteilungen über Entmündigungen und deren Aufhebung (StRVO. § 9 Nr. 2 bis 4) sind vom Amtsgericht zu bewirken.

5. Die Ausfertigungen der Mitteilungen zum Strafregister sind von dem geschäftsleitenden Gerichtsschreiber oder Sekretariatsbeamten zu unterzeichnen.

§ 4.

Dem Strafregister sind die Entscheidungen mitzuteilen, durch die eine Gesamtstrafe gebildet wird. Wird erst nachträglich eine Gesamtstrafe gebildet (StPO. § 460), so ist alsbald nach der Rechtskraft der Entscheidung von der die Gesamtstrafe vollstreckenden Behörde dem Strafregister eine Mitteilung hierüber zu machen. Bei dieser Mitteilung ist auf die frühere Mitteilung Bezug zu nehmen. In allen Fällen sind für die in die Gesamtstrafe einbezogenen Einzelstrafen das Gericht, das die Einzelstrafen erkannt hat, der Tag, an dem die Strafen erkannt sind und die Aktenzeichen anzugeben (StRVO. § 2 Abs. 3).

§ 5.

§ 2 der Strafregisterverordnung findet auch auf die auf Grund des Gesetzes über das Forststrafrecht und Forststrafverfahren vom 25. Februar 1879 in der Fassung der Bekanntmachung vom 28. August 1924 (GVBl. 251) erkannten Strafen Anwendung. Nicht mitgeteilt werden die wegen Übertretung erkannten Geldstrafen. Ob die Forststraftat ein Vergehen oder eine Übertretung ist, entscheidet sich in den Fällen der §§ 2, 3, § 9 Abs. 1 und 3, § 23 des Gesetzes nach dem Wert des Entwendeten oder (im Falle des § 9) Gehehlten; beträgt der vierfache Wert des Entwendeten oder Gehehlten (§ 2, § 9 Abs. 1, § 23 des Gesetzes) oder der achtfache Wert des Entwendeten oder Gehehlten (§ 3, § 9 Abs. 3 des Gesetzes) mehr als 150 RM., so ist die strafbare Handlung ein Vergehen, sonst eine Übertretung (§ 10 der Verordnung vom 19. November 1924 über das Verfahren in Forststrafsachen, GVBl. 281).

§ 6.

Auch über Verurteilungen, die im Verfahren auf erhobene Privatklage ergehen, sind Strafnachrichten zu erteilen.

§ 7.

1. Über Urteile auf Grund der §§ 3, 6 des Jugendgerichtsgesetzes wird eine Strafnachricht nicht erteilt.

2. Das Amtsgericht hat von der Aufhebung einer Fürsorgeerziehung dem zuständigen Strafregisterführer unter Benützung des eingeführten Vordruckes mit dem Ersuchen Kenntnis zu geben, innerhalb der auf das Jahr der Entlassung folgenden fünf Jahre von etwaigen Strafnachrichten Mitteilung zu machen. Die Strafregisterführer haben diesem Ersuchen zu entsprechen. Auf Nachrichten außerbadischer Fürsorgeerziehungsbehörden über Entlassung aus der Fürsorgeerziehung haben die Strafregisterführer diesen Behörden ohne weiteres Ersuchen in gleicher Weise die über den Entlassenen eingehenden Strafnachrichten mitzuteilen.

§ 8.

Unter den Voraussetzungen des § 2 der Strafregisterverordnung sind auch Bestrafungen wegen Zuwiderhandlungen gegen Vorschriften über die Erhebung öffentlicher Abgaben und Gefälle zum Strafregister mitzuteilen. Dazu gehören auch Ordnungsstrafen, die auf Grund des § 377 der Reichsabgabenordnung und auf Grund anderer Reichsabgabengesetze verhängt sind.

§ 9.

Nicht mitzuteilen sind Verurteilungen, die auf Grund der §§ 18, 26 des Gesetzes über die Beschäftigung Schwerbeschädigter vom $\frac{\text{6. April 1920}}{\text{23. Dezember 1922}}$ in der Fassung vom 12. Januar 1923 (RGBl. I 58) ergangen sind.

§ 10.

In polizeilichen Strafsachen, die in die Beschwerdeinstanz gelangen, hat die Strafnachricht die Entscheidung der Beschwerdeinstanz anzugeben, wenn diese eine Änderung der Strafverfügung enthält.

§ 11.

1. Die Mitteilungen zum Strafregister haben sich auch auf Nebenstrafen zu erstrecken.

2. In der Mitteilung vom Erlaß des Restes einer teilweise vollstreckten Strafe ist anzugeben, welcher Teil der Strafe vollstreckt wurde.

3. Mitteilungen nach §§ 3 und 9 der Strafregisterverordnung sowie alle Strafnachrichten sind auszufertigen und abzusenden, sobald das Urteil, der Strafbefehl, die Strafverfügung oder die Entscheidung rechtskräftig geworden oder die Einstellungsverfügung der Staatsanwaltschaft erlassen ist. Mitteilungen nach §§ 4 bis 8 der Strafregisterverordnung sind unter Benützung der Vordrucke C, D und E unverzüglich nach Eintritt der mitzuteilenden Tatsache oder nach Erlaß der Entscheidung zu machen.

4. Nach § 5 Abs. 3 der Strafregisterverordnung kann dem Strafregister Mitteilung gemacht werden, wenn die Entscheidung über die Aussetzung der Bewährungsfrist vorbehalten wird (vgl. JGG. § 10 Abs. 2). Hiervon soll in der Regel nur Gebrauch gemacht werden, wenn der Vorbehalt sich auf länger als drei Monate erstreckt.

5. Alle Strafnachrichten und Mitteilungen müssen dem Inhalte der Akten genau entsprechen.

6. Hat die in der Mitteilung genannte Person früher andere Vor- und Zunamen geführt, so sind diese ausdrücklich unter Voransetzung von „früher" beizufügen.

7. Im Muster E ist unter „Erlaß" stets die Entschließung verstanden, durch welche der Gnadenerweis gewährt worden ist, nicht der Erlaß einer Zwischenbehörde, die den Gnadenerweis weiter bekannt gibt.

§ 12.

1. Walten Zweifel über die Richtigkeit der in den Akten erörterten persönlichen Verhältnisse des Verurteilten ob, oder haben diese im Laufe des Strafverfahrens nicht vollständig festgestellt werden können, so sind die Strafvollstreckungsbehörden verpflichtet, vor Ausfertigung der Strafnachrichten geeignete Ermittelungen, erforderlichenfalls durch Anfragen bei den Standesämtern, den kirchlichen Behörden oder durch Einsicht der bei den Amtsgerichten aufbewahrten Kirchenbücher oder Nebenregister vorzunehmen.

2. Hat eine derartige Feststellung auf Grund von Urkunden stattgefunden, so ist hierüber in Spalte „Sonstige Bemerkungen" ein kurzer Vermerk aufzunehmen (z. B. „Eltern, Geburtstag und -ort durch Geburtsurkunde festgestellt"). Im übrigen sind die Eintragungen in dieser Spalte möglichst zu beschränken; eine Personenbeschreibung ist nicht aufzunehmen, die Angabe besonderer Kennzeichen dagegen zulässig.

3. Weichen Mitteilungen in den Vordrucken D und E von früheren Mitteilungen über dieselbe Person wegen inzwischen vorgenommener Ermittelungen ab, so ist dies besonders zu vermerken.

4. Wenn der Geburtsname einer Frau oder Witwe sich nicht mit Sicherheit ermitteln läßt, ist eine zweite Mitteilung auf den durch die Verheiratung erlangten Namen zu fertigen (z. B. „Neumeier, angeblich geborene Lehmann"). In der oberen Spalte jeder Mitteilung ist auf die andere zu verweisen.

§ 13.

Sind bei Ausfertigung einer Strafnachricht gemäß § 16 der Strafregisterverordnung noch andere bisher nicht vermerkte Vorstrafen mitzuteilen, so ist nur ein Vordruck A zu benützen, auf dessen Rückseite die Auszüge der früheren Urteile zu vermerken sind. Dabei ist die zweite Spalte der Rückseite („nach Mitteilung von") nicht auszufüllen.

§ 14.

In der Nachricht über eine vorläufige Entlassung (StRVO. § 6) ist der Zeitpunkt des Ablaufs der festgesetzten Strafzeit (StGB. § 26) anzugeben. Der Vorstand der Strafanstalt hat diesen Zeitpunkt der Strafvollstreckungsbehörde mit der Nachricht über die Entlassung mitzuteilen.

§ 15.

Namensänderungen (StRVO. § 15) sind von den Amtsgerichten, denen die Nachricht hierüber vom Standesbeamten zugeht (StVDW. § 44), den Strafregisterbehörden mitzuteilen.

IV. **Tätigkeit der Registerbehörden.**

1. Behandlung der eingehenden Mitteilungen.

§ 16.

Die eingehenden Mitteilungen und Ersuchen um Auskunftserteilung werden mit dem Eingangsvermerk des Amtsgerichts versehen.

§ 17.

1. Der Registerführer hat nach Eingang jeder für das Register bestimmten Mitteilung (vgl. StRVO. § 17) die Vollständigkeit und Richtigkeit der darin enthaltenen Angaben über die Persönlichkeit, den Geburtsort und die Geburtszeit des Beschuldigten, erforderlichenfalls auf Grund der beim Amtsgericht verwahrten Standesregister, zu prüfen und die nötige Vervollständigung oder Berichtigung zu veranlassen. Der Vollzug der Prüfung ist mit roter Tinte ersichtlich zu machen.

2. Stellt sich heraus, daß der Geburtsort in einem anderen Bezirk liegt, so gibt der Registerführer die Mitteilung an die richtige Registerbehörde ab. Ist diese nicht bekannt oder ist aus der Mitteilung ersichtlich, daß noch eine weitere Mitteilung gemacht worden ist (StRVO. § 14), so erfolgt die Rücksendung an die absendende Behörde. Hierbei genügt es, wenn der Registerführer den Grund der Abgabe oder der Rücksendung auf der Rückseite der Nachricht kurz vermerkt.

§ 18.

Strafnachrichten über nicht registerpflichtige Strafen (StRVO. § 2 Abs. 1) sind zurückzusenden, soweit nicht § 2 Abs. 2 der Strafregisterverordnung Platz greift.

§ 19.

Ergibt sich bei einer aus dem Ausland eingehenden Strafnachricht über die Verurteilung eines Reichsangehörigen die Unrichtigkeit oder Ungenauigkeit der Angaben über den Geburtsort des Verurteilten, so hat die Registerbehörde in unmittelbarem Verkehr mit den inneren deutschen Behörden und bei österreichischen und schweizerischen Strafnachrichten auch mittels alsbaldiger unmittelbarer Rückfrage bei der Behörde, welche die Strafnachricht ausgestellt hat, die zur Feststellung des Geburtsorts erforderlichen Erhebungen vorzunehmen und die Strafnachricht sodann an die zuständige Registerbehörde abzugeben. Bleiben die Erhebungen erfolglos, so ist die Strafnachricht gemäß § 14 Abs. 2 der Strafregisterverordnung samt den entstandenen Akten dem Reichsjustizministerium vorzulegen.

§ 20.

Die Mitteilungen nach Vordruck B und die Mitteilungen nach Vordruck D und E, die sich auf eine registerpflichtige Strafe beziehen, sind daraufhin zu prüfen, ob eine entsprechende Strafnachricht im Register niedergelegt ist, ob die Angaben über die persönlichen Verhältnisse genau übereinstimmen oder ob Abweichungen vermerkt sind. Ist eine Strafnachricht im Register nicht vorhanden, oder finden sich unaufgeklärte Abweichungen in den Angaben über die persönlichen Verhältnisse, so sind die genannten Mitteilungen mit einem entsprechenden Vermerk zurückzuschicken.

§ 21.

1. Ergeben sich keine Beanstandungen, so sind die in § 19 Abs. 1 der Strafregisterverordnung bezeichneten Mitteilungen im Strafregister niederzulegen.

2. Wegen der Behandlung der anderen Mitteilungen vgl. § 19 Abs. 2, 3, §§ 20, 21, 22, 25 der Strafregisterverordnung. In den Fällen der vorläufigen Entlassung (StRVO. § 6) ist im Strafregister bei der Entscheidung, auf die sich die Mitteilung bezieht, in der Spalte „Bemerkungen" der Zeitpunkt des Ablaufs der festgesetzten Strafzeit (vgl. § 14) einzutragen.

§ 22.

1. Die im Register niederzulegenden Mitteilungen werden in verschlossenen Schränken aufbewahrt, die Fächer entsprechend der Größe der Vordrucke enthalten. Die Fächer sind nach den Buchstaben des Alphabets und, sofern mehrere Fächer für den gleichen Buchstaben bestimmt sind, nach den Anfangssilben von Namen zu bezeichnen.

2. Innerhalb der einzelnen Buchstaben ist die wörterbuchartige Ordnung einzuhalten. Mitteilungen über verschiedene Personen gleichen Namens sind nach den Vornamen — bei mehreren Vornamen nach dem ersten — weiter zu ordnen.

3. Die Einlegung erfolgt täglich.

4. Zu den Umschlägen für mehrere auf den gleichen Namen lautende Nachrichten (StRVO. § 23) ist rotes Papier zu verwenden. Auf jedem Umschlag ist Name, Geburtszeit und Geburtsort des Bestraften (Verfolgten) zu vermerken.

5. Die Strafregister sind rein zu halten. Namentlich ist darauf zu achten, daß nicht die oben aufliegenden Nachrichten durch Staub und dergleichen verdorben werden.

2. Straflisten.

§ 23.

1. Eine Strafliste (StRVO. § 23 Abs. 1) ist anzulegen, sobald eine zweite zweifellos dieselbe Person betreffende Strafnachricht A oder B eingeht.

2. Wird sie angelegt, so muß der Inhalt sämtlicher inländischen Strafnachrichten darin aufgenommen werden.

3. Mitteilungen nach § 9 Nr. 1, 2 der Strafregisterverordnung bleiben gesondert.

4. Über mehrere Verurteilungen im Ausland kann eine besondere Strafliste angelegt werden.

§ 24.

Sämtliche Eintragungen in eine Strafliste sind vom Registerführer eigenhändig und mit größter Sorgfalt zu bewirken.

§ 25.

1. Zur Anlegung einer Strafliste ist nicht die erste niedergelegte Strafnachricht A, sondern der dafür eingeführte Vordruck zu benutzen.

2. Die einzelnen Nachrichten sind in die Strafliste nach der Zeitfolge der Bestrafungen einzutragen.

§ 26.

Die Urschriften der in eine Strafliste übertragenen Vermerke sind aus dem Register zu entfernen. Neu eingehende Mitteilungen, deren Inhalt in eine Strafliste überführt wird, werden im Register nicht niedergelegt.

3. Berichtigungen und Zusätze.

§ 27.

1. Nachträgliche Berichtigungen (StRVO. § 16, § 23 Abs. 3) oder weitere Mitteilungen, die sich auf Vermerke im Register beziehen (StRVO. §§ 3, 4, 5, 6, § 7 Nr. 1, § 8, § 9 Nr. 3 und 4) sind nicht im Register niederzulegen, sondern vom Registerführer auf den Mitteilungen und Straflisten mit roter Tinte einzutragen. Der Gebrauch eines roten Stempels ist zulässig.

2. Geht unter Bezugnahme auf eine bereits vorliegende Strafnachricht B eine Mitteilung der Landespolizeibehörde über nachträgliche Verlängerung, Änderung oder Aufhebung der ursprünglich festgesetzten korrektionellen Nachhaft ein, so ist diese Nachricht gleichfalls nicht im Register niederzulegen, sondern ohne besondere Nummer in der die Strafnachricht B enthaltenden Spalte nachzutragen.

3. Wegen der Behandlung der Mitteilungen über Gesamtstrafen wird auf § 21 Abs. 1 Strafregisterverordnung verwiesen.

4. Durchsicht der Registerfächer.

§ 28.

Jeden Monat hat der Registerführer ein Fach des Registerschrankes einer genauen Durchsicht zu unterziehen.

5. Entfernung und Vernichtung von Mitteilungen.

§ 29.

1. Die Strafnachrichten über gestorbene Personen sind aus dem Register zu entfernen, sobald der Tod festgestellt ist (StRVO. § 24 Abs. 1).

2. Desgleichen sind Mitteilungen, die einen unter falschem Namen Verurteilten betreffen, alsbald zu entfernen.

3. Die weiteren Fälle der Entfernung von Mitteilungen aus dem Strafregister ergeben sich aus § 19 Abs. 2 und 3, §§ 20, 21, 23 Abs. 5 der Strafregisterverordnung.

4. Mitteilungen, die auf Grund des § 5 des Gesetzes über beschränkte Auskunft aus dem Strafregister zu tilgen sind [1]), sind erst

---

[1]) Nach § 7 des Gesetzes über beschränkte Auskunft aus dem Strafregister beginnt die Frist zur Tilgung mit dem Tage, von dem ab nur noch beschränkt Auskunft zu erteilen ist. Diese Frist ist für jede Strafe besonders zu berechnen. Nach § 2 Abs. 1 des Gesetzes ist zwar bei mehreren Verurteilungen einer Person über alle Verurtei-

dann aus dem Strafregister zu entfernen oder unkenntlich zu machen, wenn seit Ablauf der gesetzlichen Frist weitere 3 Monate verflossen sind (StRVO. § 25). Wegen der Behandlung einer teilweisen Tilgung vgl. § 25 Abs. 2 der Strafregisterverordnung.

5. Eine unter falschem Namen erfolgte Verurteilung, die in einer Strafliste unrichtig eingetragen ist, ist durch Überkleben oder Schwärzen mit Tinte unkenntlich zu machen.

§ 30.

1. Bei der Bearbeitung eines Registerblatts wegen einer eingegangenen Anfrage oder Mitteilung oder bei der regelmäßigen Durchsicht der Register (§ 28), sind die Strafnachrichten über Personen, die über 80 Jahre alt sind, zu entfernen, soweit nicht bekannt ist, daß der Betroffene noch lebt, oder soweit seit der letzten im Strafregister vermerkten Verurteilung noch nicht 5 Jahre verstrichen sind (StRVO. § 24 Abs. 2).

2. Bei dieser Gelegenheit sind tunlichst auch die Strafnachrichten, auch die bereits der beschränkten Auskunft unterliegenden, über nichtregisterpflichtige [1]) Strafen zu entfernen oder in den Straflisten durch Überkleben oder durch Schwärzen unkenntlich zu machen (vgl. StRVO. § 48). Soweit solche Strafen bereits vor dem 1. Juli 1920 gelöscht sind, oder soweit bei ihnen gemäß § 8 des Gesetzes über beschränkte Auskunft die Anordnung der beschränkten Auskunft getroffen worden ist, ist auch der Vermerk über die Löschung oder die beschränkte Auskunft unkenntlich zu machen.

3. Nach § 27 der Strafregisterverordnung kann die Entfernung und Vernichtung der Vermerke nach § 9 Nr. 1 a. a. O. auf Anordnung der Landesjustizverwaltung als der zur Tilgung von Strafver-

---

lungen unbeschränkt Auskunft zu erteilen solange über eine der Verurteilungen unbeschränkt Auskunft erteilt werden muß; doch wird dadurch die Frist für die Tilgung nicht verlängert. Eine Hemmung der Tilgung tritt aber gemäß § 2 Abs. 1 Satz 2 des Gesetzes dann ein, wenn die Voraussetzungen der Tilgung für eine andere Strafe noch nicht vorliegen. Hat A eine am 3. April 1900 erkannte Strafe von einem Jahr Gefängnis am 3. April 1901 verbüßt, so unterliegt die Strafe vom 3. April 1911 ab der Auskunftsbeschränkung; sie ist zu tilgen am 3. April 1921. Ist er am 2. Sept. 1908 abermals verurteilt, und zwar zu 3 Tagen Gefängnis, so beginnt für diese Strafe die zweite Frist am 2. September 1913. Dadurch wird auch für die erste Strafe die erste Frist bis zum 2. September 1913 verlängert. Beide Strafen sind aber am 3. April 1921 zu tilgen. Vgl. hierzu auch JustMinErl. vom 5. Jan. 1921 (JMBl. 1).

[1]) Vor dem 1. Mai 1926 erkannte Strafen, die nach den bisherigen Vorschriften nicht registerpflichtig waren, es aber nach den neuen Vorschriften sein würden, unterliegen der Registerpflicht auch dann nicht, wenn ihre Rechtskraft erst nach dem 30. April 1926 eingetreten ist.

merken zuständigen Stelle angeordnet werden. Das gleiche gilt für Vermerke nach § 9 Nr. 2 a. a. O., bei denen die Wiederaufhebung der Entmündigung nach § 9 Nr. 4 vermerkt ist. (Wegen der Entfernung und Vernichtung der Vermerke nach § 9 Nr. 3 vgl. StRVO. § 21 Abs. 3). Anträge auf Entfernung und Vernichtung sind dem Justizministerium unter Beifügung des Strafregisterauszugs zur Entschließung vorzulegen. Bei der in Abs. 1 und 2 vorgesehenen Bearbeitung eines Registerblattes oder der regelmäßigen Durchsicht der Register (§ 28) ist zu prüfen, ob von Amts wegen eine solche Vorlage erfolgen soll. Die Entfernung und Vernichtung wird besonders dann angezeigt erscheinen, wenn das Fortbestehen solcher Eintragungen und deren Mitteilung an auskunftsberechtigte Stellen für den Betroffenen eine unbillige Härte bedeuten würde, z. B. wenn die Geisteskrankheit oder die Trunksucht offensichtlich vollständig behoben sind, wenn seit der Feststellung der Geisteskrankheit oder seit der Wiederaufhebung der Entmündigung lange Zeit verstrichen und eine Gefährdung öffentlicher Interessen aus der Entfernung des Vermerks nicht zu besorgen ist. Bei Vermerken über Entmündigungen (StRVO. § 9 Nr. 2) ist dies jedoch erst zulässig, wenn die Wiederaufhebung der Entmündigung erfolgt und im Strafregister vermerkt ist (StRVO. § 9 Nr. 4). Die Vorlage an das Justizministerium hat, gegebenenfalls nach Vornahme der notwendigen Erhebungen und im Benehmen mit dem Oberstaatsanwalt (§ 55 Abs. 2), durch den Leiter der Strafregisterbehörde (§ 1 Abs. 1) zu erfolgen.

§ 31.

Die aus dem Register entfernten (§§ 29, 30) und die infolge Eintragung in eine Strafliste (§ 23) oder gemäß § 27 nicht im Register niedergelegten Mitteilungen sind vorbehaltlich der Bestimmung in § 41 Abs. 1 und § 42 Abs. 3 (vgl. StRVO. § 22) alljährlich unter Aufsicht des Leiters der Strafregisterbehörde zu vernichten.

6. Verfahren bei Ersuchen um Auskunftserteilung.

§ 32.

Die aus dem Strafregister zu erteilenden Auskünfte sowie die andern durch Nachrichten veranlaßten Mitteilungen werden von dem Registerführer unterschrieben.

§ 33.

Auskünfte über die Vorstrafen einer Person dürfen erst erteilt werden, nachdem die Richtigkeit der in dem Auskunftsersuchen enthaltenen Angaben über die persönlichen Verhältnisse des Beschuldigten, nötigenfalls auf Grund der beim Amtsgericht verwahrten Standesregister festgestellt worden ist.

§ 34.

1. Alle Berichtigungen, Unterstreichungen, Zusätze und Vermerke über Gnadenerweise sind wörtlich und vollständig in die Auskunft

aufzunehmen. Eintragungen über unkenntlich gemachte Strafen gelten als nicht vorhanden.

2. Über Strafen, die unkenntlich zu machen oder aus dem Strafregister zu entfernen sind, wird keine Auskunft erteilt. Dies gilt bei den in § 29 Abs. 4 bezeichneten Mitteilungen auch dann, wenn die weiteren drei Monate noch nicht verflossen sind.

3. Wenn Polizeibehörden anfragen, ob eine bestimmte, von ihnen näher bezeichnete Strafe getilgt sei oder ob sie der beschränkten Auskunft unterliege, so ist ihnen dies mitzuteilen.

4. Wegen Erteilung von Auskünften über Vermerke nach § 9 Nr. 1 und 2 der Strafregisterverordnung wird auf § 34 a. a. O. hingewiesen.

5. Privatpersonen wird keine Auskunft aus dem Strafregister erteilt (StRVO. § 36).

§ 35.

1. Sind im Strafregister lediglich der beschränkten Auskunft unterliegende Strafen vermerkt[1]) oder unkenntlich gemachte Eintragungen vorhanden, so wird im Vordruck F das Wort „folgende" durchstrichen, wenn nicht eine unbeschränkte Auskunft verlangt werden kann und verlangt wird.

2. Der Registerführer hat Strafnachrichten oder Strafliſten, bei denen eine beschränkte Auskunft in Frage kommt, in der oberen rechten Ecke durch ein deutliches „b" in roter Tinte ein für allemal zu kennzeichnen, sobald er eine derartige Strafnachricht oder Strafliste erstmalig in Bearbeitung nimmt. Das „b" ist wieder zu beseitigen, sobald die Voraussetzungen der beschränkten Auskunft wegfallen, weil eine neue Strafnachricht über eine registerpflichtige Bestrafung oder weil eine Steckbriefnachricht eingeht.

3. Die Frist für die Tilgung der vor dem 1. Juli 1920 im Strafregister gelöschten Verurteilungen beginnt nach § 11 Abs. 3 des Gesetzes über beschränkte Auskunft aus dem Strafregister zwar mit dem Tage, an dem die Löschung angeordnet ist; dies gilt aber nur dann, wenn nicht gemäß § 11 Abs. 2 die Frist schon zu einem früheren Zeitpunkt begonnen hätte. Die durch die Löschung herbeigeführte Auskunftsbeschränkung bleibt endgültig bestehen. Über die gelöschten Strafen ist daher auch im Falle einer neuen Verurteilung nur beschränkt Auskunft zu erteilen.

4. In Zweifelsfällen hat der Leiter der Strafregisterbehörde die Entscheidung des Oberstaatsanwalts einzuholen (vgl. § 55 Abs. 2).

§ 36.

Wird in einer Übertretungssache (§ 2 Abs. 8) nicht ausdrücklich um Mitteilung aller Vorstrafen ersucht, so sind die Vorstrafen wegen

---

[1]) Zu § 3 Abs. 2 des Gesetzes über beschränkte Auskunft aus dem Strafregister ist zu beachten, daß diese Ausnahme nur für die Steckbriefe, nicht auch für Suchvermerke gilt, außer wenn die Voraussetzungen des § 3 Abs. 3 des Gesetzes gegeben sind.

Verbrechen und Vergehen nur nach ihrer Gesamtzahl mitzuteilen (vgl. StRVO. § 35 Abs. 1).

§ 37.

1. Bei umfangreicheren Straflisten, bei denen mit der Notwendigkeit der häufigen Erteilung von Auskunft zu rechnen ist, empfiehlt sich die Anfertigung einer angemessenen Zahl von Vervielfältigungen. Falls solche nicht gefertigt sind, kann die Strafregisterbehörde ersuchen, ihr den Strafregisterauszug zurückzugeben, sobald er entbehrlich wird. Einem solchen Ersuchen ist zu entsprechen.

2. Bei Auskunftserteilungen, die zu Strafakten gelangen, kann auf den Inhalt des Vorstrafenverzeichnisses der letzten bei der anfragenden Behörde entstandenen Akten Bezug genommen und die Auskunft auf die späteren Verurteilungen beschränkt werden. Sind in dem in Bezug genommenen Vorstrafenverzeichnis inzwischen Strafvermerke entfernt oder unterliegen einzelne Strafvermerke der beschränkten Auskunft, so ist dies mitzuteilen.

§ 38.

Dem Ersuchen einer deutschen Behörde um telegraphische oder telephonische Auskunftserteilung (StRVO. § 33 Abs. 4 bis 6) ist ausnahmslos zu entsprechen. Handelt es sich um eine außerbadische Behörde, so hat sie die Telegramm- oder Fernsprechgebühren zu erstatten. Hat sie das Antworttelegramm bezahlt, so ist die telegraphische Auskunftserteilung tunlichst auf die bezahlte Wortzahl zu beschränken.

7. Benachrichtigungen von Amts wegen.

§ 39.

Wird über einen vorläufig Entlassenen vor Strafende Auskunft aus dem Strafregister verlangt, so ist hiervon der Strafvollstreckungsbehörde unter Angabe der anfragenden Stelle und unter Bezeichnung des Aufenthaltsortes des Verurteilten alsbald Mitteilung zu machen.

§ 40.

In den Fällen des § 30 der Strafregisterverordnung erfolgen die vorgeschriebenen Benachrichtigungen auch bei nicht registerpflichtigen Strafen.

§ 41.

1. Der Registerführer hat von dem Inhalt jeder Strafnachricht vor der Einlegung (§ 21) oder Eintragung (§ 23) der Ortspolizeibehörde, in deren Bezirk der Wohnort oder in Ermangelung eines solchen der dauernde Aufenthaltsort oder, wenn es auch an einem solchen fehlt, der letzte Aufenthaltsort des Verurteilten liegt, Mitteilung nach dem eingeführten Vordruck zu machen. Liegt der Wohnort oder Aufenthaltsort des Verurteilten in Braunschweig, so ist die Mitteilung an die zuständige Landespolizeibehörde (Kreisdirektion) — soweit die Stadt Braunschweig in Frage kommt an die Polizeidirektion in Braunschweig — zu richten. Ist der Verurteilte in Baden oder

Sachsen wohnhaft, so ist von rechtskräftiger Aberkennung der bürgerlichen Ehrenrechte oder der Fähigkeit zur Bekleidung öffentlicher Ämter sowie der gnadenweisen Aufhebung der Aberkennung auch der Gemeindebehörde (Bürgermeisteramt) des Wohnorts des Verurteilten Mitteilung zu machen; diese Mitteilung unterbleibt hinsichtlich der in Baden wohnhaften Personen, wenn die Gemeindebehörde zugleich Ortspolizeibehörde im Sinne des Satzes 1 ist. Zu den Mitteilungen können die eingehenden Strafnachrichten verwendet werden, falls sie nach § 23 in eine Strafliste übertragen werden. Die Behörden, an die sie übersandt werden, sind auf die Verpflichtung der Vernichtung, sobald sie nicht mehr benötigt werden, ausdrücklich hinzuweisen (s. Abs. 4 und StRVO. § 22).

2. Der Abgang der Mitteilung nach Abs. 1 ist auf der Strafnachricht oder der Strafliste zu vermerken.

3. Ergeht die Mitteilung nach Abs. 1 an die Ortspolizeibehörde des letzten Aufenthaltsorts und ist dieser in Baden gelegen, so gibt die Ortspolizeibehörde die Mitteilung, wenn ihr der Wohnort oder der dauernde Aufenthaltsort des Verurteilten bekannt ist, an die Ortspolizeibehörde des Wohnorts oder des dauernden Aufenthaltsorts weiter.

4. Die Mitteilungen sind von den Ortspolizeibehörden geordnet aufzubewahren. Werden sie nicht mehr benötigt, so sind sie zu vernichten. Wird eine Mitteilung nach Abs. 3 weitergeleitet, so verbleibt ein Beleg bei der weiterleitenden Stelle.

§ 42.

1. Der Registerführer hat von der Mitteilung, die ihm auf Grund der §§ 7, 8 StRVO. gemacht wird, und von der Entfernung von Strafnachrichten in den Fällen des § 29 Abs. 2—5 die Stelle zu verständigen, der er nach § 41 Abs. 1 von der Verurteilung Mitteilung gemacht hat.

2. Die Mitteilung ist bei dem Vermerk in der Strafnachricht oder der Strafliste zu bestätigen.

3. Die Verständigung über Mitteilungen auf Grund der §§ 7 und 8 der StRVO. erfolgt nach dem eingeführten Vordruck. Zu den Mitteilungen können die nach §§ 7, 8 und 16 der StRVO. eingekommenen Nachrichten verwendet werden. § 41 Abs. 1 Satz 5 findet entsprechende Anwendung.

§ 43.

Strafnachrichten über entlassene Fürsorgezöglinge sind nach Maßgabe des § 7 Abs. 2 zur Kenntnis der Fürsorgeerziehungsbehörden zu bringen.

§ 44.

Hat die Ortspolizeibehörde des letzten Aufenthaltsorts eine Mitteilung gemäß § 41 Abs. 3 weitergegeben, so gibt sie auch die Mitteilung nach § 42 an dieselbe Stelle weiter.

§ 45.

1. Die Registerführer haben alljährlich nach Eingang der Sterbenebenregister (StVDW. § 27 Abs. 1) aktenkundig zu machen, ob und welche der nach den Strafregistern bestraften Personen nach den Sterberegistern des Vorjahres im Amtsgerichtsbezirke gestorben sind. Dabei ist besonders darauf zu achten, ob die Nämlichkeit des Bestraften und des Gestorbenen außer Zweifel steht.

2. Die gleiche Feststellung haben die Registerführer auf Grund der monatlichen Sterbelisten hinsichtlich der in diese gemäß § 241 Abs. 3 der Standesbeamtendienstweisung aufgenommenen Sterbefälle (Vordruck 10 zu StVDW. § 241) jeweils nach deren Eingang vorzunehmen.

3. Der Registerführer hat die nach den Sterberegistern des Vorjahres und den Sterbelisten verstorbenen, nicht im Amtsgerichtsbezirk geborenen Personen, von denen bekannt ist, daß sie registerpflichtige Verurteilungen erlitten haben, in ein Verzeichnis aufzunehmen und der Strafregisterbehörde namhaft zu machen. Hierzu sind die eingeführten Vordrucke zu verwenden.

4. Diese Vorschriften sollen regelmäßig bis längstens 1. April vollzogen sein.

8. Führung des Merkbuchs.

§ 46.

1. Über die in das Strafregister niedergelegten und die daraus entfernten Strafnachrichten und Straflisten hat der Registerführer nach dem eingeführten Vordruck ein Merkbuch zu führen.

2. Die Eintragungen können auf Grund vorläufiger Aufzeichnungen wöchentlich bewirkt werden.

3. Steckbriefnachrichten, Suchvermerke und Mitteilungen nach den Vordrucken D und E sind in das Merkbuch nicht aufzunehmen. In der Spalte h ist zu vermerken, wieviele Mitteilungen nach § 9 Nr. 1 und 2 der StRVO. im Strafregister niedergelegt worden sind.

4. Der Vollzug der durch § 28 vorgeschriebenen Durchsicht der Register ist jeweils zu vermerken.

5. Der Registerführer hat das Merkbuch jährlich abzuschließen und auf Grund des Abschlusses eine Darstellung nach dem eingeführten Vordruck zu fertigen.

6. Das Amtsgericht hat diese Darstellung längstens bis 10. April dem Oberstaatsanwalt zu übersenden und dabei mitzuteilen:

1. welches Fach der Registerführer gemäß § 28 in jedem einzelnen Monat des abgelaufenen Kalenderjahres durchgesehen hat,
2. ob und inwieweit die Vorschriften des § 45 vollzogen sind.

V. Steckbriefnachrichten und Suchvermerke.

§ 47.

1. Steckbriefnachrichten und Suchvermerke[1]) werden unter Beobachtung der Vorschriften des § 22 im Register niedergelegt. Die §§ 16, 17 und 21 finden entsprechende Anwendung.

2. Zu den in den §§ 39 und 40 der StRVO. vorgesehenen Mitteilungen sind die eingeführten Vordrucke zu verwenden.

3. Im Suchvermerk ist anzugeben, aus welchem Grund der Betroffene gesucht wird (StRVO. § 42 Abs. 2).

4. Bei der Mitteilung der Erledigung einer Steckbriefnachricht ist der Grund der Erledigung und, wenn möglich, der Aufenthaltsort oder Haftort des Gesuchten anzugeben (StRVO. § 41 Abs. 2 Satz 2).

VI. Strafregisterverkehr mit dem Saargebiet.

§ 48.

Verurteilungen durch Gerichte und Verwaltungsbehörden des Saargebiets sind bei der Aufnahme in das Strafregister wie Verurteilungen durch deutsche Gerichte und Behörden außerhalb des Saargebiets zu behandeln. Den Strafregistern des Saargebiets sind die Mitteilungen in der gleichen Weise zu machen wie den deutschen Strafregistern außerhalb des Saargebiets.

VII. Strafregisterverkehr mit dem Ausland.

§ 49.

1. Mitteilungen über Verurteilungen im Ausland werden in die Strafliste nicht übertragen, sondern sind im Strafregister gesondert zu verwahren. Es kann jedoch über Verurteilungen im Ausland eine besondere Strafliste geführt werden (StRVO. § 23 Abs. 4).

2. An ausländische Regierungen werden Strafnachrichten nur mitgeteilt, wenn mit ihnen vertraglich ein Austausch von Strafnachrichten vereinbart ist[2]).

§ 50.

Zu den Mitteilungen ist der Vordruck A zu verwenden, der dabei in der gleichen Weise ausgefüllt wird, wie bei Erteilung einer Strafnachricht an eine inländische Strafregisterbehörde, jedoch mit folgenden Besonderheiten:

1. in Spalte 2 ist der ausländische Ort, für dessen Strafregister die Strafnachricht bestimmt ist, nicht anzugeben, sondern nur neben dem hierfür offen zu lassenden Raume

---

[1]) Um das Strafregister nicht zu überlasten, sollen Suchvermerke nur in wichtigeren Fällen niedergelegt werden.

[2]) Eine Zusammenstellung der Vereinbarungen mit ausländischen Regierungen über die gegenseitige Mitteilung von Strafnachrichten wird noch veröffentlicht werden.

das betreffende Land in einer Klammer zu bezeichnen, so daß diese Spalte beispielsweise lautet:

Strafnachricht (A) für das Strafregister
zu
...... (Belgien);

2. in der Geburtsorts-Spalte sind in dem Worte „Landgerichtsbezirk" die drei ersten Silben (Landgerichts) zu durchstreichen, so daß nur das „Bezirk" stehen bleibt;
3. in Spalte für Bemerkungen ist die Staatsangehörigkeit des Verurteilten und bei Österreichern zugleich die Heimatsgemeinde, bei Schweizern zugleich der Heimatskanton und die Heimatsgemeinde in folgender Form zu vermerken:

Heimat { Kanton ......
Gemeinde ......,

andere Bemerkungen sind in die Spalte in der Regel nicht aufzunehmen;
4. in der unteren rechten Ecke des Vordrucks ist der Unterschrift des Beamten das Amtssiegel beizudrücken, das der betreffende Beamte oder die von ihm vertretene Behörde führt.

§ 51.

1. Die Mitteilung der Strafnachrichten liegt den Strafvollstreckungsbehörden ob (vgl. § 3 Abs. 1).

2. Sie erfolgt:
1. wenn über die Verurteilung nach § 1 Abs. 2, § 2 Abs. 4 der StRVO. eine Strafnachricht für das Reichsjustizministerium zu fertigen ist, in der Weise, daß die für die ausländische Regierung bestimmte Strafnachricht der an das Reichsjustizministerium zu übersendenden unter Umschlag, jedoch ohne Anschreiben beigefügt wird;
2. in allen anderen Fällen durch berichtliche Vorlage an das Justizministerium.

3. Die Bürgermeisterämter erstatten im Falle des Abs. 2 Nr. 2 die Vorlage durch Vermittelung des vorgesetzten Bezirksamtes.

§ 52.

Empfiehlt sich ausnahmsweise die Mitteilung einer Strafnachricht an eine Regierung, mit der kein Austausch von Strafnachrichten vereinbart ist, so ist nach § 51 Abs. 2 Nr. 2 zu verfahren, jedoch in dem Bericht auch der Grund für die ausnahmsweise Übersendung anzugeben.

§ 53.

Inwieweit ausländischen Behörden kostenfrei oder gegen eine Gebühr Auskunft aus dem Strafregister zu geben ist, bestimmt der Reichsminister der Justiz (StRVO. § 37 Abs. 1). Derartige Ersuchen sind unter Beifügung eines dem § 37 Abs. 2 der StRVO. entsprechenden Strafregisterauszugs dem Justizministerium zur Weiterleitung vorzulegen.

VIII. Aufsicht.

§ 54.

1. Der Leiter der Strafregisterbehörde (§ 1 Abs. 1) hat die Registerführung ständig zu überwachen. Er hat von Zeit zu Zeit sich darüber zu vergewissern, ob die Einlegung der Nachrichten (§ 21), die Anlegung und Weiterführung der Straflisten (§ 23), die Erteilung der Auskünfte (§§ 32 bis 36), die Durchgehung des Registerschranks (§ 28) und die Aussonderung der Nachrichten (§§ 29 bis 31) rechtzeitig erfolgt, und die Auskünfte nach Form und Inhalt zu prüfen.

2. Vorgefundene Mißstände sind sofort abzustellen. Über zweifelhafte Fragen ist mit dem Oberstaatsanwalt am Landgericht ins Benehmen zu treten.

§ 55.

1. Die Aufsicht über die gesamte Registerführung liegt unter Leitung des Justizministeriums dem Generalstaatsanwalt ob.

2. Die Aufsicht über die Registerführung des Landgerichtsbezirks besorgt der Oberstaatsanwalt beim Landgericht, der in Fällen von grundsätzlicher Bedeutung oder bei bestehenden Zweifeln die Weisung des Generalstaatsanwalts einzuholen hat. Er hat jedes Jahr die Registerführung einiger Amtsgerichte seines Bezirks durch eigene Einsichtnahme zu prüfen.

3. Der Strafregisterführer hat den die Registerführung betreffenden Anordnungen des Oberstaatsanwalts nachzukommen.

4. Der Oberstaatsanwalt hat bis Ende April jeden Jahres über die Tätigkeit der Strafregisterbehörden seines Bezirks dem Generalstaatsanwalt zur Vorlage an das Justizministerium Bericht zu erstatten.

5. Dem Bericht ist eine Darstellung der Ergebnisse nach dem eingeführten Vordruck beizufügen.

IX. Behandlung von Gesuchen um Anordnung der beschränkten Auskunft (Löschung) oder der Tilgung.

§ 56.

1. Gesuche um Anordnung der beschränkten Auskunft (Löschung) oder der Tilgung, die bei den Justizbehörden eingehen, sind an die für den Geburtsort zuständige Strafregisterbehörde abzugeben, nachdem nötigenfalls der Geburtsort ermittelt ist.

2. Die Strafregisterbehörde hat die bei ihr eingereichten, von anderen Justizbehörden ihr übersandten oder vom Justizministerium ihr zugefertigten Gesuche daraufhin zu prüfen, ob die erbetene Anordnung sich dadurch erübrigt, daß die Beschränkung der Auskunft oder die Tilgung schon kraft Gesetzes eingetreten ist. Wenn dies der Fall ist, so ist der Antragsteller entsprechend zu bescheiden. Handelt es sich um ein zum Bericht zugefertigtes Gnadengesuch, so ist dem Justizministerium kurze Anzeige zu erstatten.

3. Führt die Prüfung zu dem Ergebnis, daß die erbetene Beschränkung der Auskunft oder die Tilgung kraft Gesetzes noch nicht eingetreten ist, so hat die Registerbehörde das Gesuch dem Justizministerium vorzulegen.

4. Bei Behandlung von Gesuchen um Anordnung der beschränkten Auskunft oder der Tilgung ist davon auszugehen, daß solchen Gesuchen dann nicht entsprochen werden kann, wenn damit lediglich vor einer staatlichen Behörde eine Tatsache verschleiert werden soll, die für deren Entschließung von Bedeutung sein kann[1]).

X. Schlußbestimmungen.

§ 57.

1. Soll eine Nachricht zum Strafregister erteilt werden, so ist eine entsprechende Verfügung in die Akten aufzunehmen und darin die Registerbehörde zu nennen, für welche die Nachricht bestimmt ist.

2. Die Versendung hat verschlossen zu erfolgen (StRVO. § 44). Mehrfaches Zusammenfalten ist zu unterlassen.

§ 58.

1. Die Vordrucke zur StRVO. und zu diesen Ausführungsbestimmungen sind von der Direktion des Zuchthauses in Bruchsal zu beziehen. Die bisherigen Vordrucke können aufgebraucht werden.

2. Die Vordrucke für die Strafnachricht (A) müssen aus starkem, dauerhaftem, weißem Papier sein. Die Steckbriefnachrichten (G) müssen rot sein (StRVO. § 43).

§ 59.

Die an das Reichsjustizministerium als Strafregisterbehörde zu richtenden Anfragen und Mitteilungen sind unter der Anschrift: „An das Reichsjustizministerium (Strafregister) in Berlin W 8, Charlottenstraße 50/51“ [2]) abzusenden.

§ 60.

1. Die Ausführungsbestimmungen treten am 1. Mai 1926 in Kraft.

2. Auf den gleichen Zeitpunkt werden die Ausführungsbestimmungen vom 15. Oktober 1920 (JMBl. 171) aufgehoben.

---

[1]) Dies gilt besonders in Fällen, in denen der Gnadenerweis zum Zwecke einer Anstellung im staatlichen Dienst nachgesucht wird. Die solchen Anträgen zu grunde liegende Auffassung von der Bedeutung der Anordnung der beschränkten Auskunft oder Tilgung entspricht nicht den Anschauungen der anstellenden Behörden, da die Entschließung darüber, ob eine Anstellung erfolgen kann, nicht von der Anordnung oder Ablehnung der beschränkten Auskunftserteilung oder der Tilgung einer Vorstrafe, sondern einzig und allein von dieser Vorstrafe selbst abhängt.

[2]) Anm. der Verfasser dieses Buches: Die jetzige Adresse des StrReg. beim RJM. lautet: „Berlin W 9 Voßstr. 5.“

Sachregister.

(Die Zahlen bezeichnen die Seiten.)

A.

B.

F.

G.

H.

J.

R.

S.

T.

U.

V.

W.

Z.

FSC
www.fsc.org
MIX
Papier | Fördert gute Waldnutzung
FSC® C083411

Kolibri 360 GmbH
Ferdinand-Jühlke-Straße 7
99095 Erfurt, Deutschland
produktsicherheit@kolibri360.de